湖北省学术著作出版专项资金资助项目

中国学术档案大系

主编　陈文新

《左传》学术档案

主编　张新科　　副主编　王晓鹃

WUHAN UNIVERSITY PRESS
武汉大学出版社

图书在版编目(CIP)数据

《左传》学术档案/张新科主编.—武汉：武汉大学出版社，2016.9
中国学术档案大系
ISBN 978-7-307-17431-3

Ⅰ.左…　Ⅱ.张…　Ⅲ.①中国历史—春秋时代—编年体　②《左传》—研究　Ⅳ.K225.04

中国版本图书馆 CIP 数据核字(2015)第 321835 号

责任编辑:陈　翩　　　责任校对:李孟潇　　　版式设计:马　佳

出版发行：武汉大学出版社　（430072　武昌　珞珈山）
（电子邮件：cbs22@whu.edu.cn　网址：www.wdp.com.cn）
印刷:武汉中远印务有限公司
开本：720×1000　1/16　　印张:42.25　字数:630 千字　插页:2
版次:2016 年 9 月第 1 版　　2016 年 9 月第 1 次印刷
ISBN 978-7-307-17431-3　　定价:138.00 元

序

张新科

《左传》是先秦时期的一部文史名著，后被列入“十三经”，在中国文化史上占有重要地位。它本是给《春秋》作注解，但由于内容丰富，思想独特，叙事有方，语言生动，受到历代学者的重视。

《春秋》是鲁国的编年史，相传为孔子修定，简括记载了春秋时期周王朝、鲁国及其他各国的历史，按照鲁国隐、桓、庄、闵、僖、文、宣、成、襄、昭、定、哀十二公的顺序记载历史。起于隐公元年(前722年)，终于哀公十四年(前481年)，凡242年。但记事过于简略，犹如今天的大事年表、新闻标题之类。《左传》是配合《春秋》而作的编年史，为《春秋左氏传》的简称，又名《左氏春秋》，记事至鲁哀公二十七年，比《春秋》多13年。关于此书的作者，历来争论分歧颇多。司马迁、班固都说是左丘明，班固并说左丘明是鲁太史，唐以后多有异议。一般认为作者是战国初年或稍后的人，是否是左丘明，别无可考。

《左传》是我国第一部完备而详细的编年体史书，真实全面地反映了春秋时代200多年的历史，展现了列国之间的外交活动、军事活动、政治活动等，表现出进步的思想倾向，如民本思想、爱国思想等。从文学角度看，它虽然是编年体史书，但叙事完整，成为早期叙事文学的典范，并且在叙事中刻画人物形象，初步写出人物的性格，其特点是片断式，通过这些片断的重新组合，我们可以对历史人物有一定了解，有些已是个性化很强的人物，如晋文公、秦穆公、郑庄公、烛之武等，作者用个性化的语言、行动、细节等刻画人物形象，在史传文学史上具有重要的意义。《左传》还善于写战争，把政治和军事结合起来写，写战争一般写全过程，而且写出战略战术，揭示战争基本规律，预示战争的胜败。最著名的有六大战争：僖公十五年秦晋韩之战，僖公二十七、二十八年城濮之战，僖公三十二年崤之战，宣公十二年邲之战，成公二年鞍之战，成公十六年鄢陵之战。《左传》还善于写外交辞令，根据大国与小国、情况复杂与简单等情况而口气不一样：大国对小国理直气壮，小国对大国委婉含蓄，大国对大国针锋相对。后人对《左传》的艺术成就予以高度评价，唐代刘知幾《史通·六家》云："其言简而要，其事详而博……而述者之冠冕也。"清代刘熙载《艺概·文概》云："左氏叙事，纷者整之，孤者辅之，板者活之，直者婉之，俗者雅之，枯者腴之，剪裁运化之方，斯为大备。"可见其文学价值之高。

《左传》与《国语》一书有一定的关系。《国语》和《左传》都记载春秋时代的历史，甚至被称为《春秋》外传。司马迁曾说"左丘失明，厥有《国语》"，还有人认为左丘明作《左传》，将剩余的材料编为《国语》。总的来看，《国语》是国别体，按照国家类别记载历史，《左传》是编年体，按照年代记载历史；《国语》偏于记言，《左传》偏于记事。

《左传》与《春秋》的关系历来是学界探讨的重要课题。总的来说，《左传》为《春秋》做注解，正如桓谭《新论》所说："《左氏》经之与传，犹衣之表里，相持而成，经而无传，使圣人闭门思之十年不能知也。"《左传》与《春秋》的关系有三种情况：一是《春秋》记载的事情《左传》也有；二是《春秋》记载的事情《左传》没有；三是《春秋》没有记载而《左传》予以补充。《春秋》有三传，除《左传》外还有《公羊传》和《穀梁传》，合称"春秋三传"。从经学角度看，《左传》偏于记事，而其他二传偏于解经，挖掘经的微言大义。《左传》成书于战国，用当时文字写定，是古文经学；《公羊》《穀梁》二传成于汉代，用隶书，是今文经学。当时《公羊》《穀梁》二传立于学官，开设专门课程，请专家讲授，《左传》只在民间流传。

《左传》的传播与研究从战国后期开始。杜预《春秋序》和孔颖达《正义》引刘向《别录》云："左丘明授曾申，申授吴起，起授其子期，期授楚人铎椒，铎椒作《抄撮》八卷，授虞卿，虞卿作《抄撮》九卷，授荀卿，荀卿授张苍。”这是《左传》早期的传播情况。根据《汉书·儒林传》，《左传》在西汉时期的传授情况如下：“汉兴，北平侯张苍及梁太傅贾谊、京兆尹张敞、太中大夫刘公子皆修《春秋左氏传》。谊为《左氏传》训故，授赵人贯公，为河间献王博士，子长卿为荡阴令，授清河张禹长子。禹与萧望之同时为御史，数为望之言《左氏》，望之善之，上书数以称说。后望之为太子太傅，荐禹于宣帝，征禹待诏，未及问，会疾死。授尹更始，更始传子咸及翟方进、胡常。常授黎阳贾护季君，哀帝时待诏为郎，授苍梧陈钦子佚，以《左氏》授王莽，至将军。而刘歆从尹咸及翟方进受。由是言《左氏》者本之贾护、刘歆。”根据《汉书·刘歆传》，刘歆极力想把《左传》列入学官，其《移太常博士书》就是证明，王莽时得以列入学官。因此，刘歆被称为《左传》学的创始人。

东汉时期关于《左传》曾有多次论争，但《左传》一直受到学者的重视，《左传》学的代表人物有贾逵、服虔、马融、郑玄等。西晋时期，杜预因《春秋左传集解》而被称为“《左氏》之功臣”，他在《春秋序》中对《春秋》的性质和《左传》的价值、凡例等进行了介绍，这是其《左传》学的纲领。而其《春秋左传集解》，可以说是《左传》学史上第一个里程碑。南北朝时期，《左传》研究进一步发展，北朝宗服虔，南朝宗杜预。唐代是《左传》学的兴盛时期，孔颖达《春秋左传正义》是汉代以来《左传》学的集大成者，而刘知幾的《史通》，作为系统的史学理论著作，对《左传》的体例、叙事等成就予以充分肯定。中唐时期的啖助、陆淳、赵匡等人，一脉相承，他们也是《左传》学的重要人物，其特点在于重“经”轻“传”，把主要精力放在《春秋》的阐释之上，并力图兼取三传之长而融为一家。到了两宋时期，随着政治以及文化背景的变化，学术转为义理之学，对《春秋》及三传的研究着重于深挖微言大义，有影响的如北宋孙复、胡瑗、孙觉、刘敞等，南宋的胡安国、朱熹、吕祖谦、陈傅良等，其中胡安国的影响最大，甚至元明两代的《春秋》经传之学都以胡安国为宗师，没有大的突破。清代是《左传》学的高峰期，在义理、考据两大方面都有突出成就。清代前、中期的《左传》考据，在学术史上具有重要地位，一批学者致力于对《左传》旧注的全面清理，建立自己新的注疏体系。后期今文学派兴盛，形成新的义理之学。刘逢禄等掀起了疑古思潮，对《左传》的真伪问题进行讨论，直接导致了20世纪初期梁启超等人关于《左传》真伪的大讨论。对于历代《左传》学的研究，沈玉成、刘宁《春秋左传学史稿》有详细介绍，此处不再赘述。

进入20世纪后，《左传》研究在继承传统的基础上有了新的发展，经学研究、史学研究、文学研究、哲学研究等方面都取得了新的成就，《左传》的经典地位更加巩固。《〈左传〉学术档案》的编纂，就是集中体现20世纪以来百年《左传》研究的成就，以期为《左传》研究者提供较为完备的资料。

《〈左传〉学术档案》是应武汉大学陈文新教授之邀而编写，属于《中国学术档案大系》之一种。这项工作的难度较大，主要是由于它涉及众多的方面：第一，《左传》与经学关系密切，是"十三经"中一部重要的著作，需要关注它的经学研究成果；第二，《左传》与其他二传也有密切关系，因此，成果的选择也要关注整个《春秋》三传的研究；第三，《左传》与《国语》并称《春秋》内、外传，所以，《国语》的研究也应在我们的视野之内；第四，《左传》是编年史书，反映春秋时代200多年的历史，因此，《左传》的史学研究，是至为重要的方面；第五，《左传》在历史真实的基础上施展文学才华，具有很高的文学价值，因而《左传》文学研究也是至关重要的方面。这些内容交织在一起，有时很难分开。为了很好地完成此项任务，我们制定了基本的编写体例。

(一)起止时间：1919—2009年，目的是对百年《左传》学术史进行总结。但20世纪初期的《左传》研究，受前代影响较大，所以部分论著评介起于19世纪末。

(二)评介和提要的著作：主要是研究《左传》历史、哲学、文学、经学的著作，部分标点整理和选注、选译《左传》的著作，研究《公羊传》《穀梁传》时与《左传》密切相关的著作。

(三)论文索引范围：与《左传》相关的研究论文(不含学位论文)在索引中全部收录。

（四）按照丛书的总体要求，全书分为四个部分：重要论著评介，研究论著提要，学术史大事记，《左传》研究论著索引。

在编写过程中，陕西师范大学王晓鹏教授做了大量细致而富有成效的工作，参与这项工作的成员还有陕西师范大学黄晓芳、赵立学、牛香兰三位博士。书稿完成后，我进行了审读，并就一些地方进行了修改和完善。

由于《左传》研究资料的繁复，收集工作很难做到十全十美，不足之处谨请读者批评指正。另外，由于书稿篇幅限制，“论著评介”也只能选择很少一部分进行评介，大部分在“论著提要”中予以简要介绍，也请读者谅解。

张新科

2015 年 10 月 1 日

目 录

百年《左传》研究史回顾

王晓鹃

《左传》一书体现出中国古代历史、哲学与文学的高度统一。20世纪的百年里，由于各时期历史背景迥异，故《左传》在研究内容、方法与成果上都呈现出不同的特点。这里分三个历史阶段简要介绍20世纪以来的《左传》研究情况，以期为21世纪《左传》学的构建提供一些资料和建议。

一、20世纪初期（1900—1949）

《左传》属于古文经，与今文经《公羊传》《穀梁传》合称"春秋三传"。今文经指西汉中期立于学官的，用当时流行的文字隶书记录整理而成的《诗》《书》《易》《礼》《春秋》等儒家经典。在今文诸经中，最能反映今文经学学统的是《春秋公羊学》。以董仲舒为代表的公羊学家，不但在政治上通过阐发孔子大一统的精义为汉武帝建立专制主义中央集权的汉帝国提供了理论依据，而且在学术上通过吸收道家、阴阳家的思想建构起了一个博大精深的经学思想体系。因此，汉武帝时的儒学独尊，实质上是今文经学独尊，是以董仲舒为代表的"春秋公羊学"的独尊。相对而言，用先秦古文"篆书"书写的儒家经书称为古文经，具体指西汉末年刘歆力争所立博士的《左传》《毛诗》《逸礼》及《古文尚书》。古文经学在王莽新朝盛极一时，到东汉获得更大发展，尤其是东汉后期，出现了马融、许慎、郑玄等几位著名的古文经学大师，他们深究经义，兼采今文之说，在学术上占据了压倒性的优势。后来经过西晋末年的"永嘉之乱"，今文经学几乎丧失殆尽，而古文经学却流传不绝。事隔一千年之后，在清末时今文经学才重新出现。

经今古文两家的争论从19世纪末就已开始，并一直持续到20世纪初期。今文经学的代表人物是康有为和崔述。康有为承袭清末龚自珍、魏源和廖平等的观点，作《新学伪经考》，认为刘歆所力争立博士的《左传》《毛诗》《逸礼》《古文尚书》，全都是刘歆伪造的“伪经”，而《左传》更是刘歆割裂《国语》而成。刘歆作伪的目的是“自立新说以惑天下”，方法是削去《国语》中平王以前事，依《春秋》以编年，又创为书法、日月例，并遍伪群经、增窜《史记》，制造出假的传承谱系以证实其伪。康有为的《新学伪经考》《孔子改制考》《春秋笔削微言大义考》《春秋董氏学》和《大同书》等文，不但奠定了维新变法的理论体系，而且掀起了今文经学在经学史上的新高潮。今文经学的另一个代表人物是崔述。崔述于1910年作《史记探源》一书，进一步论证了刘歆伪造《史记》之说。在1918年，他又撰《春秋复始》，抬高《公羊》，认为《左传》与《穀梁》皆为刘歆伪作。在《左丘明不传〈春秋〉》一文中，崔述又发扬了康有为提出的刘歆分割《国语》而成《左传》的观点，集中辩驳了古文经的传授谱系，以及左丘明受经作传之说。崔述鼎力支持康有为，从而使康氏之说盛行一时。

古文经学的代表是章太炎和刘师培。章太炎是晚清古文经学家俞樾、孙诒让等著名学者的弟子，也是古文经学的继承人，这使他不但与《左传》结下不解之缘，而且必须同今文经学展开斗争。1891年，章太炎开始“分别今古”，标榜“古文经学”，与康有为相抗衡，并最终确立起“六经皆史”的古学宗旨①。章太炎《春秋左传读叙录》《刘子政左氏说》和《春秋左氏疑义答问》等著作，都是针对今文经的论说而发。刘师培出身晚清有名的经学世家仪征刘氏，故其《左传》研究继承了家世传统，排杜崇汉，在收集前人旧注的基础上重新认识《左传》与《左传》学的特点。这无疑抓住了当时今古文经学产生争端的要害。刘师培还善于把近代西方社会科学研究方法和成果吸收到中国传统文化研究中来，开拓了《左传》研究的新境界，其著作主要有《春秋左氏传古例诠微》《春秋左氏传例略》《春秋左氏传答问》《春秋左氏传

① 参见刘巍：《从援今文义说古文经到铸古文经学为史学——对章太炎早期经学思想发展轨迹的探讨》，载《近代史研究》2004年第3期。

时月日古例考》和《读左札记》等，后均收入《刘申叔先生遗书》。

其实，康有为学说的真正意图是想通过打倒旧的思想体系，以达到维新改革的目的。康有为认为两千多年来的中国传统文化、社会意识形态和政治制度，都是以“伪经为圣法”，即王莽朝所立“伪经”的罪过。换言之，他就是要从根本上否定新莽以后的封建文化与封建制度的合法性与合理性，即通过对古文经的怀疑来否定封建意识形态和封建专制制度。因此，康有为对先秦两汉典籍中大量存在的《左传》记载视而不见，这招致岭南学界的领袖人物朱一新的尖锐批评：“合己说者则取之，不合者则伪之。”（《与朱一新论学书牍》）章太炎和刘师培的反击正立足于此，而刘师培的反击更激烈，也更有说服力，其《周季诸子述左传考》《左学行于西汉考》《司马迁〈左传〉义例序》《群经大义相通论》和《春秋三传先后考》等文，运用群经和诸子典籍与《左传》原文相互印证，证明《左传》并非刘歆伪造，是成于先秦的史书，论证有理有据。1919 年 11 月 20 日，年仅 36 岁的刘师培不幸病逝，标志着经今古文之争逐渐落下帷幕。

随着清朝的覆灭，封建经学渐趋式微，而在五四运动的洗礼下，西方的新思想大量涌入中国。1919 年 12 月，胡适在《新青年》第 7 卷第 1 号上发表了《新思潮的意义》一文，掀起了风行一时的“整理国故运动”。西方的实证主义研究方法与今文学家的疑古辨伪精神相结合，使此期的《左传》研究呈现出新的特点，即著名的古史辨派登上历史舞台，代表性事件是 1923 年顾颉刚《与钱玄同先生论古史书》及傅斯年《与顾颉刚论古史书》等文章的发表。古史辨派继承的还是清末刘逢禄、康有为、崔述等人的观点。倡始者顾颉刚完全肯定了康有为的疑古精神和考证方法，认为：《新学伪经考》论辩的“基础完全建立于历史的证据上”，“我对于长素先生这般的锐敏的观察力，不禁表示十分的敬意”（《古史辨》第一册）。古史辨派的另一重要人物今文经学家钱玄同作《重论经今古文学问题》（原名《重印新学伪经考序》），认为：“细细籀绎，觉得崔君对于康氏之推崇实不为过。玄同自此也笃信‘古文经刘歆所伪造’之说，认为康、崔两君推翻伪古的著作在考证学上的价值，较阎若璩的《古文尚书疏证》尤远过之。”

1927 年，瑞典汉学家高本汉发表《论左传之真伪及其性质》，旨在否定康有为等人的“刘歆作伪说”。高本汉用《左传》来比较《书经》《诗经》《礼记》《大戴礼》《庄子》和《国语》等书，认为在周秦和汉初，没有一种书和《左传》有完全相同的文法组织，而最接近《左传》文法的是《国语》。高氏又用《左传》的文法来比较“前三世纪的标准文言”，最终得出《左传》是前四五世纪的作品。高本汉关于《左传》真伪及性质的看法，迅速激起学界的广泛讨论。1927 年至 1937 年的十年间，围绕《左传》的真伪、作者及成书时间等基本问题，学界发表了多篇学术论文，掀起《左传》和经学研究的新高潮。如：胡适《论〈左传〉之可信及其性质》、卫聚贤《左传之研究》《季札观乐辩》《春秋的研究》《我们的朋友——评林语堂〈左传真伪与上古方音〉》《读〈论左传与国语的异点〉以后》、林语堂《左传真伪与上古方音》、冯沅君《论左传与国语的异点》、顾颉刚《五德终始说下的政治和历史》《春秋研究课旨趣书》《三统说的演变》、钱穆《刘向刘歆父子年表》《评顾颉刚〈五德终始说下的政治和历史〉》、陈景圣《左传之真伪问题》、孙海波《国语真伪考》、卜德《左传与国语》、李审用《春秋左氏传凡例探源》、伍剑禅《春秋左传引诗异同考》、钱玄同《重印刘逢禄〈左氏春秋考证〉书后》《重论经今古文学问题》、章太炎《与吴承仕论春秋答问作意书》、蒋石渠《春秋左氏传言语学序》方孝岳《左传略》、唐兰《与顾颉刚先生论〈九丘〉书》、黄侃《书〈春秋左氏传疑义答问〉后》、张西堂《〈左氏春秋考证〉序》、童书业《国语与左传问题后案》、黄萧《珂罗倔伦左传真伪考驳议》、郑师许《左传真相之先决问题》、张其淦《左传礼说自序》、孙之舟《左传国语原非一书证》、孙易《春秋三传授受考》、陆修佑《读左分类选目》、俞平伯《左传遇》、蒋庭曜《春秋左氏传言语绪言》、尚节之《左传国语易象释引言》、杨向奎《论左传“君子曰”》《论左传之性质及其与国语之关系》、莫非斯《春秋和左传的关系》等。

这些研究大致围绕四个问题来展开：一是《左传》本身的真伪。钱玄同赞成康有为和崔述的观点，认为《左传》虽然是真书，但只是《国语》的一部分，且《左传》是刘歆割裂《国语》而来。顾颉刚则沿袭刘逢禄的意见，认为《左传》原是“杂记体之史”，今本《左传》是刘歆改造的结果。这一观点在学界影响很大。卫聚贤认为《左传》和《国语》是完全不同的两本书，《左传》推崇的是“博物家”，《国语》崇尚的是“知礼者”。孙海波与美国汉学家卜德则从不同角度论证《左传》与《国语》是不同的书，而杨向奎则彻底否定了《左传》出于《国语》之说。二是《左传》的成书时间。卫聚贤在《左传真伪考跋》中认为，《左传》成书于周威烈王元年到二十三年之间，即前 425 年到前 403 年。胡适在《左传真伪考的提要与批评》中认为，“至早当在前四〇三年三晋为诸侯之后，或竟在三八六年田和为诸侯之后”。钱穆等也持“战国说”。三是《左传》的作者。刘师培、方孝岳等坚持传统说法，认为作者是左丘明，卫聚贤认为是子夏，钱穆认为是吴起(郭沫若后也持同样观点)。四是《左传》的性质。钱玄同、顾颉刚、童书业都认为《左传》不是《春秋》之传，而黄侃、杨向奎等人则坚持《左传》的确是《春秋》之传。

从上述这些讨论中，我们不难看出古史辨派的身影。高本汉原本是要抨击“刘歆作伪说”，但事与愿违，他提出的“《左传》和《国语》文法最近”的观点，无疑为古史辨派提供了口实并被其利用，如莫非斯《春秋和左传的关系》一文，就是利用高本汉的方法，反过来证明《左传》和《国语》原本是一部书。不过，高本汉用语法关系研究《左传》真伪的方法，受到学者的普遍赞赏：“用这个方法去工作，珂氏算是第一人，我是很赞成的。”(卫聚贤《左传真伪考跋》)这种新颖的研究方法和取得的积极研究成果对西方汉学界影响很大，对我国学者也提供了借鉴。

抗日战争开始后，古史辨派领袖顾颉刚由于被日本人列入黑名单而不得不避走大后方。1939 年，古史辨派的重要人物钱玄同病逝，这使古史辨派再遭重创，此后古史辨派便逐渐解散，而其倡导的疑古思潮也逐渐回落。此时的《左传》研究，不再集中于《左传》的真伪及性质，而更多地和抗战主题相一致，《春秋》的“尊王”、“攘夷”、“大复仇”等观念在这一特殊的历史时期再度得以阐发。1937 年，周予同作《春秋与春秋学》一文，首先对各政治势力利用《春秋》学进行反动统治予以学术批评。1939 年，由钟泰讲述、李敏信记录的《〈春秋〉之国家观与国际观》发表，积极倡导民族主义。1940 年，杨树达《〈春秋大义述〉序》、吴其昌《春秋的民族主义和复仇主义》、潘重规

《春秋公羊疏作者考》等文章发表，用世之义很明显，就是告诫全国人民要努力抗争，并为抗日复国奠定政治伦理基础。1943 年，杨树达《春秋大义述》和李树桐《春秋的大一统主义与复仇主义》先后刊行，继续阐发“春秋大义”，以激励国人抗战之志。蒙文通发表《论国语、家语皆为春秋》，坚持《左传》为割裂《国语》而成。1945 年，蒯伯赞《春秋之义》、木强《读春秋公羊传》《读春秋穀梁传》《读春秋左传》、张西堂《穀梁春秋考证(附春秋今古文异同表)》等文章发表，实为《春秋》经传在抗战结束后的一种学术总结。抗战时期，《左传》研究方面也有具体成果：如 1940 年王伯祥《春秋左传读本》的出版。与梁宽、庄适 1934 年出版的《〈左传〉选注》(节选原文 11 节)相比，此书内容较丰富，文史兼顾，通俗易懂，是近代以来较好的一部普及读物，新中国成立后曾屡次再版。1944 年，刘节发表《左传国语史记之比较研究》，再度反对《左传》割裂说。

1946 年，解放战争爆发。陈务去作《公羊学与专制政治》，针砭时政。1947 年，陈槃《左氏春秋义例辨》刊行，断定“刘歆分裂《国语》以成《左传》，殆无可疑者”。叶华发表《左传之编者时代问题》，认为《左传》成于秦火之后，由于忽视了大量先秦文献，故结论难以成立。秦同培《左传精华》在世界书局出版，此书精选《左传》中多则经典战役，注释详尽，翻译流畅。1948 年，罗倬汉《左传著作年代试探》发表，认为《左氏》原为《春秋》编年之书，成书于战国之末或秦汉之际，再次否定刘歆“伪作”说。不过，相对于二三十年代的集中和深度，此时的研究沉寂多了。经过 20 余年的大讨论，尽管有些问题如《左传》是否为《春秋》之传、《左传》的作者和成书时间等仍待商榷，但大部分学者都认为“刘歆伪作说”根本不成立。

此外，本时期也开始从文学角度(散文)研究《左传》。较早的要数梁启超于 1924 年发表的《要籍解题及其读法：〈左传〉〈国语〉》，该书认为《左传》记事严谨分明，情节委曲简洁；记言渊懿美茂，生气勃勃，但介绍实在过于简单。1937 年，陈柱《中国散文史》在商务印书馆出版。这是一部比较完整的散文通史，但十分简略，只有十余万字。陈柱认为《左传》文体风格在于体奇而变，此被《史记》继承；《国语》则显得体整而方，此风格被《汉书》继承，而《左传》文体剪裁严密，也绝非如今文经学家所说是刘歆割裂《国语》而成。1939 年，钱基博《中国文学史》铅字排印本刊印，认为《左传》是《春秋》之传无疑，二者互为表里，相辅相成，并对《左传》的文法大加赞赏。1941 年，刘大杰《中国文学发展史》由中华书局印行，认为《左传》具有“文史结合”的重要特点，而“时代是战国，作者是失名了”。1947 年 10 月 29 日，吕思勉在《东南日报·文史周刊》发表《马先之〈左氏纂读〉跋》一文，与陈柱相反，吕思勉认为《左传》以矜练为美，《史记》却以疏散取胜，并再次反驳刘歆伪造说。1948 年，柳存仁《上古秦汉文学史》出版，认为《左传》“故事概见完整详尽，书写亦极流畅宣达”，并认为《国语》也是左丘明所作。这些论述大多见于文学史或散文史，虽然有些简略，但对后来的研究具有重要的启发意义。

二、20 世纪中期(1949—1977)

20 世纪中期 30 年，我国在国家建设、外交、经济、政治、科技、军事、思想等领域发生了诸多变化，导致这一时期的《左传》研究呈现出极其鲜明的时代特色。研究主要集中在“十七年”时期。

“十七年”时期指新中国成立后的前 17 年，即 1949—1966 年。新中国成立后，首先面临意识形态领域的巨大变革。随着思想文化界的一系列政治斗争，胡适倡导的实证主义和古史辨派的研究方法均被逐渐抛弃，对《左传》的科学质疑也就相应弱化，故此时的《左传》研究几乎停滞，成果较少，主要有陈咏《试谈左传的文学价值，并与巴人同志讨论郑庄公的典型形象》(《光明日报》1955 年 7 月 31 日)和《略说左传创造人物形象的艺术》(《光明日报》1956 年 12 月 16 日)两文。陈咏把《左传》视为纯文学，将其与小说创作等同，对以前研究者在文学领域中排斥《左传》的现象提出了批评，并对《左传》的人物描写技巧发表了精到的意见，在新中国成立后的《左传》人物研究史上产生了重要影响。瞿蜕园《左传选译》于 1955 年在春明出版社出版。作者分十个单元介绍了《左传》中一些精彩的故事和史实，译文畅达、注释简要。1956 年，朱东润选注《左传选》出版。全书采用纪事本末体，以时间为序，主要介绍郑庄公、诸侯弭兵等历史人物与重大事件，与清代马骕《左传事纬》单纯做历史研究有所不同，注释以杜预和洪亮吉的观点为主。1957年，郭沫若发表《述吴起》，认为《左传》的作者是吴起，应该是受到清代学者姚鼐的影响；王玉哲《左传解题》和苏渊雷《春秋·国语·左传》两文，则侧重从历史角度研究《左传》。同时，杨公骥《中国文学》出版，作者用一节专门论述《左传》，对《左传》的叙事赞赏不已，并选释《郑伯克段于鄢》一文，从文学手法、阶级性等方面具体分析了郑庄公等历史人物形象。50年代后期，主要成果有严修《批判高本汉和胡适对吾我、尔汝的错误论点》和郭维森《左传的思想内容和艺术方法》等文。郭维森肯定《左传》对贵族阶级荒淫无耻生活的揭露和人民在政治斗争中的作用，注意《左传》的民本思想，观点符合时代和阶级潮流。1962年5月9日，《光明日报》刊发徐中舒《论〈左传〉写作时期和作者》，认为《左传》成书于公元前375年至公元前352年，作者是子夏的再传弟子。白寿彝发表《论〈左传〉三事》(《光明日报》1962年12月19日)，从历史学角度解读《左传》的叙事。此期，金德建《司马迁所见书考》出版，仍认为《左传》和《国语》是一本书。韩席筹《左传分国集注》也坚持《左传》是史书，但因成稿在1940年，且思想和方法都较为陈旧，招来很多批评，如谢祚《整理古籍不应宣扬封建思想——评左传分国集注》就是其一。徐中舒《左传选》也在此期出版，这是为全国高等院校历史学科编的教材，以纪事本末体为主，以编年史为辅，注释简单，体例简明，并重申《左传》是我国最早的一部长于修辞的史学著作的观点。此外，胡念贻《论〈左传〉叙事的倾向性》、郭双成《略论〈左传〉关于战争的描写》、谭家健《从郑庄公看〈左传〉人物描写的一些特点》、曹道衡《论〈左传〉的人物评述和描写》、仲岚《从〈左传〉的分国集注谈重印古书应该整理异体字和改换通假字》、曹荃《读左传随笔二则》和陈仲庚《〈左传〉中的病理心理学思想》等文先后发表。其中，郭双成对《左传》的战争做了综合研究；曹道衡提出《左传》是"史传文学"的观点，显然和陈咏、韩席筹、徐中舒一样，都是对《左传》究竟是史学还是文学的性质之争，可视为古史辨派的余续；胡念贻和陈仲庚之文，则在论题上显得新颖、可贵。

1965年春至1976年10月，大陆社会科学研究领域成果稀少，

《左传》研究也基本处于停顿状态。

综上，在20世纪五六十年代，随着庸俗社会学思想的蔓延和政治运动的频繁开展，大陆传统的经学研究被边缘化，《左传》研究领域也基本上将其视为史书，研究话题大多集中在《左传》的民本思想、爱国主义、战争、语言和人物等方面，有些观点也有意迎合时代。至于译注类，主要是普及读物和高校教材，通俗易懂，学术性相对较弱。显然，此期大陆的《左传》研究还处在低谷时期。①

① 此期在台湾先后出版了一批《左传》论著。如：钱穆《两汉经学今古文平议》(1958)，着意考证经今古文的真相，具有辨明古史及阐发学术指向的双重意义；周法高《周秦名字解诂汇释》(1958)与《周秦名字解诂汇释补编》(1964)等著作，对《春秋》经传所见名字一一作了训释；周何《春秋吉礼考辨》(1961)，主要考证《春秋》经传有关吉礼的文献；张以仁《论〈国语〉与〈左传〉的关系》(1962)，在比较《左传》与《国语》之异同的基础上，断定《左传》《国语》并非一人一时所作，对经今文派所持《左传》从《国语》割裂而来的观点进行驳斥；戴君仁《春秋辨例》(1964)，简明讨论了《春秋》的经学地位、义例、三传名氏称谓等问题；刘正浩《太史公左氏春秋义述》(1962)等，以《左传》为本，旁及《史记》与诸子，证明《左传》是成书于先秦的古籍，并非刘歆伪造；叶政欣《春秋左氏传杜注释例》(1966)，通过杜预注来阐发《春秋》经传大义；程发轫《春秋左氏传地名图考》(1967)，对古历推算和地理沿革颇有新见；左松超《左传虚字集释》(1969)，对《左传》的介词做了考证；陈槃《春秋大事表列国爵姓及存灭表撰异》(1969)，历时10年始成，广泛收集近代出土的古器物文字，引用500余种参考书，对清儒顾栋高《春秋大事表列国爵姓及存灭表》所载的春秋209个方国的爵、姓、始封、都、存灭，进行了详细的考证和辨析，并补充纠正了顾氏著作中的错误之处。20世纪70年代，陈舜政译有《高本汉左传注释》(1972)，重点在训诂与古代语音，对学界了解高本汉和欧洲《左传》研究作出了积极贡献；杨向时《左传赋诗引诗考》(1972)，较早从文化角度探讨《左传》的赋诗引诗情况；方炫琛《春秋左传刘歆伪作窜乱辨疑》(1979)，则再次批驳刘歆伪作说。整体而言，20世纪六七十年代的台湾《左传》研究，仍然是在经今古文之争的大背景下展开的。同时，台湾继承了清代的朴学传统，重视考据，善于在经学领域探幽索微，故在《左传》研究方面有新成绩。

三、20世纪后期及21世纪初期(1978—2009)

1977年以后，中国社会进入改革开放的新时期，学术研究进一步繁荣，《左传》研究也取得多方面成就。此期的《左传》研究可分三个阶段：20世纪80年代、20世纪90年代和新世纪时期。

(一)20世纪80年代

改革开放后，大陆广大知识分子被压抑多年的学术激情喷涌而出，涌现出几部极有价值的学术专著，成为《左传》研究的里程碑。1979年钱锺书《管锥编》第一册中的《左传正义》出版。《左传正义》征引广博，内容宏富，分析精当，贯通古今，融会中外，是此期大陆首部高质量的专著，和当时的许多单篇论文相比，《左传正义》显然更严谨，更有体系，代表大陆《左传》研究史的开始。1980年童书业遗著《春秋左传研究》出版，《春秋左传研究》多有真知灼见，获得许多好评，如方诗铭《春秋左传研究》再版校订说明曾说，“童先生以考据的方法研究理论。学界很多人认为《春秋左传考证》以社会发展观念审视古籍，考求春秋这一中国古代社会变化最激烈时期的历史真相”，确实是一部值得阅读的著作。1981年杨伯峻《春秋左传注》出版，此书历时20余年，是百年来对《左传》经传作校勘、注释并在注释内容和整理体式上都有创新和突破的唯一著作，无疑是《春秋左传》集大成之注本，功德无量。作为《春秋左传注》的姊妹作，沈玉成《左传译文》也在之后出版。这两本书相辅相成，对《左传》研究作出了很大贡献。

此时期还有一件事不得不提：1979年前后，徐仁甫连续发表《〈左传〉的成书时代及其作者》(1978)、《左丘明是〈左传〉还是〈国语〉的作者》(1979)、《论刘歆作〈左传〉——与持不同意见的同志商榷》(1981)、《再论刘歆作〈左传〉——从〈左传〉的事实和语言研究证明〈左传〉成书在刘向后》(1981)等文，再次提出刘歆伪作《左传》的观点(后结集为《左传疏证》，四川人民出版社，1981年出版)。徐仁甫坚守的还是清末刘逢禄、康有为和崔述等今文学家的立场，其考证也越发细致，结论也更肯定。本来，自古史辨派之后，关于《左传》真伪问题的研究已逐渐沉寂，而徐仁甫30年后旧事重提，自然令学界意外。宋敏《〈左传〉的作者和成书年代的商榷》(1979)、洪成玉《〈左传〉的作者决不可能是刘歆——与徐仁甫先生商榷》(1979)、杨伯峻《左传成书年代论述》(1979)、赵光贤《左传编纂考》(1980)和胡念贻《〈左传〉的真伪和写作时代考辨》(1981)等文先后对徐仁甫的观点进行批驳，尤其是胡念贻的《〈左传〉的真伪和写作时代考辨》一文，通过有力的证据，指出徐仁甫的结论是通过主观主义的研究方法得出来的。经过这次总清算，刘歆伪造《左传》说终于有了明晰的结论。

20世纪80年代，古史辨派的疑古思想仍然有一定影响，《左传》研究从五六十年代的文史之争逐渐演变成经史之争。如李学勤、徐复观、杨向奎等人继承传统看法，认为《左传》是《春秋》之传，杨伯峻、沈玉成、聂石樵诸人，也坚持《左传》完全是为了解释补充《春秋》，杨伯峻在《春秋左传注》中还列出了《左传》释经的几种方式。台湾学者戴君仁等编著《春秋三传研究论文集》(台湾黎明文化事业公司1982年版)，逐条陈述各派意见。台湾学者张高评《左传导读》从体例、文法和修辞等文学角度多方面证明《左传》确实是释经之书："《左传》之书法义例，诚《春秋》之传；据事直书，则《春秋》之法；属辞比事，洵《春秋》之教；显幽阐微，乃《春秋》之旨；劝善惩恶，固《春秋》之训；界严华夷，为《春秋》之诫；正名辩实，是《春秋》之义；文缓旨远，亦《春秋》之趣。"①同时，另一部分学者则坚持《左传》是史书，除顾颉刚、韩席筹外，80年代有吕思勉、赵光贤、胡念贻、张涤云和台湾学者顾立三等人。顾颉刚讲授、刘起釪整理的《春秋三传及国语之综合研究》(巴蜀书社1988年版)、吕思勉《吕思勉读史札记》(上海古籍出版社1982年版)、赵光贤《左传编纂考》(1980)、胡念贻《〈左传〉的真伪和写作时代考辨》(1981)与顾立三《〈左传〉与〈国语〉之比较研究》(台湾文史哲出版社1983年版)，大多认为《左传》是独

① 参见张高评：《左传导读》，台湾文史哲出版社1982年版，第120~135页。

立于《春秋》之外的先秦史书，《左传》中的解经之语则是后人陆续窜入的，而张涤云进一步断定解经之语是刘歆窜入的(《〈左传〉澄源》，1987)。但是，由于缺乏对《春秋》与《左传》等经学根本问题的深入研究，80年代的《左传》经史之争在学术上暂成持平之势。

同时，关于《左传》的成书年代和作者的考证也很热烈。杨伯峻和赵光贤根据《左传》的史实和预言等判断《左传》成书于战国中期，与20世纪50年代徐中舒的观点相同，如徐中舒推断为公元前375年至公元前351年，杨伯峻推断为公元前430年以后、公元前386年田和为王以前，赵光贤推断为公元前375年至公元前352年。但是，少数几个代表性的预言并不能完全使人信服，如王和《论〈左传〉的预言》(1984)一文，就认为《左传》的预言来源不一，根据不验的预言断定成书年代并不可靠。值得注意的是，日本汉学家新城新藏《东洋天文学史研究》(中华学艺社1933年版，1989年再版)通过对《左传》所记各年岁星所在之次不是当时实际观象所得，而是根据公元前365年所观测之天象，以此年为标准的元始年而来逆推，推断《左传》成书当在公元前365年之后，颇有说服力。日本学者狩野直喜《左氏辨》(上海古籍出版社1983年版)通过对《左传》卜筮预言的分析，《左传》当成于秦孝公之前。郑君华《略论〈左传〉成书年代的有关问题》(1984)，指出《左传》成书在春秋末年战国之初，即公元前353年至公元前343年之间。陈茂同《左传的作者及其成书的年代问题》(1984)辨析了先秦典籍对《左传》的征引情况，认为战国及秦汉时《左传》已经流传于世，当成书于公元前415年之前。刘起釪在《春秋三传及国语之综合研究》(巴蜀书社1988年版)中则推断《左传》成于战国中叶以前，而《左传》的作者可能与魏国及楚国均大有关联。台湾学者刘正浩在《周秦诸子述〈左传〉考》(台湾"商务印书馆"1980年版)中，通过考察先秦诸子典籍征引《左传》情况，认为《左传》应成书于前4世纪初期。显然，大多数学者认为《左传》成于战国时期。但也有少数人坚持《左传》成于春秋末期，如胡念贻。相同的是，学者们都认为《左传》经过了多次成书，如赵光贤《左传编纂考》说："作为一部纪事体的史书，成书最迟在前430年后不久；改变为编年体的纪事兼解经的书，当在前352年之前。"胡念贻《〈左传〉的真伪和写作时代考辨》也说："《左传》本来是一部叙事较详的史书，是公元前五世纪的一部私家著作。它在写作过程中当然参考了《鲁春秋》——我们见到的《春秋》。但它并不是为解释《春秋》而作，它独立于《春秋》之外。后来有人陆续窜入了一些解释《春秋》的文字，这些文字虽然有的经过精心弥缝，消灭了痕迹，但有许多却是窜入之迹宛然。……《左传》不是解经的书，解经的文字是后加的。"关于《左传》的作者，在以前的基础上，赵光贤依据《左传》推崇鲁国和孔子的立场，新提出《左传》作者是鲁国左姓人的观点。侯廷章《〈左传〉的作者究竟是谁》(1982)和赵淡元《关于〈左传〉的几个问题》(1989)，都以"左丘明作《左传》"为前提，一一列举历代持"左丘明说"的观点。在《左传》与《国语》的关系上，台湾学者顾立三《〈左传〉与〈国语〉之比较研究》(台湾文史哲出版社 1983 年版)通过丰富的资料，坚持《左传》并非由《国语》割裂而来的观点。谭家健《关于〈国语〉的成书时代和作者问题》(1985)则从二者的体例、思想等方面入手，认为《国语》的作者不是左丘明，很有可能是三晋史官。而王树民《〈国语〉的作者和编者》(1986)却认为《国语》的作者不出于一时一人，应是各国史官所作，其编者是左丘氏。沈长云《〈国语〉编撰考》(1987)认为，《国语》是在战国时流传的各种《事语》基础上编辑成书的，很可能是出于三晋人之手。霍旭东《〈春秋〉〈左传〉纪事的迄止年代》(1986)认为《左传》的纪事迄至鲁哀公二十七年，在最后的记述中涉及鲁悼公四年和鲁悼公十五年的历史事实；除附记外，《左传》实际上只记述了春秋时期 255 年的故事，仅比《春秋》记事多 13 年。而最后这段史实的记述，与以前的"传"文体例不同，应该是《左传》完成以后后人补记的。郭天祥在《〈左传〉迄年辨正》(1988)中也提出相近论断。至于胡从曾《〈左传〉〈国语〉引谚之变例》(1983)和吴毓清《从〈左传〉、〈国语〉看春秋时期音乐美学思想》(1983)等文，则属于基于《国语》的其他研究。这些探讨虽然没有定论，但无疑为后来的研究奠定了基础。而经过多年的边缘化后，传统春秋经传研究在 20 世纪 80 年代渐有起色，《左传》学术史研究也相继展开，但着眼点只在经传的形成期汉代和集大成期清代及个别大家身上①，与民国经学遥相呼应②。

20世纪80年代，《左传》历史研究日渐丰富，既涉及思想、经济、土地、宗法、官制、城市、姓氏、谥号等传统制度问题，又涉及地理、人物、典籍、历法、婚俗等具体历史考证，还涉及巫术、神学、祭祀、占卜、鬼怪等宗教与哲学问题③。这些研究，虽然建树还小，但无疑开风气之先。1973年，帛书《春秋事语》在长沙马王

---

① 如：张汉东《〈左传〉及其向〈春秋〉学的演变》、徐相霖《试论汉代〈春秋〉"公羊学"与"左氏学"论战的实质》、张舒亚《论汉代〈春秋〉三传的官学之争》、杨博文《杜预和〈春秋左氏经传集解〉》、振甫《〈东莱博议〉的议论》、王更生《历代左传学》、晁岳佩《郝氏〈春秋〉两种评介——论郝懿行的〈春秋〉学》、刘雨民《经学与中国文化》等。

② 经学在台湾一直是显学。1983年4月30日，台北师范大学就召开了第一届经学学术研讨会。傅隶朴《春秋三传比义》(中国友谊出版公司1984年版)对比分析三传解释经义的得与失，无疑有助于对《春秋》经"微言大义"的正确理解和阐释。宋鼎宗《春秋宋学发微》(台湾文史哲出版社1984年版)，对两宋33个春秋名家逐一进行考述，脉络清楚。此外，尚有李威熊《中国经学发展史论》(台湾文史哲出版社1988年版)、林庆彰主编《经学研究论著目录(1902—1987)》(汉学通讯社1989年版)、叶政欣《汉儒贾逵之春秋左氏学》(兴业图书公司1983年版)和谢秀文《春秋三传考异》(台湾文史哲出版社1985年版)等经学著作。

③ 如：黄瑞云《关于春秋典籍中的"人"与"民"》、聂本立《试论左传的人民性》、钱宗范《西周春秋时代的家庭公社》、徐鸿修《试论西周春秋时期的贵族经济》、卫文选《晋国的阶级、阶层和土地占有制度》、吴浩坤《西周和春秋时代宗法制度的几个问题》、韩连琪《春秋战国时代的中央官制及其演变》、韩连琪《春秋战国时代的郡县制及其演变》、刘浦江《从〈春秋左传〉看春秋时代的城市》、李向平《春秋战国时代的姓氏制度》、杨希枚《论久被忽略的〈左传〉诸侯以字为谥之制：兼论生称谥问题》、丰家骅《〈晋公子重耳之亡〉疑义考辨》、何浩《〈左传〉"夏汭"考》、立楷《〈左传〉"日南至"辨正——兼谈〈史记·历术甲子篇〉冬至的推算》、林涛《〈左传〉序数考》、云博生《〈春秋〉与〈春秋左传〉反映的原始婚俗考略》、廖秀珍《春秋左氏传会盟研究》、孙立常《〈左传〉对鬼神妖异的批判》、台湾学者郑志明《左传灾异说探论》，赫尔穆特·威廉著、张善文译《〈左传〉、〈国语〉中的易经占筮辞》，唐嘉弘《简论春秋战国时期的寮祭及其源流——先秦原始宗教新探之一》，傅道彬、石声淮《〈左传〉应验描写初论》等。

堆出土，受到学者普遍关注。《春秋事语》共16章，可辨识的文字约2000字，记事多与《左传》相证，但言论则有不同。1974年，在长沙马王堆汉墓帛书座谈会上，裘锡圭和唐兰都指出《左传》和《春秋事语》之间有一定关系。张政烺《〈春秋事语〉解题》对帛书《春秋事语》的16章逐一做了解题(1977)。徐仁甫《马王堆汉墓帛书〈春秋事语〉和〈左传〉的事、语对比研究——谈〈左传〉的成书时代和作者》(1978)通过五条证据，坚持《春秋事语》中的史事出自刘歆伪造，并且属于臆断。郑良树《〈春秋事语〉校释》收入《竹简帛书论文集》(中华书局1982年版)中，为研究《左传》等先秦典籍提供了方便。李学勤《帛书〈春秋事语〉与〈左传〉的传流》(1989)一文，则说明帛书《春秋事语》是从《左传》内容简化而来，以证明《左传》并非刘歆伪造。显然，学者们开始利用出土文献研究《左传》等先秦典籍。这表明学术研究方法大变革的时代已经到来。

20世纪80年代，《左传》文学研究逐渐发展起来，而人物研究首当其冲，出现一批论文①。何新文《〈左传〉的写人艺术》(1984)认为《左传》是“用散文写成的史诗”，观点新颖，是同类文章中的佼佼者。汪道伦《从踵事增华到虚实相生——中国古典小说与史传文学艺术渊源探微》(1985)较早论述了中国古典小说与史传文学之间的关系。张新科《史传文学中人物形象的建立——从〈左传〉到〈史记〉》(1988)则以《左传》《战国策》和《史记》为主要依据，首次探讨了史传文学中人物形象的建立问题。但从整体来看，人物研究还处在单个的、著名的正面人物身上，只是一种粗线条的勾勒，缺乏全面和整体研究。同时，由于受到西方文艺思想的影响，从20世纪70年代末开始，《左

---

① 如：斯维至《从子产谈到孔子》、楼凤仙《试论〈左传〉刻画人物形象的艺术手法》、郑君华《〈左传〉情节与人物描写的形象性特征》、尹砥廷《浅谈〈左传〉对历史人物的刻画》、高树《试论〈左传〉中的妇女形象》、周淑舫《谈〈左传〉描写的正面女性形象》、李梦奎《论〈左传〉战争篇章的人物描写》、王守民《论〈左传〉中的郑国子产》、邓韶玉《〈左传〉人物描写艺术美初探》、阮忠《在伦理的光环中：〈左传〉人物形象论》、魏发展《〈左传〉人物心理描写艺术探微》、莫砺锋《〈左传〉人物描写对〈史记〉的影响》、陶涛《略谈〈左传〉人物语言的特色》、卞良君《语如其人：〈左传〉人物对话中的个性特征》、张补俊《“适如其人之言”——浅谈〈殽之战〉的人物刻画》等。

传》文体研究逐渐出现①。如：吴长庚《〈左传〉与中国古代小说的起源》(1982)从内容和形式、人物形象、表现方法三个方面探讨了《左传》对中国古代小说的起源和发展的影响；孙绿怡《〈左传〉中传说的文学特点——兼评“失之诬”说》(1986)对《左传》的文学叙事成就大加赞赏；美籍华人王靖宇《〈左传〉与传统小说论集》(北京大学出版社1989年版)，采用西方比较文学的观点，将《左传》纳入叙事文研究领域，并与《水浒传》和《红楼梦》相提并论。至于沈玉成《从文学角度看〈左传〉》(1984)，则是对《左传》文学性的整体把握。不过，纯粹将《左传》纳入叙事文研究领域，并用叙事文的故事、人物、观察点、语言来分析《左传》，视角虽然新颖，但是显然无视《左传》本身具有的经史特质，容易误读《左传》。另外，《左传》的赋诗研究零星出现，如夏承焘《“采诗”和“赋诗”》(1981)、邢天寄《春秋时期的赋诗和引诗》(1983)、张汉东《从〈左传〉看孔子删〈诗〉痕迹》(1985)、王扶汉《〈左传〉所记赋诗例发微》(1989)和台湾学者奚敏芳《左传赋诗引诗之研究》(1983)等文，就是这方面的代表。这些成果，表明《左传》已经逐渐走向文学文化研究的道路。

20世纪80年代，《左传》语言研究开始细化，涉及《左传》的训诂、具体副词和基本语法等方面②，而何乐士《从〈左传〉和〈史记〉的

---

① 如：美国学者伊根(Ronald C. Egan)撰、张端穗译《〈左传〉中的叙事文》、易平《左传中的传记体雏形》、郑君华《〈左传〉：长篇叙事文学的雏形》、戴伟华《〈左传〉“言语”对战国诸子散文的影响》、吴功正《传记散文和古典小说的审美关系》、美国学者巴顿·华兹(Burton Waston)译作《〈左传〉：中国最古老的叙事史选篇》、曾广开《从〈左传〉看春秋时期的文学观》等。

② 如：洪诚《〈左传〉泓之战“大司马固谏”注解述评》《左传句义释疑(三则)》、杨伯峻《句形同而意义异例证》、聂国栋《略谈左传的语言艺术》、朱宏达《论左传的语言艺术》、韩文《〈左传〉人物语言的运用技巧》、杨西江《秦晋〈殽之战〉的人物语言特点》、陈克炯《左传复音词初探》、陆宗达《〈左传〉句义释疑》、张伟明《关于〈左传〉中“於”和“于”的用别》、罗汝忠和吴翠屏《略论〈左传〉中的“者”字及“者”字结构的一些问题》、刘冬冰《〈春秋左氏传〉假借例释》、李佐丰《谈〈左传〉三类复合使动式》、郁亚馨《〈左传〉的“大”考》、吴道勤《〈左传〉中的使动双宾语结构》、杨亦鸣《关于〈左传〉“贰于×”及其他》、秦礼军《〈左传〉“贰于×”解》、黄金贵《〈左传〉“贰于×”解诂》、申小龙《〈左传〉单段单动施事句研究》等，均属此类。

比较看〈史记〉的动补式》，侧重比较《左传》和《史记》的语法特点，让人耳目一新。何乐士的另一文，即《〈左传〉前八公与后四公的语法差异》(1988)，从语法入手，发现《左传》前八公和后四公的语法存在很大差异。1994 年，作者又撰写《再论〈左传〉前八公与后四公的语法差异——〈左传〉内部语法、语汇特点的比较》，再次重申观点，无疑给后人指出了一条从语言学角度研究《春秋》经传的正确道路。何乐士后将论文结集为《〈左传〉虚词研究》(商务印书馆 1989 年版)，代表 20 世纪 80 年代《左传》语言学研究的最高水平。台湾学者程南洲《春秋左传贾逵注与杜预注之比较研究》(台湾文津出版社 1982 年版)，则从训诂学入手考证贾逵注与杜预注的异同，认为二者各有价值，不可重此轻彼。

20 世纪 80 年代，在《左传》注译本方面，除了杨伯峻和沈玉成的著作外，另有一些佳作。如冯作民《白话左传》(岳麓书社 1988 年版)，依鲁国国君纪年顺序编排，译文流畅通俗，是《左传》普及读本。台湾学者李宗侗《春秋左传今注今译》(台湾“商务印书馆”1984 年版)，则是注译兼释本，注释尽量参照杜预、郑玄等大家注解，译文力求直译，代表台湾《左传》译注的新成果。杨伯峻、徐提《春秋左传词典》(中华书局 1988 年版)则对了解《春秋左传》中的人名、地名以及事物等大有帮助，也体现出杨伯峻独特的古籍整理方法，即李解民概括的“注文、译文、字典三位一体的古籍整理方法”①。

(二) 20 世纪 90 年代

20 世纪 90 年代以来，山东举办了四次与《左传》相关的学术活动。同时，港台也积极举办相关学术会议，如 1994 年香港大学举办第一届“《左传》国际学研讨会”；1999 年 5 月 8 日至 9 日，台北大学中文系经学研究会与“中央研究院”文哲所合办中国经学研究会第一届学术研究会等，从而使《左传》与左丘明研究逐步系统化、制度化。同时，从七八十年代起，大批先秦文物渐次出土，在一定程度上改变了人们因为文献缺乏而导致的对古籍常识、真伪等问题的简单错误定

① 李解民：《注文·译文·词典——杨伯峻古籍整理方法试析》，中华书局 1981 年版，第 110 页。

性，并给习惯“疑古”的人们极大的思想观念冲击。1992年，李学勤明确提出“走出疑古时代”，推动新的学风，提倡资料整理与史事融通二者相结合，解释历史、重建历史，此一用意，在世纪之交推演成“回归原典”的学术需求。① 于是，在对待传统经典的问题上，人们由“不能轻信”过渡到“不可轻疑”，故《左传》的一些基本问题，如“《左传》是《春秋》之传”、“左丘明作《左传》”等又被重提，并由此推动《左传》研究走向深入。

在《左传》经史之争中，多数学者认为在没有可靠证据表明《左传》非《春秋》之传的前提下，仍应坚持这些古已有之的传统说法。因此，《左传》是解经之作的观点渐占上风，并出现了几部著作，如沈玉成《春秋左传学史稿》(江苏古籍出版社1992年版)认为《左传》本为解释《春秋》而创作，采用的是“以事解经”的方式，同时兼具直接解经的内容，解经内容服务于叙事，而《左传》中的绝大部分内容都可与经文完全对应，并通过解释经义或补充史实解释《春秋》大义。这种解释方式不同于《公》《穀》，而更能体现其史学及文学上的伟大成就，而否认《左传》为《春秋》之传，是西汉末的今文博士出于政治上的考虑和学术上的成见。台湾学者张素卿《解经与叙事——〈左传〉经解研究》(台湾书林出版有限公司1998年版)以“《左传》解释《春秋》”为中心，分别就解释、叙事、经解与正名逐章深入论述，论述了《左传》的解经性质及其叙事在经学解释上的意义，眼光独到，无疑继承了古文经学的衣钵。赵生群《春秋经传研究》(上海古籍出版社2000年版)直接针对赵光贤的观点，运用统计法，分别就《左传》“依经立传”、“无经之传”、“有经无传”、“以事解经”、“三传不书之例与无经之传”、“《春秋》大义存乎事实”诸问题细致分析，阐明《左传》实为解经而作这一根本问题，并进一步论证《春秋》与《左传》二者互为表里不能割裂。而路新生《驳刘逢禄〈左氏〉不传〈春秋〉说》(1998)则从“刘歆伪作说”的源头刘逢禄入手，申明《左传》是《春秋》之传这一主流观点。不过，还是有一小部分学者直接承袭80年代赵光贤与胡念贻等人的论点，通过《左传》中很少有直接解经的文字这一事实，

① 参见罗军凤：《走出疑古时代的〈左传〉学研究——近三十年来〈左传〉研究述评》，见《文学前沿》第12辑，学苑出版社2007年版，第254页。

坚持《左传》中的解经之语实为后人窜入。如孙绿怡《〈左传〉非经之传》(1997)认为就算抽出《左传》中的解经之语，《左传》仍然是十分连贯的分年记事史书，是杜预从形式上将《左传》与《春秋》联系在一起。李小成《〈左传〉非〈春秋〉之传》(1999)也认为《左传》现在的流行本定非原本，有一个后人增删并杂入的过程，解经之句也是强行加入的，《左传》当为综合各国史料，并加入了其他来源的材料汇编而成。雷戈《史为一家》(1999)则从思想史的角度论述了《左传》非《春秋》之传。邬锡非《〈左传〉争议诸说述评》(1992)对20世纪以来《左传》争议数家诸说以简表形式列出。刘示范《〈春秋〉经传国际学术讨论会观点综述》(1996)又对"《春秋》经传国际学术讨论会"参会各家的经传观点进行了整理。因此，《左传》是否为《春秋》之传，20世纪90年代仍未达成共识。为了解决这一问题，学者们又将眼光投向《春秋》三传及其文本，试图通过对具体内容、思想及艺术的发掘与整理，来探究经传之间的关系，但收效并不大①。在此基础上，逐渐出现《左传》与《国语》《尚书》《诗经》《穆天子传》《战国策》《史记》《说文》等与《左传》同时或稍后出现的典籍的对比研究，并取得一定成绩②。但整体来看，研究仍局限在人物、语言、文体、战争、外交辞令等文学

---

① 如：任明刚《〈左传〉与〈春秋〉比较》、赵伯雄《〈公羊〉〈左传〉记事异同考》、郭丹《〈左传〉与两汉经学》、陈建梁《服虔以〈公羊传〉解〈左氏〉例释——兼论〈公羊传〉与汉儒对齐桓公之评价》、杨向奎和浦卫忠《〈春秋〉三传的差异及其影响》、刘家和《〈春秋〉三传的灾异观》、王联斌《〈春秋〉三传中的武德是非之辨》、寇养厚《关于"〈春秋〉三传"的两个问题》等，均属此类。

② 如：燕国才《〈尚书〉〈左传〉〈国语〉心理学思想研究》、伍星明和黄生文《〈左传〉〈国语〉中的重民思潮》、王化钰《〈左传〉与〈国语〉比较研究》、徐少锦《〈国语〉〈左传〉中的家庭道德教育及其现代价值》、谭德兴《〈左传〉、〈国语〉与汉四家诗》、董治安《从〈左传〉和〈国语〉看诗三百在春秋时期的流传》、王则远《〈左传〉中的用〈诗〉》、张新科《从〈左传〉到〈史记〉史传文学的特征》、姚德彬《两个晋文公——从〈左传〉与〈史记〉的人物差异说开》、张玉辉和张玉军《〈左传〉〈史记〉人物描写比较谈》、丁琴海《史传文体演化的轨迹——〈史记〉与〈左传〉在时间结构上的比较》、马格侠《〈史记〉对〈左传〉的继承和发展》、梁晓云《〈史记〉与〈左传〉〈国语〉所记之吴越历史的比较研究》、肖振宇《论〈史记〉对〈左传〉战争描写的继承与发展》、胡安顺《〈左传〉辞令与〈战国策〉辞令论说方法之比较》、郑杰文《〈穆天子传〉对〈左传〉文学手法的变革》、陈良明《〈说文〉引〈左传〉说略》等。

艺术方面，缺乏史的宏观把握。而对比研究的范围也日渐向后世典籍拓展，如显懋《〈左传〉战争描写对〈三国演义〉的影响》(1992)就是一例。这彰显出《左传》在历史上的较大影响和潜在的文史研究价值。

在《左传》的作者和时间方面，张平辙《〈春秋左传〉的作者究竟是谁》(1990)认为现在所见的《春秋》原为季孙氏费国史记，季孙氏于战国初期从鲁国分裂并建都于费，依附于费君的曾申以《春秋》为教材，以其讲义为《传》，即为后世流传的《左传》，又驳曾申授自左丘明，故认为《左传》是孔门弟子所作。桑秋杰《〈左传〉作者及作者姓氏考》(1995)认为《左传》是左丘明所作，只是经过曾申、吴起等人的增饰附益，从这一意义上说《左传》“成于众手”也是正确的。牛鸿恩《论〈左传〉的成书年代》(1994)对杨伯峻和赵光贤等人所持的战国说做了修订和补充，认为《左传》最晚在公元前360年至前355年之间写成，作者当是左姓吴期。林语堂《〈左传〉真伪与上古方音》(1992)则从语言学的角度，认为《左传》并非鲁语，《左传》有自己一贯的音理系统，其地名、人名所用的通假字自成系统，代表了一种方音的声势，当成书于获麟(前481)后50年。至于《左传》的材料来源，王和《〈左传〉的材料来源》(1993)认为有二，即春秋时期各国史官的记事笔记和流行于战国前的关于春秋史事的传闻。

历史研究的重点仍然在制度研究，但已经从20世纪80年代的经济、土地、城市等传统制度问题过渡到政治、文化、礼仪、赋税、婚姻、道德等具体制度建设方面①。如：潘雨廷《左传与春秋易学》(1991)认为《左传》《国语》记载的筮例仍是《周易》研究者重要的

① 如：浦卫忠《论〈左传〉“君子曰”的思想》、卞朝宁《论〈左传〉作者的思想倾向》、刘家和《〈左传〉中的人本思想与民本思想》、林甘泉《从〈左传〉看中国古代城邦的政治体制》、吴显庆《论〈左传〉中的政治辩证法思想》、罗家湘《〈左传〉中关于礼文化的再强化》、漆斌《〈左传〉之赋税思想拾零》、王连儒和李廷安《〈左传〉所见诸侯婚姻中的宗姓认同与“兄弟之国”》、李廷安《〈左传〉所见诸侯婚姻中同姓婚姻的一般禁忌原则》、陈延嘉《关于〈左传〉中的“烝”“报”婚问题》、徐少锦《〈国语〉、〈左传〉中的家庭道德教育及其现代价值》、来可泓《论〈左传〉中的传统道德》、姚斌《〈左传〉中的火的故事》等论文。

参考资料；叶友琛《就〈左传〉论春秋时期礼的价值取向与共同特征》(1998)通过对《左传》引“礼”进行研究，深入探讨春秋时代的价值取向与共同特征；陈戍国《先秦礼制研究》(湖南教育出版社 1991 年版)凭借《左传》中记载的大量丰富材料，对《周礼》在春秋时期的演变进行了研究，多有新见；童教英《从〈左传〉看春秋时期非婚生子的身份和地位》(1998)则以《左传》的一些记述为主要材料，借以论述春秋时期非婚生子的身份地位及其成因。此外，还有对地名、人物、姓氏、武器、军事术语、民族历史、注释及《左传》史学史的考辨与研究等①，如陈奇猷《也谈“爰田”》(1994)利用出土文献的研究成果，并对先秦文献进行考察，认为这种“爰田”与一般的赏田不同，有其特殊的定制，可成一说。陈建梁《从文献与考古学角度论〈左传〉中的“大屈”》(1995)应用最新的考古成果，对《左传·昭公七年》中的“大屈”作出了解释，认为服虔之说实为可取。这些研究虽然琐碎，但无疑澄清了《左传》本身存在的一些细节问题。

20 世纪 90 年代，《左传》文学文化研究更加热闹。人物研究已逐渐朝着人物形象的整体化和系统化迈进，如郭丹《〈左传〉人物形象系列及其意义》(1991)和白显鹏《论〈左传〉家族人物群像》(1998)等，显然是从系列形象和家族形象入手来分析②。台湾学者程发轫《春秋

---

① 如：辛志贤《〈左传〉地名考辨》、荆贵生《〈左传·隐公元年〉地名考释二则》、崔恒升《〈禹贡〉、〈左传〉地名大别、小别考》、周亨祥《孙武何以不见名于〈左传〉》、王文清《〈左传〉中“王孙满”的身世考辨》、严军《〈左传〉姓氏相关问题的探索》、滕新才《左丘明姓氏名字新探》、陈建梁《〈六韬〉“云梯飞楼”即〈左传〉“楼车”考——兼论孙诒让对服虔注的误解》、邵鸿《春秋军事术数考述》、杨建华《〈春秋〉与〈左传〉中所见的狄》、周维纲《〈左传〉“大司马固谏”杜注质疑》、陈其泰《〈左传〉在古代史学上的地位》、孙开泰《从〈左传〉的史学思想看其作者》等。

② 类似的论文还有：何新文《人的发现与文的新变——春秋时代文学艺术略论》、汪耀明《论〈左传〉人物形象的描写》、李运宁《〈左传〉人物形象塑造絮谈》、周苏平《春秋“舆人”考辨》、白显鹏《论〈左传〉作者叙事写人的家族意识》、于淑华《〈左传〉所描写的女性形象》、于年河《贵族百丑图：〈左传〉人物漫谈》、童教英《文姜小议》、王长华《春秋战国士人与政治》(上海人民出版社 1994 年版)等。

人谱》(台湾"商务印书馆"1990年版)统计出春秋时代的世族215个，并对春秋人物做了综述。孙绿怡《〈左传〉与中国古典小说》(北京大学出版社1992年版)将《左传》中描写的众多历史人物分为两大基本类型，即"累积型人物形象"和"闪现型"人物形象，就非常有见地。而在西方理论的作用下，美籍华人王靖宇著、勾承益译的《中国早期叙事作品的典范——〈左传〉》(1991)在90年代流行一时。在其影响下，出现傅修延《先秦叙事研究》(东方出版社1999年版)、曾海龙《论〈左传〉对编年记事的贡献》(1993)、李梦奎《论〈左传〉的长篇叙事文学特征》(1995)和刘立文《论〈左传〉文本的史诗性整一》(1997)等论述。不过，将《左传》仅视为小说，弊端不言而喻。同时，《左传》的外交辞令、叙述艺术、俗谚、民谣、寓言、宗教、军事等方面，也有一批论文①，但总体看还是显得薄弱，缺乏宏观把握和深入论述。新颖的是，《左传》赋诗研究成了港台地区的研究热点，产生了一批专著，如台湾学者张素卿《左传称诗研究》(台湾大学出版社1991年版)，以赋诗活动为主题，探讨了春秋时代的诗学风尚，认为赋诗活动重在断章取义，且与政治紧密相连。后又著《叙事与解释——〈左传〉经解研

---

① 外交辞令与叙述艺术，如张卫中《试论〈左传〉的文学性》《从创作的角度看〈左传〉》、景明《论〈左传〉的文学观》、汪受宽《〈左传〉在历史文学上的两大特色》、徐柏青《〈左传〉文学成就论》、王守谦《略论〈左传〉中行人与行人辞令》、刘亚林《婉而有致 词强不激——〈左传〉外交辞令语体风格分析》、武惠华《〈左传〉外交辞令探析》、高益荣《〈左传〉说辞的特色及其成因》、陈荣石《〈左传〉战阵赋诗之语境分析例举》、金文舒和金荣权《比较〈左传〉与〈战国策〉的外交辞令——兼谈春秋战国的社会心态》、朴晟镇《〈左传〉代言之分析》；俗谚、民谣与寓言，如曾海龙《略论〈左传〉对俗谚、民谣的运用》、陈又钧《〈左传〉中的寓言浅探》；宗教研究，如李勇《从"〈左传〉所言星土事"看中国古代星占术》、杨健民《〈左传〉记梦的梦象类型及占梦特点》、刘玉建《〈左传〉〈国语〉中卜例(之一)》、聂玉海《〈左传〉记载的〈周易〉应用情况》、张卫中《〈左传〉占梦、占星预言与春秋社会》等；军事研究，如黄朴民《〈左传〉军事思想简析》、王志平和吴敏霞《论〈左传〉在中国军事学术史上的地位》、邵鸿《春秋军事术数考述——以〈左传〉为中心》、廖健琦《〈左传〉作者的军事思想》、朱宝庆《左氏兵法》(陕西人民出版社1991年版)；文化研究，如曾广开《从〈左传〉看春秋时期的价值观》、王珏《〈春秋〉〈左传〉女性他称词及其文化内涵》、田恒金《从〈春秋〉〈左传〉看先秦时期女性的名字及其文化内涵》等。

究》(台湾书林出版有限公司 1998 年版)和《清代汉学与左传学——从“古义”到“新疏”的脉络》(台湾里仁书局 2007 年版)二书，对《左传》的叙事和清代《左传》学进行细致研究，多有新见。台湾学者曾勤良《左传引诗赋诗之诗教研究》(台湾文津出版社 1993 年版)广征博引，逐条论析，资料翔实，考证严密，是台湾在《左传》赋诗研究方面的代表性成果。大陆的刘丽文《从〈左传〉看孔子的“〈诗〉可以观”》(1999)在文献的基础上，指出《左传》引诗多为《雅》、《颂》及《周南》、《召南》，此外就是《豳风》以及郑、卫之诗并分析了原因。董治安《从〈左传〉〈国语〉看“诗三百”在春秋时期的流传》(1991)利用统计学的方法，揭示了先秦时期《诗》的流传过程、文化传统和政治因素对用《诗》的影响。聂言之、鲁洪生《简论春秋赋诗言志》(1995)则全面论述了春秋时期赋诗言志的形式、原则、方法、功用等内容。显然，港台地区的文学文化建设比大陆更好，也更早从文学文化视角关注《左传》，成绩也更突出。

20 世纪 90 年代，学术史研究渐趋丰盛，产生了几部完整的著作，如沈玉成、刘宁著《春秋左传学史稿》(江苏古籍出版社 1992 年版)和浦卫忠《春秋三传综合研究》(台湾文津出版社 1995 年版)就是其中的代表。《春秋左传学史稿》采用了史的研究方法，注意从文学的角度研究《左传》，并始终贯穿着朴学思想，视野广阔，成就突出。但限于时代原因，作者无法获得全面的《左传》学研究资料，忽略了一些《左传》学研究成果；又由于将《左传》纳入文学和文献的研究范畴，故对《左传》史学等的成果涉及较少，而其一些观点仍值得商榷，如《春秋左传学史稿》认为“《左传》是解经之说”，但这一观点遭到赵光贤的反驳。刘宁在第十二章曾评论赵光贤的《左传编撰考》，赵光贤却认为误解了自己的观点①。不过，在 20 世纪 90 年代初，《春秋左传学史稿》无疑是一部开山之作。浦卫忠对《左传》中的许多疑难问题都进行了研究，颇有创建，如作者认为《左传》的作者与孔门并无关系，也反对“刘歆伪作说”。此外，除了杜预和刘师培等《左传》学

① 详见赵光贤：《〈左传〉和〈春秋〉是什么关系？——评沈玉成著〈春秋左传学史稿〉第十二章》，载《史学理论研究》1994 年第 4 期。

史上的大家研究外①，一些学者开始将目光转向宋代，如张卫中《吕祖谦〈左传〉研究论析》(1992)就填补了《左传》宋学研究的空白。而马勇《汉代〈春秋〉学研究》(四川人民出版社1992年版)，是较早对汉代《春秋》学史进行研究的专著，书中对《左传》学的研究也慧眼独具；章权才《两汉经学史》(广东人民出版社1990年版)从政治学角度对两汉经学进行阐述；蒋庆《公羊学引论》(辽宁教育出版社1997年版)则将公羊学资源和现代政治理念结合起来。至于何耿镛《经学简史》(厦门大学出版社1993年版)，虽然对经学史进行了勾勒，但是并没有涉及近现代经学，此为遗憾之处。

20世纪90年代的语言研究，除传统的介词、副词、名词和语法等的研究外②，在经今古文之争的大环境下，学界开始关注被古文经学冷落的现存第一部注本即杜预注本，并出现几篇较好的论文，如董莲池《〈左传〉杜注对句法现象的揭示》(1993)、袁丹《〈左传〉杜注所揭示的特殊语法现象类析》(1996)、刘光明《〈左传〉杜注的语法研究》(1998)等，都从语言角度对杜预注疏进行辩证研究，视角新颖。

---

① 如：方光华《试论刘师培对〈左传〉的整理和研究》、洪廷彦《试论杜预的"〈左传〉癖"》、陈大同《关于设立〈左传〉博士的一场辩论》、陈恩林《评杜预〈春秋左传序〉的"三体五例"问题》、朱冠华《刘师培春秋左氏传答问研究》(光明日报出版社1998年版)等。

② 如：张在义《〈左传〉"爰田"试析》、于全有《试论〈左传〉中的训诂》、吴东平《〈左传〉语词探讨二题》、周之郎《〈左传〉"相从为愈"旧解辨正》、王仲英《〈左传〉"能、可、欲、敢"等词的使用情况调查兼论其词性》、张克哲《〈左传〉中的"唯是"考释》、张觉《〈左传〉"死君"说解辨正》《〈左传〉"寡居之以为戮死且不朽"误解辨正》、邵炳军《从〈尚书〉到〈左传〉看上古汉语中"然"字的用法》、张波《〈左传〉非正常语序成因初探》、山崎直树和李运富《〈左传〉中"吾""我"格表示的分裂条件》、白平《谈〈左传〉中的三种"何……之……"式》、郭挺之《对〈左传〉注释的辨析》、郎久英《"以"字在〈左传〉中的语法特性》、张景霓《〈左传〉中的范围副词考辨》、张文国《左传名词研究》(中国社会科学出版社1998年版)、夏先培《左传交际称谓研究》(西南师范大学出版社1999年版)、管燮初《左传句法研究》(安徽教育出版社1994年版)、朱维德《春秋左传隐含研究》(岳麓书社1995年版)、何乐士《〈左传〉范围副词》(岳麓书社1994年版)、刘殿爵与陈方正主编《先秦两汉古籍逐字索引丛刊》(商务印书馆1992年版)等。

台湾学者郭鹏飞《洪亮吉左传诂斠正》(香港商务印书馆 1996 年版),则从训诂学和词汇学入手,对洪亮吉《春秋左传诂》做了疏证。

20 世纪 90 年代较好的《左传》注译本,如:王守谦、金秀珍、王凤春译注《左传全译》(贵州人民出版社 1990 年版)集原文、注释和译文于一体,参考和借鉴了历代《左传》研究者的著述,而在翻译方面,则参照和吸收了沈玉成《左传译文》的成果。胡志挥英译、陈克炯今译的《汉英对照·左传》在翻译过程中,力求逐句直译,语言流畅,且尽可能地参考了古代和现当代学者的研究成果。来可泓《左传名句选译》,选取了《左传》中 95 则名句加以注释,按鲁国国君纪年顺序排列,易于读者阅读。顾宝田、陈福林《左氏春秋译注》(吉林文史出版社 1995 年版)以鲁国十二公为顺序,综合运用 20 世纪以来的《左传》译注成果,论述鲁国及主要诸侯国的政治、经济、军事、思想、文化等方面的重大举措和变革,力图展现出春秋时期的历史全貌①。

(三)新世纪时期

进入 21 世纪后,《左传》研究从成果数量和研究队伍上看,都有量的增加,一大批"50 后"、"60 后"学者成了研究的主体,而一些"70 后"的年轻学者也锋芒毕露。同时,各种关于《左传》和"左丘明"的学术研讨会先后展开,《左传》研究已经呈现出组织化、系统化、制度化和国际化的特点。

新世纪的学术思想更为多元,学术观点也更趋辩证。在《左传》的基本问题上,学界显得更为谨慎。值得注意的是,经传之争仍然存在,但有些显得直白,如晁天义《〈春秋〉为史学著作说质疑——兼论杜预的"经承旧史"说及其影响》(2002)一文,反对杜预、刘知幾、章学诚等人相传的"经承旧史"说,认同今文经学家皮锡瑞"孔子作《春秋》"的观点。而有一些则显得隐晦,如对《左传》的称名之争就属此

① 还有一些注译本,如胡安顺主编《左传纪事精选》(三秦出版社 1993 年版)、张燕瑾主编《文白对照全译左传》(国际文化出版公司 1993 年版)、杨伯峻和徐提译《白话左传》(岳麓书社 1994 年版)等,也各有特色。

类。《左传》的称名是经今古文之争的核心问题之一，古文经学认为其称“传”，是《春秋》之传，今文经学坚持其名《左氏春秋》，只是一部史书。王红霞《〈左传〉称名略说》(2004)及《“春秋”称名管见》(2004)两文，认为从《左氏春秋》到《左传》的过程不是孤立的，是整个经学体系建构的一个有机的组成部分，是刘歆将《左氏春秋》的名称改为《春秋左氏传》，后世简称为《左传》，而《左传》由“经”到“传”的转变，本是伴随着古文经学兴起而最终形成的。罗军凤《〈左氏春秋〉的撰作与流传》(2008)也认为《左传》“传”之名称的由来，是争立学官的副产品，也是经今古文之争中今文学胜利的象征。而姚曼波重提《左传》的作者是孔子的观点，也是针对这一问题而言①。2001年，姚曼波发表《孔子作〈春秋传〉史实考》，后结集成《春秋考论》(江苏古籍出版社2002年版)，引起学界对《左传》作者的广泛论争②。牛鸿恩《厌弃〈春秋〉尊〈左传〉——姚曼波女士〈左传〉“蓝本”作于孔子说驳议》(2002)、《“弑君三十六，亡国五十二”考实——兼驳“孔子所作〈春秋〉非‘经’而是‘传’说”》(2003)、《先入为主的主观体认——三驳所谓“孔子作〈春秋〉传”》(2006)、黄觉弘《〈左传〉先秦授受世系之由来辨伪》(2002)、《吴起与〈左传〉之关系辨正》(2004)、《“孔子作〈左传〉说”再议》(2005)、《刘歆争立〈左传〉始末略论》(2005)、《〈左传〉成书上下限推考》(2006)等文持反对意见，针锋相对。姚曼波毫不示弱，相继发表《从〈左传〉〈国语〉考孔子“笔削”〈春秋〉义法——突破“春秋学”千年误区新探之二》(2001)、《孔子“修〈春秋经〉”之说乃“乌有之谈”——二驳牛鸿恩

---

① 毛起认为孔子作《春秋》，仅摘录整理自鲁史，而其真正的著作是以史事阐发《春秋》大义的《左传》，而七十子之徒将最初口说相传的传旨形于竹帛，竹帛所著之言原为孔子所述(毛起《春秋总论初稿》，贞社1935年版)。此后近60年，孔子作《左传》说颇为沉寂。

② 戴维也持相似观点，认为《左传》是一部以诸国历史纪年文献而汇编的编年史，而作者对历史事件的评论，是通过引“君子曰”、“仲尼曰”或“礼”而实现的。而这些评论，应为《左传》原文，其后的《晏子春秋》《吕氏春秋》中大部分内容是利用史实以达到阐述自己观点的目的(《春秋学史》，湖南教育出版社2004年版)。

先生之“驳议”》(2002)、《再论孔子作〈左传〉蓝本——驳牛鸿恩先生之“驳议”》(2002)、《孔子作〈左传〉“蓝本”的史实否定不了——再驳牛鸿恩之“驳议”》(2004)、《孔子传〈易〉与作〈春秋〉的关系新论》(2006)等文坚决予以反击。其间，张京华《〈春秋〉〈左传〉与孔子的史学地位》(2001)、刘丽文《左丘明与〈左传〉〈国语〉关系考论》(2004)、宁登国《〈左传〉记事终止时间辨正》(2006)、任晓锋《由〈左传〉内容看该书作者之歧争》(2006)等文，都有意无意加入论争，前后持续5年，成为一时热点。同时，丘氏家族清代族谱《〈左传〉精舍志》的发现，为研究左丘明提供了新的线索。张为民、张均林《左丘明姓氏推考》(2001)利用这一资料，从古代的姓氏制度入手，推考左丘明一族的姓氏经历了一个初以丘为氏，后以左为氏，再复以丘为氏的过程，左丘明本人处在以左为氏的阶段。但是《〈左传〉精舍志》的可信度不为世所重，故左丘明的姓氏问题，仍将是学者持续争论的焦点。至于《左传》的成书年代，黄觉弘发表《〈左传〉成书秦汉说及代有增益说综考》(2006)、《〈左传〉成书战国说综考》(2006)、《〈左传〉成书春秋说综考》(2008)等系列论文，逐一列举各派学者的代表学说，于《左传》研究大有帮助。而在《左传》和《国语》的关系上，语言学家白兆麟《〈国语〉与〈左传〉之假设句对比》(2000)将《国语》与《左传》中的假设复句进行比较，得出《国语》将近340句复句，而《左传》共有560余句，假设复句中二者相同部分与相异部分各有特点，其用法与现代用法亦有不同。刘丽文《左丘明与〈左传〉〈国语〉关系考论》(2004)认为左丘明确实是《左传》和《国语》的编纂者，只不过作为《左传》原本的《国语》已经失传。

新世纪以来，《春秋》经传研究持续升温。学者们开始以一种历史的眼光重新评判传统经学，使古老经学重新焕发出光彩，并出现一批颇有价值的《春秋》经传研究论著。其中，有对经学史的专门考察，如范文澜《经学史讲演录》，李学勤《重写经学史》，朱维铮《中国经学史十讲》(复旦大学出版社2002年版)，吴雁南等主编《中国经学史》(福建人民出版社2001年版)，彭林主编《经学研究论文选》(上海书店出版社2002年版)，姜广辉主编《中国经学思想史》(中国社会科学出版社 2003 年版)，汤志钧《近代经学与政治》(中华书局 2000 年版)，(美)萧公权著、汪荣祖译《近代中国与新世界：康有为变法与大同思想研究》(江苏人民出版社 2007 年版)，刘黎明《〈春秋〉经传研究》(巴蜀书社 2008 年版)，晁岳佩《春秋三传要义解读》(北京图书馆出版社 2008 年版)，周远斌《儒家伦理与〈春秋〉叙事》(齐鲁书社 2008 年版)等。而赵伯雄《春秋学史》(山东教育出版社 2004 年版)，既对历代《春秋》和《左传》研究成果进行了系统的梳理，又对《左传》作者、成书年代、编撰过程等提出了自己的看法，是一部完整的《左传》学史汇编本。同时，对断代经学的探究，除经学繁荣期的汉、唐、宋和清代外①，新出现建安、两晋南北朝、元、明等时代，如黄觉弘《〈春秋〉学与建安文士群》(2007)、周国琴《元儒程端学对〈春秋〉三传的辩驳》(2007)、张德建《春秋学与明代学术的历史变迁》(2008)和台湾学者沈秋雄《三国两晋南北朝〈春秋左传〉学佚书考》(台湾编译馆 2000 年版)等，积极开拓经学新视野。而对著名经学家的评述，也不再限于杜预、吕祖谦、刘逢禄、廖平、康有为、章太炎、刘师培等经学大家②，逐渐出现贾谊、庾信、啖赵、刘敞、苏

① 如：李卫军《两汉〈左传〉学概述》《〈续修四库总目·春秋左传纲目句解〉提要补正》、黄觉弘《论汉代〈左传〉的两大传本及其显晦》《论东汉〈左传〉地位之变迁》、尹雪华《试论两汉〈左传〉经典化过程》、郜积意《汉代〈春秋〉学中的朝聘礼之争》、王晓敏《论唐代“新春秋学”对〈左传〉的贬抑》、夏微《宋代〈春秋〉学述论》、罗军凤《治经方法的嬗变与清代〈春秋左传〉学的发展》、孙锡芳《清代〈左传〉考据学发展研究》、俞樟华和林怡《宋代〈左传〉学概述》、印宁波《宋代〈左传〉学三论》、张玉春和史素昭《从〈四库全书总目〉看清初的〈左传〉研究》、吕志《〈春秋〉三传与〈古文观止〉评庄考辨》、陈苏镇《汉代政治与〈春秋〉学》(中国广播电视出版社 2001 年版)、孙筱《汉代经学与社会》(中国社会科学出版社 2002 年版)、漆永祥《汉学师承记笺释》(上海古籍出版社 2006 年版)、台湾学者丁亚杰《清末民初公羊学研究：皮锡瑞、廖平、康有为》(台湾万卷楼图书有限公司 2002 年版)、李建军《宋代〈春秋〉学与宋型文化》(中国社会科学出版社 2006 年版)等。

② 如：安敏《孔颖达〈春秋左传正义〉研究》(岳麓书社 2009 年版)、郭院林《清代仪征刘氏〈左传〉家学研究》(中华书局 2008 年版)、刘丽华和晁岳佩《论杜预〈春秋〉学在〈春秋〉学史上的地位》、赵沛《廖平〈左传〉研究对杜预的批评》、台湾学者黄翠芬《章太炎春秋左传学研究》(台湾文津出版社 2006 年版)等。

轼、胡安国、洪亮吉、沈钦韩、王闿运等其他人物，并对其经学贡献作出了实事求是的评价①。可贵的是，对某一地域经学的局部审视开始出现，如姚文造《论徽州学者的〈春秋〉学研究》(2007)、谭锐《四川历代〈春秋〉学略论》(2009)等文，无疑对地域文化的建设具有积极意义。这一时期，出现了全面总结20世纪《左传》研究历程的学术论文，如赵长征《20世纪〈左传〉研究概述》(2000)、梁涛《20世纪以来〈左传〉、〈国语〉成书、作者及性质的讨论》(2005)、周书灿《经学传统下的〈左传〉学研究》(2007)、罗军凤《走出疑古时代的〈左传〉学研究——近三十年来〈左传〉研究述评》(2007)、刘丽文《新中国成立以来大陆〈左传〉研究综述》(2009)、陶然《近三十年来〈左传〉研究概述》(2010)、肖锋《百年"春秋笔法"研究述评》(2006)、赵庆运《近代〈春秋〉学研究述略》(2007)、台湾学者张素卿《清代汉学与左传学》(台湾里仁书局2007年版)和张高评《台湾近五十年来〈春秋〉经传研究综述》(2004)及《〈春秋〉书法与〈左传〉学史》(上海古籍出版社2005年版)等，都对一定时期内的《左传》学史进行了回顾与总结。

新世纪的《左传》历史研究，重点仍在对制度的考释。过常宝《〈左传〉源于史官"传闻"制度考》(2004)一文，利用杜注中有关史官记录的礼制材料，提出史官所记简和策的内容分工都由制度明文规定，故认为《左传》材料的记载是史官文化的一部分。张岩《战国文体渊源考略——兼谈〈国语〉的史料来源和成书情况》(2004)，在存世先秦典籍和出土文献的佐证下，分析了《左传》中的训语、劝谏、赞语、问答等四种文体的内部结构，认为其属于传统"语"体，从语体史料为《左传》研究提供了思路。陈彦辉《春秋辞令研究》(中华书局2004年版)，从礼乐文化角度对春秋辞令的形态、产生、演变等问题进行

① 如：文廷海和吴涛《贾谊〈新书〉引〈春秋〉述略》、罗玲云《庾信与〈左传〉》、黄觉弘《啖赵〈春秋〉学派略论》、张尚英《刘敞〈春秋〉学术论》、杨金平《苏轼对"春秋三传"的比较研究》、金永健《洪亮吉〈春秋左传诂〉的经学成就》《尽弃杜孔，唯汉是从——论沈钦韩的〈左传〉研究》、刘少虎《经学以自治：王闿运春秋学思想研究》(华夏出版社2007年版)、台湾学者宋鼎宗《春秋胡氏学》(台湾万卷楼图书有限公司2000年版)等。

阐释。其他考释，则涉及礼仪、政治、婚姻、法律、外交、土地、历法、卜筮、方士、人物、铭文、《左传》史学地位、史学观念等方面①。此外，还有将《左传》和西方历史的比较研究，如赵绪磊《〈左传〉和〈伯罗奔尼撒战争史〉编年体异同》(2005)和丁太䰟《关于〈左传〉与希罗多德〈历史〉的几点比较》(2007)等，显得较为新颖。对《左传》传播学的研究也是时尚话题，有杨钊《论〈左传〉"诗以言志"的传播学思想》(2007)和赵奉蓉《战国诸子对〈左传〉的传播》(2010)等论文。从整体来看，除了制度考释范围的不断拓展外，生态建设、养生理论和廉政建设等与时代生活紧密相连的内容也进入研究视域，出现了王春阳《从〈左传〉"雩礼"看春秋时期的生态变化》(2004)、李雁蓉《〈左传〉中的水旱灾害》(2005)、姜奕轲《从〈左传〉看中医基本理论的形成及其发展轨迹》(2008)和侯素利《论〈左

① 如：卓智玉《从〈左传〉看春秋的礼治思想》、程勇《略论汉代古文经学的制度构想与文论视野》、万君宝《试论〈左传〉中的管理思想》、路伟和叶少飞《〈左传〉里的投降礼仪》、浦卫忠《〈左传〉中的婚姻家庭生活》、刘宗棠和张泰《论春秋时期"烝"婚制的合"礼"性》、陈睿《〈左传〉所载"因""报""烝"考辨》、李相兴《〈左传〉中"烝"、"报"婚的价值定位》、闫璟《从〈左传〉看中国古代的婚育观》、浦卫忠《〈左传〉中的婚姻家庭生活》、郭成伟和方潇《〈左传〉的法律观》、徐歌阳和杨欣《〈左传〉中的法律实践》、王岗《从〈左传〉看春秋诸侯国外事关系的发展及其特征》、刘爱敏《〈左传〉所见春秋初期齐鲁关系》、薛柏成《〈左传〉中所表现的春秋时期井田制的衰变》、李学勤《〈左传〉"荆尸"与楚月名》《〈左传〉是研究古代历史文化的基础》、郭书兰《从〈左传〉看春秋历制》、张培瑜《试论〈左传〉〈国语〉天象纪事的史料价值》、宋会群《乾卦六龙态的天文含义研究——〈左传〉"龙纪"历法钩沉》、顾涛《新城新藏由岁星纪事推证〈左传〉著作年代之研究法驳论》、苏杭《〈左传〉的龟卜与筮占》、刘瑛和倪其心《〈左传〉方术研究》、侯廷生《赵简子卒年及相关问题——澄清对〈左传·哀公20年〉"使楚隆问吴"的重大误解》、周维纲《〈左传〉昭公六年"士匄"考辨》、王泽文《春秋时期的纪年铜器铭文与〈左传〉的对照研究》、李生信《〈左传〉"乘"字考察》、崔凡芝《〈左传〉的形成与史学地位》、刘丽文《论〈左传〉的历史观——兼论〈左传〉神梦巫卜及以成败论人的本质》《〈左传〉"继室"考》、张京华《〈春秋〉〈左传〉与孔子的史学地位》、王晓敏《试论〈史通〉对唐代〈左传〉学研究领域的拓展》、陈筱芳《从〈左传〉看春秋时期的神正论》、罗新慧《马王堆汉墓帛书〈春秋事语〉与〈左传〉——兼论战国时期的史学观念》等。

传〉中的贿赂现象》(2005)等论文，说明新世纪的《左传》史学研究角度日益细微。

新世纪《左传》的文学文化研究很丰盛，而人物、文体、对比研究则更加突出。人物研究中，除了女性、家族、士人等人物群像外①，还出现一些概述性论文，如何新文《关于〈左传〉的人物评论》(2004)，何新文、张群《现当代的〈左传〉人物研究》(2004)和潘万木《历史中的想象与想象中的历史——从〈左传〉到〈世说新语〉的人物评论》(2009)等文，都对《左传》人物研究史作了总结与回顾。方朝晖《春秋左传人物谱》(齐鲁书社2001年版)着意分析在《左传》中占有突出地位或有较大影响的重要人物150多人的特点。郭丹《左传国策研究》(人民文学出版社2004年版)注重从文学角度研究《左传》的艺术成就和人物。何新文《〈左传〉人物论稿》(中国社会科学出版社2004年版)则是对《左传》人物的概论。该书将《左传》的各种人物研究置于春秋时代“人的发现、人的觉醒、人的价值和作用的被认识”的大背景之下去研究，体现出作者多年来对左传人物研究的关注和努力。而在西方理论的强大影响下，文体学研究成了热点，出现了大批论文，既涉及《左传》的预言叙述模式、卜筮叙述模式、编年体结构叙事、梦叙述、纪事本末体叙述、历史叙事模式、虚饰与史官叙事、童谣类繇辞、经学叙事等叙述模式②，也涉及《左传》的叙事者、叙事特点、

① 如：吴美卿《〈左传〉女性人物形象及意义》、黄桂蝉《〈左传〉晋公子重耳之亡中妇女群像试析》、张淑亚《〈左传〉妇女称谓述略》、白显鹏《论〈左传〉家族人物群像》、韩再峰《〈左传〉士人的历史形象与艺术形象》等。

② 如：刘希庆《论〈左传〉中的预叙》、潘万木和黄永林《〈左传〉之预言叙述模式》、薛亚军《〈左传〉梦占预言述论》、潘万木《〈左传〉的卜筮叙述模式》、张卫中《〈左传〉占梦、占星预言与春秋社会》、欧阳雪梅和胡志平《〈左传〉编年体结构的叙事优势及其影响》、李兴宁《〈左传〉中的纪事本末体》、高萍和刘宁《历史叙事模式的定型及其对小说叙事的影响》、过常宝《〈左传〉虚饰与史官叙事的理性自觉》、舒大清《论〈左传〉中童谣类繇辞的发生机制》、王宁宁《论〈左传〉中的民谣民谚》、胡萍《〈左传〉歌讴谣诵用韵分析》、于淑娟《先秦史传文学叙事传统与汉代今文诗学的经学叙事》等。

叙事艺术、叙事价值、叙述策略、叙事方式、叙事视角①，还涉及小说、策祝仪式、箴文、盟辞等具体叙述文体②，角度多样，内容丰富。至于王靖宇《中国早期叙事文研究》(上海古籍出版社2003年版)、程水金《中国早期历史文化的嬗变——先秦散文发展线索探寻》(武汉大学出版社2005年版)、潘万木《左传叙述模式论》(华中师范大学出版社2004年版)等论著，大多将《左传》纳入叙事文，其不足罗军凤已经指出③。而概述类及散文史专著也对《左传》作出了一些新的阐释④。

此外，随着新史学的产生与发展，《左传》经史之争逐渐淡化，学者们更倾向于对《左传》的文史价值进行深入发掘，故与之时代相近的先秦典籍便成为首选，而《国语》《战国策》《史记》《汉书》《周易》

---

① 如：刘宁《论中国早期历史叙事中的叙事者》、郭丹《〈左传〉"言事相兼"的叙事特点》、刘凤泉《〈左传〉叙事文学价值论略》、杨胜朋《论〈左传〉梦叙述的文学价值》、李卫军《王源〈左传评〉文论价值初探》、丁琴海《〈左传〉叙事视角研究》、张新科《〈左传〉叙事文的艺术结构》、童庆炳《中国叙事文学的起点与开篇——〈左传〉叙事艺术论略》、文育玲《从传记比较视阈看〈左传〉的叙述策略》、方铭《〈左传〉的叙事方式与文体特征的再认识》、何爱英《〈左传〉文体特征及其文化意蕴》、魏红星《〈左传〉的文本特征——与〈公羊传〉〈谷梁传〉比较》等。

② 如：刘继保《中国古代小说起源于〈左传〉》《"稗官说"质疑兼论"小说起源于〈左传〉"》、张瑞利《〈左传〉中的小说因素》、王丽娟《先秦箴文浅论——以〈左传〉中箴文为例》、张银《〈左传〉盟辞的文学性及时代性》、董芬芬《先秦的策祝仪式及文体特点——兼谈对〈左传〉中两篇祝辞的看法》等。

③ 罗军凤：《文化和传统在"中国早期叙事文"中的迷失》，载《中国文化研究》2006年第2期。

④ 如：谭家健《六十年来中国古代散文研究之一瞥》、张树国《论〈左传〉的性质及其对古代散文研究理论建构的意义》、常森《20世纪先秦散文研究反思》(北京大学出版社2002年版)、章培恒和骆玉明《中国文学史》(复旦大学出版社2005年版)、谭家健《先秦散文艺术新探》(齐鲁书社2007年版)、张树国《春秋贵族社会衰亡期的历史叙事：以〈左传〉为例》(中国社会科学出版社2008年版)和郭预衡《中国散文史长编》(山西教育出版社2008年版)等。

与《荀子》等便成重点对比对象，出现不少论文①。不过，这些研究还是集中在文体学方面，内容较单一，短期内很难有大的突破。至于《左传》与《三国演义》、《红楼梦》、《聊斋志异》等的对比，则多是论证《左传》对后世创作的影响②。同时，还有《左传》与日本文学的对比，如李俄宪《日本文学的形象和主题与中国题材取舍的关系——以中岛敦〈牛人〉的创作与出典〈左传〉的关系为例》(2008)，属于对《左传》海外历史文化影响的研究。而对比研究的重点，则在《左传》与《诗经》之间展开，涉及引诗、赋诗、考证、流变、传播等诸多方面③。万平在《论〈左传〉"君子曰"之引〈诗〉》(2000)中，将"君子曰"引《诗》的目的归结为"赋诗断章，余取所求"，并概括出六种引《诗》方法加以说明。黄金明《春秋赋诗、言语引诗与孔子〈诗〉论——以礼

---

① 如：张黎丽《〈国语〉〈左传〉比较研究》、关冰《〈国语·晋语〉与〈左传〉相关记载之比较》、许蔚《〈左传〉、〈国语〉易例于〈周易〉之文本意义》、饶恒久《先秦时期历史档案的口述者——瞽矇职守与〈国语〉、〈左传〉的讲诵增饰》、程水金《从鉴古思潮看〈国语〉之编纂目的及其叙述方式——兼论〈国语〉与〈左传〉之关系》、可永雪《论〈史记〉在叙事上对〈左传〉的继承和发展》、吴美卿《〈左传〉的叙事特色对〈史记〉创作的影响》、赵生群《〈史记〉三家注称引〈左传〉〈国语〉考校》、舒大清和徐柏青《论〈史记〉对〈左传〉预叙的扬弃》、郭学利《〈左传〉"君子曰"与〈史记〉"太史公曰"比异》、潘万木《〈周易〉在春秋时期的接受——以〈左传〉为例》、王煜《〈左传〉对〈荀子〉音乐理论的影响》等。

② 如：黄丽丽《〈红楼梦〉及红学评点与〈左传〉》、陈莉娟《〈左传〉与〈三国演义〉比较研究》、陈才训《古文笔法对〈聊斋志异〉的影响——以〈左传〉为例》等。

③ 如：杨钊《〈左传〉逸〈诗〉考》《论〈左传〉"诗以言志"的传播学思想》、王清珍《〈左传〉中的楚人引〈诗〉》、林川和周春健《〈左传〉引〈诗〉范围的界定》、王洲明《从〈左传〉与〈史记〉称〈诗〉引〈诗〉的对比研究看〈毛序〉的作期》、毛振华《〈左传〉郑人赋诗考论》、潘万木《春秋时代〈诗〉的流播和接受——仅以〈左传〉为例》、王岗《从〈左传〉看诗歌在春秋时期的繁荣及其原因》、杜薇《由〈左传〉看春秋时期"诗以言志"社会风尚》、吴建伟《〈左传〉采诗的结构性系年》、梁占先《从〈左传〉看诗言志》、房瑞丽《从〈左传〉"赋诗"和上博〈诗论〉看先秦两大〈诗〉学系统》、马银琴《春秋时代赋引风气下〈诗〉的传播与特点》、桑大鹏《神秘主义证验与人本主义言说——〈孔子诗论〉与〈左传〉的解诗差异之分析》、于淑娟《〈左传〉赋诗与〈韩诗外传〉解诗说》、黄开国《〈诗古微〉攻刘歆的妄改〈左传〉》等。

用为核心的早期诗学观》(2000)认为孔子《诗》论以“礼”为核心，与《左传》等赋诗、引诗体现出的《诗》学观念相一致。杨素萍《试论〈左传〉中的引诗、赋诗及其他》(2001)则指出《左传》引诗、赋诗有“断章取义“的特点，并分析了原因。台湾地区学者陈致宏著有《语用学与〈左传〉外交辞令》(台湾万卷楼图书有限公司 2000 年版)，运用语用学理论来阐释赋诗活动及其语境，并把赋诗活动及外交辞令归属为文化、利益、形势、逻辑、情感等多种因素。陈致宏后又著《语用学与〈左传〉外交赋诗》，将着眼点从诗转到赋。毛振华《〈左传〉赋诗研究百年述评》(2007)则对百年来的《左传》赋诗研究做出总结与评判。同时，《左传》文化研究的内容更为丰富，涉及宗教、心理、饮食、服饰、音乐、神话传说、历史传闻、中医学、美学、巫官文化、史官文化等各方面，尤其是刘丽文和龚留柱的专著，论述更系统、深入①。至于张汉东和邢子民《左丘明与左传》(山东文艺出版社 2004 年版)、黄丽丽《左传新论》(黄山书社 2008 年版)、鲁毅《左传考释》(湖北人民出版社 2009 年版)、邵炳军《左氏春秋文系年注析》(广西师范大学出版社 2008 年版)等专著，则从不同角度对《左传》展开研究。

新世纪的《左传》语言研究，对比的范围增加了，辩证、训诂的力度加强了，不但出现了对胡志挥《左传》英译本的失误评析、对日本学者《左传会笺》注释的研究和《左传》在西方的译介与研究综述，

---

① 如：刘瑛《左传、国语方术研究》(人民文学出版社 2006 年版)、刁生虎和陈志霞《〈左传〉宗教现象初论》、郭洪波《〈左传〉巫术宗教文化现象的历史性探析》、张海涛《〈左传〉“迷信现象”价值略论》、刘成荣《〈左传〉神怪现象分析》、杨经华《寻找逝去的心灵——谈谈〈左传〉中几种独特的心理描写》、赵彩花和黄希庭《〈左传〉〈国语〉的心理疾病与心理健康思想》、马健鹰《〈左传〉中饮食活动及宴饮诗研究》、卓雅《〈左传〉的服饰描写与审美文化》、刘成荣《瞽史、音乐与〈左传〉口传说》、康宁《“浮而艳 专而纵”——浅谈〈左传〉中的神话传说、历史传闻》、姜奕轲《从〈左传〉看中医学与传统文化的密切关联》、刘明和孙荣秀《论〈左传〉中巫官文化与史官文化之消长》、谭家健《〈左传〉美学思想札记》、刘丽文《春秋的回声：〈左传〉的文化研究》(北京燕山出版社 2000 年版)和龚留柱《春秋弦歌——左传与中国文化》(河南大学出版社 2005 年版)等。

而且还有对《左传》谓语动词、介词、句法等的专门研究①，说明《左传》语言研究已经向着更细处耕耘。姚曼波《〈春秋〉考论》从语言学的角度，针对高本汉所持《左传》作者“同鲁国学派没有关系”及“《左传》或许代表一个更古的时期”等观点，指出高本汉“完全忽视了自古以来被公认为是鲁国人所写的《春秋经》，正是这部鲁人所修的鲁史中，‘于’字用得最多”；她分别考察《尚书》、《左传》、《国语》等先秦典籍中“于”、“於”二字的应用情况，认为“时代越晚，作品用‘于’的比例越小。所以，归根到底，使用二者的频率，起决定作用的是时间，而不是空间——地域”。单周尧《高本汉〈左传〉作者非鲁人说质疑》(2000)认为先秦典籍的真面目难以恢复，根据今传本中的“于”、“於”等虚词分析《左传》的作者和语言等问题，本属徒劳之举，从而在一定程度上否定了高本汉从语言学角度研究《左传》的方法论意义，有些矫枉过正。赵惠君《〈左传〉与〈史记·晋世家〉同义介宾结构比较研究》(2000)对两书中的 106 组同义语料中介宾结构的分析，指出介词“於”、“于”在汉代已合流，且以用“於”为常，观点新颖。刘家和《从清儒的臧否中看〈左传〉杜注》(2001)，以清代古文经学对杜预的否定为前提，充分论证杜注的经学价值。方韬《杜预〈春秋经传集解〉研究综述》(2010)则对杜预研究进行了综合整理。

新世纪的《左传》注释疏证类也有新成绩。如吴静安《春秋左氏传旧注疏证续》(东北师范大学出版社 2005 年版)，是对清代学者刘文淇一家四世未完成的《春秋左氏传旧注疏证》的续作。吴静安继承刘

---

① 如：方文一《〈诗经〉与〈左传〉意动用法之比较》、李索《专书词典义项设立刍议——从〈春秋左传词典〉情感类词语的义项设立谈起》、李艳红《〈侯马盟书〉〈温县盟书〉与〈左传〉盟誓语言比较研究》、赵岩和张世超《论上古汉语军事同义词语的发展——从〈左传〉与〈史记〉中的军事同义词语的比较谈起》、单周尧《〈左传〉新注小学补释刍议》、陈慕华《析〈左传〉英译的失与误》、李秀英和冯秋香《〈左传〉在西方的译介与研究综述》、唐生周《〈左传〉训诂二例》、张新武《“徼福于敝邑之社稷”训解辨正》、郑慧生《〈左传〉训诂五则》、张猛《左传谓语动词研究》(语文出版社 2003 年版)、王鸿滨《春秋左传介词研究》(世界图书出版西安公司 2005 年版)、赵大明《〈左传〉介词研究》(首都师范大学出版社 2007 年版)、毛远明《左传词汇研究》(西南师范大学出版社 2000 年版)、孙赫男《〈左氏会笺〉研究》(光明日报出版社 2011 年版)等。

氏文风、体例、书法、义例，而又能博采众长，并能摆脱刘氏著作中所体现出的门户之见的时代局限。通观全书，例精义博，实事求是，精审独到，融会贯通，是一部难得的著作。陈戍国《春秋左传校注》(岳麓书社2006年版)，既能指出《左传》引文的原意，还能指出《左传》中人物以及后世注家的误解，又采用《礼经》解说《春秋经》，很大程度上弥补了前人校注的不足。陈世铙译注《左传选译》(凤凰出版社2011年版)共33篇，约为原文的1/5，所选篇目大多是历史大事的记述或有代表性的文学名篇。注释参考前人旧注和今人研究成果，译文尽量忠实于原文，明白流畅。赵生群《春秋左传新注》(陕西人民出版社2008年版)，对历来《春秋》经传的诸多疑难问题均有所阐发，并对《左传》中体现的礼制、文字、天文、地理等方面附以精彩的论述，是近些年来的较好注本之一①。

综上，20世纪以来《左传》研究内容极其丰富，不但在文学、历史、哲学、经学、选注选译等方面成就卓著，而且在中国经学史、文学史、史学史等方面都取得了一定成绩。但是，《左传》领域的根本问题仍存在诸多疑点和再研究的可能性：

1. 作者。《左传》的作者是20世纪《左传》研究的重点，学界先后出现“刘歆伪作说”(康有为、崔述、顾颉刚、钱玄同、蒙文通、徐仁甫等)、“左丘明说”(牟润孙、熊十力、徐复观、方孝岳、胡念贻、沈玉成、桑秋杰、侯廷章、竹添光鸿等)、“非左丘明说”(高本汉、杨伯峻等)、“孔子说”(毛起、姚曼波、戴维等)、“吴起说”(郭沫若、童书业等)、“子夏说”(钱穆、卫聚贤、徐中舒等)、“鲁国左姓人说”(赵光贤、黄觉弘等)、“孔门弟子所作”(张平辙)等多种不同说法。按照《史记》和《汉书》等的记载，左丘明肯定与《左传》有关，且《左传》成书经历了一个过程，正如姚鼐《左传补注序》所说：“《左氏》之书非一人所成。自左丘明作《传》以授曾申，申传吴起，起传其子期，期传楚人铎椒，椒传赵人虞卿，虞卿传荀卿。盖后人屡有附益。其为丘明说《经》之旧及为后人所益者，今不知孰为多寡矣。”吕

① 其他注译本，尚有章培恒等主编《左传选译》(凤凰出版社2011年版)和郭丹等注译《左传精华》(中华书局2012年版)等。

大圭《春秋或问》也说："左氏者，意其世为史官，与圣人同时者丘明也。其后为《春秋》作《传》者，丘明之子孙或其门弟子也。"此二人的说法对于理解《左传》的作者，应该颇有启发。因此，在没有确凿证据否定作者不是左丘明之前，将著作权交与左丘明既是明智之举，又是对历史应有的尊重。

2. 成书年代。20 世纪以来有"西汉末年说"（康有为、崔述、顾颉刚、钱玄同、蒙文通、徐仁甫等）、"战国中期说"（胡适、卫聚贤、杨伯峻、朱东润、刘起釪、郑君华、陈茂同、赵光贤、牛鸿恩、狩野直喜、新城新藏等）、"春秋末年说"（胡念贻等）、"代有增益说"（徐中舒、沈玉成、刘正浩等）等多种观点。随着《左传》研究的不断深化，西汉末年"刘歆伪作说"已经被完全否定，学者们多倾向于《左传》非一时一人之作，而在战国中期被写定的观点渐成定论。

3. 迄止年代。20 世纪 80 年代，学界就对《左传》的迄止年代问题达成了较一致的结论，即《左传》实际上记述了春秋时期 255 年的历史，比《春秋》记事多 13 年，记事始自鲁隐公元年（前 722），迄于鲁哀公二十七年（前 493），在最后的记述中涉及鲁悼公四年（前 465）和鲁悼公十五年（前 454）的历史事实，但因这两段历史的记载体例与前文"传"不同，故认为此二段历史为《左传》完成后的人所补记。

4. 材料来源。《左传》的材料来源十分丰富，现代学者大多认为主要是王室档案和诸国春秋，外加诸子散文、古史传说和上古神话等先秦史事。出自瞽矇的口述历史也在一定程度上丰富了《左传》的内容与表现手法。遗憾的是，这方面的研究还不够深入，如《左传》的古史来源、神话来源与口述历史等问题的研究还有待加强。

5. 与《国语》的关系。《左传》与《国语》关系问题的讨论，是 20 世纪《左传》与《国语》研究的共同话题，观点大致分为几类："一书割裂说"（康有为、梁启超、崔述、钱玄同、胡适等）、"内外传说"（张孟伦、尹达之等）以及"各不相干说"（章太炎、高本汉、钱穆、冯沅君、童书业、谭家健、王化钰等）等。相比之下，"各不相干说"似乎更有说服力。至于二书的成书年代，目前也没有定论。大体而言，《左传》与《国语》可能是同时或稍晚出现的，《左传》可能在一定程度上借鉴了《国语》的史实记载，是其成书时所参考的众多普通史料之一。目前，学界似乎热衷于从文学文化角度对二书进行对比研究。或许，从宏观的文史角度积极探寻，可能会有意外收获。

6. 与先秦典籍的关系。为了彻底弄清楚《左传》的来龙去脉，学者们往往选择与之时代相近的先秦典籍进行对比研究，这成为20世纪80年代以来的一个新方向，《周易》《礼记》《尚书》《春秋事语》《战国策》《史记》《汉书》等成为首选对象，但研究大多集中在文本与文体方面，成就较为单一。而对比研究的重点，则在《左传》与《诗经》之间展开，涉及引诗、赋诗、考证、流变、传播等诸多方面。显然，研究呈现出不平衡性。因此，为了真正彰显《左传》的文史价值，从整体上均衡挖掘《左传》与先秦典籍，尤其是与“五经”之间的关系，可能也是学界应该面对的一个问题。

7. 与《春秋》的关系。《左传》与《春秋》的关系问题既是《左传》研究的身份问题，也是根本性问题。古文经学认为是《春秋》之传，今文经学却坚持只是一部史书，而从西汉刘歆开始已经争论了两千余年。20世纪以来，这一问题仍然是学界研究的焦点，并支撑起现当代的《左传》研究体系。如康有为、崔述、钱玄同、顾颉刚、童书业、韩席筹、徐中舒、刘起釪、吕思勉、赵光贤、胡念贻、张涤云、孙绿怡、李小成、雷戈、晁天义与台湾学者顾立三等都认为《左传》只是一部先秦史书，不是《春秋》的传；而黄侃、李学勤、徐复观、杨向奎、杨伯峻、沈玉成、聂石樵、沈玉成、赵生群与台湾学者张高评、张素卿等人则坚持《左传》的确是《春秋》之传。因此，《左传》是否为《春秋》之传，目前仍未达成一个相对统一的共识，而在对《左传》的文本研究没有重大突破之前，这一问题仍会长期引起争论。

总之，由于史料的匮乏，《左传》的经史身份等诸多问题仍然是21世纪研究的难点与焦点。笔者认为，这一问题要想真正解决，应该具备三个前提：一是出土文献与相应研究的大突破；二是综合运用多学科相融合的研究方法，将“疑古”和“信古”辩证地结合起来；三是努力加强对经史的研究力度，从而在材料、观点与方法之间实现飞跃。其中，尤以第三条为要重。《左传》与经史关系极其密切，应该说《左传》研究的进展在很大程度上取决于经史研究的成就。如果一味强调《左传》的文学文化特点，而忽视其经史特质，显然是对《左传》价值的弱化。《左传》兼具经书、史书和文学于一体，而从中国学术的发展脉络而言，文史哲三体本同根同源。因此，在《左传》研究中，经学、史学与文学相辅相成，缺一不可。脱离经学与史学的《左传》研究无疑丧失了应有的根基，会把《左传》学带入狭窄的道路。21世纪呼唤新的治学方法，呼唤集文史哲于一身的《左传》大家，更呼唤由此而建构起更有学术特色的《左传》学，以此来弘扬中华民族文化。

《左传》研究重要论著评介（1919—2009）

新学伪经考(节选)

康有为

秦焚六经未尝亡缺考第一

按：后世“六经”亡缺，归罪秦焚，秦始皇遂婴弥天之罪，不知此刘歆之伪说也。歆欲伪作诸经，不谓诸经残缺，则无以为作伪窜入之地，窥有秦焚之间，故一举而归之。一则曰：书缺简脱。《汉书·艺文志》《楚元王传》。一则曰：学残文缺。《汉书·楚元王传》。又曰：秦焚《诗①》《书》，“六艺”从此缺焉。《汉书·儒林传》。《史记·儒林传》亦窜入。又曰：秦焚《诗》《书》，书散亡益多。《史记·儒林传》窜入。学者习而熟之，以为固然，未能精心考校其说之是非，故其伪经得乘虚而入，蔽掩天下，皆假校书之权为之也。今据《史记》及诸传记条别，证之如左：

三十四年，丞相臣斯昧死言：臣请史官非秦纪皆烧之。非博士官所职，天下敢有藏《诗》、《书》、百家语者，悉诣守尉杂烧之。令下三十日不烧，黥为城旦。所不去者，医药、卜筮、种树之书。若欲有②学法令，《集解》，徐广曰：一无“法令”二字。以吏为师。制曰：可。《史记·秦始皇本纪》。

---

① “诗”，重刻本无。

② “欲有”，重刻本作“有欲”。

按：焚书之令，但烧民间之书，若博士所职，则《诗》、《书》、百家自存。夫政、斯焚书之意，但欲愚民而自智，非欲自愚。若并秘府所藏、博士所职，而尽焚之，而仅存医药、卜筮、种树之书，是秦并自愚也，何以为国？《史记》别白而言之，曰：非博士所职藏者悉烧。则博士所职，保守珍重，未尝焚烧，文至明也。又云：若欲有学，以吏为师。吏，即博士也。然则欲学《诗》、《书》"六艺"者，诣博士受业则可矣。实欲重京师而抑郡国，强干弱支之计耳。汉制：郡国计偕，诣太常受业如弟子。犹因秦制也。夫博士既有守职之藏书，学者可诣吏而受业，《诗》、《书》之事，尊而方长，然则谓"秦焚《诗》、《书》，'六艺'遂缺"，非妄言而何？然而二千年之学者遂为所惑，虽魁儒辈出，无一人细心读书，祛其伪妄者，岂不异哉！

或疑《始皇纪》云：今天下已定，法令出一，士则学习法令辟禁，今诸生不师今而学古，以非当世。然则秦焚书之意，盖深忌士之学古，而专欲其学习法令，岂焚书之后尚有听习《诗》《书》之制？则所谓"欲学者，以吏为师"，必为学法令明矣。释之曰：秦焚《诗》《书》，博士之职不焚，是《诗》《书》，博士之专职。秦博士如叔孙通，有儒生弟子百余人，诸生不习《诗》《书》，何为复作博士弟子？既从博士受业，如秦无"以吏为师"之令，则何等腐生，敢公犯诏书，而以私学相号聚乎？"不师今而学古"，乃一时廷议之虚辞；至诣博士受《诗》《书》，则一朝典制。佐验显然，必不能以虚辞颠倒者矣。《朱子语类》亦有"秦只教天下焚书，他朝廷依旧留得"之说。见卷一百三十八。

古者天下散乱，莫能相一，是以诸侯并作，语皆道古以害今，饰虚言以乱实，人善其所私学，以非上所建立。今陛下并有天下，辨白黑而定一尊，而私学乃相与非法教之制，闻令下，即各以其私学议之，入则心非，出则巷议，非主以为名，异趣以为高，率群下以造谤。如此不禁，则主势降乎上，党与成乎下。禁之便。臣请诸有文学、《诗》《书》、百家语者，蠲除去之。令到，满三十日弗去，黥为城旦。所不去者，医药、卜筮、种树之书。若有欲学者，以吏为师。

始皇可其议，收去《诗》、《书》、百家之语，以愚百姓，使天下无以古非今。明法度，定律令，皆以始皇起。《史记·李斯传》。

按：《秦始皇本纪》云：若欲有学法令，以吏为师。徐广曰：一无“法令”二字。以《李斯传》考之，云“若有欲学者，以吏为师”，无“法令”二字。此为当时令甲，故史公录之无一字异。二文互证，然则“法令”二字为刘歆所窜乱者可见矣。徐广所见，犹是史公原本。《十二诸侯年表》云：为成学治古文者要删焉。徐广曰：一云“治国闻”。亦是史公原本如此。然则《史记》若是之类，其为歆所窜者，皆可以此推之矣。

侯生、卢生相与谋曰：始皇为人，天性刚戾自用。起诸侯，并天下，意得欲从，以为自古莫能及己。专任狱吏，狱吏得亲幸。博士虽七十人，特备员弗用。丞相诸大臣皆受成事，倚辨于上。上乐以刑杀为威，天下畏罪持禄，莫敢尽忠。上不闻过而日骄，下慑伏谩欺以取容。秦法：不得兼方，不验，辄死。然候星气者至三百人，皆良士，畏忌讳谀，不敢端言其过。天下之事，无大小皆决于上。上至以衡石量书，日夜有呈，不中呈不得休息。贪于权势至如此，未可为求仙药。于是乃亡去。始皇闻亡，乃大怒曰：吾前收天下书，不中用者尽去之。悉召文学、方术士甚众，欲以兴太平。方士欲练以求奇药。今闻韩众去不报，徐市等费以巨万计，终不得药，徒奸利相告日闻。卢生等，吾尊赐之甚厚，今乃诽谤我，以重吾不德也。诸生在咸阳者，吾使人廉问，或为妖言以乱黔首。于是使御史悉按问诸生。诸生传相告引。乃自除犯禁者四百六十余人，皆坑之咸阳，使天下知之，以惩后。益发谪徙边。《史记·秦始皇本纪》。

按：秦虽不尚儒术，然博士之员尚七十人，可谓多矣。且召文学甚众，卢生等尊赐甚厚，不为薄也。坑者仅咸阳诸生四百六十余人，诬为“妖言传相告引”，此亦汉钩党之类耳①。钩党杀

① “此亦汉钩党之类耳”，重刻本作“且多方士非尽儒者汉”。

天下高名善士百余人，然郡国不遭党祸之士，尚不啻百亿万也。伏生、叔孙通即秦时博士，张苍即秦时御史。自两生外，鲁诸生随叔孙通议礼者三十余人，皆秦诸生，皆未尝被坑者。其人皆怀蕴“六艺”，学通《诗》《书》，逮汉犹存者也。然则以坑儒为绝儒术者，亦妄言也。

二世皇帝元年，令群臣议尊始皇庙。群臣皆顿首言曰：古者天子七庙，诸侯五，大夫三，虽万世世不轶毁。今始皇为极庙，四海之内皆献贡职，增牺牲，礼咸备，毋以加。先王庙或在西雍，或在咸阳。天子仪当独奉酌祠始皇庙。自襄公已下轶毁。所置凡七庙。《史记·秦始皇本纪》。

此议与《穀梁》《王制》《礼器》《荀子》合。博士之议固存也。

乃从荀卿学帝王之术。太史公曰：斯知“六艺”之归。《史记·李斯传》。

沛公至咸阳，诸将皆争走金帛财物之府分之。何独先入收秦丞相、御史律令图书藏之。《史记·萧相国世家》。

按：焚书在始皇三十四年，坑儒在始皇三十五年，始皇崩于三十七年七月，戍卒陈涉反于二世元年七月，李斯诛于二世二年七月，汉高祖入咸阳在二世三年十月。自焚书至陈涉反，凡四年，至高祖入关，凡六年；自坑儒至陈涉反，凡三年①。至高祖入关，凡五年。坑、焚之后，尚有荀卿高弟“知‘六艺’之归”李斯其人者为丞相，死于陈涉反后。坑、焚至汉兴，为日至近，博士具官，儒生甚夥。即不焚烧，罪仅城旦，天下之藏书者尤不少，况萧何收丞相、御史府之图书哉！丞相府图书，即李斯所领之图书也。斯知“六艺”之归，何收其府图书，“六艺”何从亡缺？何待共王坏壁，忽得异书邪？事理易明，殆不待辨。

① “凡三年”，重刻本作“凡四年”。

后陵迟以至于始皇，天下并争于战国，儒术既绌焉，然齐、鲁之间，学者独不废也。及高皇帝诛项籍，举兵围鲁，鲁中诸儒尚讲诵习礼、乐，弦歌之音不绝。岂非圣人之遗化，好礼、乐之国哉？故孔子在陈，曰：归欤，归欤！吾党之小子狂简，斐然成章，不知所以裁之。夫齐、鲁之间于文学，自古以来，其天性也。故汉兴，然后诸儒始得修其经艺，讲习大射、乡饮之礼。叔孙通作汉礼仪，因为太常；诸生弟子共定者，咸为选首。于是喟然叹兴于学，然尚有干戈。平定四海，亦未暇遑庠序之事也。孝惠、吕后时，公卿皆武力有功之臣。孝文时颇征用，然孝文本好刑名之言。及至孝景，不任儒者，而窦太后又好黄、老之术，故诸博士具官待问，未有进者。《史记·儒林传》。

按：《儒林传》言战国绌儒，然齐、鲁学者不废；又言高帝围鲁，诸儒讲诵习礼、乐不绝；又言圣人遗化，好礼、乐之国，于文学其天性也，汉兴，诸儒修其经艺，习大射、乡饮之礼，诸生弟子随稷嗣而定礼仪。高、惠、文、景虽不好儒，而博士之官仍具。以斯而观，凡抱礼器之孔甲，被围之诸儒，定礼之诸生，具官之博士，皆生长焚书之前，逃出于坑儒之外。所云“讲诵”，所云“经艺”，皆孔子相传之本。加有口诵，非城旦之刑、数年之间所能磨灭，必不至百篇之《书》亡其大半，《逸礼》、《周官》、《左传》若罔闻知也。然刻焚书坑儒虽有虐政，无关“六经”之存亡。而伪经突出哀、平之世，固不足攻，即出共王、安国之时，亦不足攻矣。

鲁世世相传以岁时奉祠孔子冢，而诸儒亦讲礼、乡饮、大射于孔子冢。孔子冢大一顷，故所居堂弟子内，后世因庙藏孔子衣、冠、琴、车、书，至于汉二百余年不绝。《史记·孔子世家》。

按：诸儒讲礼于孔子冢，不过《乡饮》、《大射》之篇。《儒林传》同。皆十七篇所有。孔子之书藏于庙，自子思至汉凡二百余年不绝。而孔襄尝为孝惠博士，忠、武、延年、安国、霸、光，皆传《尚书》为博士，所谓“传十余世，学者宗之”也。史迁读孔氏书，又尝观其藏书之庙堂及车、服、礼器，又讲业其都，未尝言及孔庙所藏之“六经”有缺脱而叹息痛恨之。献王、共王、安国所得之古文，自《尚书》外，有《毛诗》、《周官》、《逸礼》、《左传》，为孔氏世传之所无，未尝一赞美喜幸之。刘歆欲立古文，而孔光不助焉。然则孔氏之本具在不缺，无“古文”之名，亦无后出古文之《书》，至明矣。

楚元王交，字游，高祖同父少弟也。好书，多材艺。少时尝与鲁穆生、白生、申公俱受《诗》于浮丘伯。伯者，孙卿门人也。文帝时，闻申公为《诗》最精，以为博士。元王好《诗》，诸子皆读《诗》，申公始为《诗》传，号《鲁诗》。元王亦次之《诗》传，号曰《元王诗》，世或有之。《汉书·楚元王传》。

陈馀者，亦大梁人也，好儒术。《史记·陈馀传》。

张丞相苍者，阳武人也，好书、律、历。秦时为御史，主柱下方书。而张苍乃自秦时为柱下史，明习天下图书、计籍。《史记·张丞相传》。

郦生食其者，陈留高阳人也，好读书。骑士曰：沛公不好儒，诸客冠儒冠来者，沛公辄解其冠，溲溺其中。与人言，常大骂，未可以儒生说也。《史记·郦生传》。

陆生时时前说，称《诗》、《书》，高帝骂之曰：乃公居马上而得之，安事《诗》、《书》！陆生曰：居马上得之，宁可以马上治之乎？且汤、武逆取，而以顺守之；文武并用，长久之术也。昔者吴王夫差、智伯，极武而亡；秦任刑法不变，卒灭赵氏。乡使秦已并天下，行仁义，法先圣，陛下安得而有之？高帝不怿而有惭色，乃谓陆生曰：试为我著秦所以失天下，吾所以得之者何，及古成败之国。陆生乃粗述存亡之征，凡著十二篇。每奏一篇，高帝未尝不称善。左右呼万岁。号其书曰《新语》。《史记·陆贾传》。

刘敬曰：陛下取天下与周室异。周之先自后稷，尧封之邰，积德累善，十有余世。公刘避桀居豳。太王以狄伐故，去豳，杖马箠居岐，国人争随之。及文王为西伯，断虞、芮之讼，始受命，吕望、伯夷自海滨来归之。武王伐纣，不期而会孟津之上八百诸侯，皆曰“纣可伐矣”。遂灭殷。成王即位，周公之属傅相焉，乃营成周、洛邑，以此为天下之中也。诸侯四方纳贡职，道里均矣。《史记·刘敬传》。

叔孙通者，薛人也。秦时以文学征，待诏博士。数岁，陈胜起山东，使者以闻。二世召博士诸儒生问曰：楚戍卒攻蕲入陈，于公如何？博士诸生三十余人前曰：人臣无将，将即反，罪死无赦。愿陛下急发兵击之！二世怒，作色。叔孙通前曰：诸生言皆非也。夫天下合为一家，毁郡县城，铄其兵，示天下不复用。且明主在其上，法令具于下，使人人奉职，四方辐辏，安敢有反者！此特群盗、鼠窃、狗盗耳，何足置之齿牙间。郡守尉今捕论，何足忧。二世喜曰：善。尽问诸生，诸生或言“反”，或言“盗”。于是，二世令御史按诸生，言“反”者下吏，非所宜言。诸言“盗”者，皆罢之。乃赐叔孙通帛二十匹，衣一袭，拜为博士。叔孙通已出宫，反舍，诸生曰：先生何言之谀也？通曰：公不知也，我几不脱于虎口！乃亡去，之薛，薛已降楚矣。及项梁之薛，叔孙通从之。败于定陶，从怀王。怀王为义帝，徙长沙，叔孙通留事项王。汉二年，汉王从五诸侯入彭城，叔孙通降汉王。汉王败而西，因竟从汉。叔孙通儒服，汉王憎之，乃变其服，服短衣，楚制，汉王喜。叔孙通之降汉，从儒生弟子百余人，然通无所言进，专言诸故群盗壮士进之。弟子皆窃骂曰：事先生数岁，幸得从降汉，今不能进臣等，专言大猾，何也！叔孙通闻之，乃谓曰：汉王方蒙矢石争天下，诸生宁能斗乎？故先言斩将搴旗之士。诸生且待我，我不忘矣。汉王拜叔孙通为博士，号稷嗣君。汉五年，已并天下，诸侯共尊汉王为皇帝于定陶，叔孙通就其仪号。高帝悉去秦苛仪法，为简易。群臣饮酒争功，醉或妄呼，拔剑击柱，高帝患之。叔孙通知上益厌之也，说上曰：夫儒者难与进取，可与守成。臣愿征鲁诸生，与臣弟子共起朝仪。高帝曰：得无难乎？叔孙通曰：五帝异乐，三王不同礼。礼者，因时世人情为之节文者也。故夏、殷、周之礼所因损益可知者，谓不相复也。臣原颇采古礼与秦仪，杂就之。上曰：可试为之，令易知，度吾所能行为之。于是，叔孙通使征鲁诸生三十余人。鲁有两生不肯行，曰：公所事者且十主，皆面谀以得亲贵。今天下初定，死者未葬，伤者未起，又欲起礼、乐。礼、乐所由起，积德百年而后可兴也。吾不忍为公所为。公所为不合古，吾不行。公往矣，无污我！叔孙通笑曰：若真鄙儒也，不知时变。遂与所征三十人西，及上左右为学者与其弟子百余人，为绵蕞野外。习之月余，叔孙通曰：上可试观。上既观，使行礼，曰：吾能为此。乃令群臣习肄。会十月。汉七年，长乐宫成，诸侯群臣皆朝十月。仪：先平明，谒者治礼，引以次入殿门，廷中陈车骑、步卒，卫宫设兵，张旗志。传言“趋”。殿下郎中侠陛，陛数百人。功臣、列侯、诸将军、军吏以次陈西方，东乡；文官丞相以下陈东方，西乡。大行设九宾，胪句传①。于是，皇帝辇出房，百官执职传警，引诸侯王以下至吏六百石以次奉贺。自诸侯王以下，莫不振恐肃敬。至礼毕，复置法酒，诸侍坐殿上皆伏抑首，以尊卑次起上寿。觞九行，谒者言“罢酒”。御史执法举不如仪者，辄引去。竟朝置酒，无敢讙哗失礼者。于是高帝曰：吾乃今日知为皇帝之贵也！乃拜叔孙通为太常，赐金五百斤。叔孙通因进曰：诸弟子儒生随臣久矣，与臣共为仪，愿陛下官之。高帝悉以为郎。叔孙通出，皆以五百斤金赐诸生。诸生乃皆喜曰：叔孙生诚圣人也，知当世之要务。《史记·叔孙通传》。

贾山，颍川人也。祖父祛，故魏王时博士弟子也。山受学祛所。《汉书·贾邹枚路传》。

贾生，名谊，洛阳人也。年十八，以能诵《诗》属《书》闻于郡中。孝文皇帝初立，闻河南守吴公治平为天下第一，故与李斯同邑而常学事焉，乃征为廷尉。廷尉乃言贾生年少，颇通诸子百家之书。《史记·贾生传》。

文翁，庐江舒人也。少好学，通《春秋》。景帝末为蜀郡太守。《汉书·循吏传》。

右见《史记》、《汉书》者，并伏生、申公、辕固生、韩婴、高堂生计之，皆受学秦焚之前，其人皆未坑之儒，其所读皆未焚之本，博士具官者七十，诸生弟子定礼者百余。李斯再传为贾谊，贾祛一传为贾山，皆儒林渊源可考者。统而计之：其一，博

① “胪句传”，《史记》作“胪传”，《汉书》作“胪句传”。

士所职“六经”之本具存，七十博士之弟子当有数百，则有数百本《诗》、《书》矣，此为“六经”监本不缺者一；其二，丞相所藏，李斯所遗，此为“六经”官本不缺者二；其三，御史所掌，张苍所守，此为“六经”中秘本不缺者三；其四，孔氏世传，“六经”本不缺者四；其五，齐、鲁诸生“六经”读本不缺者五；其六，贾祛、吴公传，“六经”读本不缺者六；其七，藏书之禁仅四年，不焚之刑仅城旦，则天下藏本必甚多，若伏生、申公之伦，天下“六经”读本不缺者七；其八，经文简约，古者专经在讽诵，不徒在竹帛，则口传本不缺者八。有斯八证，“六艺”不缺，可以见孔子遗书复能完，千岁蔀说可以祛，铁案如山，不能摇动矣。①

（节选自《新学伪经考》，中国人民大学出版社 2010 年版，第 4~12 页）

【评　介】

康有为（1858—1927），又名祖诒，字广厦，号长素、又号明夷、更甡、西樵山人、游存叟、天游化人，广东南海人，人称“康南海”，出身于广东望族，世代为儒，以理学传家。祖父康赞修是道光年间举人，父亲康达初做过江西补用知县。康有为 1879 年开始接触西方文化。1882 年和 1888 年，两次到北京参加顺天乡试，均未中。1891 年后，在广州设立万木草堂，聚众讲学，弟子有梁启超、陈千秋等人。1895 年再次到北京参加会试时，联合 1300 多名举人，上万言书，史称“公车上书”。是年 7 月，他和梁启超创办《中外纪闻》，不久又在北京组织强学会。1898 年 4 月，他和梁启超组织保国会。6 月 16 日，光绪帝在颐和园勤政殿召见康有为，任命他为总理衙门章京，准其专

---

① 初刻本及重刻本每卷末均刊书名和卷第。卷第之下，初刻本有“弟子韩文举、陈千秋初校”及“弟子林奎、梁启超覆校”两行。重刻本有“门人新会梁启超、三水徐勤初校”、“门人番禺韩文举、南海陈千秋覆校”及“门人新会林奎、东莞张伯桢三校”三行，今均删去。以下各卷同。

折奏事，筹备变法事宜，史称戊戌变法。百日维新运动失败后，光绪皇帝被软禁，弟康广仁被杀，康有为逃往法国，并组织保皇会。辛亥革命后，康有为于1913年回国，成立孔教会并担任会长，创办《孔教会杂志》，同时主编《不忍》杂志，公开反对共和制，宣扬尊孔复辟，并一直谋划清废帝溥仪复位。1917年，康有为和北洋军阀张勋发动复辟，拥立溥仪登基，不久即在当时北洋政府总理段祺瑞的讨伐下宣告失败。当溥仪被冯玉祥逐出紫禁城后，他还曾亲往天津觐见探望。1923年，康有为迁居青岛汇泉湾畔。1927年3月因病离世。在中国近代史上，康有为以著名政治家、思想家、社会改革家著称。在经学史上，康有为也占有特殊的地位。奠定康有为经学地位的，就是这篇《新学伪经考》。该文与《孔子改制考》《春秋笔削微言大义考》《春秋董氏学》和《大同书》等文一起，不但奠定了康有为维新变法的理论体系，而且掀起了今文经学在经学史上的新高潮。今文经学虽然在当时颇受争议，但对后世影响深远，直到今天，今文经学的余脉仍不绝如缕。

《新学伪经考》，又名《伪经考》，14卷。《新学伪经考》是康有为打着“春秋公羊派”的旗号，宣扬托古改制思想的重要著作。该文着重从经学方面进行论述，对传统的古文经学展开猛烈攻击。在当时特殊的历史背景和康有为维新领袖身份等的多重影响下，该书出版后立即受到广泛关注，在思想界和学术界有“火山大喷发”、“飓风”、“地震”之称。

《新学伪经考》是今文经学的代表作之一。西汉中期，著名思想家董仲舒“罢黜百家，独尊儒术”，将《诗》《书》《易》《礼》《春秋》等儒家经典列为士子必读的“五经”，立于学官，地位尊崇。由于这些儒家经典都用当时流行的文字隶书记录整理而成，故称为今文经。在今文诸经中，最能反映今文经学学统的则是《春秋公羊学》。以董仲舒为代表的公羊学家，不但在政治上通过阐发孔子大一统的精义为汉武帝建立专制主义中央集权的汉帝国提供了理论依据，而且在学术上通过吸收道家、阴阳家的思想资料建构起了一个博大精深的经学思想体系。因此，汉武帝时的儒学独尊，实质上是今文经学独尊，是以董仲舒为代表的“春秋公羊学”的独尊。相对而言，用先秦古文“篆书”

书写的儒家经书称为古文经。古文经学在王莽新朝盛极一时，到东汉获得更大发展，尤其是东汉后期，出现了马融、许慎、郑玄等几位著名的古文经学大师，他们深究经义，兼采今文之说，在学术上占据压倒性优势。后来经过西晋末年的"永嘉之乱"，今文经典几乎丧失殆尽，而古文经学却流传不绝。事隔一千年之后，在清末时今文经学才重新现身。

清末今文经学的出现绝非偶然。王国维认为清代学术有三变：

> 窃于其间得开创者三人焉：曰昆山顾先生，曰休宁戴先生，曰嘉定钱先生。国初之学，创于亭林；乾嘉之学，创于东原、竹汀；道咸以降之学，乃二派之合而稍偏至者，其开创者仍当于二派中求之焉。盖尝论之，亭林之学，经世之学也，以经世为体，以经史为用。东原、竹汀之学，经史之学也，以经史为体，而其所得往往裨于经世。盖一为开国时之学，一为全盛时之学，其途术不同，亦时势使之然也。道咸以降学者，尚承乾嘉之风，然其时政治、风俗已渐变于昔，国势亦稍稍不振。士大夫有忧之而不知所出，乃或托于先秦、西汉之学，以图变革一切，然颇不循国初及乾嘉诸老为学成法。其所陈夫古者，不必尽如古人之真；而其所以切今者，亦未必适中当世之弊。其言可以情感，而不能尽以理究。如龚璱人、魏默深之俦，其学在道咸后虽不逮国初、乾嘉二派之盛，然为此二派之所不能摄，其逸而出此者，亦时势使之然也。(《沈乙庵先生七十寿序》，《观堂集林》卷23)。

清初顾炎武等倡导"舍经学无理学"，主张明辨经学源流，重视文字、音韵、训诂。发展到乾嘉时期，考据学大兴，说经皆主实证，呈现了"人人贾马，家家许郑"的盛况。与之同时，从乾隆中期的庄存与，再倡今文经学，继有孔广森、刘逢禄、宋翔凤为之弘扬。道光、咸丰之后，民生凋敝，国势不振，龚自珍、魏源等援引《公羊》抨击时弊，倡导经世改革，并逐渐压倒乾嘉学派成为清末主要学术思潮。

晚清时期，社会积弊更加严重，帝国列强对中国的侵略加剧，清政府被迫签订了一系列不平等条约，中国面临着严重的社会危机和民族危机。这些残酷的社会现实，再次迫使学者们把注意力从故纸堆中转向有关国计民生的经世之道。道光六年(1826)，《皇朝经世文编》的成书标志着经世致用之学在清代再次勃兴。康有为从小受到非常严格的儒家学术训练，早期一直研习《周礼》等古文经学。较今文经而言，康有为接受西学在先。从1879年游香港开始，他就大量涉猎西学。不过，如何将中西学术贯穿起来，康有为却一直不得法。而繁琐的训诂解经和日益衰微的国事，让康有为敏感地意识到“以日埋古纸堆中，汩其灵明，渐厌之，日有新思，思考据家著书满家，如戴东原，究复何用？因弃之，而私心好求安心立命之所”(《康南海自编年谱(外二种)》)。但是，如何将学术研究和挽救民族危机结合起来？康有为同样没有答案，直到1890年他在广州遇到廖平。廖平是晚清今文经学大师，其经学有两个相互联系的基本观点：一是尊今，即尊崇今文经学；一是抑古，即贬抑古文经学。尊今的代表作是《知圣篇》，认为《公羊学》的素王改制说是经学的微言大义所在，孔子改制是垂万世之定制。抑古的代表作是《辟刘篇》，提出古文经学起源于刘歆作伪。康有为不但在学术上深受廖平影响，而且在政治上有意将今文经作为武器来发挥与利用。因为今文经学一般以《公羊》学说为主体思想，缘于《公羊》学说中的变革思想容易与社会现实相结合。而宗奉《公羊传》，利用《公羊》学说的微言大义来讥切时弊，倡导社会变革也是晚清时代的学术潮流。因此，否定古文经学，而用今文经观点来宣扬孔子改制学说，正是康有为苦苦寻找的治世思想。

《新学伪经考》全文包括14篇：依次是《秦焚六经未尝亡缺考第一》《史记经说足证伪经考第二》《汉书艺文志辨伪第三上》《汉书艺文志辨伪第三下》《汉书河间献王鲁共王传辨伪第四》《汉书儒林传辨伪第五》《汉书刘歆王莽传辨伪第六》《汉儒愤攻伪经考第七》《伪经传于通学成于郑玄考第八》《后汉书儒林传纠谬第九》《说文序纠谬附经典释文纠谬第十》《隋书经籍志纠谬第十一》《伪经传授表第十二上》《伪经传授表第十二下》《书序辨伪第十三》《尚书篇目异同真伪表附刘向经说足证伪经考第十四》。《新学伪经考》前有序言一篇，具体解释“新学”与“伪经”的含义。康有为认为：“夫‘古学’所以得名者，以诸经之出于孔壁，写以古文也。夫孔壁既虚，古文亦赝，伪而已矣，何‘古’之云？后汉之时，学分今古，既托于孔壁，自以古为尊，此新歆所以售其欺伪者也。今罪人斯得，旧案肃清，必也正名，无使乱实。歆既饰经佐篡，身为‘新’臣，则经为‘新学’，名义之正，复何辞焉!”“新学者，谓新莽之学。时清儒诵法许、郑者，自号曰‘新学’，有为以为此新代之学，非汉代之学，故更其名也。”(梁启超《清代学术概论》)在这一标准下，康有为把《左传》《逸礼》《古文尚书》及《毛诗》，即西汉末年刘歆所争立博士的古经都视为“伪经”。至于“新学”，则是指“新莽之学”，矛头直指王莽新朝所立的古文经。

康氏为何要否定“新莽之学”呢？《新学伪经考序》回答道：“阅二千岁月日时之绵暖，聚百千亿伶缨之学问，统二十期王者礼乐制度之崇严，一咸奉伪经为圣法，诵读尊信，奉持施行违者，以非圣无法论，亦无一人敢违者，亦无一人敢疑者。……且后世之大祸，日任奄寺，广女色，人主奢纵，权臣篡盗，是尝累毒生民，覆宗社者矣，古无有是，而皆自刘教开之，是上为圣经之篡贼，下为国家之鹤毒者也。”康有为认为两千多年来的中国传统文化、社会意识形态和政治制度，都是以“伪经为圣法”的，即王莽朝所立“伪经”的罪过。换言之，他就是要从根本上否定新莽以后的封建文化与封建制度的合法性与合理性，即通过对古文经的怀疑来否定封建意识形态和封建专制制度。因此，康有为极大地发挥《公羊》学说关注现实的特点，阐发、推演公羊“三世”说，突出公羊学中的孔子改制思想，并且与西方民主思想及国家学说相贯通，提出了一套改变中国封建专制政体、经由君主立宪到最终实现民主政治的学说，并以此为理论纲领，领导了一场轰轰烈烈的维新变法运动。

经学史上，今古文之争的焦点便是《公羊传》与《左传》二者，究竟谁是传经之作。康有为既然利用《公羊》学进行政治改革，那前提是必须否定《春秋左氏传》和同时立于学官的其他古文经。

《新学伪经考》云：“凡《诗》三百五篇……传之有鲁、齐、韩三家，无所谓《毛诗》者。其《书》……但有伏生今文二十八篇……无所谓壁中《古文尚书》者。其《礼》，唯有高堂生所传十七篇，而无《逸礼》三十九篇、《周官》五篇及《明堂》《阴阳》《王史氏记》也。其

《易》……无所谓古文费氏也。其《春秋》，唯有《公羊》《穀梁》二家，无所谓《左氏传》也。……今据之以攻古学，若发矇焉。知《毛诗》《古文尚书》《逸礼》《周官》《费氏易》《左氏春秋》，皆伪经也。”既然古文经都是刘歆伪造，《左传》自然不例外。然后，在《史记经说足证伪经考》中，他利用司马迁在《史记·儒林传》中记载《春秋》有《公羊》和《穀梁》而无《左氏》，认为“史迁征引《左氏》至多，如其传经，安有不叙？此为辨今古学真伪之铁案”。进而大胆臆测：司马迁之引《左传》实是《国语》。再以《汉书艺文志辨伪》来佐证：“《史记太史公自序》及《报任安书》俱言‘左丘失明，厥有《国语》’。《报任安书》下又云‘乃如左丘明无目，孙子断足，终不可用，退论书策，以抒其愤’。凡三言左丘明，俱称《国语》。然则左丘明所作，史迁所据，《国语》而已，无所谓《春秋传》也。”那么，刘歆又为何要伪造经文呢？康有为解释道：“歆以其非博之学，欲夺孔子之经，而自立新说以惑天下。知孔子制作之学首在《春秋》，《春秋》之传在《公》《穀》，《公》《穀》之法与六经通。于是思所以夺《公》《穀》者。以《公》《穀》多虚言，可以实事夺之，人必听实事而不听虚言也。求之古书，得《国语》与《春秋》同时，可以改易窜附。于是毅然削去平王以前事，依《春秋》以编年，比附经文，分《国语》以释经，而为《左氏传》。歆本传称‘歆始引《传》解《经》’，得其实矣。作《左氏传微》以为书法，依《公》《穀》日月例而作日月例。托之古文以黜今学，托之河间、张苍、贾谊、张敞名臣通学以张其名，乱之《史记》以实其书，改为十二篇以新其目，变改‘纪子帛’、‘君氏卒’诸文以易其说，续为经文，尊‘孔子卒’以重其事，遍伪群经以证其说。”详细论证《国语》变为《左传》的过程。刘歆作伪的目的是“自立新说以惑天下”，方法是削去《国语》中平王以前事，依《春秋》以编年，又创为书法、日月例，并遍伪群经、增窜《史记》，制造出假的传承谱系以证实其伪。康有为攻击《左传》的流传是向王莽献媚的结果，“遭逢莽篡，更润色其文以媚莽，因藉莽力，贵显天下通其学者以尊其书”，而《公羊》和《穀梁》衰微的原因是“孔子改制之学，既为非常异义，《公》《穀》事辞不丰，于是式微”。

为了进一步否定《左传》，他坚持《史记》与《汉书》中凡与左丘明和《左传》有关的，全部是刘歆窜入的：

> 孔子《春秋》之义法，唯七十子能传之，即《公羊》《穀梁》之说也。自非七十子其不传明矣。此表骤言《左氏》，且称左丘明为鲁君子，惧弟子各安其意而失其真，抑《公》《穀》而尊《左氏》如此。考文翁孔庙图，《史记·仲尼弟子列传》，无左丘明名，且《左传》称悼四年，据《史记·六国年表》，悼公之薨在获麟后五十余年，则丘明在孔子后远矣，岂七十子学咸德尊所存者不足据，而非弟子之丘明反足据乎？此又不待辨也。下杂叙《铎氏微》、《侯氏春树》《吕氏春秋》诸书，各体既杂而不类，又《吕氏春秋》于十二诸侯年月事无关，《虞氏春秋》在儒家，于十二诸侯年月事亦必无关。以此例之，不过歆以《史记·儒林传》彰著，难于窜乱，故旁窜于《十二诸侯年表》以为《左传》之证；又多窜数书，故为繁重，以泯其迹，安意失真之说与《七略》同，其为歆言无疑义矣。

类似这种牵强附会的考证，《新学伪经考》可谓不少。如“歆托于丘明而申其伪传，于是尊丘明为‘鲁君子’，窜之《史记十二诸侯年表》中，又称与孔子同观史记，伪《古论语》又称孔子与丘明同耻，盖歆弥缝周密者也”。至于《国语》：“盖五十四篇者，左丘明之原本也，歆既分其大半凡三十篇以为《春秋传》，于是留其残剩，掇拾杂书，加以附益，而为今本之《国语》，故仅得二十一篇也。”

此外，康有为又作《汉书儒林传辨伪》《汉书刘歆王莽传辨伪》《说文序纠谬附经典释文纠谬第》《隋书经籍志纠谬》《伪经传授表第》等，对《左传》的传承进行彻底清算。其他古文经的命运也一样，都遭到他无情的攻击。康有为博采古今，为今文经学建立了一个庞大的理论体系。他对此深感欣慰，在《新学伪经考》后序中说道：“以《史记》为主，遍考《汉书》而辨之；以今文为主，遍考古文而辨之。遍考周、秦、西汉群书，无不合者，虽间有窜乱，或儒家以外杂史有之，则刘歆采撷之所自出也。于是涣然冰释，怡然理顺，万理千条，纵横皆合矣。”至此，《左传》《逸礼》《古文尚书》及《毛诗》等古文经被康有为全盘否定。

同时，康有为要为《公羊》确立地位。康有为受汉代公羊学派的影响，从汉代公羊学者那里找到了立教的依据。他认为孔子以前的历史无据可考，六经是孔子假托先贤来作的，孔子“托古”的目的，是为了“改制”。因此，孔子自己不但是受天命的“万世教主”，而且是维新变法的先师。他在《孔子改制考·叙》中就明确地表达了这一观点：

> 天既哀大地生人之多艰，黑帝乃降精而救民患。为神明，为圣王，为万世作师，为万民作保，为大地教主。生于乱世，乃据乱世而立三世之法，而垂精太平；乃因其所生之国而立三世之义，而注意于大地远近大小若一之大一统。

要改变革命后的混乱局面，康有为主张最好的办法还是保存帝制不变，并主张实行“虚君共和”。同时，他发表《春秋笔削大义微言考》、《春秋董氏学序》等文，极力宣称《春秋》是孔子为后世所制之宪法，有意神化孔子，称孔子“知气运之变”，作《春秋》为后世制法，《春秋》“广张三世之义，深密博大”，不仅适用于当时据乱世，而且适用于将来升平太平之世。他更称孔子发挥张三世之义，能推之后世，作《春秋》“以为无量世修正宪法之备”。由此可见，在民国初创之际，康有为是极力推崇以《春秋》作为立宪蓝本的。而“大同”学说是康有为依据公羊三世说及变易观点，加以《礼运》篇“大同”、“小康”的思想，并吸收西方进化论等学说，构建的一套人类社会进程的理想模式：从“据乱世”进入“升平世”，将来实现“太平世”，并以“太平世”为理论社会的最高阶段，即使全人类过上自由、民主、平等、和平的大同之世的生活。而实现这一愿望的唯一途径就是改革。为了实现这一理想，他又尊孔子为教主，立孔学为孔教，同时主编《不忍》杂志，公开反对共和制，宣扬尊孔复辟，不仅积极为袁世凯的复辟帝制大造舆论，在袁世凯帝制美梦失败死后，又积极参与了张勋发动的复辟政变，拥戴清废帝溥仪为皇帝，但帝制终因不得人心而垮台。

《新学伪经考》刊发后，在思想界和学术界引起轩然大波。康有为的弟子梁启超、麦孟华等大加宣扬，谭嗣同、唐才常、樊锥、夏曾佑、皮锡瑞等一些维新人士及其同情者也在不同程度上接受了康氏的观点，今文经学大师廖平亦在学术上视康有为为同道。维新派更是通过创办《时务报》《知新报》《湘学报》《湘报》来造势。同时，以章太炎、刘师培、邓实、黄节等为代表的资产阶级革命派，精通古文经史，创办《国粹学报》，大力提倡古文经学，抵制今文经，高唱“六经皆史”、“孔子与六经无涉”，激烈批驳康有为的托古改制论。不久，钱穆作《刘向刘歆父子年表》，杨向奎发表了《论〈左传〉的性质及其与〈国语〉的关系》，符定一作《新学伪经考驳谊》，先后反驳康有为的观点。其中，朱一新与康有为关于《新学伪经考》的辩论一直颇受学界关注。

康有为著成《新学伪经考》之后，曾送与岭南学界的领袖人物朱一新阅览，希望得到赏识。当时，朱一新是两广督学，以传授维护程朱理学为中心的儒家传统学术为己任，故对《新学伪经考》中的“伪经”和“改制”之说大加批驳，并前后七次致信与康有为讨论，批评他“合己说者则取之，不合者则伪之”(《与朱一新论学书牍》)，而康有为认为《左传》是刘歆伪造的，是割裂《国语》而来、是《左传》伪谱系等观点，都遭到朱一新的无情批驳：“汉儒齗齗争辩者，但谓《左氏》不传经，非谓其书之伪也。《左氏》与《国语》，一记言，一记事，义例不同，其事又多复见，若改《国语》为之，则《左传》中细碎之事将何所附丽？且《国语》见采于史公，非人间绝不经见之书，歆如何离合其文以求胜，适启诸儒之争，授人口实，愚者不为。《史记》多采《左传》，不容不见其书；或史公称《左传》为《国语》则有之，谓歆改《国语》为《左传》，殆不然也。”“《左氏》书之晚出，自不待辩。但张禹以言《左氏》为萧望之所荐，其事实不能伪造。尹更始、翟方进、贾护、陈钦之传授，鲁国桓公、赵国贯公、胶东庸生之讲习，耳目相接，不能凿空。歆是时虽贵幸，名位未盛，安能使朝野靡然从风，群讼习其私书耶？”(《与朱一新论学书牍》)朱一新逐条批驳，思维缜密，论证严谨，可谓切中康氏要害。

《新学伪经考》对疑古派产生了巨大影响。疑古派学者崔述于1910年作《史记探源》一书，进一步论证了《新学伪经考》中刘歆伪造

《史记》之说。在 1918 年，他又撰《春秋复始》，认为《左传》与《穀梁》皆出自刘歆伪作。在《左丘明不传〈春秋〉》一文中，崔述又发扬了康有为刘歆分割《国语》而成《左传》的观点，集中辩驳了古文经的传授谱系，以及左丘明受经作传之说。崔述竭力为康有为张目，从而使康氏之说在当时盛行一时。

《新学伪经考》的《左传》研究方法又对后来的古史辨派产生了不可低估的影响。古史辨派的倡始者顾颉刚完全肯定了康有为《新学伪经考》的疑古精神和考证方法，认为《伪经考》论辩的基础"完全建立于历史的证据上"，"我对于长素先生这般的锐敏的观察力，不禁表示十分的敬意"(《古史辨》第 1 册)。顾颉刚所著《春秋三传与国语之综合研究》一书，就附录了康有为的观点，认为原无《左传》，《左传》是刘歆从《国语》中析出一大部分材料比附为《春秋》之传，并附以解经之语来迷惑世人的。古史辨派的另一重要人物今文经学家钱玄同作《重论经今古文学问题》(原题为《重印新学伪经考序》)，认为："细细籀绎，觉得崔君对于康氏之推崇实不为过。玄同自此也笃信'古文经刘歆所伪造'之说，认为康、崔两君推翻伪古的著作在考证学上的价值，较阎若璩的《古文尚书疏证》尤远过之"，"极重要极精审的辨伪专著，是治国故的人们必读的要籍"。对康有为大加赞赏。古史辨派的刘节也赞扬道："至于他的《新学伪经考》，对古文家的阵地下一场总攻击，更有价值。于是乎我们才明白自孔子以下直到刘歆，其间学者很少有几个人没有造过谣的。"(《古史辨》第 5 册)

康有为对《左传》真伪问题的研究一直影响到了现在。如 20 世纪 70 年代末 80 年代初，徐仁甫著《左传疏证》，并发表《马王堆汉墓帛书〈春秋事语〉和〈左传〉的事语对比研究》和《论刘歆作〈左传〉》等多篇论文，虽然否定康有为"刘歆遍伪群书"的说法，但是仍然坚持《左传》是刘歆根据当时皇家档案典籍编撰的观点。因此，沈玉成、刘宁在《春秋左传学史稿》中所持的"现代对《左传》研究的突破，也是在支持和反对康氏之说的基础上实现的"①的观点，是有一定道理的。

---

① 沈玉成、刘宁《春秋左传学史稿》，江苏古籍出版社 1992 年版，第 345 页。

总之，康有为《新学伪经考》虽然在立论方面有虚构，也未能谨守今文经学所谓的家法，确实存在“武断太过”、“不惜抹杀证据或曲解证据”(梁启超《清代学术概论》)等缺点，但是他对于公羊学的发挥与托古改制的确兼采众说、不拘一家。他学贯中西，兼通古今，又才华横溢，堪称一代经学大师。平心而论，康有为确实是一个真诚的爱国者。他对晚清黑暗现实进行无情揭露和批判，发挥公羊三世说，并提出了理想的社会模式，体现出他的进步历史观。同时，他又尊孔子为教主，立孔学为孔教，并以此反对共和，反映出他的历史局限性。但是，任何学术思想的产生都无法脱离其生存的学术背景。综观晚清经学史，从刘逢禄、龚自珍、魏源，再到廖平、康有为、钱玄同，今文经学渐呈复兴之势，并逐渐压倒古文经学，成为晚清新学的主要学术思潮，而晚清古文经学的最后一位大师章太炎最终投身革命。今文经学与古文经学虽然分野，但是与社会改革及政治斗争紧密结合。整个清代学术史，几乎都贯穿着今文经学与古文经学之争。

(王晓鹃)

康有为主要春秋学作品目录

一、著作

1.《新学伪经考》：14卷，初刻于光绪十七年(1891)秋，光绪二十年(1894)遭清政府禁毁。1898年，戊戌变法运动中再刻并被进呈光绪皇帝。不久，又再度遭禁毁。以后，又相继出现万木草堂本(1917、1919)、北京文化学社本(1931)、商务印书馆本(1936)及北京古籍出版社本(1956)。2010年，中国人民大学出版社以1891年初刻本为底本，参校1917年重刻本出版，姜义华、张荣华编校。现收入《康有为全集》，姜义华、吴根樑编校，上海古籍出版社1987年版。

2.《孔子改制考》：31卷，始撰于1892年，光绪二十三年(1897年)在上海正式刊行，不久就遭到了毁版。民国九年(1920)重刊于北京，万木草堂丛书，一函五册，书竹纸印。民国十一年(1922)万木草堂刊红印本。1958年，北京中华书局出点校本。1968年，台湾“商务印书馆”取民国九年(1920)本重印，2011 年再印。1986 年，上海书店出版，收入《民国丛书第四编》。2010 年，姜义华、张荣华编校，中国人民大学出版社再次出版，亦收入《康有为全集》。

3.《春秋董氏学》：8 卷，始作于光绪十二年(1886)，1896 年由其弟子助编而成。民国六年(1917)重刊于万木草堂。1987 年，台湾宏业书局影印万木草堂本，收入《康南海先生遗著汇刊》。1990 年，楼宇烈整理，由中华书局出版，收入《康有为学术著作选》。2010 年，姜义华、张荣华编校，由中国人民大学出版社出版，收入《康有为全集》。

二、论文

1.《春秋笔削大义微言考》：1913 年在《不忍》杂志上刊发。民国十五年(1926)刻本，收入《万本草堂丛书》，线装 10 册。还有民国十六年(1927)刊本，11 卷。现收入《康有为全集》。

2.《大同书》：1913 年在《不忍》杂志上刊发甲、乙两部。民国八年(1919)由长兴书局将此二部刊印单行本。全书直至 1935 年才由其弟子钱安定略加校订，交中华书局出版。1936 年再版。1956 年，古籍出版社从康氏家族中借到抄本，并参照各本校订出全文。现收入《康有为全集》。

3.《春秋董氏学序》，刊于《不忍》杂志第 9、10 册合刊，1918 年出版。现均收入《康有为全集》。

(王晓鹍整理)

春秋左传读叙录(存目)

章炳麟

【评　介】

章炳麟(1869—1936),浙江余杭人,原名学乘,字枚叔,后易名为炳麟。又因慕顾绛(顾炎武)的为人行事而改名为绛,号太炎,世人常称之为"太炎先生"。早年又号"膏兰室主人"、"刘子骏私淑弟子"等。清末民初思想家、史学家和著名学者。

章太炎少时从外祖父朱有虔学读经。光绪十七年(1891),章太炎入杭州诂经精舍,师从俞樾、谭献、孙诒让、高学治、黄以周、宋衡等学习经、子之学,著有《膏兰室札记》《春秋左传读》等。1894年中日甲午战争之后,章太炎曾为康、梁强学会捐款,曾到上海任《时务报》主笔,后因学术主张不同反目。1898年春,曾应张之洞之邀赴武汉办报。戊戌政变后,章氏仍遭通缉,避地台湾,任《台湾日日新报》记者。1899年夏,东渡日本,与梁启超等人修好,返回上海参与《亚东时报》编务工作。1902年,章太炎再次逃亡日本,寓梁启超《新民丛报》馆,并与孙中山结交,同时接触到西方哲学、社会学、文字学等领域的学术著作,并参加上海爱国学社。1903年,与古文经学家刘师培相识。1903年,因"苏报案"入狱三年。1906年赴日本参加同盟会,继任《民报》主笔,主持《民报》与《新民丛报》的论战。辛亥革命后,章太炎于1912年2月任南京临时政府枢密顾问。1912年冬任袁世凯政府东三省筹边使,1913年4月辞职从长春返回上海。1913年8月遭袁世凯囚禁,关押在龙泉寺。此间,集其著作为《章氏丛书》,先后由上海右文社和浙江图书馆出版铅印本及木刻本。1916年6月袁世凯死后,章恢复自由,前往上海。1917年7月参与护法运动,任海陆军大元帅府秘书长。1920年拥护"联省自治"运动。

1922 年在上海讲学，曹聚仁根据记录整理为《国学概论》。1927 年南京国民政府成立后，章太炎采取不合作态度，自命“中华民国遗民”，曾遭国民党上海党部通缉。1930 年以后，活动限于上海、苏州一带。晚年主张读经，并据《春秋》“非我族类，其心必异”之意，力主对日强硬。1935 年，在蒋介石资助下，于苏州锦帆路开设章氏国学讲习会，直至 1936 年因病离世。章太炎学贯中西，研究领域涉及经史考证、诸子百家、训诂、音韵、佛学、医学、政治学等诸多方面，学术思想博大精深，成就非凡。梁启超尝谓其为“清学正统派之殿军”①，鲁迅评价道：“考其生平，以大勋章作扇坠，临总统府之门，大诟袁世凯的包藏祸心者，并世无第二人；七被追捕，三入牢狱，而革命之志，终不屈挠者，并世亦无第二人：这才是先哲的精神，后生的楷范。”(《太炎先生二三事》)

在清末民初，章太炎以著名思想家和民族主义者著称。在春秋学史上，作为著名学者的章太炎也占有特殊地位，因为他是古文经学的最后一位大师。奠定章太炎春秋学地位的，就是这篇《春秋左传读叙录》。该文与《春秋左传读》《左氏春秋考证砭》《刘子政左氏说》《驳箴膏肓评》和《春秋左氏疑义答问》等文一起，不但奠定了章太炎在春秋学史上的地位，而且掀起了“经今古文”之争的新高潮。

1891 年，今文经学的继承人康有为撰成《新学伪经考》，使今文经学盛极一时。章太炎是古文经学家俞樾、孙诒让等的弟子，也是古文经学的继承人，这使他不但与《左传》结下不解之缘，而且必须同今文经学展开斗争。1891 年，章太炎开始分别今古，标榜古文经学，与康有为相抗衡，并最终确立起“六经皆史”的古学宗旨②。为了阐明自己古文经学的学术主张，章太炎同年开始著作《春秋左传读》，历时 5 年，于 1896 年完成。据章太炎于 1896 年致书谭献论及《春秋左传读》之成书时云：

---

① 梁启超：《清代学术概论》，上海古籍出版社 2000 年版，第 95 页。

② 参见刘巍：《从援今文义说古文经到铸古文经学为史学——对章太炎早期经学思想发展轨迹的探讨》，载《近代史研究》2004 年第 3 期。

> 志在纂疏，斯为属草，欲使庄（存与）、孔（广森）解戈，刘（逢禄）、宋（翔凤）弢鏃，则鲰生之始愿已。①

由此可见，《春秋左传读》主要针对清代常州公羊学派刘逢禄等所持“《左氏》不传《春秋》之说，谓条例皆子骏所窜入，授受皆子骏所构造”之说进行反驳而作。在以董仲舒为代表的今文经学独尊的汉代，刘向、刘歆父子热心整理旧籍，尤其是刘歆，不但研究《左传》，而且引《左传》解释《春秋》，故被认为是西汉古文经学的真正开创者。也正因此，刘歆一直受到今文学家的攻击，而章太炎此时选择以“刘子骏私淑弟子”及“刘子骏之绍述者”为私号，应该是章氏对自身皈依古文经学立场的一种宣言。

1902年，章太炎作《春秋左传读叙录》，1907年1月至11月连载于《国粹学报》第62～63期。。《春秋左传读叙录》原名《贬后证》，为反驳刘逢禄《左氏春秋考证》卷二《后证》而作，主要论证《左氏春秋》“称传之有据，授受之不妄”。因此，黄翠芬《章太炎春秋左传学研究》所说实为确论：“纵观《左传读》散见章氏驳刘氏之说，针对公羊家言仅能零散论议，反驳相当有限。真正深切完整的驳辩，有待专篇的《春秋左传读叙录》。因此，完成专文驳刘逢禄之说，还是以《叙录》为主。”②

《春秋左传读叙录》更集中体现了此时章太炎关于今文经学和古文经学之别的具体分析。章太炎在《春秋左传读叙录》中指出，孔子《春秋》本为史著，经史同体，唯汉代《公羊》学因杂图谶，从而提倡“黜周王鲁”、“孔子改制”等经说，并视《春秋》为经，下启刘逢禄等人经主义、史主事以及经义不待事而著的看法，但章氏认为此并非孔门正义。至于汉代的《左传》学，虽以研谈古文经传为核心，唯所建立之经说，则因时代风潮及争立学官的影响，为应时世而杂入今文学、图谶之说，因而东汉以至西汉末刘歆的《左传》学亦每出现“黜

① 马勇编：《章太炎书信集》，河北人民出版社2003年版，第1页。

② 黄翠芬：《章太炎春秋左传学研究》，台湾文津出版社2006年版，第184页。

周王鲁”、孔子为“素王”的经说，章氏早年的《左传读》便因引汉代《左传》学先师之说，而提出《春秋》古文学亦提倡“黜周王鲁”的看法。但其时他一方面否定杜预对《春秋》古文学的论述，另一方面又提出：“《春秋》三家大义，《公羊》至董而备，《穀梁》至大刘而备，《左氏》至小刘而备。”(《春秋左传读叙录》)唯据其自言，刘歆以至贾、服的《春秋》古文学，既杂入图谶、今文之说。章太炎似又暗示终汉一代而至于今，《春秋》古文学均并非纯正的古文学，甚至暗示了所谓汉代治古文经的大家，都曲解了古文经传所包含的原意。唯他似乎尚未找到可以取代杂入今文经说、图谶之言的汉儒古文经说的另一系统，故其虽对汉儒古文学显露不满，仍未能提出另一套学说来取而代之①。

沈玉成《春秋左传学史稿》认为章太炎《春秋左传读叙录》驳斥伪作说有价值的意见有：

（一）《韩诗外传》中引《左传》事，称《春秋之志》，说明《左传》在先秦已有《春秋》之名，和《虞氏春秋》《吕氏春秋》非同类著作。

（二）对刘歆附益之说，章氏认为：

(1)“处者为刘累”是媚汉之辞，刘歆附新亡汉，不当附益若此。

(2)所谓君子之论之乖异，章氏认为“孔子之意本待传见，未尝自言，何以知其乖异？……是乖异于《公羊》也”。

(3)所谓凡例释经出刘歆伪作，章氏认为：“传之凡例始由子骏发挥，非谓自有所造。且杜预《释例》所载子骏说经大义尚数十条，此固出自胸臆，抑或旁采《公羊》而与传例不合。若传例为子骏所造，何不并此数十条入之传文，顾留此以遗后人指摘乎？”

(4)刘歆与尹咸共校图书，安敢私有增损？

(5)自北平献书，共王破壁，以至子骏，百有余年，墨漆新故，势有不符。

(6)刘逢禄以刘歆借助翟方进之名，而章氏认为：“以《左》谄王莽，而王莽甚恶方进，且移让书中不举方进之名，在汉时未假以为

---

① 参见黄梓勇：《论章太炎的今古文经学观》，载《汉学研究》第29卷第4期。

重，莽时又不能借以为重。”

沈玉成认为这些驳论颇能言之成理，后钱穆作《刘向歆父子年表》时，其议论也多由此引发。“只是除了第一条《韩诗外传》引文一例为确凿的证据外，其余诸论都还是推测，不足以给伪作说以有力打击。刘师培则在章氏的基础上，向前迈进了一大步。”①

其实，章太炎的春秋左传学经历了三个阶段、两次转变，前后见解大有不同。《春秋左传读叙录》只是代表了1902年前后章太炎对于经今古文学问题的看法。在经今古文之争中，章太炎逐步摆脱《公羊》《穀梁》的义例体系，采用、完善杜预的义例体系，转变为纯粹的古文经学家。这一点，钱玄同在《与顾起潜书》中就曾经明确说：“此书出版当在戊戌以前”，“《章氏丛书》中之《春秋左传读叙录》及《刘子政左氏说》两种，即系将此书之一小部分修改而成者，彼两种定稿于丙午、丁未 间，在此书之后十余年，前后见解大异，故此书久为先师所废弃矣。又先师晚年所作之《春秋左氏疑义答问》，则不但与此书所见绝异，即与《丛书》之两种亦大不相同，因又在彼两种以后二十余年所作也。窃谓欲知先师治《左氏》学之意见之前后变迁，此三时期之四部书皆极重要”。②

此外，在《春秋左传读叙录》的价值问题上，诸祖耿在《记本师章公自述治学之功夫及志向》一文中，转述章太炎之言曰：“既治《春秋左氏传》，为《叙录》驳常州刘氏。书成，呈曲园先生，先生摇首曰：‘虽新奇，未免穿凿，后必悔之。’”换言之，经学大师俞樾认为《春秋左传读叙录》有失“穿凿”。香港大学中文学院单周尧对这一问题进行了专文讨论，认为《春秋左传读叙录》并没有强烈的“穿凿”之感，故怀疑诸祖耿将《春秋左传读》与《春秋左传读叙录》二书混淆③。此观点可备一说。当然，《春秋左传读叙录》只是章太炎春秋左传学的一

① 沈玉成、刘宁：《春秋左传学史稿》，江苏古籍出版社1992年版，第351~352页。

② 原载《制言》第50期，转引自汤志钧编：《章太炎年谱长编》，中华书局1979年版，第32~33页。

③ 参见单周尧：《〈春秋左传读叙录〉的评价问题》，载《中国文化研究》2009年第4期。

部分成果。如需全面了解章氏的春秋左传学成就，可参阅台湾黄翠芬《章太炎春秋左传学研究》。该著作对章太炎春秋左传学之基础、著作、成就、特色、影响等均有详尽而深入的论述。

（王晓鹃）

章炳麟主要春秋学作品目录

一、著作

1.《春秋左传读》：1891 年开始撰写，1896 年完成。章太炎从未将《左传读》刊刻出版，唯曾于清末请人誊录一次。1913 年他的一些学生将此誊录稿缩小石印，每页 3 栏，每栏 48 行，每行 20 字，唯字体既小，辨认不易，流传亦稀。至 20 世纪 80 年代，姜义华参校上海博物馆藏之《左传读》手稿残本、《左传读续编》手稿 23 页及流传稀少的石印本，并将原来不依经传次序排列的《左传读》，按次排序，于上海人民出版社出版，《左传读》一书方流传于世。

2.《春秋左传读续编》：手稿 23 页存于上海图书馆，从未发表。有 1913 年石印本，1939 年潘景郑据石印本影印出版。现收入《章太炎全集》第 2 册(上海人民出版社 1985 年版)。

3.《左氏春秋考证砭》：手稿尚未发现，从未发表。现收入《章太炎全集》第 2 册。

4.《驳箴膏肓评》：手稿存上海图书馆，从未发表。1984 年台湾学海出版社出版。现收入《章太炎全集》第 2 册。

5.《春秋左氏疑义答问》：5 卷，1929 年至 1930 年年初撰成。虽仅 4 万字，却为章太炎 30 年精力所聚之书，其上甄曾、吴、孙、贾、太史之微义，下取贾、服、杜之所长，要使因史修经、论事作《传》之旨由之昭晰。卷末有黄佩盾序。有 1933 年北平《章氏丛书续编》本(吴承仕、钱玄同精刊初刻蓝印本，1 册，白纸)。1936 年收入《章氏国学讲习会》，有单行本少量流传。还有 1943 年成都薛氏崇礼堂覆刻本和 1982 年台湾世界书局《章氏丛书》本。现收入《章太炎全集》第 6 册，姜亮夫、崔富章校点。

二、论文

1.《春秋左传读叙录》：1907 年连载于《国粹学报》第 62～63 期。该文后收入《章氏丛书》，有 1916 年上海右文社本，1917 年浙江图书馆刻本和 1924 年上海古书流通处印本(《章太炎先生所著书》)，1982 年台湾世界书局《章氏丛书》本，1984 年台湾学海出版社本。现收入《章太炎全集》第 2 册。

2.《刘子政左氏说》：1 卷，《国粹学报》1908 年 4 月 20 日至 8 月 16 日连载。该书取刘向《说苑》《新序》《列女传》所举《左氏》事义六七十条而次第之，复"为之疏证，凡得三十余事"。有 1915 年右文社铅印本，1919 年浙江图书馆刻本，1924 上海古书流通处木刻本，1982 年台湾世界书局《章氏丛书》本，2002 年上海古籍出版社影印《续修四库全书》本。

(王晓鹏整理)

刘申叔先生遗书(节选)

刘师培

左氏学行于西汉考

汉《艺文志》云："《春秋》古经十二篇，经十一卷，《左氏传》三十卷。"古经者，《左氏》经也。经者，《公》《穀》经也。别言《左氏传》者，西汉《左氏传》与经别行也。左氏经得之汉初，自张苍受业荀卿传左氏学，汉兴献《春秋左氏传》，此西汉秘府有《春秋》古经及《左传》之始，盖在高帝之时。故高祖之诏引其文，叔孙通之论，并采其说以制礼。下迨文帝诏书，武帝制令，哀帝封册，咸书其文。汉廷有司，亦持以议礼，此即张苍所献之书，亦即刘歆所谓《春秋左氏》，丘明所修。皆古文旧书，多者二十余通，藏于秘府，伏而未发者也。及成帝陈发秘藏，以考学官所传经，欲立三传博士，胥君安以《左传》不祖圣人相驳。然成帝封孔子后，仍推迹古文，以《左氏》相明。此均歆、莽以前，《左传》行于汉廷之征也。其行于民间者，则张苍既献其书，复作《历谱五德》，又作《张氏微》十篇，以授贾谊；谊作《左氏传训故》，遗说具见贾子《新书》。贾氏世传其业。谊兼授贯公，此古文经传，传于民间者，盖与秘府所藏相合。及鲁恭王坏孔子宅，得《春秋》古经，并得《春秋左氏传》。盖未献秘府，仅安国辈所藏。故孔臧亦见其文，嗣司马迁为太史令，紬《史记》金匮石室之藏，读《春秋》古文，又与贾嘉通书，从安国问故，故《史记》述《左传》特详。盖秘府所藏之书，孔子所传之说，惟史迁可以兼通也。又河间献王好古学，亦立《左氏春秋》博士。博士即贯公，则河间所兴之《左氏》，亦贾谊之传。厥后贾嘉传子捐之，贯公传子长卿。长卿授清河张禹，说为萧望之所善。禹传尹更始，更始初通《穀梁》，又受《左氏传》，取其变理合者为章句，以传子咸并传翟方进、胡常、房凤。常授贾护，护授陈钦，钦授王莽。由更始以下，大抵《左氏》通《穀梁》，与《公羊》家言相远。长卿又以学授张敞，敞传子吉，敞女为杜邺母，邺从吉学，得其家书，恒引《左传》之说，竦为敞孙，从学于吉，亦通《左氏》。自敞以下，大抵以《左氏》通《公羊》，不杂《穀梁》之说。此民间《左氏》学之区别者，然均由长卿上诉张、贾。至刘歆典校秘书，见古文《春秋左氏传》，又从咸、方进质问大义，引传文解经，转相发明，而章句义理以备。盖以秘藏经传为主，而兼通张、贾以下相传之大谊者也。其遗说具见《汉书》诸志，旁见《王莽传》《韦元成传》。凡《释例》《正义》所引刘说，其与贾、许、颖并言者，均歆说之佚文；其单词双义，复散见《七略》《锺律书》，不惟《遂初赋》所述已也。然汉儒通《左氏》者，别有刘公子、张霸、刘向诸人，惟授受不可考。若夫研治群籍兼通《左氏》，汉初则陆贾、毛公、贾山，中叶则刘安舍人路温舒，季叶则谷永杨赐。贾山以上或亲见周秦故书者也，刘安以下，盖习闻张、贾绪论，或可睹秘藏者也。若邹阳、东方朔、褚先生、杜钦、王骏、王褒之流，盖亦亲见《左氏传》，故咸有述传之词。即今文大师，亦于《左传》多甄引。如伏生、韩婴、董仲舒、主父偃、眭弘、严彭祖、焦延寿、京房、翼奉、龚胜是也。及成、哀以降，若王龚、王舜、崔发，均通《左传》，则染濡莽、歆之论。故歆等欲立《左氏》，虽为哀帝博士所格，迄于平帝之世，遂立学官。而桓谭、杜林、贾徽、孔奋之徒通习《左氏》经传，均当西汉季年，遂启东汉古文之学。由是而观，则《左氏》之学，汉初、汉季再显于汉廷。文、景以降，哀、平以前，虽伏而不发，然民间传习，未尝一日绝，则所谓《左氏》不传《春秋》者，仅汉季博士之偏词耳，奚足辩哉。

（节选自《经学教科书》第十三节《左氏学行于西汉考》，见《民国丛书》第二编第三册(哲学、宗教类)，上海书店出版社 1989 年版，第 348~350 页）

【评　介】

刘师培(1884—1919)，字申叔，号左盦，江苏仪征人。仪征刘氏是晚清有名的经学世家，刘氏的曾祖刘文淇，祖刘毓裕，伯父刘寿曾，以三代相续共注一部《春秋左氏传》而饮誉学林，列传清史。刘师培天资聪慧，又勤奋刻苦，8 岁便开始学《周易》辨卦，12 岁读完四书五经，18 岁中举。1903 年在上海结识章太炎、蔡元培等人，改名光汉，加入中国教育学会、光复会、同盟会等进步组织，并参与万福华行刺王之春行动，成为一名激进的革命党人。1906 年与陈独秀在安徽公学组织岳王会和黄氏学校，宣传革命，发展党人。1907 年春节，应章太炎等邀请，刘师培夫妇东渡日本，结识孙中山、黄兴等革命党人，参加同盟会东京本部的工作。1907 年 6 月，受日本无政府主义思潮的影响，刘师培夫妇发起成立“女子复权会”和“社会主义讲习会”，创办《天义报》和《衡报》，宣传无政府主义和社会主义理论，成为狂热的无政府主义者。1907 年年底，由于种种原因刘师培被端方收买，并与章太炎关系破裂。1908 年 11 月刘氏回国，公开入幕端方，成为复古保守派。三年间，刘氏先后写成《春秋左氏传时月日古例诠微》《晏子春秋斠补》《墨子拾补》《韩非子斠补》《贾子新书斠补》《白虎通义斠补》《逸礼考》《扬子法言校补》《周书补正》《楚辞考异》《敦煌新出唐写本提要》等著作。1911 年刘氏随端方南下四川，镇压保路运动，在资州被革命军拘捕，后由孙中山保释，任成都国学院副院长，并在四川国学学校授课，讲授《左传》《说文解字》等课程。《左氏》一门，习学弟子 11 人，“讲授之余，课以札记。有以疑义相质者，亦援据汉师遗说，随方晓答”①，后来其弟子将答问内容辑为一册，名为《春秋左氏传答问》。这两年，刘氏还撰成《庄子斠补》《古本字考》《周历典》《春秋左氏传古例诠微》《春秋繁露斠补》《西汉周官师说考》等著作。1913 年，刘氏先后投靠阎锡山和袁世凯。1915 年 8 月，刘氏与杨度、严复等发起成立筹安会，为袁世凯称帝鼓吹，发表的《君政复古论》《联邦驳议》等文章极力强调复古，反对联邦制，在保守的道路上越走越远。洪宪帝制失败后，流落天津。1917 年，刘

① 方光华：《刘师培评传》，百花洲文艺出版社 1996 年版，第 101 页。

氏被蔡元培聘为北京大学教授，讲授中古文学、“三礼”、《尚书》和训诂学，兼职于北京大学附设国史编纂处。北大讲学期间，完成20余万字的《周礼古注集疏》。1919年1月，与黄侃、朱希祖、马叙伦、梁漱溟等成立国故月刊社，成为国粹派。1919年11月20日因肺结核病逝于北京，年仅36岁。临终有言：“我一生应当论学而不问政，只因早年一念之差，误了先人清德，而今悔之已晚。”①刘师培少承先业，服膺汉学，经史子集靡不贯通，是晚清至民国初年学术思想史上的重要人物，其主要著作后由南桂馨、钱玄同等搜集整理，计74种，称《刘申叔先生遗书》。其中关于论群经及小学者22种，论学术及文辞者13种，群书校释24种。

刘师培乃四代经学世家子弟。曾祖刘文淇积40年之功编成长编数十巨册，晚年仅写成《春秋左氏传旧注疏证》一卷而卒。祖父刘毓松踵其业，也未果而卒。伯父刘寿曾继承两代遗志，在其兄贵曾、富曾帮助下续作此书，也未能完稿，仅及襄公四年(前569)而止。《春秋左氏传旧注疏证》的特点是对《左传》的汉人旧注进行了集大成的总结，每条经传文之下有“注”和“疏证”两部分。“注”采贾、服以及其他汉代古文家经说。“疏证”则广征博引以补汉人旧注之不足，兼辨杜预、孔颖达之非。对前人成说的广泛收集，使《春秋左氏传旧注疏证》得以言之有据地条理经学中《左传》研究的源流②。梁启超曾云：“这部书终未成，真是学界一件憾事。孟瞻、伯山父子之学，我们读《青溪旧屋》《通义堂》两集可以想见一斑。……此事若成，价值或为诸家新疏之冠，也未可知。……刘家子弟闻尚有人，不审能把家藏稿本公之于世否？就是缺了昭、定、哀三公，也无妨呀！”③由此可见，《春秋左氏传旧注疏证》是当时学界的一件盛事。

因此，刘师培的《左传》研究，首先继承了家世传统，排杜崇汉，在收集前人旧注的基础上重新认识《左传》与《左传》学的特点。这无

① 陶菊隐：《筹安会“六君子”传》，中华书局1981年版，第129页。

② 参见方光华：《刘师培评传》，百花洲文艺出版社1996年版，第10页。

③ 梁启超：《清代学者整理旧学之总成绩》，商务印书馆1999年版，第29页。

疑抓住当时今古文经学产生争端的要害。其次，刘师培善于把近代西方社会科学研究方法和成果，吸收到中国传统文化研究中来，开拓了《左传》研究的新境界，著作主要有《春秋左氏传古例诠微》《春秋左氏传例略》《春秋左氏传答问》《春秋左氏传时月日古例考》和《读左札记》等。这些著作都收入《刘申叔先生遗书》，主要有宁武南氏1936年排印本、台湾大新书局1965年本、江苏古籍出版社1997年本(《刘申叔遗书》)和中共中央党校出版社1997年本(《刘师培全集》)等。刘师培的《左传》学研究，大体可以分为两类：

一是对《公羊》学派和刘歆作伪说的批驳。康有为提出“孔子改制”和“新学伪经”说，宣扬古文经学皆刘歆伪造。刘师培站在古文家的立场，与其展开针锋相对的论争：

> 《春秋》名一书二，前史后经。史出鲁臣所录，经为孔子所修。《左传》称韩宣观书鲁太史，见《易象》与《鲁春秋》，曰：“周礼尽在鲁矣!”贾逵说曰：“鲁史法最备，故史记与周礼同名。”是贾以韩睹《春秋》即《鲁史记》也……贾逵、服虔、颖容并以孔子自卫返鲁，考正《礼》《乐》，修《春秋》，约以“周礼”，三年文成。《公羊疏》所引《左氏》说，亦谓“周礼在鲁，故依鲁史记修《春秋》”。(《〈春秋左氏传〉古例诠微·崇经篇第一》)

刘氏认为《周礼》一书原为《周官》，西汉末刘歆改名作《周礼》，并采用汉代《左传》先师贾逵、服虔、颖容等的观点，认为孔子的《春秋》经是依照《鲁史记》(《鲁春秋》)而作。另外，又巧妙地引用“《公羊疏》所引《左氏》说亦谓‘周礼’在鲁”的观点，来反驳《公羊》学认为“三统”中每一统都有自己的礼乐制度，《春秋》即为孔子为汉代立法的观点。同时，刘氏还认为《春秋》为孔子约周礼而成的史册，排斥康有为等《公羊》学家将孔子视为大政治家，以素王作《春秋》现正王而系万事的观点，认为孔子也无改制之事。

刘师培博通经子，对群经尤其是“三礼”和诸子都有深入研究，曾作《周季诸子述左传考》《左学行于西汉考》《司马迁〈左传〉义例序》《群经大义相通论》和《春秋三传先后考》等文，运用群经和诸子典籍与《左传》原文相互印证，证明《左传》并非刘歆伪造，是成于先秦的史书。他在《周季诸子述左传考》一文中说道：

> 昔在周季，吴子、荀子均为《左传》先师，故语多述《传》。然战国诸子所述之事，不必尽与《传》符，其有本《传》为说及与《传》说互明者……汉人述《传》或逞臆词，唯周季学士大夫时与《春秋》相接近。①

刘师培又引证先秦诸子中直接、间接对于《左传》的引用，从而得出实事求是的结论。在《左学行于西汉考》一文中，又论证道：

> 《汉艺文志》……古经者，《左氏》经也；经者，《公》《穀》经也，别言《左氏传》者，西汉《左氏传》与经别行也。《左氏》经传得之汉初，自张仓授业荀卿，传《左氏》学。汉兴，献《春秋左氏传》，此西汉秘府有《春秋古经》及《左传》之始，盖在高帝之时，故高祖之诏引其文(《韩信传》)，叔孙通之论并采其说以制礼。下迨文帝诏书，武帝制令，哀帝册封，咸述其文，汉廷有司，亦持以议礼。②

刘师培认为《左传》在刘歆以前就存在学术传承关系，如战国时就有荀子、韩非子对《左传》进行研究，西汉时也有贾谊、刘安、司马迁、翟方进等人进行研究。

《司马迁〈左传〉义序例》一文，则针对康有为所谓《史记》中有关《左氏春秋》之说为刘歆窜入而发。刘师培通过对司马迁《史记》的书法体例的研究，证明《左传》对司马迁创作《史记》产生过重要影响，从而证明“刘歆作伪说”的荒谬性。“这一观点与今文学者所谓《史记》

① 刘师培：《周秦诸子述左传考》，见《刘申叔遗书》，江苏古籍出版社1997年版，第1215~1216页。

② 刘师培：《左氏学行于西汉考》，见《刘申叔遗书》，江苏古籍出版社1997年版，第1216页。

参考《左氏春秋》而非今之《左传》的说法有根本差别。刘师培认为‘《史》之述《左》，非惟述其事，抑且述其义’，‘《史记》中有通论《左氏》大义者’。前者说明司马迁所见《左传》已有解经之语，后者引《司马相如传赞》‘《春秋》推见至隐’，用《左传》成十五年‘《春秋》之志，隐而显’之文，证明《左传》在《史记》创作时，大义已备，非徒为史料之罗列。”①

刘师培以《左传》所载的历史以及解释《春秋》的语句在刘歆以前的历代著作中不断被人征引的事实，再次证明《左传》并非刘歆伪造。如《韩非子》《荀子》《吕氏春秋》《淮南子》《春秋繁露》等书籍中对于《左传》的直接或间接的引用，从而证明《左传》早就存在。《左传》也有许多关于史实的独特的描述，如《吕氏春秋》引用《左传》，有的全引《左传》原文，有的与《左传》原文小有不同，故刘师培说：“则著《吕览》者，曾亲见左氏之书，昭然无疑。”又如西汉成书的《淮南子》，“在司马迁《史记》之前，但书中也多引《左传》。如华周却赂(左襄二十三年)、子罕献玉(左襄十五年)咸见于《淮南子·精神训》等等。如果《左传》是刘歆伪造，又怎么能够被上述诸书所引用?”这几篇论文有理有据，可谓切中今文学家的要害。

二是论述《左传》与《春秋》的关系。刘师培驳斥了《左传》不传《春秋》的观点：

> 自汉博士谓左氏不传《春秋》(《汉书·刘歆传》)，范升谓左氏不祖孔子，而出丘明，师徒相传，又无其人(《后汉书·范升传》)，晋王接遂谓左氏赡富，自是一家书，不主为经发(《晋书·儒林传》)。近儒武进刘氏遂据此以疑《左传》(《读左札记》，《刘申叔先生遗书》第7册)。

刘师培认为《左传》与《春秋》的关系，不但可以从孔子与左丘明的思想上得到证明，而且可以从传习《左传》的学人们的言行上得到

① 沈玉成、刘宁：《春秋左传学史稿》，江苏古籍出版社1992年版，第354页。

证明。如前引司马迁将《左传》称作古之《春秋》，翟方进称《左传》为《春秋》左氏传，可见《左氏春秋》与《春秋》有着密切的联系，不能视作《吕氏春秋》之类。刘师培还证明，《春秋》与《左传》的联系在西汉得到过今文经师的承认：

> 汉《严氏春秋》引《观周篇》云：孔子将修《春秋》，与左丘明乘如周，观书于周史，归而修《春秋》之经，丘明为之传，共为表里。《观周篇》乃《孔子家语》篇名，而引于汉人，且引于公羊经师，则《左传》为释经之书，固公羊家所承认矣。刘向《别录》云：左丘明授曾申。刘向素以《穀梁》义难《左传》，而于《左传》之传授言之甚详，则《左传》为释经之书，又《穀梁》家所承认矣。(《读左札记》，《刘申叔先生遗书》第7册)

由此可见，汉初诸儒莫不以《左传》为释经之书，只有当刘歆提出立《左传》于学官之后，才有一些经学家试图否定《左传》与《春秋》的联系。刘师培认为《左传》与《公羊》《穀梁》相比较，确实有一些独到之处，但这些独到之处不影响他与《春秋》的联系，因为《春秋》是一部简明近代历史教科书，在春秋时期人们可以从不同角度进行阐发，《左传》也是解经之作①。

总之，刘师培的《左传》学研究，将家承与创新熔为一炉。他沿承父祖重“礼”的观点，并且将这一理念运用到了其创新的“义例”体系当中，继续以“礼”约经，以“礼”约“例”。晚清的廖平和康有为将《公羊》义例理论阐发到了极致，相比之下，古文经学家则专注训诂考据，于经学理论建树不多。刘师培以礼为本，以“例”解经，无疑是其治《左》的一大特色。此外，刘师培认为“仅通一经，确守家法者，小儒之学也”，“旁通诸经，兼取其长者，通儒之学也”②，他提

① 参见方光华：《刘师培评传》，百花洲文艺出版社1996年版，第126页。

② 刘师培：《群经大义相通论·公羊荀子相通考》，见《刘申叔先生遗书》第9册。

倡做一名“通儒”，即兼通群经诸子与经今古文。这亦是其治《左》的一大特色。同时，作为古文经学家，仪征刘氏长于训诂，尊崇汉儒师说，“师培振起于后，以赓续家学为己任，亦守古文家法之立场”，故刘师培的《左传》研究以恢复“汉注”为旨归，援据群经古籍，不避繁琐考证。这一点曾遭到很多人的批评，如沈玉成和赵博雄等人都认为其“义例”过于繁琐。刘师培也不像公羊家否认《左传》一样否认《公羊传》，他坚持“今古文同宗同源”的观点，正如钱玄同所言，刘氏“不反对今文经说，而反对今文家目古文经为伪造，及孔子改制托古之说也”①。这也是刘氏治《左》的第三个特点。刘师培开创的治《左》新思路与新方法，对学界产生了较大影响：如杨向奎《论〈左传〉的性质及其与〈国语〉的关系》、钱穆《刘向歆父子年谱》和胡念贻《〈左传〉的真伪和写作时代考辨》等，都在很大程度上借鉴了他的研究方法。至于吴静安《春秋左氏传旧注疏证续》，也以“礼、例、事三者为宗”，显然与刘氏治《左》的方法有异曲同工之处②。

刘师培的学术成就，钱玄同曾有过评价：“刘君著述之时间，凡十七年……因前后见解之不同，可别为二期：癸卯至戊申(1903—1908)凡六年为前期，己酉至己未(1909—1919)凡十一年为后期。婞较言之，前期以实事求是为鹄，近于戴学，后期以竺信古义为鹄，近于惠学；又前期趋于革新，后期趋于循旧。”③这一评价实事求是、准确精到。

（王晓鹃）

刘师培主要春秋学作品目录

1.《读左札记》：1905—1906年连载于《国粹学报》，是刘师培第

① 钱玄同：《刘申叔先生遗书·序》，见《刘申叔先生遗书》第1册，第5页。

② 参见徐复：《春秋左氏传旧注疏证续·序》，见吴静安：《春秋左氏传旧注疏证续》，东北师范大学出版社2005年版，第1~3页。

③ 钱玄同：《刘申叔先生遗书·序》，见《刘申叔先生遗书》第1册，第1~2页。

一部公开发表的关于《左传》研究的论著，全书共15条，以札记体的形式面世，表现出刘师培治《左传》的总体思路。现收入《刘申叔先生遗书》第7册。

2.《春秋古经笺》：抄本，国家图书馆藏，现只存第7、8、9卷，自宣公元年(前608)至襄公九年(前564)夏，现收入《刘申叔先生遗书》第7册。收入《刘申叔先生遗书》时，编者将《春秋古经旧注疏证》零稿3页附于《笺》后。

3.《春秋左氏传时月日古例考》：作于1910年，发表于《国粹学报》第76~78期。现收入《刘申叔先生遗书》第7册。

4.《春秋左氏传古例诠微》：曾连载于《四川国学杂志》1912年第3~4期，题为《春秋左氏传古例考序略》，还刊登于《国故钩沉》，题为《春秋左氏传古例诠微序例》。现收入《刘申叔先生遗书》第8册。

5.《春秋左氏传答问》：为刘师培1912年在四川国学院讲学时的述作，共38条，内容广泛，但重点在言“例”，涉及时月日之例、称爵、称名、会盟、侵伐灭入之例、《经》《传》关系、婚嫁诸礼等各方面。现收入《刘申叔先生遗书》第8册。

6.《春秋左氏传传例解略》：载《四川国学杂志》1913年第12期。作者辑出13条《左传》中近似的事件，并互加比照，借以明“例”。所明“传例”大体有会盟、书爵、逆女、还至、如、称人、奔、嫁和来等。现收入《刘申叔先生遗书》第8册。

(王晓鹃整理)

左传真伪考

[瑞典]高本汉著　陆侃如口译　卫聚贤笔受

下边的研究包含两部分。前部分只讲《左传》的真伪问题。后面比较更重要的部分想考察此书文法的组织，但这一部分的范围其实不止于此：这是第一次试用文法的分析来明白中国古书的性质和它们中间的关系。

上　　篇

支那学家用来研究古代中国的各种文件，没有一种比《左传》更重要。这是中国古代文化第一次成熟时期的主要史料。在《左传》里，我们有西历前七二二年到四六八年的时期中的详细记载，组织很巧妙，文字很有力。要解释各种古代的文件，我们必须依赖《左传》中的掌故和史迹，沙畹(Chavannes)解释汉代雕刻品时，常用此书里的掌故，别的古书内所有礼节和宗教观念之系统的描写，可以在《左传》里找到许多具体的例证。对于语言学者，此书也很重要，因为是个范围很大的文件，里边用词极丰富而复杂，文章极有力而美妙。总之，《左传》是中国文学的杰作之一，为中国人所爱读爱研究，并且格拉内(Granet)在一部好书里(《中国古代的舞蹈与传说》，*Danses et légends de la Chine ancienne*，一九二六))说："这部书是中国文学中最生动又最丰富的文件。"(页六八)

所以《左传》的真伪问题及其真性质，是支那学上最重要的问题之一。这问题已有许多人很起劲地讨论过，但在我看来，还没有充分的弄清楚；所以我的目的，是想在本篇里对于此问题的解释有所贡献。

讲到《左传》的真伪问题，我们第一要明白什么叫做真伪问题。照一般人所承认的中国传说看来，《左传》作于鲁国，同孔门有直接的关系。所以认为它在西历前二一三年的焚书以前就存在，后来从此救护出来，保存到如今。

在这传说里有两个要点：第一它是焚书前的古代文件。第二它是属于鲁国学派的。这两点并没有不可分离的关系，是很明白的，假使能证明此书在焚书前存在，也不能藉以证明从孔门产出。反过来说，假使能说它与鲁国无关系，这也不是说此书是伪造的。只有能证明此书是汉人所作来冒充焚书前的文件，然后可说它是伪的。换言之，假使在前一九一年——焚书禁令取消之时——到哀帝时(西历前六一一年)——《左传》正式讨论之时——中间有一个或几个学者著此书来冒充前二一三年前的古代文件，此书便是伪的。若然，此书便完全是根据他们自己的构想，或者更合理一点说，他们是依靠着少数真的但短一点的文件，任意变动，并且加入一点自己的创作。(这两种情形是同样的坏，因为支那学家若要分别真伪，几乎是个绝望的工作，而且他时时有根据伪材料来下结论的危险。)

反过来说，此书是真的，假使它真在前二一三年前写定，假使它是前七二二到前四六八年中事实的真正记载，是作者尚可自由参考各种文件的时候(即上说年代内)所写定。到了前二一三年许多古代文件都毁灭以后，那些假文件——纯粹根据理想做成而误认为周代的史料——的危险，方才起头变为严重。它当作史料的价值的或高或低，是看它写在这个时期的或前或后来断定的。假使它写定时近四六八年(传说的意见把它放在前五世纪)，自然它有更大的价值，因为几乎是同时的见证了。假使它写定比较迟一点，譬如说是前三世纪，那么它不过根据几百年前的旧传说(口传或笔录)来编辑的，它的价值便小一点——可是它仍极重要，因为无论如何它还是中国历史最古老的详细的记载之一。但是只要它的时代在前二一三年以前，我们就没有理由说它是伪书。

所以《左传》的问题分为两个主要问题：

《左传》是否周秦前的真的文件，在前二一三年焚书以前的？

这个问题非待有了肯定的答案，才会发生第二个问题：

把《左传》与鲁国孔门连起来的传说，是否真确?

过去两千年的中国学者大多是高明的考据学者，而且有许多校勘问题经他们解决的精密而可信。例如宋代以来的中国学术界，已经承认《书经》里大部分的文件是西历三〇〇年后的伪作。沙畹曾经总结这一类研究的结果(《史记》译本第一册页一一三)。伯希和(Pelliot)〔《古文书经与尚书释文》(*Le Chou king en caractères anciens et le Chang chou che wen*)，见《东亚杂著》(Mém. con c.) I'Asie Orientale)，卷二，一九二六〕曾经精确考察这一种难解决的问题的详细情形。所以我们觉得有点不自在，当伯希和在上述的书(页一三五附注)〕里说："《左传》的问题没有比《书经》清楚多少。……两汉发现传文的情形有点可惊异，因为它们和我们现在所研究的伪古文的史书混在一起的。"

中国的考据学者既然有如此敏锐的眼光来决定《书经》里孰真孰伪，别人总希望他们能找出《左传》的破绽，而且假如是伪造的，便该把它指示出来，尤其因为《左传》被人热心的研究，且发生了不少的专门著述(例如《通志堂经解》《皇清经解》《皇清经解续编》等巨编里的《左传》之部)。但是除了晚近的偶然的例外，对于《左传》的真却没有人怀疑过。

试举马端临为例(约十三世纪)。这位著名的《文献通考》的作者，是一位大胆而激烈的批评家。神圣的《春秋》说是孔子所编定的，他对它很严厉，他认为汉代学者把《穀梁》《公羊》《左传》的共同记录排列起来了〔参看雷格(Legge)的《中国经书》(*Chinese Classics*)卷五，页一八〕。但是他似乎把《左传》当作真的文件，以为《左传》是《春秋》所从出的一部古书。和他一样的是另一宋代学者，是那时代学术界中最激烈的批评家之一，王安石。他对于《春秋》很严厉。他并不否认这些文件的真实性，但是《宋史》(卷三二七)说他"绌《春秋》之书，不使列于学官，至戏目为断烂朝报"(《春秋》的记载本来大部分都是诸侯间的战争、盟会及贵族之死等事)①

他认为《左传》是六国(楚、齐、燕、韩、魏、赵)——即前三世纪——时候的文件。所以这位大胆的批评家，虽然他不信《左传》属于孔子时的鲁国，仍主张它是前三世纪的著作，在焚书以前——所以是一部真的书，并非后代的伪造。事实上到最近方严重地攻击《左传》真伪问题，一方有一个日本的学者，一方有中国的许多批评家。

所说日人的著作，是饭岛忠夫(T. Iijima)在《东洋学报》*Toyo Gakuho* 第二卷里的一篇文章，他的目的是纯粹根据天文学家来证明《左传》是前汉末年的作品。

因为没有天文学家的知识，所以我不能讨论饭岛忠夫的主张，但是我愿意稍微说几句话：

中国的注释家很注意《春秋》与《左传》的年代上的歧异，及此二书同周室年代的歧异。而且从饱学的杜预(约当二八四年)到现在，有许多著作努力解释这些歧异。这种歧异的原因为一般人所承认的，可以在阿佛来(Havret)和商波(Chambeau)的关于《中国纪年之杂文》(*Mélanges sur la chronologie chinoise*，一九二〇)(*Variétés Sinologiques*, 52)页一八七里得到个很好的总括的叙述。有一种大家公认的基本的理由，就是许多诸侯各有与王室不同的历法，而且诸侯间文件的日期便根据这不同的历法，所以各国太史的记载也混乱了。至于《左传》纪年有前汉的味儿在内，是不成问题的——中国的批评家很早就可以查出的。假使只有一段记载可以说是汉代的，那对于《左传》全体也无大关系。而且我要读者注意这是因为还有一种心理的理由在里头呢。

大家都知道许多中国古书几百年传下来，不但靠书本，并且在古代各学派里同时由教授口头传给学生——是一种师徒式的继承，他们的名称在后代著作里常常有记载[②]。所以当一部书逐句学习时，里头的句法句调没有被背书者改变或弄乱的大危险。但又有别的部分更容易忽略和搅乱，就是那些比较独立的部分，那些可以换了任何同意词而不妨害全句的部分。属于这一种的，第一是许多专门名词，因为很难记忆，所以容易弄错了。最好的例证就是比较《穀梁》和《公羊》的《春秋》里的私名的写法。同样还有那些干支所表示的年代。不妨害全句的别部分，学者仅将“甲申”(申隋音 sien)与“甲辰”(辰隋音 zien)弄错，那是多么容易的事！关于用干支的记载，在前汉的末年，传说时常要弄错的。所以在改正的时候，自然要带些汉代的味儿。但是根据这一点来断《左传》全书的年代，那未免是太薄弱的材料了。

更重要的一点就是康有为一派的批评家，在欧洲为弗朗克教授所宣传。其实这派不该用康氏之名，应用刘逢禄之名——刘氏是十九世纪的学者——不过这位批评家的意见为康派所采用而发挥，引起大家的注意罢了[③]。我们现在得要研究他们对于《左传》的主张。

康氏的主张是这样：他说首先宣布《左传》应有尊荣的地位而排斥《穀梁》和《公羊》者是刘歆(约当二二年)。刘歆同他的父亲——即著名学者刘向——在皇家藏书处校勘从前学者所不能看到的秘书。刘歆宣言《左传》优于《穀梁》和《公羊》时，康氏以为他并不是没有偏心的。刘歆是一个道德上差一点的人，他帮助篡位者王莽来抵抗合法的刘家(他自己也属于刘家)。照孔子的政治道德的条律，如《公羊》和《穀梁》所留下来的，很不利于篡位者。所以刘歆的工作是要利用他的保管秘书之职，来取消此二书在全国学术界的优先地位，代以在道德上可助篡位者王莽的书。要这样做，他取了一部相传是孔子提过的鲁人左丘明所作的《国语》，用它的帮助，自己编一部说《春秋》的《左传》。在此传注里，他用一种公平的态度来叙述《春秋》时的各种事情——许多暗杀与战争。臣弑其君而取其位，或者拥立他们所保护的人。这样便可以消灭那些反抗他的恩人王莽的批评。要拿他自己作的《左传》来代替《穀梁》和《公羊》，必须使他的同时人相信是周代的真文件，所以他参入了许多古字古词，于是冒充真品便成功了。

在我们详细考察此种激烈主张以前，我们先要知道并且记住康有为是一个政客，兼宣传教的人，并且要知道他“考证”的方法并不是科学的论证，而有点新闻纸的味儿。康氏要想说明孔子原有的精神在汉代已经湮灭了，中国在十九世纪末年的各种国耻便是因为离开了那位大圣人的真教训的缘故。他要这样主张，他必须要说明孔子的教训是怎样湮灭了的，所以就把刘歆作了个牺牲。这种论调的全体，当它是中国思想在欧洲政治侵略压力之下的混乱新方向的表征，是很有趣的[④]。但是从历史的客观性看来，他不免像是很离奇地虚造的。要了解刘歆拥护《左传》的热心(来说它是他的伪造)，难道一定要问他的道德吗？我们假如说刘歆在藏书处找到一部和现在一样的《左传》，是他以前所没有见过的，他读得很高兴。难道这是古怪的吗？在《穀梁》和《公羊》里的干燥陈旧的道德外，他得到一个中国古史的很生动的描写。弗朗克说刘歆为了那个不道德的《左传》的诡计，与其父刘向相反抗，因为刘向是传《穀梁》的。假使为了《左传》来反抗父亲，既然这个学者特殊的天才，没有人否认过，那么就说刘向是拥护《穀梁》的保守派，而其子刘歆是一个维新派，有敏锐的具体眼光来赏识古代文件中有价值的部分，所以他爱他本国的写实的历史，更甚于陈旧的道德，这么说岂不更自然些吗？父子间为了纯粹学问上的原因而分离是很会有的(在十九世纪受过教育的人们还会为了拼法改良而变成仇敌的呢!)，照我看来，康有为的全体主张显然是太牵强了。

但是这样说还不够，我们一定要举出积极的证据来证明康派学说是错误的。他们主张的要点，弗朗克在上文所引的巨著里说得很明白。

弗朗克自己是一个很慎重的人，所以不能盲从康氏激烈的主张，他把康氏要想证明《左传》是伪作的全部的理由都叙述出来；但是他的结论仅限于否认此书原为孔门弟子或晚周儒家作的春秋传注(《穀梁》与《公羊》是孔门的真代表)，并且说刘歆前并没有人认它为《春秋》传。如果此书在刘歆前便存在，它的形式是一种历史的记载，后来为刘歆所割碎，分配于《春秋》的记载，这期间他便很上下其手了。至于刘歆以前此书究竟存在与否，弗氏持的是怀疑态度。他说(页七一)：“《左传》同司马迁所见的《左氏春秋》究竟是不是一部书，它的著者是谁，以及著于何时，都还是待解决的问题。康有为说《左传》是刘歆依据《国语》编成的，这个假定也还得要证明呢。”在页七六上他提及“刘歆用了《左氏春秋》新造或改造《左传》”的话；当他总括他的意见时(页八五)，他说：“向来传为《左传》一书，并非《春秋》的传注，乃是一部完全独立的著作，大约是晚周传下的各种‘《春秋》’之一；一直到了纪元前末年刘歆窜乱了一下，才同《春秋》连了起来，变成《春秋传》。”

弗朗克的主张是又简明又谨慎。他眼前并不认为此书的伪造已解决《左传》与《春秋》关系的问题。所以他叙述了康派攻击《左传》的辩论之后，他还让将来的学者去决定。

经过弗朗克如此总述以后，我们的工作就是来考察这些论证。

从刘歆不道德的动机——要想拿一部允许弑君和篡位的，同时又因认为古代鲁人注释孔子《春秋》而变成神圣的书，来代替《穀梁》和

《公羊》——的说法上出发，有两件可能的事。

刘歆也许就他所找到的《左传》的史书，并不改动，也不加入自己的意见和古字古文法，仅仅的把它割成片段，来分配在《春秋》的记载上⑤。(他这样做也许并没有不道德的动机，他不过想使这部简洁而难懂的《春秋》更容易懂一点。)假如康氏愿意这样主张，我就没有什么反对⑥。这样把左氏之书割碎而并不窜乱，也不至于降低《左传》认为周代第一流的文件的价值。因为假如刘氏只把一种整篇的记载割成片段(不过把一段的头上几句稍微改动了)，那也没有什么关系。这部书还是可靠的，还是周代生活的丰富而有趣的记载。

但是康氏并不如此，他另有别的极端的主张，说刘歆靠着《国语》(此书与《左传》很少有相同的地方)的帮助，他可以凭着自己的想象来编成这部有这么许多史料的巨著。

康派主张刘歆伪造的唯一的认真理由，就是得要证明我们所知道的《左传》恰在刘歆替它辩护的时候忽然出现，此时以前完全没人知道(但是就是这一点能够证实，不过是伪证的一半，因为很诚实的人们也会发现重要而从未知名的古代文件)。所以他们必须——

(1)研究刘歆在秘府发现《左传》的记载；

(2)鉴定后汉前半期的关于刘歆以前《左传》存在与否的别种佐证；

(3)鉴定一世纪前司马迁关于《左氏春秋》及其作者的记载。

让我们依此次序考察这些论证：

(一)此书发现的历史，见班固《前汉书》的《刘歆传》(卷三十六，附在《楚元王传》后)。发现后不久就公布，所以班固的记载值得很严重的注意。弗朗克在这一点是赞成康氏的主张的，所以很珍重这一段的记载，并在他自己的著作里翻译出来(页六〇)。但是我对于这一段的解释，同弗朗克有几个很重要的异点。我想最好拿翻译同中国原文都抄在下面。重要异点，印刷时排得离开一点[1]。

及歆校秘书，见古文《春秋左氏传》，歆大好之。时丞相史尹咸以能治《左氏》，与歆共校经传，歆略从咸及丞相翟方进受质，闻大义。初《左氏传》多古字古言，学者传训故而已。及歆治《左氏》，引传文以解经，转相发明，由是章句义理备焉。

这是很容易看出的，弗朗克和我的译文，对于这件事有个完全不同的见解。从他的解释讲来，弗朗克自然有如下的结论(页六三)：“在刘氏校勘宫中文库的时候，他碰到了他称它为《春秋左氏传》的一部杂乱的古书。所以此书在那时尚无人知道，而且它的名字是第一次出现于当时人们之前。”

但是我的翻译(重要部分与雷格同)对于这件事有很不同的解释。刘歆是刘向—— 一个热心传《穀梁》的人——的儿子，也是他的学生，所以起初并不知道《左传》。当他忙着校秘书时，他发现了这部书；因为他是一个很好的文学批评家，所以他马上看出它的重要。这部单行的书在刘歆发现以前是看不到的——这个班固说得很明白——但是这并不是说《左传》在先完全没有人知道。恰如《穀梁》有它的门徒(刘向便是其中之一)，《公羊》也有它的门徒，所以《左传》也有它的门徒。其中最著名的一个，就是翟方进。这一点不但是上文所引一段如此讲，并且班固在《翟方进传》(《前汉书》卷八)内也这样说：“方进虽受《穀梁》，然好《左氏传》。”⑦[2] 所以这是一件极自然的事情，刘歆对于这位熟习《左传》的人，请教难于解释的问题，而丞相史尹咸显然也是熟习《左传》的人——他“能治《左氏》”——同刘歆共同编定《左传》，刘氏是一个很好的考据学家，他的开创之功，尤其是他发现一部古本之事，对于《左传》的研究开个新纪元。一向地学子(《左传》派的门徒)只是记诵这部书，并且由师及弟地传授各种解释。这是第一次拿此书直接解释《春秋》，两方可互相帮助。这种新办法就是刘歆成功的诀窍⑧。起初他确为守旧的学者们(包括他的父亲)所反对，但是《左传》中的趣味感动了一般学者，尤其是它能帮助了解神圣的《春秋》；所以从第一世纪以来，《左传》在中国学术上得到了一个很尊荣的地位，永远不再失掉的了。

班固对于此书发现的记载，就是如此。从它可以看出来《左传》并不是一个绝对新奇的东西，乃是早为一般人所知道的一部书。但是班固这种证据的价值自然还有问题。

康有为想证明《左传》的传授可以追溯到刘歆，是很自然的。所以他急于说班固对于此书发现的记载是直接受了刘氏的影响，弗朗克总括康氏的主张说（页六二）：“康氏先叫我们注意这《汉书》著者班固，当他幼年或许还与刘歆同时，大概没有独立的文学的评判力，所以完全附和刘氏的学说。所以《刘歆传》大部分可认作根据刘氏自己的。”这些康氏的思想都是站不住的。第一，班固一向认为杰出的学者，也是个杰出的文人（参看《后汉书》本传）。最重要的是刘歆在西历二二年自杀，而班固刚刚在七十岁以后死的（九二年）。他的父亲班彪是西历纪元三年生的，当刘歆自杀时，彪十九岁。当刘歆死时，班固也许还未出世，至多不过刚生下的婴儿罢了。所以说班固没有独立的见解，说他受刘歆的影响，这种说法显然是为着要适合康氏对于刘歆的偏见而造的罢了。

（二）班固关于刘歆把《左传》公之全国学术界的记载，是最重要的，因为它是一件时代很近的事情的见证，他对这件事情当然有可靠的知识。还有别种材料，是那些前一世纪和后一世纪的学者记载《左传》早年的传授的。假如一件事情比叙述的人早到一百年以上，我们便不能把它当做可靠的史料。一个好例是班固《前汉书》里所述的各故事，说鲁恭王要扩张他的宫殿，便破坏孔壁，因而发现古代文件。此事第一见于《艺文志》内（卷三〇）——此志常被认为是刘向、刘歆所编的目录的节略——里边说着《尚书》（《书经》）《论语》《孝经》和《礼记》。第二见于班固在《刘歆传》（卷三六）里所引刘歆自己的一封信，里边说《礼（记）》与《书（经）》从孔壁内找出。刘歆还说：“及《春秋》左氏丘明所修，皆古文旧书，多者二十余通，藏于秘府，伏而未发。”⑨还有王充（二七—九七年）讲同样的故事，但有重要的异点〔福克（Forke）《论衡》卷一页四六二〕：“《春秋左氏传》盖出孔子壁中。……【恭王】得佚《春秋》三十篇，《左氏传》也。公羊高、穀梁赤、胡毋生皆传《春秋》，各门异户，犹《左氏传》为近得实。”[3]王充也说《左传》是壁中发现的，所以同刘歆刚刚相反。

不幸班固（这里也可说是刘歆，因为他是《艺文志》和这封信的作者）把此次发现放在武帝之末（前一四〇—前八七年），而王充把它放在景帝时（前一五六— 前一四一年），所以伯希和（《古文书经与周书逸文》页一三二）说孔壁的故事是前一世纪的一种传说。刘歆（他不相信《左传》从壁中找出)和王充(他相信它从壁中找出)是不同的。所以这两种记载都不能认为历史的事实，不过在我们等一会儿看来，还是有很高的价值。

雷格更指出别的两种有同样价值的记载。一个是刘向的(前八〇—九年)，可惜原文现在亡了，所以不能应用——为孔颖达所引(参看雷格的书，卷五页二七)，说《左传》的传授，从左丘明到曾申(孔子弟子之孙)，再传到张苍——苍于前二〇〇年封为北平侯(雷格，页二四)，也是个著名的学者。还有一个同样的传授，由张苍到饱学的贾谊和别的学者，再传到尹咸同翟方进(参看上文)，这是《说文》(一〇〇年书成)作者许慎说的。在这两个地方——恰如王充叙述《左传》是从壁中发现一样——记载的事实在记者前几百年，所以未必比王充的记载更可靠。但是合并起来，这些证据便有点价值。许慎也许受刘歆一派的影响，但是他是一个很精明的学者，是中国学术界雄杰之一。刘向不应该为他儿子所欺骗，那么他的证据(孔颖达所引的若认为不误)应该是绝对非被动的。而且照弗朗克所说(页四九)，王充是“古代中国所产生的最敏锐、最平允、最严厉的批评家”(页四九)，便不会受刘歆影响的。这三位学者所告诉我们的故事，虽然有一部分是无稽的(至少有一部分是无稽的；传授内有一部分还可靠)，却明白指出他们那时有个很普遍的传说，说刘歆以前《左传》已经很著名，并且自成一派的研究。照我的解释，上边所引班固的一段，同这个传说在这一点上很符合的。

(三)所以我们对于司马迁的记载，并没有什么怀疑。它不过述《左传》时代之古，这是在我们意料之中的，从较晚的证据看来。

司马迁从两点证明他那时《左传》是存在的。第一，《史记》里有一段常常引用的(卷十四)：“七十子之徒，口授其传指，为有所刺讥褒讳挹损之文辞，不可以书见也。鲁君子左丘明，惧弟子人人异端，各安其意，失其真，故孔子因史记具论其语，成《左氏春秋》。”第二，《史记》里边有几十段同《左传》相同(微有歧异，参看下文)，那么我们说司马迁把《左传》摆在面前，随时录出他所合用的，不是个再自然没有的结论(如沙畹等)吗?

但是弗朗克并不相信。不管这些符合的证据，他有他的理由。照他看来(页六五)，司马迁与《左传》相同的地方“并不能证明什么：他们可以同样的从第三种材料(我们所不知道的?)引来，或者从别的书——这个书后来被刘歆改成《左传》——上引来”。那么假如司马迁的确看见《左传》所有的事情，我们为什么要假定有第三部书，而不是干脆说他看见《左传》(割成片段与否，是不很紧要的)？照我看来，弗朗克除掉他自己一定要说刘歆是找到一部前人所不知道的书，而把它完全改造过云云之外并没有别的理由。但是据我们看来，这种意见不是从证据上产出来的，所以他的另外有“第三种书”的说法还是落了空了。

关于《史记》叙述《左氏春秋》的一段，弗朗克的论证是：《史记》里的一段再见于《前汉书》中刘歆所作的一部分，不过有一点很小的变动，而且(页七〇)“和刘歆目录语句之符合除掉说是刘歆窜入《史记》来作他的记载的证据的，并没有什么别的解释”。不必说刘歆能够把窜乱《史记》的手续办妥是不像会有的事，就单说他从《史记》里抄这一段是岂不更自然近理些？弗朗克为什么不相信这一点呢？因为：

(甲)刘歆并没有说明引《史记》；

(乙)在《史记》别的部分，《穀梁》和《公羊》两派的传授都记载的，但是没有说到《左氏》一派，而且司马迁对于左丘明大多是不很注意；

(丙)“而且，依《史记》的记载，有七十个学生亲受教训。可是左丘明之名，康有为说的不错，不但为孔庙所无，为《史记》的《孔子弟子列传》所无，而且我们还要说《家语》卷十列举的七十二弟子也没有他。”

这些理由很难使人相信。

(甲)中国的著作家很少说明他引用的来源(《史记》的一部分便是抄袭拼凑起来的)；

(乙)这一类反证是很危险的，尤其是因为这是第一次把许多材料著成一部历史；

(丙)在《史记》别处，左丘明的确不在七十子之列——但是也不在弗朗克疑为窜入的一部分！司马迁在这一点上绝对一致：左氏并不是七十弟子之一，他是他们以外的“鲁君子”，他怀疑七十子没有传微言大义的能力，所以著此书。在司马迁看来，他是一个局外人，他是一个自荐的人，他很早就懂得孔子的主张，并且是一个杰出的人，是一个“君子”，所以他能够著这部有名的书。假如他在《史记》里边不常见，那是因为司马迁知道的不多，他只说他所知道的罢了！

我们现在所得的结论是很明白的，沙畹说司马迁看见并且引用《左传》(大概有别的名称，并且没有割成片段)是不错的，但是这并不是说他把左丘明当作《左传》的作者是对的。这是一种关于几百年前事情的记载——也许不过是一种传说。但是我们可以看出来司马迁明明是把《左传》当作一部很古而可贵的书，他的心理也不难了解。

司马迁看见一部巨大的史书(他叫它做《左氏春秋》)，便从它引用了许多。说孔子第一次以私人引用公家的记载是什么人都知道的。所以司马迁不能不料想《左传》这部巨著同孔子的事业是有关系的。他从传说里知道，这并不是孔门弟子的著作。不过书名叫做《左氏春秋》，他便说这一定是《论语》里边所说的左丘明作的。夫子和他好恶相同——他一定比弟子们高明，他是一个君子。夫子知道他——他一定是一个鲁国的人！

以上讲的是从古史里看来，《左传》比司马迁早是可能的事情。但是我愿意说这类的“证据”不能使我满意。有些事情在古书内记载了；有些事情忘掉了，并没有记载下来；有些事情记载下来了，可是亡佚了；这都是碰运气的事。司马迁、刘向、刘歆、班固、王充、许慎所说的关于《左传》的话，不过是第二等的证据。我自己相信的原则是，《左传》之科学的研究应该注重《左传》的本身。

第一步也是顶自然的一步，是考察《史记》内所有《左传》的文句。这里我们就得到确定的证据：一看就知道的。从沙畹的研究中，我们知道司马迁在《书经》内遇到古奥难懂的文句，常常用简明的文字来代替(《史记》译本第一册页一二七)。他对于《左传》也是同样的，只要一比较便知司马迁根据《左传》，常常比《左传》简明一点；这便允许我们得到一个确实的结论，说司马迁作《史记》时便有一部《左传》。这是很明白的，当他叙述事实的时候，他改动得更自由一点；但他引说话的时候，对于《左传》更遵守一点。先举几个例子，第一个是相连贯的一段。两书上比较有趣味的异点，用括号标出：

《左传》文公元年	《史记》卷四十
初【楚子】将以商臣为太子，访诸令尹子上。子上曰：“君之齿未也，【而又多爱】，	初【成王】将以商臣为太子，语令尹子上。子上曰：“君之齿未也，【而又多内宠】，
绌乃乱。	绌乃乱。
楚国之举【恒】在少者。且【是人也】蜂目而豺声，	楚国之举【常】在少者。且【商臣】蜂目而豺声，
忍人也，不可立也。”【弗听】。	忍人也，不可立也。”【王不听】。
【既又】欲立王子职而黜太子商臣。	【立之后，又】欲立子职而黜太子商臣。
商臣闻之而未察，告其【师】潘崇曰：	商臣闻而未审也，告其【傅】潘崇曰：
“【若之何而察之】?”潘崇曰：	“【何得其实】?”崇曰：
“【享江芊】而勿敬也”云云。[4]	“【飨王之宠姬江芊】而勿敬也”云云。

除了把几个名词改来合他的脾胃，司马迁说明：(1)这里边的楚子就是成王；(2)古奥文辞“多爱”意思就是“多内宠”；(3)“恒”同“常”是同意；(4)“是人”指商臣；(5)“弗听”指王；(6)“既又”意思即“立之后，又”；(7)不明白的名字“江芊”就是王的宠姬。

为篇幅关系，下边的例子不能引全文，我只指出重要的异点。

《左传》文公十八年：“好行凶德。”这里的“德”是很特别的，所以司马迁(卷一)改作：“好行凶慝。”

同上：“投诸四裔。”司马迁改为：“迁于四裔。”

《左传》襄公十四年：“固立之。”这是很简省而不易明了的，司马迁改得更明白一点(卷三一)：“吴人固立季札。”

《左传》昭公二十七年：“我王嗣。”司马迁(卷三一)解释：“我真王嗣当立。”

同上：“王可弑。”司马迁：“王僚可杀。”(直说人名，而且用“杀”代替“弑”)

同上："我而身"太简略了，司马迁改作："我身，子之身也。"(服虔说得更明白一点："我身犹子之身。")

同上："王使甲坐于道。"司马迁："王僚使兵陈于道。"拿这个普通一点的"兵"和"陈"来代替"甲"和极不普通的"坐"。

《左传》庄公八年(公允许瓜期派人代理)："期成，公问不至。"这一句是很简省的，而且"问"是很晦涩的，所以司马迁把它完全改了(卷三二)："往戍一岁卒，瓜时而公弗为发代。"

同上："曰，捷，吾以女为夫人。"司马迁说："曰，事成，以女为无知夫人。"拿简单的"事成"来代替难懂的"捷"，并且明明白白地说是谁的夫人。

《左传》昭公十三年："乃有大事于群望。"这很古怪的"望"，使司马迁把全句改了(卷四十)："乃望祭群神。"

《左传》昭公元年："日寻干戈。"这个奇怪的"寻"，司马迁(卷四二)解释道："日操干戈。"

同上："抑此二者不及君身。"司马迁说："然是二者不害君身。"拿普通的"然"来代替不普通的"抑"，拿明白的"害"来代替含糊的"及"。

同上："若君身则亦出入饮食哀乐之事也。"司马迁改得更明白一点："若君疾，饮食哀乐女色所生也。"

《左传》昭公七年："弗父何以有宋而受厉公?"司马迁觉得这太简单而晦涩，所以改作(卷四七)："弗父何始有宋而嗣让厉公?"

《左传》僖公五年："太伯虞仲，太王之昭也。……虢仲，虢叔，王季之穆也。"要代替特殊而古怪的"昭"、"穆"，司马迁(卷三九)说："……大王之子……王季之子。"

同上："勋在王室，藏于盟府。"这很简单的"勋"，司马迁改作"其记勋在王室"云云。

《左传》宣公三年："桀有昏德。"司马迁(卷四〇)用一个更普通而容易懂的字："桀有乱德。"

《左传》宣公十二年："不泯其社稷。"司马迁(卷四〇)："不绝其社稷。"拿普通而容易懂的"绝"来代替不常见的"泯"。

同上："庸可几乎?""几"是很晦涩的词，司马迁改作："庸可绝乎?"

《左传》哀公七年：（曹国的人梦见曾经危害国家的公孙强）“求之曹，无之，戒其子曰。”司马迁（卷三五）说得更明白：“求之曹，无此人，梦者戒其子曰。”

《左传》宣公十年：（说了几个笑话）“徵舒病之。”司马迁（卷三六）改去特别的“病”，说得简单一点：“徵舒怒。”

《左传》昭公八年：“臣闻盛德必百世祀。”这一句的确简单而且晦涩，所以顾甫乐（Gouvreur）翻译错了：Votre serviteur a entendu qu'une verta parfaite se transmet durant cent générations.（您的仆人听说完全的道德可经历一百世）。司马迁（卷三六）要使它更明白一点，所以改作：“盛德之后，必百世祀。”

这些例子还很可以扩张，但是也用不着了；上边所举的例子已经是很丰富的证据，证明司马迁改动《左传》；《左传》是原本，司马迁的是副本。

司马迁的著作有大部分在前九九年完成的（参看沙畹《史记》译本第一册页四五）。在《史记》内有许多《左传》的文句，所以我们可以说至少在前一〇〇年的时候，《左传》已经存在了，所以我们知道此书在前四六八至前一〇〇年中间写定的。但是这里真伪问题只解决了一部分。第二个问题我们必须解答的是：这部书成于前二一三年（焚书）到一〇〇年中间呢，还是在焚书以前？

第一种设想是万不能成立的，假如一个在前二世纪的作者，也不托古书的名，就单只根据他所能得到的材料，来公然地作一部新的史书《左传》，那司马迁一定就会知道这一件事情的，他也就不会讲他说左丘明的那个故事，也不把《左传》当成一部很古的书了。所以《左传》或者是焚书前的真实的文件，或者就是前二世纪一个不知名的学者秘密作的一部书，冒充中国古代文件——一种和汉初发现古书有关系的伪书。假如后一说是对的，那一定减少了此书的价值；因为我们不能知道《左传》里的记载哪一部分是真的，哪一部分是根据作伪者的虚构。那么那些简约的文字同难懂的语句（司马迁改容易的）并不是真正的古中文，不过是作伪者想做得使他的书更像真的罢了。

第一我们要知道，这一种作伪是大不像会有的。当前一世纪的初年，《史记》固然还未作完，但是它的材料早已搜集了好多时候了。

司马迁大约生于前一四五年。其父司马谈曾经计划过全书，并且搜集了大部分材料，他是一个太史令——此职当在他的壮年——在建元、元封中间(前一四〇—前一一〇)。古书的查封是在纪元前一九〇年停止。所以古书的复现，至早也不过在司马谈以前的数十年，而且大概一部分还是与他同时的。这一位聪明的搜集材料的人，绝不会被一个同时或略微早一点的作伪人所骗；至少像《左传》这样浩大而又重要的书，他应该知道这个重要的发现的详细情形。一切事情都助证《左传》是在焚书以前的。最后的一个证据，就是《左传》如下文用语言学研究的时候，可证他自己有它的文法，一种很特殊的文法系统，没有一个作伪者可以想象到，可以前后一致地用《左传》上这种特殊的文法结构。

下 篇

讲起中国的文学来——在中国如焚书和古书发现的事情应该引起重大的注意，且对于各种真伪问题当有特别的慎重的考察——而从来没有人借助语言学上的标准来做功夫，是一件很奇怪的事情。从西洋古代文学上的经验，知道没有语言学的帮助，校勘学是不成功的，而在中国尤其重要。然而中国古代文学的校勘学，就吾所知而论，从来没有认真地用过语言学的方法。中国的校勘家固也常常说某种文件的“文字并不是真正古代的语句”，有时也用单字当做证据来证明一部书并不像一般人所想象的那样早。例如王安石曾在他已亡的著作内(参看上文)指出《左传》里有些话(官声)，照他看来，是秦以前所没有的。但是此种事实至多能证明那一段是插进去或被改动的。我们所需要的是靠语言考察此书的全体。

中国校勘学并不借助语言学有很明白的理由。中国文字是一种无可奈何的东西。假如古书是用字母拼成的，一定早就发现周代的各种中国方言，正如在希腊文里有雅典的 Attic 、多日士的 Doric、爱阿尼亚的 Ionian 各种分别。但是在非拼音的文字内隐藏着的发音上的异点，不能在文字里表示出来。在一种早就不能从语尾的变化来创造新词的语言里面(绝对不像印度欧洲 Indo-European 系的文字那样能靠他们的丰富的语尾变化格式来帮助语言学家和语言家的校勘家)，似乎是没有语言学家发展的余地了。但是幸而事实上并不那样无望。有一类材料，多虽不多，但是校勘上很有价值：这便是文法上的助词。

中国的文言，是非常复合的。各种文法上的方法，在古代通行的，在后代也可以混用。这种包滚法早就起头了，是大家默认的，大约当前一〇〇〇年的中段便有此事了。有的文法家——我尤其想到盖伯伦次(Gabelentz)的《中国文法》，(*Chinesische Grammatid*，一八八一)——固然承认《书经》同《诗经》有一种异于孔子及后代的文法(如“攸”“厥”等助辞；)但自孔子以后，各种书内并没有真正的分别。我们知道“若”与“如”是同意的，也可以当作“像”讲，也可以当作“假使”讲；还有“此”同“斯”都作“这个”讲；还有“则”同“斯”都作“就”“于是”讲；还有“于”“於”“乎”都作“在”字讲；还有“乎”“与”“邪”都是表疑问的字等等。假如我们把各种古书混合起来求结论，结果一定如此。但是没有一个人注意到，假使你研究一个作家，只注意他的文法的组织；再研究别的作家，再注意他的组织，这里可以有很大的异点，仿佛甲只用某几个助词而不用别的，而乙只用他自己的和甲不同的一套字；换言之，周代文学既然表现出活的语言，并不像后来雕琢的死文字，那么在那时文件里，人们可以根据各种本子的文法的分析来求出各种方言出来。假如用这一种计算而有一点效果，那么校勘学应该感谢语言学的研究，来决定真伪问题、种类问题，和著者问题。在下文我作这一类的研究的初试。

我们已经知道《左传》比司马迁更早，也许还在焚书以前(下文另有最后的证据)，我们便遇见一个近来西洋常常讨论的大问题：《左传》同鲁国的孔门有没有关系？我们知道中国的传说如司马迁所述的，说《左传》是一位同孔子有点关系的鲁国人所作。但是有些西方人却不承认这传说。德国学者格鲁伯(Grube)在他的《中国文学史》(*Geschichte der Chinesechen Litteratur*)(一部很可嘉的书，应该译成英文的)里，第一次说《左传》也许是孔子自已作的。辛德赖(Schindler)和欧克士(Erkes)都很相信他，可是一方面弗朗克在上文常引的一部书里，很坚固的主张《左传》同鲁国的孔子或孔门没有任何关系。在这三种主张以外，还有第四种，可以拿沙畹来代表(《史记》译本第一册页一四九)：说此书是陆续作成的，而且当孔子之道从左丘明传张苍时常有增加和改动。

格鲁伯把这部书送给孔子的唯一的理由，因为孔子自己有一句话，说他希望后人拿《春秋》来评判他；所以他想这部书是孔子一生最大的工作。但是《春秋》不过是很朴素而干燥的文句，从鲁国国史里摘出来的。格鲁伯解释这一种矛盾，说是孔子并不是指《春秋》原本，实在是指《左传》对于那些简单记载所补充的丰富而宝贵的史料。

但是这个证据并站不住。弗朗克很明白而透彻的说孔子根据《春秋》来评判自己的工作，同《左传》没有关系，他眼光中另外有别的东西。弗朗克说(页八五)："《春秋》不是部史书，却是政治道德的教科书。它一方面是孔子写定的一些简短而包含很多的短句，一方面又有由他口授学生的种种解释。这些解释由两派传授下来，直到前二世纪中年方写定在《公羊》与《穀梁》里。"孔子所自豪的乃是他的"政治道德"里边的教训，弗朗克对于这一点的演绎，据我看来是很可相信的。

辛德赖替格鲁伯加上几个理由。第一，他注意到《左传》有时候就叫作《春秋》(假如我们知道在司马迁的书里的名称：《左氏春秋》)。但是这不能证明什么，因为"《春秋》"是各种史书的公共名称，所以称《左传》为各种《春秋》之一，并没有什么可怪。辛德赖主要的论证是：他既然很坚决相信《左传》真是周代的书，他举出许多良好理由证明为什么作者不是孔子的弟子(辛德赖《古中国的宗教制》，一九一九，页五四)。——"所以除掉说是夫子自己著作的以外，不见得还有什么别的可能的了。"我们不难见，辛德赖的结论和司马迁同样的危险。司马迁从传说里知道《左传》不是七十弟子之一作的。但他不能料想到此书有与孔门完全无关的可能，那么他只能把这著作归在一个"鲁君子"身上了。辛德赖同样地不愿想到鲁国范围以外，既然不是弟子作的，那么一定是夫子自己作的。他并没有想到别种可能性，就是**《左传》同鲁国并没有关系**。然而这就是这个问题的答案。要证明这一点，我们必须考察各种文法上现象，作个比较的研究，一方面是鲁国的方言，一方面是《左传》的方言——以后简称《左》语。鲁语可以拿两种很长文件来代表，《论语》——此书为孔子弟子所作，里边有他的许多说话——和《孟子》——此书我们可以看出同《论语》有同样的文法上的组织（这一种方言的别的文件，详见下文）。《孟子》代表这种方言较晚的时期，所以有一点小小不同的地方。看下文的统计的时候，我们应该记住《左传》比较《论语》、《孟子》合并起来还要大得多（《左传》大约十七万字，《论语》大约一万七千字，《孟子》大约三万五千字）。

我们先要申明，在下文的统计和案语里边，凡是《论语》《孟子》《左传》引他书处，都未计入。这些当然是要除外的。常常引证的《书经》和《诗经》里的话就是这些例。还有在《左传》里，一段的头上几句常常抄《春秋》的记载，因为它是附在《春秋》之后的；这些句子自然应该除外（这些也许是刘歆或杜预把《左传》割碎了来配《春秋》的时候所加的）。

（一）“若”和“如”。

这两个助词，现在声音很近（jo 和 ju），但是在古代很不同〔六世纪时“若”读 nziak、“如”读 nziwo，参看高本汉（Karlgren）《中文解析字典》（*Analytic Dictionary of Chinese*）页二七二和二七三）〕，在中国古文里认为绝对同意的，共有两种意义：

（甲）“假使”、“至于”，例如：

“如博施于民”，《论语》卷六。“若弗与”，《左传》隐公元年。“若夫保姓”，《左传》襄公二十四年。

（乙）“好像”，例如：

“如矢”，《论语》卷十五。“若禹之行水”，《孟子》卷四下。“如时雨降”，《孟子》卷三下。“如是”，论语卷十四。“若是”，《论语》卷十三。

但是在鲁语和《左》语里有一个很明显的异点，从下边表内可以看出。在此表内，我分别举出几种普通的固定的结构。属于第一种意义的，有“若（如）某何？”例如：“如礼何？”《论语》卷三。有时候拿“之”字来代表“某”：“若（如）之何？”属于第二种意义，有“不

(弗，莫，岂)若(如)”，例如：“知之者不如好之者”，《论语》卷六。

		《左传》	《论语》	《孟子》
甲	若(假使)	三三四		二
	如(假使)	三	一七	三七
	若某何	八二		
	如某何	二	二三	二〇
	若	一一		一五
	如		一	
乙	若(像)	三	一三	七一
	如(像)	一九九	六九	五〇
	不(弗等)若	一		一一
	不(弗等)如	一〇二	一二	一二
	何若			
	何如	二一	二〇	一八
	若何	二七		
	如何	二		三

甲种意义：

解作“假使”时，《左传》很规则地用“若”(共有三百三十四个“若”字，只有三个“如”，参看顾甫乐译《左传》卷一页六三六，卷二页九五，卷三页三三四)；例外既然这样少，我们很可以认为长期的口授同传写所改动的。鲁语里边也同样规则地用“如”(五十四个“如”，只有两个“若”，参看雷格译《孟子》页一四〇与三六六)。

解作“至于”时，便稍微有点纷乱了。这个公式“如(若)某何”，规则与上文解作“假使”同：《左传》用“若”(八十二个“若”，两个“如”，顾甫乐本卷二页三九四，卷三页五〇六)。鲁语内用“如”，没有例外(四十三处)。但是“若(如)”独用的时候解作“像”而不在上列公式内。《左传》还是守着常规：十一个“若”而没有“如”，不料《孟子》也用“若”(十五处)而不用“如”，《论语》只有一个“如”，得不到什么结论。

所以：甲种意义——《左》语一定用“若”；鲁语一定用“如”，除了“若”独用时(“至于”)。

乙种意义：

解作“像”时(不在成语内)，或者在公式“不(弗等)如(若)”里，《左传》一定用“如”(共三〇一个“如”，只有四个例外“若”，顾甫乐本卷二页三一九、五三三、五三五，卷三页四九六)。

鲁语乱用“如”与“若”(“如是”与“若是”)等，九十五个“若”，一百四十三个“如”。连用疑问字“何”，左语的规则依“何”在前在后而定：“若何”(二十七处，只有两个例外“如何”，顾甫乐译本卷一页三三五，卷三页四二七)与“何如”(共有二十八处)。

所以：乙种意义——《左》语一定用“如”，除了公式“若何”(也许从公式“若之何”减省的?)；鲁语兼用“若”同“如”，除了用“何”便用“如”。

总结：

	甲“假使”“至于”		乙“像”	
	规则	例外	规则	例外
《左》语	若		如	若何
鲁语	如	若“至于”(不在成语内)	若与如	何如

请注意这个很有意义的事实：浩大的《左传》在这一层上，是全书一致的——它并不是从各种材料随随便便地不用“语言的通盘的改弄”(Sprachliche Verarbeitung)而编凑起来的。

(二)“斯”解为“则”。

引起一个结句时常用的助词就是“则”，例如“临之以庄则敬”，《论语》卷二。此外还有“斯”，例如“观过斯知仁矣”，《论语》卷四。

这里“斯”虽没有“则”字那样普通，然而在鲁语里边也算一个常用的助词，《论语》(雷格译本)页一四、三一、三六两次，四四、六七两次，六八、七三三次等等；《孟子》(雷格译本)页一三五、一七四、二〇一、二七七、二七八等等。

在浩大的《左传》里边有几百个“则”，我只找到两个“斯”，在“君子曰”一段里边的，所以是不可靠的(成公七、八年)，还有两处(昭公十年、哀公八年)，是在引别人的话里。所以可以说“斯”解作“则”——在《左》语内是没有的。

(三)“斯”解作“此”。

古文里常用的指示代名词和形容词，解作“这个”的是“此”，例如“贤者亦乐此乎?”，《孟子》卷一。此外还有同意义的“斯”，例如“其斯之谓与?”，《论语》卷一；“何莫由斯道也?”，《论语》卷六；“斯人也而有斯疾也!”，《论语》卷六。

“斯”字解作“这个”，在鲁语中是很常见的：《论语》(雷格本)页七、八、二三、二八、三七两次，五二两次，七四、七八、八一两次等等，《孟子》页一三四、一四三、一六二、一七四两次，一七七等等。

“斯”字解作“这个”在《左》语中是没有的。

(四)“乎”解作“於”。

最普通的介词解作“在”的，是“於”同“于”(参看下文)例如“於三家之堂?”，《论语》卷三；“盟于淳来”，《左传》隐公八年。此外常常用“乎”，例如“今拜乎上”，《论语》卷九；“放乎四海”，《孟子》卷四下。

这个“乎”在鲁语里是一个规则的常用的介词(Preposition)，《论语》页六、一四、三一、五四等等——一共二十八处；《孟子》页一五〇、一七三两次，一七六等等——共四十七处。在《左传》里(除了“於是乎”一类很常见的用“於”的现成习语)，我只知道两处：襄公十年“(必尔乎取之)”同昭公二十三年(“监乎若敖”)，同时却有许多百个“於”和“于”。这就说“乎”字当做介词，不是属于《左》语的。

(五)“与”字解作“乎”。

最普通的句末疑问字是“乎”，例如“不亦乐乎?”，《论语》卷一。

在这个意义上同“乎”交换用的常常是“与 yü”（下平声），例如“其为仁之本与?”，《论语》卷一。

这个“与 yü”当作疑问字，在鲁语内是一个很规则而很常见的：《论语》页三、六三次、八、二〇、五一三次，七四、八二等等，《孟子》页一四二、一四四三次，一四五四次，一四六、一五一、一六一、一七八等等。“与”当作疑问字在《左》语内是没有的。

（六）“及”和“与”解作“和”字。

中文内表示“和”常常省了的，例如“仁义”，《孟子》卷一上，但是古书内也常用“及 ki”和“与 yü”两个连词。

《左》语内“与”和“及”都有，而“及”字尤其通行，例如“杀道朔及巴行人人”，《左传》桓公九年；“公及齐侯盟于落姑”，闵公元年；“宋及郑平”，隐公七年；“生秦穆夫人及太子申生”，庄公二十八年。

在鲁语内只有“与”字，例如“吾与回言终日”，《论语》卷二：“富与贵是人之所欲也”，《论语》卷四；“惟我与尔有是夫”，《论语》卷七；“为汤武驱民者桀与纣也”，《孟子》卷四上；“我能为君约与国”，孟子卷六下。无论《论语》和《孟子》内都没有这种意义的“及”字。[5]

（七）“於”和“于”。

这两个介词有各种用法：in，at，on（在），into（到），vis-à-vis（向），from（从），等等。一般的文法家同字典家，大多没有弄明白的。盖伯伦次（《中国文法》，一八八一年，页二八九）说：“‘於 yü’同‘于 iu’是一样的。”他显然把它们当作一个字的两种写法。汝连（Julien）比较谨慎一点的：“……‘于 yu’和‘於 yu’是同意的。”〔新著《中国文法》（*Syutaex nouvelleda la langue Chinoise*）一八六九年，页一四〕。马建忠在他的《马氏文通》（一八九八）里边只讨论“於”字，默认“于”字不过是写法上的一别体。顾甫乐〔《古文字典》（*Dictionaire Classique*），一九〇四〕把它们都写作 yu，而对于“于”字不过作一个参看“於”字的记号。解尔斯（Giles）把它们都写作 yü，说“于”和“於”同用。葛利期（Goodrich）把它们都写作 yü，爱台尔（Eitel）〔《广东方言字典》（*Chinese Dictionary in the Cantonese Dialect*），一八七七〕和马克来（Macley）和鲍尔温（Baldwin）〔《福州方言字典》（*Alphabetic*

Dictionary in the Foochow Dialect)，一八七〇〕把两个字都写作 ü(上平声)。

这些都是错的。照理论上讲“於”应该是 yü (阴平)，而“于”应该是 yu(阳平)，因为前者属于“影”母，后者属于“喻”母〔参看我的《中国音韵学研究》(*Etudes Surla Phonologie Chinoise*)页一一一、一一三〕。这个固然没有多大重要，因为现在它们不过是从文学借入口语的字，并不是重要的介词，所以发音不一致。但是有一重要之点要我们注意的是，它们并不是同一个字，因为它们在古代不同音，第六世纪时“於”是 iwo(头上有一个喉部的声母的爆音字，如德文的 Ecke)，头上并没有别种子音。“于”是 Jiu(J 等于英文里的 y)，而且在古代如西历纪元前，它的头上有一个舌根的声纽(“牙音”)，后来失掉了变成了(g)jiu (参看我的《中文解析字典》页三七一及三七三)。而且在周代文学书里，它们并不总是同意义的，尤其是在《左》语里边。“於”同“于”都是介词，表示一般的地位的，in，at，on(在)，with，chez(在〔某人〕)，auprès de (向)；还有表示方向的 into，to(到)。所以有许多引申的抽象的意义。这里我并不是想作一篇详述这些介词各种用法的论文。现在所讨论的，限于原始的具体的意义，而抽象的例子如：“何忧於无君?”《左传》哀公五年；“动於恶”，桓公二年；“至于今”，散见各处的完全不管。

考察具体意义时，人们马上觉到《左传》内“於”同“于”并不是可以交换用的。在“於是”“於是乎”同“於此”等结构里边，常常用“於”字(《左传》内有一百八十四个例子)而从来不用“于”。解作“从”时，也是用“於”不用“于”，例如“免於难”，桓公六年。别处规则没有这样严密，但是有几种有趣味的倾向，很易看出：

(A)解作 auprès de 的时候——在法文内一定用 chez，auprès de，Vis-à-vis de 等字——后边有一个人名，或者是几个相同的字，“於”是一个常用的介词，例如“请於武公”，隐公元年。“公问於众仲”，隐公四年；“有宠於王”，同上；“言於齐侯”，闵公元年；“晋君宣其明德於诸侯”，襄公二十六年。

(B)解作 at 和 to 时，后边有个地名(这种地方法文用 à，规定用“于”，例如“败宋师于黄”，隐公元年；“至于廪延”，同上；“遂田于贝丘”，庄公八年。

(C)解作法文Dans和in，into时(in房子里，on圣坛上，into城里，等等)，表示地位在什么地方，或者是动作到什么地方(没有地名的，参看B)，“於”和“于”是混用的，例如“见孔父之妻于路”，桓公元年；“告于宗庙”，桓公二年；“杀孟阳于床”，庄公八年；“入于卫师”，成公二年；“授兵於大宫”，隐公十一年；“淹久於敝邑”，僖公三十三年；“赵旃夜至於楚军”，宣公十二年。

如我上文所说，这些规则并不是绝对的，但是无论如何有几种统计可以表示渐渐地要分界的趋势。从这些统计上，我完全除开各种两可的例子。譬如，第一是许多地方后边跟着一个国名的，下列几句显然是模糊的："请师于楚"；“为质於卫”。作者在第一个例子内，把国家当做一个地方，所以“于楚”就是“在楚国”。第二个例子内，“卫”是指一个政治团体，所以“於卫”就是“於卫侯或卫政府”。但是也可以写作“请师於楚”(他向楚政府请师)，也可写作“为质于卫”(他质于卫国)。这一种字句(yü+国名)并不能证明什么，所以都丢了不算。同样，那常见的格式如“宿于(於)赵氏”(他住在赵家，或者他和赵家同住)都是含糊的，不必睬它。

除去了这些含糊地方，只依明白的地方统计，替《左传》得到下列一表：

甲(auprès de)		乙(à)		丙(dans)	
於	于	於	于	於	于
五八一	八五	九七	五〇一	一九七	一八二

这就是说解作auprès de (chez , vis-à-vis)时，后边跟着一个私名，或者同类的东西，“於”比“于”多七倍；解作à时，后边有个地名的，“于”比“於”多五倍。解作dans，in(后边没有地名的)时，“於”与“于”相同；在这一种意义上——只有在这一种——两个字是完全同义而可以交换用的。

我们应该注意，在这一点上，同前边(一)到(六)一样。《左传》

全书是一律的。上边所举的数目字(581：85 等等)，并不是因为有的部分只有“於”(auprès de)而别的部分有许多“于”。这个比例 7：1 和 5：1，全书各部分都是一样的。无论你选择哪一部分，你就可看得出解作 auprès de 时“於”一定比“于”多几倍，而解作 à 时刚刚相反。这一个规则很少例外，只有两处很小而有趣的地方。在文公十七年，不多几行里边有四个“于” auprès de，两个“於”à；在成公十三年不多几行内有五个“于” auprès de。这两个例子都是在长篇说话里，据我看来这两段话恐怕是后来加入的。假如我们敢说这两段是窜入的，而从统计表内除去它们，那么就要大大地改动了：解作 auprès de 时五八一“於”，七六“于”(不是八十五了)。若然，这些数目很够表示“於”同“于”在这一点上的根本异点。

有一个问题很难解决的，就是少数的“于”auprès de（八五或七六)和“於”à(九七)，是不是因为在左语的时代里“於”和“于”已经起头有一点混乱了，或者本来不乱，乃是因为书本传授上的错误。只要两字的声音一天不同(於 ·i^{w}o 而于 gjiu)，学者口头传授的时候，一定以保存一天《左传》中原有的“於”、“于”的分别。但是当它们的声音变的渐渐地相近了(·i^{w}o 和 jiu)，同时传授的人对于语言的感觉上认他们为完全同义了，那就很有忽略书中原有的异点的引诱了。所以虽然证是难证，可是也说不定那些规则原来比我们统计表上还更严密也是很可能的，因为假定那些忠实的学者能够竭能够纯粹机械地保存他们当日已经不能了解的异点，就只保存到现在统计表里那么好，已经要算很稀奇的事情了。

研究的人另外有一点困难的事情。假使我根据雷格同顾甫乐的本子来研究《左传》，我一定不能发现“於”与“于”的根本异点。这两个介词在那些译文里常常译错，应该用“于”的地方常常用了“於”，应该用“於”的地方，常常用了“于”。这些学者都是很认真的，要是单单靠着相信“於”同“于”不过是写法上的不同的一个理由，他们绝不敢就这样随便换写的。雷格的译文是根据《钦定春秋传说汇纂》，而在这一种本子内“於”和“于”是很混乱的。这里我并不讨论为什么那些编辑者不注意保存古本上的异点。我们只要说《左传》里关于“於”同“于”的分配，是非常一致的。阮元在他的《春秋左氏传校勘记》里

(《皇清经解》卷九四九至九九〇，也附在他的《十三经注疏》里)很详细地说明，哪一种本子有"於"，哪一种本子有"于"。这种不同的地方，他所找到的是很少，所以事实上没有什么关系。上海商务印书馆最近出版的《四部丛刊》重新影印了一部宋本，这是阮元所没有看见的，但是关于"於"同"于"，它同《十三经注疏》的本子完全相同(我的统计是根据《四部丛刊》的本子)。略举几个例子：

昭公十三年："次于鱼陂"；

同上："挤于沟壑"；

昭公十七年："献俘于文宫"；

昭公二十二年："前城人败鲁军于社"；

定公元年："合诸侯之大夫于翟泉"；

定公五年："卒于房"。

在这些例子里边，《四部丛刊》的本子，同阮元所见的各种本子都是"于"(在第一个例子里边，有一种本子误作"干")而没有用"於"的。但钦定的本子里边(雷格本亦然)，都完全用"於"。

还有陆德明(当六三五年)的《经典释文》，很明白地表显同样的传说：

襄公十六年："烝于曲沃"；

襄公十七年："愬于晋"；

襄公十八年："还于门中"；

昭公四年："使置馈于个"。

在这些地方《经典释文》(和阮元《十三经注疏》各种本子及《四部丛刊》)都用"于"，而钦定的本子(雷格亦然)里都用"於"。

但是我们知道《经典释文》传下来是受过一次紊乱的(参看伯希和的书页一五九)，所以如今能够得到唐和唐以前的《左传》版本的直接证据，是很有价值的。在罗振玉的《鸣沙石室古籍丛残》——这是伯希和在敦煌所发现的文稿的影本——现共有四段很长的《左传》残简。有一种是唐代稿本，比《十三经注疏》多几个"於"(而且刚刚是照我们的规则应该用"於"的地方)！还有一个唐代稿本和两个六朝(唐以前)的稿本，对于"於"同"于"的分配和《十三经注疏》完全一样，如上文统计表所说的。所以在这一点上传说是很坚固的，我们不必为了钦定的和雷格、顾甫乐的本子的不同而烦恼。

这可以定一个规则，说《左》语里边“於是乎”与解作 from 的都用“於”，解作 auprès de 的也用“於”，解作 à 的用“于”，解作 dans 的“於”与“于”随便用。这里鲁语又是完全不同的。这几种意义的普通用的介词(离了上文所讲的“乎”字)，在《论语》和《孟子》内都是“於”。“于”偶然散见一点，同“於”没有根本上区别可以看出。事实上用“于”的地方非常少，差不多可以说鲁语里边没有这个介词的。在《论语》内的见于卷二、卷十四、卷十六两次。在《孟子》内见于卷一上(和“於”不同)、卷二上、卷三上、卷三下、卷五下、卷七下两次；还有卷五上也有几个例子，不过那个地方显然是从《书经》一类古书上引来的。

因为“於”是个常用的字，所以解作 à 的《左传》常用“于”，而我们常常看见“於”：“子畏于匡”《论语》卷九及卷十一；“子路宿於石门”，《论语》卷十四；“处於平陆”，《孟子》卷六下；“舜生於诸冯，迁於负夏，卒於鸣条”，《孟子》卷四下。

把主要的趋势总结起来：

	auprès de	à	dens
《左》语	於	于	於，于
鲁语	於	於	於

上文第一到第七段内所研究的文法现象，是最重要的。分开来讲它们好像是没有什么力量，但是并不是这样。这里的问题并不是一二处所用的文句，而是全书常见的字。他们帮着校勘学比任何东西都好；因为在校勘拉丁文和希腊文时，他们常常根据更脆弱的材料。若总括观之，它们是形成绝对无疑的材料。这一种许多语言学上的形式的集合体，可以给我们一个明白而详细的文法的面貌，一方面是《左传》的，一方面是鲁语的。这两种方言是非常不同的。我们现在很可以定下列的结论：

(一)《左传》不是孔子作的。

(二)《左传》不是孔子弟子作的，也不是像司马迁所说“鲁君子”作的，因为这是用一种与鲁语完全不同的方言写的。

(三)《左传》或者一个人作的，或者是——假如沙畹的话是对的——几个人作的而属于一派及一个地方的，因为它的文法是全书一致的。所以假使他——或者他们——采用各国的《春秋》作材料，那么他——或者他们——并不是很简单地把它们拼凑起来。实在是用他们自己的语言重新写的。

要使我们的研究史进一步，并且要讨论《左传》的性质，我们将要根据上述的文法来考察别的古书。

《书经》

在讨论这部书的时候，我们应该注意另一种文法规则，上边没有说到，因为在《左》语和鲁语里边是没有分别的。这个就是第一位人称代名词。在《左》语同鲁语里边是：“我”同“予”(此字较少，当作亲密和客气的格式)什么状态都通用(我，我的，我们，我们的)；还有“吾”是限于主格同领格的(我，我的，我们，我们的)，从来不用作宾格(直接的或者间接的，或在介词后边的)。我在一九二〇年的《亚细亚杂志》(*Journal Asiatigue*)内定这一条规定〔参看高本汉《论原始的中国文》(*Proto-Chinois-langue Flexion-nelle*)〕，那里边我只研究《论语》《孟子》《左传》，我说明《论语》在主格和领格很偏重“吾”，而“我”是很少的，只限于受格；在《孟子》同《左传》里边，“我”常常侵犯到原来属于“吾”的范围内；所以“我”字在各种状态内都有：所以较晚的鲁语(《孟子》)及《左》语在这一点上异于较早的鲁语(《论语》)。但是“吾”不许超出主格同领格以外，他们是相同的。我并且应该说后一条规则不仅仅从这部书内得来的，周秦同汉初有“吾”的书内都如此。

《书经》内有时代不同和来源不同的文件。最古的相传可追溯到纪元前二千年以上，最迟的属于前七世纪——是古代夏商(殷)周三个大朝代的文件。在这样不同的集合里边，应该有文法上的大异点。但是没有，并且文法是非常一类的。这显然是在周朝国都的藏书处——那个地方除存各种文件——润饰的时候改成一律(这不能算孔子删书时修改的，因照我们下文看来，它的方言是不同的)。

我们知道：

(一)“假使”和“像”的意义，都是用“若”：“如”(解作“好像”)只用在少数特别的地方，后边另外讨论——同《左》语和鲁语完全不同的。

(二)“则”是常用的，“斯”只用在少数地方(参看下文)——和《左》语一样，和鲁语不同。

(三)“此”和“兹”是常用的，“斯”只用了两处(一处在真的地方，一处在伪的地方)——和《左》语一样，和鲁语不同。

(四)“乎”用作介词是没有的，在《皋陶谟》内有三处(但是它们可以当作疑问字)——和《左》语一样，和鲁语不同。

(五)“与 yü”当作疑问字是没有的——和《左》语一样，和鲁语不同

(六)“与 yü”解作“和”字是常用的，“及”是用在少数例外的地方(参看下文)——和《左》语一样，和鲁语不同。

(七)“于”是绝对通用的介词，“於”只用在少数地方，而且和“于”作用一样(参看下文)——同《左》语和鲁语完全不同。

(八)“予”和“我”在各种句法内都有(主格，领格，宾格)，“吾”只用了两次(参看下文)——和《左》语及鲁语都不同。

周代藏书处的史件所写的方言，很明白地表显一种助词的系统，一种文法的形式，同《左》语和鲁语是完全不同的，虽然改得很可惊讶的一律，但还可以看得出文件的许多破绽，表示未修改前有许多文法上的不同(因为文件属于各时代各地方的)；假使我们注意到《书经》包含两部分，一是真的，一是伪的(大约作于第三世纪，参看伯希和的书页一二八)，这些现象的研究定能增高趣味。假使我们照着沙畹的指示(《史记》译本第一册页一一三，是根据宋以来中国批评家的)，作一个表，把真的放在前边，伪的放在后边，便是这样：

真的：(1)《尧典》；(2)《舜典》；(3)《皋陶谟》；(4)《益稷》；(5)《禹贡》；(6)《甘誓》；(7)《汤誓》；(8)《盘庚》；(9)《高宗肜日》；(10)《西伯戡黎》；(11)《微子》；(12)《牧誓》；(13)《洪范》；(14)《金縢》；(15)《大诰》；(16)《康诰》；(17)《酒诰》；(18)《梓

材》；(19)《召诰》；(20)《洛诰》；(21)《多士》；(22)《无逸》；(23)《君奭》；(24)《多方》；(25)《立政》；(26)《顾命》；(27)《康王之诰》；(28)《吕刑》；(29)《文侯之命》；(30)《费誓》；(31)《秦誓》；(32)《泰誓》。

伪的：(33)《大禹谟》；(34)《五子之歌》；(35)《胤征》；(36)《仲虺之诰》；(37)《汤诰》；(38)《伊训》；(39)《太甲》；(40)《咸有一德》；(41)《说命》；(42)《武成》；(43)《旅獒》；(44)《微子之命》；(45)《蔡仲之命》；(46)《周官》；(47)《君陈》；(48)《毕命》；(49)《君牙》；(50)《冏命》。

假使我们作一个助词普通用法的例外的表，就是所有“若”、“斯”(=则)、“及”、“於”、“吾”的表，我们得到一个很有趣的结果：

(1)《尧典》：“如”一；

(2)《舜典》：“如”五；

(3)《皋陶谟》：“如”一；

(4)《益稷》：“如”一；

(5)《禹贡》：“及”三；

(7)《汤誓》：“如”一，“及”一；

(8)《盘庚》：“如”一，“及”一；

(9)《尚宗肜日》：“如”一；

(10)《西伯戡黎》：“如”一；

(11)《微子》：“吾”一；

(12)《牧誓》：“如”四，“及”一；

(13)《洪范》：“斯(=则)”二；

(14)《金縢》：“於”三，“斯(=则)”二，“及”二；

(17)《酒诰》：“於”二；

(20)《洛诰》：“如”二，“及”二；

(22)《无逸》：“及”四；

(26)《顾命》：“於”一；

(31)《秦誓》：“如”四，“斯(=则)”一；

(32)《泰誓》：“如”一，“吾”一；

(47)《君陈》:“於”一。

总括起来:

	真的(一至三二)	伪的(三三至五〇)
如	二三	无
及	一四	无
吾	二	无
斯(=则)	五	无
於	九	一

换言之,文法上的不同只见于真的篇内。这个解释只能有一种:

周代史迹的编辑者,一定把各种本子依照某种古代方言的文法来改的;但是他们也不是绝对的严密,所以有许多异于这种组织的地方可以渗入——如上文所说的“如”、“及”、“吾”、“斯”、“於”。但是三世纪的作伪者,因为想逼真《书经》文体,逼真真的篇内的正则的文法的结构,哪晓得做过火了。他大大地用“若”、“与”、“予”,和“我”、“则”、“于”,所以露出自己破绽来了。所以这文法上的分析,在聪明的中国校勘家所早已得到的《书经》里某篇伪造的结论上,更加一个证据。

《诗经》

《诗经》和《书经》同在文法上经人改动。它有三百零五篇诗歌,来源极不相同—— 一部分是从各诸侯国采来的民歌——而文法上用字是根据同一的组织的。但是正如我们所希望,不同的地方在《国风》(就是民歌,约占全书三分之一)里边更多,而在《小雅》、《大雅》和《颂》里边更少。

《诗经》的文法,不但和《左》语、鲁语不同,并且和《书经》的语言不同。

(一)“若”与“如”:(没有解作“假使”的例子)解作“好像”时,常用“如”字;全书内只有五处用“若”(“沃若”雷格本卷五页九九、二五〇、三八五,“若扬”页一六一,“若此”页三二六;在页三八〇、

五四二、六二八、六二九的四个“是若”和“邦国若否”里的“若”，是解作“顺)。在这一点上，《诗经》和《左传》一样，但是和鲁语及《书经》不同。

(二)“斯=则”：全书通用——和鲁语一样，和《左》语及《书经》不同。

(三)“斯=此”：全书通用——和鲁语一样，和《左》语及《书经》不同。

(四)“乎”用作介词是很有趣的。事实上只见于《国风》(民歌)。这里显然那个编者允许文法上的自由，没有修改。《国风》里有二十二个“乎”用作介词的，分配在七篇歌内，其中六篇是没有“於”与“于”在“乎”旁边的；只有一篇内两处作后置词(在“於我乎”内)。《小雅》内有一个“乎”字，《大雅》和《颂》内是没有的。所以在这一点上，《国风》和鲁语一样，《小雅》《大雅》及《颂》和左语及《书经》一样。

(五)“与”当用作句末疑问词是没有的——和《左》语及《书经》一样，和鲁语不同。

(六)“及”解作“和”是全书通用的——和《左》语一样，和鲁语及《书经》不同。

(七)“于”是常用的。有几处还用“於”(没有特别的意义，和“于”完全一样)，这里又是《国风》不及别处严格修改。一共有十八个“於”，其中十二个在《国风》内(在六国的六篇内)，两个在《小雅》内(在一篇内)，三个在《大雅》内(在两篇内)，一个在《颂》内。在这一点上，《诗经》和《书经》一样，和《左》语及鲁语不同。

(八)“吾”是没有的。“我”绝对通用，“予”字较少。全《诗经》内有八十九个“予”，又是《国风》呈比较地没有改动的状况。《国风》共有三十九个“予”，《小雅》《大雅》和《颂》共有五十个。这些都是平均分配在二十篇内(其中有七十个是同时用“我”的)，《国风》的三十九个“予”字却只限于十四篇，其中只有四个同时用“我”。

《诗经》和《书经》同为周室所集，而《诗经》内的方言和《书经》完全不同。好像是很奇怪的，一个可能而不敢决定的解释是这样：《书经》大部分的可宝贵的文件，属于夏商(殷)两朝的——有几篇是更早一点——它们也许是周代史件的范型。换言之,《书经》的一部分是夏商的方言来写定的,一部分是改成夏商的方言的,而并不是周室的方言。《诗经》刚刚相反,除了五篇说是更早一点,其余都是周代的,而《小雅》、《大雅》和《颂》也许是成周王畿的方言,若《国风》虽是大部分照着这个模型来改的,还保留着许多不同的方言的痕迹。

《礼记》和《大戴礼》

以上我只讨论全体一律的书,有一律的文法的,或者是因为一个人作的(或者是方言相同的几个人作的),或者像《诗经》和《书经》因为编辑的时候改过的。《礼记》一类的书的情形可是不同了。这里我们有许多文件很晚,到汉代方搜集起来,但是并没有经过改动。所以这部书内的文法是很不一致的。有几篇是非常的单调而且简单,所以得不到什么文法上的结论。别篇却可加以有趣味的观察,没有一篇是和《左》语的各方面完全一样的。譬如在《曲礼》内,“若”解作“假使”,“如”解作“像”,而没有“斯(=则)”、“斯(=此)”与“乎”用作介词的,(和《左传》一样,和鲁语不同)却很规则地用“於”,至于“于”则偶然有之(和鲁语一样,和左语不同)。但是鲁语仍是很丰富地表显出来,所以除了《论语》和《孟子》,我们在这里得到这种方言很多而很重要的文件。《曾子问》虽然说是记载孔子和曾子的讨论的,可是并不是用鲁语写的,而篇幅很多且很有趣的《檀弓》,却是很好的鲁语的例子:在这篇内我们查出:(一)“若”和“如”解作“像”;(二)“斯”解作“则”;(三)“斯”解作“此”;(四)“乎”用作介词;(五)句末用“与”;(六)没有“及”;(七)常用的“於”与偶见的“于”;(八)“吾”和“我”并用。这都和《论语》《孟子》一样,鲁语还可以在《孔子闲居》《坊记》《中庸》(后一篇最能代表)里边找到,并且还有这部书的别的部分,例如《礼运》和《哀公问》[10]。

《大戴礼》是一部来源不同的书,大部分是孔子和他的问难者的讨论。但是“斯(=则)”与“斯(=此)”是完全没有的——这是孔门文字的显然的形式——使我们不能相信它们是鲁语的文件。[11]

我们再研究几部文法一律的书。

《庄子》

《庄子》——我完全不讨论卷二十八到三十一，因为这是公认为伪的——有它自己的文法。

（一）解作“像”时，他兼用“若”和“如”。

（二）“斯”解作“则”是没有的（在这一部大书内我只找到两处）。

（三）“斯”解作“此”也没有（只有两个例外）。

（四）“乎”用作介词是很普通的。

（五）“与 yu”用作疑问词是有的，但是并不多。

（六）“及”解作“和”是没有的。

（七）“於”是常用的（关于“乎”字参看上文（四）），“于”是很少见的（这部大书内我搜到十五处），和“於”在用法上没有分别。

（八）“吾”（主格和领格）、“我”、“予”都有。

所以在（一）（四）（五）（六）（七）各点上，《庄子》和鲁语一样，和《左》语不同；在（二）（三）两点上，它和《左》语一样，和鲁语不同。关于第（八）点它和鲁语《左》语一样，而和《书经》《诗经》不同。

《庄子》还给我们一个好机会，来增加一条文法上的规则：

（九）“邪（耶）”用作后置词大多数是表疑问的，在这一种方言内很普通，例如：“非夫子之友邪？”《庄子》卷二。

在上边所研究的各部书内，这一点是完全没有的。

《国语》

最后我们研究的和《左传》很相近的，只有一点不同——这个可是很重要一点。

（一）解作“像”时“如”与“若”并用（“如此”与“若此”等等），后者和前者是一样的通行——和鲁语一样，和《左》语不同，左语只用“如”字。

（二）到（五）“斯（=则），斯（=此）”，“乎”用作介词，“与 yü”用作疑问字，都没有——和《左》语一样，和鲁语不同。

（六）“及”解作“和”是常见的——和《左》语一样，和鲁语不同。

（七）“於”和“于”都通行，而且用法上的不同，和《左》语完全一样，（“於”解作 auprès de，“于”解作 à，“於”和“于”解作 dans，而且这一条主要规则的例外的百分率也是一样——和《左》语一样，和鲁语不同。

至于第(八):“吾”(主格和领格),“我”与“予”都有。还有第(九):没有“邪”,和《左》语与鲁语一样。

我们最好把上文所得到的结论,总括成一个表。在这表内,只注意重要的趋势而不管偶然的地方,例如:常用“若”之外,《书经》内偶然用“如”;常用“於”之外,鲁语内偶然用“于”:

(一)“若”,“如”(好像)	(甲)“若”	(乙)“若”和“如”	(丙)“如”
(二)“斯=则”	(甲)有	(乙)无	
(三)“斯=此”	(甲)有	(乙)无	
(四)“乎”(介词)	(甲)有	(乙)无	
(五)“与”(句尾)	(甲)有	(乙)无	
(六)“及”(“和”)	(甲)有	(乙)无	
(七)“於”,“于”	(甲)“於”	(乙)“于”	(丙)“於”(auprés de)“于”(à)“於”和“于”(dan)
(八)“吾”“予”,“我”	(甲)“吾”(主格和领格)与“我”,较少的“予”;	(乙)“予”和“我”并用	(丙)“我”,较少的“予”
(九)“邪”(耶)	(甲)有	(乙)无	

	《书经》	《诗经》	鲁语	《庄子》	《国语》	《左传》
一	甲	丙	乙	乙	乙	丙
二	乙	甲	甲	乙	乙	乙

续表

	《书经》	《诗经》	鲁语	《庄子》	《国语》	《左传》
三	乙	甲	甲	乙	乙	乙
四	乙⑫	乙	甲	甲	乙	乙
五	乙	乙	甲	甲	乙	乙
六	乙	甲	乙	乙	甲	甲
七	乙⑬	乙	甲	甲	丙	丙
八	乙	丙	甲	甲	甲	甲
九	乙	乙	乙	甲	乙	乙

这是很容易看得出的：第一，《书经》、《诗经》、鲁语、《左传》和《庄子》都是很不同的方言的代表，里边助词是很不相同的；第二，《国语》的文法和《左传》是很相近的，固然它们中间在一个很重要的一点上是不同的——解作"像"时，《左传》用"如"而《国语》用"若"和"如"——所以这两书不能是一个人作的（这是无须讨论的，假使注意到这两部书内容；它们互相不同）。⑭但是就大体看来，两部书的文法组织很是相同，所以它们可以说是同一方言的人作的，也许是属于同一派。

我只选了几种顶重要的中国古书的例子。假使详细叙述汉以前的助词的组织，那是超出这篇文章的范围以外了。但是我至少可以说这句话：在周秦和汉初书内，没有一种有和《左传》完全相同的文法组织的。最接近的是《国语》：此外便没有第二部书在文法上和《左传》这么相近的了。

如上文所说，这些事实可以决定《左传》的真伪问题。它的文字和别书是完全不同，所以绝不是前二世纪作伪者的方言，因为这种人绝不敢用他自己的特别的方言，恐怕马上要被查出来。他一定要尝试模仿某种大家尊敬的古书的文体（恰如《书经》的作伪者），或者是模仿《书经》，或者孔门的谈话，或者别的周代文件。他一定不是依赖《国语》的（如康有为猜刘歆作伪时借助于此书），因为这样他一定不能严密地规定解作“像”时只用“如”，和《国语》兼用“若”和“如”相反抗。而且第二世纪的作伪者，当“於”和“于”在文法上完全混乱的时候，一定不能够懂得《国语》里边“於”解作 auprès de 和“于”解作 à 的分别，而能在像《左传》这么一个巨著内自始至终严守它。所以《左传》助词的特殊组织，是它的真伪问题的最后而且最好的证据。

既然决定《左传》是焚书以前的真文件，语言和《国语》很相近，和鲁国的孔门完全不相干，我们的结果应该满意的了。但是我想还可以使我们的研究再进一步。同前三四世纪的书籍比较一下，必有所得。

第一《庄子》，上文已讲过的。庄周据说是生于前四世纪到前三世纪〔解尔斯《人名字典》(*Bygraphical Dictionary*)第五〇九号和雷格《东方圣典》S. B. E. 卷三九页三六〕或者大约卒于纪元前三二〇年(卫极 Wieger 的 La Chine à trarers les âges 页四二八)。在各方面看来，《庄子》这部书，一定是前三世纪或以后的书，绝不会更早[15]。

此外还有《吕氏春秋》《战国策》《荀子》和《韩非子》。这几部前三世纪的书，文法上很一致的。固然也有一点不同的地方——这是很自然的，这些不同的地方是因为各个作家的缘故——但是相同的地方也很明显的。

(一)解作“像”时(“如此”与“若此”等)，这几部书内“若”和“如”都是通行的。

(二)(三)(六)，“斯(=则)”，“斯(=此)”，“及”解作“和”，这几部书都没有。

(四)“乎”(介词)这几部书都有的，不过程度有不同。《庄子》和《吕氏春秋》内是很同行的，在别的书内少一点。

(五)“与”用在句尾，在《庄子》是很少的，在《吕氏春秋》《战国策》和《荀子》内也是很少的，《韩非子》内是没有的。虽然不能说是这几部书里没有这个字，也只算它是一种边界上的小部分罢了。

(七)在这部书内“於”是绝对的通用，“于”(用法上没有不同的)是很少见的，只有《吕氏春秋》比别的书多一点。

(八)“吾”(主格和领格)、“我”、“予”和鲁语、《左》语一样。

(九)句尾的“邪”，它们都有的，《庄子》内常见，别的书内少一点。[16]

所以这些前三世纪的书，有一种文字和鲁语很不同，和《左》语更不同。和鲁语不同者，没“斯(=则)”和“斯(=此)”，这是鲁语很明显的形式。和《左》语不同者，它有“若”也有“如”，解作“像”；还有介词“乎”和句尾的“与”(这个少一点)，而没有介词“及”，也没有“於”解作 auprès de 和“于”解作 à 的特殊区别。最后，它有句尾的“邪”，虽然多少不同，但是不但为《左》语和鲁语所无，而且《书经》和《诗经》也没有。

这些事实使我们可以用一个“前三世纪的标准文言“的名词。我们要知道，韩非子在文体上受他的老师荀子的影响，至少庄子和荀子决不相干的，而且我们也没有理由猜想《吕氏春秋》和《战国策》的作者会受了荀子们的什么影响。

这种现象实在是很自然的，而且和别国的情形也相同。在文学的幼年，作者很少，他们一定要创造自己的前无古人的文体，所以就有不同的方言。当文学进步了，著作变成普遍的事业，便有多少相同的文字的标准出现，这一点在前三世纪便达到了[17]。但是这种自然而很有希望的文学进化，被焚书所破坏了。在这件事情以后，情形完全变了。保存下来的古代的文学，尤其是孔门的经典，得到殉道者的尊号，变成大尊敬的对象。这个结果便是，各种文件的文字都被后来的作者所模仿。所以发生一种可怕的文法上的混乱。从这部书上采用“於”，从那部书上采用“于”，从这部书上采用“斯”，从那部书上采用“及”，还有“乎”、“与”、“邪”等等，所以古书上各种不同的文法的助词，都乱用了。汉以后的中国文学的大混合现象(文法上和用字上)，便是从焚书和古书的神圣上来的。

我们现在知道上文所说有助词组织的文字，在前三世纪是很普遍的(在各个作家都可以找出)，所以我们可以称它为“前三世纪文学的汉文”。在评判《左传》(和《国语》) 的性质时，它的文字和前三世纪的文字完全不同(参看上文)是件很明显的事实。这个天然使我们猜它代表更早的时期。但这个结论并非绝对的，因为仿佛孟子在前三世纪写他自己的方言(其实还是他的老师孔子的方言)，同样《左传》和《国语》也许是前三世纪一个学派的产品，还是写他自己的方言，而不受这世纪的许多书所表现的标准语的影响。但是同那个简单的解释——说它们属于更早的时代——比较起来，那么这自然是个太绕远的解释了。

我们研究所得主要的结果，可以总括如下：

《左传》有一律的文法，和《国语》很近，但不全同(和别的中国古书却完全不同)。这种文法绝不是一个后来的伪造者所能想象或实行的，所以这一定是部真的书，是一个人所作的，或者是属于一派和一个方言的几个人作的。它同鲁国学派没有关系(至少没有直接关系)，因为它的文法和孔子及弟子及《孟子》完全不同。此书是在前四六八年以后(书中所述最迟的一年)，而无论如何总在前二一三年前，多半还是前四六八年到前三〇〇年中间。

(此译稿经赵元任、胡适之两先生校过。——译者)

原作者注：

① 参见弗朗克 Otto Franke 的《中国孔教与国教历史之研究》(*Studien Zur Geschichte des Konfuzianischen Dogmas und der Chinesischen Staatsreligion*)(一九二〇) 页一八。可是他翻译的和我有点不同。

② 在我看来，讨论中国古书的历史时，太少注意到这种口头的传授了。理论的时候好像默认古代文件的抄写是古书传授的唯一方法似的——这实是个错误的观念。

③ 参看弗朗克的书页三四。

④ 参看弗朗克在《东亚杂志》(*Ostasiatische Neubildungen*)(一九一一)里对于康有为的运动的精确的叙述。

⑤ 大约还加了些起首是“君子曰”的讲道德的文句，这对于此书其他部分并无妨害，因为这些文句很容易认出而分开。其实中国学者也早就疑心它们是后人所加的了。

⑥ 参看后文，那边我断定《左传》原来和鲁国的孔门并无关系。

⑦ 这很重要的一段，弗朗克很公平地引着(页六五)。但是中国批评家并不从此立下自然的结论——说《左传》早已有传授者——而不肯相信它。

⑧ 虽上边所引原文并未如此说，然刘歆把它分成片段来依附《春秋》的记载，如弗朗克所说，也是极可能的。别的传说却说是杜预(约当二八四年)第一次如此做的。

⑨ 这是很有趣的，试看刘歆自己在别处(卷三十《艺文志》，卷三六原信)并不说，《左传》与那些经书同从孔壁里出来；果是他的作伪，为冒充古籍起见，当然要如此说的。他提《左传》来，是很坦白地把它当一部与壁中发现无关的书来提的，不过同藏在那个神圣的库内罢了。这一点针对着康氏“伪造说”说的。

⑩ 有趣的文法分析还可同样用于别的认为一个人所著的书内。例如《淮南子》(当前一二二)，此书内各篇显然不是一人作的。假使你看卷一—五，你便见“於”和“于”分配得和《左传》《国语》(参看下文)里的规则一样，并且没有用作介词的“乎”。但是如卷十—十一，“於”是绝对用的，只有极少的“于”同时又有许多用作介词的“乎”。但这几卷内“斯(=则)”，“斯(=此)”与“与”全没有，而“若”和“如”解作“像”，“吾”与“我”全有，所以他们不能说卷一—五的文法与《国语》同，卷十—十一与“前三世纪文字”(参看下文)同。显然淮南子不过把古代作家的论文收集在他的著作内。

⑪ 它们反使人觉得极像前三世纪的文字，参看下文。

⑫《国风》是甲。

⑬《国风》是甲兼乙。

⑭ 要说一个作家在一部巨著如《左传》里边只用“知”，而在另一巨著里同样常用“若”，那是不可思议的。

⑮ 书中有几段是后代窜入的，但这种可能性常被人张皇其辞，参看下注。

⑯ 这里叙述的事实，我以为可助证这些书是真的。自然它们里边也许有些窜入的，但未必很多。每一种文件的文法大多一致，可表示它们不是把来源不同的东西杂凑的，实在是各个作家的著作。所以我没有胡适教授那么悲观，他在他的《中国哲学史大纲》(页十三)里表示他的意见说：“《墨子》《荀子》两部书里，很多后人杂凑伪造的文字。《庄子》一书，大概十分之八九是假的。《韩非子》也只有十分之一二可靠。”

⑰ 事实上还有一部书——《墨子》——有相同的文法，时代却更早，墨子生于前五世纪，他的著作大多认为弟子所记。但也没有确实的证据来定它何时编定——也许迟至前三世纪？

译者注：

[1]原书引《汉书》后列弗朗克及作者自己的译文，并有几段附注，因与中国读者无关，故暂时略去。

[2]这篇译稿初由新月书店印成单行本时，胡适之先生曾在此处加按语道：高氏颇信刘歆以前早已有传授《左传》的人，此说颇难证实。下文他又颇信许慎说的《左传》由张苍传到贾谊，再传到尹咸、翟方进之说；又信孔颖达说的（按即《经典释文》说的）左丘明传曾申，申传吴起，起传其子期，期传铎椒，椒传虞卿，卿传荀况，况传张苍……之说。尹咸、翟方进皆是如刘歆同时的人，不能说是刘歆以前。其后许慎以至陆德明、孔颖达，年代愈后则传授的世系愈分明详细，可见其为晚出之说，未可信为刘歆以前有人传授《左传》之证。

[3]按此见《论衡》卷二十九《案书篇》。

[4]原书于此段之后附雷格的《左传》译文，因与中国读者无关，故暂时略去。

[5]“我能为君约与国”，“与”字误解。

（本次收录采用的版本是1927年10月由上海新月书店出版的《左传真伪考》，由陆侃如口译，卫聚贤笔受，赵元任与胡适校正。）

【评　介】

高本汉（Bernhard Karlgren）是瑞典语言学家，国际著名汉学家，1889年10月5日生于瑞典荣彻平，卒于1978年10月20日。父亲为中学教员，兄弟三人，排行第二。高本汉通晓英语、德语、法语和俄语。1909年9月15日，高本汉获乌普萨拉大学文学学士学位，后前往俄国圣彼得堡读书。1910年2月，高本汉被派往中国。在中国停留的两年期间，他靠在太原大学堂教授法语和英语谋生。在此期间，高本汉对中国方言进行实地调查，并对二十四种方言的语音进行了描写。1912年1月，高本汉返回伦敦，后到巴黎，拜西方汉学研究大师沙畹(1865—1918)学习和研究汉学。在法国期间，他和汉学家马伯乐(1883—1945)与伯希和(1878—1945)过从甚密。1915年5月21日，高本汉获乌普萨拉大学哲学博士学位，同年任乌普萨拉大学汉学讲师。1916年到1918年，高本汉在利丁厄的传教士学校教授现代汉语。1918年，他被任命为哥德堡大学东亚语文学和文化教授。1922年3月到12月，高本汉第二次到中国旅行，其间还访问了日本。1931年到1936年，高本汉任哥德堡大学校长。1939年起，任斯德哥尔摩大学教授，1959年退休。从1939年起，他又长期担任瑞典远东文物博物馆馆长。1956年到1964年，任瑞典皇家人文科学院院长。他还是瑞典皇家学院、丹麦皇家学院的成员，大不列颠爱尔兰皇家亚细亚学会、巴黎亚细亚学会的名誉会员。

高本汉一生中写了上百部(篇)学术论著，培养了许多学生，在中外学术界享有较高的声誉，被称为西方汉学研究大师之一。高本汉一生主要从事中国语言学和考古学的研究，尤其以研究中国音韵学见长。他在这方面的代表作是1926年出版的《中国音韵学研究》，原书用法文写成，我国有赵元任、罗常培、李方桂译本，上海商务印书馆1940年9月初版，1948年4月再版，还有日文节译本。

高本汉虽然以语言学家著称，但是在《左传》研究史上却不得不提，而为他赢得声誉的，正是其著作《左传真伪考》。《左传真伪考》原名《论左传之真伪及其性质》。出版后，高本汉送了几本给赵元任，赵转送给李济之，李又借给治《左传》的卫聚贤，由于外文不大好，卫又邀请同学陆侃如口译、自己笔录下来。同时，高本汉也将《论左传之真伪及其性质》寄给胡适，希望得到他的称赞，并嘱托胡适转呈钱玄同审阅。胡适热情地为其撰写《左传真伪考的提要与批评》，并寄到厦门大学给顾颉刚和钱玄同，让二人做跋并要求与其提要同时发表。遗憾的是，顾颉刚并未收到胡适的原信。“恰好陆侃如先生从北京来，带着他译此书的全稿来给我看。那时我的一本原书又不在身边，故我只能匆匆看过，不能细细替他校对。”(胡适《左传真伪考的提要与批评》)1927年10月，陆侃如口译、卫聚贤笔受、赵元任与胡适校正的《左传真伪考》在上海新月书店出版，胡适撰写序言《左传真伪考的提要与批评》，卫聚贤撰写跋语，书名由胡适题写。同时，受冯沅君请托，陆侃如口译、卫聚贤笔受的《论左传之真伪及其性质》于1927年9月21日、11月21日先后在北京大学研究所《国学门月刊》第1卷第6、7、8号发表。1936年4月，上海商务印书馆再版，更名《左传真伪考及其他》，共分三章，前两章是高本汉的新作《中国古书的真伪》及《经书中的代名词"厥"字》，第三章是《左传真伪考》，附录四则，除胡适和卫聚贤的原序跋外，增收冯沅君《论左传与国语的异点》及卫聚贤《读论左传与国语的异点以后》。1937年上海商务印书馆再版。1971年，台湾泰顺书局再版。1976年5月，台湾木铎出版社再版，收入《左传论文集》。2006年，知识产权出版社据上海商务印书馆1936年本影印出版。

高本汉的《左传真伪考》一经发表，便引起汉学界的广泛注意。此时，国内的《左传》研究已经转向以古史辨派为主的历史考证。《左传真伪考》旨在否定康有为等人的"刘歆作伪说"。《左传真伪考》分上、下两篇，上篇主要考证《左传》的真伪，下篇主要从文法入手分析《左传》的性质。上篇分为三个部分：一是研究刘歆在藏书处发现《左传》的记载；二是鉴定后汉前半期的关系刘歆以前《左传》存在与否的别种佐证；三是鉴定一世纪前司马迁关于《左氏春秋》及其作者的记载。通过相关考证，高本汉认为《左传》成书在《史记》之前，并最终得出《左传》成书于秦始皇焚书之前的结论。下篇则通过文法考证，认为《左传》是一部真书。胡适在《左传真伪考的提要与批评》中介绍道：下篇又分三个部分，一是从文法上证明《左传》不是鲁国人做的；二是用《书经》《诗经》《庄子》《国语》等书来比较《左传》的文法，证明《左传》有特殊的文法组织，不是作伪者所能虚构的；三是用《左传》的文法来比较"前三世纪的标准文言"，证明《左传》是前四五世纪的作品。

为了论证自己的观点，高本汉选择了《左传》中的七组助词作为比较的标准，并将其与《论语》《孟子》等"鲁语"做了对比：

(1)"若"与"如"。高本汉认为作"假使"解时，《左传》全用"若"，而鲁语全用"如"；作"像"解时，《左传》全用"如"，而鲁语则

“如”与“若”并用。

(2)“斯”字作“则”字解。高本汉说“斯”字这种用法，如“观过斯知仁矣”，在鲁语里很常见，而在《左》语里是没有的。

(3)“斯”字作“此”字解。他认为“斯”字作“此”字解在鲁语中是很常见的，而在《左传》中是没有的。

(4)“乎”字作“於”字解。他说鲁语里“乎”字常常用作“於”字，而在《左传》里却是绝无仅有的。

(5)“与”字作疑问语尾。他说鲁语常用“与”(欤)字作疑问话的语尾，而《左传》里竟全没有这个用法。

(6)“及”与“与”。他又说，两个并列的名词之间，鲁语内只用“与”字，如“富与贵”，“惟我与尔”；而《左》语内则兼用“及”与“与”，而“及”字尤其通行，如云“宋及郑平”，“生秦穆夫人及太子申生”。鲁语里从不用“及”字。

(7)“於”与“于”。他指出这个介词有三种不同的用处：(甲)用如法文的 chez，aupresde，vis-fl-visde，置于人名，表示一种动作所向的人。在《左传》里多用“於”字。例如“请於武公”，“公问於众仲”，“言於齐侯”，“晋君宣其明德於诸侯”。(乙)用如英文的 at，to，或法文的 a，置于地名之前，表示一种行为所在之地。在《左》语里，多用“于”字。例如“败宋师于黄”，“至于糜延”，“遂田于贝丘”。(丙)用如英文的 in，into，法文的 dans，表示地位所在或动作所止，但其下不是地名，故与(乙)项不同。此一类在《左传》里颇不分明，“於”与“于”乱用。例如“见孔父之妻于路”、“杀孟阳于床”，但又有“淹久於敝邑”、“赵旃夜至於楚军”。但《左》语里的这些分别，在《论语》《孟子》里却都不存在。鲁语里只用“於”字。如地名之前，《左》语常用“于”，而鲁语一律用“於”。

因此，高本汉的结论是：《左传》的文法与《论语》《孟子》的文法是非常不同的，故《左传》不是孔子作的，也不是孔门弟子作的，也不是司马迁所谓“鲁君子”作的，因为此书的语言不是鲁语。同时，高本汉用《左传》来比较《书经》《诗经》《礼记》和《大戴礼》《庄子》《国语》等书，得出在周秦和汉初，没有一种书和《左传》有完全相同的文法组织，而最接近《左传》文法的是《国语》。高氏又用《左传》的文法来比较“前三世纪的标准文言”，最终得出《左传》是前四五世纪的作品：

> 《左传》有一律的文法，和《国语》很近，但不全同(和别的中国古书却完全不同)这种文法绝不是一个后来的伪造者所能够想象或实行的，所以这一定是部真的书，是一个人所作的，或者是属于一派和一个方言的几个人作的。它同鲁国学派没有关系(至少没有直接关系)，因为它的文法和孔子及弟子及《孟子》完全不同。此书是在前四六八年以后(书中所述最迟的一年)，而无论如何总在前二一三年以前，多半还是前四六八年到前三〇〇年中间。

一石激起千层浪。高本汉关于《左传》的真伪及性质的讨论，迅速激起学界的广泛讨论。1927年至1937年十年间，围绕《左传》的真伪、作者及时间等问题，学界发表了多篇学术论文，掀起《左传》和经学研究的新高潮，如：胡适《论〈左传〉之可信及其性质》、卫聚贤《左传之研究》《季札观乐辩》《春秋的研究》《我们的朋友——评林语堂〈左传真伪与上古方音〉》《读〈论左传与国语异点〉以后》、林语堂《左传真伪与上古方音》、冯沅君《论左传与国语的异点》、顾颉刚《五德终始说下的政治和历史》《春秋研究课旨趣书》《三统说的演变》、钱穆《刘向刘歆父子年表》《评顾颉刚五德终始说下的政治和历史》、陈景圣《左传之真伪问题》、孙海波《国语真伪考》、卜德《左传与国语》、李审用《春秋左氏传凡例探源》、伍剑禅《春秋左传引诗异同考》、钱玄同《重印刘逢禄〈左氏春秋考证〉书后》《重论经今古文学问题》、章太炎《与吴承仕论春秋答问作意书》、蒋石渠《春秋左氏传言语学序》、方孝岳《左传略》、唐兰《与顾颉刚先生论〈九丘〉书》、黄侃《书〈春秋左氏疑义答问〉后》《书〈春秋左氏传疑义答问〉后》、张西堂《〈左氏春秋考证〉序》、童书业《国语与左传问题后案》、黄萧《珂罗倔伦左传真伪考驳议》、郑师许《左传真相之先决问题》、张其淦《左传礼说自序》、孙之舟《左传国语原非一书证》、孙易《春秋三传授受考》、陆修佑《读左分类选目》、俞平伯《左传遇》、蒋庭曜《春秋左氏传言语绪言》、尚节之《左传国语易象释引言》、杨向奎《论左传“君子曰”》《论左传之性质及其与国语之关系》，莫非斯《春秋和左传的关系》等。

这些研究大致可以分为四类：一是《左传》的真伪。钱玄同赞成康有为和崔适的观点，认为《左传》虽然是真书，但只是《国语》的一部分，且《左传》是刘歆割裂《国语》而来。顾颉刚则沿袭刘逢禄的意见，认为《左传》原是“杂记体之史”，今本《左传》是刘歆改造的结果。这一观点在学界影响很大。卫聚贤认为《左传》和《国语》是完全不同的两本书，《左传》推崇的是“博物家”，《国语》崇尚的是“知礼者”。孙海波与卜德则从不同角度论证《左传》与《国语》是不同的书，而杨向奎则彻底否定了《左传》出于《国语》之说。二是《左传》的成书时间。卫聚贤在《左传真伪考·跋》中认为，《左传》成书于周威烈王元年到二十三年之间，即前 425 年到前 403 年之间。胡适在《左传真伪考的提要与批评》中，认为“至早当在前四〇三年三晋为诸侯之后，或竟在三八六年田和为诸侯之后”。钱穆等也持“战国说”。三是《左传》的作者。刘师培、方孝岳等坚持传统说法，认为作者是左丘明，卫聚贤认为是子夏，钱穆认为是吴起（郭沫若也持同样观点）。四是《左传》的性质。钱玄同、顾颉刚、童书业都认为《左传》不是《春秋》的传，黄侃、杨向奎等人则坚持《左传》的确是《春秋》的传。

从上述这些讨论中，我们不难看出古史辨派的身影。高本汉原本是要抨击“刘歆作伪说”，但事与愿违，他提出“《左传》和《国语》文法最近”的观点，无疑为古史辨派提供了口实并被其利用，如莫非斯《春秋和左传的关系》一文，就是利用高本汉的方法，反过来证明《左传》和《国语》原本是一部书。不过，高本汉用语法关系研究《左传》真伪的方法，受到学者的普遍赞赏：“用这个方法去工作，高氏算是第一人，我是很赞成的。”（卫聚贤《左传真伪考·跋》）这种新颖的研究方法和取得的研究成果对西方汉学界影响很大，也为我国学者提供了借鉴。

高本汉对《左传》研究的影响一直延续到现在，如严修《批判高本汉和胡适对吾我、尔汝的错误论点》（《人文杂志》1959 年第 2 期）、陈舜政《高本汉论中国经学》(台湾《中华文化复兴月刊》1975 年第 8 卷第 2 期)、陈舜政《简述高本汉关于经学的著作》(台湾《孔孟月刊》1968 年第 7 卷第 3 期；又见《经学研究论集》，台湾黎明文化事业公司 1981 年版)、王文陆《陆侃如译高本汉〈左传真伪考〉指疵》(台湾《孔孟月刊》1981 年第 20 卷第 3 期)、单周尧《高本汉〈左传〉作者非鲁国人说质疑》(香港《东方文化》1991 年第 29 卷第 2 期)、黄翠芬《高本汉〈左传注释〉批注》(台湾师范大学国文研究所 1994 年硕士学位论文)、姚曼波《也从虚词文法考〈左氏春秋〉的年代与作者——兼评高本汉左氏非鲁人说》(《江苏教育学院学报》1998 年第 1 期)等，都是对高本汉或其著作的探讨。2006 年 7 月 20 日，“纪念高本汉学术研讨会”在广州举行。作为瑞典汉学研究的先驱，高本汉不仅创立了瑞典汉学这一学科，也是采用欧洲历史语言学原理研究中国语言的第一人。

(王晓鹃)

高本汉主要春秋学作品目录

一、著作

1.《左传真伪考及其他》：此文系用英文发表于 1926 年，原题 *On the Authenticity and Nature of the Tso Chuan*，载于瑞典《古登堡大学年报》第 32 卷第 3 号，第 65 页。中文本为陆侃如口译，卫聚贤笔受，赵元任与胡适校正，题名《左传真伪考》，1927 年由上海新月书店出版。第 2 版由商务印书馆于 1936 年出版，题名《左传真伪考及其他》，一并收入高本汉的《中国古书的真伪》和《书经中的代名词厥字》两篇文章。2006 年，北京知识产权出版社再版《左传真伪考及其他》。日文本为小野忍所译，题名《左传真伪考》，1939 年由日本东京文求堂书店出版。

2.《左传注释》：载《远东博物馆馆刊》(瑞典)1968 年第 41 期。1972 年，陈舜政翻译《高本汉左传注释》，由台湾编译馆中华丛书编审委员会发行；1979 年再版。

二、论文

《论左传之真伪及其性质》：陆侃如口译，卫聚贤笔受，1927 年 9 月 21 日、11 月 21 日先后在北京大学研究所《国学门月刊》第 1 卷第 6、7、8 号发表。

（王晓鹃整理）

五德终始说下的政治和历史(存目)

顾颉刚

【评 介】

顾颉刚，著名历史学家，民俗学家，生于1893年5月8日(清光绪十九年三月二十三日)，卒于1980年12月25日。原名顾诵坤，字铭坚，笔名天游、无悔、张久、诚吾、桂姜园、余毅、康尔典、劳育、周垄、武兴国等，江苏苏州人，生于书香世家，祖上曾被康熙帝誉为“江南第一读书人家”。受家庭环境熏陶，顾颉刚很早就读书识字，自幼博览群书，且读书时善于独立思考，不盲从前人之说。1913年，考进北京大学预科，1916年进入北京大学本科中国哲学门，1920年毕业留校，被聘为助教。后任教于厦门大学、中山大学、燕京大学、北京大学、云南大学、齐鲁大学、中央大学、复旦大学、兰州大学、社会教育学院、诚明文学院等，曾担任过中山大学历史语言研究所主任、中央研究院院士、北平研究院历史组主任、齐鲁大学国学研究所主任、中国科学院历史研究所研究员和学术委员、中国史学会理事、中国文联全国委员、中国民间文艺研究会副主席等。顾颉刚国学功底深厚，学术思想博大精深，且能转益多师，多方面汲取知识的营养，“他的‘传’、‘记’不可信的思想来自崔述，‘经’不可尽信的思想来自姚际恒，治学要融会贯通的思想来自郑樵，用历史进化论寻求事物演变线索的治学方法来自胡适，对今、古文家的看法则受之钱玄同，用古器物考出的真古史以破坏伪古史则受王国维的影响，用研究故事的方法来研究古史则来自他看戏和搜集整理歌谣、孟姜女故事资料。”①

顾颉刚是古史辨学派的创始人，他曾在研究过程中提出“层累地造成中国古史”的观点，轰动史学界，引起持久而广泛的论争，在学术界产生了巨大影响。1926 年至 1941 年，顾颉刚等人编著出版《古史辨》七大册，汇集了顾颉刚及古史辨派在古史辨伪方面取得的主要成就，颇具影响力，钱穆曾说：“(《古史辨》)不胫走天下；疑禹为虫，信与不信，交相传述。三君者，或仰之如日星之悬中天，或畏之如洪水猛兽之泛滥纵横于四野，要之，凡识字人几于无不知三君名。”②顾颉刚对民俗学、民间文学也有着浓厚的兴趣，收集民俗方面的材料，进行民俗学研究，创立民俗学会，创办《民俗周刊》，是中国民俗学研究的开创者。顾颉刚对历史地理学、边疆史地也有开拓性研究，曾创办《禹贡》半月刊，并先后创立禹贡学会、边疆研究会、中国边疆学会，他也是中国历史地理学的开创者。顾颉刚还曾主持《资治通鉴》和二十四史的校点工作。他乐于钻研，勤于著述，成果丰硕，除《古史辨》外，还有《秦汉的方士和儒生》《三皇考》《中国疆域沿革史》《中国历史地图集(古代史部分)》《史林杂识初编》《吴歌甲集》《孟姜女故事研究集》《妙峰山》《论巴蜀与中原的关系》《当代中国史学》等，顾颉刚一生著述甚丰，现有《顾颉刚全集》，由中华书局出版。

顾颉刚先生的论文《五德终始说下的政治和历史》，发表于《清华学报》1930 年第 6 卷第 1 期(第 71~268 页)，后经修改收入《古史辨》(第 5 册)，1935 年由朴社出版。这篇论文堪称学界大手笔，是长达 14 万字的鸿文，共 24 节：第一节“五行说的起源”、第二节“邹衍的略史及其时代”、第三节“邹衍的五德终始说”、第四节“秦的符应及始皇的改制”、第五节“汉为水德或土德的争辨”、第六节“汉武帝的

① 王煦华：《顾颉刚》，见李新等主编、中国社会科学院近代史研究所中华民国史研究室编：《中华民国史·人物传》(第 2 卷)，中华书局 2011 年版，第 938~939 页。

② 钱穆：《崔东壁遗书·序》，见崔述撰著、顾颉刚编订：《崔东壁遗书》，上海古籍出版社 1983 年版，第 1046~1047 页。“三君”指胡适、钱玄同、顾颉刚。

改制及三统说的发生”、第七节“《世经》的出现”、第八节“《世经》以前的古史系统”、第九节“汉帝应让国说及再受命说”、第十节“五行相生说”、第十一节“汉为火德说及秦为金德说”、第十二节“汉为尧后说”、第十三节“王莽自大司马做到皇帝的经历”、第十四节“今古文问题”、第十五节“《春秋左氏传》著作时代的各家说”、第十六节“王莽的《自本》”、第十七节“炎帝神农氏”、第十八节“全史五德终始表的三个难题”、第十九节“夏商周的新德及秦的闰统问题”、第二十节“少昊金天氏”、第二十一节“太昊伏羲氏”、第二十二节“全史五德终始表”的定本、第二十三节“《世经》的评判”、第二十四节“王莽的受禅及其改制”。

这篇论文显然受到了晚清今文学派特别是康有为今文经学的影响，认为刘歆媚莽助篡，为助王莽篡汉而伪造群经诸史，并以此为出发点判定战国及秦汉都曾出现“造伪思潮”，文章运用疑古理论，对从“太昊伏羲氏”到王莽时期依照“五德终始”递相循环的古代帝王总体系进行深入剖析和根本性的摧毁。顾颉刚在《秦汉的方士与儒生》一书的前言中说：“刘歆整理皇家的图书，发现许多古代史料，他想表彰它们，本是史学上的一件盛举；但学术性的东西是皇帝所不需要的，一定要插入对于皇帝有利的东西方能借得政治的力量，所以他唯有在《左传》里加进新五德终始说的证据，又要做出一部《世经》来证明王莽的正统。在这种空气里，光武帝就必须用《赤伏符》受命，而谶纬一类妖妄怪诞的东西就大量产生了。因此，我觉得两汉经学的骨干是‘统治集团的宗教’——统治者装饰自己身份的宗教——的创造，无论最高的主宰是上帝还是五行，每个皇帝都有方法证明他自己是一个‘真命天子’；每个儒生和官吏也就都是帮助皇帝代天行道的孔子的徒孙。皇帝利用儒生们来创造有利于他自己的宗教，儒生们也利用皇帝来推行有利于他们自己的宗教。皇帝有什么需要时，儒生们就有什么来供应。这些供应，表面上看都是由圣经和贤传里出发的，实际上却都是从方士式的思想里借取的。……我担任了燕京大学历史系的课务，即想竭尽我的心力来探求这方面的问题。当时曾本崔适先生《史记探源》中所指出的刘歆利用了五德相生说来改造古史系统的各种证据，加以推阐，写成《五德终始说下的政治和历史》一文，刊入

《清华学报》。”①

顾颉刚的《五德终始说下的政治和历史》引起了学界论争，钱穆等人撰文对《五德终始说下的政治和历史》一文的基本观点进行批评和反驳。钱穆所写的《评顾颉刚〈五德终始说下的政治和历史〉》一文较有代表性，该文发表于1931年4月13日《大公报·文学副刊》，后收入《古史辨》第5册，列于顾颉刚《五德终始说下的政治和历史》一文之后。钱穆在文中说道：“无论政治和学说，在我看来，从汉武到王莽，从董仲舒到刘歆，也只是一线的演进和生长，而今文学家见解，则认为其间定有一番盛大的伪造和突异的改换。顾先生那篇文里，蒙其采纳我《刘向歆王莽年谱》里不少的取材和意见，而同时顾先生和今文学家同样主张歆、莽一切的作伪。”②钱穆此文共分三节，第一节为“五帝之传说”、第二节为“五行相胜及五行相生”、第三节为“汉为火德及尧后”，并归纳出十个问题。钱穆指出：“今文学家既说刘歆割裂《国语》伪造《春秋左氏传》，顾先生又说‘《国语》里的少昊，也是刘歆伪羼”，刘歆何不羼诸《左传》，偏又羼入割裂所余之《国语》，此层极难说明。今文学家遇到要证成刘歆作伪而难说明处，则谓此乃刘歆之巧，或遇过分矛盾不像作伪处，便说是刘歆之疏或拙，恐不能据此以为定谳。”③“若根据上列见解，顾先生原文所引各种史料及疑点，均可用历史演进的原则和传说的流变来加以说明，不必用今文家说把大规模的作伪及急剧的改换来归罪于刘歆一人。”④在这篇评论文章之前，钱穆还于1929年年底完成《刘向歆父子年谱》，

---

① 顾颉刚：《秦汉的方士与儒生》，上海人民出版社1957年版，第9~10页。

② 钱穆：《评顾颉刚〈五德终始说下的政治和历史〉》，见《古史辨》第5册，朴社1935年版，第621页。

③ 钱穆：《评顾颉刚〈五德终始说下的政治和历史〉》，见《古史辨》第5册，朴社1935年版，第622~623页。

④ 钱穆：《评顾颉刚〈五德终始说下的政治和历史〉》，见《古史辨》第5册，朴社1935年版，第630页。

发表于《燕京学报》1930年第7期，和顾颉刚的观点“正好相反”①，后来也收入《古史辨》第5册。除了钱穆的反驳，杨宽、杨向奎等人也对顾颉刚的观点提出异议，进行反驳和批评。

《五德终始说下的政治和历史》是顾颉刚学术生涯中的重要作品。杨向奎在《“古史辨派”的学术思想批判》一文中指出：“顾颉刚教授的古史学说，前后有两个主要的课题：一是‘层累地造成的古史说’，一是‘五德终始说下的政治和历史’。上一种说法是他的前期古史说的重点，下一种说法是他后期古史说的重点。”②可以说，“五德终始说下的政治和历史”是顾颉刚在提出“层累地造成的古史说”这一轰动学术界的观点后，再次对学界的冲击。

（黄晓芳）

顾颉刚主要春秋学作品目录

一、著作

1.《春秋三传及国语之综合研究》：巴蜀书社1988年版。

2.《[未刊本]春秋地名考》(全8册)：顾颉刚编著，王煦华整理，国家图书馆出版社2006年版。

二、论文

1.《春秋研究课旨趣书》：载《国立中山大学语言历史学研究所周刊》1928年第5集第57~58期。

2.《五德终始说下的政治和历史》：载《清华学报》1930年第1期。

3.《三统说的演变》：载《文澜学报》1936年第2卷第1期。

4.《“周公制礼”的传说和〈左传〉的传说和〈周官〉一书的出现》：载《文史》第6辑，中华书局编辑部编，中华书局1979年出版。

（黄晓芳整理）

---

① 钱穆：《评顾颉刚〈五德终始说下的政治和历史〉》，见《古史辨》第5册，朴社1935年版，第617页。

② 杨向奎：《“古史辨派”的学术思想批判》，载《文史哲》1952年3月号，总第6期。

《左传》的作者及其成书年代

徐中舒

《左传》是以《春秋》为纲的编年史。相传孔子作《春秋》，左丘明为之传；先师所言为经，后师所言为传，这是过去的经学传统。《春秋》和《左传》是史学，把史学当做经学处理是不是恰当呢?《春秋》是鲁国国史，不是孔子家传，而今《春秋经》一本(《公羊》《穀梁》本)记孔子生年，一本(《左传》本)记孔子卒年①；孔子如作《春秋》，记自己的生年是不是恰当呢?他又怎能预知自己的卒年呢?左丘明是孔子同时人，亲见孔子，而《左传》作者能预知三家分晋、田氏代齐，这两件事都远在孔子以后。孔子卒于公元前479年，而三家分晋在公元前403年，距孔子没已77年；田氏代齐在公元前386年，距孔子没已94年。《左传》作者不但能预知三家分晋、田氏代齐，又能断言郑国先亡或郑先卫亡，郑国灭亡在公元前375年，距孔子没已104年。这些历史都不是孔子同时的人所能前知的。据此言之，《左传》成书的年代必远在孔子以后。春秋时代"礼乐征伐自诸侯出"，就是周天子也不能违反霸主的意志发布政令，孔子对于这样现状是不满意的。他慨叹地说："久矣，吾不复梦见周公!"②他在梦寐中都想恢复周公时代"礼乐征伐自天子出"的局面。孔子时代公山弗狃以费畔，佛肸以中牟畔③，在孔子看来，他们都是"欲张公室"而反抗"礼乐征伐自大夫出"的人，可以说是一种起义，所以他们要召用孔子时，孔

① 《春秋》今文本(即《公羊》《穀梁》本)载鲁襄公二十一年十有一月庚子孔子生，《春秋》古文本(即《左传》本)载鲁哀公十六年夏四月己丑孔子卒。

② 见《论语·述而》。

③ 见《论语·阳货》。

子也是想去应召的。但是,《左传》作者对于这样看法,就是不赞同的。在《左传》中一则曰:"我家臣也,不敢知国。"再则曰:"家臣而欲张公室,罪莫大焉!"①孔子时代周王朝已经是越来越衰弱了,孔子要恢复天子的君权,把希望寄托在这样一个摇摇欲坠的小朝廷上,完全是不切实际的空想。《左传》作者则不然。他从实际出发,肯定了当时掌握实际君权的卿大夫,而这一级君权继续发展之后,就成为后来的三晋和田齐,《左传》作者在理论上就是要准备为这几个新兴僭主服务的。据此言之,《左传》成书年代及其所反映的意识形态,都与左丘明的年辈不合。这些问题,过去都没有得到很好的解决。

清代经学虽然超过以往任何时代,但因为这些问题没有解决,也给后期今文学家造成一种错觉。他们在前期学者论定伪古文《尚书》②的基础上,误以为古文大多皆伪,而以《周官》、《左传》二书作为最典型的例证③。一唱百和,众口一辞,《周官》、《左传》二书从此也就蒙上一层浓厚的灰尘了。其实,汉代的古文书与东晋伪古文,显然是有区别的。《汉书》称河间献王承秦火之后所得皆先秦古文旧书,其中有《周官》《尚书》《礼》《礼记》《孟子》《老子》之属④,《礼》《礼记》《孟子》《老子》既然没有问题,为什么《周官》独成伪书呢?河

---

① 见《左传》昭公二十五年及昭公十四年。

② 伪古文《尚书》清代以前学者如朱熹、梅鷟已疑其伪,至阎若璩《古文尚书疏证》出,遂成定谳。毛奇龄作《古文尚书冤词》驳斥阎说,已无人相信。后此崔述有《古文尚书辨伪》,段玉裁有《古文尚书撰异》,王鸣盛有《尚书后案》,丁晏有《尚书余论》,续有所得,伪证山积,更成铁案,不能再翻。

③ 刘逢禄《春秋左传考征》本左氏不传《春秋》之说,以为《左传》凡例书法皆出刘歆窜入,《汉书·儒林传》所载左氏传授系杭也是出于刘歆之徒所伪造,后来今文学家廖平、康有为、崔适皆祖述其说。

④ 《周官》原为西汉旧称。荀悦《汉纪》说,刘歆奏请《周官》六篇列之于经,为《周礼》,称《周官》为《周礼》,乃出刘歆之后。《周官》是河间献王所得书。贾公彦《周礼疏》说:"《周官》孝武之时始出,秘而不传";河间献王没于孝武帝元光二年,说此书孝武时始出虽无大误,但河间献王所得书皆好写副本与献书者,则此书亦非"秘而不传"的孤本。

间献王在河间国内又立了左氏春秋博士，《左传》在河间必已广为流传，这哪是后人所得伪造的呢？东晋所传伪古文《尚书》虽然也托言出自西汉孔安国所传，实际上孔安国所献的壁中书，遭巫蛊仓卒之难业已失传，而且它也只有16篇①，与伪古文《尚书》25篇之数不合，内容那就更不必说了。

为了帮助读者解决这些问题，下面分列十章叙论。

一、《左传》的名称

《左传》是《春秋左氏传》的省称，西汉时代初无此名。司马迁作《史记》说鲁君子左丘明成《左氏春秋》②，河间献王立左氏春秋博士，他们都称此书为《左氏春秋》。刘歆《让太常博士书》也只说"《春秋》左氏丘明所修"，及两汉之际左氏一再立于学官③，班固作《汉书》乃有《春秋左氏传》之称。以传解经，这完全是汉代官学的体制。

西汉时代通行隶书，称为今文，而称秦时所罢斥不用的"言语异声文字异形"的六国字体为古文④。春秋三传：《公羊》《穀梁》虽传自先秦而实写定于汉代，皆以今文立于学官；《左传》为秦火以前遗书，多存古字古音，因此，又有《春秋古文》⑤或《古文春秋左氏传》之称⑥。

---

① 《汉书·楚元王交传》附《刘歆传》载刘歆《让太常博士书》说："鲁恭王坏孔子宅，欲以为宫，而得古文于坏壁之中，《逸礼》有三十九，《书》十六篇。天汉之后，孔安国献之，遭巫蛊仓卒之难，未及施行。"

② 见《史记·十二诸侯年表序》。

③ 《经典释文》说："平帝始立左氏。后汉建武中以魏郡李封为左氏博士，群儒蔽固者数廷争之，及封卒，因不复补。和帝元兴十一年，郑兴父子奏上左氏，乃立于学官，仍行于世。"

④ 王静安先生《战国时秦用籀文六国用古文说》，见《观堂集林》卷7。

⑤ 见《史记·吴世家》。

⑥ 见《汉书·楚元王传》附《刘歆传》。

二、《左传》与《春秋》的关系

《春秋》和《左传》是中国编年史的鼻祖。《左传》有无经之传及经传相异的记载①这正是历史学者信以传信疑以传疑的谨严态度。但是，这样的传就不合于汉人以传解经、传不违经的通例。《晋书·王接传》说："接……常谓左氏辞义赡富，自是一家书，不主为经发，《公羊》附经立传，经所不书，传不妄起，于文为俭，通经为长。"西汉今文博士"讲左氏为不传春秋"，《左传》是史学，"不主为经发"，它与《公羊》"附经立传，经所不书，传不妄起"体例绝不相同。屏左氏于经学之外，于左氏并无任何损伤，但谓左氏不为春秋史事作传则大为不可。桓谭《新论》说："左氏经之与传，犹衣之表里相持而成，经而无传，使圣人闭目思之，十年不能知也。"后人好言《春秋》书法；《春秋》书法，若无左氏详载其事，桓谭以为圣人闭目深思十年不能知的道理，后人又怎能知其微言大义所在呢？经而无传说它是"断烂朝报"②也就不为过论了。叶梦得《春秋传序》说："左氏传事不传经，是以详于史而事未必实；《公羊》传义不传事，是以详于经而义未必当。"《朱子语类》也说："《左传》是史家，《公》《穀》是经学，史学者记得事却详，于道理上便差，经学者于义理上有功，然记事多误。"③宋人分别经史二科以调停今古文的争论。其实，离开了具体历史实际，在义理上又能作出什么功绩呢？

经学问题，现在可以说已经从根本上解决了。唐代刘知幾以《尚书》《春秋》《左传》为史，清代章学诚以六经为史④，六经中不但《尚书》《春秋》是史，就是《易》《礼》《诗》《乐》也是人类社会的记录。今

---

① 左氏无经之传举不胜书，唐权德与说："左氏有无经之传失其根本。"经传相违者，如《春秋》书赵盾弑君之罪而传引孔子说：赵盾"古之良大夫也，为法受恶，惜也，越竟乃免"！显与《春秋》书法不合。

② 《宋史·王安石传》："黜《春秋》之书，不使列于学官，至戏目为断烂朝报。"

③ 见《朱子语类》卷83。

④ 见刘知幾《史通·六家篇》及章学诚《文史通义》。

日言之，六经就是古代的史料。

《春秋》原是朝报邸抄一类的原始记录。《礼记·坊记》及《韩非子》引述鲁《春秋》共有四条①，皆与今《春秋经》同。可见今《春秋经》即鲁《春秋》，其间并无孔子笔削的痕迹。孟子说："孔子成《春秋》而乱臣贼子惧。"②司马迁祖述其说③，二千年来几成定论，然其说实不足信。《春秋》应是鲁史旧文，其中如"郭公""夏五"④之类，都保存了原来的缺简，但在长期转写流传中，也难免没有一点改动。《公羊传》说："不修《春秋》曰，'雨星不及地，尺、而复'，君子修之曰，'星贾如雨'"；

《春秋》旧文"雨星不及地，尺、而复"⑤语词冗赘，今《春秋经》"星贾如雨"也只在文词方面加以修改，并无微言大义可言。又

---

① 《礼记·坊记》引鲁《春狄》三条：一、子云："天无二日，土无二王，……示民有君臣之别也，《春秋》不称楚越之王。"二、子云："升自客阶，受吊于宾位，教民追孝也，未没丧不称君，示民不争也，故《春秋》记晋丧曰：'杀其君之子奚齐及其君卓。'"三、子云："取妻不取同胜，以厚别也，故买妾不知其姓则卜之，以此坊民，鲁《春秋》犹去夫人之姓曰'吴'，其死曰'孟子卒。'"上列三条：第一条，今《春秋经》书吴楚越之王曰"子"，《坊记》作者认为即鲁《春秋》原文；第二条今《春秋经》于僖公九年书"晋里克杀其君之子奚齐"，于僖公十年书"晋里克弑其君卓"，一称杀一称弑，似与鲁《春秋》不同，但《公羊》本杀亦作弑，监本作杀而读为弑，是此两弑字实为后人误改；第三条，今《春秋经》于哀公十二年书"孟子卒"，完全与鲁《春秋》同。《韩非子·内储说》上："鲁哀公问于仲尼曰：《春秋》之记曰：'冬十二月陨霜不杀菽'，何为记此？仲尼对曰：'此言可以杀而不杀也。夫宜杀而不杀，桃李多实，天失道，草木犹犯干之，而况于人君乎，'"今《春秋经》僖公三十三年有冬十二月'陨霜不杀草李梅实'一条，当即鲁《春秋》原文。《韩非子》草作菽，当涉下文定公元年'冬十月陨霜杀菽'而误。周之十二月为夏历十月，菽早已刈获，何得有不杀菽之事？周之十月为夏历八月，正菽届熟之时；周十月陨霜杀菽，则为灾，十二月陨霜不杀草，亦失常，故均记之。王先慎《韩非子集解》也说："菽当作草，下云：'草木犹犯干之'，承此而言，明菽为草之伪。……前经注（指旧注）引正作草，明注所据之尚未误。"

② 见《孟子·滕文公》下。

③ 见《史记·孔子世家》、《十二诸侯年表》及《太史公自序》。

④ "郭公""夏五"皆《春秋》缺文，见庄公二十四年及桓公十四年。

⑤ 见《公羊传》庄公七年，《论衡》的《艺增》《说日》二篇说为孔子所修。

如孔子没后孔门弟子为纪念孔子之故，在《春秋》中或记其生年，或记其卒年，以志其尊崇仰慕之诚；《春秋》的流传出自孔门，《春秋》记孔子生卒即应出自孔门弟子之手。司马迁说：孔子“为《春秋》，笔则笔，削则削，子夏之徒不能赞一辞”①。孔门弟子却没有这样信念。

《春秋》是鲁太史世代相续，按年、时、月、日秉笔登记的档册，鲁昭公二年(公元前540年)晋韩宣子聘鲁，在鲁太史处见到此书②。《春秋》终于“获麟”或孔子卒(公元前481或前479年)，其间尚有六十年的历史还要鲁太史继续编写。孔子哪能取未曾公布的国史遽加笔削？《春秋》书法也应是太史的职责，齐太史为了直书崔杼弑君之罪，兄弟相继以身殉职③。书法必须有广大的舆论支持，形成一种社会制裁力量然后才能使乱臣贼子惧。《春秋》书赵盾、崔抒弑君之罪④，原是晋、齐太史的笔法，有晋、齐两国舆论的支持，因此鲁太史才同意晋、齐太史的书法而转录于鲁《春秋》中。同例，《竹书纪年》有许多书法与《春秋》同⑤，也是魏国史官审知当时舆论无异词而转录于《纪年》中，若说孔子作《春秋》仅取以往的历史陈迹加以笔削，这样的“死后是非”又有何用呢！《论语》载孔子生平言行甚详，其中论《诗经》的最多，对于《春秋》别不见只字。孔子时代《春秋》还是鲁国秘藏的国史，韩宣子也只在鲁太史处见到此书，孔子就不可能也不必要利用这本秘藏的国史进行笔削。

---

① 见《史记·孔子世家》。

② 见《左传》鲁昭公二年。

③ 见《左传》襄公二十五年。

④ 见《左传》宣公二年及襄公二十五年。

⑤ 《春秋啖赵集传纂例·赵氏损益义篇》，引赵匡说云：“彭城刘惠卿著书云：纪年序诸侯列会皆举其谥，知是后人追修非当世正史也，至如齐人歼于遂(见《春秋》庄公十七年)，郑弃其师(见闵二年)，皆夫子褒贬之意，而《竹书》之文亦然。”刘贶所引《竹书》同于《春秋》之文的，尚有“陨石于宋五”(僖公十六年)一条，亦有异于《春秋》者，如郑庄公杀公子圣（《春秋》作段)，不曰克而曰杀，则与《公羊》同。

三、《诗》和《春秋》在孔门传授的次第

孔子时代《诗经》除《商颂》外都是周部族内部经常演奏的乐章。《雅》《颂》是西周的诗，仅沿用于统治阶级之间①，《国风》是国人之歌，“用之邦国”，“用之乡人”②，通用的范围也只限于邦国和乡人，他们都是周部族内部的人。孔子说：“不学《诗》无以言”③，“不为《周南》《召南》，犹正墙面而立”④。当时诸侯燕飨及乡饮酒，宾主酬答，无不歌诗以见志，不学《诗》就不能歌优美的诗篇，或断章取义以表达自己的意愿，不为《周南》《召南》就要孤立于部族之中，也与正墙面而立无异。孔子时代《诗》在周部族间还要经常发挥兴、观、群、怨的作用⑤，使部族内部意志情感得到通畅和鼓舞。孔子重视诗教，原因就在于此。

战国时代社会各方面都起了显著的变化。首先是三家分晋、田氏代齐，使周部族中两个最大的霸国亡国绝世了。春秋时代“礼乐征伐自诸侯出”，霸主还要存亡继绝，仗义执言，维持西周以来的封建旧秩序。陈恒弑其君，孔子还要沐浴斋戒向鲁哀公声请伐齐，鲁哀公很明白，他知道鲁国没有伐齐的力量，推托说，你告诉执政的三家吧⑥！战国初期周部族中的霸主都不存在了，还有哪一个强国能仗义执言为周王朝讨伐这几个僭主呢！孟子说：“王者之迹熄而《诗》亡，《诗》亡然后《春秋》作。”⑦这不就是孟子所说的“王者迹熄”的时代吗？

---

① 《周颂》是天子宗庙用乐，《大雅》是天子用乐，《小雅》是诸侯用乐，参看《左传》襄公四年晋享鲁使故事。

② 《诗·关雎序》说：“关雎，后妃之德也，风之始也。……故用之乡人焉，用之邦国焉。”

③ 见《论语·季氏》。

④ 见《论语·阳货》。

⑤ 见《论语·阳货》。

⑥ 见《左传》哀公十四年，又见《论语·宪问》。

⑦ 见《孟子·离娄》下。

王者迹熄，代之而起的就是七国争雄的局面。当时各国行乘马法①扩充兵源，使春秋时代的千乘之国，转瞬之间就成为万乘之邦。过去不服兵役的野人，现在也与国人同服兵役，部族间不可跨越的鸿沟也不复存在了。《诗经》在这样新环境中还能发挥什么作用呢?

孔子对于《诗经》曾经做过一番整理捍卫工作。《论语》称："吾自卫反鲁，然后乐正，《雅》《颂》各得其所。"②孔子对于西周以来的《雅》《颂》曾用卫乐校正鲁乐。孔子为捍卫雅乐，对于新起的郑声就深恶痛绝大声疾呼地说："放郑声，远佞人；郑声淫，佞人殆!"③他又正告当时有国有家者说："恶紫之夺朱也，恶郑声之乱雅乐也，恶利口之复邦家者!"④孔子以郑声比于佞人、利口复人邦家，后人谓郑卫之音为亡国之音，即本孔子此说。郑卫新声代兴，古乐沦亡，已是当时不能避免的趋势。《乐记》说：魏文侯"听古乐则唯恐卧，听郑卫之音则不知倦"，正说明了这一个无情的事实。《诗》亡，已经是不能改变的事实了。

鲁哀公时礼坏乐崩，太史和乐官如果不臣事三家⑤，就要离开鲁国散游四方。《论语》称："太师挚适齐，亚饭干适楚，三饭缭适蔡，四饭缺适秦，鼓方叔入于河，播鼓武入于汉，少师阳、击磬襄入于海。"⑥

同时，孔子弟子在鲁国找不着出路，也纷纷去游说诸侯。《史记·礼书》说："仲尼没后，受业之徒沈湮而不举，或适齐楚，或入

---

① 司马法"甸六十四井出长谷一乘，马四匹，牛十二头，甲士三人，步卒七十二人，戈楯具，谓之乘马"。一甸六十四井，出四马，谓之乘马法，《管子》书有《乘马》《问乘马》《乘马数》《臣乘马》诸篇皆言兵赋制度，《管子》书虽托于管子，实为战国以后的作品。

② 见《论语·子罕》。

③ 见《论语·卫灵公》。

④ 见《论语·阳货》。

⑤ 《左传》昭公二十五年"将禘于襄公，万者二人"(万，舞名，二人当为二八之误)，《论语》三家者以"雍"彻(雍，《周颂》篇名)；此皆鲁乐工臣事三家之事。

⑥ 见《论语·微子》。《汉书古今人表》以此为殷纣时事，非是。

河海。”同书《儒林传》说：“子路居卫，子张居陈，澹台子羽居楚，子夏居西河，子贡终于齐。”孔子曾为鲁司寇，是鲁国的闻人，他生存时代与鲁国太史和乐官经常都有往还①，乐官执掌的诗篇既已成为孔门传授的经典，孔子没后鲁国官府典籍开始散亡，孔子弟子又与太史、乐官相偕去国，《春秋》继《诗经》之后或为孔门传授的经典，也是孔子弟子责无旁贷之事。《春秋》古文经终于孔子卒②，也说明《春秋》的流传必在孔子既没古乐沦亡之后。

四、《春秋》的流传与《左传》的编写

孔子博学多能，对于历史他随时随地都要注意。子贡说：“文武之道未坠于地，在人：贤者识其大者，不贤者识其小者，莫不有文武之道焉，夫子焉不学，而亦何常师之有？”③孔子对于西周以来的历史是非常熟谙的，《论语》《左传》所载有关当时的历史问题以及人物评价，皆成为孔门经常讲习的内容。他对于春秋时代礼乐征伐所自出，陪臣执国柄④，晋铸刑鼎，子产政绩⑤，皆有所论列，而对于管仲的评价，更不厌其烦地从各方面加以分析⑥。

孔子正名思想⑦与“兴灭国继绝世”⑧的主张都是为西周以来封建旧秩序服务的，它和《春秋》书法有共同的基础。孔子没后，孔子遗教，有了这样一部编年史作为说明，那就更为系统，更为深切著明了。

---

① 孔子与乐官有往还。《论语》所载，如《泰伯》篇说：“师挚之始，关雎之乱，洋洋乎盈耳哉！”即孔子亲闻师挚所奏乐。《卫灵公》篇“师冕见”，即孔子亲见师冕之事。

② 《春秋古文经》哀公十六年“夏四月己丑孔子卒”。

③ 见《论语·子张》。

④ 见《论语·季氏》。

⑤ 见《左传》昭公二十九年及昭公二十年。

⑥ 《论语·宪问》记孔子与子路、子贡论管仲，称许甚至。

⑦ 《论语·子路》，子路曰：“卫君待子而为政，子将奚先！”子曰：“必也正名乎！”

⑧ 见《论语·尧曰》。

战国初期大国诸侯已不再谈存亡继绝了，但争霸的局面也没有完全衰歇。三家分晋以后，魏文侯、武侯以及魏惠王三世，还能团结韩、赵，继承晋国霸权垂百余年①。《吕氏春秋·举难篇》说："魏文侯名过桓公，而功不及五伯。"卫鞅对秦孝公说："夫魏氏(指惠王)其功大而令行于天下，有十二诸侯而朝天子其与必众，故以一秦而敌大魏恐不如。"这都是战国初期魏国霸权存在的明证。魏惠王晚年韩、赵离心，恃田齐为外援，田齐亦以韩、赵为与国，开始与魏争霸。齐威王要"绍练(统)，高祖黄帝，侎(近)似(嗣)趠(桓)文"②，齐宣王见孟子开口便问齐桓晋文之事③，战国时代取代魏国的霸权，还是齐威、宣两代所梦寐追求的伟业。《左传》讲霸业不讲王道，就是要适应这个时代的要求。

《春秋》起自鲁隐公元年(前722)，讫于鲁哀公十四年(前581)或十六年(前479)，前后240余年，都是战国时代的人所见所闻的近现代史。当时所存的重要史料，除了《春秋经》以外，还有大量珍贵的口头文献流传于乐官中，由瞽蒙以传诵的方式保存下来。孔子弟子当鲁国礼坏乐崩典籍散亡之时，与太史、乐官同时去国，他们从太史接受《春秋》，也从乐官接受这些珍贵的口头文献，这就为《左传》编写准备了必要的条件。

五、春秋时代的瞽史

《汉书·艺文志》说：古之王者"左史记言，右史记事；事为《春秋》，言为《尚书》"。班氏此说原出《礼记·玉藻》④。古代史官原有记言记事的分工；记事为文，记言为献。孔子言夏殷礼而慨叹文献不足⑤。文献足征也只从春秋时代开始。最近《文物》月刊载李家瑞同

① 参看《战国初期魏齐争霸及列国间合纵连衡的开始》，载《四川大学学报》(社会科学版)，1956年第2期。

② 见金文"陈侯因肾錞"。《史记》齐威王名婴齐，婴齐即因肾。

③ 见《孟子·梁惠王》上。

④ 《礼记·玉藻》："动则左史书之，言则右史书之。"班书左右互误。

⑤ 见《论语·八佾》。

志《云南几个民族记事和表意的方法》①，对于我们理解春秋时代历史文献的传习，富有启示意义。他在此文中记述佧佤族传述本村历史的方法说：

> 佧佤族（西盟）有一种传代木刻，也是记事性质的木刻。他们在每年第一次吃新米的时候，要召集全村老小一齐尝新，由年老的人口头传述本村历史，就拿出历代相传的一根木刻。木刻两侧都刻着许多刻口。每一刻口代表着一桩事件。刻口深的，表示重大事件；浅小的表示事件轻小。有时新发生一桩事件，也照样加刻上一个刻口。讲述的老人主要是指示给族人某一刻口是记本村的某事和某村人结下仇怨，已经报复过，或未报复过，其意义是要族人记着仇怨事件，不忘报复而已。而村中其他事情，也借这个机会，口耳相传，延续下去。

从这里，我们知道人类历史最初皆以口语传诵为主，而以结绳刻木帮助记忆。春秋时代我国学术文化虽有高度发展，但有关历史的传习也还未能脱离这样原始的方式。当时有两种史官，即太史与瞽蒙，他们所传述的历史，原以瞽蒙传诵为主，而以太史的记录帮助记诵，因而就称为瞽史②。所谓"史不失书，蒙不失诵"③，即史官所记录的简短的历史，如《春秋》之类，还要通过瞽蒙以口语传诵的方式，逐渐补充丰富起来。所不同于卡瓦族者，仅以专职的瞽蒙作为长老的分工而以简短的记录代替木刻。这在人类历史上，已经是很大的进步了。瞽蒙传诵的历史再经后人记录下来就称为《语》，如《周语》、《鲁语》之类，《国语》就是记录各国瞽蒙传诵的总集。《语》从此成为一种新兴的书体，因此，记录孔子遗言就称为《论语》，记录古代传说就称为《说苑》，后来禅宗和理学有语录，小说有话本，皆以记录"语"

---

① 见《文物》月刊1962年第1期。

② 周《国语·晋语》四说瞽史记之曰："唐叔之世，将如商数。"《国语·楚语》上说："临事有瞽史之导，宴居有师工之诵；史不失书，瞽不失诵。"

③ 《国语·楚语》上。

“话”得名。《楚语》申叔时论傅太子之法有“教之《春秋》”及“教之《语》”之说，《春秋》和《语》就是当时各国普遍存在的历史文献。

瞽蒙是乐官，同时也传诵历史或歌唱史诗①。后来瞽蒙失职，他们还要以说史方式在民间说唱故事。南宋陆游诗说：“斜阳古柳赵家庄，负鼓盲翁正作场；死后是非谁管得，满村听说蔡中郎!”明代田汝成《西湖志余》也说：“杭州男女瞽者多学琵琶唱古今小说、评语以觅衣食，谓之‘陶真’，大抵说大宋时事，盖汴京遗俗也；或说红莲、柳翠、济颠、雷公塔、双鱼、扇坠等记，或杭州异事，皆近世所撰作者也。”瞽蒙说史从春秋以迄近世，一直是他们的一项社会分工。

六、左丘明与《左传》《国语》的关系

《左传》相传为左丘明作。关于左丘明的历史，我们知道的实在太少。司马迁称左丘明为鲁君子，又称其失明或无目②。左丘明以左丘为氏，省称为左氏③。古代只有贵族称氏；君子也是封建社会君主等级政体下各级君主子弟的通称，他们都是当时的贵族。据此言之，左丘明并不是一般的乐工，他出身于鲁国贵族，同时也是最有修养的瞽史。希腊有名的史诗《依利亚特》和《奥得赛》的作者，相传也出于盲人荷马。瞽蒙博闻强记成为最有修养的瞽史，在古代也不仅我国为然。

左丘明大约与孔子同时。《论语》说：“巧言、令色、足恭，左丘明耻之，丘亦耻之；匿怨而友其人，左丘明耻之，丘亦耻之。”④刘歆据此说：“左丘明好恶与圣人同，亲见夫子。”⑤寻绎《论语》词意，左丘明传论历史，对于当时人物评价，是孔子所同意的，是孔子亲见左

---

① 《周礼·春官》瞽蒙掌“讽诵诗，世奠击”；又小史掌“邦国之志奠击世”；注“击世谓帝击世本之属是也；小史主定之，瞽蒙讽诵之”。

② 见《史记·太史公自序》及《汉书·司马迁传·报任安书》。

③ 左氏只是左丘氏的省称，唐赵匡始以左氏丘明与左丘氏名明者为二人，非是。古代以所居为氏者，如东门、西门、闾丘、渠丘，皆是；丘明连言，于义无取。

④ 见《论语·公冶长》。

⑤ 见《汉书·楚元王交传》附《刘歆传》。

丘明说史，同意左丘明的好恶，而不是左丘明同意孔子的好恶，后人以左丘明为孔子弟子①，这是没有任何依据的。

《国语》和《左传》是记载春秋时代历史的姊妹篇。韦昭《国语解·叙》以《左传》为《春秋》内传而以《国语》为《春秋》外传②，虽然不很恰当，但此两书其中大部分史料都应出于左丘明的传诵。古代学术，最重传授系统，谁是最初传授者，谁就是作书的人。这犹如《公羊》《穀梁》写定于汉初而此两书仍说是公羊高、穀梁赤所作。近代瑞典学者高本汉利用古代文法研究《左传》《国语》两书③，断定两书虽不出于一人之手，而文法则最为接近，这就是此两书具有密切关系最好的说明。司马迁说，左丘明"成《左氏春秋》"，又说，"左丘失明，厥有《国语》"④。他把此两书的作者都归之于左丘明，在传授的系统上，应该是有根据的。

七、《左传》所依据的文献

《左传》记事固然有些浮夸失实的地方，但是，它还是充分地利用了当时所能获得的成文的以及传诵的一切文献资料，取精用宏，有意识地以《春秋》为纲领，按年编写这个时期的历史。此外，《左传》也保存了春秋以前相传的古史旧说。因此，它又是研究春秋以前的古史必须参考的重要史籍。

春秋时代官写的文献资料是相当复杂的。申叔时说太子要学的除《春秋》和《国语》外，还有《世》《令》《诗》《礼》《故志》《训典》等书⑤，《左传》作者对于这些文献是不会轻易放过的。《左传》引用的书见于

① 杜预《春秋左传序》说"左丘明受经于仲尼"，杜氏以前还没有说得这样明白。

② 《汉书·律历志》引刘歆说："《春秋外传》曰'少昊之衰，九黎乱德。"是以《国语》为外传之始。后来《论衡》亦以《国语》为"左氏之外传"，韦昭之说，即本于此。

③ 高本汉《左传真伪考》，有陆侃如译本。

④ 《史记·十二诸侯年表序》及《汉书·司马迁传·报任安书》。

⑤ 见《国语·楚语》上。

本书的有《周志》《周制》《周秩官》《周书》《郑书》《商书》《夏书》《夏训》，同时楚史倚相能读“三坟、五典、八索、九丘”①之书，说明楚国也存有许多坟典，《晋语》称“羊舌肸习于《春秋》”，羊舌肸所习的《春秋》就应是晋史，汲冢书有《纪年》十三篇、《国语》三篇论晋楚事、《周书》论楚事、《穆天子传》之类，也是魏襄王时代现存的史籍②。这些史料都应在《左传》作者网罗之列。《左传》所载周王室以及列国诸侯大夫的族姓世系，也是本于帝系秩官以及《春秋历谱谍》③诸书。再就《左传》引用《国语》而言，《国语》中《周语》《鲁语》《晋语》《楚语》，《左传》都有所征引，而引用《晋语》尤多。《左传》引用《国语》，往往经过删节润色，言简而意赅，都有改动迹象可寻，即有所增补，删节也比增补为多④。《诗》更是《左传》经常引用的篇章，其论周郑交质说：“苟有明信，涧溪沼沚之毛，苹蘩蕴藻之菜，筐筥锜釜之器，潢于行潦之水，可荐于鬼神，可羞于王公。”连用许

① 见《左传》昭公十二年。

② 见《晋书·束皙传·卫恒传》。

③ 《史记·十二诸侯年表序》“太史公读《春秋历谱谍》”；《索隐》：“按刘杳云‘三代系表旁行邪上，并效周谱’，谱起周代，《艺文志》有古帝王谱，又自古为《春秋》学者有，历谱谍之说。”

④ 《左传》抄《国语》的例证极多。如襄公二十六年载伍、蔡论楚材晋用事，与《楚语》下所载异同甚多；《左传》盖综合前后所载加以改定者。

兹举其第一段为例。如《楚语》上云：

“椒举娶于申公子牟，子牟有罪而亡，康王以为椒举遣之。椒举奔郑，将遂奔晋。蔡声子将如晋，遇之于郑，飨之，以璧侑，曰：‘子尚良食，二先子其皆相子，尚能事晋君以为诸侯主！’辞曰：‘非所愿也，若得归骨于楚，死且不朽！’声子曰：‘子尚良食，吾归子。’椒举降，三拜，纳其乘马。声子受之。还见令尹子木，子木与之语曰……”

《左传》记此事如下：

“初，楚伍参与蔡太师子朝友，其子伍举与声子相善也（此《左传》就《国语》‘二先子其皆相子’之言，而追述伍蔡二世交谊之词）。伍举娶于王子牟，王子牟为申公而亡。楚人曰：‘伍举实送之。’伍举奔郑，将遂奔晋。声子将如晋，遇之于郑郊，班荆相与食而言复故。声子曰：‘子行也，吾必复子。’及宋向戌将平晋、楚，声子通使于晋，还，如楚，令尹子木与之语。……”（此《左传》就《国语》原文加以删改，删节实比增补为多。）

多篇什的成语，已开后人用典范例。其论礼也必然要本于《故志》、《训典》诸书。《左传》就是凭借了这样繁富的资料编纂成书的，在旧史中实具有很高的信史价值。

春秋时代鲁国用周正，《春秋》为鲁史，当然要用周正。战国初期鲁国国势愈趋衰落，与郑、卫、陈、蔡等小国号称泗上十二诸侯，《左传》取材繁富，它已不是局促于鲁国一隅之地所能完成的著作了。《左传》用夏正，晋为夏墟，可以提供这样繁富查料的国家，当时只有三晋的魏国最有可能。汲冢书有《师春》一卷，“全录《左传》卜筮事，无一字之异”①，汲冢书出自魏襄王墓②，如果是《师春》抄自《左传》，则魏襄时《左传》不但已编写成书，而且已在魏国流行了。反之，如果是《左传》抄自《师春》，则提供《左传》编写的资料，魏国可能性就更大了。

战国初期魏国继承晋国霸权垂百余年，子夏居西河为魏文侯师③，西河距魏旧都安邑甚近，是魏文侯筑馆优礼子夏之所，也是当时学术文化的一个中心所在。如以魏国的西河与齐国的稷下相比，它比稷下还要早过八、九十年④。纬书《孝经》说谓：“孔子以《春秋》属商”，商即子夏之名。司马迁说孔子作《春秋》“子夏之徒不能赞一词”，这无异于说子夏传习《春秋》，即有阙文，也要信以传信，疑以传疑，不敢有所增损。《韩非子·外储说》右上：“子夏曰：‘《春秋》之记臣杀君，子杀父者，以十数矣，皆非一日之积也，有渐而以至

---

① 《新唐书·刘贶传》：“《师春》一篇，录卜筮事，与左氏合，知按《春秋》经传而为也。”陆氏《春秋啖赵集传纂例·赵氏损益义篇》引赵匡说云：“彭城刘惠卿(名贶) 著书云‘……别有春秋（案：即《师春》）一卷，全录《左氏传》卜筮事，无一字之异，故知此书按《春秋》经传而为之也’。”

② 《竹书纪年》终于今王二十年，今王即魏襄王。或以为魏安厘王墓，非是。

③ 子夏居西河见《史记·孔子弟子传》。

④ 子夏为魏文侯师，假定当时年七十，即公元前437年，应为魏文侯九年，《史记·田齐世家》说齐宣王时“稷下学士复盛”，稷下学士列第当始于威王时。《田齐世家》说威王时“驺忌子以鼓琴见威王，威王悦而舍之右室”，《索隐》引《齐地记》说稷门为齐西城门，当叩右室所在之地。稷下如始于威王，威王元年为公元前356年，去子夏居西河时已八十余年。

矣’。”《春秋》传自子夏应是战国以来孔门相沿的旧说。《吕氏春秋·察传篇》说“子夏之晋，过卫，有读《史记》者曰‘晋师三豖涉河’，子夏曰‘非也，是己亥也’”；此《史记》当为卫史，子夏习于《春秋》所以能正卫史之误。《左传》可能就是在子夏门下编写成书的。

八、《左传》成书的年代

六国称王始于魏齐徐州之会(前334)，这是战国时代晋齐绝世以后又一次更大的变局。魏国霸权从此告终。《左传》讲霸业不讲王道，孟子讲王道不讲霸业，这完全是两个不同时代所反映出来的问题。

霸业原是春秋时代特殊的历史，存亡继绝是霸主维持西周以来封建旧秩序的手段。春秋时代的人，生活在这样旧秩序下形成了一种信念，他们相信“天有十日，人有十等”①，古代以干支纪日②，所谓十日就是指自甲至癸而言。他们认为在君主等级政体下人有十等就是天经地义不可改变的。战国初期晋、齐绝世，对于霸主已成为一种讽刺，当时大国争雄惟以兼并为利，更与存亡继绝背道而驰。不过，当时各国君主变法图强，君主集权政体在国内还没有巩固的基础，巨室世臣、故家乔木，还是君主集权政体的有力的支柱。因此，在统治阶级内部进行的“尚贤使能”、“保世滋大”还是必要的措施。所谓“外举不弃仇，内举不失亲”③，所谓亲、仇，还不是统治阶级内部人物吗？《左传》虽然讲霸业，但是它所强调的还是“保世滋大”，团结贵族内部的亲仇，以支持当时开始的君主集权政体，这显然是要为当时魏国霸业服务的。

孟子讲王道，王道是要完成一个为天下臣民所归往的大一统的王

---

① 见《左传》昭公七年。此所云“十日”乃指甲乙等第而言，无并尊之意。

② 甲骨文已用干支纪日。甲乙为干，干者榦也，子丑为支，支者枝也。甲乙纪日，子丑纪辰；所谓吉日良辰，即合一日之昼夜而言。十日并出之说即由甲至癸十日衍化而出。

③ 见《左传》襄公二十一年。

国，它是六国称王以后的上层建筑，它要为君主集权政体在思想上作进一步发展的准备。六国称王以前，周天子在名义上还是天下的共主，逢泽之会魏惠王还要率泗上十二诸侯，朝见天子①，在这个时代讲霸业，还有一定的意义。六国称王以后，周天子降为附庸小国，西周以来封建旧秩序完全破产了。君主集权政体进一步发展，贵族已成为时代前进的障碍，过去在君主等级政体下贵族专政的各级君主也逐渐为各级官僚所代替。在新秩序下也产生了一种新的信念，他们相信"天无二日，土无二王"②，只有王才是像太阳一样的独一无二至高无上的君主。他们再也不信"天有十日，人有十等"了。贵族也日趋没落了。在这个时代再讲霸业，那就没有任何依据了。

《左传》好预言因果休咎而以卜筮为征验，有很浓厚的迷信色彩。韩愈说："春秋谨严，左氏浮夸。"③所谓浮夸就是指的这些前知的预言。《左传》中预言有验的也有不验的。凡验的预言，可以说都是事后比附之词。如三家分晋、田氏代齐的预言，书中屡见，《左传》作者应是看见这些历史的。《左传》又说，郑"其先亡乎"，或"郑先卫亡"④，郑亡于公元前375年，郑亡是验词，因此，《左传》成书就不能早于此年。至于"郑先卫亡"这句话，就有验有不验了。先后原是相对之词，如果"郑先卫亡"，必然是郑亡之后，不久卫也灭亡，先后不能相去过远。《左传》在卫迁帝丘时说："卜曰'三百年'。"⑤卫迁帝丘在公元前629年，300年后应为公元前329年。如果卫亡于此时，上距郑亡仅40余年，尚可说是验词。但事实并不如此。《史记·卫世家》记卫去帝丘徙野王在公元241年，秦二世废卫君角为庶人，卫绝祀，在公元前209年。如以卫去帝丘徙野王为卫亡，则上距郑亡已130余年，时间相距过远，不能成为对比；如以卫绝祀为卫亡，则卫亡尚在六国之后，更不能说"郑先卫亡"了。《左传》作者为

---

① 魏惠王逢泽之会在公元前344年，见《战国策·秦策》四。

② 见《礼记·坊记》及《曾子问》，皆托为孔子之言。《孟子·万章》下作"孔子曰'天无二日，民无二王'"。

③ 见韩愈《进学解》。

④ 见《左传》襄公二十九年及昭公四年。

⑤ 见《左传》僖公三十一年。

什么要说“郑先卫亡”呢？这也是有缘故的。公元前372年是郑国灭亡后的第三年，赵伐卫，攻取卫国73个乡邑，此时卫国已有亡征。此后20年中，赵更取卫国甄、漆、富丘诸邑，此时卫国危亡已在旦夕。在魏国霸权下，卫原是魏国的附庸，只要卫国存在，魏为团结赵国起见，还可以容忍一时，如卫入于赵，不但损害了魏国的霸权，也撤去了魏国的屏障；魏惠王权衡利害决不能坐视卫亡而不救。公元前354年魏为救卫之故，围赵邯郸。两年后魏攻下邯郸，但魏取邯郸，破坏了东方赵、魏、齐、楚四国的均势，实非齐、楚之利。齐、楚为救赵之故，又先后予魏以沉重的打击，魏因此就不得不再作团结三晋之计，与赵盟漳水上，归赵邯郸。卫从此就在赵魏两国均势下勉强维持下去。这个均势的形成，完全出乎《左传》作者预料之外。因此，卫亡这个预言也就不验了。赵、魏盟漳水上在公元前351年，因此，《左传》成书也不能晚于此年。

“郑先卫亡”，郑亡是验了，卫也有亡征；凡不验的预言其初都似有验征。《左传》又在秦穆公死以人殉葬时断言“秦之不复东征”①，东征指向晋用兵而言。魏文侯、武侯时，魏攻取秦河西地，阻绝秦国东向用兵道路，秦孝公说：“三晋（指魏）攻夺我先君河西地，诸侯卑秦，丑莫大焉！献公即位，镇抚边境，徙治栎阳，且欲东伐，复穆公之故地，修穆公之政令；寡人思念先君之意，常痛于心！”②秦国不复东征是秦献公、孝公痛心疾首的事。《左传》作者只看见魏国攻夺秦河西地断绝了秦国东征道路，因此，就断言“秦之不复东征”；后来魏献河西、河东地于秦③，又完全出于《左传》作者预料之外，因此，这个预言也就不验了。赵、魏盟漳水上是魏国丧失霸权的开始，魏惠王对孟子说：“晋国（魏）天下莫强焉，叟之所知也；及寡人之身，东败于齐，长子死焉，西丧地于秦七百里，南辱于楚，寡人耻之！”④魏国这些伤心的历史，都在盟漳水后，《左传》成书不能晚于

---

① 见《左传》文公六年。

② 见《史记·秦本纪》。

③ 公元前332年魏献阴晋于秦，阴晋故城在今陕西华阴县东南，即魏河西之地。公元前328年魏献上郡于秦，此时魏国河西地已尽入于秦。公元前290年魏献河东地四百里于秦。

④ 见《孟子·梁惠王》上。

此年，也与这个不验的预言相符合。

《左传》作者对于魏国期望是很大的。他在晋赐毕万以魏时说："毕万之后必大，万，盈数也，魏，大名也，以是始赏，天启之矣！"①他只看见魏国的强大，却没有看见魏国的削弱，《左传》就是魏国霸业鼎盛时代的作品。把《左传》成书年代定为公元前375—351年，也是与这一个不验的预言相符合的。

孔子卒于公元前479年，子夏少孔子44岁②，孔子卒时子夏年28。子夏居西河为魏文侯师，当是晚年时事，相传子夏老寿，晚年丧明③，假定当时子夏年70即公元前437年，下距《左传》成书年代的上限为72年，因此，《左传》作者可能就是子夏一再传的弟子。

九 、《左传》的流传

《左传》不但成书于公元前351年以前，而且当时即已在三晋流传。汲冢书有《师春》一卷，"与《左传》记卜筮事无一字之异"，这就是《左传》在魏国编写或首先在魏国流传的证明。《国策》载虞卿说："臣闻之《春秋》，'于安思危，危则虑安。'"④实与《左传》所引书曰"居安思危"⑤相同，是虞卿所称《春秋》即《左氏春秋》。虞卿为赵上卿，这就是《左传》流传于赵地之证。韩非子于《奸劫弑臣篇》"《春秋》记之曰"的下面，引楚王子围杀王自立及崔子之徒贾举弑君，其事皆出《左传》，是韩非所引《春秋》也是《左氏春秋》，这是《左传》流传于韩地之证。

汉兴，《左传》已在民间流传，河间献王也在河间国内立了左氏春秋博士。河间献王以汉景帝前二年立（公元前158年），立二十六

---

① 见《左传》闵公元年。

② 见《史记·孔子弟子传》。

③ 《史记·孔子弟子传》："孔子既没，子夏居西河教授，为魏文侯师。其子死，哭之失明。"魏文侯元年子夏年六十一，子夏为魏文侯师，丧子失明，必当在六、七十以上。

④ 见《战国策·楚策》四。

⑤ 见《左传》襄公十一年。

年卒(公元前133年)。班固说他“从民得善书，必为好写与之，留其真”，因此，他“得书多，与汉朝等”，而且这些书“皆古文先秦旧书”，其中就有“《周官》《尚书》《礼》《礼记》《孟子》《老子》之属，皆经、传、说、记，七十子之徒所论”①。这里虽然没有提到《春秋左氏传》，但是河间献王既立了左氏春秋博士，《左传》在河间国必然流传甚广。《汉书·儒林传》载这一派半官学传授系统说：

> 汉兴，北平侯张苍及梁太傅贾谊、京兆尹张敞、太中大夫刘公子皆修《春秋左氏传》，谊为《左氏传》训故，授赵人贯公，为河间献王博士，子长卿为荡阴令，授清河张禹长子(长子禹字)，禹与萧望之同时为御史，数为望之言《左氏》，望之善之，上书数以称说。
>
> 尹更始为谏大夫、长乐户将，又受《左氏传》，取其变理合者以为章句，传子咸及翟方进、琅玡房凤。

据此言之，《左传》在西汉时代不但在河间国流传甚广，河间国以外也有很多的传人。

班固说河间献王所得书与汉朝等，当时民间所存的先秦旧书数量还是很多的。鲁共王所得孔子壁中书，仅“古文《尚书》及《礼记》、《论语》、《孝经》凡数十篇”②，数量是有限的，这里面没有《春秋》也没有《左传》。许慎《说文序》记壁中书，多了一部《春秋》③，应是许氏误记。《左传》是古文旧书，但不是壁中书。汉代中秘书的《春秋左氏传》，出自北平侯张苍所献④，刘歆《让太常博士书》也把中秘所藏的壁中书，和古文旧书分别得很清楚：中秘所藏《逸礼》39篇、《书》16篇是孔子壁中书，《春秋左氏传》是古文旧书。壁中书是孤本，古

---

① 见《汉书·景十三王传》。

② 见《汉书·艺文志序》。

③ 《说文序》说：“壁中书者，鲁恭王坏孔子宅而得《礼记》、《尚书》、《春秋》、《论语》、《孝经》。”比《艺文志序》所载，多了《春秋》一种，当出误记。

④ 《说文序》说：“北平侯张苍献《春秋左氏传》。”据此，知中秘书的《左传》必非壁中书。

文旧书并不是孤本，而中秘书的《左传》，还与民间所传赵国贯公的遗学完全相同，“皆有征验，外(民间)内(中秘)相应”①。西汉时代古文《春秋左氏传》既非孤本，如说《左传》是刘歆窜改的或伪造的，刘歆又怎能一手掩尽天下人耳目呢？

西汉时代《左传》在民间流传既久，司马迁作《史记》“网罗天下放失旧闻”②，对于这样一部重要的史籍，哪能经易放过呢？《史记》与《左传》记载一致的，是《史记》抄《左传》而不是《左传》抄《史记》③。理由是很明白的：《史记·十二诸侯年表》起自共和元年(公元前841年)，迄于鲁哀公二十七年(公元前468年)；《国语》记厉王奔彘，即共和所自起；《春秋》记孔子卒后事终于哀公二十七年的，也只有一部《左氏春秋》如此。《十二诸侯年表序》说“表见《春秋》、《国语》”，这个《春秋》不是《左氏春秋》又是什么呢？司马迁不但看到《左传》，而且还要根据《左传》、《国语》作成年表作为读《春秋》、《国语》的纲领，所以他在《年表序》里又说“为成学治古文者要删焉”，这个古文不是《左传》又是什么呢？《史记·吴世家》说：“余读《春秋古文》，乃知中国之虞与荆蛮句吴兄弟也。”这个《春秋古文》不是《左传》又是什么呢？

十、结　　论

《左传》是我国最早的而又是最详备完整的编年史，同时也是一部长于修辞的文学典范。梁任公先生论《左传》读法④说：

> 《左传》文章优美，其记事文对于极复杂之事项——如五大战役等，纲领提挈得极谨严而分明，情节叙述得极委曲而简洁，

---

① 见刘歆《让太常博士书》。

② 见《史记·太史公自序》。

③ 参看刘节《古史考存》之《〈左传〉〈国语〉〈史记〉之比较研究》第五节《〈左传〉与〈史记〉的比较》。

④ 见梁任公先生《要籍解题及其读法》。

可谓极技术之能事！其记事文渊(深邃)懿(温柔典雅)美茂(充实而有光辉)而生气勃勃，后此亦未有其此！又其文虽时代甚古，然无诘屈聱牙之病，颇易诵习。

如上所述，《左传》出自左丘明的传诵，左丘明出身贵族，博闻强记，既熟知统治阶级的历史，又习闻瞽蒙先辈的诵说，他就在这样的环境中积累了更丰富的史实，成为当时最有修养的瞽史。同时他又必须经常将这些史实融会贯通起来在瞽蒙中传诵下去，使这些史实有机地联系起来不致湮灭。他一年又一年地反复传诵，使他的文学技能达到更高的境界，因而，他所传诵的历史可以说：在内容方面是丰富的，组织方面是严密的，修辞方面是考究的。《左传》文章就是以这样的传诵作为蓝本的；而这个蓝本后来笔录成《语》，又要经过一番加工，最后，《左传》作者又在子夏门下长期讲习中，由子夏一再传弟子搜集更多的文献，排比整理，剪裁润色，编写成书。从诵说、笔录以至整比、写定，反复锤炼，都应出于当时第一流学者之手。子夏在孔门中，原以文学著称，修辞也是孔门最重视的一端，孔子说："言之无文，行而不远。"①他曾以子产执政时郑国准备外交词命为例说："为命：裨堪草创之，世叔讨论之，行人子羽修饰之，东里子产润色之。"②《左传》的文学造诣所以如此之高，就是在这样严格要求下完成的。

《左传》不仅以文学擅长，文学也不限于修辞一端，它还有一个更重要的目的，修辞只是为要达到这个目的所采取的最有效的手段。孔子时代文学范畴比现在要宽广得多。孔子说："文王既没，文不在兹乎！"③这里所谓文，不仅仅是文字的记录，连典章制度、政治哲学都要包括在内，其内涵，可以说几乎是和现代的人文科学相等了。司马迁推寻《春秋》之义以为孔子说："我欲载之空言，不

---

① 《左传》襄公二十五年："仲尼曰：志有之：'言以足志，文以足言。'不言，谁知其志；言之无文，行而不远。"

② 见《论语·宪问》。又《左传》襄公三十一年所记较此为详。

③ 见《论语·子罕》。

如见之于行事之深切著明也。”①孔子没后孔门弟子要系统地总结孔子遗教为当前政治服务，有了《春秋》这样简明的提纲，有了《左传》这样丰富而具体的历史实际作为它的骨干，那就更为深切而著明了。

汉代今文学者挟其门户私见，对于此书就没有处理得当。清代学者受了传统的今文学派的影响，仅就汉人呵斥刘歆“颠倒五经”②之言，寻章摘句，辗转比附，甚至说《左传》本书也出于刘歆的窜改或伪造，沿袭至今我们还没有严肃地对待这个问题。

众所周知，《左传》所载春秋时代历史，详实可信，文辞优美，两千年来学者论史、缀文，传习不绝，就是在今天，毛泽东同志有时也常引用本书故实③教导我们。但是另一方面，怀疑《左传》的人，连本书的真实性也认为成了问题。我们对于这个矛盾问题能够长期不求解决吗?

本文试图从各方面提出一些看法：如《春秋》在孔门流传出于孔子既没之后，今《春秋经》即鲁《春秋》原文，其间并未经过孔子笔削；左丘明的年辈约与孔子同时，他是当时最有修养的瞽史，《左传》及《国语》中大部分或一部分历史都是根据他的传诵。这些意见，很不成熟，其中虽然也有许多事实依据，推论部分，还是不少。但是下面有些基本事实还是应当肯定的：春秋时代史实的积累、会通，瞽史要起到主要的积极的作用，《左传》就是出于瞽史左丘明的传诵；《左传》写定于六国称王以前，本书有许多已验或不验的预言，可以作为最有力的内证。同时《左传》在魏国流传或在魏国编写，汲冢书有《师春》一卷也是最有力的旁证；司马迁说虞卿以及韩非之徒“各往往捃摭《春秋》之文以著书”④，虞卿、韩非也是见到《左传》的，而且还利用此书著书立说；司马迁作《史记》采用《左传》旧文极多，他还利用

---

① 见《史记·太史公自序》。

② 《汉书·王莽传》，公孙禄说：“国师嘉新公颠倒五经，毁师法，令学士疑惑。”

③ 见《毛泽东选集》第一卷第二版第235页注24；又第二卷第二版第506页注21；又第四卷第1448页注3。

④ 见《史记·十二诸侯年表序》。

《左传》、《国语》删繁挈要，作为《十二诸侯年表》。如果弄清这些事实，为读者扫除一些尘障，使读者对于此书有一个系统而全面的认识，这还是十分必要的。

一九六二、九、十六，脱稿于四川大学铮园。

（文章原载于《历史教学》1962 年第 11 期，第 28~40 页。）

【评　介】

徐中舒(1898—1991)，名裕朝，后改名道威，字中舒，以字行，安徽安庆人。3 岁丧父。5 岁时，随母就食于安庆慈善救济机构清节堂，7 岁入此堂附设的义学育正小学启蒙。1912 年考入皖省中学，但因无力筹措学费，一年后即辍学，回家后坚持自学。1914 年，以优异的成绩考取免费的安庆第一师范学校。1916 年毕业后，先在庐江小学教书，后曾考取武昌高等师范数理系和南京河海工程学校，但两次均因对专业无兴趣而退学。1922 年，开始在上海李国松家任家庭教师。1925 年，考取国立清华大学国学研究院，就学一年。1926 年，徐中舒到上海立达学院，不久就发表了《古诗十九首考》一文，受到刘大白的注意。1928 年，刘大白聘请他为复旦大学国文系教授。不久，暨南大学中文系也聘他为教授。他兼任两校课程将近两年的时间。后经陈寅恪推荐，被傅斯年聘为中央研究院历史语言研究所专任编辑员，两年后升为研究员。1934 年，与容庚等共同发起成立考古学社。1937 年，抗日战争爆发。1938 年，应四川大学邀请，徐中舒辞去中央研究院的工作，转任四川大学历史系教授，与徐同时受聘的还有钱穆、顾颉刚、朱自清和冯汉骥等著名学者。从 1940 年开始，他先后在乐山武汉大学、成都燕京大学、华西协和大学、南京中央大学执教。1949 年以后，除继续担任四川大学教授外，他还兼任西南博物馆和四川省博物馆馆长、国务院古籍整理小组顾问、四川省历史学会会长、中国先秦史学会理事长、中国古文字学会常务理事、中国考古学会名誉理事，以及《中国大百科全书・中国历史》编辑委员会委员等职务。

早在中学阶段，徐中舒就酷爱文史。1922 年，在上海李国松家任家庭教师时，徐中舒就开始研读《左传》。在清华研究院学习期间，深受王国维“古史二重证据法”的影响，而古史辨派也对他产生了一定影响。1938 年，徐中舒和古史辨派的领袖顾颉刚都受聘于四川大学，这又让两人有了交流的机会。20 世纪五六十年代，随着庸俗社会学思想的蔓延和政治运动的频繁开展，我国传统的经学研究被边缘化，《左传》研究也由 30 年代的性质之争逐渐转变成文史之争。如陈咏将《左传》视为纯文学，曹道衡提出《左传》是“史传文学”的观点，韩席筹却又坚持《左传》是史书。郭沫若则认为《左传》的作者是吴起。这便是徐中舒撰写《〈左传〉的作者及其成书年代》一文的时代背景，显然还是有疑古思想的某些影子。1962 年 5 月 9 日，此文刊发于《光明日报》。1963 年，徐中舒编注的《左传选》作为全国高等院校历史学科教材得以出版，此文作为后序亦被收入。

《〈左传〉的作者及其成书年代》分为九部分，依次是《左传》的名称、《左传》与《春秋》的关系、《诗》和《春秋》在孔门传授的次第、《春秋》的流传与《左传》的编写、春秋时代的瞽史、左丘明与《左传》《国语》的关系、《左传》所依据的文献、《左传》成书的年代和《左传》的流传等。徐中舒认同清代章学诚的观点，主张六经皆史。不但六经中的《尚书》《春秋》是史，就是《易》《礼》《诗》《乐》，也是人类社会的记录。《左传》自然是以《春秋》为纲的编年史，也是我国最早的一部长于修辞的史学著作。《春秋》在孔门流传出于孔子既逝之后，今《春秋经》即鲁《春秋》原文，其间并未经过孔子笔削。左丘明的年辈约与孔子同时，他是当时最有修养的瞽史，《左传》及《国语》中大部分或一部分历史都是根据他的传诵。春秋时代史实的积累、会通，瞽史要起到主要的积极的作用，《左传》就是出于瞽史左丘明的传诵。《左传》记事固然有一些浮夸失实的地方，但是，它还是充分地利用了当时所能获得的成文的以及传诵的一切文献资料，取精用宏，有意识地以《春秋》为纲领，按年编写这个时期的历史。《左传》也保存了春秋以前相传的古史旧说，在旧史中实具有很高的信史价值。《左传》的成书年代在公元前 375 年至前 351 年，作者可能就是子夏的再传弟子，徐中舒认为《左传》有许多已验或不验的预言，可以作为最有力的内证。同时，《左传》在魏国流传或在魏国编写，汲冢书有《师春》一卷也是最有力的旁证；司马迁说虞卿以及韩非之徒“各往往捃摭《春秋》之文以著书”①，虞卿、韩非也是见到《左传》的，而且还利用此书著书立说；司马迁作《史记》采用《左传》旧文极多，他还利用《左传》《国语》删繁挈要，作为《十二诸侯年表》。

其实，早在1944年，徐中舒在《井田制度探原》一文中，就提出《左传》是信史，成书当在战国初，绝非汉代刘歆伪造的观点：

> 《周礼》《左传》二书为今古文学家聚讼之焦点，晚近今文学家至斥为刘歆之所伪造，其说实不足据。《左传》保存极多信史资料，其成书当在战国初，绝非汉人所得伪作。《周礼》成书当在春秋末或战国初。所载周代典制，虽非周公致太平之迹，然其书铎保存春秋、战国时列国之典要。吾人如取以论彼时政治社会之背景，则仍具信史价值。②

而《〈左传〉的作者及其成书年代》，就是这一观点的拓展和深化。当然，徐中舒对《左传》基本问题的看法也是值得商榷的：

首先，关于《左传》的作者。徐中舒认为左丘明是当时最有修养的瞽史，《左传》虽然出于他的传诵，但作者可能是子夏的再传弟子。其实，在此之前，钱穆和卫聚贤就曾提出《左传》的作者是“子夏”，徐中舒显然吸收了此观点，但缺乏更大的说服力。因为按照《史记》和《汉书》等的记载，左丘明肯定与《左传》有关，且《左传》成书经历了一个过程。而在没有确凿证据否定作者不是左丘明之前，将著作权交与左丘明既是明智之举，又是对历史应有的尊重。

其次，《左传》与《春秋》。徐中舒认为《左传》是以《春秋》为纲的编年史，并非解经之传。持同一观点的人很多，如康有为、崔适、钱玄同、顾颉刚、童书业、韩席筹、刘起釪、吕思勉、赵光贤、胡念贻、张涤云、孙绿怡、李小成、雷戈、晁天义与台湾学者顾立三等，

---

① 见《史记·十二诸侯年表序》。

② 徐中舒：《井田制度探原》，见《中华文化研究汇刊》第4卷(上册)，燕京大学国学研究所1944年版。

都认为《左传》只是一部先秦史书，不是《春秋》之传；而黄侃、李学勤、徐复观、杨向奎、杨伯峻、沈玉成、聂石樵、沈玉成、赵生群与台湾学者张高评、张素卿等人则坚持《左传》的确是《春秋》之传。因此，《左传》是否为《春秋》之传，目前仍未达成一个相对统一的共识，而在对《左传》的文本研究没有重大突破之前，这一问题仍会长期引起争论。

再次，《左传》的成书时间。徐中舒认为《左传》的成书年代在公元前 375 年至公元前 351 年，最有力的内证就是《左传》有许多已验或不验的预言。20 世纪 80 年代，杨伯峻和赵光贤也根据《左传》的史实和预言等判断《左传》成书于战国中期，即杨伯峻推断为公元前 430 年以后，公元前 386 年田和为王以前，赵光贤推断为公元前 375 年至公元前 352 年。这与徐中舒的观点相同。但是，少数几个代表性的预言并不能完全使人信服，如王和《论〈左传〉的预言》(1984)一文，就认为《左传》的预言来源不一，根据不验的预言断定成书年代并不可靠。值得注意的是，日本汉学家新城新藏《东洋天文学史研究》(中华学艺社 1933 年版，1989 年再版)通过对《左传》所记各年岁星所在之次不是当时实际观象所得，而是根据公元前 365 年所观测之天象，以此年为标准的元始年而来逆推，推断《左传》成书当在公元前 365 年之后，颇有说服力。后来，随着《左传》研究的不断深化，西汉末年"刘歆伪作说"已经被完全否定，学者们多倾向于《左传》非一时一人之作，而在战国中期被写定的观点渐成定论。

综上，虽然徐中舒关于《左传》基本问题的观点不是定论，但是无疑有助于《左传》研究的不断深入。而徐中舒坚持的"古史三重证"的研究方法，也在此文中得以体现。同时，徐中舒还是一位名师。何崝说道：

> 他非常注意培养学生们的科研能力。一方面他反对问题弄不清楚就轻而下结论、写文章的浮躁作风，他常常借陈寅恪先生的话告诫学生说："你不把基本的材料弄清楚了，就急着要论微言大义，所得的结论还是不可靠的。"另一方面他又鼓励学生写文章。他谈他写文章的体会时说，读书时要注意发现问题，围绕这

个问题再去广泛地读书，然后全面地收集有关资料，反复思考后作出结论，写成文章。当学生发现问题跟他谈，他只要觉得学生的看法有新意，便鼓励他们动手写。学生写成文章送给他看，他总是不辞辛劳地进行修改，有时一篇文章中他修改的部分要占一大半。他和学生合写的几篇文章差不多都经过这样的过程。他用这种方法大大提高了学生的科研能力，使他们迅速成长为具有相当水平的科研人才。①

作为著名史学家、古文字学家的徐中舒，其学术成就享誉国内。在《左传》研究领域，徐中舒用力虽然不多，但是却代表了20世纪五六十年代大陆《左传》研究的水平和深度。就是今天，他的一些观点仍然对研究《左传》有一定的启发意义。

（王晓鹃）

徐中舒主要春秋学作品目录

一、著作

《左传选》：中华书局1963年初版，2009年再版。

二、论文

1.《〈左传〉的作者及其成书年代》：载《光明日报》1962年5月9日。同时刊发于《历史教学》1962年第11期。1963年，作为后序收入其《左传选》，并由中华书局出版。1998年，又收入《徐中舒历史论文集》，由中华书局出版。

2.《井田制度探原》：载《中华文化研究汇刊》第4卷(上册)，燕京大学国学研究所1944年版。

3.《经今古文问题综述》：收入《纪念顾颉刚学术论文集》，巴蜀书社1990年版。

（王晓鹃整理）

---

① 何崝：《徐中舒传略》，载《晋阳学刊》1984年第4期。

春秋大事表列国爵姓及存灭表撰异(存目)

陈　槃

【评　介】

陈槃，著名历史学家，字槃庵，号涧庄，谱名宏才，生于光绪三十一年(1905)，广东五华人。1931 年毕业于广州中山大学文学院国文系，应老师傅斯年先生之邀，进入中央研究院历史语言研究所从事研究工作，1931 年至 1940 年为助理员，1941 年至 1945 年为副研究员，1946 年起为研究员。中央研究院历史语言研究所于 1949 年迁至台湾，陈槃亦跟随老师傅斯年入台，1955 年至 1970 年任历史语言研究所历史学组代主任，1956 年至 1959 年兼任台湾大学文学院教授，1960 年被聘为“中央研究院”终身研究员，1962 年当选为“中央研究院”第四届人文组院士，1970 年至 1975 年任历史语言研究所历史学组主任。1999 年在台大医院因病去世，享年 95 岁。陈槃专攻中国古代史，以研究先秦史见长，尤其是在春秋左传研究方面造诣颇深。

陈槃一生勤于治学，撰著颇丰，著作有《左氏春秋义例辨》《春秋大事表列国爵姓及存灭表撰异》《不见于春秋大事表之春秋方国稿》《汉晋遗简识小七种》《大学中庸今释》《古谶纬研讨及其书录解题》《涧庄文录》等，发表论文 200 多篇，陈槃在谶纬之学、春秋史地研究、简牍之学等许多领域都取得了引人瞩目的成果，作出了重要贡献，其孜孜不倦的学术研究正如杨承祖所言——“撰著繁富，而持论惟谨”①。

陈槃的学术研究之路与他极重师友情谊的个性息息相关，他与傅

① 陈槃：《涧庄文录》，上海古籍出版社 2010 年版，第 934 页。

斯年、顾颉刚、古直、陈寅恪、胡适等都有着深厚的情谊，他的学术研究也受到这些学者的影响。郑海麟在《史学大师陈槃庵》一文中说："槃庵先生的治学道路，由最初的疑古到建设古史，将谶纬作为学术来研究(前人多以迷信眼光视之)，并且在春秋史地考证方面取得丰硕成果，很大程度上是受到傅孟真、顾颉刚两位导师的影响。"①

《春秋大事表列国爵姓及存灭表撰异》是陈槃在春秋史地研究领域极具代表性的杰出成果。该书初由"中央研究院"历史语言研究所1969年出版(《中研院历史语言研究所专刊》之五十二)，后又出版过三订本，2009年由该所授权上海古籍出版社印行大陆版，分上、中、下三册，为《陈槃著作集》之一种。陈槃与春秋左传研究可谓渊源深厚，他早年就研习《春秋》，师从顾颉刚先生，加上自身的勤奋钻研，使他在春秋左传研究方面基础扎实，功力深厚，陈鸿森《师门识略——槃庵先生侧记》中说："师于春秋二百四十二年史事，极烂熟于胸臆。森侍坐，尝随事请教，必道其事始末流变，年月无讹，几如耳目所亲接者。"②坚实的基本功为他取得卓越的学术成就奠定了基础。

陈槃《春秋大事表列国爵姓及存灭表撰异》的撰写，缘起于清代顾栋高花费40年精力完成的《春秋大事表》。顾栋高的《春秋大事表》"几乎把《春秋》和《左传》的基本内容，都用表的形式聚类区分，进行了研究和总结"③。全书的主要组成部分是50篇表，附有叙和论131篇，舆图1卷。《春秋大事表》以春秋列国大事，比而为表，几乎无事不表，所列表涉及内容甚广，对春秋时代的天文、历法、地理、世系、官制、内政、外交、灾异、人物、经传考证等，分类列表，内容广博而条理清晰，多有独到而精彩的见解。

《春秋大事表》可谓研究春秋史的杰作，面对这样一部巨著，陈槃敢于突破、勇于创新的精神着实可嘉。他在对《春秋大事表》进行

---

① 郑海麟：《史学大师陈槃庵》，载《客家研究辑刊》2007年第1期。

② 陈槃：《涧庄文录》，上海古籍出版社2010年版，第941~942页。

③ 吴树平：《顾栋高和他的春秋大事表》，见顾栋高：《春秋大事表》，中华书局1993年版，第7页。

了深入钻研后认为其中的《列国爵姓及存灭表》取材稍显拘隘:“其所依据,不出《春秋经》《传》《注》《疏》《国语》《史记》前后《汉志》《水经注》《元和郡县志》《太平寰宇记》之类,所谓不离乎雅驯者近是。案异说繁然,不能无所抉择。博而能约,此顾君之所以为练要也。然而其病殆亦即坐此。盖史学固全赖乎史料。以云史料,则举凡高文典册、陈篇雅记乃至短书小传、神话寓言,无不各有其意义与价值。披沙拣金,在乎学者如何加以处理而已。”①其说颇具识见。陈槃著成《春秋大事表列国爵姓及存灭表撰异》,对顾栋高《列国爵姓及存灭表》所载的春秋209个方国的爵、姓、始封、都、存灭,一一进行了详细的考证和辨析,极具学术价值。

不盲从、不轻信,客观严谨、考证精核,是《春秋大事表列国爵姓及存灭表撰异》的重要特色。正如史墨卿在《陈槃院士及其著作》中所言:“陈先生一生的治学原则,可以说就是‘据可靠的材料,作客观的研究’。一切要脚踏实地,实事求是,有一分证据,说一分话。”②该书秉承了陈槃一贯的治学原则,不轻信、不盲从他人之说,而是从客观材料出发进行实事求是的研究,字字句句落到实处,绝不放空言、虚言。例如,在对吴国的考证辨析中,陈槃提到鲍鼎的说法,鲍鼎认为太伯奔吴故事中所说的吴就在南岳衡山,“太伯初国于南岳衡山,后乃迁姑苏”。陈槃对此提出了异议,“案鲍氏之说,初余亦以为然。及今观之,不无可疑”。又通过《吴越春秋·吴太伯传》《论衡·谴告》《论衡·四讳》《论语·泰伯》等作品中的相关说法,进行具体的考辨,反驳了鲍鼎之说,认为古衡山是吴、越间的衡山,而非南岳,“然则太伯初国在南岳衡山之说,盖其非矣”。

资料详备、引证广博亦是本书的显著特点。陈槃此书本缘起于顾栋高《春秋大事表》之《列国爵姓及存灭表》,但陈槃却能不囿于成见,广泛搜集整理各种资料,视野极为开阔,“广取甲骨金文、古今载籍,慎加考证而成。所商订者,凡二百有九国。……多发春秋爵姓古

---

① 陈槃:《春秋大事表列国爵姓及存灭表撰异》(三订本上),上海古籍出版社2009年版,第1页。

② 史墨卿:《陈槃院士及其著作》,载《五华侨刊》1995年第3期。

今未发之蕴，为先儒所未及”①。《春秋大事表列国爵姓及存灭表撰异》及《不见于春秋大事表之春秋方国稿》于 1973 年荣获“中山学术著作奖”，审阅评语为：“对清儒顾栋高所作《春秋大事表》为深入之研究，旁求博览，时历十年，及近代出土的古器物文字，收集整理成书七十余万言，引用各种参考书五百余种，补充纠正了顾氏著作中的错误之处，多的达二三千字，对古史的研究贡献是很大的。”②

《春秋大事表列国爵姓及存灭表撰异》内容广博，考证精严，颇富学术创新精神，具有重要的参考价值，成为后学津梁。

（黄晓芳）

陈槃主要春秋学作品目录

一、著作

1.《左氏春秋义例辨》：《中研院历史语言研究所专刊》之十七，上海商务印书馆 1947 年出版；台湾“中央研究院”历史语言研究所 1993 年出版第 2 版；上海古籍出版社 2009 年出版重订本，为《陈槃著作集》之一种。

2.《春秋大事表列国爵姓及存灭表撰异》：《中研院历史语言研究所专刊》之五十二，台湾“中央研究院”历史语言研究所 1969 年出版，1988 年出版三订本，1997 年出版三订本影印第 4 版；上海古籍出版社 2009 年出版三订本，为《陈槃著作集》之一种。

3.《不见于春秋大事表之春秋方国稿》：《中研院历史语言研究所专刊》之五十九，台湾“中央研究院”历史语言研究所 1970 年出版，1982 年再版；上海古籍出版社 2009 年出版，为《陈槃著作集》之一种。

---

① 程发轫主编：《六十年来之国学》，转引自郑海麟：《史学大师陈槃庵》，载《客家研究辑刊》2007 年第 1 期。

② 魏东海整理：《陈槃及其学术论著》，见政协广东省五华县委员会文史资料研究委员会编：《五华文史》1991 年第 10 辑，第 97 页。

二、论文

1.《〈春秋〉杞子用夷贬爵辨》：载《禹贡半月刊》1935 年第 4 卷第 3 期。

2.《增订“〈春秋〉杞子用夷贬爵辨”》：载《禹贡半月刊》1937 年第 7 卷第 1、2、3 合期。

3.《春秋“公矢鱼于棠”说》：载《历史语言研究所集刊》1936 年第 7 本第 2 册。

4.《春秋列国的交通》：载《历史语言研究所集刊》1967 年第 37 本下册。

5.《春秋时代的教育》：载《历史语言研究所集刊》1974 年第 45 本第 4 册。

6.《春秋列国风俗考论》：载《历史语言研究所集刊》1976 年第 47 本第 4 册。

7.《春秋列国的兼并迁徙与民族混同和落后地区的开发》：载《历史语言研究所集刊》1978 年第 49 本第 4 册。

（黄晓芳整理）

管锥编·左传正义(存目)

钱锺书

【评　介】

钱锺书(1910—1998)，现代著名学者、作家，字默存，号槐聚，曾用笔名锺书君，清宣统二年十月二十日(1910 年 11 月 21 日)出生于江苏无锡一个书香门第，是近代著名国学家钱基博之子。钱锺书幼承家学，天资过人，古文功底极为深厚。1929 年被清华大学外文系破格录取，1933 年毕业，获得文学学士学位，后在上海光华大学任教。1935 年，赴英国牛津大学攻读英国文学课程，1937 年获副博士学位，后随妻子杨绛赴法国巴黎大学研究法国文学。1938 年归国后，先后任教于西南联大、国立师范大学、震旦女子文理学院、上海暨南大学等学校，并担任过北京图书馆英文馆顾问、中央图书馆外文部总纂等。新中国成立后，任清华大学外文系教授，1953 年起任文学研究所中国古典文学组研究员，1982 年起任中国社会科学院副院长。1998 年 12 月 19 日因病逝世于北京，享年 88 岁。钱锺书精通多国语言，曾参与《毛泽东选集》的外文翻译工作。他博闻强识，学贯中西，其成就和贡献是多方面的。出版作品及学术研究著作多部：《写在人生边上》《十六、十七、十八世纪英国文学里的中国》(用英文撰写)以及《人·兽·鬼》《围城》《谈艺录》《宋诗选注》《管锥编》《旧文四篇》《七缀集》《石语》《槐聚诗存》等。

《管锥编》体大思精，是钱锺书晚年的力作，撰写始于 1972 年，至 1975 年前 4 册基本完成，著书条件极为艰难，1979 年由中华书局发行初版，1986 年发行第 2 版。《管锥编》曾获第一届国家图书奖。1982 年、1989 年、1991 年、1994 年都有修订。2001 年，北京三联书店出版《钱锺书集》时，将《管锥编》四大册作为其中的重要组成部分出版，而钱锺书先生的多次修改补订也被整理编排进相应的正文，方便了读者的阅读。《管锥编》全书用文言文以札记的形式写成，主要研究《周易正义》《毛诗正义》《左传正义》《史记会注考证》《老子王弼注》《列子张湛传》《焦氏易林》《楚辞洪兴祖外传》《太平广记》《全上古三代秦汉三国六朝文》十部典籍，旁征博引，贯通古今中西，引用各种典籍四五千种，其中西方学者、作家约千人，著作一千七八百种。《管锥编》是钱锺书最具代表性的学术巨著。

《左传正义》(六七则)是《管锥编》的重要组成部分。钱锺书广征博引，融会古今，贯通中外，字里行间充盈着智慧之光，多有妙论。《左传正义》(六七则)征引古今中外多种典籍，贯通经、史、子、集，涉及文学、史学、哲学、语言学、心理学、美学、民俗学、社会学、人类学等诸种学科，内容宏富，分析精当。尤为值得重视的是其“打通”的方法。钱锺书在写给郑朝宗的信中曾说：“弟之方法并非‘比较文学’，而是求‘打通’，以中国文学与外国文学打通，以中国诗文词曲与小说打通……皆‘打通’而拈出新意。”①钱锺书认为，“东海西海，心理攸同；南学北学，道术未裂”②，“盖人共此心，心均此理，用心之处万殊，而用心之途则一”③。他还说：“人文科学的各个对象彼此联系，交互渗透，不但跨越国界，衔接时代，而且贯穿着不同的学科。”④“打通”的方法是钱锺书自己提出的，这在他的学术著作中有着普遍的体现。从《左传正义》(六七则)中，便可领略其特色。如论及成公十六年晋楚鄢陵之战中“借乙口叙甲事”，钱锺书指出：“不直书甲之运为，而假乙眼中舌端出之，纯乎小说笔法矣。”⑤在分析中，所举之例涉及杜牧《阿房宫赋》、狄更斯小说、荷马史诗、塔索史诗、《元秘史》，融通中西，融通古今。又如论及昭公二十年

---

① 郑朝宗：《〈管锥编〉作者的自白》，载《人民日报》1987年3月16日。

② 钱锺书：《谈艺录·序》(补订本)，中华书局1984年版，第1页。

③ 钱锺书：《谈艺录》(补订本)，中华书局1984年版，第286页。

④ 钱锺书：《诗可以怨》，载《文学评论》1981年第1期。此文为钱锺书1980年11月20日在日本早稻田大学文学教授座谈会上的讲稿。

⑤ 钱锺书，《管锥编》(第1册)，中华书局1986年版，第210页。

“和别于同——‘古而无死’”，“和而不同”语出齐景公和晏子的对话，钱锺书广泛征引古今中外相关记载和言论进行阐发，涉及著作有《国语·郑语》《论语·子路》《管子·宙合》《孔丛子·抗志》《淮南子·说山训》《乐记》，人物有古希腊哲人赫拉克利都斯、柏拉图、苏格拉底、亚里士多德、布鲁诺等，可谓古今中外、纵横捭阖。

《左传正义》(六七则)对现代《左传》研究有着重要的启示意义。新中国成立以后，在《左传》文学价值研究方面，“惟一高质量的专著是钱锺书先生《管锥编》中论《左传正义》的部分”①。“可以毫不夸张地说，研究《左传》，《管锥编》中的这一部分是必读的参考书。”②钱锺书多精彩妙论，启迪学人，如：“《经》之与《传》，尤类今世报纸新闻标题之与报道。”又如：“顾此仅字句含蓄之工，左氏于文学中策勋树绩，尚有大于是者，尤足为史有诗心、文心之证。则其记言是矣。”又如：“史家追叙真人实事，每须遥体人情，悬想事势，设身局中，潜心腔内，忖之度之，以揣以摩，庶几入情合理。盖与小说、院本之臆造人物、虚构境地，不尽同而可相通；记言特其一端。”又如：“愚民之术亦可使愚民者并自愚耳。”③此类精言妙语，书中随处可见。张高评对《管锥编》论《左传》的叙事、记言进行了研究，探讨了钱锺书的《左传》学，他通过研读《管锥编》中的《左传正义》(六七则)，“发现钱先生独具慧眼处有三：其一，《春秋》书法之解读；其二，史家笔法之强调；其三，对话艺术之称扬”，经过分析论证，得出结论：“《春秋》之书法，实即文章之修辞”、“《春秋》五例，实作史之楷模”、“《左传》工于记言，拟言、代言之妙，为后世叙事文学

---

① 沈玉成、刘宁：《春秋左传学史稿》，江苏古籍出版社1992年版，第399页。

② 沈玉成、刘宁：《春秋左传学史稿》，江苏古籍出版社1992年版，第400页。

③ 钱锺书：《管锥编》(第1册)，中华书局1986年版，第162、164、166、235页。

对话、宾白之祖始”①。

阅读《左传正义》(六七则)，读者犹如置身于浩瀚无边的海洋，这里充满着知识和智慧，这里渊博与精妙共存。《左传正义》(六七则)充分体现出作者广博的学识、精辟独到的见解，及融二者于一体的慧心。正如《春秋左传学史稿》中所评：“征引之光，识见之精，使读者如入山阴道上，惟见处处奇花映发，目不暇接，但有惊叹，徒呼奈何。”②钱锺书的学术研究真正达到了“化书卷见闻作吾性灵，与古今中外为无町畦”③的极高境界。

（黄晓芳）

钱锺书主要春秋学作品目录

《管锥编》(第1册)：中华书局1979年出版，1986年再版。

（黄晓芳整理）

---

① 张高评：《〈管锥编〉论〈左传〉之叙事与记言——钱锺书之〈左传〉学》，见袁行霈主编：《国学研究(第十五卷)》，北京大学出版社2005年版，第351~384页。

② 沈玉成、刘宁：《春秋左传学史稿》，江苏古籍出版社1992年版，第399页。

③ 钱锺书：《徐燕谋诗序》，载《中华读书报》2001年1月23日。

春秋左传研究(节选)

童书业

西周春秋制度文化之部

(71)宗法制与分封制

> 故天子建国，诸侯立家，卿置侧室，大夫有贰宗，士有隶子弟，庶人、工、商各有分亲，皆有等衰。(桓二年)

案：此述古代贵族、庶人等之“宗法制”及贵族之“封建”制也。“天子建国”即天子建诸侯，“诸侯立家”即诸侯立卿大夫，“卿置侧室”即卿立下级之卿或大夫(文十二年“赵有侧室曰穿”，杜《注》：“侧室，枝子也。”“秦获穿也，获一卿矣”，则晋国是时最大卿族赵氏之“侧室”已为卿，此卿自为下级之卿。卿自亦可分“侧室”为大夫，如鲁之公父氏、子服氏等)。“大夫有贰宗”，即大夫立下级大夫或“属大夫”(杜《注》：“适子为小宗，次者为贰宗，以相辅贰也。”案“小”当为“大”，嫡子为大宗，非小宗也。或曰：“贰宗即小宗，盖以贰于大宗言之。”吕祖谦曰：“别子为祖，如鲁桓公生四子：庄公既立为君，则庆父、叔牙、季友为别子。继别为宗，如公孙敖继庆父，是为大宗。继祢者为小宗，如季武立悼子，悼子之兄曰公弥。悼子既为大宗，则继公弥者为小宗。”考季氏之别族有公父氏，《鲁语下》“季康子问于公父文伯之母”，韦《注》：“文伯，鲁大夫，季悼子之孙，公父穆伯之子公父歜也。”公父氏亦为大夫。《鲁语下》：敬姜谓文伯，

“尔又在下位”。韦《注》：“下位，大夫也。”此为卿之别族之大夫也。《鲁语下》又载“公父文伯饮南宫敬叔酒”，韦《注》：“敬叔，鲁大夫孟僖子之子，懿子之弟南宫说也。”是南宫氏盖亦别族之大夫也。此外，晋之知氏，鲁之子服氏，亦皆别族而为卿及大夫也。是等虽皆卿之别族，亦可明“大夫有贰宗”之义。大夫与卿在他国可以有升降，卿即大夫中之领袖，多为掌军行者也。盖“大夫有贰宗”与“卿置侧室”相同。“正室”、“侧室”犹“大宗”、“贰宗”。“贰宗”，似为“小宗”中地位之较高者。一般“小宗”盖只为“属大夫”、“家宰”或士也。襄二十九年：“季武子取卞，使公冶问。”杜《注》：“公冶，季氏属大夫。”《鲁语下》：“季武子取卞，使季冶逆。”韦《注》：“季冶，鲁大夫季氏之族子冶也。”则公冶为季氏之族，而为季氏“属大夫”。属大夫亦有家臣而隶于大宗，且受邑于大宗。襄二十九年：“公冶致其邑于季氏而终不入焉，……及疾，聚其臣曰：我死，……且无使季氏葬我。”可证。《檀弓》：“陈子车死于卫，其妻与其家大夫谋。”“家大夫”，观《檀弓》下文实即“宰”，其地位盖与“属大夫”相近，而全属于大夫，不独立。“属大夫”犹有独立性，昭七年“孟僖子……召其大夫”，杜《注》：“僖子属大夫也。”是盖“家大夫”之类，未必即“属大夫”。“属大夫”似多为本族之支庶)。“士有隶子弟”，杜《注》：“士卑，自以其子弟为仆隶也。”士之等级似甚多，凡非大夫而为贵族者，皆可称“士”。“士”亦可有“氏”与“族”，如襄十年：“初，子驷与尉止有争，……初子驷为田洫，司氏、堵氏、侯氏、子师氏皆丧田焉，故五族聚群不逞之人、因公子之徒以作乱。”“书曰盗，言无大夫焉。”是高级之“士”也。孔子亦“士”，然“贫且贱”矣。“士”也者，盖本部落时代氏族贵族下之亲兵武士，其后转化为低级贵族，仍为武士，而君大夫之疏族亦为“士”。盖“士”一般无家臣，故以子弟为仆隶，亦即臣之类。然“隶子弟”之“隶”，亦或为亲族隶属之义。

天子建国，盖主要为周初事，即普通所谓“封建”。其后天子之亲族愈众，无甚多之土地封之，则以为“内诸侯”、王室大夫，或甚至下降为士矣。“诸侯立家”，周初自亦有之，然大家之立，当在西周晚期诸侯国渐大以后。在此以前，诸侯之亲属或有分为附庸者矣，如鲁有沈子(见金文)。晋之狐氏出于唐叔，而为大戎之君。骊戎男或亦如是，故《庄子》称之为“艾封人”(见《齐物论》篇)。“晋居深山，戎狄之与邻”，自可有此。自西周晚期以来，诸国出现卿大夫之大族，大致迄春秋中叶，是“诸侯立家”之时矣。(如鲁之展氏、臧氏出自孝公，三桓出自桓公，东门氏出自庄公，郑之七穆出自穆公，宋之戴、庄、桓三大族出自戴公、庄公、桓公。晋之强宗曲沃出自穆侯，而受封于昭侯时。栾氏出自靖侯。韩、赵、魏、范，中行、知、郤、先等大族亦皆形成于西周末至春秋中叶。卫之石氏，初见于春秋初年，宁氏出自武公，而发展于春秋前期，孙氏亦出自武公，主要活动于春秋中期。齐世族国、高、管、鲍、崔、庆、栾、高、陈等氏，亦在齐桓称霸前后形成及发展。)春秋初，卿大夫尚罕闻置“侧室”、“贰宗”；至春秋中叶，卿大夫之族强大，乃多置“侧室”与“贰宗”焉。(如鲁之孟孙氏在孟献子时分出子服氏，叔孙氏在叔孙戴伯时分出叔仲氏，季孙氏亦在季悼子时分出公父氏。晋之赵氏，在赵盾时亦有“侧室”赵穿为卿。羊舌氏为大夫，亦分出“贰宗”、“四族”，而似以叔向为“大宗”，见昭五年《传》。)“士有隶子弟”，襄十四年《传》作“士有朋友”，下言“自王以下各有父兄子弟以补察其政”，则“朋友”理亦应是士之宗族成员，“朋友”即“隶子弟”也。“朋”字在古书中有比也、类也、党也等义，“善兄弟为友”，则“朋友”古义为族人也。庄二十二年《传》：陈公子完奔齐，桓公使为卿，辞曰：“《诗》云，翘翘车乘，招我以弓。岂不欲往，畏我友朋。”此“友朋”亦族人之义，指陈国之同族而言。《毛公鼎铭》“以乃族干吾王身”，《师訇𣪘铭》作“以乃友干吾王身”，二器同时，可证“朋友”古义为族人。古金文中“朋友”一词(见趞曹鼎铭、克盨铭、苿伯𣪘铭、杜伯盨铭、王孙遗者钟、许子钟铭、齐䵣氏钟铭等)，皆族人之义。《书·盘庚》“至于婚友”，《诗·假乐》“燕及朋友”，《传》：“朋友，群臣也。”《抑》“惠于朋友”，《笺》谓王之诸侯。《六月》“饮御诸友”，《吉日》：“儦儦俟俟，或群或友，悉率左右，以燕天子。”似皆指同宗贵族也。《师𡘇鼎铭》“用司乃父官友”，《大鼎铭》“大以厥友守，……王乎善夫騣召大以氒友人攼”，《毛公鼎铭》“善效乃友正”，《䨓盨铭》“善效乃友内辟”，此等文中之“友”如非指族人，即指僚属或同僚，与后世“朋友”之义仍有异。《大戴礼记·曾子制言》：“父母之仇不与同生，兄弟之仇不与聚国，朋友之仇不与聚乡，族人之仇不与聚邻。”孔广森《注》：“族人者，谓绝族者。”以“朋友”介于“父母”、“兄弟”与“族人”之间，可见其亲属关系介于“兄弟”与“绝族之人”之间，亦当为同宗之人也。又《易经》《诗经》中尚有若干“朋友”字，意义不甚明，或与后世之所谓“朋友”同义。然《楚语》“于是乎合其州乡朋友、婚姻，比尔兄弟、亲戚”，与金文语相近，恐仍是族人之义。

庶人有无宗法，现甚难知。然观“庶人、工、商各有分亲”之语，似亦有宗族组织，但未形成政治系统耳。

天子、诸侯、卿大夫皆贵族(宗法贵族)，自无疑义。“士”是否贵族，尚可讨论。《晋语四》：“公食贡，大夫食邑，士食田(注：“受公田也”)，庶人食力，工、商食官，……”王公皆食贡税，大夫食采邑，士虽卑而尚分有“公田”，庶人、工、商则无田自食其力，或食于官府，是本无土地财产也。士可以进仕为官，庶人、工、商则无功不能进仕。士可受教育(文武之教，襄九年《传》“其士竞于教”)，庶人、工、商则至多只能受低级教育，不能受高级教育。则“士”应当仍是贵族，或为高级自由人。

庶人者，只能使用土地而不能占有土地之农民也。襄九年《传》：“其庶人力于农穑。”《晋语四》“庶人食力”，可证“庶人”列于“士”之下，“工、商”、“皂、隶”等之上，则为不甚自由之农民可知。故哀二年《传》载赵简子之誓：“克敌者，上大夫受县，下大夫受郡，士田十万，庶人、工、商遂，人臣、隶、圉免。”杜《注》：“得遂进仕”，“去斯役”。案“遂”即“进”也(《易》虞翻《注》)，是庶人无功不能进仕之证。襄十四年《传》：“是故天子有公，诸侯有卿，卿置侧室，大夫有贰宗，士有朋友，庶人、工、商、皂、隶、牧、圉皆有亲昵，以相辅佐也。……大夫规诲，士传言，庶人谤，商旅于市，百工献艺。……”此处所言“庶人”之身份等第与桓二年《传》同，但此文说明“庶人、工、商”与“皂、隶、牧、圉”地位相近。《诗·卷阿》：“维君子使，媚于天子”，“维君子命，媚于庶人”，“庶人”又与“天子”对举，自指一般人民，“媚于庶人”即顺于人民也。《论语·季氏》：“天下有道，则庶人不议。”“庶人”可以“议”，自指人民。《大盂鼎铭》：“锡汝邦司四伯，人鬲自驭至于庶人六百又五十又九夫。……”

《矢簋铭》："锡土……锡𢀛庶人六百又廿夫。"《书·梓材》："以厥庶民暨厥臣达大家，以厥臣达王惟邦君。"《校勘记》："民，古本作人。""人鬲"即"民献"（《书·大诰》"民献有十夫，予翼以于，敉宁武图功"），为人民中有才力之人。"驭"即"徒御"之"御"，战士也，则"庶人"为身份较低之农民无疑，故与土并锡，而又与"臣"（"臣僚"之"臣"，非"臣妾"之"臣"）连举也。

"工、商"者，官府手工业者与官府商人也。故曰"工商食官"。工、商列于庶人之下，"皂、隶、牧、圉"等奴隶之上（参襄九年、襄十四年、哀二年《传》，《晋语四》等），而隶属官府，或与"皂、隶"等连举（襄九年《传》等），则其身份似为半奴隶。盖"工、商"本为贱役，观世界各国古代史"工、商"多为解放之奴隶或外来人，及接近奴隶身份之人，西周、春秋时之"工、商"地位盖与之类似也。

昭二十六年《传》："民不迁，农不移，工、贾不变。"盖"民总农、工、贾言之。不迁，谓不去其乡，言公民、私民不得相迁也。不移，不变，皆守其业也。"《周语上》"庶人、工、商各守其业，以共其上"，盖当时贵族、庶人、工、商皆世袭其业也。然"宗法封建制"转变时已不能守此秩序矣。

士耕田与否，尚待考证，但似为基本不受剥削之人，剥削他人则似有之，其制已难知矣。庶人则为受剥削之农民，所谓"小人农力以事其上"（襄十三年）是也。其剥削之重，观《诗·七月》等文献可知。盖男耕女织"以事其上"，即所谓"粟米之征"与"布帛之征"。然最重者实为"力役之征"，故古书多言"使民 以时"也。至"工商"亦受剥削，手工业者为上所"使"自无疑，商人则受命于官府，为官府服役，其所得常被"匄夺"。惟郑国地处中原，恃商为富，在东迁时国君即与商人有盟（昭十六年），商人所受剥削似较轻微，营利较为方便，故春秋时郑国商业最为发达。

（73）释"民"

所谓道，忠于民而信于神也。上思利民，忠也。祝、史正辞，信也。……夫民，神之主也。是以圣王先成民而后致力于

神。(桓六年)

案：所谓“民”即人民义，并非一种特殊身份。春秋时，有一种原始民主主义流行于开明贵族间，盖古代军事民主制之残余也。彼时开明贵族多有提倡所谓“利民”者，孔子即曰：“务民之义，敬鬼神而远之。”彼时民主思想中尚杂有宗教思想，时及制度为之也。

民字在古代亦有多种意义。其一，即人也。如《诗生民》：“厥初生民，时维姜嫄。”《绵》：“民之初生，自土沮漆。”《蒸民》：“天生蒸民，有物有则。民之秉彝，好是懿德。”其二，包括士在内，所谓“四民”之“民”，如《齐语》：“四民者勿使杂处。……昔圣王之处士也，使就间燕；处工，就官府；处商，就市井；处农，就田野。”即士、农、工、商也。其三，即被统治者，如《诗·灵台》，“经始灵台，经之营之，庶民攻之，不日成之。”《抑》，“惠于朋友、庶民、小子。”成十五年《传》：“盗憎主人，民恶其上。”昭二十六年：“万民弗忍，居王于彘。”又如上左氏本文所谓“民”，宣二年：“不忘恭敬，民之主也。”此种“民”字，实仅指农、工、商。如昭二十六年：“民不迁，农不移，工、贾不变。”“民”字包举下农、工、贾三者，皆被统治者也。然一般言之，奴隶不在“民”之内。如《周语下》“子孙为隶，不夷于民”，可证。“民”、“人”往往连称，如《诗·瞻印》“人有民人，女复夺之”，昭三年《传》“民人痛疾”，盖“民”即凡人也。

(74)释“国人”附释“舆人”

吴之入楚也，使召陈怀公。怀公朝国人而问焉，曰：欲与楚者右，欲与吴者左，陈人从田，无田从党。(哀元年)

案：“国人”屡见战国以前古籍，其身份至应注意。盖“国人”者，国都中之人也。春秋以上之“国”本指国都所在之城市，其范围初不甚大。“国人”亦有广狭三义。其一，国都城中之人，如定六年：“阳虎又盟公及三桓于周社，盟国人于亳社，诅于五父之衢。”“周社”“亳社”、“五父之衢”皆在国都城中。僖十五年、定八年、哀元年皆言

“朝国人”，则“国人”在城中也。昭十三年，楚右尹子革曰“请待于郊以听国人”，则郊不在“国”之内，所谓“国人”明指国都城中之人。哀元年上文“国人”、“陈人”分别言之，陈人指城内外之人，“国人”则指城中之人也。又齐尸崔抒于市，“国人犹知之，皆曰崔子也”(襄二十八年)。则“国人”在城市中可知。其二，国都城内外之人，如《齐语》：“管子于是制国以为二十一乡，工、商之乡六，士乡十五。”韦《注》：“唐尚书云：士与农共十五乡。昭谓此士，军士也，十五乡合三万人，是为三军。农野处而不昵，不在都邑之数，则下所云五鄙是也。”考《齐语》下文云：“公帅五乡焉，国子帅五乡焉，高子帅五乡焉。”五乡一帅，故万人为一军，五乡之帅帅之。三军，故有中军之鼓，有国子之鼓，有高子之鼓。”“士”之人数不能如此之众，故《管子·小匡》篇云“商、工之乡六，士、农之乡十五”，其说似可据。又《周语上》：“国人——流王于彘。”昭二十六年，王子朝曰：“万民弗忍，居王于彘”，则“国人”即“万民”，似包括近郊农民在内。其三，泛指本国疆域内之人，如成十六年传：“曹人请于晋曰：自我先君宣公即位，国人曰：若之何忧犹未弭，而又讨我寡君，以亡曹国社稷之镇公子，是大泯曹也。……”此“国人”似指全国之人，然犹未可必。要之，春秋以上之所谓“国人”，主要指国都之人，尤其是国都城内之人也。

指国都范围内士、农、工、商四民之“国人”，固包括农民在内矣；指国都城内之人之“国人”，则主要指“士”与“工”、“商”也。古“工”、“商”皆居城内，“士”有“宗法”，族居而家别；“工”、“商”亦然。《齐语》：“四民者勿使杂处，……处工就官府，处商就市井。”又曰：“令夫工，群萃而州处，审其四时，辨其功苦，权节其用，论比协材，旦暮从事，施于四方，以饬其子弟，相语以事，相示以巧，相陈以功，少而习焉，其心安焉，不见异物而迁焉，是故其父兄之教不肃而成，其子弟之学不劳而能，夫是故工之子恒为工。令夫商，群萃而州处，察其四时，而监其乡之资，以知其市之贾，负任担荷，服牛轺马，以周四方，以其所有，易其所无，市贱鬻贵，旦暮从事于此，以饬其子弟，相语以利，相示以赖，相陈以知贾，少而习焉，其心安焉，不见异物而迁焉，是故其父兄之教不肃而成，其子弟之学不劳而能，夫是故商之子恒为商。”又曰：“工立三族，市立三乡”，“三族”、“三乡”即六乡，是“乡”即“族”，“工”、“商”皆族居也。《逸周书·程典》：“士大夫不杂于工、商。……工不族居，不足以给官，族不乡别，不可以入惠。”此即上说之确证。“百工”属“工师”管辖。《月令》“命工师令百工审五库之量”，“工师”为师傅身份，又为官吏身份，“百工”亦即其“隶子弟”与属下也。《考工记》：“知者创物，巧者述之，守之世，谓之工。”《注》：“其曰某人者，以其事名官也。其曰某氏者，官有世功，若族有世业，以氏名官者也。”盖上古之“氏族工业”均为世袭。如“有虞氏上陶”(《考工记》)，而“虞阏父为周陶正”(襄二十五年)是也。“氏族工人”及其领袖(族长)至阶级社会即成为“百工”及工官，为统治氏族服务，如薛之“皇祖奚仲”，即曾“居薛以为夏车正”(定元年)。由于“百工”中外来人较多，故其身份较“庶人”为低。商人亦或多来自外族，故其身份亦低于“庶人”而与工相侔。

西周时代之手工业，盖有金属工(《诗·公刘》等)、木工、玉石工(《诗·淇奥》等)、陶工(《诗·绵》等)、纺织工、皮革工、营造工、武器工等。工具直至春秋时尚多为青铜制。各门工人统称为“百工”(《令彝铭》《蔡𣪕铭》《师𣪘𣪕铭》《伊𣪕铭》《书·康诰》《酒诰》《洛诰》等)，所谓“百工”指有官长率领之官府手工业者(但最主要之手工业仍为与农业相结合之家庭纺织业，多由家庭妇女担任。《诗·葛覃》《东门之枌》《七月》《巷伯》《大东》《瞻卬》等篇可证)。“百工”之身份与“商人”略等，低于“庶人”而高于奴隶，然常与奴隶并举，可见其为贱役(见《师𣪘𣪕铭》《伊𣪕铭》等)。《月令》：“物勤工名以考其诚，工有不当，必行其罪以穷其情。”则“百工”所受之压迫亦甚剧。“工师”为监工者，负责考察工人。鲁之公输班为工人师傅，亦即“工师”之类。《论语》“百工居肆以成其事”(《子张》)，“肆”似为工场。“百工”居肆作工，必有工师等率领之。商人似亦有商官统率，商官即所谓“贾正”之类。“工商食官”，则官府工商业者皆食禄于官府，故为贵族官服役。然“工商”确实列于一般所称“国人”之内，比较接近贵族。鲁定八年：卫侯将叛晋，先胁诸大夫曰晋欲索诸大夫之子为质，大夫许诺。王孙贾曰：“苟卫国有难，工商未尝不为患，使皆行而后可。”此言卫国如有难，“工商”亦未尝不以为患，故胁之以“使皆行(似为质其子)而后可。”“公以告大夫，乃皆将行之”，于是激怒“国人”，皆主叛晋，是卫侯所用之策略也。是文说明“工商”与君大夫在对外时亦有共同之利害(国亡同受损失)，则工、商身份比较自由，有“自由人”倾向可知，奴隶不能如此也。至郑国商人与国君订有盟约，商人不得背叛国君，国君亦不得强买或掠夺商人之货物，商人对外之事不得自作主张，须向执政请示。观左氏文，郑国“商人”之身份地位可知。鲁僖三十三年：秦师袭郑，郑商人弦高遇之，以商品犒“师”，“且使遽告于郑”，秦人遂因此被迫退师。弦高或为商人首领，犹工人首领“工师”之类，亦未可知。成三年，郑有商人谋救楚囚晋将知罃，未成而楚返知罃，商人如晋，知罃善待之，“如实出己”。商人曰“吾小人，不可以厚诬君子”，遂适齐。则此商人非贵族而为小人也。

自西周以来，即有农民以其余暇“肇牵车牛远服贾”者，又有“抱布贸丝”之“氓”(“庶人”?)。《郑语》载周宣王时有制造“檿弧箕服”而自行出卖之夫妇二人，是盖小自由商人而兼小自由手工业者，即所谓“贩夫、贩妇”之类。西周之末，已有“如贾三倍，君子是识”之情况出现。西周时，非铸币性质之金属货币及贝属货币已相当流行，“锡贝”之记载屡见金文(锡贝五朋者有《趞尊铭》等，十朋者有《小臣单觯铭》等，廿朋者有《效卣铭》等，卅朋者有《吕齍铭》等，五十朋者有《小臣静彝铭》等)。《诗·菁菁者莪》“既见君子，锡我百朋”，《笺》:“古者货贝，五贝为朋。”《睘卣铭》且称“贝布”，“布”在春秋、战国间为铸币，此“贝布”可能为铸币(?)。金文中又屡见“锡金”若干“寽”之记载(如《禽𣪘铭》等)，又有“取遄”若干“寽”之记载(如《趞鼎铭》等)，寽为一种重量单位。《书·吕刑》载“赎刑”罚金以“锾”计，“锾”即“寽”，货价亦以“寽”计算(《舀鼎铭》)。货币之发展为商业发展之征象，足见至少西周后期王畿一带商业已渐趋发达，商人地位可能已提高。是否有正式之自由商人，尚待研究。自由工商业者可能已出现，但现时尚无确证。春秋前期商业似不发达，全部《左传》几无货币痕迹，此可能为“宗周”灭亡之影响。然至春秋后期，工商业亦渐趋发达。周景王有“铸大钱”故事，但不甚可信(然春秋后期可能有铸币，出土物中明确可信者尚不多)。《晋语八》，“秦后子来仕”条(春秋中叶事)云：“夫绛之富商……能金玉其车，文错其服，能行诸侯之贿。”是晋国富商已出现。然其人“韦藩木揵以过于朝”，“而无寻尺之禄”，则犹是贱人身份。春秋初期，据后世传说，管仲、鲍叔牙皆曾经商而“分金”。管、鲍皆士，如其说信，则彼时贫贱之士已有经商者，自为自由商人。春秋末年，孔子弟子子贡为显士，“不受命而货殖焉”，“废著鬻财于曹、鲁之间”，“最为饶益”，“结驷连骑、束帛之币以聘享诸侯”，其为自由商人而兼士之身份无疑。又有所谓“陶朱公”者，其人盖在春秋、战国之际，旧谓即越臣范蠡，彼曾“三致千金”，遂成巨富，自亦为自由商人。春秋末年，“百工”有起义者(昭二十二年、哀十七年、二十五年)，足征工官制度已开始崩溃，官府手工业者因失业(见昭二十二年《传》)及被压迫而起义。自此以后，必逐渐有自由手工业者出现可知。

国都近郊之农民既有时亦包括在“国人”之内，则吾人亦应一考近郊农民之情况。西周、春秋时，农业已有初步发展，尤其是近国都地带之农业，为统治阶级所重视，设有专门农官管理。西周时及春秋前期之农业生产情况，《诗经》记之最详，其生产力水平大略如下：工具有铜制(较少)、石制、骨制、木制等种类，主要为耒、耜，其他尚有钱、镈、铚等。其农事技术约有(一)翻土垦地(“耕”、“菑”)，见《易·无妄》、《书·大诰》、《梓·材》等。其耕田方法为二人相耦之“耦耕”。(二)下种(“播”、“种”或“艺”)见《书·大诰》《酒诰》《吕刑》《诗·大田》《生民》《噫嘻》《良耜》等。(三)除草(“耘”、“茀”或“薅”)，见《诗·甫田》《生民》《载芟》《良耜》等。(四)培本(“耔”)，见《诗·甫田》等。(五)去虫，见《诗·大田》筹。(六)收获，见《书·大诰》、《诗·七月》《生民》《载芟》等。(七)灌溉(有灌溉工程如“沟洫”等)。春耕，秋获，似主要为一季之耕种(见《七月》篇)。农作物主要为黍、稷，其他有麦、稻、菽、菜蔬、瓜、果、麻、葛、桑等，大概有类似《孟子》所言“井田”之农业区划(襄二十五年“井衍沃”，是井田设于平原肥沃土地上。襄三十年：“子产使……田有封洫，庐井有伍”，下文言“取我田畴而伍之”，或为子产整顿“井田”制度)。田旁皆有疆畔、沟洫，春秋时有废坏，则或修之，如襄十年：“初，子驷为田洫，司氏、堵氏、侯氏、子师氏皆丧田焉。”子产亦“作封洫”(襄三十年、昭六年)。然其详难于确知，盖正田界也。农民或附带从事畜牧业，大畜牧业多数为贵族使其奴隶等为之。《易·晋》“康侯用锡马蕃庶”，《诗·定之方中》“騋牝三千”，此似为贵族所经营之畜牧业。《诗·君子于役》：“鸡栖于埘，日之夕矣，羊牛下来。”此等畜牧业，士、庶人等皆能为之矣。农民于农隙时亦从事狩猎。《诗·七月》：“一之日于貉，取彼狐狸，为公子裘。二之日其同，载缵武功，言私其豵，献豜于公。”则农民狩猎所得，亦多为贵族所掠取。“我稼既同”之后，尚须“上入执宫功”，“亟其乘屋”，为贵族服役。“二之日凿冰冲冲，三之日纳于凌阴”，以供贵族之用。农妇皆从事家庭纺织，《诗·七月》“女执懿筐……爰求柔桑”，“八月载绩，载玄载黄，我朱孔阳，为公子裳。”则农妇纺织所得亦多为贵族所掠取。农民所食为自耕之余粟。有时贵族“我取其陈，食我农人”(《诗·甫田》)，而“采荼薪樗，食我农夫”。农民所衣者为己妻女所织之余布，“无衣无褐，何以卒岁”。所居者陋室，“穹窒熏鼠，塞向墐户，嗟我妇子，日为改岁，入此室处”。农民之妇女且于“春日迟迟”时，“女心伤悲，殆及公子同归”。当时农民所受之剥削压迫亦云惨矣。

至春秋中叶以后，随生产力之发展，“井田”制之开始破坏，农民逐渐有脱离贵族束缚而自行经营者，可能已有开垦土地逐渐致富者，此与自由工商业者同类，为新兴之中间阶层。然春秋时是否已形成此新阶层，则尚未能确定。

春秋中叶以后，生产力逐渐发展，大概农具及技术均略有改善，然其详难考。左氏昭二十九年：“遂赋晋国一鼓铁，以铸刑鼎。”说者以为春秋晚年冶铁业已初步发展之明证。宣十一 年：“抑人亦有言曰：牵牛以蹊人之田，而夺之牛。”此或为最早牛耕史料，然尚未能定。春秋晚年，孔子弟子冉耕字伯牛，司马耕字子牛(见《史记·仲尼弟子列传》)。古者名字相应，此为牛耕开始较明确之证据，然尚有异说。《晋语九》“宗庙之牺为畎亩之勤”，说者以此为春秋末年有牛耕之确证。左氏等文献中已见“堤防”之名(如襄二十六年《传》“弃诸堤下”)，但是否即如后世所谓“堤防”尚有可疑；即为后世堤防之始，亦尚不盛。(《周语下》载王子晋曰："晋闻古之长民者，不堕山，不崇薮，不防川，不窦泽。"可为旁证。)至吴王夫差之开邗沟等工程，本为军事交通所设，然自于农事有利。要之，终春秋之世，水利灌溉事业尚不甚发达。又，终春秋之世，农耕似仍主要为一季收成，如《论语·阳货》"旧谷既没，新谷既升，钻燧改火，期可已矣"可证。盖由于生产力发展程度之限制，农业发展在此时尚有限。然观"初税亩"、"用田赋"等文，及郑国整顿田制之记载，"井田"制度似已初步破坏，较少量土地之开垦及土地兼并似可有之。一面固可有新兴富裕农民出现，然周时贵族之税役重重，及战争之影响，农民失业流亡、转于沟壑者必甚多，农民迁徙者亦渐多(见《诗经》《论语》等书)。是时一般农民之生活较前益困苦，农民逃亡及"国人"等起义之事屡见不鲜，阶级斗争尖锐化，此所以当时较为开明之贵族分子力主"宽民"、"利民"及所谓"薄赋敛"、"使民以时"，而各国强宗大夫亦以施与收买民心也。

"士"为"国人"中之上层，在国都之城内，或人数最多，且有战斗力，故至春秋后期，地位日高，其富有者几与下级大夫无异。即贫贱而有文化及政治能力者如孔子及其若干弟子，亦能上升为大夫"国老"，或为大贵族之家臣、邑宰，掌握家政与邑政。彼等逐渐转化为新兴之官僚，并形成新兴之"士夫"阶层。然在春秋时官僚制度及"士夫"集团犹未普遍，士一般仍为"国人"中之上层而已。

"国人"(主要为士)在西周后期及春秋时地位极为重要。国之盛衰、胜败，国君及执政之安否，贵族之能否保其宗族及兴盛，几悉决定于"国人"。如卫懿公好鹤，鹤有乘轩者；将战，国人受甲者皆曰："使鹤，鹤实有禄位，余焉能战!"(闵二年)结果，懿公死，卫师大败，几亡国。(是役，左氏载"夜与国人出…… 卫之遗民男女七百有三十人"，可见一般所谓国人确指国都城中之人，故其人数不能甚多。所谓"卫之遗民"，似仅指"国人"，其城外之民盖逃散矣。定十年《传》亦曰："吾以国人出，君谁与处!"可见真正之"国人"不能甚多。)晋惠公被秦人所俘，其大夫"朝国人而以君命赏……众皆哭"(僖十五年)。晋于是作爰田、州兵；以增财富甲兵，国势遂渐强。宋襄公败于泓，"国人皆咎公"(僖二十二年)。周王被狄人所逼出亡，

“国人纳之”(僖二十四年)。晋文公伐卫，“卫侯欲与楚，国人不欲，故出其君以说于晋”(僖二十八年)。秦穆公卒，以“三良”为殉，“国人哀之，为之赋《黄鸟》”(文六年)。宋“穆、襄之族率国人以攻公，杀公孙固、公孙郑于公宫，六卿和公室”(文七年)。“成大子朱儒自安于夫钟，国人弗徇”(文十一年)。“宋公子鲍礼于国人，……昭公无道，国人奉公子鲍以因夫人。……公曰：不能其大夫，至于君祖母，以及国人，诸侯谁纳我！……书曰‘宋人弑其君杵臼’，君无道也”(文十六年)。左氏直以“国人”弑君为正，且观是文，可知大夫不在“国人”之内。“莒纪公……多行无礼于国，(大子)仆因国人以弑纪公”(文十八年)。楚庄王围郑，郑“国人大临”(宣十二年)。晋人言“师有功，国人喜以逆之”(成二年)。郑“子駟帅国人盟于大宫……杀子如、子駹、孙叔、孙知”(成十三年)。曹宣公“既葬，子臧将亡，国人皆将从之，成公乃惧”(同上)。宋右师华元“多大功，国人与之”。出亡反，“使华喜、公孙师帅国人攻荡氏，杀子山”(成十五年)。鲁师“败于孤骀，国人逆丧者皆髽。……国人诵之曰……”(襄五年)。郑尉氏等所谓“盗”作乱，杀执政，子蟜“帅国人”助平乱者，“杀尉止……盗众尽死”(襄十年)。宋“国人逐瘈狗，瘈狗入于华臣氏。国人从之，华臣惧，遂奔陈”(襄十七年)。“郑子孔之为政也专，国人患之，乃讨西宫之难与纯门之师，子孔当罪。……子展、子西率国人伐之，杀子孔而分其室”(襄十九年)。卫“孙氏夜哭，国人召宁子，宁子复攻孙氏，克之”(襄二十六年)。郑“子皮以子展之命饩国人粟，户一钟，是以得郑国之民，故罕氏常掌国政，以为上卿”(襄二十九年)。“郑伯及其大夫盟于大宫，盟国人于师之梁之外……驷带率国人以伐之。……伯有死于羊肆”(襄三十年)。莒“犁比公虐，国人患之。十一月，展舆因国人以攻莒子，弑之，乃立……书曰‘莒人弑其君买朱鉏’，言罪之在也”(襄三十一年)。是亦左氏直“国人”，不直无道之君之证。“子产作丘赋，国人谤之”(昭四年)。虽以子产之贤能，加重军赋，犹为“国人”所谤。鲁季孙氏家臣南遗使“国人”助叔孙氏家臣竖牛，竖牛遂得胜(昭五年)。齐大夫“战于稷，栾、高败，又败诸庄，国人追之，又败诸鹿门。栾施、高强来奔，陈、鲍分其室”(昭十年)。楚灵王之败，右尹子革曰“请待于郊以听国人”(昭十三年)。“莒著丘公卒，郊公不慼，国人弗顺，欲立著丘公之弟庚舆”(昭十四年)。“莒子庚舆虐而好剑，苟铸剑，必试诸人，国人患之，又将叛齐。乌存帅国人以逐之”(昭二十三年)。卫侯欲叛晋，“朝国人，使(王孙)贾问焉，曰：若卫叛晋，晋五伐我，病何如矣?皆曰：五伐我，犹可以能战。……乃叛晋”(定八年)。“季氏堕费之役，费人袭鲁，围公及三桓于季氏之台。孔子命申句须、乐颀下伐之，费人北。国人追之，败诸姑蔑”，叛臣奔齐，“遂堕费(定十二)。晋大族范、中行氏作乱，“伐公，国人助公，二子败，从而伐之”，二氏奔朝歌(定十三年)。上哀元年左氏文，陈怀公朝国人，问从吴、楚之事。齐陈、鲍等氏与上卿国、高二氏战，二氏败，“国人追之”，二氏出亡(哀六年)。陈“辕颇为司徒，赋封田以嫁公女，有余以为己大器，国人逐之，故出”(哀十一年)。楚白公之乱，“国人”爱戴叶公，“攻白公，白公奔山而缢”(哀十六年)。鲁哀公以妾为夫人，“国人始恶之”(哀二十四年)。宋大尹专政，“国人恶之”，执政戴氏“使国人施于大尹”，大尹奔楚(哀二十七年)。鲁哀公出亡，“国人施公孙有山氏”(同上)。又左氏常言“以靖国人”(文十八年、成十五年、昭十三年、昭二十六年等)，或言“以说于国(昭二十八年，《越语》亦云然)。又有“盟国人”之记载(如襄二十五年、襄三十年、定六年等)。此类皆见“国人”地位之重要。《晋语》谓惠公改葬共世子，国人弗顺，诵之云云。又谓厉公为“国人”所“不蠲”，故被弑于翼。《诗·陈风·墓门》：“夫也不良，国人知之。”《曹风·鸤鸠》：“淑人君子，正是国人。正是国人，胡不万年。”是等皆春秋时“国人”为国家主力之证也。“国人”即“邦人”。《诗·沔水》“嗟我兄弟，邦人、诸友”，“诸友”指族人等，则“邦人”似皆与国君“大宗”有亲姻关系，故其势力如此之大。左氏载晋文公围阳樊，阳樊人苍葛呼曰：“此谁非王之亲姻，其俘之也！”晋侯“乃出其民”(僖二十五年)。《晋语四》作：“其非官守，则皆王之父兄、甥舅也。”“国人”所以有势力，即由于此。

此外又有所谓“舆人”者，亦与“国人”有关，不得不加考证。僖二十八年《传》，“(晋侯)听舆人之谋曰：称舍于墓，师迁焉，曹人凶惧。”又(晋侯)听舆人之诵曰：“原田每每，舍其旧而新是谋。公疑焉。”是二处之“舆人”皆难知为何种身份。《晋语三》:“惠公入而背外内之赂，舆人诵之曰……”云云，亦不知“舆人”为何种身份。《楚语上》云:“近臣谏，远臣谤，舆人诵，以自诰也。”“国人”亦常有“诵”，则“舆人”殆即“国人”中地位较低者乎？襄三十年《传》载子产“从政一年，舆人诵之曰：取我衣冠而褚之，取我田畴而伍之。孰杀子产，吾其与之。及三年，又诵之曰：我有子弟，子产诲之。我有田畴，子产殖之。子产而死，谁其嗣之？”子产使“都鄙有章，上下有服，田有封洫，庐井有伍”，则或“舆人”先前衣冠“逾制”，田畴“逾畔”。子产整顿“井田”、“封建”、“宗法”之制，抑制“僭越”，故“舆人”反对之。其后子产发展教育及生产，使“舆人”既富而又有文化，故“舆人”又歌颂之。若然，“舆人”必非奴隶或贱民，而为国都中甲士一类人物也。考《晋语三》，丕豹曰：“今又杀臣之父及七舆大夫，此其党半国矣。”服虔《左传注》:“下军之舆帅七人属申生者。”《国语》韦《注》:“七舆，申生下军之众大夫也。”考僖二十五年：“秦人过析隈，入而系舆人，以围商密。”此“舆人”似为戍城之战士。晋有舆尉、司马等官。襄三十年《传》:“晋悼夫人食舆人之城杞者，绛县人或年长矣，无子而往，与于食。有与疑年，使之年，曰：‘臣，小人也，不知纪年。臣生之岁，正月甲子朔，四百有四十五甲子矣。其季于今，三之一也。’吏走问诸朝，师旷曰：‘……七十三年矣。’……赵孟问其县大夫，则其属也。召之而谢过焉，遂仕之，使助为政。辞以老，与之田，使为君复陶，以为绛县师，而废其舆尉。”此为研究“舆人”身份最重要之一段史料。服虔《注》“舆尉”为“军尉”，似是。盖“舆人”即战士之一种，故晋文公出征时听“舆人”之谋，闻“舆人”之诵，“七舆大夫”盖司“舆人”之较高长官，而舆尉则其直接指挥(地位次于元尉)，“舆司马”则司“舆人”之军法者也(地位次于“元司马”)。“舆人”不但参军役，且参其他行役，其地位之低者或等于“役夫”，凡筑城等事皆为之(哀二十三年：“是以不得助执绋，使求从舆人。”《会笺》“舆人盖丧车之人，观舆迁柩，舆曳柴，似执推挽之役者。”其说可供参考。若然，则昭十二年周原伯绞虐其“舆臣”，使曹逃，“原舆人”逐绞而立公子跪寻，亦此类“舆人”。昭八年：陈舆嬖袁克杀马毁玉以葬，“舆嬖”亦即高级“舆臣”)。然“舆人”仍为国都中之人。“绛县”者，晋之国都也。“舆人”盖“国人”中之从征从役者耳。以其地位较低，故用贱隶之名称之为“舆人”也。“舆人”可有田地，且可有“衣冠”，并有能受教育之“子弟”，其非城外务农之“庶人”或奴隶可知矣。

“国人”既有地位，且为“国”之支柱，故甚至能左右政事。近人或谓“国人”参与朝会、国之盟誓等，即上古“民众大会”之孑遗，此说可供参考。“国人”既有甚大之势力，故常有起义反对君大夫暴政之举，常能逐杀国君、大夫而取得胜利。此即所谓“国人起义”。西周末年，周厉王暴虐“专利”，“国人”谤王，王杀谤者，激怒“国人”，三年后遂起暴动，“流王于彘”，且围太子于召公之宫，欲杀之。召公以其子代，始免太子。国家无主，于是“共和行政”十四年。“国人”怒息，宣王始得即位。春秋时王子朝犹不敢否定此次“国人”起义，左氏于“国人”起义亦多不予否定也。又春秋末年，三次“百工”参与暴动，亦带有“国人”起义性质，左氏亦未予完全否定(特别是后二次成功者)。

(101)重人轻天思想

子产曰：天道远，人道迩，非所及也，何以知之。(昭十八年)

案：此种重人轻天思想周初已有萌芽，如《书·君奭》周公曰：“天命不易，天难谌，乃其坠命。”“天不可信，我道惟宁(文)王德延。”西周后期及东周初期诗《节南山》：“昊天不佣，降此鞠讻。昊天不惠，降此大戾。”“不吊昊天，乱靡有定。”《正月》：“民今方殆，视天梦梦。”《十月》万民之孽，匪降自天。”《雨无正》：“浩浩昊天，不骏其德。”等等皆可征。此盖周代统治者监于殷代统治者之迷信昏乱，因以亡国，故引以为戒，逐步产生重人轻天思想。至春秋时，此种思想益为发展，遂开后世学者怀疑鬼神甚至否定鬼神思想之先河。然春秋时此类思想尚在渐变时期，左氏所载当时开明士大夫之论，虽或出左氏文饰，然大致尚可代表此时期思想之一部分，其特点为在天人间题上，对于天鬼往往介于信与不信之间，子产之思想即是如此。最典型者为僖十六年周内史叔兴(古“史”、“巫”不分，“史”、“巫”皆所谓“知天道”者)之言，是年《传》载：“陨石于宋五，陨星也。六鹢退飞过宋都，风也。周内史叔兴聘于宋，宋襄公问焉，曰‘是何祥也？吉凶焉在？’对曰‘今兹鲁多大丧，明年齐有乱，君将得诸侯而不终。’退而告人曰：‘君失问，是阴阳之事，非吉凶所生也。吉凶由人，吾不敢逆君故也。’”既曰“是阴阳之事”，“吉凶由人”，又告宋襄以预言。预言既中，则非仅自然之事(即所谓“阴阳之事”)，而吉凶亦由天也。此其中杂有预言，自非真内史叔兴之言，然是类记载大致可以代表春秋时人之天道观念，盖以为天道虽确有吉凶征兆(此为过去之宗教迷信)，然人应尽人事而不必预测天道之吉凶，是即所谓“尽人事而听天命”之思想也。后世儒家思想往往近此，然亦有直言“无鬼神”不信天道之论。总之，此类思想已肇基于春秋时人之思想中矣。

又案：殷代已有“上帝”，周人承之，然往往称之为“天”。则“上帝”已有开始自然化之倾向。人世间既有王公、大夫、士各级贵族，故天上亦有“上帝”及各级各种神祇，此亦社会政治制度之反映。殷人最崇拜祖先，而以“上帝”为祖先所自出，则“上帝”本由部落神转化而来可知。周人自亦承殷人之祖先崇拜，然上帝之崇拜较为突出，则以周代国家规模更完整，故称“天”而治为更有需要也。“天子”被认为天之子，即为继承“天帝”之“大宗”，故有统治全“天下”之资格，此亦宗法制度在宗教上之反映。至于司土地之“社”神及司百谷之“稷”神合称“社稷”，成为国家之代名词，则农业生活之反映于宗教者。“社”、“稷”等神亦往往与贵族“国人”之祖先相混，此亦中国古代宗教宗法性较强之征。战国初年之墨家，往往连称“天”、“鬼”，“天”、“鬼”即“神”、“鬼”，既为“神”、“鬼”，亦为祖先也。中国古代较原始之宗教，至春秋战国间而崩溃转化，此与原始之宗法制度之崩溃转化相互联系。至于所谓“妖怪”，则一般为物之灵，似为原始时代拜物宗教之残留。

又案：春秋时人尚言“国之大事，在祀与戎”。可见宗教生活在春秋时尚甚重要，至后世虽怀疑鬼神，然仍重视祭祀，祭祀逐渐由宗教而礼而文化矣。

(102)原始民主主义思想

所谓道，忠于民而信于神也。上思利民，忠也。祝史正辞，信也。(桓六年)

案：此重民轻神思想之始见，(西周时已有所谓“敬天保民”之思想，盖亦鉴于殷代统治者因残暴以致亡国而发生者。)与重人轻天思想相联系。所谓“民”者实指“国人”，非泛指一般人民。彼时之人盖以为“夫民，神之主也，是以圣王先成民而后致力于神”(然此类言论未必为春秋初年季梁之思想)。此即《论语》所谓“务民之义，敬鬼神而远之”思想之先河。春秋时所以发生此种思想之故，其基础在古代军事民主制残迹之遗留，及“国人”地位之日渐重要，且自西周末“国人”大起义后，春秋时屡有国人与执政贵族抗争之事，国人既为贵族统治者实力之支柱(以治“野人”，敌他国他族)，贵族统治者不得不重视之，且不得不畏之。执政贵族中之较开明分子为缓和阶级矛盾及贵族阶级内部之矛盾，故高唱所谓“重民”。“民本”之论。以为迷信鬼神无用，唯有得国人之支持，依仗“国人”以生存，并发展自己之势力，是即春秋时代所谓“重民轻神”、“重民轻天”等思想之本质。昭三年，齐晏子曰：“公弃其民而归于陈氏……民人痛疾而或燠休之，其爱之如父母而归之如流水，欲无获民，将焉辟之。”昭三十二年，晋史墨曰：“鲁君世从其失，季氏世修其勤，民忘君矣，虽死于外，其谁矜之！社稷无常奉，君臣无常位，自古以然。”此等语虽或出于战国初期人之手笔，然至少可反映春秋后期人思想之一部分。读此二节文，则“重民”思想之来历已明确可见。上层贵族之逐渐没落，下层贵族及一部分富裕“庶民”之逐渐抬头，即为此种思想发生及发展之主要原因。旧宗教思想之衰落，则其次要之因素也。左氏等书中反映此类思想之记载甚多，无用赘举。

(节选自《春秋左传研究》(校订本)，中华书局2006年版)

【评　介】

童书业(1908—1968)，字丕绳，号庸安，别名吴流、冯鸿、冯梅、友梅、章卷益、卷益、童疑，安徽芜湖人，我国知名史学家，古史辨派的代表之一。祖籍浙江鄞县(今宁波)，祖父童祥熊是光绪九年(1883)进士，授翰林院编修，官至安徽道台，童家自此移居安徽，辛亥革命后迁居上海。

童书业只念过几年家乡私塾，连中学也没有正式上过，但他酷爱文史。1928年，童书业开始致力于研究中国上古史。1934年，他将文稿《虞书疏证》寄给自己仰慕已久的古史辨派领袖顾颉刚，又在《浙江省立图书馆馆刊》发表对顾颉刚所著《尚书研究讲义》第一册的评论文章，得到顾颉刚的赏识，顾颉刚遂邀请当时在浙江图书馆印刷所当校对员的童书业当自己的私人研究助手。1935年6月，童书业如约来北京，顾颉刚亲赴车站迎接他，并让他担任燕京大学和北京大学助教，薪金由顾颉刚自己支付，食宿也在顾家。当时，顾颉刚主持的研究我国历史地理的禹贡学会请童书业担任编辑，童书业给《禹贡半月刊》编了一册《古代地理专号》。"七七"事变后，顾颉刚因被日本人列入黑名单不得已匆匆搬到大后方，童书业只得南归，先在吕思勉主持的光华大学历史系任讲师，讲中国历史地理，写了《中国疆域沿革略》(开明书店1946年版)。同时，遵从顾颉刚的安排，与吕思勉一起合编《古史辩》第7册(开明书店1941年版)。后来，童书业曾在江苏省宜兴张渚镇、常州横林镇等地的中学授课，和后方通讯困难。1945年，杨宽聘童书业为上海博物馆历史部主任，兼任光华大学和无锡国专的教授。抗战胜利后，童书业才与回到苏州老家的顾颉刚重新见面，童的夫人和孩子便住在顾家。1949年8月，由杨向奎引荐，童书业从上海来到青岛的山东大学任历史系教授，并先后担任山东大学历史系副主任、山东大学文学研究所研究员、山东省科学委员会委员等职务。童书业曾是山东省政协第2、3届委员会委员，并被选为山东省青岛市第1、2届人大代表。1958年，因山东大学迁校，童迁居济南市。童书业还是"九三学社"社员。1968年1月8日，因病不治逝世。

童书业是顾颉刚的得意门生，他沿着顾疑古辨伪的思路写出《礼记考》和《虞书疏证》，其《少康中兴辨》成为顾、童二人合写《夏史三论》的重要组成部分。顾颉刚回忆道："可以说，抗战前几年我在学术上做出一些成绩，和这位好助手的劳动是分不开的。"(《春秋左传研究序》)1951 年，在"知识分子思想改造运动"中，迫于形势压力，童书业撰写《〈古史辨派〉的阶级本质》，与恩师顾颉刚及古史辨派划清界限。1961 年恢复学术研究后，童书业将研究方向又转向古史及对古籍的考辨。显然，童书业晚年的研究领域与方法与老师顾颉刚是相似的。1963 年年末，顾颉刚病重手术前写给童书业的信中说："……平生积稿，只有赖诸位至交为作整理。您为最知我者，所负之责任亦最重也。"没想到的是，童书业竟先顾颉刚而去。童书业的遗稿《春秋左传考证》和《春秋左传札记》竟是由其恩师订正、作序并推荐出版的："我多年来积存了近百册读书笔记，要人帮助整理，他比我小十多岁，对我的学术思想又了解，自然是最合适的人选，想不到他竟会先我而逝，今天转由我来为他这部遗著执笔撰序。"(《春秋左传研究序》)

《春秋左传研究》是童书业的遗稿《春秋左传考证》和《春秋左传札记》的合订本。童书业素以研究春秋史著称。当年顾颉刚和童书业在燕京大学及北京大学讲春秋史时所用的讲义就是童书业写的，此讲义于 1946 年在开明书店出版。出版后，童对《春秋史》用白话叙述且没引用原始史料自感不满，故想另写一部《春秋考信录》，以提供春秋史的史料并加以考证。在实际撰写过程中，童又改变了计划，并最终撰成了《春秋左传考证》，原因正如顾颉刚所说："古史传说和西周史事的较原始史料仍以见于《左传》者为多，运用《左传》等记载才有可能把古史传说和西周史事考证清楚。"(《春秋左传研究序》)也正由于此，童书业被批评是"左癖"。童曾委屈地辩解道："不知生撰此书时，曾搜尽所有春秋史料，互相比勘、考校之结果，为求真计，只得尽据《左氏》，非不欲博，恐失真也。"(《顾颉刚读书笔记》第 2424 页，亦见童教英"校订说明")此言真矣。由此可见，童书业在春秋史研究中于《左传》用力最深。

《春秋左传考证》于 1965 年动笔，1966 年 5 月完成，12 月改定。《春秋左传札记》在 1967 年下半年写出初稿，这时离童书业逝世只有几个月，后由其婿黄永年帮助润饰。1973年，童夫人把书稿寄给顾颉刚，顾介绍给上海人民出版社张志哲，又请山东大学历史系徐鸿修进行了整理，1980年10月出版，顾颉刚作序言。2006年8月中华书局再版，其子童教英再次校订。

《春秋左传考证》分两卷，第一卷主要是童书业1961年以前的研究，共120条，包括五部分：古史传说之部(1~21)、西周史之部(22~34)、春秋史之部(35~70)、西周春秋制度文化之部(71~103)、春秋地理之部(104~120)。第二卷是童书业1961年以后发现的新问题，内容简单，只有13条，附录有两篇：一是《春秋经、传考异》，二是作者后记。在后记中，作者叙述了《春秋左传考证》的成书过程、编排体例及撰写原因，有助于读者整体上把握该书稿的内容。作者在后记中对《左传》的著作时代和作者提出了自己的看法，认为作者是吴起，《左传》的下限是公元前330年左右。

《春秋左传札记》是童书业对《春秋左传考证》的补充。作者觉得《春秋左传考证》太过繁复，且其中多属常识，遂作此札记，只取本人心得，以简明为主，不取繁琐考据。《札记》大体有3万字，也分两卷：第一卷是系统地考证古史传说和西周及春秋的重要史事，有70条；第二卷则是若干专题的考证，计32条。附录两则，即《周代谥法》与《春秋左传作者推测》。童书业推测《左传》"当即在战国前期大体写成"，作者"盖吴起及其先师后学陆续写定，惟吴起之功为多耳"。顾颉刚介绍道："这《札记》和《考证》一简一繁，各有所长。读者可先看《札记》，得其概要，欲更求其详，则再看《考证》。"(《春秋左传研究序》)

《春秋左传研究》的优点，顾颉刚在序中总结为三点，现抄录如下：

> (1)系统、全面。正如《札记》例言所说，"保存太古传说、西周春秋史事之完整体系"。一部考证性的著作做到这点是极不容易的，这不比编写讲义教科书可以承用别人的陈说，每一条都必须经过自己的钻研，提出自己的见解。因此考证著作通常只能考证某几个方面，解决某一些问题，像丕绳教授这样从古史传说

到西周春秋史事作出系统全面的考证过去还不曾有过。

(2)当年吕诚之先生给丕绳教授《春秋史》写的序言中说："考索之精，去取之慎，盖未有逾于此书者。"这个评语完全可以移赠给丕绳教授这部遗著。研究过古史的人都知道，古史的史料是既多且复杂的，搜集固不易，鉴别更困难。丕绳教授这部遗著正好承担并出色地完成了这项艰巨的工作，把浩繁的史料经过"去粗取精，去伪存真"，按专题汇集到一起，并且提出审慎精到的看法。使后来的研究工作者不致无所适从、事倍功半。

(3)过去研究古史传说的人比较多一些，研究西周史的也有一些，研究春秋史的则寥寥无几，多年来除丕绳教授的旧著《春秋史》外还不曾有过第二部专著。而这部遗著较之旧著《春秋史》可以说是"百尺竿头，更进一步"。尤其春秋后期社会经济的变化、宗法封建的解体、列国政权的转移等重大问题，都是前人所不甚了了，而这部遗著首先提出并解决得比较好的。这些都是丕绳教授60年代的新收获。

顾颉刚虽然没有提及，但是《春秋左传考证》同样存在不足之处，如童书业对《左传》作者和成书时间的观点就很值得商榷："惟《考证后记》中谓'以为吴起'(页288)，实嫌论据不足，余于拙作《左传编撰考(下)》中已言之，兹不赘。又有《札记》二卷，童君谓《考证》文字繁复，乃作《札记》，盖取其文字简明。其实从题目上看内容与《考证》大体相同，令人读之殊感重复，不如去之。"①此外，赵光贤对《春秋左传考证》中的一些具体问题也提出了不同的看法："然亦有疑古太过，证据不足，以至不能自圆其说者，试举一例。关于吴越二国，童君谓其人民为越族，故有断发文身之习，对于吴国之君则疑其非姬姓之后……童君怀疑华夏之族文化较高，决不能断发文身，用夷变夏，因创为此说，又疑其为汉阳诸姬之后，皆系臆测，未免为是书

---

① 赵光贤：《评童书业著〈春秋左传研究〉》，载《文学史研究》1982年第1期。

之累。"①不过，这并不能降低《春秋左传考证》的学术价值。除顾颉刚外，《春秋左传考证》亦获得学界的一致好评："方诗铭曾说：童先生以考据的方法研究理论。学界很多人认为《春秋左传考证》以社会发展观念审视古籍，考求春秋这一中国古代社会变化最激烈时期的历史真相。"(《春秋左传考证》再版"校订说明")此书确实是一部值得阅读的著作。此外，童书业的治学范围较广泛，除古史外，他对古代地理、先秦诸子思想、中国绘画史、中国瓷器史都颇有研究。他还是一位艺术家，兼擅山水画。

(王晓鹃)

童书业主要春秋类作品目录

一、著作

1.《春秋左传研究》：童教英注解，上海人民出版社1980年出版；中华书局2006年再版。

2.《春秋史》：开明书店1946年出版；山东大学出版社1987年再版；上海古籍出版社2003年重印，收入《蓬莱阁丛书》；中华书局2006年再版，童教英校订；商务印书馆2012年再印，收入《中华现代学术名著丛书》。

3.《古史辨》第七册：吕思勉、童书业编，开明书店1941年出版。

二、论文

《国语与左传问题后案》：载《浙江省立图书馆馆刊》1935年第4卷第1期。

(王晓鹃整理)

---

① 赵光贤：《评童书业著〈春秋左传研究〉》，载《文学史研究》1982年第1期。

左传疏证(存目)

徐仁甫

【评　介】

徐仁甫(1901—1988),名永孝,字仁甫,四川大竹县人,室名乾惕楧,晚年自号乾惕翁,取《易经》"君子终日乾乾,夕惕若,厉无咎"之意。1923年春入国立成都高等师范学校,跟随著名语言文字学家赵少咸学习文字与声韵学。1928年春任教于成都宾萌公学,1942年夏任大竹文献征存委员会委员,并任教于成都建国中学,1943年任大竹私立潾山中学校长。期间,自费创办杂志《志学月刊》,并得到好友姜亮夫、罗孔昭、邓子琴、杜道生等人资助,当时川内外著名学者马一浮、熊十力、谢无量、顾惕生、黎锦熙、杨树达等均投稿支持,杂志共办25期。1945年任四川大学城内部夜校特约教授,1947年任四川大学中文系教授兼文科研究所指导。1949年,任四川尊经学院与东方文学院教授。新中国成立后,在四川师范学院任教。1972年退休。1981年,先后任四川省社会科学院文学研究所特约研究员和四川省语言学会理事。1984年,徐仁甫任四川省古籍整理出版规划学术委员,并担任四川省人民政府文史研究馆特约馆员。

徐仁甫主要致力于古代汉语方面的研究,对虚词的研究尤有造诣,主要著作有《杜诗注解商榷》(中华书局1979年版)、《左传疏证》(四川人民出版社1981年版)、《广释词》(四川人民出版社1981年版)、《古诗别解》(上海古籍出版社1984年版)和《广古书疑义举例》(四川人民出版社1981年版)等。

《左传疏证》是徐仁甫积20余年之力而成之著作,1981年在四川人民出版社出版。徐仁甫将《左传》同有关秦汉古籍细加比勘剖析后,认为《左传》并非成于先秦的解经之作,而是西汉末年刘歆所作,并辩驳了今文学家康有为、廖季平的若干纰疵。《左传疏证》共10卷，炜俊将其分为四个部分①：

第一部分，即该书卷一《论左丘明撰〈国语〉》。作者指出："司马迁两言'左丘失明，厥有国语'。一见《史记·自序》，一见《汉书·司马迁传·报任安书》。"这就是说，司马迁肯定左丘明的著作只有一部《国语》。同时，作者又用具体事例说明："今观《史记》全书，只用《国语》《公》《穀》，未尝一引《左传》……则司马迁不见《左氏传》，审矣。"这一部分虽然篇幅不多，但却抓住了问题的突破口。说明左丘明所著仅有《国语》，就等于否定了左丘明作《左传》的传统说法，这样就为后面逐步论证刘歆作《左传》奠定了第一块基石。

第二部分，即该书卷八《论西汉人不见〈左传〉》。简明扼要地论证了从西汉初年的陆贾、张苍到贾谊、司马迁，再到刘歆的父亲刘向以及同时的师丹、龚胜、梅福等人都没有见过《左氏传》，直到刘歆领校秘书，才提出有《左氏传》一书。这就不能不使人想到：最先提出《春秋左氏传》并要求把它立于学官的刘歆，很可能就是《左传》的真正作者。然而，这毕竟只是一种猜测，要真正得出《左传》确实为刘歆所作的结论，则还需要从《左传》本身寻找内证，这正是本书另外两个部分所要着力解决的问题。

第三部分是全书的重心所在。作者用了整整七卷的篇幅(卷二至卷七，再加卷九)，分别将《左传》同《国语》《公羊》《穀梁》《檀弓》诸子之作《史记》《新序》《说苑》《列女传》进行比较，抉剔扒梳，洞幽发微，指出《左传》从上述各书(《公羊》《穀梁》《檀弓》除外)采录资料共达311则之多。特别重要的是，作者用实例说明《左传》从刘向编纂的《新序》《说苑》《列女传》中采录资料共42则，从而说明《左传》成书是在这三书之后。这样，作者得出《左传》为刘歆所作的结论也就瓜熟蒂落、水到渠成了。

值得强调指出的是，作者充分发挥了自己长期研究和教授古代汉语的特长，深入考察了《左传》在虚字的使用上同其他各书不同的五个方面，从语言学、考据学、校雠学的角度入手，把这当作考证《左

① 炜俊：《左传疏证简介》，载《社会科学研究》1982年第1期。

传》成书在其他各书之后的一把钥匙，而很少作无根之谈，这是本书的一个重要特点。例如，《左传》有九处将《国语》中的“若”字改为“如”字，为了解释这个现象，作者先引用了瑞典著名汉学家高本汉总结出的规律，在作“象”解释时，《国语》“若”、“如”并用，《左传》则纯用“如”字。接着作者指出：“据此可见乃《左传》采《国语》，决非《国语》采《左传》。《国语》本为‘若’、‘如’并用，若《国语》采《左传》，则可仍用《左传》之‘如’字，不必改‘如’为‘若’也。两书所用虚字不同如此，可证决非一人之作。”这样分析符合语言发展的客观规律，很有说服力。

第四部分，即卷十《论〈左传〉出于刘歆之手》。作者根据班固、王充的评价，指出刘歆才识超群，这是他作《左传》的主观条件。另一方面，从河平中(前28—前25年)到建平元年(前6年)，“总计刘歆先任分校，后任总校，在秘府历时共二十余年”。这是他作《左传》的客观条件。作者还将《左传》同刘歆为文的习惯加以比较，指出二者虚词用法相同，句法相同，义法也相同。这就进一步证明《左传》确实为刘歆所作。

作者郑重指出，刘歆作《左传》是“遍采群书而非遍伪群书”，其伪在托名，而其事实皆通过校雠考证，比群书更可靠，并非伪撰。明确这一点是十分重要的，它可以使人们不致因为指出《左传》为刘歆所作而怀疑和否定《左传》本身的史料价值。至于刘歆为何要托名左丘明，作者也作了解释：“事实证明，当时著书，多托于古人，时势好古使然耳。歆书多采《国语》，而《国语》乃孔子同时人左丘明所作，传闻固不如亲见，则托之左氏，不亦宜乎！”

由此可见，炜俊对《左传疏证》的介绍非常精到，既简明扼要，又切中主旨。其实，在《左传疏证》出版之前，徐仁甫已经有多篇关于《左传》的论文发表，如：《马王堆汉墓帛书〈春秋事语〉和〈左传〉的事语对比研究——谈〈左传〉的成书时代和作者》(《社会科学战线》1978年第4期)、《左丘明是〈左传〉还是〈国语〉的作者》(《社会科学研究》1979年第3期)、《论刘歆作〈左传〉——与持不同意见的同志商榷》(《文史》1981年第11期)、《再论刘歆作〈左传〉——从〈左传〉的事实和语言研究证明〈左传〉成书在刘向后》(香港《抖擞》1982年第

49期)等，反复阐述刘歆作《左传》的观点。显然，徐仁甫坚守的是清末刘逢禄、康有为和崔适等今文学家的立场，其考证也越发细致，结论也更肯定。本来，自古史辨派之后，关于《左传》真伪问题的研究已逐渐沉寂，而徐仁甫30年后旧事重提，自然令学界意外。1979年，宋敏、洪成玉、杨伯峻和胡念贻等人先后撰文和徐仁甫论争，尤其是胡念贻的《〈左传〉的真伪和写作时代考辨》(《文史》第11辑)一文，通过有力的证据，指出徐仁甫的结论是通过主观主义的研究方法得出来的。沈玉成将这种研究方法总结为三点①：

> 一、否认客观，颠倒事实。凡战国、西汉文字和《左传》相同或相似之处，持伪作说者或者认为二者都据“《国语》原本”，或者认为刘歆窜入。这个“原本”在古代记载中连影子都找不出来；《史记》中大量采用《左传》文字，并且像采用《尚书》一样作了必要的加工改动，持伪作说者动辄以为刘歆窜入，“任意颠倒，无理可说，而他们却是习以为常”。
>
> 二、虚张声势，回避问题。持伪作说者对两个极其重要的问题避而不谈，即第一，《左传)编年，如果出于刘歆的任意编排，则《春秋》时代二百余年信史就成为一团漆黑；第二，《国语》文学成就远不如《左传》，《左传》中生动形象的描绘如果全出于刘歆，刘歆将无愧于历史上第一流的文学家，然而又毫无证据证明刘歆具备如此的文学才能。
>
> 三、涂抹历史，不合情理。哀帝时博士们和刘歆的争论，焦点是“《左氏》不传《春秋》”而并没有否认《左传》本身是一部古书。在当时的情况下，刘歆伪作这样一部大书竟然不被揭穿，除非属于两种情况之一，即第一，刘歆是一个大权奸，指鹿为马，人们明知其作伪而不敢指出；第二，博士辈都是不学无术之徒，根本不知道先秦有什么典籍。而事实上这两种情况都不可能。当时的执政大臣师丹和经师儒生们对刘歆都要置之死地而后快，他

① 沈玉成、刘宁：《春秋左传学史稿》，江苏古籍出版社1992年版，第370~372页。

们给刘歆加上“改乱旧章，非毁先帝所立”的罪名而并没有加上更严重的“伪作”罪名。

总之，通过以上的辨析，明眼人都能看出刘歆伪作《左传》一事是根本不成立的。刘歆所处的时代和今文学派占统治地位的学术环境，都不允许、也不可能让刘歆花费18年时间伪造这么一部大书。经过胡念贻的这次总清算，刘歆伪造《左传》说应该有了明晰的结论。

当然，这并不是否定《左传疏证》的价值。徐仁甫是一个语言研究者，本无意卷入经今古文和古史辨派的论争，但高本汉从语法角度研究《左传》，引起徐仁甫的极大关注，他认为高本汉的研究仅限于《左传》和《国语》，故有必要在此基础上扩展考证。通过反复比较《左传》博采群经的规律，徐仁甫发现其语言特点与刘歆行文之法暗合，然后结合史事及汉代历史背景，得出刘歆《左传》是刘歆伪托的结论。研究《国语》的俞志慧曾评价道：“徐仁甫先生曾专门做过这样的比较，尽管他先验地认为《左传》出于刘歆之手，故而论证角度多有可商，但排比《左传》与《国语》的相关材料达七十七则，这对我们对比二书的特点无疑是有重要帮助的，尤其是他对某些细部的观察很能给人启发。譬如他说：‘《晋语》载僖负羁谏曹君之词凡二百余言。《史记》、《列女传》与《左传》皆略而不载。此《国语》之所以名为‘语’，《左传》之所以重记事欤！’类似这样的按语还有不少，都十分切合《国语》言类之‘语’重在中间言论一段，而《左传》则更侧重历史叙事完整性的特点。”①这一评价不失公允。况且，《左传疏证》出版时徐仁甫已逾80高龄，正如炜俊所说：“徐仁甫先生以八旬高龄，仍著述不辍，这种老当益壮的精神实在令人钦佩。”②

（王晓鹃）

---

① 俞志慧：《〈国语〉周、鲁、郑、楚、晋语的结构模式及相关问题研究》，载《汉学研究》2005年第2期。

② 炜俊：《左传疏证简介》，载《社会科学研究》1982年第1期。

徐仁甫主要春秋学作品目录

一、著作

《左传疏证》：四川人民出版社1981年出版。

二、论文

1.《左传赋诗考》：载《志学月刊》1942年第9期。

2.《马王堆汉墓帛书〈春秋事语〉和〈左传〉的事语对比研究——谈〈左传〉的成书时代和作者》：载《社会科学战线》1978年第4期。

3.《左丘明是〈左传〉还是〈国语〉的作者》：载《社会科学研究》1979年第3期。

4.《论刘歆作〈左传〉绝句五十二首选刊四首》：载《社会科学战线》1980年第1期。

5.《论刘歆作〈左传〉绝句五十二首选刊五首》：载《社会科学战线》1980年第2期。

6.《论刘歆作〈左传〉——与持不同意见的同志商榷》：载《文史》1981年第11期。

7.《书瑞典马悦然博士〈关于公羊传"于"字的研究〉后》：载《抖擞》(香港)1981年第44期。

8.《再论刘歆作〈左传〉——从〈左传〉的事实和语言研究证明〈左传〉成书在刘向后》：载《抖擞》(香港)1982年第49期。

9.《刘歆作〈左传〉一证》：载《中华文史论丛》1982年第2期。

10.《〈公羊〉辩证〈穀梁〉辩证》：载《抖擞》(香港)1983年第54期。

11.《经传中"不""无"为语词辨》：载《西南师范学院学报》1983年第1期。

12.《廖季平经学思想的衍化》：载《四川文史资料选辑》1985年第35期。

(王晓鹃整理)

左传之文学价值(节选)

张高评

第九章　为叙事文字之轨范　(叙事第九)

叙事之文，昉于古史官，比事属辞，春秋之教也。其变无穷，其数未易尽，故今古文人其才多尽于叙事。文之为体博矣，而以叙事为尤难。清李绂曰："文章惟叙事最难，非具史法者，不能穷其奥窔也。"(《秋山论文》)章学诚云："叙事之文，题目即在文辞之内，题散而文以整之，所谓事征实而难巧也。"(《论课蒙学文法》)日人斋藤谦亦谓："凡作文，议论易，而叙事难。譬之叙事，如造明堂辟雍，门阶户席皆有程序，虽一楹一牖，不可妄移易。议论如空中楼阁，不厌出新意，故难易迥异。"(《拙堂文话》卷七)盖叙事尚实，太文，则失其所以为真；不文，又失其所以为传。如何叙事，方能翔实而又不失生动，固非兼具四长之良史不能矣。故刘知幾称："史之美者，以叙事为先"；又云："国史之美者，以叙事为工。"(《史通·叙事》)纂史如此，为文亦然：王葆心氏谓：作文叙事最难；朱筠曰：学文必自叙事始(《古文词通义》卷九)。善哉乎诸家之推言之也！叙事诚最难而又当首务者矣！

第一节　《左传》长于叙事

章学诚曰："文辞以叙事为难。今古人才，骋其学力所至，辞命议论，恢恢有余。至于叙事，汲汲形其不足，以是为最难也。"(《文史通义》外篇三《上朱大司马论文》)考文章叙事所以尤难，盖叙事须文简意足，语快而事详，所以为难也。然自啖助以下诸家，多盛赞

《左传》叙事之善：一则曰："博采诸家，叙事尤备，能令百代之下，颇见本末。因以求义，经文可知"(《春秋集传纂例》)。再则曰："左氏之叙事也，述行师，则簿领盈视，哤聒沸腾；论备火，则区分在目，修饰峻整；言胜捷，则收获都尽；记奔败，则披靡横前；申盟誓，则慷慨有余；称谲诈，则欺诬可见；谈恩惠，则煦如春日；纪严切，则凛若秋霜；叙兴邦，则滋味无量；陈亡国，则凄凉可悯；或腴辞润简牍，或美句入咏歌，跌宕而不群，纵横而自得。若斯才者，殆将工侔造化，思涉鬼神，著述罕闻，古今卓绝"(《史通·杂说上》)。三则曰："左氏先经以始事，后经以终义，依经以辨理，错经以合异，是记事之史，左氏其首也"(韩菼《左传纪事本末序》)。四则曰：叙事之法，"离合变化，奇正相生，如孙吴用兵，扁仓用药，神妙不测，几于化工，其法莫备于《左传》"(章学诚《论课蒙学文法》)。五则曰："左氏为鲁史官，亦不可以直书者，而能曲曲传之。其叙事之精善，非后世史家所及也"(陈澧《东塾读书记》卷十)。六则曰："人徒知左氏为文章鼻祖，不知左氏文多叙事。其词多列国聘享，会盟、修好、专对之所施；否则，战陈、御侮、取威、定霸之谋"(陈寿祺《左海文集·与高雨农书》)。七则曰："左氏叙事，纷者整之，孤者辅之，板者活之，直者婉之，俗者雅之，枯者腴之。翦裁运化之方，斯为大备"(刘熙载《艺概·文概》)。八则曰："左氏工纪事，委婉深曲，多寄意于语言之外，读者不可徒滞拘于字句间也。"(韩席筹《左传分国集注》页四)九则曰："左氏之叙事也，旁显侧映，以左射右，以后照前，如折俎之牲，散之不成其形，合之复完其情，所谓意到而句不到也。"又曰："以字摄句、以句摄篇，意以不尽为奇，词以不费为贵，气以不弛为上。读者但见其渊然之光，苍然之色，而无条畅快利之形，如高山深渊，回互应伏，观者意有虎豹龙蛇穴其中，而特未之见，乃所以为贵也。"(马宗霍《文学概论》页六十五引叔苴子语)若斯之比，要皆盛推其叙事之神妙者也。盖左氏于文，反复低昂，无所不究其至；其叙事有系统，有别裁，能溯原竟委，前后呼应。观《左传》之叙事，洵乎规矩方圆，不可胜用矣。盖左丘明所述，除本于孔子所记外，复参考百二十国宝书，故记事特详(注一)。以其叙事特详，故治春秋者，皆专据左氏之叙事，参以公穀之大义。信乎有经而无传，使圣人闭门思之，十年不能知也。(桓谭《新论正经》)扬言舍传求经者，实皆阴求诸《左传》之叙事，犹私窥谜底而射覆也。由此观之，《左传》之叙事，不独臻艺术之化境，饶文学之价值；且因以求义，经文可知，更富史学与经学之不朽价值焉。

第二节 《左传》叙事法举要

杜预《春秋序》称美《左传》之叙事，谓："其文缓，其旨远，将令学者原始要终，寻其枝叶，究其所穷。优而柔之，使自求之；餍而饫之，使自趋之。若江海之浸，膏泽之润，涣然冰释，怡然理顺。"刘熙载《艺概》亦曰："微而显，志而晦，婉而成章，尽而不污，惩恶而劝善；左氏释经有此五体，其实左氏叙事亦处处本此意"(《文概》)。春秋一书既标榜五例，左丘明复据以为作史之悬鹄，无怪乎其叙事精善若此也。故真德秀《文章正宗》录《左传》为冠冕，分辞命、议论、叙事三项，而叙事最有体要。如伐楚盟昭陵(僖四)，齐桓公之霸也。战于韩(僖十五)秦晋兵争之始也。战于泓(僖二十二)，宋襄求霸之终事也。战于城濮(僖二十八)，晋文公之霸也。济河焚舟(文三)秦穆公之霸也。战于邲(宣十二)，楚庄王之霸也。鄢陵之战(成十六)，言楚之不竞也。霸业与春秋相始终，左氏纤悉具备。而叙次城濮、邲、鄢陵诸大战，为史家权舆。其叙事文质事核，世称实录，信乎能原始要终，观变知风矣。若夫以简练生动之笔，叙错综复杂之事，尤左氏所专擅焉，说详《〈左传〉文章义法撢微》《锻句》一章，不赘。

叙事之法，学者论之伙颐，李绂《秋山论文》援举九类，《汉文正典》胪列十一目(注二)，毛宗岗"读三国志法"列举十二则(注三)章学诚《论课蒙学文法》楬橥二十三种(注四)，要皆不足以尽《左传》也。冯李骅著《左绣》，评点中之善本也，称赏《左传》之叙事，谓全出乎自己之剪裁。拈点其中叙事之法三十余，美之曰："种种手法，开天地未有之奇，作古今莫越之准。况词条丰蔚，经术湛深，又有溢乎重规叠矩之外乎"(《读左卮言》)。章学诚称："叙事之文，莫备于左氏。"(《丙辰札记》)此言良是。兹将《左传》叙事之法，条举如下，以见《左传》确为叙事之轨范，史界之太祖焉：

一曰正叙法：文质详略，各当其适是也。如周郑交质(隐三)，正叙其交质而交恶，由于王之失信；齐桓公卒(僖十七)，叙齐乱后，而立无亏；如楚子侵陈(宣元)，正叙楚侵陈宋，晋以伐郑楚救之，是其例也。

二曰原叙法：叙事之原本要终者也；如郑伯克段于鄢(隐元)，自姜氏偏爱酿祸，原原本本叙来；秦穆伐晋(僖十五)，将晋惠之失，与秦伯之所以伐晋，原始要终叙之；晋公子重耳之亡(僖二十三)，历叙游狄、卫、齐、曹、宋、郑、楚、秦诸国始末，是也。

三曰顺叙法：从前事依次叙起，后入正传者，最为叙事常法；如卫宣公烝于夷姜(桓十六)，通篇顺叙，文甚质直；楚司马子良生子越椒(宣四)，从越椒之生，叙到越椒之灭是也。

四曰逆叙法：将其人其事之结局扼重先叙，然后逆溯从前，以著本末者是也，如会于稷以成宋乱(桓二)，先叙宋乱而会，然后逆溯宋之所以乱，会之所以成；晋人败狄于箕(僖三十三)，先叙郤缺获白狄子，然后追溯郤缺之所以获举；郑伯兰卒(宣四)，先叙郑伯兰之卒，然后追溯郑伯之所名兰是也。

五曰对叙法：盖属辞比事之法，以两文或两文以上叙两人两事，或同时或不同时，回互激射，以明是非功过之所在者，如城濮之战(僖二十八)，邲之战(宣十二)，鄢陵之战(成九)，对叙晋楚二军，或通篇一线双行对叙(详参《左绣》评语)。又如申之会(昭四)，平丘之盟(昭十三)，亦两篇对叙：一写楚之示侈，一写晋之示威；一写椒举规楚子示礼，一写叔向劝晋侯示威；一写楚戮庆封，一写晋执季孙，皆两相映对而叙也。

六曰类叙法：解散史事，分类重组而叙之，事有主从，笔有轻重，类聚群分之法也；如长狄绝种(文十一)，本叙侨如一人，连类以及缘斯、焚如、荣如与简如；晋侯獳卒(成十)，始也因梦而病，继则病复变为梦，末更因梦而死，因梦之奇类叙之如此；周原伯绞虐其舆(昭十二)，一虐民而为民所逐，一去族而为民所诛，亦连类而叙之，是其例也。大抵类叙数事，必以一事为主，用笔方有轻重，立格方有剪裁。(《左绣·定元晋执仲几》评语)史书合传之法，盖脱胎于此。

七曰侧叙法：专叙题之某一点或某一方面，其余或带叙或竟不叙，以收烘托之效者是也；如召陵之盟（僖四），侧重叙齐桓一边，而楚带叙；晋重之得国，就从者一边叙出（僖二十四）；南宫万奔陈（庄十二），乘车辇母，一日而至；邲之战，上军下军争舟，侧写舟中之指可掬，麻隧之战（成十三），亦侧写晋吕相之词令，预言晋以和成，此皆侧写其一而显露其余者。若夫《左传》前半出色写一管仲，后半出色写一子产，中间出色写晋文公悼公、秦穆、楚庄数人，而春秋之世变可见，此又全书之侧叙也。

八曰带叙法：以一人一事为主，而带叙余人余事，此史书附传附见法之权舆也。如城濮之战，侵曹处，带叙带议："数之以其不用僖负羁而乘轩者三百人也"；又三罪结案处，中间却带叙许多大事。鄢陵之战正叙战事，于逼仄处，忽带叙楚郑之君，故能宽展不迫。晏婴请继室于晋（昭三），此正叙也；而齐为陈氏，晋尽公族，因晏子受礼，叔向从宴，遂相语及；又因晏子屦贱踊贵一语，而追叙更宅纳谏，则为带叙之带叙矣（注五）。

九曰串叙法：合两人两事之相涉者而叙之，通篇一串，如公子庆父出奔莒（闵二），上写共仲，下写哀姜，事可干涉，笔笔串出；叔孙婼如晋葬晋平公（昭十），而以郑子产作陪，宾主串叙，两边皆透。城濮之战，曹卫串叙，以为此役起本。邲之战，二憾皆命串叙，遂令乐伯与魏锜，宜断而反联，魏锜与赵旃，宜联而反断，叙事之妙，生龙活虎矣。

十曰虚叙法：意含事外，欲言又止，纯在空际荡漾。此文章之有神味者也。古人所谓用心于笔墨之外者，庶几近之。如鄢陵之战巢车之望一段，虚写战情，摹写须眉毕露，藉言记事，旁观虚叙，遂尔花团锦簇，最是一篇精神凝聚处。若夫虚实互见，两两对叙，尤称千秋独步。余详拙作《〈左传〉文章义法撢微》第二章《虚实》。

十一曰追叙法：事已过而复数说于后是也。《左传》追叙前事，多用"初"字，如城濮之战，子玉梦河神一段，彭衙之役，叙狼瞫取戈斩囚事（文二）；郑伯兰卒（宣三），中间追叙群公子不立；大原之役（昭元），追叙魏舒崇卒之议；楚子轸卒（哀六），城父为正传，而中间两段追叙，早见其生平。又有追叙前事，不用"初"字者，如采桑之役（僖八）是也。王源《左传评》谓："追叙之法，乃凌空跳脱之活法也”(卷三页十六)，洵知言也。

十二曰连叙法：事虽不类而文意相连者也，如纪人伐夷(隐元)，伐夷有蜚两事因不书而连叙；改葬惠公(仝上)，因葬而连叙；杞伯来朝(成十八)，连叙五事；祁胜与鄔臧通室(昭二十八)，连叙两人两事是也。

十三曰插叙法：事有在文中若不相涉者，然不叙其事，则本事为无根；若不斟酌位置，又失之不伦无理，于是出之以插叙之法，而叙事浑然天成矣。如郑门蛇妖(庄十四)，本叙郑厉入国诛贰，插叙此段，篇法遂有横云断岭之妙。如晋侯伐卫(文元)，于前半晋人伐卫，则插叙一朝王事；于后半卫人伐晋，则插叙一谋陈事。晋栾氏之乱(襄十三)，中间插叙栾氏力臣督戎，带起魏豹，于是叙魏豹之败栾氏，遂不费力而理顺矣。郑杀其大夫公子嘉(襄十九)，首尾正传，中插一段旁传，从主插宾也。楚子麇卒(昭元)，先插叙伍举，以伏下文。申之会(昭四)，君子谓云云结上，横插有法。平丘之会(昭十三)，倒插羊舌鲋摄司马一笔；楚子在蔡(昭十九)，奢事在后，亦先倒插叙事。林纾《畏庐论文》谓：“叙到吃紧处，非插笔则眉目不清，故必补其所以致此之由；叙到纷烦处，非插笔则纲要不得，故必揭其所以必然之故”(用插笔)，《左传》有之。

十四曰暗叙法：事未至而逆揭于前，此文中伏脉，绝佳呼应也。如城濮之役(僖二十八)，犹未战也，而蔿贾诘责子文，以痛子玉之败；崤之战(僖三十二)，秦师未东，而蹇叔哭师曰：晋人御师必于殽；三郤之难(成十七)，犹未兆也，而范文子怒逐其子(成十六)以忧晋国之亡；重耳之奔走流离(僖二十三)，一亡公子耳，而所如皆有得国之气；楚灵夫差方其极盛(昭三、哀十二)，踔厉中原，而势已不能终日。若此者，皆吉凶未至，而先见兆征者也。

十五曰直叙法：据事之实情，以书其曲折者。朱子所谓：“直书其事，而善恶自见”者是也。如晋侯使太子申生伐东山皋落氏(闵二)，晋献之不父，申生之愚孝可知；华登以吴师救华氏(昭二十一)，其中有兵机、有陈法，有战势，有谋略，自起自住，自伏自应，直书之效也。

十六曰婉叙法：设词婉曲，寓以微情也。如展喜犒师(僖二十六），严正中有许多回护；甯武子来聘（文四），措词谦婉而绝妙。吕相绝秦（成十三），词气委婉，从容而意独至。直叙使人神耸，婉叙令人意移，《左传》之叙事信有之矣。

十七曰平叙法：得直叙婉叙法之中而用之，盖随文所遇，自然经营：剪裁得宜，安顿恰妙之谓也。如齐崔杼弑其君光（襄二十五），本平叙无奇，然序崔杼之娶棠姜，乃先许东郭偃陈文子不可之言，则波澜也；序庄公淫棠姜被弑，而及贾举诸人争为之死，则亦波澜也；叙晏子之不死，则详载君死社稷之论，亦波也；叙崔庆立景公，而大书晏子之盟言，与太史之直笔，皆波也；乃至于叙叔孙之内女，闾丘之载妻，点染映带处，莫非波矣；此则平叙法之妙也。

十八曰言叙法：以记言为叙事，言中无事，只以议论为主者是也。《左传》虽主记事，然记言亦必弁叙事也。如吕相绝秦（成十三），子产告范宣子轻币（襄二十四），是也。

十九曰语叙法：藉言以叙事，事即寓乎言中，而以叙述为主之法也。鄢陵之战巢车之望，虚叙法兼语叙法也。韩原之战（僖十五），徒父解占语，庆郑谏乘异产语，韩简视师语、子桑引古语，皆所以明晋惠之必败也。宋襄之霸（僖十九、二十一、二十二），专以子鱼言作眼目，以见宋襄霸业之不成。昭公之难（昭二十五），纯以子家子语作眼，以见公出而不复，要在不纳子家之谏也。

二十曰琐叙法：集猥屑琐碎而叙之，而不失事外远致，情韵不尽者是也。如《左传》叙晋楚三大战：城濮之战、邲之战、鄢陵之战，每于人极其忽略处，于事极其琐碎处，于情于景极其冷淡寂寞处，着意描写，令读者于千载后，犹眉飞色舞。此司马迁欧阳修归有光得之，所以独步当时者也。如晋重之亡（僖二十三），若许大经济，却从儿女事叙起；它如载块、戈逐、观浴、挥盥等，皆琐碎事也，而极绚烂可爱。逼阳之役（襄十），写秦堇父，叔梁纥，狄虒弥三力士，亦闲笔点染法。栾氏之乱（襄十三），中间叙宣子栗惧，使妇人辇以如公；范鞅急智诈取魏舒，道遇栾乐，注矢不中，亦以琐碎事镕成片段。楚子伐徐（昭十二），雨雪一段，剥圭一段，皆用闲笔点染法。平丘之盟（昭十三），前后描写子产处，俱是闲情点缀，最耐观玩。其后古人作传志，往往毛举细故，极意摹写，而生动婉挚，神理逼真，要皆得左氏琐叙闲笔法也。琐叙法如国手之闲闲布子，当知处处皆要著也。

二十一曰补叙法：叙中所阙，重缀于后之法也。凡事头多者，《左传》多以补叙法处理之(注六)。如河神篇(僖二十八)，补叙子玉败绩文尾；三罪篇(仝上)，补叙伐木益兵文尾；宛濮篇(仝上)，补叙卫侯奔楚文尾，巫臣挟纩傅萧(宣十二)，为邲战文尾是也。

二十二曰陪叙法：此借宾以形主，烘云托月之陪衬叙事法也。如毕万之后必大(闵二)，毕万以魏为大名，反衬申生以逃为令名；毕万之天启，又反射申生之天祚也。狄人归季隗(僖二十四)，于季隗只点一笔，而通篇单叙叔隗一边，晋文之忘旧可知，绝妙激射法也。介之推不言禄(仝上)，以晋文起结，中间极写介推母子，盖亦从宾见主，总讥晋文得国，报施甚疏也。

二十三曰突叙法：凭空立案，语语为后文张本者是也。如陈人杀其公子御寇(庄二十二)，莫之与京下突叙"陈厉公蔡出也"云云；臧孙纥出奔邾(襄二十三)，臧孙立悼子下突叙"孟氏之御"云云；子产止厉(昭七)，突叙曰"伯有至矣"，皆悠然远引之叙事法也。

廿四曰预叙法：先叙一事，以为后文照眼作地，兼以蓄势；笔法如东海霞起，总射天台，此预叙法也。又谓之张本，犹戏曲之有楔子，《左传》之先经以始事，即此法也。如周郑交质(隐三)，为繻葛之战(桓五)之楔子；子玉治兵，晋文搜乘(僖二十七)，为城濮之战(僖二十八)预作一衬；晋重之亡(僖二十三)，卫文公不礼焉，曹共公观浴，为下侵曹伐卫张本；宋襄赠马，为晋救宋张本；郑文公不礼焉，为秦晋围郑张本；重耳与楚子对话，为城濮之战起本；邲之战(宣十二)，赵婴齐具舟于河，为下中军下军争舟占地步，鄢陵之战，预伏姚句耳与往；昭公奔阳州(昭二十六)，预伏叔孙昭子如阚，皆饶远体远神之叙事法也。

廿五曰提叙法：浩瀚繁杂之事，提纲挈领而叙之是也。《左传》长篇多于篇首总挈纲领，如此，方不散漫，颇收提醒之效。如楚子伐随(桓八)，言随少师有宠；屈瑕伐罗(桓十三)，谓莫敖必败；晋重之亡(僖二十三)，称得人，妙在无迹；富辰谏王(僖二十四)，妙在单提；楚子围宋(僖二十七)，称子玉刚而无礼，不可以治民，照后悦礼乐而敦诗书及晋文教民，倒提也；曰报施救患取威定霸，于是乎在；一战而霸，文之教也，或原提，或以束为提。王孙劳楚(宣三)，对以在德不在鼎，总提也；吕相绝秦(成十三)，绝秦字突提，后不更露；晋悼公即位(成十八)，凡六官之长皆民誉，所以复霸，总提束提也；韩起如楚送女(昭五)，叔向曰楚王汰侈已甚，已将后案一语道破，倒提叙事法也。大凡叙事之法，先将大意或一时大局提明，则理之是非，人之贤否，势之成败，事之祸福，国之兴亡，总如破竹，不待词费，不须周折，自使观者井然，而铁案如山，千秋莫易。

廿六曰结叙法：一篇叙事文字之收笔法也，即结穴也。《左传》之结叙，飘渺无迹，变幻莫测，如岳武穆过师，元帅已杂偏稗而行，使人寻迹不得。如莒弑其君庶其(文十八)，以“以其举十六相去四凶也”两句结束上文；楚武王侵随(桓六)，以“所谓馨香无谗慝也”两句总束上言；先结宾后结主，乃一定之法，如甯母服郑(僖七)；或引经断结，如荀息傅奚齐之引诗(僖九)，天王出居于郑之引春秋经(僖二十四)；或拈字作结，如皋落氏之役(闵二)，灭庸之役(文十六)，以两“不可”作结是；或以牵上搭下之笔，借作双收，如城濮之战末二句，一句结盟语，一句结通篇是；或引书作掉尾，如郤缺论归卫田(文七)；或悬空作掉尾，如鄫之会(哀七)，一结悠然不尽，意味无穷。

廿七曰拖叙法：拖叙一笔，以归结上文，吊动下文，如余波荡漾，缠绵多情。如郑伯克段于鄢(隐元)，篇末考叔一案；城濮之战，文末能以德攻一语；子产坏晋馆垣(襄三十一)，结尾拖叙叔向数言，皆其例也。它如殽之战，秦穆言“不以一眚掩大德”，拖一笔调动后文“遂霸西戎”；城濮之役，立舟之侨以为戎右，既了曹案，又拖出一事点染生色，亦其例也。

二十八曰错叙法：主叙一人一事，而以他人他事相杂相错出之者是也。如公子翚如齐逆女(桓三)，总提一句，下分四项，四送之，一不送，以见齐侯之送非礼；楚武王侵随(桓六)，整整三告曰，五谓其，又另以两谓字作首尾提束，以见随侯之当修政成民也；戴公庐曹(闵二)，却从惠公叙起，又以齐子诸人相杂而出，最见错综之妙。

二十九曰搭叙法：牵上搭下之叙事法也，亦一篇之关棙也。如赵盾弑其君夷皋(宣二),宣子骤谏,本应上将谏,却起下公患;攻之本对上贼之;而弥明杀之,又对下灵辄免之,以遂自亡也;郄犨送孙林父(成十四),上截写林父,下截写成叔,中间搭叙,由宾入主;叔孙豹伐秦(襄十四),以迁延之役顿断,而另以报栎之败作提,皆搭叙法也。

三十曰夹叙法:叙事之外,尚夹杂他体以行文者,是为夹叙法。夹杂之体,或为议论,或为案断;夹杂之处,或前或中或后;要之,因事命篇,体圆用神,此《左传》夹叙之法也:曰先叙后断法,如周郑交质(隐三),楚子入蔡(庄十四),繇上之搜(襄十三),赵鞅围卫(定十),凡《左传》称引君子,及一切叙事后之论断皆属之。曰先断后叙法,如宋督弑君(桓二),郎之战(桓十),赵盾弑其君夷皋(宣二),皆先事而断,先断以起事也。曰先叙后议法:如师服论名(桓二),先叙命名,后议兆乱;士弱论宋灾(襄九),前叙人事,后论天道;子产止厉(昭七)),叙处极其奇特,议处极其精微。曰前议后叙法,如曲沃伐翼(桓二),首段就命名论其兆乱,次段就封国论其本弱,末段乃详叙其乱弱;如晋人执虞公(僖五),前载宫之奇谏语,后叙晋灭虢执虞公事是也。曰叙议兼行法,如长勺之战(庄十),未战之前谋与战,当战之时谋取胜,既胜之后谋万全;晋重之亡(僖二十三),至秦楚,用议论;至曹卫郑,采叙事,各有气焰与波澜;齐请继室于晋(昭三),前后叙两家婚媾与忧乱,述言中夹叙事,叙事中又夹述言,是谓叙议兼行法。曰叙议夹写法,如魏绛论和戎(襄四),前半极言伐戎之害,后半极言和戎之利;卫侯出奔齐(襄十四),处处叙卫侯自取,而以定姜之言断之;如宋卫陈郑灾(昭十八),本叙四国火,前后却杂论天道人事是也。曰以叙为议法:如梁伯益其国(僖十八),首句"梁伯益其国而不能实也"直起,以叙为议;如郑人围许(成九),"是则公孙申谋之",以叙为议;如华元善令尹子重(成十一),闻楚人使归复命"矣",矣字拖下,以文贯事,既以叙为议也。此种以叙事见识论之法,最见精微深密,善自揜过,非默会于语言之外,不能感悟而得也。曰叙议各自成文法,如断道之盟(宣十七),上半以征会辞齐为起讫,下半以一执一绥为起讫,各自成文,意有相发。如新筑之战(成二),孙良夫言将谓君何,犹知有君也；夫子即以此论名器假人之失，首尾相应，事截文联。曰两头叙中间断法：如郑伯克段于鄢(隐元)，前半克段，后半宣母，中间解经，连中隔断；如崔杼弑其君光(襄二十五)，传崔杼弑君事，前后夹叙许多死亡，中以晏子一段议论为主，是其例也。

外此，见于《左绣》一书所述者，尚有簇叙，如宋鲍礼于国人(文十六)；零叙，如三点厉之役(宣九、十、十一)；复叙，如两述郎之师(桓六)；驾叙，如宋襄盟盂(僖二十一)；滚叙，如败秦刳首(文七)等等；叙事诸法，可谓大备于《左传》矣。考《左传》之叙事也，或笔近化工，曲肖物情，如晋重之亡，乞食载块，极落漠；河水六月，极其昌扬，事由苦而乐，文亦由淡而浓。如城濮之战，事则震耳骇目，文则锦簇花团，事固愈妙，文乃愈奇；盖极变化之事，须得此巧妙之文以传之也。若夫管仲辞飨(僖十二)，“王曰舅氏！余嘉乃勋”云云，则又笔调摹古，雅与事称者矣！盖左氏叙事之妙，只是如其人，如其事，如其言，而兴亡得失，粲然毕陈，此之谓化工肖物而已矣。或直笔叙曲事，愈直愈曲，如楚商臣弑其君頵(文元)是也。或似断实连，似连实断，如彭衙之战(文二)，先总叙大纲，即追叙前事一两段，然后复接正传详叙之。而总叙中却埋伏追叙之线，详叙中又顶针追叙之脉，于是似咽非咽，藕断丝连，有横岭断崖之奇，自是左氏叙事常调也。或笔法屡变，篇各一貌，不特一篇之中，千变万幻，各自成章；即连类而及，亦必小作分别，匠心之惨淡经营，由此可见。或事多而文简，事大而笔闲，如《左传》叙各大战，有不能详或不必详者，或前或后，叙其一二小事，以为点缀，而大局即已浮现，以此见《左传》叙事之妙也。

左氏工于叙战，千古无出其右者。马骕《左传事纬》曰：“左氏叙韩原、城濮、鄢陵、鞍、邲诸大战，节次详明，兵法娴妙，而文气亦复郁勃，故文士良将，皆莫不好之。”(卷三页八)王源《左传评》称：“千古以兵法兼文章者，唯《孙子》；以文章兼兵法者，唯《左传》。”(卷一页九)吴闿生《左传微》亦云：“左氏诸大战，皆精心结撰而为之，声势采色，无不曲尽其妙，古今之至文也。”(卷四页三十)今观《左传》之叙战也，往往于未战之前，作无数翻腾，千澜万波，全为此役之胜负作张本；及归至战状，寥寥不过数行而止(邲之战只有七字，吴越之战只有“越灭吴”三字）；于既战之后，又作无数铺衬，以为余波，颇饶余霞散绮之妙。易言之，左氏记诸大战，于正面叙战多用简括之笔。盖每叙一战，战前之蕴酿，战后之收拾，既已曲折详尽，至正面则一点便足，此左氏之文所以不平直也。大抵左氏之叙战，详于谋则略于事，详事则略其谋，间有谋事俱详者，则变格也。盖着神于虚，省力于实，所以虚实不测，灵怪百端也。且左氏之叙战，每于不要紧一二人处详之，而传神姿致尽在于此。闲情点染，最为此中圣手。林琴南《左传撷华》谓：“左氏喜为钩心斗角之文，写战争必写其极琐屑者，千头万绪，一一皆出以绵细之笔，令读者眉宇轩昂。”(华登以吴师救华元评语)盖直叙战事，往往径率寡味，故杂入种种情事，而后文字乃璀璨陆离，有五光十色之观。如柏举之战(定四)，叙吴楚二师既陈，其后并不径叙战事，乃杂入夫概之争，司马之死，伍员包胥之约，钟建由余诸事，是其例也。此妙史公得之，遂独步当时。羞左氏之叙战，妙在写情，故虽短句琐字，亦自然生动，固与史汉记战之写形写势不同，更与西方古典史籍之叙述战役，渲染出发之浩荡，攻击之激烈，死伤之惨重，大异其趣也。其篇有极长者，有极短者，而长短各极其妙。短者略而备，长者详而核；长者奇而缓，短者简而捷；长篇工于叙事，短篇工于叙谋，诚古今文字之极则也：“短者，如衷戎败制(隐九)，鸡父(定十四)槜李(昭二十三)等，或详谋略事，或详事略谋，或谋与事合，至简至精。长者，如韩原、城濮、鞍、邲、鄢陵等，或先议后叙，或先叙后议，或叙议夹写，至奇至横，篇篇换局，各各争新”(《左绣·读左卮言》)。左氏叙各大战，用意用笔，判然各辟乾坤，无一字雷同仿佛。如晋楚三大战，一败两胜，左氏各有所主；“城濮之战，是结上文字，极写子玉，只要衬出晋文之谲；邲之战，是对面文字，极写先縠，只要托出楚庄之霸；鄢陵之战，是起下文字，极写文子，只要跌出晋厉之不终。”魏禧评“邲之战”则曰：“一篇叙事是零零碎碎，到末却以七德及免林父作二段文字收拾。古文或前散后整，或前整后散，多用此法。”(注七)《左传》之命篇，多有别裁，犹如何之树，随刀改味，固无施而不可也。其词句精雄洁鍊，简达直捷，绝无拖带之病；其行文虚实互藏，奇正相变，有类乎军战者焉。化工肖物，此又一例也。若夫“左氏叙战之将胜者，必先有戒惧之意，如韩原秦穆之言，城濮晋文之言，邲楚庄之言，皆是也，不胜者反此”(《艺概·文概》)，此则左氏正言若反之经世微旨也。

第三节 《左传》之事类与品第

治春秋者，自汉桓谭以下诸家，皆盛赞《左传》叙事之详备。咸以为叙事见本末，直核称实录，故凡原始要终，研治中国学术之流变者，皆取资焉，不独治春秋史者为然也。《左传》叙事之对象虽包罗万有，语其大者，可得而言：

《左传》之事类，有吉凶军宾嘉五礼之属者，亦有不为五礼而不外民生日用懿伦者，述之如下：郊望、雩、尝、禘、绎、视朔，即位、公至、宫庙，此吉礼也。崩薨卒葬、赗赙䞍赠，灾异祲祥(日食、地震、星陨、星孛、雨雹、雨雪、大雨震、雷震、陨霜不杀草)，凶礼也。战阵(三十四战、三十役、侵伐、围执、救亡、迁灭；鱼丽、荆尸、左右孟、左右拒、崇卒、鵞鹳、左右句卒、支离之卒)、兴作(宫室、城筑、时政、搜狩、爰田、州兵、税亩、丘赋、丘甲、刑书、竹刑、田赋)、军旅、乞师、献捷、归俘，此军礼也。朝聘、会盟、遇平、相见、来、如、至、射御，此宾礼也。昏娶、归宁、燕享、改元、生子、即位、立君，此嘉礼也。其他，如弑杀、奔放、盗叛、祸福、卜筮之事，名言、懿行、进退、辞命之实，与夫贤君、英臣、伟士、列女之迹，无不粲然大备于篇。千载之下，犹可仿佛其人其事，则叙事之精善使然也。

明嘉靖进士汪道昆，善古文辞，为文简而有法，著有《春秋左传节文》十五卷，尝藉画学品题以评《左传》之文，明穆文熙《左传钞评》引录之，分《左传》之叙事凡四品：曰神品、妙品、能品、具品是也。气韵生动，出于天成，人莫窥其巧者，谓之神品；笔墨超绝，传染得宜，意趣有余者，谓之妙品；得其形似，而不失规矩者，谓之能品(注八)。若夫具品者，又在三品之下，规矩准绳具体而微者也。明末孙矿月峰评点文章，亦据画品以言，见闵氏分次《春秋左传》。兹将二书所评，胪列如下，以见一斑：

晋楚城濮之战、晋楚邲之战，晋卫鞍之战，晋楚鄢陵之战，吴楚柏举之战，鸡父之战，吕相绝秦、巢车之望诸什，叙事之神品也。穆叔如晋论乐、骊姬谗杀申生、重耳反国、晋文伐曹杀颠颉、秦晋战于河曲、赵盾弑其君夷皋、晋师灭夏阳、荀偃伐齐师夜遁、师慧以无人谢子罕诸什，叙事之妙品也。秦伯伐晋、晋怀杀狐突、重耳遍历诸国、赵姬请逆盾于狄、晋文纳王请隧、晋文伐原、秦逆公子雍于晋、赵宣子击败秦师、晋人复还士会、楚子不罪解扬、晋侯梦大厉、晋厉弑三郤、栾书弑厉公、伯瑕谓穆子失辞、叔向与齐人论盟、魏献子举不遗亲、魏献子辞梗阳人、巫臣以夏姬适晋、晋归楚囚钟仪、楚杀令尹子南、楚子合诸侯于申、白公胜杀子西、晋及诸侯伐郑盟于戏、宛射犬御张骼辅跞、崔杼弑其君、闾丘婴申鲜虞来奔、陈僖子立公子阳生、狄人灭卫、大叔仪知甯喜之败、子罕为皇国父分谤、伊戾谗杀太子痤、宋华合比出奔卫；凡此，皆叙事之能品也。叔孙豹竖牛之变、南蒯叛季氏、子家不见叔孙、文公诛三罪而民服、魏颗结草、断道之会晋执齐使、范宣子让德、士鞅论栾氏先亡、范宣子逐栾盈、子产论实沈台骀、子容之母知伯石之败、楚子乾溪之变、费无极谗杀郤宛、公子光使鱄诸刺吴子、孙林父逐卫侯、厚成叔臧武仲知卫侯之入、盗杀卫侯之兄縶、公子郢辞卫、蒯聩入卫子路结缨诸篇，叙事之具品也。

至矣哉！《左传》之为叙事之大观也！前人谓学文必自叙事始，而叙事之法莫备于《左传》；吾是以知学文必自《左传》始，且学文者而收功于《左传》，实较收功于他书为尤易也。此无他，《左传》为叙事文字之轨范故也。

注释

注一：详参刘师培《读左札记》《古春秋记事成法考》(《左盦集》卷二)。

注二：李绂《秋山论文》列举叙事九类：顺叙、倒叙、分叙、类叙、追叙、暗叙、借叙、补叙、特叙是也。《汉文正典》条举十一种：正叙、总叙、闲叙、引叙、铺叙、略叙、别叙、直叙、婉叙、意叙、平叙是也。其中有与他说异名同实者，如总叙即提叙；又有前章已论及者，如意叙即历史想象，为免复沓，一概从略，比观可也。

注三：毛宗岗《读三国志法》，总结了《三国演义》的十二条叙事方法，谓《三国演义》一书，有：(一)同树异枝、同枝异叶、同叶异花、同花异果之妙。(二)星移斗转，雨覆风翻之妙。(三)隔年下种，先时伏著之妙。(四)横云断岭，横桥锁溪之妙。(五)将雪见霰，将雨闻雷之妙。(六)浪后波纹，雨后霡霂之妙。(七)寒泳破热，凉风扫尘之妙。(八)笙箫夹鼓，琴瑟间钟之妙。(九)添丝补锦，移针匀绣之妙。(十)奇峰对插，锦屏对峙之妙。(十一)近山浓抹，远树轻描之妙。(十二)有以宾衬主之妙。参叶朗著《中国小说美学》第四章，页一七七— 一八六，里仁书局。

注四：章学诚《论课蒙学文法》，谓叙事之法，见于《左传》者二十三：顺叙、逆叙、类叙、次叙、牵连而叙、断续叙、错综叙、假议论以叙、夹议论而叙、先叙后断、先断后叙、且叙且断、以叙作断、预提于前、补缀于后，两事合一、一事合两、对叙、插叙、明叙、暗叙、颠倒叙、回环叙等等。其中有与他家之说异名而同实者，亦有与拙作《〈左传〉文章义法撢微》相涉者，故皆略而不述，以免犯重。

注五：林纾《左传撷华》于晏婴请继室于晋一文，评曰：叙晏子谏公，即用为“屦贱踊贵”之补义，一起手即栽入更宅一节，由更宅带出近市，由近市带出屦踊之贵贱，从容闲暇、一丝不曾着力。所谓“带叙处，无拥肿之疾”，即此是也。于此可悟带叙之法矣。

注六：唐彪《读书作文谱文章诸法》云：“古文之补法，如《左传》、《史记》诸传中，凡叙一人，必详悉备至。苟与其人有相关之事，虽事在国家，或事属他人，必补出之，以著其是非。又前数年之事，与后数年之事，苟与其事有相关，必补出之，以著其本末。又凡文中有两意两事，不能于一处并写者，则留意一事于闲处补之，皆补法也。”

注七：语见《左绣》卷十三，页二十一。又林纾《左传撷华》云：“凡巨篇文字，最忌相犯”，亦引城濮、邲、鄢陵三大战之谋篇为例。以此见左氏之叙事，因事命篇，体圆而用神也。魏禧语，见《左传经世钞》卷八。

注八：语见元陶宗仪《辍耕录》“叙画”，引吴兴夏文彦之论，说又见《图绘宝鉴》。前乎此者，唐张懷瓘《画断》、《书断》，皆以神、妙、能三品，区分书画优劣。汪道昆所著《春秋左传节文》十五卷，目见屈翼鹏先生编《普林斯顿大学葛思德东方图书馆中文善本书志》，艺文印书馆出版。

（节选自《〈左传〉之文学价值》，台湾文史哲出版社 1990 年版，第 151~168 页）

【评　介】

张高评，男，台湾人，1949 年出生，1973 年、1976 年、1981 年先后毕业于台湾师范大学文学院国文系(文学学士)、高雄师范学院文学院国文研究所(文学硕士)、台湾师范大学文学院国文研究所(文学博士)。曾任高雄工专共同科副教授、成功大学历史语言研究所副教授、成功大学中文系副教授、成功大学中文系教授、成功大学中文系系所主任、成功大学文学院院长，现为成功大学特聘教授。其专长及研究领域为《春秋》、《左氏传》、宋诗、宋代文艺理论、古文义法、《史记》、修辞学等。张高评善于钻研，勤于著述，特别是在《春秋左传》学研究方面和宋诗、宋代诗学研究方面，成果尤为突出。《春秋左传》学方面著作如《左传导读》《左传之文学价值》《左传文章义法撢微》《左传之文韬》《左传之武略》《春秋书法与左传学史》等，宋诗、宋代诗学方面著作如《宋诗之传承与开拓》《宋诗之新变与代雄》《会通化成与宋代诗学》《宋诗特色研究》《自成一家与宋诗宗风》《苏黄诗风与宋诗特色》等，发表学术论文 100 多篇，并担任多部学术刊物的编辑委员。

张高评所著《左传之文学价值》，由台湾文史哲出版社 1982 年出版。《左传导读》《左传之文学价值》《左传文章义法撢微》本为张高评博士论文《左传之文学研究》的上、中、下三篇，后因出版发行的需要，分三本书出版。常森认为："这三部书，应当说是二十世纪下半叶《左传》研究最重要的成果。"①总体来说，正如张高评所言："上篇

① 常森：《二十世纪先秦散文研究反思》，北京大学出版社 2002 年版，第 164 页。

论左传之学及其价值”、“中下)二篇，专论左传之文学”，并认为三本书是“三位一体，似分实合”①的。

《左传之文学价值》一书，除了前面的序、自序、例言、绪论及后面的参考书目外，共分 12 章：第一章“为文章体裁之集林”，从文体来论述，作者认为论辩体、诏令体、奏议体、书说体、传状体、箴铭体、颂赞体、辞赋体、哀祭体、叙记体、典志体等都起源于《左传》。第二章“为语文研究之珍薮”，主要论述了《左传》的语言学价值(词汇、语音、语法)和文字学价值(文字、声韵、训诂)。第三章“为古文家法之宗师”，作者认为“古文辞嚆矢于《左传》”，并且“古文家宗法于《左传》”。第四章“为骈俪文章之先河”，具体分析了《左传》文章的奇偶相生和骈行语气之流韵。第五章“为歌诗致用之珠泽”，论述了《左传》赋诗、引诗的性质和效用。第六章“为神话小说之原始”，主要论述《左传》是“太古神话之劫余”，是“志怪小说之滥觞”。第七章“为通俗文学之远源”，作者认为：“《左传》所载既为彼时社会之情状，则其中有后世所谓俗文学者，歌谣、谚语、隐语、白话是也。又有可供后世通俗文学如变文、鼓词、戏剧之资材者，皆足珍贵。”(126 页)第八章“为传记文学之祖庭”，主要论述《左传》具有传记文学崇尚真、善、美的精神，是中国传记文学的始祖。第九章“为叙事文字之轨范”，主要论析《左传》长于叙事，并列举《左传》的 30 余种叙事法，又对《左传》的事类和品第进行分析。第十章“为说话艺术之指南”，论述《左传》的词命特征，对《左传》的谈说术进行具体阐释，并分析了《左传》词令的种类和品第。第十一章“为战国纵横之肇端”，主要内容包括“左传与国策风格之比较”、“左传为国策纵横之开山”、“左传为论说文字之先导”。第十二章“为描绘神貌之逸品”，指出《左传》长于表现事情、描绘人情、摹拟物情，这对后世文学产生了深远影响，作者还对《左传》的描写方法进行举例分析。

通读《左传之文学价值》，深感作者博通古今、功力深厚。全书视野开阔，体例严谨，作者研究《左传》的文学价值，涉及文体学、语言学、文字学、古文家法、骈俪文章、诗歌、神话、小说、通俗

---

① 张高评：《左传之文学价值》，台湾文史哲出版社 1982 年版，第 8 页。

文学、传记文学、说话艺术等诸多方面，从时间上看，基本上涉及了历史上的各个时代，作者还注意到中西文学的不同，如第八章中说“中国传记文学之精神，在求真求善求美。衡诸《左传》，多具体而微；较之泰西传记文学，亦有形肖而貌似者。今并述之，以见《左传》确为中国传记文学之始祖”(137页)。全书的视野是极为开阔的。作者将如此广阔的内容进行了具体的分类，容纳于全书之中，系统而全面，章节分明而又逻辑严密，条理清晰，体例工整而严谨。

见解精辟，论述充分，亦是本书一大特色。全书观点明确，见解精辟，表达简洁有力，概括性强，如第十一章中说，“左传之文，从容温雅，一本于圣人之言，风格淳厚；视战国之文，纵横驰骤、辞锋犀利、诡谲变化而莫测者，迥不相侔也”(188页)。全书分析细致深入，论述充分，令人信服，如第三章“为古文家法之宗师”，作者论述过程中具体列举的人物有：汉代的贾谊、司马迁、刘向、班固，唐代的萧颖士、元结、韩愈、柳宗元，宋代的欧阳修、三苏、王安石、曾巩，明代的崔铣、王世贞、屠隆、唐顺之、归有光、焦竑、孙鑛、艾南英、公安派袁氏昆仲、钟惺、谭元春，清代的方苞、刘大櫆、王源、姚范、曾国藩、张裕钊、吴汝纶、吴闿生、王兆符、李文渊、吴士模、吴敬承、邓传密、周树槐、魏禧、冯李骅、金人瑞、林纾等。论述之充分可见一斑。

另外，全书还有一个显著特点，即古雅活泼、文辞优美。通读全书，不论是从各章各节的标题，还是文中具体的表达，都让我们深感文辞之美，如第五章中，论述《左传》赋诗的功效，作者概括为“裨情意之曲达”、“资典礼之祝颂”、“观政俗之兴衰”、“见诗史之类通”(89页)，《左传》引诗的功效，作者概括为言志、断事、证说、辩论、阐释、褒赞、讽喻、譬况、叹惋(96页)，诸如此类的表达，书中很多，给我们带来一种古雅活泼的文辞之美，读之，品之，是一种享受。

(黄晓芳)

张高评主要春秋学作品目录

一、著作

1.《左传之文学价值》：台湾文史哲出版社 1982 年出版。

2.《左传导读》：台湾文史哲出版社 1982 年出版。

3.《左传文章义法撢微》：台湾文史哲出版社 1982 年出版。

4.《左传之文韬》：台湾丽文文化事业股份有限公司 1994 年出版。

5.《左传之武略》：台湾丽文文化事业股份有限公司 1994 年出版。

6.《春秋书法与左传史笔》：台湾里仁书局 2011 年出版。

7.《春秋书法与左传学史》：上海古籍出版社 2005 年出版。

二、论文

1.《台湾〈春秋〉经传研究之师承与论著》：载《江海学刊》2004 年第 4 期。

2.《苏辙〈春秋集解〉以史传经初探》：载《南京师范大学文学院学报》2007 年第 3 期。

（黄晓芳整理）

春秋三传比义(存目)

傅隶朴

【评　介】

傅隶朴，字守知，生于1907年(一说生于1908年)，湖北省天门市人。曾入日本明治大学学习法律，获法学学士学位。毕业回国后，致力于教育事业，对研究辞章义理之学颇感兴趣，后去台湾。曾在中国台湾以及日本、新加坡等地多所大学任教授，如台湾师范大学、台湾政治大学、日本国立冈山综合大学、新加坡南洋大学等；讲授过多门课程，如韵文、国学概论、《昭明文选》、《文心雕龙》、中国文学批评、中国哲学史、修辞学、韩非子、《淮南子》、《易经》、中国近三百年学术史、《左传》等。傅隶朴治学严谨，主要著述有《中国韵文通论》《国学概论》《赋选注》《修辞学》《周易理解》《春秋三传比义》等。

傅隶朴所著《春秋三传比义》，分上、中、下三册，台湾“商务印书馆”1983年出版，中国友谊出版公司1984年再版。众所周知，《春秋》的经文极为简略，16 000余字记载了242年的历史，据《汉书·艺文志》记载，西汉解释《春秋》经的传有五家——《左传》《公羊传》《穀梁传》《邹氏传》《夹氏传》，“及末世口说流行，故有《公羊》《穀梁》《邹》《夹》之传。四家之中，《公羊》《穀梁》立于学官，邹氏无师，夹氏未有书”①。《邹氏传》《夹氏传》没有流传下来，后人所能见到的《左传》《公羊传》《穀梁传》，合称“《春秋》三传”。三传各有其特色，南宋的朱熹曾说：“《左氏》是史学，《公》《穀》是经学。史学者记得事却详，于道理上便差；经学者于义理上有功，

① 班固撰，颜师古注：《汉书》，中华书局1962年版，第1715页。

然记事多误。”①三传曾各为门户，相互论辩，相互攻击，三传之间历来颇多争端，较为复杂。对三传进行综合性研究，并非易事，而具体的逐节比对研究，其难度则可想而知。傅隶朴所著的《春秋三传比义》，正是对三传进行逐节比对的综合性比较研究，作者在学术研究上敢于迎难而上，况且此书出版时作者已是将近80岁高龄的老人了，其学识和精神尤令人敬佩，此书对于《春秋》经及其三传的研究，都有重要的价值。张高评认为此书“与清末廖平《春秋三传折衷》可以相互发明”②，确为中肯之论。

《春秋三传比义》全书主要对比了《左传》《公羊传》《穀梁传》对于《春秋》经的义理的解释，分析三传解释经义的得与失，希望以此得到正确解释，从而有助于对《春秋》经“微言大义”的正确理解和阐释，诚如作者所言：“以传发经之微，以经正传之谬；于三传之得失，有可比较者，则比较其得失以为断，其或仅有一传，无可比较者，亦必参伍其事义以为断，于后儒说春秋者之新义，有可以资三传之印证者，亦偶引之，其于三传无涉者，概弃不取，免滋纷挐。遇三传名物制度之欠考者，则引《诗》《礼》以补充之；辞义之晦涩难晓者，则用白话翻译之，总期于比较中得其正确的解释，能有涓滴之助于微言大义之领略。”③我们从自序中可知，作者对三传总体上的优劣，是有排序的，即《左传》第一，其次《公羊传》，最末《穀梁传》。作者采用先列《春秋》经文，再详列《左传》《公羊传》《穀梁传》三传传文，尔后再进行“比义”的方法，条理清晰。

《春秋三传比义》全书资料翔实，细致严谨，又能深入浅出，作者用功甚勤，功夫也极深。作者持论公允，观点中肯，对于三传的比义、评析，不囿于古人，敢于提出自己的创见，对于三传的谬误之

---

① 黎靖德编，王星贤点校：《朱子语类》卷83(第6册)，中华书局1986年版，第2152页。

② 张高评：《台湾〈春秋〉经传研究之师承与论著》，载《江海学刊》2004年第4期。

③ 傅隶朴：《春秋三传比义》(上册)，中国友谊出版公司1984年版，第6~7页。

处，不避讳，不隐藏，也不折中，而是能实事求是地诚恳指正。如隐公元年“夏五月，郑伯克段于鄢”(上册 8 页)的经文，三传传文都有解释，作者在列出经文与传文后，对三传进行了细致详赡的比义，在评析《穀梁传》传文中的“缓追逸贼，亲亲之道也”(上册 10 页)时，直接指出“尤为不通，因为‘贼’与‘亲’是不两立的，既云贼，就不是亲了，既是亲就不能称之为贼。所当问的是该追与不该追，而不是缓追与急追的问题”(上册 13 页)。又如僖公四年“秋，及江人黄人伐陈”(上册 401 页)的经文，《左传》和《穀梁传》都作了解释，作者在比义中直接指出：“左氏此传太略，既未言义例，也不具史实。”(上册 401 页)对于《穀梁传》的解释，作者评价道，“穀梁就‘及’字解释经义，极为正确”(上册 401 页)，并进行了具体分析。

洋洋三大册的著作，功底深厚，不放空言，字字句句落到实处，能根据经传实际情况行文，当详则详，当略则略，条理清晰，疏密有致。如宣公五年“冬，齐高固及子叔姬来”(中册 165 页)的经文，三传传文均有解释，比义部分则用了 6 页多的文字进行分析，详尽细致。而如隐公二年“郑人伐卫”(上册 33 页)的经文，《左传》有解释，作者在比义中指出“左氏仅指出伐卫的动机，无关义例”(上册 34 页)，则简洁而清晰。又如昭公三年“夏，叔弓如滕，五月，葬滕成公”(下册 229 页)的经文，《左传》有解释，比义部分表述为：“因叔弓往滕送葬，史官徇例书之，无笔削之义。”(下册 229 页)极为简明扼要。

作者在比义时还能联系生活实际，不囿于经传，如僖公十年“冬，大雨雪”(上册 443 页)的经文，《公羊传》道：“何以书？记异也。”(上册 443 页)作者在比义中说明：“就天气言，下雪之时，不会有大雨，今大雨雪同下，所以为异，故公羊云‘记异也’。”(上册 443 页)如此解释，清晰明了，也足见作者在比义、评析时思维极为灵活。全书语言具有精练、古朴之美。《春秋三传比义》对于有志于研究《春秋》学的后学来说，颇具资料参考价值和启发意义。

(黄晓芳)

傅隶朴《左传》研究主要作品目录

《春秋三传比义》(上、中、下):中国友谊出版公司 1984 年出版。

(黄晓芳整理)

《左传》前八公与后四公的语法差异

何乐士

我在研究《左传》语法的过程中，发现前八公与后四公的一系列语法现象呈现出比较明显的变化，很值得注意。打算分成几篇文章来讨论。这篇文章着重谈一些虚词的用法。

1. 介词“于”、“於”的用法

1.1　先谈介词“于”、“於”出现次数的消长。

介词“于”和“於”在甲骨文、金文以及一些先秦古籍中大致呈现出以下情况：

(一)早期有“于”无“於”。如在甲骨文、《易》卦爻辞、《春秋》中都是如此。《易》卦爻辞的介词“于”有78次，“於”0次。《春秋》“于”395次，“於”0次[①]。

(二)稍后，“於”开始出现，但“于”仍占压倒优势。据《左传·昭公七年》引文，春秋前期宋国金文《考父庙之鼎》铭文中已有了“於”：“及正考父，佐戴、武宣，三命兹益共，故其《鼎铭》云：‘一命而偻，再命而伛，三命而俯，循墙而走，亦莫余敢侮。饘於是，鬻於是，以餬余口。”’[②]后来齐国的《𩍐镈》、《陈肪簋》铭文中也有“於”出现。郭沫若先生在《两周金文辞大系·陈肪簋》的考释中说：“介词‘于’作‘於’，上《𩍐镈》与此器二例而已。”[③]因而一般都以他这种说法作为介词“於”出现的起点。但从《左传》的记载来看，宋《考父之鼎》铭文中就已有介词“於”了。其他古籍如《尚书》，“于”382次，

“於”6次；百分比：98∶2。《诗经》“于”285次，“於”14次，百分比：95∶5。

（三）“于”、“於”大致相当。如《左传》，“于”1474次，“於”1764次，百分比：45∶55。

（四）“于”趋于少数，“於”居于压倒优势。大部分先秦古籍都属这种情况，如：

	论语	孟子	荀子	墨子	庄子	管子
于	8	40	19	43	2	102
於	200	588	610	725	917	1469
于、於百分比	4∶96	6∶94	4∶96	6∶94	0.2∶99.8	6∶94
	孝经	国语	韩非子	战国策	吕氏春秋	礼记
于	2	174	14	5	61	277
於	38	987	1385	1909	1151	1046
于、於百分比	5∶95	15∶85	1∶99	0.3∶99.7	5∶95	20∶80

“于”、“於”的发展，从总的趋势上看，似乎贯穿着这样一条发展线索：只有“于”——“於”开始出现，但以“于”为主——“于’、“於”大致相当而“于”略少于“於”——以“於”为主，逐渐取代“于”。

使我们感到困惑的是，《左传》前的金文、《尚书》、《诗经》等，如上面的统计，“于”都占压倒优势；它们是如何变化到《左传》的“于”45%，“於”55%，即“于”略少于“於”的？大概不可能是突变吧？如果不是突变，又如何去寻找它的变化轨迹呢？在我们分析了《左传》内部“于”、“於”的消长之后，似乎看到了一些变化的脉络。自隐公到成公，这八公中“于”、“於”的比数大致是52%~61%：48%~39%；而襄、昭、定、哀四公，“于”、“於”比数变为：36%~44%：64%~56%。具体数字如下（根据杨伯峻先生《春秋左传注》统计）：

	于	於	合计	于：於	该“公”总字数
隐公	69	44	113	61：39	4 953
桓公	62	52	114	54：46	4 425
庄公	84	54	138	61：39	5 074
闵公	15	11	26	58：42	1 702
僖公	164	148	312	53：47	16 821
文公	110	96	206	53：47	9 597
宣公	96	75	171	56：44	9 470
成公	146	133	279	52：48	15 362
襄公	257	392	649	40：60	37 438
昭公	273	478	751	36：64	45 526
定公	92	119	211	44：56	9 620
哀公	111	173	284	39：61	15 991
共计					175 979

需要说明的是，成公十三年“吕相绝秦”共有15个“于”，这段资料显然来自古文献。若除去这个数字不计算在内，则“于”：“於”约为50：50。“于”处于逐渐减少的趋势就更明显，而“於”的总趋势则是逐步上升的。自《襄公》以后，“于”、“於”相比变为“于”少于“於”。

也许有人会说，你没有把各公的总字数考虑在内，后四公的总字数多，“于”、“於”出现的次数自然高啦。这种说法是不对的，因为我们计算的是每公内部“于”、“於”相比的比例，与总字数的多少没有关系。总字数多，“于”、“於”相对之下次数都多，内部的比例关系不变。比如《襄公》“于”257次，“於”392次，比例为40：60；如果把“于”、“於”各减一半，变成128和196，其内部百分比仍然是

40∶60。又如《定公》和《文公》总字数都是九千余字，而《文公》“于”、“於”比例为53∶47，《定公》是44∶56。《成公》和《哀公》都是一万五千余字，《成公》“于”、“於”比例是52∶48，《哀公》是39∶61。可知每公内部“于”、“於”的百分比是不受总字数的影响的。

再者，从表中还可以看出，《襄》《昭》字数共82 964字，占《左传》总字数175 979的47%，若按照前八公“于”比“於”多的比例增长，《襄》《昭》的“于”更应增多，事实是“于”不仅没有按原来的比例增长，反而减少了。这更说明“于”、“於”比例的变化有着内在的因素在起作用，是值得注意的。

从总的情况来看，前八公共计67 404字，后四公共计108 575字。前八公的“于”共746次，平均90字一个；“於”共613次，平均109字一个。后四公若按此比例增长，“于”应有1 206个，“於”996个。实际上“于”为733个，每148字才有一个；“於”1 162个，平均93字一个。“于”由平均90字一个降到平均148字一个，并没有因为后四公字数的增多而增多；“於”由平均109字一个到平均93字一个，倒是有所增长。由此也可看出，“于”、“於”不是随着总字数自然地增长。

这样我们再回到前面的问题，似乎就有了些眉目：“于”由对“於”占压倒优势经历了略多于“於——略少于“於”——绝少于“於”的发展过程。而其间的过渡阶段(略多于“於”——略少于“於”)在《左传》内部得到了体现。由于“于”略少于“於”是从《襄公》开始的，再加上其他一些语法变化也从《襄公》开始，因此我们把界限划在前八公和后四公之间。

1.2　“于·宾”、“於·宾”在动词前的用法。

“于·宾”用在动词前，在甲骨文、金文、《诗经》、《尚书》中均有；《左传》中有7例，都转引自《诗经》④。“於·宾”在动词前的用法最早在《尚书·酒诰》中见二例：

人无於水鉴，当於民鉴。

自“於宾”在动词前出现后，这种用法就逐渐增多，“于”在动词前者则明显减少，请看我们对一些先秦古籍所作的调查：

古籍 / 次数 / 句式	论语	孟子	荀子	墨子	庄子	韩非子	战国策	国语
于·宾·动	0	3	1	1	0	0	0	1
於·宾·动	26	82	62	71	89	90	134	109
古籍 / 次数 / 句式	周礼	礼记	孝经	吕氏春秋	管子	仪礼	穀梁	公羊
于·宾·动	0	1	0	0	0	0	0	0
於·宾·动	4	114	3	134	69	5	37	50

可见“於·宾”在动词前的出现有时代性、有普遍性。它比较晚起，在当时标志一种新兴的语言现象。这种新兴的语言现象，大多用来表示强调，把“於宾”提前以加重语气。它又包含一些有细微差异的句式。有的句式前八公、后四公都有，如：

(一)〔主语·於宾，谓语〕共8例。

(1)范文子谓栾武子曰：“季孙於鲁，相二君矣。”(成公16年，以下简为“成16”)2.894(杨伯峻先生《春秋左传注》，第2册，第894页。下仿此)

(2)子产曰：“…子於郑国，栋也。”(襄31)3.1192

(3)子服景伯对使者曰：“…故敝邑之职贡於吴，有丰於晋，无不及焉。”(哀13)4.1678

(二)〔於宾，动词(为)·宾〕共14例。

(1)叔仲惠伯谏曰：“臣闻之，兵作於内为乱，於外为寇。”

(文7)2.563

(2)梓慎曰:"…火出,於夏为三月,於商为四月,於周为五月。"(昭17)4.1391

有时主语出现在"於宾"之前,如:

(3)使俱曰:"狄之广莫,於晋为都。晋之启土,不亦宜乎?"(庄28)1.240

(4)宋乐大心曰:"我不输粟,我於周为客,若之何使客?"(昭25)4.1459

有时主语在"於宾"之后,如:

(5)秋七月,辛丑,盟,吴、晋争先。吴人曰:"於周室,我为长。"晋人曰:"於姬姓,我为伯。"(哀13)4.1677

(三)〔主语·之於·宾(也),谓语〕共3例。

(1)公问诸藏宣叔曰:"中行伯之於晋也,其位在三;孙子之於卫也,位为上卿。将谁先?"(成3)2.814

(2)叔侯曰:"鲁之於晋也,职贡不乏,玩好时至。"(襄29)3.1160

(3)事毕而出,言於卫侯曰:"……礼之於政,如热之有濯也。'(襄31)3.1191

(四)〔(君子)谓X1於是X2也,谓语〕共3例。

(1)君子……谓晋於是役也,能以德攻。(僖28)1.457

(2)君子谓子重於是役也,所获不如所亡。(襄3)3.926

(3)仲尼谓子产於是行也,足以为国基矣。(昭13)4.1360

(五)〔於此(是)(乎、焉)在(或其他动词、形容词等)〕共9例。

(1)彘子曰:“败楚、服郑,於此在矣。”(宣12)2.730

(2)生民之道於是乎在矣。(文6)2.553

(3)(女叔齐)对曰:“礼之本末将於此乎在。”(昭5)4.1266

(4)使伯音对曰:“……迟速衰序,於是焉在。”(昭32)4.1518

(5)宁武子不可,曰:“……相之不享,於此久矣。”(僖31)1.487

(6)赵孟曰:“吾卜於此起兵。”(哀10)4.1656

(7)东郭书曰:“三战必死,於此三矣。”(哀11)4.1662

(六)〔X於·何有〕共4例。

这种句式总作复句的后一分句,表反问。这种句式是“何有於X”的倒装。为了表示对X的强调,不仅把“於X”前置,而且把X置于“於”前。

(1)晋郤芮使夷吾重赂秦以求入,曰:“人实有国,我何爱焉?入而能民,土於何有?”(僖9)1.330

(2)魏犨、颠颉怒,曰:“劳之不图,报於何有?”(僖28)1.454

(3)武子曰:“群臣若急,君於何有?”(襄23)3.1077

(4)子赣……私於使者曰:“若得其人,四方以为主,而国於何有?”(哀27)4.1732

还有六种句式只见于襄公以后:

(一)〔於宾·何(孰)动〕共4例。都表反问,如:

(1)右宰谷曰:“子鲜在,何益?多而能亡,於我何为?”(襄26)3.1112

(2)左师曰："女丧而宗室，於人何有？人亦於女何有？"(昭6)4.1278

(3)又曰："我，家臣也，不敢知国。凡有季氏与无，於我孰利？"(昭25)4.1464

(二)〔於今·谓语〕共7例。如：

(1)"不谷即位，於今五年。"(襄18)3.1041

(2)祁午谓赵文子曰："子相晋国以为盟主，於今七年矣。"(昭1)4.1201

(3)"日我先君共王引领北望，日月以冀，传序相授，於今四王矣。"(昭7)4.1285

(三)〔於宾(名或代)·动或形〕共4例。

(1)吾三分四军与诸侯之锐以逆来者，於我未病，楚不能矣。犹愈於战。(襄9)3.968

(2)荀罃不可，曰："我辞礼矣，彼则以之。犹有鬼神，於彼加之。"(襄10)3.977

(3)辞曰："君之先臣容焉，臣不足以嗣之，於臣侈矣。"(昭3)4.1237

(4)吾神鬼神丰，於先君有加矣。(昭20)4.1415

(四)〔(唯)名·於·动〕共4例。

(1)楚子在申，召蔡灵侯。灵侯将往，蔡大夫曰："王贪而无信，唯蔡於感。"(昭11)4.1323(杨伯峻先生注："此句犹云唯恨於'蔡'。感为憾之省，故杜预以恨字解之。")

(2)子产不待而对客曰："今又丧我先大夫偃。其子幼弱，其一二父兄惧队宗主，私族於谋，而立长亲。"(昭19)4.1404

("私族於谋"犹云"谋於私族"。)

(3)令尹子瑕言蹶由於楚子曰:"彼何罪?谚所谓'室於怒市於色'者,楚之谓矣。"(昭19)4.1405(《战国策·韩策二》作"怒於室者色於市"。)

(五)〔於+名词(短语)〕,用在复句或动词前,表时间或范围。共4例。

(1)郑僖公之为大子也,於成之十六年,与子罕适晋,不礼焉;又与子丰适楚,亦不礼焉。(襄7)3.953

(2)於四月丁未,郑公孙虿卒,赴於晋大夫。(襄19)3.1049

(3)於《虞人之箴》曰:"芒芒禹迹,画为九州,经启九道。……"(襄4)3.939

(4)赵孟曰:"何谓蛊?"对曰:"淫溺惑乱之所生也。於文,皿虫为蛊。"(昭1)4.1223

前三例"於"的宾语都为名词短语,例(4)"於"的宾语为名词。

(六)〔於+主·之·谓·也〕,用在复句前。共2例。

(1)於郑子国之来聘也,四月,晏弱城东阳,而遂围莱。(襄6)3.947

(2)於子蟜之卒也,将葬,公孙挥与裨灶晨会事焉。(襄30)3.1177

上举六式,前四式的用例都在对话中,第六式的二例出现在叙述中,第五式的四例,对话和叙述各半,可见〔於宾·动〕是一种口语性很强的句式。这种新兴的口语现象在《左传》前八公、后四公中是逐渐增多的趋势。不仅总字数多的《襄》、《昭》有这种句式;字数与《僖》、《成》相近的《哀》,与《文》、《宣》相近的《定》也都有。同时还有六种用法只在后四公见到,可以看出这种句式的用法在《襄》以后变得更为丰富多样。

2."以"相当"以为"的用法

《史记》中用得较多，如：

(1)始大人常以臣无赖，不能治产业，不如仲力。(《史记·高祖本纪》)2.387

(2)孟尝君曾待客夜食，有一人蔽火光。客怒，以饭不等，辍食辞去。(《史记·孟尝君列传》)7.2354

(3)陛下以绛侯周勃何如人也？(《史记·张释之冯唐列传》)9.2752

《左传》中到《襄公》《昭公》才有3例：

(4)庄公即位，执公子牙於句渎之丘。以夙沙卫易己，卫奔高唐以叛。(襄19)3.1049

(5)公以告臧孙，臧孙以难；告郈孙，郈孙以可。(昭25)4.1463

"以为"作为一个复音词，相当于现代汉语里"以为"(意即"认为")的用法，《史记》中较多，如：

(6)始皇自以为功过五帝，地广三王，而羞与之侔。(《史记·秦始皇本纪》)1.276

(7)上以为绾长者，不忍，乃赐绾告归。(《史记·万石张叔列传》)9.2770

而在《左传》中，至《哀公》始见一例：

(8)"寡君以为苟有盟焉，弗可改也已。(哀12)4.1671

《左传》前的《易》、《诗》均未见到“以为”的这种用法，而《左传》后的《论语》、《孟子》，尤其战国晚期的《韩非子》，这种用法不乏其例，如：

(9)事君尽扎，人以为谄也。(《论语·八佾》)

(10)民以为将拯己於水火之中也。(《孟子·梁惠王下》)

(11)臣以为天下之从，几不难矣。(《韩非子·初见秦》)

(12)臣斯甚以为不然。(又，《存韩》)

通过以上的比较可以看出，《左传》中的“以为”也是一种新兴的语言现象。

“以”的词组“是以”，表连接作用，共出现159次，分布于全书，“前”64次，“后”95次。另一词组“此以”，共3次，都出现在《襄公》26年所记载楚声子的答话中：

(声子)对曰：“……是以将赏为之加膳，加膳则饫赐，此以知其劝赏也。将刑，为之不举，不举则微乐，此以知其畏刑也。夙兴夜寐，朝夕临政，此以知其恤民也。”(3.1120)

“以”的固定格式〔以…故〕共20例，有11例在“前”，9例在“后”。〔以…之故〕共12例，只有1例在《僖公》，其他都在《襄公》以后。如：

(13)初，晋侯使以杀大子申生之故来告。(僖5)1.303

(14)“孤以社稷之故，不能怀君。”(襄11)3.990

(15)宣伯曰：“鲁以先子之故，将存吾宗，必召女。召女，何如?”(昭4)4.1256

(16)自拘於司败，曰：“君以弄马之故，隐君身，弃国家。”(定4)4.1532

(17)(向巢)辞曰：“若以先臣之故，而使有后，君之惠

也。”(哀14)4.1688

“以……故”大多用在非对话的叙述句中，如：

(18)王以戎难故，讨王子带。(僖12)1.341
(19)齐侯以我服故，归济西之田。(宣10)2.706
(20)晋人以鄫故来讨，曰：“何故亡鄫?”(襄6)3.947

“以……之故”大多用在对话中，因此后者也是一种比较晚起的新的语言现象。

3. 助词“焉”、“然”作后缀的用法

3.1 助词“焉”用在单词后作后缀，组成〔×焉·动词〕句式，共有6例，除1例在《成公》外，5例都在《襄公》以后。如：

(1)夫狡焉思启封疆以利社稷者，何国蔑有?(成8)2.840
(2)敝邑之众，夫妇男女，不遑启处以相救也。翦焉倾覆，无所控告。(襄8)3.959
(3)诸侯其谁不欣焉望楚而归之，视远如迩?(昭1)4.1206
(4)君若欢焉好逆使臣，滋敝邑休怠，而忘其死，亡无日矣。(昭5)4.1271
(5)今君奋焉震电冯怒，虐执使臣，将以衅鼓，则吴知所备矣。(昭5)4.1271
(6)孤斩焉在衰绖之中。(昭10)4.1319

3.2 “焉”用在叠音词之后组成“××焉”，作状语或谓语。共4例，都在《襄》《昭》：

(1)且年未盈五十而谆谆焉如八、九十者，弗能久矣。(襄31)3.1183

(2)礼之本末将於此乎在，而屑屑焉习仪以亟。言善於礼，不亦远乎？(昭5)4.1266

(3)闵闵焉如农夫之望岁。(昭32)4.1517

(4)今王室实蠢蠢焉，吾小国惧矣。(昭24)4.1452

以上用例都出现在对话中。

3.3　助词“然”用作后缀，仅2例，都在“后”，且都在对话中：

(1)今执事撊然授兵登陴，将以谁罪？(昭18)4.1388

(2)以水潦之不时，无乃廪然陨大夫之尸，以重寡君之忧。(哀15)4.1691

“撊然”、“廪然”都表示动作行为的状态，与助词“焉”的用法同。“焉”、“然”在用法上的这种共同现象不知是否因为它们同属古韵寒部而可以互相通转？根据我们对几部书的调查统计，后缀“焉”与“然”的数字如下：《尚书》，1∶0(前者为“焉”出现次数，后者为“然”)；《左传》，10∶2；《论语》，1∶5；《孟子》2∶27；《韩非子》，0∶21。看来“焉”、“然”用作后缀可能有早晚的不同，初期“焉”用作后缀较多，后来用“然”较多。而《左传》的情况则反映了后缀“然”用法的初起。从《论语》以后，“然”的后缀用法就超过了“焉”。

4. 语气词的用法

4.1　语气词“者”的用法

语气词“者”用在偏正复句的偏句之末，有句中停顿和引出下文的作用。这是古汉语中一种常见的句式。《左传》中仅有2例，都在《襄》《昭》，反映这句式的初起：

(1)“今诸侯之事我寡君不如昔者，盖言语漏泄，则职女之由。”(襄14)3.1006

(2)(子犹)言於齐侯曰："群臣不尽力于鲁君者，非不能事君也。"(昭 26)4. 1471

语气词"者"用在〔(主语)动·宾(专有名词)者，分句〕中，表示语音停顿和未完待续的语气。"者"所在句常为复句中的偏句，动词宾语常为专有名词。共 8 例，都在《襄公》以后。如：

(3)见舞《大夏》者，曰："美哉!"(襄 29)3. 1165

在《襄公》29 年，这样的例子有 5 个，"者"都没有实指意义。从吴公子季扎的赞辞可以很清楚地看出，他是针对《大武》、《大夏》等舞蹈而发议论，并不是歌颂那些舞蹈者。"者"在句中没有具体词汇意义；若去掉，不影响对文意的理解。

"者"所在句的动词常为"有"，如：

(4)晋有羊舌鲋者，渎货无厌，亦将及矣。(昭 13)4. 1354

(5)市南有熊宜僚者，若得之，可以当五百人矣。(哀 16)4. 1701

(6)有陈豹者，长而上偻。(哀 14)4. 1683

语气词"者"用在问句之末。共 2 例，都在"后"：

(7)卢蒲姜告之，且止之，弗听，曰："谁敢者?"遂如公。(襄 28)3. 1147

(8)晋师将盟卫侯于鄟泽，赵简子曰："群臣谁敢盟卫君者?"涉佗、成何曰："我能盟之。"(定 8)4，1566

4. 2　"诸"的用法

用在句末，相当"之乎"的"诸"共 15 例，除 1 例在《僖公》外，其余全在《襄公》之后。如：

(1)叔詹谏曰"晋公子有三焉，天其或者将建诸？君其礼焉！"(僖23)1.408

(2)穆子曰："然则盟诸？"(襄11)3.986

(3)平子曰："必子强也，无乃亢诸？"(昭26)4.1473

(4)申包胥曰："且吾尤子旗，其又为诸？"(定5)4.1553

(5) 又谓诸大夫曰："盍及其未作也，先诸？"(哀6)4.1634

4.3 "兮"，共2例，在《哀公》：

(1)吴申叔仪乞粮於公孙有山氏，曰："佩玉縈兮！余无所系之；旨酒一盛兮！余与褐之父睨之。"(哀13)4.1679

4.4 "之"用作语气词，兼起衬音节的作用。共2例，在《昭公》：

(1)童谣有之，曰："鸜之鹆之，公出辱之。"(昭25)4.1460

4.5 "只"作语气词，仅1例。在《襄公》：

(1)赵孟曰："诸侯归晋之德只，非归其尸盟也。"(襄27)3.1078

《诗经》中用语气词"只"的例子："仲氏任只！其心塞渊。"(邶风·燕燕)，"母也天只！不谅人只！"(邶风·柏舟)《楚辞·大招》用"只"很多，如："魂魄归来，无远遥只，魂乎归来，无东无西无南无北只！"

4.6 "邪"，仅1例，在《昭公》：

(1)不知天之弃鲁邪，抑鲁君有罪於鬼神故及此也？(昭26)4.1471

《左传》的选择问句数量不多，由“抑”作选择连词的选择问句仅有5例，都在后四公，其中带语气词“邪”的仅此一例。汉以后这种选择问句渐多。

4.7 “而”作语气词仅1例。在“前”：

(1)“若敖氏之鬼，不其馁而！”(宣4)2.680

4.8 “也已”、“已”

“也已”两个语气词连用，共2例，都在“前”：

(1)子文闻其死也，曰：“弗可改也已。”(僖7)1.317

(2)“先自弃也已，其何继之有？”(僖11)1.338

“已”作语气词，共2例，都在“后”：

(3)君子曰：“以地叛，虽贱，必书地，以名其人，终为不义，弗可灭已。”(昭31)4.1512

本例的“弗可灭”与例(1)的“弗可改”句式相同，一用语气词“已”，一用“也已”；可能是因为“已”、“也已”在表达意义上有细微区别，同时还可能由于在语气词运用上反映了作者不同的语言习惯和爱好。

(4)伍员曰：“后虽悔之，不可食已。”(哀1)4.1606

4.9 “矣哉”、“也哉”、“乎哉”、“也乎哉”

“哉”共71例，分布在全书，前20例，后51例。而“哉”与其他语气词的连用都只出现在“后”，这是很值得注意的。

“矣哉”共6例：

(1)王曰：“尚矣哉，能歆神人，宜其光辅五君以为盟主

也。”(襄 27)3. 1133

(2)为之歌《颂》，曰：“至矣哉!”(襄 29)3. 1164

(3)见舞《韶箾》者，曰：“德至矣哉。”(襄 29)3. 1165

(4)梁丙曰“甚矣哉！子之为此来也。”(昭 3)4. 1232

(5)南蒯之将叛也，其乡人或知之，过之而叹，且言曰：“有人矣哉!”(昭 12)4. 1336

(6)君子曰：“涉佗亦遄矣哉!”(定 10)4. 1580

“也哉”共 3 例：

(7)姜曰：“我皆无之，岂《随》也哉?”(襄 9)3. 966

(8)大叔文子闻之，曰：“可哀也哉!”(襄 25)3. 1109

(9)为之歌《齐》，曰：“美哉！泱泱乎！大风也哉!”(襄 29)3. 1162

“乎哉”1 例：

(10)(大叔)曰：“将可乎哉!”(襄 25)3. 1109

“也乎哉”2 例：

(11)晏子立于崔氏之门外，其人曰：“死乎?”曰：“独吾君也乎哉？吾死也?”曰：“行乎?”曰：“吾罪也乎哉？吾亡也?”(襄 25)3. 1098

5. 叹　词

《左传》叹词的数量和出现的次数都很少，一共只有 5 例，“前”1，“后”4：

(1)江芈怒曰:“呼!役夫,宜君王之欲杀女而立职也!”(文1)2.514

(2)“乌乎!宁子可谓不恤其后矣!”(襄25).31108

(3)“乌乎!必有此夫!”(襄30)3.1173

(4)从者曰:“嘻!速架,公敛阳在。”(定8)4.1569

(5)夏四月己丑,孔丘卒,公诔之曰:“呜呼哀哉!尼父!”(哀16)4.1698

6. 部分复音虚词或虚词词组

6.1 “今而后”,共4例;“乃今而后”,仅1例。都在“后”:

(1)蔑也今而后知吾子之信可事也。(襄31)3.1192

(2)今而后知不足。(同上)

(3)吾今而后知礼之可以为国也。(昭26)4.1480

(4)寡人今而后闻此礼之上也。(同上)4.1481

(5)吾乃今而后知有卜筮。(襄7)3.950

6.2 “毋宁”,共2例,都在“后”:

(1)“毋宁使人谓子:‘子实生我’,而谓‘子浚我以生’乎?’(襄24)3.1090

(2)“且先君而有知也,毋宁夫人,而焉用老臣?”(襄29)3.1160

6.3 “然则”9例,“否则”3例,全都在后。如:

(1)季武子将作三军,告叔孙穆子曰:“请为三军,各征其军。”穆子曰:“政将及子,子必不能。”武子固请之。穆子曰:“然则盟诸?”(襄11)3.986

(2)梓慎望氛，曰："今兹宋有乱，国几亡，三年而后弭。蔡有大丧。"叔孙昭子曰："然则戴、桓也．汰侈，无礼已甚，乱所在也。"(昭 20)4. 1407

(3)林不狃之伍曰："走乎?"不狃曰："谁不如?"曰："然则止乎?"不狃曰："恶贤?"徐步而死。(哀 21)4. 1660

(4)"义则进，否则奉身而退。"(襄 26)3. 1113

(5)"力能则进，否则退，量力而行。"(昭 15)4. 1370

(6)"义则进，否则退。"(哀 6)4. 1638

6.4 "乡者"，1 例。"曩者"，1 例。两者在《左传》的具体上下文里表示的意义相似，若相互替换，并不影响文义，但"前"用"乡者"，"后"用"曩者"：

(1)公疾，问后於叔牙，对曰："庆父材。"间於季友，对曰："臣以死奉般。"公曰："乡者牙曰'庆父材'。"(庄 32)1. 254

(2)既免，复踞转而鼓琴，曰："公孙！同乘，兄弟也，胡再不谋?"对曰："曩者志入而已，今则怯也。"(襄 24)3. 1092

从以上初步考察的情况可以看出，多数变化都是从《襄公》开始，因而我觉得从总体上把这些语法上的差异划在前八公与后四公之间，基本上是符合《左传》的实际情况的。

与这些差异紧相联系的问题是：为什么会出现这些差异？是否由于语言随着时代、社会的变化而逐渐变化，先秦时期这种变化在《左传》内部就已体现出来？是否由于《左传》作者依据的材料是各国史官的记载，而这些记载本身就有时代先后，因而造成"前"、"后"的差异？是否可能《左传》是由两位(或两位以上)的作者完成，"前"、"后"差异反映了个人运用语言的特色，包括作者本人的文风、方言特点、言语习惯等因素？是否可能《左传》的成书兼有以上各方面的原因？是否……？……？……？

这些问题都需要在对《左传》全面考察的基础上，结合多方面的因素分析研究，然后才能作出比较恰当的判断。

附注

①《春秋经》中有两例“於”。一在人名中，《哀公十三年》：“於越入吴。”一在国名中，《庄公二年》：“公子庆父帅师伐於馀丘。”这两例“於”都不是介词。

关于甲骨文中介词有“于”无“於”的情况，请参看《甲骨文编》，中国科学院考古研究所编辑，中华书局1965年版。

②见杨伯峻先生《春秋左传注》，第4册第1295页，中华书局1981年本。杜预在传文“故其《鼎铭》云”下注云：“考父庙之鼎”。关于此鼎的时间，可从铭文中判断；铭文曰：“及正考父，佐戴、武、宣”，宣公卒于前729年，该鼎最早铸造于这一年，而这个时期，尚未进入春秋。因此我们说是“春秋前期”。

③见郭沫若《两周金文辞大系·陈肪簋》，该书第256页，日本国东京文求堂书店1932年本。

④这7例是：

(1)《诗》曰：“畏天之威，于时保之。”(文4)2.534

(2)在《周颂》曰：“畏天之畏，于时保之。”(文15)2.614

(3)《诗》所谓“彼日而食，于何不臧”者，何也？(昭7)4.1288

(4)《诗》曰：“于以采蘩？于沼、于沚；于以用之？公侯之事。”(文3)2.530

我们把例(4)的“于沼、于沚”视为承上省略了的动词，若不省略应为：“于沼采蘩，于沚采蘩。”因此把动词前的“于”统计为7例。

(文章原载于中华书局《古汉语研究》1988年第1期(创刊号))

【评　介】

何乐士(1930—2007)，女，河南郏县人。1961年毕业于北京大学中文系，同年开始在中国社会科学院语言研究所古汉语研究室从事古汉语语法研究。1989年至1991年在意大利拿波利东方大学东亚系任教，1991年至1994年任瑞士苏黎世大学东亚研究所客座教授，曾先后到挪威、英国、法国、俄罗斯、荷兰、德国、日本、美国等国及中国香港、台湾地区多所大学和研究所进行学术访问、讲学或参加学术会议。1994年2月，何乐士与瑞士苏黎世大学东亚研究所所长高斯曼教授共同发起，在苏黎世大学召开了第一届国际先秦语法研讨会。何乐士教授的主要著作有《〈左传〉的范围副词》(岳麓书社1994年版)、《〈左传〉虚词研究》(商务印书馆1989年版)、《〈史记〉语法特点研究》(商务印书馆2005年版)、《汉语语法史断代专书研究》(河南大学出版社2007年版)、《古汉语语法研究论文集》(商务印书馆2000年版)等。

《〈左传〉前八公与后四公的语法差异》一文，是何乐士于1987年在第四届中国语言学会上所做的报告，次年在《古汉语研究》(中华书局1988年创办)创刊号上刊出，后又收入《古汉语语法研究论文集》(商务印书馆2005年版)。何乐士长期从事《左传》专书的语言研究。在多年的研究中，她发现这部记载了公元前8世纪到前5世纪240多年历史的《左传》，其前八公与后四公的一系列语法现象呈现出比较明显的变化。在此文中，何乐士根据自己对《左传》各方面语言资料的考察，把“于”、“於”的发展变化划分为四个阶段：一是早期有“于”无“於”。如在甲骨文、《易》卦爻辞、《春秋经》中就是这样。甲骨文中未见介词“於”；《易》卦爻辞“于”78次、“於”0次；《春秋经》“于”395次、“於”0次。二是“于”占绝对优势，“於”开始出现。如部分铭文、《尚书》、《诗经》中就是这样。《尚书》“于”382次、“於”6次；《诗经》“于”235次、“於”14次。三是“于”略少于“於”。如《左传》“于”1474次、“於”1764次，两者比例约为45%：55%。四是“于”变为极少数，“於”占绝对优势。大部分先秦古籍，如《论语》《孟子》《庄子》《墨子》《荀子》《韩非子》《吕氏春秋》《战国策》《管子》和《国语》等都属这种情况。而“于”、“於”的发展，从总的趋势上看，似乎贯穿着这样一条发展线索：只有“于”——“於”开始出现，但以“于”为主——“于”、“於”大致相当而“于”略少于“於”——以“於”为主，逐渐取代“于”。那么，“于”是怎样由占压倒性优势的第二阶段转变为略少于“於”的第三阶段的？“于”、“於”的消长在第二、第三阶段之间似乎缺少一个过渡阶段，在这个阶段，“于”应略多于“於”。根据这一推测，何乐士对其他先秦古籍做了尽可能广泛的调查，都未能见到这一过渡阶段。最后是在《左传》内部，在前八公与后四公之间，发现“于”、“於”的比例有变化：前八公的“于”略多于“於”，大致比例是6∶4；后四公的“于”略少于“於”，大致比例是4∶6。因此，何乐士认为“于”、“於”发展的第三阶段至少在《左传》内部有所体现。经过认真考索，何乐士进一步发现“于”略少于“於”的这个变化是从《左传·襄公》开始的。进而观察到其他一些语法差异，也大多从《襄公》开始。因此，何乐士得出一个结论，即《左传》内部语法、词汇差异的界线应在前八公与后四公之间。

后来，她对前八公与后四公在语法、词汇方面的特点继续进行比较，发现了更多差异，故又作《再论〈左传〉前八公与后四公的语法差异》(1994)。何乐士认为，从总的发展趋势看，前八公独有的语言现象大多比较古老，而后四公独有的大多是新兴的语言现象，到战国晚期或汉以后就逐渐发展起来。如介词“于”和“於”的消长，新兴的被动句式，分数和数量词表示法，某些双否定词组或反问句的用法，以及复音词组的增长等，《左传》都反映了语言发展历史链条中的一个环节，具有承上启下的作用。这是《左传》内部语法、词汇差异所反映的主要方面。这种合乎语言发展规律的差异有力地证明《左传》是足以代表春秋时期200多年间语言变化的一部具有特殊语言价值的重要历史古籍。因此，《左传》“不可能由后人伪造，因为后人不可能伪造出隐含在语言内部的合乎历史规律的发展变化”。

何乐士从语法角度入手，有力地批驳了刘歆伪造《左传》的说法，确实另辟蹊径。遗憾的是，何乐士虽然客观描述了《左传》在语言上的差别，但还是未能得出《左传》的作者。不过，她的研究无疑为确定《左传》的作者和编撰等情况提供了有力的语言资料，也给后人指出了一条从语言学角度研究《春秋》经传的正确道路。何乐士后将论文结集为《〈左传〉虚词研究》(商务印书馆1989年版)，代表20世纪80年代《左传》语言学研究的最高水平。何乐士对《左传》前八公与后四公语法差异的划分渐成定论，如张树国《〈左传〉名词在前“八公”和后“四公”里的差异》(《汉语史研究集刊》1998年第1辑)，就是紧承何乐士的观点，对《左传》实词里面名词的使用情况、名词动用的情况、名词的搭配功能以及用法等四个方面进一步展开论证说明，也再次重申了何乐士的观点。

《〈左传〉前八公与后四公的语法差异》一文，也体现出何乐士的研究特点。杨伯峻在《〈左传〉虚词研究》序言中将其总结为六点：一是对《左传》每类虚词中重要的、有代表性的虚词作了全面的、事实求是的剖析，并对虚词的语法特点和客观规律作出科学的总结，而对语法特别复杂的虚词，如“之”、“于”、“以”、“所”、“焉”、“何”、“其”等都有专文论述。二是作者在探讨《左传》虚词的时候，能够兼顾《左传》的句式，重视虚词在单句、复句、语段中的运用，注意虚词在固定格式中的作用和特点，同时还介绍、分析与其他词语构成的词组。我们从书末所附词组和固定格式索引便可知其概貌。三是重视比较的手法，如《〈左传〉的介词“于”和”於”》《论“谓之”句和“之谓”句》等文都是在比较中去认识不同虚词或不同句式的特点。四是重视统计的方法。这种方法不仅增强了论证的科学性，为比较研究提供了必要的数字依据，同时对观察语法现象的性质、特点及其发展变化都会有所帮助。五是努力把语法研究与解决实际问题结合起来。如《论“谓之”句和“之谓”句》一文运用这两种句式的心得去鉴别古书的讹误；又如《〈左传〉的“焉”》，结合“焉”的分析指出对《左传》注释、译文中的某些问题等。六是有的文章把点和面、描写和论证结合起来。如《先秦〔动·之·名〕双宾式中的“之”是否等于“其”?》和《〈左传〉的“贰於(于)X”句式》等文都在描写《左传》语法现象的同时，广泛征引先秦其他古籍，对有争议的问题作深入探讨。这些评价是实事求是的。

何乐士一生致力于古汉语语法研究，不倦地考察、挖掘、提炼语言事实，而对《左传》的语言研究也造诣颇深。因为何乐士善于运用统计法，所以她的文章总是言之有物，持之有故，不尚空谈。这种优良的学风无疑值得我们学习。当然，由于何乐士的文章大多写于20世纪60至80年代，当时并没有电脑，作者主要靠手抄卡片积累资料、分析统计，其艰辛可想而知。因此，有些数据与今天的电脑资料统计数字相比，难免有出入。但瑕不掩瑜，《〈左传〉前八公与后四公的语法差异》及《〈左传〉虚词研究》等，仍然是值得研读的著作，对后来的《左传》语言研究影响深远。正如王宁《功在于“备” 力存于

“悉”——读何乐士〈左传范围副词〉》一文中所说：“如果我们沿着作者的思路断续作下去，建立断代的历史文献语料库并不断扩大语料的数量，同时利用计算机系统对语料进行穷尽性普查，不但能够更准确地描写出各历史阶段汉语的整体面貌，从而建立起根据十分充足的汉语发展史，而且可以对汉语的研究方法和理论原则作出更新与更深的探讨。这一工作应自先秦始，而不宜自近代半途切入。”①

为了纪念何乐士的学术贡献，2009 年 6 月，中国社会科学院语言研究所编写了《何乐士纪念文集》(语文出版社出版)，对何先生治学、育人、人品方面的风范和业绩，作出了中肯的评价。2010 年 1 月，商务印书馆又出版《碎金集拾：何乐士古汉语著译文稿》，收入文章 38 篇，大部分是何乐士的遗稿，大体分为六类：古汉语虚词与语法 12 篇，书评类 5 篇，序言 2 篇，语言学家评传类 5 篇，为香港《普通话》杂志撰写的古汉语词汇小品文 8 篇，译著类 6 篇。至此，何乐士教授的各类学术论著算是出齐了。

(王晓鹃)

何乐士主要春秋学作品目录

一、专著

1.《左传虚词研究》：商务印书馆 1989 年出版，2004 年修订再版。

2.《左传范围副词》：岳麓书社 1994 年出版。本书收录论文 22 篇，前 21 篇对《左传》全部范围副词的语法特点逐一进行分析讨论，最后一篇《左传范围副词概论》是对范围副词的作用、分类等所作的总结，并对范围副词、副词的特点与定义作了新的探讨。

二、论文

1.《先秦〔动·之·名〕双宾式中的“之”是否等于“其”?》：载《中国语文》1980 年第 4 期。收入《左传虚词研究》，商务印书馆 1989

① 王宁：《功在于“备” 力存于“悉”——读何乐士〈左传范围副词〉》，载《古汉语研究》1994 年第 2 期。

年版；《左传虚词研究》(修订本)，商务印书馆2004年版。

2.《论“谓之”句和“之谓”句》：收入《古汉语研究论文集》(一)，北京出版社1982年版。又收入《左传虚词研究》，商务印书馆1989年版；《左传虚词研究》(修订本)，商务印书馆2004年版。

3.《〈左传〉中介词“以”宾语的省略》：收入《左传虚词研究》，商务印书馆1989年版；《左传虚词研究》(修订本)，商务印书馆2004年版。

4.《〈左传〉的单句和复句初探》：收入《先秦汉语研究》，山东教育出版社1982年版。

5.《从〈左传〉和〈史记〉的比较看〈史记〉的动补式》：收入《东岳论丛》，山东教育出版社1984年版。又收入《古汉语语法研究论文集》，商务印书馆2000年版。

6.《〈左传〉的语气副词“其”》：收入《语言学和语言教学》，安徽教育出版社1984年版。又收入《左传虚词研究》，商务印书馆1989年版；《左传虚词研究》(修订本)，商务印书馆2004年版。

7.《〈左传〉的人称代词》：收入《古汉语研究论文集》(二)，北京出版社1984年版。又收入《古汉语语法研究论文集》，商务印书馆2000年版。

8.《〈史记〉语法特点研究——从〈左传〉与〈史记〉的比较看〈史记〉语法的若干特点》：收入《两汉汉语研究》，山东教育出版社1985年版。又收入《史记语法特点研究》，商务印书馆2005年版。

9.《〈左传〉的“贰於(于)X”句式》，载《字词天地》1985年第7期。收入《左传虚词研究》，商务印书馆1989年版；《左传虚词研究》(修订本)，商务印书馆2004年版。

10.《〈左传〉、〈史记〉介宾短语位置的比较》：载《语言研究》1985年第1期。收入《古汉语语法研究论文集》，商务印书馆2000年版。

11.《〈左传〉的语气词“也”》：载《语言学论丛》1986年第16辑。收入《古汉语语法研究论文集》，商务印书馆2000年版；《左传虚词研究》(修订本)，商务印书馆2004年版。

12.《〈左传〉的介词“于”和“於”》：收入《古汉语研究论文集》

(三)，北京出版社1987年版。又收入《左传虚词研究》，商务印书馆1989年版；《左传虚词研究》(修订本)，商务印书馆2004年版。

13.《〈左传〉的介词“以”》：收入《古汉语研究论文集》(三)，北京出版社1987年版。又收入《左传虚词研究》，商务印书馆1989年版；《左传虚词研究》(修订本)，商务印书馆2004年版。

14.《〈左传〉前八公与后四公的语法差异》：载《古汉语研究》1988年第1期(创刊号)。收入《古汉语语法研究论文集》，商务印书馆2005年版。

15.《“政以治民”和“以政治民”两种句式有何不同?》：载《中国语言学报》1988年第3期。收入《古汉语语法研究论文集》，商务印书馆2005年版。

16.《〈左传〉的“之”》：收入《古汉语研究》第一集，中华书局1996年版。又收入《左传虚词研究》，商务印书馆1989年版；《左传虚词研究》(修订本)，商务印书馆2004年版。

17.《〈左传〉的“何”》：收入《古汉语论集》第二辑，湖南教育出版社1988年版。又收入《左传虚词研究》，商务印书馆1989年版；《左传虚词研究》(修订本)，商务印书馆2004年版。

18.《〈左传〉的“焉”》：收入《古汉语研究》第一集，中华书局1988年版。又收入《左传虚词研究》，商务印书馆1989年版；《左传虚词研究》(修订本)，商务印书馆2004年版。

19.《〈左传〉的“如”》：载《语文月刊》1988年第11、12期。

20.《〈左传〉的数量词》：收入《庆祝王力先生学术活动五十周年语言文字学术论文集》，知识出版社1989年版。又收入《古汉语语法研究论文集》，商务印书馆2000年版。

21.《〈左传〉的“若”》：载《语文月刊》1989年第2、3期。

22.《〈左传〉的被动句式与虚词》：收入《左传虚词研究》，商务印书馆1989年版。

23.《〈左传〉的比较句式与虚词》：收入《左传虚词研究》，商务印书馆1989年版。

24.《〈左传〉的特殊词序与虚词》：收入《左传虚词研究》，商务印书馆1989年版。

25.《〈左传〉中介词“以”的前置宾语》：收入《左传虚词研究》，商务印书馆1989年版。又收入《左传虚词研究》(修订本)，商务印书馆2004年版。

26.《〈左传〉的连词“以”》：收入《左传虚词研究》，商务印书馆1989年版。又收入《左传虚词研究》(修订本)，商务印书馆2004年版。

27.《〈左传〉的[主·“之”·谓]式》：收入《左传虚词研究》，商务印书馆1989年版。又收入《左传虚词研究》(修订本)，商务印书馆2004年版。

28.《〈左传〉的“者”》：收入《左传虚词研究》，商务印书馆1989年版。又收入《左传虚词研究》(修订本)，商务印书馆2004年版。

29.《关于“者”字结构作后置定语和受事主语的问题》：收入《左传虚词研究》，商务印书馆1989年版。又收入《左传虚词研究》(修订本)，商务印书馆2004年版。

30.《〈左传〉的“夫”》：收入《左传虚词研究》，商务印书馆1989年版。又收入《左传虚词研究》(修订本)，商务印书馆2004年版。

31.《〈左传〉的“所”》：收入《左传虚词研究》，商务印书馆1989年版。又收入《左传虚词研究》(修订本)，商务印书馆2004年版。

32.《〈左传〉的“莫”》：收入《左传虚词研究》，商务印书馆1989年版。又收入《左传虚词研究》(修订本)，商务印书馆2004年版。

33.《〈左传〉的“诸”》：收入《左传虚词研究》，商务印书馆1989年版。又收入《左传虚词研究》(修订本)，商务印书馆2004年版。

34.《〈左传〉的介词“为”》：收入《左传虚词研究》，商务印书馆1989年版。又收入《左传虚词研究》(修订本)，商务印书馆2004年版。

35.《〈左传〉否定副词“不”与“弗”的比较》：收入《第一届国际先秦汉语语法研讨会论文集》，岳麓书社1994年版。又收入《古汉语语法研究论文集》，商务印书馆2000年版。

36.《再论〈左传〉前八公与后四公的语法差异》：收入《第一届国际《左传》学术研讨会论文集》1994年版。又收入《古汉语语法研究论文集》，商务印书馆2000年版。

37.《〈左传〉范围副词概论》：收入《左传范围副词》，岳麓书社1994年版。又收入《古汉语语法研究论文集》，商务印书馆2000年版。

38.《"牲用备具"的"备"为什么是副词？——谈〈左传〉的副词"备"》：收入《左传范围副词》，岳麓书社1994年版。

39.《〈左传〉的副词"尽"》：收入《左传范围副词》，岳麓书社1994年版。

40.《〈左传〉左传的副词"偕"与"俱"》：收入《左传范围副词》，岳麓书社1994年版。

41.《〈左传〉的副词"齐"》：收入《左传范围副词》，岳麓书社1994年版。

42.《〈左传〉的副词"毕"》：收入《左传范围副词》，岳麓书社1994年版。

43.《"乃遍以璧见于群望"的"遍"——谈〈左传〉的副词"遍"》：收入《左传范围副词》，岳麓书社1994年版。

44.《〈左传〉的副词"悉"和"悉索敝赋"》：收入《左传范围副词》，岳麓书社1994年版。

45.《〈左传〉的副词"举"——兼谈"举群臣实受其贶"》：收入《左传范围副词》，岳麓书社1994年版。

46.《〈左传〉的副词"胥"》：收入《左传范围副词》，岳麓书社1994年版。

47.《〈左传〉的副词"周"和"以周事子"》：收入《左传范围副词》，岳麓书社1994年版。

48.《〈左传〉的副词"共"》：收入《左传范围副词》，岳麓书社1994年版。

49.《〈左传〉的副词"同"及其与"共"、"皆"的比较》：收入《左传范围副词》，岳麓书社1994年版。

50.《〈左传〉的副词"兼"》：收入《左传范围副词》，岳麓书社1994年版。

51.《〈左传〉的副词"监"以及与"皆"、"兼"的比较》：收入《左传范围副词》，岳麓书社1994年版。

52.《“凡”在句中的特殊位置和作用——谈〈左传〉的副词“凡”》：收入《左传范围副词》，岳麓书社 1994 年版。

53.《〈左传〉的副词“鲜”》：收入《左传范围副词》，岳麓书社 1994 年版。

54.《〈左传〉的副词“祇”、“适”、“仅”》：收入《左传范围副词》，岳麓书社 1994 年版。

55.《“唯”在句中的多种位置及其作用——论〈左传〉的副词“唯”》：收入《左传范围副词》，岳麓书社 1994 年版。

56.《〈左传〉的副词“独”》：收入《左传范围副词》，岳麓书社 1994 年版。

57.《〈左传〉的“咸”和“咸黜不端”》：收入《左传范围副词》，岳麓书社 1994 年版。又收入《吕叔湘先生 90 华诞纪念文集》，商务印书馆 1995 年版；《古汉语语法研究论文集》，商务印书馆 2000 年版。

58.《〈左传〉的“皆”》：收入《左传范围副词》，岳麓书社 1994 年版。

59.《〈左传〉、〈史记〉名词作状语的比较》：收入第二届国际古汉语语法研讨会论文选编《古汉语语法论集》，语文出版社 1998 年版。又收入《古汉语语法研究论文集》，商务印书馆 2000 年版。

60.《〈左传〉的连词“而”》：收入《汉语方言共时与历时语法研究论文集》，暨南大学出版社 1999 年版。又收入《左传虚词研究》(修订本)，商务印书馆 2004 年版。

61.《从〈左传〉和〈史记〉的比较看〈史记〉被动句的特色》：收入《古汉语语法研究论文集》，商务印书馆 2000 年版。

62.《从〈左传〉“非”、“不”几种句式的比较看“非”、“不”用法上的差异》：收入《许威汉先生从教 50 周年纪念文集》，上海教育出版社 2001 年版。

63.《“弗”的历史演变》：收入巴黎第三届国际古汉语语法研讨会《古汉语语法论文集》(2001)。又收入《左传虚词研究》(修订本)，商务印书馆 2004 年版。

64.《从〈左传〉看〈说文解字〉》：收入《说文学研究》第一集，崇文书局 2004 年版。

65.《〈左传〉语言研究的新成就——读陈克炯教授〈左传详解词典〉》：载《中南民族大学学报》(人文社会科学版)2006年第3期。

（王晓鹃整理）

春秋左传学史稿(存目)

沈玉成　刘宁

【评　介】

沈玉成(1932—1995)，江苏江阴人。1950年考入中央大学物理系(现南京大学物理系)，因兴趣在文学，遂放弃学籍。翌年，又以优异成绩考入北京大学中文系，与傅璇琮、程毅中等人同窗。1955年毕业后留校工作，成为游国恩的研究助手，一年后任助教。1957年被错打成"右派"。1958年离开北大，来到中华书局做编辑。1961年，中国社会科学院哲学社会科学部主办的《新建设》编辑部和中华书局编辑部商议合办新刊物《文史》，沈玉成起草了《编辑说明》。1961年10月，《文史》第一辑出版，发表了陈垣、黄侃、游国恩、于省吾、段熙仲、朱谦之、杨宽等老一辈著名学者的文章，引起学术界的广泛关注。沈玉成是《文史》实际上的责任编辑。从创刊到"十年动乱"，《文史》共编辑出版四辑。期间，还与杨伯峻合作，编写《左传译文》。1969年9月，被下放到湖北咸宁五七干校劳动。1974年夏，在俞筱尧的帮助下调到北京文物出版社，编辑《文物》月刊，其间为黄仁宇《万历十五年》中文本做了全面的文字加工。1980年调到中国社科院文学研究所，任文学研究所副研究员、研究员，曾担任文学研究所古代室主任。同时，由于工作分配的需要，沈玉成转而开始魏晋南北朝文学史的研究与写作，并与曹道衡合作长达15年，先后合作撰写《中国大百科全书·中国文学卷》汉魏六朝词条以及《文选李注义疏》《中国古代文学家大辞典·先秦汉魏晋南北朝卷》《中古文学家史料丛考》和《南北朝文学史》等著作。同时，担任《文学评论》编委，14卷本《中国文学通史》(人民文学出版社)编纂委员会副主任委员，中国文选学研究会第一届、第二届常务理事及第三届理事。1987年，为庆祝中日两国建交15周年，沈玉成作为中国社会科学院文学研究所代表团副团长访问日本。1992年至1995年，受聘于国务院古籍整理与研究小组，参与编辑《传统文化与现代化》。1995年冬突然病故，年仅63岁。以沈先生深厚的学术造诣，本可以在古典文学领域作出更大更多的贡献，故他的突然辞世，无疑是学界的一大损失。沈玉成是魏晋南北朝文学的研究专家，出版专著10余种，影响甚大，除与曹道衡的合著外，其本人还著有《左传译文》《左传选注》和《春秋左传学史稿》等。

刘宁，女，1969年生，江苏江阴人。1987年至1997年在北京大学中文系学习，获得文学学士、硕士、博士学位。1997年至1999年，在北京师范大学中文系博士后流动站工作。1999年至2009年，任北京师范大学文学院副教授。2009年7月起，任中国社会科学院文学研究所副研究员、研究员。现任中国唐代文学研究会理事、韩愈研究会理事。

《春秋左传学史稿》由江苏古籍出版社1992年出版，收入《中国古文献研究丛书》。本书分上、下两编，共12章，上编是“概说”，有4章，即“经和经学”、“春秋”、“《公羊传》和《穀梁传》”及“《左传》”。下编是“春秋左传学史”，分8章，依次为：“在今文经学中的脱胎——汉魏”、“杜预《集解》和南北学风——两晋南北朝”、“从总结到转变——隋唐”、“《春秋》经传学的进一步政治化——宋元明”、“由义理向考据过渡——清前期”、“在考据学的笼罩下——清中期”、“今文学和《左传》真伪之争——清后期”及“逐步走向科学化的研究——现代”。其中，最后4章由刘宁撰写，当时刘宁是北京大学的一名硕士研究生。

纵观《春秋左传学史稿》全书，主要特点有五：一是作者研究的重点显然在下编，上编4章只是对《春秋左传》学中几个必须说明的问题作了介绍，可视为下编展开的基础。但值得注意的是，作者的观点却在上编中已现端倪，如“《春秋》是孔子所修”、“刘歆没有伪造

《左传》”、“《左传》是解经之说”等，无疑是全书的基本思想。二是采用了史的研究方法，以叙述评论历代对《左传》的研究为纲来展开，重点在清代和唐代。作者实事求是地论述了从汉魏到现代各个不同时期有关《左传》研究的成就与不足，脉络清晰，思维清楚。三是尽量做到点面结合，既注意从史的角度进行勾勒，又能够立足具体作品，从微观去论述，并能作出自己的评价。如对南北朝《左传》学宗尚，刘炫《春秋述议》对杜注的疏通与补正，《正义》的纂修和学术价值等都进行了比较系统的评述，对于研究这一时期的《左传》义疏，具有较大的参考价值。四是注意从文学的角度研究《左传》。他曾在《从文学角度看左传》中说：“文学和历史是两种范畴。……诗人和小说家遇上考据家，常常会大伤脑筋，类似于秀才碰着兵，有理说不清。用这种标准来衡量《左传》，同样会立刻出现两个问题。”因此，他对《左传》的文学价值和语言现象都比较注意。五是体现出“通识”的特点。沈先生是北大才子，又是著名学者游国恩先生高足，“深受游先生治学风格的影响，注重文字、训诂、音韵、版本、目录、校勘之学，追求‘崇尚实学，去绝浮言’的实事求是的朴学境界”①。因此，《春秋左传学史稿》的写作始终贯穿着朴学思想，涉及《左传》的版本、校勘、注释、语言、文字、辨伪、辑佚等诸多领域，视野广阔，成就突出，无疑是一部不可多得的学术著作，对后来的《左传》学研究产生了重要影响。

当然，《春秋左传学史稿》也有不足之处。主要有三：一是限于时代原因，沈玉成无法获得完整、全面的《左传》学研究资料，对国内外的一些《左传》学及相关研究成果没有完全整理。除沈先生自己在后记中指出的日本安井衡的《左传辑述》、竹添光鸿的《左传会笺》和瑞典高本汉的《左传注释》外，还遗漏了许多著作，尤其是台湾地

---

① 刘跃进：《一个后学眼中的沈玉成先生》，见《沈玉成文存》，中华书局2006年版，第572页。

区的研究成果①，而陈槃、程发轫、刘正浩、张高评、简宗梧、沈秋雄等人则是台湾的《左传》研究名家，且香港也有牟润孙的《〈春秋左传〉辨疑》，大陆还有孙绿怡的《〈左传〉与中国古典小说》和美籍华人王靖宇的《左传与传统小说论集》等。这些重要的研究成果，《春秋左传学史稿》都没能涉及，不能不说是一大遗憾。二是作者将《左传》纳入文学和文献的研究范畴，对《左传》史学等的成果则涉及较少。沈先生在后记中解释道："《左传》本来是一部历史典籍，古今史学家关于春秋史的论述都以此为最重要的依据。但今人从纯史学角度而作的研究，所见专著仅童书业先生《春秋左传研究》一种，单篇论文也为数不多，加上笔者平时的研究重点多在文学和文献学，所以本书中对这一方面成果的介绍只能从阙。"其实，除了史学外，文学史、经学史、文化史中关于《左传》的部分，《春秋左传学史稿》也忽略了，如

① 《春秋左传》学在台湾一直是显学，20 世纪 60 年代有陈槃的《春秋大事表列国爵姓及存灭表撰异》、周何的《春秋吉礼考辨》、开明书店选注的《左传选读》、刘正浩的《太史公左氏春秋义述》《周秦诸子述左传考》《两汉诸子述左传考》、杨家骆主编的《左传注疏及补正》、戴君仁的《春秋辨例》、陈新雄的《春秋异文考》、叶政欣的《春秋左氏传杜注释例》、林耀曾的《春秋诂经洪诂补正》、程发轫的《春秋左氏传地名图考》、左松超的《左传虚字集释》、高葆光的《左传文艺新论》；70 年代有李宗侗注译、叶庆炳校订的《春秋左传今注今译》、朱义云的《隐哀二世春秋三传之比较与研究》、陈舜政译《高本汉左传注释》、杨向时的《左传赋诗引诗考》、黄永武的《许慎之经学》、王熙元的《穀梁范注发微》《六十年来之穀梁学 六十年来之国学》《穀梁著述考征》、周次吉的《左传小说辑释》、王树枬的《左氏春秋伪传辨》、程发轫的《春秋要领》、高雄复文图书出版社编印的《春秋左传会注》；80 年代有单周尧的《左传学论集》、张以仁的《国语左传论集》、顾立三的《司马迁撰写史记采用左传的研究》、程南洲的《贾逵之春秋左传学及其对杜预注之影响》《春秋左传贾逵注与杜预注之比较研究》、戴君仁等的《春秋三传研究论集》、洪顺隆的《左传论评选析新编》、张高评的《左传导读》《左传文章义法撢微》《左传之文学价值》、伍妈喜的《春秋左氏传古注辑考》、叶政欣的《汉儒贾逵之春秋左氏学》《杜预及其春秋左氏学》、宋鼎宗的《春秋宋学发微》、傅隶朴的《春秋三传比义》、谢秀文的《春秋三传考异》、孙春在的《清末的公羊思想》、张端穗的《左传思想探微》；90 年代初有程发轫的《春秋人谱》、李新霖的《左传论春秋时代之政治伦理》、张素卿的《左传称诗研究》和程元敏的《春秋左氏经传集解序疏证》等。

刘大杰的《中国文学发展史》、侯外庐的《中国思想通史》、游国恩等的《中国文学史大纲》、金毓黻的《中国史学史》、范文澜的《中国通史简编》、徐复观的《两汉思想史》、李宗侗的《中国史学史》、徐复的《中国文学论集》、谭家健与郑君华的《先秦散文纲要》、李威熊的《中国经学发展史论》、马勇的《汉代春秋学研究》、章权才的《两汉经学史》等，都有关于《左传》的精彩论述。三是一些观点仍值得商榷。如《春秋左传学史稿》认为"《左传》是解经之说"，但这一观点遭到赵光贤的反驳。刘宁在第十二章中曾评论赵光贤的《左传编撰考》，赵光贤却认为误解了自己的观点①。这些问题，可能有再商讨的余地。但是，这些问题并不影响《春秋左传学史稿》的价值。在20世纪90年代初，《春秋左传学史稿》无疑是一部《左传》研究史领域的开山之作。

为了纪念沈玉成先生的学术贡献，在沈先生去世十周年之际，刘宁汇集其遗文，又收录一组怀念文章，集为《沈玉成文存》，中华书局2006年出版。其中，有对文学史料的考订，有对图书的评价，有对学林往事的追忆，也有篇幅短小的读书心得与札记等，考证精细，文字隽永。书末附曹道衡、程毅中、俞筱尧、郁贤皓、章未、高咏沂、刘跃进、刘宁等人回忆文章8篇，对沈先生的人生历程、学术贡献等作了细致的叙述和中肯的评价。

(王晓鹃)

沈玉成主要春秋学作品目录

一、专著

1.《春秋左传学史稿》(沈玉成、刘宁)：江苏古籍出版社1992年出版。

2.《左传译文》：中华书局1981年初版，2005年再版；台湾明文书局股份有限公司1982年出版；台湾洪叶文化事业公司1995年出版。本书与杨伯峻《春秋左传注》相辅相成，采用直译的方法，适当参以意译，文字力求信、达、雅，可与《春秋左传注》配合阅读。

---

① 详见赵光贤：《左传和春秋是什么关系？——评沈玉成著〈春秋左传学史稿〉第十二章》，载《史学理论研究》1994年第4期。

3.《左传选译》：人民文学出版社 1989 年版。本书是人民出版社《中国古典文学今译丛书》中的一种，选取了作者原《左传译文》约 1/4 的部分，共 55 个故事。与《左传译文》相比，《左传选译》更注重《左传》的文学特点，注意故事情节的完整性，对一段故事在原书中因编年排列而被分割成两段以上的加以合并，并据内容拟定标题。

二、论文

1.《左传》：载《文史知识》1981 年第 2 期。收入《沈玉成文存》，中华书局 2006 年版。

2.《从文学的角度看〈左传〉》：载《文史知识》1984 年第 11 期。收入《沈玉成文存》，中华书局 2006 年版。

3.《历史——小说：谈华夏文化中的一种特有形态》，载《人民日报(海外版)》1991 年 8 月 1 日。

4.《简说〈左传〉的精炼》：载《古典文学知识》1993 年第 6 期。收入《沈玉成文存》，中华书局 2006 年版。

5.《〈秦晋郩之战〉今译——〈左传〉僖公三十二年、三十三年》(杨伯峻、沈玉成)：载《文史知识》1981 年第 6 期。

(王晓鹃整理)

《左传》与中国古典小说（存目）

孙绿怡

【评　介】

孙绿怡，女，1948 年出生于上海。1986 年毕业于东北师范大学中国古代文学专业，获文学博士学位，是杨公骥先生的弟子。1986 年起任教于中央广播电视大学，后担任中央广播电视大学副校长，现已退休。孙绿怡的主要著作除《〈左传〉与中国古典小说》之外，还有《文学肇始》、《二十五史精选精译》（合著）、《先秦文学史》（合著）等，并曾主编、参编中央广播电视大学《中国文学》等教材。《〈左传〉与中国古典小说》是孙绿怡的博士学位论文，原题为《中国古代文学发展中"史"的传统——〈左传〉与中国古典小说》。

《〈左传〉与中国古典小说》1992 年由北京大学出版社出版。全书包括上、中、下三编。上编《〈左传〉的文学价值》分为五章，主要分析了《左传》的叙事、写人、记言。书中将《左传》叙事最突出的特点概括为"《左传》善于描述错综复杂的社会矛盾和历史事件，能运用近乎'白描'的手法叙述事件的始末由来"（13 页）和"《左传》长于将史实的记录与神话传说、历史传闻有机地融合在一起，凭借作者自身的感受和想象，使历史记叙故事化"（19 页），为中肯之论，作者对这两点进行了充分论述，令人信服。更值得一提的是，在分析《左传》写人时，作者将《左传》中描写的众多的历史人物分为两大基本类型："累积型"人物形象和"闪现型"人物形象，在分析"累积型"人物形象时，选取晋文公、楚灵王、子产进行个案分析，分析"闪现型"人物形象时，则以三类形象为主进行了分析，并具体论述了细节描写，方法多样，见解独到，对《左传》人物研究极具启发意义。对《左传》记言的分析，则具体分为叙述语言和人物语言进行论述，条理清晰，逻辑性强。上编还分析了《左传》关于战争的描写，作者对《左传》战争描写进行了充分的肯定和细致的论述，作者认为战争描写是《左传》“全书中最为成功的部分”(62页)，是“全书中最为精彩的部分，也是《左传》的精华”(67页)。上编还探讨了《史记》对《左传》文学成就的继承以及发展、创新，作者认识到，“从《左传》到《史记》，是古代史传文学的一次飞跃”(72页)。上编全面而深入地考察了左传的文学价值，为后面的具体论述和比较研究奠定了坚实的基础，在全书中所占篇幅也最大。

中编《中国古典小说与〈左传〉》分为四章，第一章分析中国古典小说的结构和形式特点，主要从三个方面论述：一是“明显的时间标志，自然时间的推移，是串联作品事件的基本线索”(76页)；二是“从历史中选取事件或人物，构成作品结构的骨干”(80页)；三是“重视事件发展的全过程，追求因果，讲求结局的完满”(84页)。第二章论述中国古典小说中的典型形象及其教化意义，《左传》中“人物形象的性格特点具有明显的伦理化倾向，作者以时代的政治标准‘礼’来衡量人物行为举止的得当和过失”，“在后代的小说创作中，《左传》的这一审美原则也直接影响到人物形象的塑造，形成了中国小说特别重视作品社会效果的传统”(86页)。具体从三个方面分析：“从‘君子曰’、‘太史公曰’到小说中的评议文字”(86页)；“以道德的规范概括人物形象的性格特征”(89页)；“从小说‘序’、‘跋’中窥见的教义”(91页)。第三章探讨中国古典小说的“造型”技术和表现手法，从三个方面展开论述：“以重大历史事件为背景和人物典型事例的选择”(93页)；“构成人物形象的基本要素——言和行”(96页)；“以细节描写塑造人物、展开情节”(99页)。第四章分析了以《左传》为代表的先秦史传文学的深远影响。

下编《在比较中看中国小说的民族特色》分为三章，第一章是将《左传》与希腊史诗进行比较研究，主要将二者的作品人物、结构、表现手法进行比较；第二章是将中西方小说的起源进行比较研究；第三章则探讨了中国古代小说对传统写法的突破，其中重点分析了《红楼梦》。

《〈左传〉与中国古典小说》一书角度新颖，视野宏阔。全书较为系统地对《左传》的文学成就进行研究，对《左传》的叙事、写人、记言等艺术进行了探究，在此基础上，对中国古典小说进行宏观考察，深入探析了《左传》对中国古典小说的影响。作者不仅纵横于史传与小说之间，贯通中国古典小说的历史，而且还进行中西比较，从比较中凸显中国小说的民族特色，作者不囿于一体一时，也不囿于一种文化，能于史传、小说，乃至中西文化中，纵横捭阖，足见功力之深厚、视野之宏阔。

词约义丰、见解精辟也是《〈左传〉与中国古典小说》的一大特色。全书包括注释、参考书目、后记，共143页，看似小巧的一部书，却包含着非常丰富而深刻的内容，无论是对《左传》文学价值的论述，还是对小说与《左传》关系的剖析，或是中西比较，均能做到结构清晰，论述严谨，语言精练，绝不拖泥带水，又能论证详密，细致深入，实事求是，令人信服，体现出词约义丰的特点。作者在书中还常常提出精辟的见解。如将《左传》中描写的众多历史人物分为两大基本类型——“累积型”人物形象和“闪现型”人物形象，就很有见地。类似精辟独到的见解书中还有很多，颇具启发意义。

（黄晓芳）

孙绿怡主要春秋学作品目录

一、著作

1.《〈左传〉与中国古典小说》：北京大学出版社1992年出版。

2.《春秋左传研究2008〈春秋〉〈左传〉学术研讨会论文集》：孙绿怡主编，中华书局、中央广播电视大学出版社2009年出版。

二、论文

1.《〈左传〉中传说的文学特点——兼评“失之诬”说》：载《东北师范大学学报(哲学社会科学版)》1986年第1期。

2.《“盈其隧炭”议——读〈左传〉札记》：载《古籍整理研究学刊》

1987年第3期。

3.《〈左传〉的写人：文学作品人物描写之滥觞》：载《江苏广播电视大学学报》2009年第2期。

（黄晓芳整理）

《左传》的写人艺术

何新文

《左传》是我国文学史上第一部以写人为中心的历史文学著作。《左传》作者不仅在无可效法的条件下，再现了许多历史人物各不相同的性格特征，使“其性情心术，声音笑貌，千载如生”①；而且在通过刻画人物形象反映历史的创造性实践中，创造了一系列成功的写人艺术，充分表现了他的艺术才能。

《左传》是以尚实的史笔和形象化描绘的文笔相结合而进行写作的，这在广义的角度上说，和希罗多德的《历史》相通，希罗多德“把严肃的科学内容跟具有高度艺术性的表述方法结合到一起：他的历史也正是用散文写成的史诗”②。而具体到究竟是怎样以文史合一的笔法来刻画历史人物形象时，《左传》又鲜明地呈现出中国古典文学艺术的民族特色，另有自己的特点。

1

茅盾曾经谈到“人物形象塑造的民族形式”的一个特点，“就是使得人物通过一连串的故事，从而表现人物的性格，而这一连串的故事通常都是用简洁有力的叙述笔调(粗线条的勾勒)，很少用冗长细致的抒情笔调来表达”③。这实际上就是讲的中国古典文学艺术的固有

① 冯李骅《春秋左绣·读左卮言》。

② (苏)卢里叶《希罗多德论》，载希罗多德《历史》商务印书馆 1959 年版卷首。

③ 《茅盾评论文集》第 291 页。

传统，即艺术上的白描——一切都通过对具体对象的直接描绘，不大借助于其他方面着色。这个传统在《左传》中已经形成。通过直接描绘人物自己的言行，而不大借助细致详尽的心理描写或作者的长篇议论等，自然显示人物鲜明的个性，同时也"自然而然地流露"作者的倾向，这正是《左传》写人的最大特点。

《左传》作者是一位描写战争的圣手，他不仅能写出战争的性质，示人胜败的原因，反映如火如荼的战斗场面，穿插奇妙有趣的故事情节，而且还特别能通过描写参战者在战斗中的具体行动表现出生动可信的形象来。著名的五大战役(韩、城濮、邲、鞍、鄢陵)以及一些精彩的小战描写，莫不如此。比如成公二年齐晋鞍之战中"齐高固入晋师"至"三周华不注"的一个场面，在两百多字的篇幅里，作者没有插一句议论，全是让人物自己行动，齐高固的勇而自夸、顷公的骄狂轻敌，晋郤克、张侯和郑丘缓的英勇顽强，都栩栩如生，跃然纸上。而作者，也正是在通过人物行动显示他们各不相同的性格之时寄寓了自己的褒贬。

《左传》作者深谙选材与写人的辩证关系，善于在历史人物的全部言行中选择最富于典型性的部分加以描绘，以使人物的性格特征随着他富有特征的行动突显出来。在这方面，晋文公、齐晏婴等人的形象刻画就很能说明问题。

例如晏婴，他是当时著名的政治活动家，《左传》作者就通过反复描绘他在有关政治、外交的各种复杂矛盾中的典型行动，而把他的形象留给了后代读者。他是齐公室的忠臣，历仕齐灵、庄、景公三个昏君之朝。当时公室衰微，私门如崔氏、陈氏等相继强大。晏婴想帮助公室振作，但力不从心，处境很困难。襄公二十五年，齐庄公到崔杼家和棠姜幽会被崔杼杀死后，晏婴来到了崔家门外，有人要他殉君尽忠，有人要他流亡或辞职，崔杼则要他承认他的夺权行为。晏婴一方面不满自行讨死的昏君，另一方面又憎恶崔杼的为人，还认为自己是"社稷是养"的大臣，不该为庄公"死"、"亡"和"归"，但又不能因崔杼的淫威而不顾及君臣之礼。正是在这错综复杂的矛盾中，晏婴采取了他独特的行动：

门启而入，枕尸股而哭，兴，三踊而出。

两天之后，崔杼立景公而相之，庆封为左相，在大宫和国人盟誓，要挟群臣发誓效忠崔、庆，晏婴又不顾威胁：

仰天叹曰："婴所不惟忠于君利社稷者是与，有如上帝！"乃歃。

通过这些行动，既表示了对崔、庆的不满，又尽了君臣礼义，还免除了像"私暱"一样为昏君"死""亡"的无谓牺牲。在这里，晏婴勇敢机变、坚毅正直的性格和善于应付复杂矛盾的才能，都突出表现出来了。在昭公十年的栾、高、陈、鲍四族之乱中，晏子也采取了与此相同的行动：

晏平仲端委立于虎门之外，四族召之，无所往。其徒曰："助陈、鲍乎?"曰："何善焉?""助栾、高乎?"曰："庸愈乎?""然则归乎?"曰："君伐焉归?"公召之而后入。

自己一番言行，就把他坚定地忠于公室而不插足于任何大臣派别之中的性格特点凸现了。读者也不难体会到作者对晏婴的肯定和赞许。

有些人物的行动，往往有明显的矛盾，只要对这种矛盾的行为作如实的描述，就能表现出他的内心深处来。如成公二年记载：楚人伐陈，获夏姬归。楚庄王看中了夏姬。这时楚大夫申公巫臣却公开出来反对说："不可！君召诸侯以讨罪也。今纳夏姬，贪其色也，贪色为淫，……君其图之。"于是，庄王没有娶夏姬。司马子反欲娶之，申公巫臣又立即劝止说："是不祥也！……天下多美妇人，何必是!"子反听了巫臣的话也不敢要夏姬。可是当庄王把夏姬赏给连尹襄老、襄老死后夏姬归郑时，这个极力反对别人娶夏姬的巫臣竟趁着出使齐国的机会，悄悄地跑到郑国把夏姬弄到手，并且为此而背叛楚国，带着夏姬双双逃往国外去了。这段描写，作者未着一言评点，也没有对巫臣作一字心理刻画。只把他前后两种完全相矛盾的言行放在一起作了描绘，就撕下了这个“关心别人”的正人君子的面纱。

《左传》中，更有不少人物的性格主要是通过他们自己的语言来直接表现的。例如郑庄公的阴狠而冠冕堂皇、晋庆郑的直心快口、费无极的奸诈、楚灵王的狂妄等等，就几乎都是“能使读者由说话看出人来的”。

且看费无极。这是一个谗人典型。他没动过一次真刀真枪，而数十条人命却死于他的“话”下。《左传》写谗言的不乏其例，如骊姬之谗太子申生(僖四年)，栾祁之谗亲儿子栾盈(襄二十一年)。骊姬谋废嫡立庶，是仗宠欺人，栾祁是想遮己丑，故先发制人，其坏都一眼可以看穿。费无极却与此不同，昭公十五年：

> 费无极害朝吴之在蔡也，欲去之，乃谓之曰：“王唯信子，故处子于蔡，子亦长矣，而在下位，辱。必求之，吾助子请。”
>
> 又谓其上之人曰：“王唯信吴，故处诸蔡，二三子莫之如也。而在其上，不亦难乎？弗图，必及于难”。
>
> 夏，蔡人逐朝吴，朝吴出奔郑。王怒曰：“余唯信吴，故置诸蔡。且微吴，吾不及此，汝何故去之？”
>
> 无极对曰：“臣岂不欲吴？然而前知其为人之异也。吴在蔡，蔡必速飞。去吴，所以翦其翼也。”

本来是要借蔡人之手除去朝吴，却向蔡人说成是为蔡打算，还要朝吴先以为是为他帮忙；目的达到了，又在楚王面前说朝吴为人不好，去朝吴是为王着想。从这些话里暴露出来的一副谗人面目是何等鲜明！自此以后，他谗太子建及伍奢父子，也屡屡成功。到昭公二十七年他谮杀郤宛，更是他奸诈阴险性格的集中表现，请看：

> 无极谮郤宛焉，谓子常曰：“子恶(即郤宛)欲饮子酒。”又谓子恶：“令尹欲饮酒于子氏。”子恶曰：“我，贱人也……无以酬之，若何？”无极曰：“令尹好甲兵，子出之，吾择焉。”取五甲五兵，曰：“置诸门，令尹至，必观之，而从以酬之。”及飨日，帷诸门左。无极谓令尹曰：“吾几祸子！子恶将为子不利，甲在门

> 矣，子必无往！……”令尹使视郤氏，则有甲焉，不往。……遂令攻郤氏，且爇之。子恶闻之，遂自杀也。……遂灭郤氏之族党，杀阳令终与其弟完及佗与晋陈及其子弟。

数条人命丧去，自己却未沾上一点点血迹，被害者也不知到底因何而死，无须作者作一言谴责，其人就从其言中着出了！读者从这形象的描述中，自然也能感受到作者鲜明的爱憎感情。

《左传》作者还能于同一场合，通过对众多人物简短的对话的描写把各自的内心世界展现出来。如僖公十三年记载秦国君臣关于救晋饥荒的一次讨论。子桑、百里和秦伯三人都主张救灾，但动机各异。子桑欲取姑与，是从利害方面计较；百里救灾恤邻，是从道义方面考虑；秦伯说“其民何罪”，是从取得人心方面着想；平豹主张趁机攻伐。这是狭隘的复仇心理；与会者四人各自的心理和性格特点，就从几句对话中全部显现出来了。

2

《左传》的细节描写也是成功的。在《左传》中，作者没有把他的细节描写当成孤立存在的东西，而是让它们与人物性格的刻画紧密结合，使之成为丰富形象、使人物获得真实的生命力的重要因素。

《左传》极善于用细节描写来揭示人物复杂的内心世界。如桓公元年，“宋华父督见孔父之妻于路，目逆而送之，曰：‘美而艳！’”这一细节表现华父的好色与存心不良是何等形象！《史记·宋微子世家》写成“督悦，目而观之”，生动性形象性就逊色多了，所以王若虚评论说：“《左传》‘目逆而送之’，其言甚文；《史记》乃曰‘目而观之’，不成语矣。①”又如昭公元年，“叔孙归，曾夭御季孙劳之，旦及日中不出。……阜谓叔孙曰：‘可以出矣！’叔孙指楹曰：‘虽恶是，其可去乎？’乃出见之”。以“指楹曰……”这一细节写叔孙虽怨恨季孙，但又不得不违心去见的矛盾心情，也细致入微。《国语·鲁语

---

① 王若虚《滹南遗老集》卷十。

下》没有这个细节，而记叙了叔孙自己一大段理论性说白，读之就索然无味。再如，庄公八年，齐襄公见“大豕”的细节，刻画出一个犯罪者内心极度恐慌而外表力作镇定的心理；宣公十四年“投袂而起”的细表现楚庄王迫不及待要伐宋的神情；哀公十四年“骤顾诸朝”的细节刻画陈成子对子我得宠专权的顾虑，都很精彩。

《左传》中揭示人物内心世界的细节描写，特别能耐人寻味，而又明显优于别的著作的，还是宣公四年中的一例：

> 楚人献鼋于郑灵公。公子宋与公子家将见。子公之食指动，以示子家曰：“他日我如此，必尝异味”。及入，宰夫将解鼋，相视而笑。公问之，子家以告。

这段描述，具有浓厚的生活气息，其中“相视而笑”四字，包含了多少内容！二人有言在先，偏偏预言应验，一个得意、自负，一个佩服、惊奇，目光一相接触，岂能不会心地笑出声来。这笑声，使得郑灵公莫名其妙，不得不向子家问个究竟。写笑写得如此有艺术感染力。《史记·郑世家》写作：“及入，见灵公进鼋羹。子公笑曰：‘果然！’”错倒不错，可含蓄形象的味道几乎全没有了。在这个细节描写之后，“染指于鼎，尝之而出”的细节，表现公子宋因伤了面子，触犯了“尊严”感到羞怒的心理，也是生动不过的。

《左传》作者也常常伴随着人物性格的特征行动来安排细节描写，使人物性格更具体突出。僖公二十八年，卫成公逃亡归来，其弟叔武在国都迎候，作者写了这样一个细节：“叔武将沐，闻君至，喜，捉发走出。”通过这个描写，读者可以想见叔武闻君兄归国的高兴情形，人物真诚仁厚的品格也很突出了。又如襄公三年，晋悼公之弟扬干“乱行于曲梁”，魏绛戮其仆示罚。开始悼公不问青红皂白“必杀魏绛”，后魏绛来受死，临死前请仆者交书于悼公。公读其书。为书中内容所打动，知道错怪了魏绛。这时作者就记叙了一个“公跣而出”向魏绛认错的细节，把晋悼公的“天资易晓”①的性格特点生动地表

① 吕祖谦《左氏传说》卷七。

现了出来。再如襄公二十六年，“左师(向戌)见夫人之步马者”佯为不知，“夫人馈之以锦与马，先之以玉……左师改命曰‘君夫人’，而后再拜稽首受之”的生活细节，写出了向戌这个大臣的贪婪和阿谀，揭露了春秋时代上层社会中的人情世态。至如昭公四年，表现鲁竖牛的奸诈阴狠，则几乎就是通过两三个细节的简洁描写而刻画的。

好的细节描写，还能直接展示人物性格的发展变化。僖公二十三年写晋公子重耳在流亡中离楚后来到秦国：

> 秦伯纳女五人，怀嬴与焉。奉匜沃盥，既而挥之。怒曰：“秦晋匹也，何以卑我！”公子惧，降服而囚。

这段文字，乍看起来只是一段平凡的叙述。实际上这正是作者揭示晋文公性格从贵族公子的任性使气走向成熟有谋的一个转折性段落，这“既而挥之”与“降服而囚”两个细节行动，是可以分属于他前后两个不同阶段的。据《文选》卷二十六《在怀县作》诗李善注引贾逵《国语注》，及《晋语》四韦昭解，“挥”为“洒也”。“既而挥之”，即洗毕以湿手挥洒之意，这是贵者对贱者的行为。怀嬴是秦穆公的爱女，要依仗穆公回晋为君的逃亡公子理应对她以礼相待，可重耳却“既而挥之”。这一“挥”，正是重耳踌躇满志的必然结果，可也是他公子习气未脱尽的典型表现。但历尽艰辛的重耳，毕竟与从前不同了，此时他正处在一个转折点上。当怀嬴一声怒喝，忘乎所以的重耳便惊醒了。是啊，“秦晋匹也，何以卑我？”万一她老子翻脸，岂不一切都会倒过来……紧张激烈的思想交锋，使公子“惧”起来了。这“惧”与前面的“挥”不同，是理智战胜感情、清醒代替忘形的一“惧”，重耳意识到刚才那一“挥”的鲁莽，因此他赶忙“降服而囚”。一场可能临到头上的灾祸免除了。这正是重耳性格成熟、走向一个有名霸主的开端。《左传》这个细节描写是十分重要而且也是写得非常好的。《史记·晋世家》去掉了这个重要细节，因此，它也不可能如《左传》这样准确地反映出重耳性格的发展变化来。

3

根据刻画人物性格及情节安排的需要，注重人物出场亮相和最后退场的艺术处理，这是我国民间说话艺术、古典小说创作和传统戏曲创作所共同的传统。在《左传》中，作者已经注意到这种人物“出场”和“退场”的描写。

这里的所谓人物“出场”，是指人物在作品中的第一次出现。《左传》作者通常能让人物一上场，就进入性格的刻画中。

譬如写卫献公。成公十四年，“卫定卫卒，夫人姜氏既哭而息，见太子(卫献公)之不哀也，不内酌饮。叹曰：‘是夫也，将不惟卫国之败，其必始于未亡人！乌乎！天祸卫国也夫，吾不获鱄也使主社稷’。大夫闻之，无不耸惧。孙文子自是不敢舍其重器于卫，尽置诸戚，而甚善晋大夫。”这只是一个铺垫，人物还没有露面，但通过夫人姜氏、众大夫、甚至重臣孙文子等人的哀叹、恐惧，卫献公这个暴君的性格已经给读者留下了深刻的印象；并造成了一种使人不得不继续看下去的艺术效果。但人物并未马上出场，作者按下他即位十几年的行事未提，直到襄公十四年，这个暴主被国人驱逐之前，才真正开始了出场的行动：

> 卫献公戒孙文子、甯惠子食。皆服而朝。日旰不召，而射鸿于囿。二子从之，不释皮冠而与之言。二子怒。孙文子如戚，孙蒯入使。公饮之酒。使太师歌《巧言》之卒章。太师辞，师曹请为之，……公使歌之，遂诵之。蒯惧，告文子。

一百多字的一段亮相描写，就把人物无信、无礼、骄横强暴的性格特征写出来了，他之所以为国人驱逐也就很好理解了。

人物一出场，就立刻进到性格刻画中去，在《左传》中当然不只卫献公一例。成公十八年写晋悼公的初次出场也很精彩。才一出场，晋悼公就鲜明地表现出有作为贤君的风度来了。还有襄公八年写郑子产的第一次出现，襄公二十六年写楚灵王的登场，也都是与人物性格的逐步揭示紧密相连的。特别是楚灵王一出现，就写他与穿封戌争获郑囚之功，更是“开卷欲使人知围之为人也”①。

现在再来看看《左传》对人物“退场”的描写。所谓“退场”，这里指的是人物的死、怎样对待死和怎样去死。《左传》作者很注意着力描写人物的末路，使人物性格在他生命的最后时刻里更突出地显示。这一点作者又往往是带着鲜明的爱憎感情来描写的。诸如楚鬻拳(庄十九年)、晋庆郑(僖十五年)、楚子玉(宣四年)、晋景公(成十年)、晋范文子(成十七年)、齐庄公(襄二十五年)、齐庆封(昭四年)、楚灵王(昭十三年)、楚郤宛(昭二十七年)、楚沈尹戌(定四年)、卫庄公(哀公十七年)等等人物的“退场”描写，都达到了较高的艺术境界。

试举范文子、齐庄公、沈尹戌三人的退场为例。

范文子是晋卿。他有着超人的政治眼光和深厚的爱国感情，也有着性格上的软弱性。当时，晋厉公无道，三郤骄侈。范文子忧虑国家的前途。成公十六年，晋楚鄢陵一役中，他始终主张不战，但无一人听从。晋国战胜，他更预感到厉公君臣会愈益骄侈，给晋国带来恶果。因此，他还“立于戎马之前”，劝“君其戒之”。可他深知厉公不会醒悟，而自己又无力挽救国家即将出现的危险，于是：

> 范文子反自鄢陵，使其视宗祈死。曰“君骄侈而克敌，是天益其疾也，难将作矣！爱我者惟祝我，使我速死，无及于难。范氏之福也”。六日戊辰，士燮(范文子)卒。

在无法解脱的矛盾中，范文子走向了祈死的道路。在这里，他爱国忧君的感情与性格的软弱性之间的矛盾冲突趋向高潮，最终又得到了范文子式的统一。

齐庄公的末日则是可笑的：

> 夏五月……崔子称疾不视事。乙亥，公问崔子，遂从姜氏。

---

① 韩席筹《左传分国集注》卷十一转引周大璋、刘培极、卷九转引吴曾祺语。

姜入于室，与崔子自侧户出。公拊楹而歌。侍人贾举止众从者，而入，闭门。甲兴，公登台而请，弗许；请盟，弗许；请自刃于庙，弗许。皆曰："君之臣杼疾病，不能听命，近于公宫，陪臣干掫有淫者，不知二命！"公逾墙，又射之，中股，反坠，遂弑之。

庄公贪色、无耻、怕死的性格特征，在这具体细致的描画中表现得淋漓尽致。作者对统治者的丑恶做如此痛快的描绘，鲜明表现了他的爱憎和对人生的态度。

与齐庄公的被杀本质有别，也与范文子的祈死不同，沈尹戌的"退场"则是一出令人感动、催人奋起的英勇悲剧。春秋后期，吴人崛起，楚国"无岁不有吴师"。左司马沈尹戌屡屡劝诫楚统治者抚民卫国，可楚平王、令尹子常之流醉生梦死，全然不听。到定公四年，吴、蔡、唐三国联军攻楚，沈尹戌定计抗敌，而令尹子常擅自改变计划，战斗失利他又临阵逃跑。结果吴师长驱直入，五战及郢，在这国难当头最能考验人的品质、展现人的性格特征的紧要时候，作者写出了沈尹戌一生的最后一幕：

左司马及息而还，败吴师于雍澨，伤。……谓其臣曰："谁能免吾首？"吴句卑曰："臣贱，可乎？"司马曰："我实失子。可哉！"三战，皆伤。曰："吾不可用也已"。句卑布裳，刭而裹之，藏其身而以其首免。

就这样，英雄将一腔热血洒到了自己心爱的国土上。他伤后又战，三战又皆伤，直至"不可用"时从容死去。而他的爱国精神和坚强意志至今还闪耀着不灭的光辉。

4

谈《左传》的写人艺术，还应该特别谈到它不求"形似"而着重"神似"，和它不对人物作简单化、脸谱化描绘的特点。

刻画人物，不只求须眉毕现地肖形，而重在画龙点睛地传神，这个我国古典文学艺术的共同特色在《左传》中已开始形成。作者很少有意识地肖像刻画，像宣公二年宋城者讴歌华元、昭公十二年描写严冬中楚灵王从头到脚的打扮这两例，都能让人由外貌想见他们的神情，但这是《左传》中仅见的。作者着力之处是在写出人物的“神”，即描绘出人物片刻中的真情实态，传达出人物基本的特质和风度来。

读者对《左传》中的许多人物，如郑庄公、晋文公、晋灵公、楚灵王、费无极、郑子产等，虽然说不出他们的五官相貌、高矮胖瘦，但人们都能十分容易地讲出哪个有哪种性格，哪个是哪种类型的人，甚至把他们概括成了不同的典型。这就说明《左传》写人取得了“神似”的效果。在这点上，《左传》中写得最好的恐怕是关于子产的两段文字。这两段文字虽然比较长，但传神入态，读之只觉其短。其一是昭公二年，公孙黑作乱未果，诸大夫捉住欲杀之时：

> 子产在鄙闻之，惧弗及，乘遽而至。使吏数之曰：“伯有之乱，以大国之事而未尔讨也。尔有乱心无厌，国不女堪。专伐伯有，而罪一也。昆弟争室，而罪二也。熏遽之盟，女骄君位，而罪三也。有死罪三，何以堪之？不速死，大刑将至。”(公孙黑)再拜稽首辞曰：“死在朝夕，无助天为虐。”子产曰：“人谁不死？凶人不终，命也。作凶事，为凶人，不助天，其助凶人乎？”请以印为褚师，子产曰：“印也若才，君将任之，不才，将朝夕从女。女罪之不恤，而又何请焉？不速死，司寇将至！”

公孙黑在昭公元年与子南争室，子产患其强大放下未讨，现在公孙黑又想作乱而被诸大夫捉获欲诛，这当然是再好不过的事。子产闻讯，迫不及待赶来，使吏数之三罪，又亲自命他速死，声色凌厉，是“何等辣心辣手”！① 书中连他盛怒的声调、憎恨的心情都摹写出来了。

其二，是昭公十六年在“孔张失位”后驳斥富子的一段言论，与

---

① 韩席筹《左传分国集注》卷十一转引周大璋、刘培极、卷九转引吴曾祺语。

上段文字相较，完全“神似”，读者只要一读，就知道是同一个人所言。在《左传》全书中写子产的文字特别多，而上举两段最有感染力，令人百读不厌，其原因就在于作者通过这些文字写出了子产的“神”，读者从中可以得到一个有血有肉的子产，尽管并不清楚他的相貌装束甚至年岁大小。

《左传》写人，不仅能在较长的篇幅里描绘出人物的内心世界、精神面貌，甚至还有“一字传神”的笔力，试举一例如后：襄公二十八年记载，崔、庆亡后，齐最公赏赐群臣，“与晏子邶殿”，外加“其鄙六十”，廉洁无私的晏子“弗受”。大夫子尾对此不理解，问晏子道：“富，人之所欲也，(汝)何独弗欲?”于是，晏子向他讲了一番道理，人在财富面前要知道适可而止，不要贪得无厌，“足欲”之后就“亡无日矣”。这番话大概对子尾有所打动，这个对别人不贪富感到难以理解的贪夫现在也想学学晏子，以示高雅，作者写道：

> 与北郭佐邑六十，受之。与子雅邑，辞多受少。与子尾邑，受而稍致之。

“受”是真心，“致”非本意，但如果一点不“致”，只怕会被晏子看轻了。于是“聪明”的子尾想出了高招——“受而稍致之”，受也受了，致也致了，而致只是“稍致之”表示表示而已，这样“名”利双收，一举两得。在这里，一个“稍”字就将子尾那种贪图财富而虚假自欺的神情丑态暴露无遗，写出他比那些一毛不拔的悭者还令人厌恶。

人是复杂的，人物的思想性格也是复杂的，有时甚至是矛盾的。要写出一个个真实可信的丰满形象，不仅要写出人物性格的基本点、主导面，也要写出他性格的次要点、多侧面，要表现人物性格的复杂性。《左传》作者在对人物行事的连续性描述中，也写出了一些这样丰满的人物形象，如郑庄公、晋文公、楚灵王、卫献公：他们不是黑格尔所反对的那种“某种孤立的性格特征的寓言式的抽象品，而“每个人都是一个整体，本身就是一个世界，每个人都是一个完满的有生气的人”。(《美学》第1卷第295页)

例如楚灵王这个著名的暴君昏主，作者既以许多具体事例详细描写了他蛮横无理、残酷无情、野心勃勃、好出风头的荒唐行为和丑恶品质，无情挞伐了这个一度在楚国政治舞台上唱主角的人物；同时也令人信服地写出了他的某些长处。昭公四年，作者写楚灵王灭赖后，赖子“面缚衔璧”来降，他没有赶尽杀绝，而听从伍举的意见，“亲释其缚”，并且“迁赖于鄢”。还有，芋尹无宇曾经反对过楚灵王做王子时“为王旌以田”，昭公七年，他违法而执逃奴于王宫，灵王没有治罪，还让他领了逃奴回去，这表明他又有点容人之量。后来王应麟对此大发感慨说，“寺人披之斩袪，芋尹无宇之断旌，其仇一也，披请见而晋文让之，无宇执人于宫而楚灵赦之，楚灵之量，优于晋文矣”①。昭公十二年，对楚灵王的“末路”的描写更为深刻。临死时，这个暴虐了一辈子的人竟然醒悟了，甚至还反省了自己的过去，道出了“余杀人子多矣，能无及此乎”的悔恨，而不复存在任何苟且偷生之心，决然自缢死去。这番描绘，真所谓“刺骨语，断肠声，读之如闻夜雨芭蕉”②。使人感到，像楚灵王这样的人物，其思想性格也不是单一的、绝对不变的，在他身上，甚至也还有些许人性在。但这样的描绘，并没有改变楚灵王一代暴君的狰狞面目；昭公十三年，在他悔恨自杀后，作者又追记了这样一件事：

> 初，灵王卜曰：“余尚得天下，”不吉。投龟，诟天而呼曰：“是区区者而不余畀，余必自取之！”

楚灵王内心深处藏的就是这样的贪欲和野心，他正是不择手段企图取天下为己有，又肆意滥用这“自取”的权力，以满足自己“无厌”的“汰侈”的。在这里，作者终究又让他作为一个可憎的形象留在读者的印象中。

---

① 王应麟《困学纪闻》卷六。

② 韩席筹《左传分国集注》卷十一转引周大璋、刘培极、卷九转引吴曾祺语。

同楚灵王也有他的某些长处一样，在齐桓、晋文这些声名显赫的雄主身上也表现出许多不可避免的弱点。齐桓公为五霸之首，孔子称他“正而不谲”①，后儒赞其“规模宏远”②，其实，《左传》偏偏写了他的德薄才疏、心狠气短之处。最为人称道的晋文公，即位以后常常感情用事，处处计较个人恩怨，直至“睚眦必报”的地步，则得到了更为详尽的描绘。

《左传》的写人艺术是多方面的，我国古典文学刻画人物、塑造典型的许多传统方法都可以在这里找到渊源。除本文上述外，我们还可以谈到诸如：在历史事实的基础上，间或用夸张、虚构和记载奇闻异事的方法来丰富人物形象；用烘托、他人议论评价的侧面描写手法反映人物面貌；用对比来突出不同的人物性格，等等。这些都有待于进一步的研究和总结。

（原载于《华中师院学报》1984年第6期）

【评　介】

何新文，湖北通城县人，曾当过工人、报社记者，1979年毕业于武汉师范学院(1984年改建为湖北大学)中文系，后在华中师范大学古代文学专业攻读硕士研究生，师从石声淮先生，1982年硕士毕业后回到母校武汉师范学院中文系任教。现为湖北大学文学院教授，校学位委员会委员。主要著作有《中国赋论史稿》《辞赋散论》《中国文学目录学通论》《〈左传〉人物论稿》等，主编《高等教育教学管理研究》等，在《文学遗产》《文学评论》《文献》《社会科学战线》等刊物发表学术论文60余篇。

何新文从20世纪80年代初读硕士研究生时就开始关注《左传》人物，在导师的指导下，完成了题为《〈左传〉写人略论》的学位论文，工作后继续对《左传》人物研究进行探索，发表了多篇关于《左传》人物研究的学术论文，如《〈左传〉的写人艺术》《人的发现与文的新

---

① 《论语·宪问》。

② 马骕《左传事纬》卷二。

变——春秋时代文学艺术略论》《“左氏浮夸”辨析》《论楚灵王》《一个“量力而行、相时而动”的图霸之君——郑庄公新论》《现当代的〈左传〉人物研究》《元明清三代的〈左传〉人物评论》《关于〈左传〉的人物评论》等，并完成专著《〈左传〉人物论稿》。

《左传》产生于文史哲不分家的先秦时期，不仅是中国古代的史学名著，也是文学名著。在中国古代，《左传》主要是被看做经、史类的著作，其实，《左传》的文学成就是不容忽视的，诚如钱锺书所言：“左氏于文学中策勋树绩。”①，对《左传》进行文学研究具有重要的价值意义。《左传》所写人物约1400人②，人物研究是《左传》文学研究中的重要方面。现当代许多学者认识到了《左传》杰出的文学价值和写人成就，《左传》人物研究取得了较好的成绩。何新文的《〈左传〉的写人艺术》一文就是《左传》人物研究方面具有代表性的论文。

《〈左传〉的写人艺术》发表于《华中师院学报》1984年第6期。文章具体深入地剖析了《左传》的写人艺术，内容主要包括四部分。第一部分，认为中国古典文学艺术中的白描手法这种传统在《左传》中就已形成，“通过直接描绘人物自己的言行，而不大借助细致详尽的心理描写或作者的长篇议论等，自然显示人物鲜明的个性，同时也‘自然而然地流露’作者的倾向，这正是《左传》写人的最大特点”。作者具体分析了《左传》通过描写战争中参战者的具体行动表现其形象，通过描绘人物言行中最具典型性的部分来凸显人物性格，通过如实描述人物矛盾的行为表现人物内心，通过人物语言直接表现人物性格，通过同场合众人简短对话展现各人内心世界。第二部分，详述《左传》的细节描写与刻画人物性格紧密结合，并成为刻画、丰富人物形象的重要因素。《左传》善于通过细节描写揭示人物内心，“《左传》作者也常常伴随着人物性格的特征行动来安排细节描写，使人物性格更具体突出”，“好的细节描写，还能直接展示人物性格的发展变化”。作者在具体的举例分析中还注意与《国语》《史记》中的相关记载进行

① 钱锺书：《管锥编》(第1册)，中华书局1986年版，第164页。

② 参见沈玉成、刘宁：《春秋左传学史稿》，江苏古籍出版社1992年版，第96页。

比较，通过比较，更突出地展现《左传》细节描写对刻画人物的重要作用。第三部分，论述《左传》注重对人物出场(第一次出现)和退场(人物之死)的描写，并突出其对刻画人物性格的作用。文中指出："根据刻画人物性格及情节安排的需要，注重人物出场亮相和最后退场的艺术处理，这是我国民间说话艺术、古典小说创作和传统戏曲创作所共同的传统。在《左传》中，作者已经注意到这种人物'出场'和'退场'的描写。……《左传》作者通常能让人物一上场，就进入性格的刻画中。"作者具体以卫献公、范文子、齐庄公、沈尹戌等人物的出场或退场为例，进行了详细的分析论证。第四部分，主要谈《左传》写人注重"神似"而非"形似"，刻画人物重在传神，表现出人物的性格特质和精神面貌，而且还能做到"一字传神"，同时也注意到人物性格的复杂性，塑造了一些丰满的人物形象。"刻画人物，不只求须眉毕现地肖形，而重在画龙点睛地传神，这个我国古典文学艺术的共同特色在《左传》中已开始形成"，"要写出一个个真实可信的丰满形象，不仅要写出人物性格的基本点、主导面，也要写出他性格的次要点、多侧面，要表现人物性格的复杂性。《左传》作者在对人物行事的连续性描述中，也写出了一些这样丰满的人物形象"。作者在论述中重点以子产、楚灵王等人为例进行具体深入的分析，有理有据，令人信服。

总体来说，《〈左传〉的写人艺术》有以下特点：

第一，见解独到，立意深刻。《〈左传〉的写人艺术》充分认识到了《左传》写人艺术的重要价值和人物研究的重要性。开篇即强调《左传》以写人为中心，并认为"《左传》作者不仅在无可效法的条件下，再现了许多历史人物各不相同的性格特征，使'其性情心术，声音笑貌，千载如生'；而且在通过刻画人物形象反映历史的创造性实践中，创造了一系列成功的写人艺术，充分表现了他的艺术才能"。这符合春秋时代"人的发现、人的觉醒、人的价值和作用的被认识"①的大背景，"人"的发现影响了社会的各个方面，文学艺术也发生了

① 何新文：《〈左传〉人物论稿》，中国社会科学出版社2004年版，第42页。

新变。《左传》作者正是在这种时代背景下，认识到了人的重要价值，看到了人性之光，便实现了以写人为中心，所以《左传》表现出杰出的写人艺术。

第二，观点新颖，视野开阔。《〈左传〉的写人艺术》指出："《左传》是以尚实的史笔和形象化描绘的文笔相结合而进行写作的……和希罗多德的《历史》相通……《左传》又鲜明地呈现出中国古典文学艺术的民族特色，另有自己的特点。"将《左传》与希罗多德的《历史》比较，指出二者相通之处，又看到《左传》的民族特色，观点新颖，视野开阔，启人思考。文章在探讨《左传》写人艺术的过程中，还注意到中国古典文学中的其他艺术形式与《左传》写人艺术的共通之处，如在论及《左传》重视人物出场、退场的描写时，谈到此特色为民间说话艺术、古典小说、传统戏曲所共有，又如文中论及《左传》重视"神似"时也谈到这是中国古典文学艺术的共通处。文章还注意与其他文史著作的比较，如探讨《左传》细节描写对刻画人物的作用时，就有与《国语》《史记》的比较。

第三，论述系统，严谨科学。这也是《〈左传〉的写人艺术》的一大特色。《左传》的写作是史笔和文笔的结合，文章分别从白描手法、细节描写、出场退场描写、注重"神似"四大方面对《左传》的写人艺术进行了系统的论述，每一方面又分别展开进行深入探讨和梳理，既有理论上的论述，又有对具体人物描写的分析，系统全面，层层推进，这就让我们对《左传》的写人艺术有了整体的理解和把握，同时又对具体例证有了细致、深刻的印象。作者在以《左传》中的人物为例具体分析时，不以个人好恶为标准，而是能遵循《左传》的历史叙写，客观公允地分析评价历史人物，如对楚灵王的分析，作者不仅看到《左传》中楚灵王的荒唐、丑恶、狰狞，而且还注意到这个可憎的暴君的某些长处，这样的分析更符合人物性格的复杂性，也更为全面深刻，严谨科学，令人信服。

从《〈左传〉的写人艺术》中可以看出何新文多年来对《左传》人物研究方面的关注和努力，新颖独到、细致深入的分析论述，体现出其开阔的视野、深厚的功力、严谨的态度和科学的方法。沈玉成、刘宁在《春秋左传学史稿》中如此评价《〈左传〉的写人艺术》一文："对《左传》中史笔和文笔相结合，认为和希罗多德的《历史》'用散文写成的史诗’这一特色相通……何新文先生提出《左传》‘善于在历史人物的全部言行中选择最富于典型性的部分加以描绘’，而并不强调什么塑造典型，这就显得恰如其分，同时文中还分析了细节描写和人物性格的结合、求神似等等技巧，在同类论文中是质量较高的一篇。”①

（黄晓芳）

何新文主要春秋学作品目录

一、著作

《〈左传〉人物论稿》：中国社会科学出版社2004年出版。

二、论文

1.《“左氏浮夸”辨析》：载《武汉师范学院学报》1984年第2期。

2.《〈左传〉的写人艺术》：载《华中师院学报》1984年第6期。

3.《人的发现与文的新变——春秋时代文学艺术略论》：载《社会科学战线》1990年第1期。

4.《论楚灵王》(合著)：载《湖北大学学报》1998年第4期。

5.《一个“量力而行、相时而动”的图霸之君——郑庄公新论》(合著)：载《湖北大学学报》2002年第6期。

6.《现当代的〈左传〉人物研究》(合著)：载《湖北大学学报》2004年第4期。

7.《元明清三代的〈左传〉人物评论》：载《黄冈师范学院学报》2004年第5期。

8.《关于〈左传〉的人物评论》：载《文学评论》2004年第5期。

9.《试论〈春秋公羊传〉的“贤贤”思想》：收入《〈春秋〉三传与经学文化》，方铭主编，长春出版社2010年出版。

（黄晓芳整理）

---

① 沈玉成、刘宁：《春秋左传学史稿》，江苏古籍出版社1992年版，第405页。

春秋左氏传旧注疏证续(存目)

吴静安

【评　介】

吴静安《春秋左氏传旧注疏证续》是对清代学者刘文淇一家四世未完成的《春秋左氏传旧注疏证》的续作，其完成了刘文淇等人未竟的事业，弥补了学界的遗憾。《春秋左氏传旧注疏证续》共4册，2005年由东北师范大学出版社出版，此书荣获首届中国出版政府奖(图书奖)。

吴静安，男，1915年出生，江苏仪征人，1936年毕业于浙江大学生物系，随后被中央研究院动植物研究所录用，全面抗战爆发后返乡。后又走上教师岗位，担任过南京市第三中学校长、南京市教师进修学院副教务处长等职。吴静安学识渊博，文理兼通。受家学渊源影响，吴静安对先秦文化研究有着浓厚的兴趣。吴静安早年师承其舅氏——扬州学派著名学者张羽屏，接受了古典文化熏陶，国学根底深厚，又深受其伯父吴遐伯、父亲吴粹一的影响，吴遐伯、吴粹一均从学于仪征刘氏门下，师从刘文淇的曾孙刘师苍(刘寿曾之子)、刘师培(刘贵曾之子)，伯父吴遐伯又是吴静安早年的老师，伯父潜移默化地影响着吴静安，加上父亲吴粹一的殷切教导和深深影响，吴静安因此继承了仪征刘氏学术的衣钵，自幼就攻读《左传》。

吴静安为写作《春秋左氏传旧注疏证续》做了大量扎实的准备工作，他在《春秋左氏传旧注疏证续》后记中说："余自一九三六年后，先后写成《广春秋世族谱》《春秋地名今释》《三传征礼》《春秋名字解诂补》《世本集解》《纪年集解》，并在当时报刊上，如《中央日报·文史副刊》《和平日报·人文副刊》《东南日报·文史副刊》发表有关先秦研究文字。在哲学中，如《读古史辨第六册(诸子续考)》《宋牼考》

《孟子先世考》《子华子考辨》《论仲良氏之儒》《列御寇考》《有子学案》《闵子学案》《仲弓学案》《公西华学案》《墨子先世考》《公输般考》《公孙尼子考》等。有关钟鼎文字题跋的，如《孔悝鼎跋》《叔灵钟跋》《辅国考》等。有关春秋战国史实综述的，如《泗上十二诸侯考》《周分东西考》《鲁世家拾遗》《卫世家拾遗》《宋世家拾遗》《补史记郕世家》《补史记滕世家》《战国之新兴国薛》《战国之新兴国费与南》《太昊之胄任》《少昊之胄郯》《郳国考》《政由宁氏祭则寡人解》《越国鄙远解》等。以上这些专篇的写作，就是我写作《春秋左氏传旧注疏证续》的准备。”

吴静安在学术研究上勤奋认真、严谨治学，为写作《春秋左氏传旧注疏证续》做了充分的准备。更为可贵的是，吴静安在逆境和挫折中以惊人的毅力坚守对学术研究的热爱，令人敬佩。吴静安曾被划为“右派”，也曾被下放农村，面对沉重的打击，吴静安以无比坚强的意志与命运抗争，研究《左氏传》的热情和信念丝毫没有改变，他在艰难的处境中，坚守信念，勤勤恳恳，不懈奋斗，写成100多万字的《春秋左氏传旧注疏证续》。

《春秋左氏传旧注疏证》是仪征刘氏家族努力近百年时间而终未完成的学术著作，是刘文淇及其后代不懈追求而未竟的事业。刘文淇(1789—1854)，江苏仪征人，专攻《左传》，由于对《左传》的旧注、旧疏不满，便决心著《春秋左氏传旧注疏证》，搜集旧注，重新疏证，先以数年之功夫编成《左氏春秋长编》，晚年作疏，可惜只写了一卷就辞世了。后子孙几代继承刘文淇之业，研究《左传》，对《春秋左氏传旧注疏证》进行续写，可惜终未完成，只写到襄公五年，全书还有大约一半没有完成，成为学界的遗憾。

吴静安不畏艰难，继承刘氏之业，立志续写，怀着对学术研究的坚定信念，凭着顽强的毅力和不懈奋斗，使《春秋左氏传旧注疏证续》得以完成，终于弥补了学界的遗憾，也完成了仪征刘氏家族几代人的心愿。《春秋左氏传旧注疏证续》是吴静安多年研究心血的结晶，成书的艰辛历程，体现出吴静安对传统文化的热爱、对学术的坚定信念和不懈追求，也体现出他不畏艰难、勇挑重担的勇气和毅力，更是他严谨治学、勤奋耕耘、不图名利的学人本色的写照。

吴静安在《春秋左氏传旧注疏证续》后记中曾说："我继承刘氏的未竟工作，从襄公六年起，到哀公二十七年止，凡一百年。计辑录旧注五十余家，疏证一百八十余家，我个人的心得，亦录附于后。"通观全书，例精义博，实事求是，精审独到，融会贯通。徐复在为该书所写的序中评价道："君既究心左氏，又秉承家学，思衍扬州之绪，而有赓续之作。其书博采章太炎、刘申叔二先生之说，以为矩范。复循刘氏注释体例，以礼、例、事三者为宗，汇典章制度、义法、史实为一编，可谓博赡详审，有功后学者矣。"确为中肯之论。

吴静安继承刘氏衣钵，文风、体例、书法、义例均承自刘氏，而又能博采众长，并能摆脱刘氏著作中所体现出的门户之见的时代局限。李学勤在为《春秋左氏传旧注疏证续》所写的序中指出："《春秋左氏传旧注疏证》和清代许多著作一样，不能摆脱门户之见的局限。当时学者风气崇尚汉学，刘文淇接续了沈钦韩《左传补注》，力求返回贾、服，贬斥杜预，这是不够公正的。其实，杜解于汉注之上多有发展，历史的功绩不容抹杀。至于吴静安先生的续书，时代背景全然不同，便没有这种有失客观的弊病了。"评价公允。

（黄晓芳）

吴静安主要春秋学作品目录

一、著作

1.《春秋左氏传旧注疏证续》(全 4 册)：东北师范大学出版社 2005 年出版。

2.《春秋名字解诂补》：南京市教师进修学院 1957 年出版。

二、论文

《中山国始末考述》：载《南京师范学院学报(社会科学版)》1979 年第 3 期。

（黄晓芳整理）

左氏会笺(存目)

[日本]竹添光鸿

【评　介】

竹添光鸿(1842—1917),日本江户幕府末期和明治时代的汉学家,本名光鸿,字渐卿,俗号井井,又号进一郎。一生崇信经学,并和大多数日本学者一样宗主程朱。天保十三年(1842)出生于肥后天郡草上村,幼名曰满,后改称进一郎。15岁时入汉学名儒木下犀潭之门,与井上毅并称。后仕于雄本藩,受藩命游于中国上海。明治维新之际,又奉藩命使于京都、江户、澳洲。废藩后,竹添光鸿开家塾授业,讲授儒学经典。明治七年(1874),上京入修史局、法制局等部门任职。在此期间屡奉朝命而赴清国,有机会拜谒了清朝的鸿儒李鸿章、张之洞、吴大廷、阮元、俞樾等,与其往来交游,诗文酬唱,颇受诸家赞誉。明治八年(1875)随当时日本公使森有礼出访中国清朝,期间,游于中土,将所见所闻撰成《栈云峡雨日记》,俞樾为之作序。由于竹添光鸿曾在森有礼领衔的日本驻华公使馆任职,后出任天津总领事,继而又升任朝鲜办理公使。明治十七年(1884),因遇到京城之变,朝鲜内乱,亲日派政变失败,竹添光鸿引咎辞职,自此仕途意绝。辞官后,应明治政府当时的文部大臣井上强延请,出任东京帝国大学文科教授,主讲中国经学。其时,在日本的汉学界竹添光鸿与岛田重礼被并称为东京大学的“汉学双璧”。明治二十八年(1895),竹添光鸿因患肺部与胃部的疾病而辞去教授之职,隐居相州小田园,埋头著述。明治三十五年(1902),《左氏会笺》脱稿,第二年付梓,引起了日本学界广泛重视。1904年,俞樾受竹添光鸿的委托,为之作序。因《左氏会笺》一书,竹添光鸿于大正三年(1914)获学士院奖,且被授予文学博士学位。

《左氏会笺》脱稿印行后，竹添光鸿又相继撰成《毛诗会笺》和《论语会笺》，合称“三笺”。这是他一生的重要著作，尤以《左氏会笺》著名。另外，他还著有《孟子论文》《孟子讲义》《国策抄》《左传抄》《史记抄》《评注左氏战记》《参评清大家诗选》《井井誊稿》《独抱楼诗文稿》等十余种。大正六年(1917)二月二十九日辞世，享年76岁。

《左氏会笺》全书以中文行文，日文作为旁注，资料收罗完备，仿照杜预《春秋经传集解》与朱熹《四书集注》的体例，对各家对《左传》的见解加以评说，并用“笺曰”阐述自己的见解。《左氏会笺》的撰写是在日本江户中期以来受到清代考据学影响的大背景下展开的。据日本上野贤知研究，竹添光鸿撰写《左氏会笺》有两个具体目的：一是以日本金泽文库卷子本《春秋经传集解》为底本，广聚众本，参校互勘，为《左传》校订出善本；二是兼摄中日，大量采掇前人成果，融旧铸新，注释《左传》，准确地掌握左氏文意，以便深入地讨论《左传》所反映的历史时代特质①。因此，林庆彰所持“竹添光鸿的《毛诗会笺》《左氏会笺》和《论语会笺》等，都和清人的新疏很类似，说是日本学者受乾嘉之学影响的治经成果也不为过”②的观点是中肯的。而竹添光鸿撰著“三笺”的根本目的，则是为了探明孔子之道：

> 他的事业的目的是阐明孔子的道。要解决这个问题，他以为先必须得搞清楚孔子时代的时势，而写作了《左氏会笺》一书；又以为不可不搞清其人情风俗而写成了《毛诗会笺》一书，然而对他来讲最重要的著作《论语会笺》也已经脱稿了。③

这一点，俞樾《左氏会笺序》也说得非常明白：“是年秋，君以书来求

---

① 转引自孙赫男：《〈左氏会笺〉研究》，光明日报出版社2011年版，第195页。

② 林庆彰：《竹添光鸿〈左氏会笺〉的解经方法》，见张宝山、杨儒宾编：《日本汉学研究初探》，台湾大学出版中心2004年版，第50页。

③ [日]上野贤知：《〈左氏会笺〉三稿》，载《斯文》复刊(东京)1956年第14号。

序，其书洋洋千余言，大意谓学孔子之道，不当求之空言而当求之实事。左氏因《春秋经》而为传二百四十年，事实备焉，故将出其所著《论语会笺》，而先出此《左氏会笺》，以左氏乃洙泗之津梁也。”①因此，《左氏会笺》的撰写无疑具有历史性。该著是竹添光鸿倾20余年心血，数易其稿而成，是其毕生学术成就的代表。在日本，大凡阅读《春秋左氏传》的人，几乎都要参照《左氏会笺》的注解。

目前，大陆研究《左氏会笺》最有成绩者，无疑是孙赫男副教授，其专著《〈左氏会笺〉研究》已于2011年由光明日报出版社出版。纵观《左氏会笺》全书，大致有以下四个特点②：

第一，《左氏会笺》作于清末，是在中国清代学者掀起的纠驳西晋杜预《春秋经传集解》，提倡恢复汉学旧注之风的影响下产生的。竹添光鸿不但吸收了日本汉学家中井积德、龟井昱、安井衡、海保元备等7家《左氏》注疏学作品，而且兼收清代学者顾炎武、王夫之、顾栋高、惠栋、王念孙、王引之、洪亮吉、俞樾等《左氏》家29人的经史、文字学成果。因此，《左氏会笺》无疑荟萃了清末中日《左氏》注疏学的成果。

第二，《左氏会笺》受清初和乾嘉学者的考证学风熏染甚深。在《春秋》《左传》的研究中，重视版本文字的校勘，强调考据，精于字词、名物训诂，详于山川地理、典章制度及史实的考索。如在校勘上，竹添光鸿选择了日本金泽文库古钞卷子本《左传》为底本，弥足珍贵。同时，他广备唐石经、旧抄及诸种宋版《左传》，旁参相关文献，反复比勘，辨明各本文字异同、优劣，说明通假字、区别字、古今字、正俗字，校订讹误，为恢复《左传》原貌做了大量工作。又如在山川地理、礼仪典章制度、人物姓氏爵里及史事的考证上，竹添光鸿频繁援据《汉书·地理志》《水经注》《括地志》《方舆胜览》《舆地纪胜》《路史》《元和郡县志》《太平寰宇记》《清一统志》等地理类书籍及清代学者江永的《春秋地理考实》、顾栋高的《春秋大事表》、沈钦韩的《春秋左氏地名补注》、洪亮吉的《春秋左传诂》等有关地理研究的

---

① 《春在堂杂文补遗》卷2，见沈云龙主编：《近代中国史料丛刊》第42辑，台湾文海出版社1969年版，第2923~2926页。

② 参见孙赫男：《〈左氏会笺〉研究》，光明日报出版社2011年版。

成果，并旁参诸史、类书以辨认山川地望，稽考古今地理之沿革变迁，可谓考据精到。

第三，竹添光鸿生长在日本，身处江户中后期，一直以来，掌政的德川幕府都尊崇宋学，故宋学成为江户时代儒学的主流。竹添光鸿耳濡目染，自然学崇朱子。他在《春秋》经传的注疏中，不仅重视《左传》，而且多有史评和探求历史发展之迹的内容。因而其《左氏会笺》呈现出以汉学为主、汉宋兼宗的特点。竹添光鸿笺解《春秋》经传，因重事而重史，以治史法治经，其目的在于通过研究《春秋》《左传》中的名物、典章、史事以了解孔子所生活的春秋时代的社会历史状况，从而阐明孔子的“道”。正所谓其《左氏会笺》有意在名物训诂之外者。由此，在注疏上具有以史为主，经史结合的特色。竹添光鸿因受乾嘉汉学影响而偏重古文经学，但却能不拘门户，在注释中对《公羊传》和《穀梁传》等今文经学之说择取其自以为宜理者而用之，体现出以古文经学为主、今古兼采的特质。作为20世纪初期的一部《左传》汇释之作，《左氏会笺》晚出，汲取了中日注释《左传》的重要研究成果，融会贯通，参酌明非，铸就己说，表现出博采众长、不主一家的风格。

第四，《左氏会笺》的注释特点，孙赫男归纳为八点：尚守求是精神、观文为说、广征博引、未闻阙疑、会而通之、辨析考索、注语详赡和博综兼采。如在对待杜预注的问题上，《左氏会笺》既不墨守唐人以孔颖达《左传正义》为代表的“疏不破注”的观点，也不遵从清人以沈钦韩《春秋左氏传补注》和刘文淇《春秋左氏传旧注疏证》为代表的完全排斥、彻底否定旧注的观点。竹添光鸿虽宗主杜预注，却不为苟同，能荟萃众家，为之补阙纠谬，增演伸发，出己新意；虽为清代驳正杜预注之风影响下产生的著述，却不完全摒弃杜注，能择善而执，弃瑕取玉，发展古注。这种实事求是的态度值得尊敬。

不过，和所有著作都在一定程度上具有瑕疵一样，《左氏会笺》也有不足之处。孙赫男将其归纳为三点①：一是《左氏会笺》对金石材料的利用几乎没有。自宋代以来，许多注疏家都很注意使用金石文

---

① 参见孙赫男：《〈左氏会笺〉研究》，光明日报出版社2011年版，第190~191页。

佐证其说，如朱熹在其《诗集注》等传注中就能多以吉金文为据作解。竹添光鸿笺注《春秋》经传没有注意利用前人这方面的成果，令人遗憾；若将其《左氏会笺》与今人杨伯峻的《春秋左传注》相比，则更突显这方面的不足。二是竹添光鸿深受宋学影响，注释中往往驰发议论，高谈骋说，虽或论叙指归，常有所得；然亦致有支离曼衍，繁累芜杂，与文旨或渺不相涉者。李维棻就曾指出《左氏会笺》这一瑕疵。三是因受到程朱理学的熏陶，竹添光鸿议论人事，每有从封建道德的角度出发，纠缠于所谓德行者。但瑕不掩瑜，《左氏会笺》于《左传》注释"博览群书而匠心独运，融化百花以自成一味，皆有来历而别具面目"①。既能独具特色，又能众家兼理，集其大成，可云为功甚巨，启益后学良多。同时，《左氏会笺》注释内容十分丰富，对于了解先秦社会的历史文化特征，都具有相当重要的作用。在《左氏会笺》的注疏中还包含着竹添光鸿对《春秋》经传文理的寻究，对《春秋》《左传》中历史义理和有关思想问题的认识，对于研究《春秋》经传的学术价值，也是非常重要的。

（王晓鹃）

竹添光鸿主要春秋学作品目录

一、著作

1.《左氏会笺》：30 册，于明治三十七年(1904)由明治讲学会初版。1911 年由富山房出版，收入《汉文大系》。明治四十八年(1915)再次发行，昭和五十三年(1978)三版再发行。1961 年台湾广文书局影印，1967 年、1969 年再版。1974 年台湾凤凰出版社影印，分上、下两册。1987 年，台湾新文丰出版公司出版，收入《汉文大系》。1998 年与 2005 年，台湾天工书局两次再版。2008 年，经大陆学者于景祥和柳海松整理后，由沈阳辽海出版社(辽宁人民出版社)出版。2008 年，成都巴蜀书社以日本明治末年版影印。

2.《左氏五大战记事》：1 册，竹添光鸿审订，竹添利镰抄录，明

① 钱锺书：《管锥编》，中华书局 1979 年版，第 1251 页。

治十七年(1884)东京奎文堂出版。“五大战记”分别指“韩之战”、“城濮之战”、“邲之战”、“鞍之战”以及“鄢陵之战”。其体例分上、下两段，上段有导读，如“秦败晋于韩”的第一段有“第一段叙战之缘起，秦直晋曲胜负之机，不战已决”。正文下小字写杜预注，每一战的正文后面有注解。每个战记都以“俞桐川曰”的形式引用俞长城之语。俞长城，桐乡人，字桐川，康熙进士，官编修，工古文，四书文独辟町畦；尝评选王荆公迄清初诸老文百二十家，时推大观；有《可仪堂集》(收入《中国人名大辞典》，第628页)。但除了俞桐川语的引用，没有其他引用。这是竹添光鸿的著作当中正式出版的第一部有关《左传》的著述①。

3.《历代古文钞二评注》：30册，1885年由奎文堂出版，收入古文7种30卷，依次为《左传钞》4卷、《国语钞》1卷、《国策钞》2卷、《汉书钞》4卷、《史记钞》5卷、《八家钞》10卷和《归于钞》4卷。此书的总体内容可参见《左氏五大战记》封面二中奎文堂主的出版预告：“右钞本专论文非讲其义也。盖左国一下卷峡浩瀚，学者或难于涉猎，于是拔其粹。”该书的体例沿袭《左氏五大战记》，如《左传钞》同《左氏五大战记》一样分上、下两段，上面写每一段正文内容的导读性文字，下面抄录古文的正文，后面再加竹添光鸿的总结语。《左传钞》和《左氏五大战一记》的内容也有重复，如“韩之战”、“城濮之战”和“邲之战”，这三战的文字完全一致，《左氏五大战记》与《左传钞》的成书时间也大体一致。早稻田大学图书馆有高梅亭著《国策钞》《国语钞》《穀梁传钞》《公羊传钞》，其卷头有“井井居士珍藏”之朱文印以及“竹添光鸿”的白文印，由此可知该书为竹添光鸿所藏之旧物。其内容与《历代古文钞二评注》基本相同，可见是竹添氏抄录高梅亭的著作②。

(王晓鹃整理)

---

① 倔川英嗣：《竹添光鸿及其〈毛诗会笺〉研究》，山西大学2011年硕士学位论文，第9页。

② 参见倔川英嗣：《竹添光鸿及其〈毛诗会笺〉研究》，山西大学2011年硕士学位论文，第12~13页。

春秋左传注(存目)

杨伯峻

【评　介】

杨伯峻(1909—1992)，原名杨德崇，湖南长沙人，我国著名语言学家。读中学时，即开始随叔父杨树达研读汉语言文字学，1931年还曾拜黄侃为师，1926年考入北京大学，1932年毕业后曾历任中学教员、冯玉祥将军研究室成员、广东中山大学讲师、湖南《民主报》社社长、湖南省政治协商会议秘书处处长、中共湖南省委统战部办公室主任、北京大学中文系副教授。1957年被错打成“右派”，调任兰州大学中文系副教授，后因院系调整，又赴甘肃师范大学中文系。1960年调回北京，任中华书局编辑、北京大学历史系教授。1985年离休。后任中国语言学会理事、国务院古籍整理出版规划小组顾问等。

杨伯峻在语言文字领域的贡献主要体现在古汉语语法和虚词的研究方面以及古籍的整理和译注方面，著有《中国文法语文通解》(商务印书馆1936年版)、《文言语法》(北京出版社1956年版)、《列子集解》(上海龙门联合书局1958年版)、《论语译注》(中华书局1958年版)、《孟子译注》(中华书局1960年版)、《文言文法》(中华书局1963年版)、《文言虚词》(中华书局1965年版)、《古汉语虚词》(中华书局1981年版)、《春秋左传注》(中华书局1981年版)和《春秋左传词典》(与徐提合著，中华书局1988年版)等。其中，以《论语译注》一书影响最大，曾被香港、台湾翻印，被日本的两所大学用作教材。

《春秋左传注》，全4册，1981年3月由中华书局出版。1990年5月，中华书局再出修订本，主要修订初版的“错字衍文以及脱夺倒转之文字语句”，“力求扫除讹脱，其有误注者，亦加以改正。亦有新意或新资料，尽可能补入。惟春秋左传词典附注页码，必使词典页码与先后各版都能符合，故增补时必须兼顾及此。或利用空白，或删旧补新，求其适当而已”①。通过这次修订，《春秋左传注》更加精良。杨先生辞世后，中华书局于1996年、2005年和2009年多次再版，并收入《中国古典名著译注丛书》。1993年与2007年台湾洪叶文化事业有限公司也曾两次出版。此书是杨伯峻积20余年之力，对左氏《春秋》经、传作详细校勘、分段、注释，充分吸收前人研究成果及近代考古资料而成，在注释内容和整理体式上都有创新和突破，无疑是《春秋左传》集大成之注本。

在《我和左传》一文中，杨伯峻详细记叙了他治《左传》的前因后果。杨伯峻生于书香门第，从小就随祖父杨孝秩读《左传》和《东莱博议》。上大学后，专门研读《刘申叔遗书》，十分羡慕刘师培的博学："刘师培之为人虽不可取，但《左传》之熟，读书之多，却使我十分羡慕。无怪于章炳麟能捐弃前嫌，要营救他，说是为中国留一读书种子。"1959年，刘文淇等著《左传旧注疏证》由科学出版社出版。1961年，章士钊在《文史》上发表《疏〈黄帝魂〉》一文，认为刘师培有关《左传》的文字可能是抄袭他父、祖辈以至曾祖的遗稿。杨伯峻仔细审视《春秋左氏传旧注疏证》和刘申叔的有关《左传》文章，认为“刘申叔一则承袭家学，二则天资聪敏过人，所以虽然只活三十六岁，便著作等身，而于《左传》尤为精熟，能发挥自己的独见”，并称许刘师培治《左传》超过其父辈、祖辈甚至刘文淇。难能可贵的是，他在章士钊面前直陈观点。杨伯峻认为《左传》名为经书，实是一部春秋史书，是所有经书中分量最大、文学价值最高者。遗憾的是，清朝人对经书都有整理本，有的甚至不止一种(除《礼记》外)，但是《春秋左传》却只有一些札记式的书，且洪亮吉《左传访》分量太少，刘文淇等《旧注疏证》又未完成。因此，心高气傲的杨伯峻下决心全力以赴整理《左传》，并做了大量前期准备工作。20世纪60年代，大量文史资料亟

① 杨伯峻：《修订小记》，见《春秋左传注》(修订本)，中华书局1990年版，第1页。

待整理。鉴于杨伯峻对《春秋左传》的深厚造诣，中华书局便邀请他到北京来从事《春秋左传》的整理工作。1960年，杨伯峻全家从兰州来到北京。“十年动乱”期间，杨伯峻积20余年之力写成的《春秋左传注》长编资料险些丢失，后经俞筱尧多方寻找找回，但已经遗失了一部分，“又再没有工夫将它补全，只好就记忆所及，临时检书稍作补充。就凭这一不太完具的长编，删繁就简，淘汰无用部分，加以自己研究所得，写成初稿”。此时，杨伯峻限于健康原因，只能勉强将《春秋左传注》完成，但已无余力再去做今译工作。杨伯峻在干校期间曾和沈玉成在一起劳动，私交甚好，而沈玉成的文笔，杨伯峻是深为了解的，正因为这个缘故，后来《左传今译》工作由沈玉成来担任，译本准确精练、通俗易懂。由于篇幅较大，《春秋左传注》和《左传今译》各自独立成书。因此，阅读时最好把《春秋左传注》和《左传今译》参照来读。《春秋左传注》的主要成就有四：

第一，资料搜集全面。杨伯峻曾经遍访各种版本，除阮元作《校勘记》已采取的版本外，还得了杨守敬在日本所见的版本，又得了日本的金泽文库本。金泽文库本是六朝人手写的，而且首尾完具，弥足珍贵。俞筱尧曾经说道：“许多很冷僻的，或者一般学者不经意的，甚至流散在海外的六朝人的手写石印本，他都搜集完备。章太炎在日本时为中国留学生讲授《春秋左传》，讲义名为《春秋左传读》，由章氏一位学生用蝇头小楷书写，影印了100部，杨伯峻也煞费苦心地访求到一部。所以，他所搜集的有关《春秋左传》的资料，简直可以搞个展览。”①杨伯峻用这些本子互相校勘，并且参考各种类书和其他唐宋以前文、史、哲各种书籍的引文，取长舍短。除了精读《春秋》《左传》《三礼》《公羊》和《穀梁》外，他对《史记》，如《十二诸侯年表》、春秋各国《世家》等，都用心颇深，并一一和《左传》相对勘，说明两者的同异。据统计，杨伯峻注释时曾引用历代《春秋》类专著38种，《春秋左传》类55种，其他经书48种，史书类38种，子书类15种，考证笔记之属116种，天文历法类12种，地理类27种，甲骨钟鼎古

① 俞筱尧：《怀念亡友沈玉成》，见《沈玉成文存》，中华书局2006年版，第544页。

器之属43种，小学字书及语法修辞之属23种，姓氏氏族之属7种，共计422种，阅读数量庞大，成绩惊人。要对这些浩瀚的材料做出取舍，本身就需要极强的功力和识力。因此，《春秋左传注》成为经典之作，绝非偶然。

第二，注释方法多样。《春秋左传注》作者本着尊重历史事实的原则，广采博引，注解详密，详略得当，考辨性强。注释包括句读、校勘、标音、释词、解句、揭示语法、揭明写法、考辨疑误等，尤其注意在释词与解句上下功夫。其释词方法可分为三大类：义训法、声训法、形训法。其解句方法也可分为翻译性解句法、说明性解句法和综合性解句法三大类。作者在各大类之下，根据实际情况，又都可以层层划分出二级、三级乃至四级、五级小类目。每一类目都代表着的一种释词法或解句法，各具特点，形成统一的注释体系。如以《左·僖·四年》的注释为例来看，其中校勘1例、标音8例、释词57例、解句28例、揭示语法6例、考辨疑误18例。即使同一条例之下注释，往往是有多方面的注释内容。如：

> 《左·宣·十一年》："牵牛以蹊人之田"杨注："蹊音溪，径也。此作动词用，谓牵牛从人田中走过以为捷径也。"

此条注释包括了从标音、释词、揭示语法、解句四个方面的注解内容。又如：

> 《左·宣·十二年》："不行之谓临"杨注："阮刻本'之谓'作'谓之'，误，今从各本正。坎变为兑，即壅为泽，乃成临卦，泽水不流，故临卦为水不行所成。"

一般是先作校勘，继而解句。而在校勘方面，杨伯峻对于阮元刻本和其他版本有异者，为避免繁琐，一般的异文并不出校。有重要文字不同者，则改正文，并于注中一一标出。不能定是非者，则不改动底本，亦皆注出。各种校勘方法并用，采用理校之处也不少。如：

> 《左·僖·十五年》："寡人之从晋君而西也"杨注："《唐石经》本作'从晋君而西也'磨改去'晋'字。严可均《校文》曰：'此辞晋大夫，与上对请战不同，若删'晋'字，似与晋君面语矣。改刻缪也，今各本脱'晋'。'严说是也，今依《石经》初刻增'晋'字"。

《唐石经》本有"晋"一字，其他刻本皆无"晋"字。杨伯峻根据严可均《校文》，谓若删"晋"字，则不合当时实际情景，应增补"晋"字。杨氏既依据版本进行了对校，又靠推理进行了理校，从而得出较为客观的结论。考辨法是《春秋左传注》中使用最为广泛的诠释方法，不仅用于释词、解句，也用于校勘、句读等。如杨氏对《左·隐·元年》"庄公寤生，惊姜氏，故名曰寤生，遂恶之"中"寤生"的注释为：

> 寤生，杜《注》以为寤寐而生，误。寤字当属庄公言，乃"牾"之借字，寤生犹言逆生，现代谓之足先出。明焦竑《笔乘》早已言之，即《史记·郑世家》所谓"生之难"，应劭谓生而开目能视曰寤生，则读寤为悟，亦误。其他异说尚多，皆不足信。

即先举杜注之说，直接说明其训解错误，然后表明自己的观点，进行考辨，举用焦竑《笔乘》《史记·郑世家》两例作为佐证，证明杜注之误，已说合理①。

第三，整理体式全面。杨伯峻在长期从事古籍整理研究基础上，建立了一套富有自己特色的古籍整理方法，李解民概括为"注文、译

① 参见李平：《杨伯峻〈春秋左传注〉研究》，山东大学2006年硕士学位论文，第7页。

文、字典三位一体的古籍整理方法”①。《春秋左传注》也体现出这一特色：即由注释、译文、词典三部书组成，杨伯峻编著《春秋左传注》，沈玉成撰写《春秋左传译文》，杨先生与夫人徐提合编《春秋左传词典》。《春秋左传注》所采用的古籍整理体式比较全面，可分为主体部分和附载部分两类。主体部分，即正文部分，属于注释体，但不是单一的注释体，而是融合了集注体、校勘体、标音体、考辨体等体式特征的综合性整理体式。附载部分包括前言、凡例、引用书目、所见部分器物图、春秋左传字典、左传译文，所呈现的体例有总论体、凡例体、图解体、词典体、译文体等。正由于《春秋左传注》所采用的古籍整理体式比较独特，其注释成就才超迈前贤，并成为一代巨著②。

第四，注释态度科学。沈玉成认为：“同一史事，在其他先秦古籍或汉代古籍中如果也有记载，则比较其异同，加以按断。由于《左传》成书较早，所以诸子书和《史记》都加引用，但也有所据文献或传闻不同而所记有异的情况，在注释中一一说明并作必要的分析，一则可使史事脉络清楚，互为补充，二则读者通过比较异同，对《左传》记事的特点可以加深体会。在多数情况下，对异同的按断都能做到比较客观。”“自然，由于年代久远和问题复杂，任何学者不可能在每一个细节上都解决得使人没有异议，也不可能对一些文献不足的难点强为之解，例如桓五年‘鱼丽之陈(阵)’，桓十六年‘右公子’等等，作者都在征引参考材料的同时说明‘姑阙疑’、‘不得其详’，表现了实事求是的科学态度。”③这种既尊重前人一切有意义的成果，又不盲从、不迷信，而是细心辨析，择善而从，有继承也有创新的态度，无疑值得我们学习。

《春秋左传注》在对先秦名物制度的诠释、天文历法的推算、注

① 李解民：《注文·译文·词典——杨伯峻古籍整理方法试析》，见《文史》第11辑，中华书局1981年版，第110页。

② 参见李平：《杨伯峻〈春秋左传注〉研究》，山东大学2006年硕士学位论文，第1页。

③ 沈玉成、刘宁：《春秋左传学史稿》，江苏古籍出版社1992年版，第410~411页。

释中的一些具体问题等方面仍有许多值得商榷之处，这方面的论争也不少①。其实，要注释《春秋左传》这样一部历史巨著，又谈何容易，失误在所难免，正如作者自己所说："《春秋左氏传》是一部中国重要典籍，刘文淇累代传授《左传》并且著作，因此《清史稿》替他三代立传。然而用功八十年，经历三四代，并没有写完，仅到襄公五年为止，成就比孙诒让的《周礼正义》相差不可以道里计。我以一人之力，又遭'十年浩劫'，短期内赶紧完功，虽然凭借前人成果，但错误脱漏之处一定不少。"(《我和左传》)这是可以理解的。

（王晓鹃）

---

① 参阅：山东大学李平的硕士学位论文《杨伯峻〈春秋左传注〉研究》，2006年；南京师范大学夏维新的硕士学位论文《杨伯峻〈春秋左传注〉商补》，2005年；刘卫宁《杨伯峻〈春秋左传注〉商榷三则》，载《社会科学论坛》2008年第1期；张淑一《〈春秋左传注〉勘误四则》，载《古籍整理研究学刊》2005年第6期；徐朝晖《杨伯峻〈春秋左传注〉商榷》，载《古汉语研究》2001年第3期；孙玄常《对杨伯峻先生〈春秋左传注〉的几点商榷》，载《晋阳学刊》1986年第3期；王卫峰《〈春秋左传注〉语词札记》，载《古籍整理研究学刊》1999年第2期；张涵《〈春秋左传注〉质疑》，载《天府新论》2009年第1期；陈筱芳《〈春秋左传注〉考辨》，载《西南民族学院学报》(哲学社会科学版)2003年第3期；箫旭《〈左传〉杨杜商补》，载《古汉语研究》2000年第3期；刘东升《杨伯峻〈春秋左传注〉勘误一则》，载《中国史研究》2010年4期；马启俊《〈春秋左传注〉注释商补》，载《阜阳师范学院学报》(社会科学版)2004年第2期；陈再文、马启俊《〈春秋左传注〉标点商榷》，载《滁州学院学报》2006年第2期；马启俊《〈春秋左传注〉标点自乱其例辨证》，载《淮南师范学院学报》2003年第1期；赵宗乙《〈春秋左传注〉商兑二则》，载《泉州师范学院学报》2006年第1期；喻华《杨伯峻〈春秋左传注〉标点商榷一则》，载《古汉语研究》2000年第2期；吴毅强《杨伯峻〈春秋左传注〉地名勘正小记》，载《中国史研究》2010年第1期；刘卫宁《杨伯峻〈春秋左传注〉时间判断商补二则》，载《学术研究》2008年第5期；詹绍维《〈春秋左传注〉商榷》，载《江西教育学院学报》(社会科学版)2001年第2期；陈恩林《〈春秋左传注〉辨证六则》，载《古籍整理研究学刊》2005年第5期；陈恩林《〈春秋左传注〉注文商榷五则》，载《吉林大学社会科学学报》2000年第4期；陈延嘉《关于〈春秋左传注〉的几个问题》，载《古籍整理研究学刊》1993年第4期；兰州大学高红莉的硕士学位论文《杨伯峻〈春秋左传注〉与杜注释义差异考》，2011年；江西师范大学孙黎生的硕士学位论文《〈左传〉杨注本拾遗》，2012年；等等。

杨伯峻主要春秋学作品目录

一、专著

1.《春秋左传注》：中华书局1981年3月出版。

2.《春秋左传词典》(杨伯峻、徐提)：中华书局1988年11月出版，与《春秋左传注》相辅为用，但因篇幅大，单独印行。《春秋左传词典》前有例言、笔画索引，后面附有四角号码索引，体例完善，使用方便，对了解《春秋左传》中的人名、地名以及事物等有很大的帮助。

3.《古汉语虚词》：中华书局1981年2月出版。共收录虚词169个，作者对这些虚词的意义和用法，尽可能做明确的交代，虚词中的多音词则附于主要虚词之下。简明扼要，通俗易懂，对初学者帮助较大。

二、论文

1.《春秋》：载《文史知识》1982年第5期。

2.《左传》：载《文史知识》1982年第6期。

3.《〈公羊传〉和〈穀梁传〉》：载《文史知识》1982年第8期。

4.《〈秦晋郩之战〉今译——〈左传〉僖公三十二年、三十三年》(杨伯峻、沈玉成)：载《文史知识》1981年第6期。

(王晓鹃整理)

《左传》研究论著提要（1919—2009）

1919 年

《新订批注左传快读》

李绍崧选订。李绍崧，字骏喦，又字申甫。此书书名页题有“新订批注左传快读”、“小西山房藏板，乾隆丁未年镌”。李氏认为“左氏一书实为天地间不朽文字，细按其篇章字句，无法不备”，故作此书“课儿辈”。书前有徐元扆序、李绍崧《刻左传快读说》和凡例11条。李绍崧自称此书“原先辈之论评，参拘儒之心得”，初学者可以“随读随释，爽然于口即爽然于心”，所以名为《快读》。徐元扆在序中评价此书考证精详，疏义恰当，读者可以“一见而称快，极天下之大观，实天下之第一快心事”。正文前有冯李骅《读左卮言》《春秋列国时事图说》《春秋三变说》《列国盛衰说》《鲁十二公说》《周十四王说》，每卷卷首题为：“曲江书屋新订批注左传快读×卷，晋杜预元凯先生原注，唐陆元朗德明先生音义，宋林尧叟唐翁、朱申周翰两先生参注，本朝冯李骅天闲、陆浩大瀛两先生批评。同学诸子参校，善化李绍崧骏喦选订，男履道、晋道、谦道、颐道、泰道、恒道、豫道、萃道校字。”正文分为上、下两格，上格包括各家评语、个人见解、地名释义等，下格节录《左传》原文，注释为“分行间注，伴句释义”，在每篇末尾录有各家评语。所选录的原文包括经、传，按韩菼《句解》体例，依经立题；音义依据陆德明注，凡陆氏未注的，就按《康熙字典》考证；字画错谬的，按《康熙字典》加以订正；列国地名，杜注与当时不吻合的，就按照姚培谦观点，并放在上层，方便阅读；所录各家评语，以《左绣》为本，兼采《公》《穀》、胡传、《博议》等，凡个人见解，加圈以别；纪年采用周王年号在上、鲁公年号在下的方式，显示尊王之义，别的列国纪年更附在鲁国之侧；列国班序，按先郑次晋，“次卫、蔡、曹、齐，先同姓后异姓也，次宋、杞、陈者，由近及远也，次秦、楚者，明内外也，其余小国则略而不录”。全书采用句读法，没有其他圈点。统观全书，重点在论文，地舆、典故、音韵等精要也是为论文服务。版本有：上海会文堂书局1919年石印本，18卷12册；上海锦章图书局1919年初版，1921年重印；上海广益书局1919年版。

《大同书》

康有为著，原名为《人类公理》，是康有为的主要代表作之一。康有为自称早在1884年就开始“演大同主义”，1885年“手定大同之制，名曰《人类公理》”。1898年秋，康有为在日本时，已有文稿20余篇；1902年避居印度时，完成全书。当时除梁启超等少数门徒看到过外，很少有人有机会目睹这部书稿。直到1913年才第一次把它的甲部和乙部发表在《不忍》杂志上。1919年由上海长兴书局将甲、乙两部合刊印成单行本，书名为《大同书》。一直到1935年，才由其弟子钱定安略加校订，将全书交给中华书局出版。1936年12月再版。1956年，古籍出版社从康氏家族中借到抄本，并参照各本校订重印《大同书》。康氏写《大同书》目的是为了救苦救难、救国救民，所谓：“吾为天游，想象诸极乐之世界，想象诸极苦之世界，乐者吾乐之，苦者吾救亡，吾为诸天之物，吾宁舍世界天界绝类逃伦而独乐哉!”(《大同书》)戊戌变法后，国家和民族的苦难更加深重。康有为基于儒学“不忍人之心”的博爱思想，“思有以拯救之”。他依据《春秋》公羊三世说和《礼运》中的“小康”、“大同”说，融合佛教与基督教的平等观、卢梭的天赋人权论、欧洲空想社会主义学说，运用今文经学的交易哲学，表述了人类历史的三个阶段，即由“据乱”进为“升平”(小康)，由“升平”进为“太平”(大同)，那时人们都成为快活无比的“神圣”。而这种大同极乐世界，正如《礼记·礼远》篇所说的：“大道之行也，天下为公，选贤与能，讲信修睦。故人不独亲其亲，不独子其子，使老有所终，壮有所用，幼有所长，矜、寡、孤、独、废、疾皆有所养，男有分，女有归。货恶其弃于地也，不必藏于己；力恶其不出于身也，不必为己。是故谋闭而不兴，盗窃乱贼而不作。故外户而不闭，是为大同。”康氏在《大同书》中追寻的理想社会，就是这样既有中国社会理想特色，又有西方空想社会主义色彩的世界。康氏全书共30卷，约20万字，分为10部，按甲、乙、丙、丁、戊、己、庚、辛、壬、癸顺序编排，每部包含章节不等，共有59章。梁启超在《清代学术概论》一书中将《大同书》的内容概括为如下13个方面：无国家，全世界置一总政府，分若干区域；总政府及区政府皆由民选；无家族，男女同栖不得逾一年，届期须易人；妇女有身者入胎教院，儿童出胎者入育婴院；儿童按年入蒙养院及各级学校；成年后由政府指派分任农工等生产事业；病则入养病院，老则入养老院；胎教、育婴、蒙养、养病、养老诸院，为各区最高之设备，入者得最高之享乐；成年男女，例须以若干年服役于此诸院，若今世之兵役然；设公共宿舍、公共食堂，有等差，各以其劳作所入自由享用；警惰为最严之刑罚；学术上有新发明者及在胎教等五院有特别劳绩者，得殊奖；死则火葬，火葬场比邻为肥料工厂。《大同书》立意高远、文辞丰赡，不少主张颇具思想深度，如妇女解放、奴隶解放、取消国界、取消阶级、政府议会化，堪称近代中国思想史上的名著。康有为曾自豪地说："吾既闻道，既定'大同'，可以死矣！"《大同书》问世以来，学术界对其评价毁誉不一，智者见智，仁者见仁。毛泽东在《论人民民主专政》指出："康有为写了《大同书》，他没有也不可能找到一条到达大同的路。"

1920 年

《孔子改制考》

康有为撰。《孔子改制考》共 21 卷，是一部假托孔子之名的变法理论著作，集中体现了康有为的政治思想。该书认为，孔子以前的历史都无据可考，孔子遂假托尧舜等古圣先贤的言论行事而作六经，其目的是为托古改制。康有为虚构出一个首创"改制"的孔子，实际上是用近代西方社会政治思想，把孔子打扮成托古改制的"素王"，为其变法造势，以减轻维新变法的阻力。康有为在书中以历史进化论附会公羊学说，宣称人类社会是按照"据乱世"、"升平世"和"太平世"的顺序演变的，相对应的是君主专制时代、君主立宪时代和民主共和时代，以此论证变法维新的必然性，要求因革改制。在书中，康有为把孔子描写为一个力主改革的圣人，猛烈抨击封建专制主义，表现了民主自立的思想。第 17 卷《儒政诸子考》中曰："为民贼者，人人皆得而戮之也。"他甚至把农民起义的领袖和汤、武相提并论："见秦王无道，人人皆得而诛之，而陈涉、项羽首先亡秦，后以代秦，是亦一汤、武也。”《孔子改制考》一刊登，在封建士大夫的各个阶层中间都掀起了轩然大波，被称为邪说，纷纷指责康有为伪典籍灭圣经，托古论制而乱法律，主张民权，目无君上，是士林败类，名教罪人，要求清政府严惩。张之洞批评他“忘亲”、“忘圣”，“欲举世放恣黩乱而后快”。翁同龢在日记中记载曰：“此人居心叵测。”戊戌变法失败后，《孔子改制考》被清政府禁毁。《孔子改制考》始撰于1892年，光绪二十三年(1897)在上海正式刊行，不久就遭到了毁版。民国九年(1920)重刊于北京，收入《万木草堂丛书》，一函五册，书竹纸印；民国十一年(1922)万木草堂刊红印本；1958年北京中华书局出点校本；1968年台湾“商务印书馆”取民国九年本重印，2011年再印；1986年上海书店出版，收入《民国丛书》第四编；1987年姜义华、吴根梁编校，上海古籍出版社出版，收入《康有为全集》；2010年姜义华、张荣华编校，中国人民大学出版社再版。

1921年

《左传撷华》

林纾选评。林纾，原名群玉，字琴南，号畏庐，别署冷红生，晚又称蠡叟、践卓翁、春觉斋主人等，福建侯官人。有《畏庐文集》《畏庐诗存》《春觉斋论文》《文微》《韩柳文研究法》等书行世，翻译著作40余部。《左传撷华》分为上、下卷，选文83篇。卷首有林纾自序和按语，每篇各有拟题，题下注明“鲁公某年”，选文皆为《左传》精美之文。正文部分以《左传》原文为主，稍加注释；批语只有文末总评，低正文两格，同时加“纾按”字样；圈点简省，只在文章精彩处加有联圈(。。。)。林纾论文，以桐城义法为准绳，称赞左丘明、司马迁、班固、韩愈之文为“天下文章之祖庭”，于左氏之文赞不绝口。自序云：“左氏之文，万世古文之祖也”，“天下文章，能变化陆离，不可方物者，只有三家：一左，一马，一韩而已”。林纾尊桐城，论文致力于义法，在其序中对左氏行文之法多有揭示，可作为其论文之纲，其中有云：“左氏之文，无所不能，时时变其行阵，使望阵者莫审其阵图之所出。譬如首尾背驰，不能系蝶为一，则中间锁纽之笔，暗中牵合，使隐渡而下，至于临尾，一拍即合，使人瞀然不觉其艰琐，反羡其自然者；或叙致一事，赫然如荼火，读者人人争欲寻究其结穴，乃读至收束之处，漠然如淡烟轻云，飘渺无迹。乃不知其结穴处，转在中间。如岳武穆过师，元帅已杂偏裨而行，使人寻迹不得。又或一事之中，斗出一人，此人为全篇关键，而偏不得其出处，乃于闲闲中补入数行，即为其人之小传，却穿插在恰好地步，如天衣无缝。较之司马光之为《通鉴》，倒叙补其人之地望族姓，于无罅隙处强入，往往令人棘目，相去殆万里矣。又或叙战事之规画，极力叙战而不言谋，或极力抒谋而略言战，或在百忙之中，而间出以闲笔，或从纷扰之中，而转成为针对。其叙战事，尤极留意，必因事设权，不曾一笔沿袭，一语雷同，真神技也。于短篇之中，尤有筋力，状奸人之狙诈，能曲绘而成形，写武士之骁烈，即因奇而得韵，令人莫可思议。"此书正文批语大多如此，对于左氏行文的规矩，穿凿探索，以授于人。据书前按语可知，林纾作此书时已到晚年，其时白话方兴未艾，新文学倡导者大力抨击古文。林纾则以近于殉道者的坚定信念和使命感，力图拯救古文于败亡之中，津津于古文文法之揭示。林纾原有《左孟庄骚精华录》一书，本书是扩充其中《左传精华》而成，篇幅约增加 3 倍。二书选文相同者，批语也相同。原书有 3 篇选文为本书没有，即：《郑伯伐徐》《平子立臧会》《齐侯将纳公》。版本有：上海商务印书馆 1921 年、1924 年、1935 年版，2 册；高雄复文图书出版社 1981 年版。

《春秋左传音义白话注解》

费恕皆撰，沈继先校。《左传》是我国一部比较古老的编年体历史书。它以春秋时期鲁国的 12 位君主的在位时间作为记事的线索，上起鲁隐公元年(前 722)，下讫鲁哀公二十七年(前 468)，共记载了 255 年的历史史实，为我国第一部记事详尽而系统的史书。然而，《左传》原著语言艰涩，一般读者很难完全读懂，为便于读者理解其中的意思，特编校此书，其中不仅给出了注释，而且还有译文。版本有：上海群学书社 1921 年初版，1927 年第 5 版；台湾文化图书公司 1967 年初版，1983 年再版。

《胡适文存》

胡适著，上海亚东图书馆1921年12月出版，4卷4册，此为初集。二集4卷，三集9卷，分别于1924年和1930年由亚东图书馆出版，四集为《胡适论学近著》，商务印书馆1935年初版。在民国时期，《胡适文存》(4册)多次出版，累计印数达6万多部。1927年，陈西滢推选的新文学十部杰作，《胡适文存》位列第一，鲁迅《呐喊》、郁达夫《沉沦》和郭沫若《女神》都排在其后。《胡适文存》是胡适思想的精华，影响深远，从梁实秋、钱锺书，到张爱玲、李敖，都将《胡适文存》看做对自己影响最大的书。其中第三集收录胡适的论著《〈左传真伪〉的提要与批评》，分为七个部分：(一)著者珂罗倔伦先生；(二)作序的因缘；(三)什么叫作“左传的真伪”；(四)论《左传》原书是焚书以前之作；(五)从方法上证明《左传》不是鲁国人做的；(六)关于这一部分的批评；(七)下篇的最后两部分。

1922年

《春秋左传杜注校勘记》

黎庶昌撰。黎庶昌，字莼斋，遵义人。庶昌曾奉使出访日本，余暇即搜罗古籍善本。叶昌炽有言：“闻其论所见古籍，唐写宋椠，如数家珍。”此本《春秋左传杜注校勘记》以日本秘阁唐卷子本(有金泽文库记)《杜氏春秋经传集解》为底本，同时参照《折本》《正义》《释文》诸本，详列异同，并保存卷首题式尾跋以阐述大意。卷一首行旁有服注，可见此本写时已见服注。文中校勘，有与《释文》相合，有与他书引文相合，有与阮本相合，有异文优于今本的，有异文不如今本的。《春秋左传杜注校勘记》对于研读《杜氏春秋经传集解》具有较高的参考价值。版本有：《怡兰堂丛书》(大关唐氏1922年成都刊本)，《丛书集成续编》(台湾新文丰出版公司1989年版)，《续修四库全书》(顾廷龙主编，上海古籍出版社2002年影印本)。

《经学源流浅说》

陈燕方撰。全书共有3卷。上卷为“总说”，有十章，分别陈述了文字的起源、什么叫作经学、什么叫作经、古代六经的起源、西周时代的六经、孔子修订的六经、孔门的人才、孔门传经的源流、六经的厄运、尊崇六经的原因等十个问题。中卷为“汉学派别”，有十一章，阐释了汉学的来历、诸经立学的先后及《易》《尚书》《诗》《礼》《春秋》《论语》《孝经》《尔雅》《孟子》(附《大学》《中庸》)诸家发展情况。下卷为“传受源流”，有九章，分别陈述了《易学》《尚书》《诗学》《礼学》《春秋》《论语》《孝经》《尔雅》《孟子》等的传受源流。版本有：上海文明书局1922年版；2008年台湾文听阁图书有限公司《民国时期经学丛书》本(林庆彰主编)。

1923年

《左传微》

吴闿生著。吴闿生，号北江，安徽桐城人，是清末桐城派大师吴汝纶之子。《左传微》详细阐释了《左传》中的微言大义，注重义理分析，轻视字词考释，正如其序中所言：“左氏以微言讽喻，推见至隐，释经则异于公、穀，实录则高于史、汉，至其俶诡谲变之旨，连抃离奇之观，又悉出于行文之妙，旷古今绝无俦对者也……”该书是吴闿生研究《左传》的经典著作之一。全书卷首依次为曾克端《左传微序》、吴闿生《与李右周进士论左传书》、吴闿生自定例言九则。《左传》是编年体史书，往往一件事要分散在多篇中。《左传微》按照纪事本末体例，将《左传》中散见于各篇的一件事合为一篇，共合成一百多篇。前11卷，按照《左传》编年顺序，安排各篇；第12卷，是《左传》原文中无法合并的内容，将它们分类编辑，自然难以成为完整篇章。各篇题名下又有题解，概括篇章文意；评语是以双行小字夹批于各句之下。圈点方式有联圈(。。。)、联点(···)及三角(△△△)，用法未作具体说明，一般情况下，三角用于眼目关键，联圈、联点用于文句精彩与伏应处。吴闿生以《左传》为孔门之学，曰：“圣门之学，有微言有大义，《左传》一书，于大义外，微词渺旨尤多，此编专以发明左氏微言为主，故名为《左传微》。”此书以揭示文法为手段，以发明微旨为目的。书中所揭示的《左传》文法有逆摄、横接、旁溢、反射等，都是前人没有论及的。吴闿生认为左氏微旨是：“凡其所推崇褒大者，皆必有所不足，其所肆情诋毁者，必有所深惜者也。一言以蔽之，曰正言若反而已矣。"《左传微》所见新颖，于《左传》研究功不可没。版本主要有：民国十二年(1923)文学社刻本(12卷6册)；民国十八年(1929)刻本；1969年台湾新兴书局本；1970年台湾"中华书局"影印本；1990年北京中国书店据民国十八年(1929)本印；1995年黄山书社本(白兆麟点注)；2008年台湾文听阁图书有限公司《民国时期经学丛书》本(林庆彰主编)。

1926年

《春秋笔削大义微言考》

康有为著。该书体例与《春秋董氏学》相同，学术上的珍贵之处在于康氏突破了以往将"春秋笔法"仅局限在"书法凡例"、"微言大义"等方面的束缚，而更重视"春秋笔法"本身所产生的功用上，即把对《春秋》"微言大义"的阐释作为表达政治理想和改变社会的工具。版本主要有：民国十五年(1926)《万本草堂丛书》刻本(线装10册)；民国十六年(1927)刊本(11卷)；1976年台湾宏业书局《康南海先生遗著汇刊》本(蒋贵麟编)；另收入《康有为政论集》(汤志均编，中华书局1981年版)。

《经今古文学》

周予同著。《经今古文学》是周予同关于中国经学的第一部研究专著，书中胪列了汉代以来今古文经学的种种对立，总结了前人的观点，是学习经学史的一部很好的入门著作，传播广泛，影响深远。在书中，周予同将汉代今古文经学的异同作了系统的阐述，揭示了两个学派的渊源演进脉络，阐释了今文经学的思想价值，探讨了两大学派和其他学派的关系。版本主要有：商务印书馆1926年初版，1929年再版；北京中华书局1955年版；《民国时期经学丛书》本，林庆彰主编，台湾文听阁图书有限公司2008年版。

《左传礼说》

张其淦撰。张其淦，字豫泉，广东东莞人，光绪二十年(1894)甲午恩科进士，官至安徽提学使。辛亥革命后隐居上海，专心著述，著有《洪范微》《左传礼说》《邵村咏史诗钞》《松柏山房骈体文钞》等。该书较为系统地研究《左传》中的“礼”，引证广博，资料丰富。版本有:《寓园丛书》本，民国十五年(1926)铅印本(10卷1册)，民国十九年(1930)铅印本;《丛书集成续编》本，台湾新文丰出版公司1988年版;《民国时期经学丛书》本，林庆彰主编，台湾文听阁图书有限公司2008年版)。

1927 年

《春秋穀梁传注》

柯劭忞撰。柯劭忞，字凤孙，晚号蓼园，山东省莱州府胶州人，清末民初学者、史学家。《春秋穀梁传注》是后人研究儒家学说的重要参考文献。《续修四库全书总目提要》曰:“穀梁一家之学，师说久湮。范武子集解，多袭杜元凯、何邵公之说。钟文烝补注，汲取唐宋以后诸家，破坏传义。劭忞就刘向、郑康成之遗文，用公羊徐疏，引宋君春秋注，所谓九旨者，为穀梁之义例。一曰诗，二曰月，三曰日，四曰天王，五曰天子，六曰王，七曰讥，八曰贬，九曰绝。以九旨为全书纲领。正文字说解之讹，通传文二事相比，释此事而证以彼事，因此事通释彼事之例。同一事，有发传，不发传，前后发传之别。日月卒葬，又有处处发传，不嫌重复者，参证疏通，为注十五卷。”“劭忞谓亲交善邻，谋国之大者，树怨于一国，且不可，况众其敌乎。僖二十有四年，天王出居于郑，谓何以母得废之，臣下得以母之言，后世篡弑之徒，多假母后之命以废其君，休实为作俑，经意不如是也。此则有为而发。”由此可知，柯劭忞著此书是有其政治用意的，借古喻今，以注经史，发人深省。版本主要有:《柯劭忞先生遗著》本，民国十六年(1927)国立北京大学研究院文史部排印，15卷;《续修四库全书》本，顾廷龙主编，上海古籍出版社2002年影印;《民国时期经学丛书》本，林庆彰主编，台湾文听阁图书有限公司2008年版。

《左传精华》

秦同培注译，宋晶如增订。《左传精华》选取《左传》中138个经典事件，冠以标题，独立成篇。卷首有凡例，正文部分包含138个重大事件，从鲁隐公元年的《郑伯克段于鄢》至鲁哀公二十年的《晋赵孟存问吴王》，内容涉及诸侯各国，较为全面地反映了《左传》的全貌。每篇由正文、注释、语译组成。版本主要有：1927 年上海世界书局排印本，1937 年、1941 年、1946 年、1954 年、1989 年再版；1936 年 9 月上海国学整理社初版，1937 年再版；《民国时期经学丛书》本，林庆彰主编，台湾文听阁图书有限公司 2008 年版。

1929 年

《公羊家哲学》

陈柱撰。卷首有自序。陈柱，字柱尊，号守玄，广西北流人。《公羊家哲学》分为尊王说(或统一说)、革命说等章节。陈柱是今文家革命改制论的代表人物，其所阐释的“公羊家革命说”主要是从近代政治革命的立场进行解读的，并强调了革命是道德进步的手段。陈柱“革命说”呈现出过渡性、道德性和民族性的特点。“革命说”与“尊王说”的提出是其改良主义哲学的反映。版本主要有：中华书局 1929 年影印本，台湾大力书局 1970 年再版；《民国时期经学丛书》本，林庆彰主编，台湾文听阁图书有限公司 2008 年版。

1930 年

《读左随笔》

王照著。王照，字小航，号芦中穷士，别号水东，直隶宁河县(今属天津市)人。他是近代拼音文字的提倡者和“官话字母”方案的制定人。他晚年研究经学，主张教育救国。《读左随笔》记录了其《左传》阅读的见解。其解说经传，不录原文，也不解释经传全文，只在有所见解处，作分条论述。其诠释经义，以《左传》为主，间或参照《公羊传》《穀梁传》以及唐宋以来的各家学说，中间也会夹杂个人见解。在谈论史事的过程中，往往联系时务。此书收入作者所著《水东集》，1930 年版。

《春秋正议证释》

吴佩孚著。吴佩孚，字子玉，山东蓬莱人，曾为清朝秀才，民国直系军阀首领，北洋军阀的重要将领，作为首个登上《时代》封面的中国人，被称为“中国大人”。此书是吴佩孚任明经学会会长时组织编写的一部解说、阐释《春秋》的白话文著作。初版印刷500部，很快售缺，又印千部，共印1500部。版本有：1930年9月春秋学会本；1939年北平精刻文华斋刊本；《民国时期经学丛书》本，林庆彰主编，台湾文听阁图书有限公司2008年版。

《左传菁华录》

吴曾祺译注。吴曾祺，字翼亭，亦作诩庭，福建侯官人。书前有吴曾祺自序和凡例六则。书中所选文段，按照鲁国国君年月先后排列，不另拟标题，注释选取杜、林两家之精要而保存。文中不用注而自明的，一律删削所注；杜、林两家未注或注而未安的，则以己意补正，低一格加“案”字以示区别。书中无眉批和旁批，批语“悉付于逐节之后”，也不施圈点。吴曾祺自称此书所选，都是左氏“文笔浩瀚，足以助人兴趣者”，其序曰：“文以左氏为至，论文而不及左氏，犹之登山而不陟其顶，测水而不探其源，非知文者。”因所选以文胜者为主，所以名曰“菁华”。书中所论，多比附史事，辨其成败得失，以资劝诫。评点主要围绕章法、句法、字法等方面，讲求文章提挈、伏应、详略等特征。版本主要有：上海商务印书馆1915年初版，1930年再版，1933年、1935年、1946年多次印刷；《民国时期经学丛书》本，林庆彰主编，台湾文听阁图书有限公司2008年版。

《古史辨》

1923年5月，《努力周报》增刊《读书杂志》上发表了一篇近5 000字的论学书简：顾颉刚《与钱玄同先生论古史书》。这篇书信立论大胆、引经据典、情辞恳切，发表以后引起史学界众多学者就相关问题持久的考辨论议，赞成者有钱玄同、胡适、魏建功、容庚、罗根泽、童书业、杨宽等人；反对者有刘掞藜、胡堇人、柳诒徵、张荫麟等人；王国维、傅斯年、钱穆、冯友兰等人也参与讨论，发表意见。以此为标志，引发了中国近代史学上著名的古史辨运动，这篇论学书简堪称“古史辨宣言”。从1926年到1941年的15年间，这些关于中国上古史的争论考辨文章，被陆续编辑成《古史辨》论丛七大册。朴社1926年出版第1册，1930年出版第2册，1931年、1933年分别出版

第3册上、下编，1930年出版第4册，1935年出版第5册；开明书店1938年出版第6册，1941年出版第7册上、中、下三编。其中第1、2、3、5册为顾颉刚编著，第4、6册由罗根泽编著，第7册上、中、下三编由吕思勉、童书业编著。1981年上海古籍出版社重印这套论丛，并在顾颉刚建议下增加了历史地理内容的第8册。此套丛书共收入20世纪二三十年代史学界研究中国古代史、考辨古代史料的文章350篇，计325万字，内容包括对《周易》《诗经》等经书的考辨，对儒、墨、道、法诸家的研究，对夏以前有关古史传说、"阴阳五行说"的起源、古代政治及古帝王系统的关系的考辨和研究等。该丛书体现了20世纪20年代初在中国史学界崛起的古史辨派的疑古辨伪的精神，展示了古史辨派用中西结合的"历史演进的方法"在古史研究中做出的成绩，是中国近代史学史上一部有影响的著作。概括而言，顾颉刚疑古学术的主要思想有以下四点：关于"禹的演进史"的考证；关于"层累地造成的中国古史观"；打破四个旧观念，客观认识上古史；古史辨伪的方法。

1931年

《儿童古今通：左传故事》

朱文叔编。朱文叔，著名教育家、儿童文学专家。此书是中华书局优秀少儿读物中的一种。作者对《左传》原著精确的把握及原汁原味的传达，都堪称经典。书中精选《左传》故事中的经典篇章，在保留传统故事精髓的基础上，更加贴近当代读者的阅读需求，从而使读者更容易领悟经典故事所传达出的优秀传统文化精神内核。每个故事之后用简练的语言联系实际，进行解读，以唤起读者更多的思索，真正做到学以致用、古为今用。故事后或附经典原文，让读者通览经典原貌，整体感知；或附"博闻馆"，链接与故事相关的其他故事或知识，拓宽思路，有助于更加全面地理解故事。故事配图丰富新颖，力求趣味性和知识性并重；巧妙的配图文字，帮助大家轻松阅读，并开阔视野，从多角度扩展知识。版本主要有：上海中华书局1931年初版，1933年、1941年再版，2002年中华书局重印。

《左传》

梁宽、庄适选注。书中共选《左传》原文10个重大历史事件，大抵围绕春秋争霸主题，每篇标注标题，依次为：郑庄之跋扈、齐桓霸业、宋襄图霸、晋文建霸、秦穆霸西戎、楚庄争霸、晋悼复霸、诸侯弭兵、吴阖闾入郢、越勾践灭吴。书前有梁宽所撰绪言，论及《左传》的地位、作者、与《春秋》的关系。书后附《春秋重要各国年表》。正文采用一段原文一段注释的形式，便于读者阅读与理解。版本主要有：上海商务印书馆1931年初版，1934年再版，1936年第4版；重庆商务印书馆1945年第1版；台湾“商务印书馆”1983年版；《民国时期经学丛书》本，林庆彰主编，台湾文听阁图书有限公司2008年版。

《春秋史》

童书业著。此书是一部将正史体裁、纪年体、纪事体、政书及会要体、杂考体等体裁写作之长融会而创作的一部分章综述的断代史，体裁新颖。它又是一部将极深奥繁复的考证化为极通俗浅显的白话文著作，文中甚至将古文古诗都译作白话文。吕思勉在此书序言中说：“鄞童君丕绳，笃学好古，于乙部书尤邃。年来专治春秋史，最其所得，成此一编。其体例极谨严，而文字极通俗。征引古书，率多隐括其辞，出以己意，盖今世史家之例然也。”童书业通过对文献材料及考古资料进行梳理扒剔、条分缕析、删繁就简，全面而系统地论述了春秋时期的思想、文化、政治、经济、军事、社会阶层等状况；通过对纷争连连的历史的透析，明晰地看出春秋时代社会各方面的变化对中国历史发展所产生的深远影响。版本主要有：《民国丛书》本，上海书店1931年初版，1946年再版，1987年山东大学出版社据1946年开明书店本重版；《童书业著作集》本，童教英整理，北京中华书局2008年版；上海古籍出版社2010年版。

1933年

《东洋天文学史研究》

新城新藏著，沈璇译，上海中华学艺出版社1933年初版，1989

年再版。新城新藏通过对《左传》所记各年岁星所在之次不是当时实际观象所得，而是根据公元前365年所观测之天象，以此年为标准的元始年而来逆推，推断《左传》成书当在公元前365年之后，颇有说服力。本书内容共计十编，附录一编：第一编是中国天文学史大纲；第二编是周初之年代；第三编是中国上古金文中之历日；第四编是二十八宿之起源说；第五编是春秋长历；第六编是春秋由岁星之记事论《左传》《国语》之著作年代及干、支纪年法之发达；第七编是再论《左传》《国语》之著作年代，附考《公羊》《穀梁》两传之著作年代；第八编是汉代所见之诸种历法；第九编是战国、秦、汉之历法；第十编是干、支、五行说与颛顼历；附录是中国古代历法概论。作者根据史料，以春秋时代互相比较，印证出中国的天文学之发达进步早于西洋及印度200年以上。

《左传纂读》

马厚文著。全书正文前有序跋和例言。序有廖世承序和作者自序，跋为吕思勉作。例言指出："本篇依据《中学课程标准》国文中专书精读一项编纂，以供中等学校教读之用"，体例"略仿纪事本末体之意，依事分类，依类选文，诸篇互相关联，每事成一段落"。全书分为23类，依次为郑庄之强、齐桓创霸、秦晋韩之战、宋襄图霸、晋文建霸、秦穆霸西戎、楚庄争霸、晋楚鄢陵之战、齐晋构兵、秦晋为成、晋悼复霸、吴通上国、晋楚弭兵、楚灵之侈、晋霸之衰、郑子产相国、齐景公相晏子、吴阖庐入郢、越勾践灭吴、鲁用孔子、鲁三桓专政、齐陈氏之大、晋卿之争。吕思勉跋中称："马君此编以赏会文学为主，而以通知史事副之。惟于史事识其原流，则于文学益易探其奥窔。初学研求左氏，善本盖无逾此。"版本主要有：上海华社1933年本；《民国时期经学丛书》本，林庆彰主编，台湾文听阁图书有限公司2008年版。

1934年

《冯玉祥读春秋左传札记》

冯玉祥著。书前有凡例和冯玉祥自序，全书按照鲁国12位国君的次序分为12卷，鲁隐公为卷一，鲁哀公为卷十二，每卷单独编排页码，共计755页。自序中说："民国二十二年秋，我从察哈尔抗日归来，又回到泰山读书。除了继续攻读政治、经济等学科以外，我开始抽暇来读《春秋左传》。差不多费了3个月的光景，把这部书读完了。随读的时候，有了感想就写了下来，积成这部札记。"冯玉祥以同治时钦定的《〈春秋左传〉读本》和杜预《左传集解》互为参考，按照《左传》记载的顺序，每篇札记前先抄录一段《左传》原文，札记内容则是由所录的《左传》原文生发出来，往往就《左传》中的讳言，借题发挥，联系当时的社会现实进行议论，抨击独裁、迷信、封建、媚日、不抵抗、奢华、新生活，尤其对东三省的沦陷痛心疾首，主张收复失地，对劳苦百姓满怀同情。札记文笔犀利，时代色彩鲜明，政治倾向昭然。版本主要有：上海军学社1934年本；《民国时期经学丛书》本，林庆彰主编，台湾文听阁图书有限公司2008年版。

《左传选译》

瞿蜕园译。《左传选译》书前有导言，书后有后记，正文共有10个章节，包括《颖考叔》《齐桓公与管仲》《晋献公与晋文公》《秦晋争霸》《鞍之战》《鄢陵之战》《郑国的内政外交》《伍员与申包胥》等。书中使用现代汉语对《左传》选文进行注释与翻译，目的是使大多数读者能够阅读和欣赏《左传》这部古典史籍的精妙之处。所选文段皆是《左传》最精妙、最重要的历史故事，且选文精审，译文畅达，注释简要，便于阅读。1982年上海古籍出版社再版时，将其中所注今地名，按照当时的行政区划予以修改，其余内容未作改动。版本主要有：上海古籍出版社1934年初版，1982年再版；上海春明出版社1955年版；台湾华联出版社1973年版，更名为《左传白话译注》。

《左传通论》

方孝岳著。此书书前有《略例》，正文分为文旨、源流、史意和释疑四篇，共有25章，其中文旨篇3章、源流篇11章、史意篇6章、释疑篇5章，"每篇陈述前人之言略以时代相次而随文讨论之"(《略例》)。对于众多的疑左之说，一一予以剖正。方孝岳认为，"《左传》一书，体本整赡，前后条理甚密，固著作之宏轨、国闻之善志，非如诸子百家谈义之书可以口耳附益辅相发明也"(《略例》)。全书通论《左传》之经、史、文三方面，陈述诸家之说，阐明其意。对于不同之说，则略陈己见。书中论述“以司马迁之言为主，而以刘歆、杜预诸家为辅”(《略例》)，同时详参刘知幾诸家之说。主要版本有:《国学小丛书》本，商务印书馆 1934 年版，1935 年重印；台湾“商务印书馆”1965 年初版，1971 年重印；知识产权出版社 2006 年版；《民国时期经学丛书》本，林庆彰主编，台湾文听阁图书有限公司 2008 年版。

1935 年

《春秋总论初稿》

毛起著。此书卷首有三篇序文，正文分为四篇：第一篇，孔子与《春秋》；第二篇，《春秋》之始终；第三篇，三传作者；第四篇，《春秋》之教。毛起认为：“孟子是《春秋》研究之最后根据”，“《春秋》是鲁史”，“孔子作《春秋》”；“鲁《春秋》始于隐公……‘王者之迹熄而诗亡，诗亡然后《春秋》作’语可证隐公以前无《春秋》，‘王者迹熄’指西周灭亡”，“鲁《春秋》终于顷公”，“今本《左传》之经终哀十六年是孔子作传时录自鲁史的”，“孔子晚年不作《易》”；“初，《穀梁》《公羊》作者是一人，齐国人，经过时代、传受，今本《公羊传》作者是齐人，今本《穀梁传》作者是鲁人”，“左丘明姓左丘名明，其书不传《春秋》，传《春秋》之处系后人增附，但非出自刘歆，而出自贾逵”，“《左传》原是‘国语’，刘向始分出，刘歆始合于《春秋》”；“三传中之文与《论语》不相合的不一定非孔子的，相合的不一定是孔子的”，“孔子作传的方针：是致用的而不是著述的，是及人的而不是及己的”。版本主要有：杭州贞社 1935 年本；《民国时期经学丛书》本，林庆彰主编，台湾文听阁图书有限公司 2008 年版。

《左传思想史的研究》

津田左右吉著。此书将《左氏》成书年代放在公元前 1 世纪，证明伪造说可信。版本有：《东洋文库论丛》第 22 辑，东洋文库 1935 年版；《津田左右吉全集》第 15 卷，东京岩波书店 1964 年版。

《左传人名地名索引》

重泽俊郎、佐藤匡玄著。此书是查找《左传》先秦人名、地名的工具书。全书网罗《春秋左氏传》所载人名、地名，按一定次序排列，并标明其所在年代，以便学者索引之用。书中人名，以国号配爵者不录，如晋侯、郑伯之属，但小国之君稀见者仍录之。书中地名，以国为地名者，如宋、卫之属，仅标其初见之年代，唯《左氏》有其灭亡年代者，亦并录之。此书以笔画为序，于每一人名、地名下列见于某公多少年经或某公多少年传，而于同一年经或同一年传中出现不止一次者，不注明出现次数。人名、地名有异称者，择其一列为主要条目，其余条目则于下注出主要条目之名。后附谱系图。这是迄今较为完善的春秋类人名地名索引。最早版本为1935年东京弘文堂书房刊本。1962年台湾广文书局出版，1966年、1977年再版。

1937年

《新学伪经考驳谊》

符定一著，上海商务印书馆1937年出版。此书分为4卷，以《史记》《汉书》《周官》《左传》《说文解字》等书中的记载作为论据，反驳康有为《新学伪经考》。书末附《荀子引诗用毛证》。收入《民国时期经学丛书》，林庆彰主编，台湾文听阁图书有限公司2008年版。

《左国选读》

张寄岫选辑、王云五主编，《中学国文补充读本》第一集，上海商务印书馆1937年出版。《左传选读》分为上、中、下三册，分选《左传》《国语》中的经典历史故事，体例为原文分段注释，即一段原文一段注释。

《春秋经传引得》

洪业等编。版本有：北平哈佛燕京学社1937年印行，附标校经传全文，共4册；上海古籍出版社1983年版，共2册；《春秋经传引得序》(洪业)，收入《洪业论学集》，中华书局1981年版。

《经义考目录》

罗振玉著。《经义考》(300卷)，朱彝尊撰。朱彝尊(1629—1709)，字锡鬯，号竹垞，浙江秀水(今嘉兴)人，博通经史，开清代考证之先声，与顾炎武、阎若璩等颉颃上下。凡所著述，俱有本原。

此书初名《经义存亡考》，统考历代经学著作，初列存、亡二例，后分列存、阙、佚、未见，书亦改今名。凡御注、敕撰1卷，《易》70卷，《书》26卷，《诗》22卷，《周礼》10卷，《仪礼》8卷，《礼记》25卷，《通礼》4卷，《乐》1卷，《春秋》43卷，《论语》10卷，《孝经》9卷，《孟子》6卷，《尔雅》2卷，《四书》8卷，群经13卷，逸经3卷，毖纬5卷，拟经13卷，承师5卷，宣讲、立学共1卷，刊石5卷，书壁、楼版、著录各1卷，通说4卷，家学、自述各1卷，其中宣讲、立学、家学、自述3卷皆有目无书，知《经义考》为未竟之书。每一书前，皆列撰者姓名、书名、卷数，其卷数有不同者，则注明某书作几卷，次列存、阙、佚、未见等字，再列原书序跋、诸儒论说、撰者爵里。凡朱彝尊有所考证者，附于最后，加"案"字以别之。此书为从先秦到明末的一部中国经书总目录，所收儒学典籍极为丰富，体例也比较严谨有序。由于作者见闻有限，书存而朱氏未见者很多，未佚而注"佚"的也不少。此后翁方纲著有《经义考补正》12卷，对《经义考》书名、卷数、作者、真伪、存佚等方面进行补充与订正。《四库全书总目》也对《经义考》多有订补。《经义考》卷帙宏富，又仅有1卷总目，各类之下，无书名子目，查检不便。罗振玉据此补编《经义考目录》，成书8卷。全书照抄朱氏《经义考》之类目，分卷编制而成，为查检《经义考》起到按图索骥的作用。版本主要有：《七经堪丛刊》石印本，罗振玉1937年辑；台湾广文书局1968年版，1999年重印；《民国时期经学丛书》本，林庆彰主编，台湾文听阁图书有限公司2008年版。

1940年

《左传读本》

王伯祥选注。此书选文较多，注释稳妥详细，多用旧注，为了解《左传》全貌之初读本，是年轻人学习历史和古文的最佳入门读物之一。主要版本有：1940年上海开明书店初版，1948年第2版；1957年北京中华书局再版，更名为《春秋左传读本》，1959年香港中华书局据1957年北京中华书局版重印，1960年北京中华书局再印，1965年香港中华书局再版；2008年台湾文听阁图书有限公司《民国时期经学丛书》(林庆彰主编)收录。

《左传文法研究》

何漱霜著。全书包括《郑庄之跋扈》《齐桓霸业》《宋襄图霸》《晋文建霸》《秦穆霸西戎》《楚庄争霸》《晋悼复霸》《诸侯弭兵》《吴阖庐入郢》《越句践灭吴》10个篇章，分析和研究了《左传》部分文章的文法。每篇又分为若干部分。每个部分先列出《左传》原文，然后进行分析评论。评论内容主要是选文的章法、笔法，结构的前后衔接、勾连，文意安排的顺序与技巧等。评论精当，要言不烦，篇幅或长或短，不拘一格，形式灵活多样。主要版本有：上海商务印书馆1940年初版，1941年再版，香港商务印书馆1964年重印；知识产权出版社2006年出版；2008年台湾文听阁图书有限公司《民国时期经学丛书》本(林庆彰主编)收录。

1943年

《春秋大义述》

杨树达著。杨树达，字遇夫，长沙人，语言文字学家，中国科学院哲学社会科学部委员。此书为忧时发愤之作。当时日本疯狂入侵中国，践踏华夏，中华民族处于亡国灭种的紧急关头。杨树达自念荏苒书生，年已衰暮，不能执戈保国，遂效先圣述《春秋》之义，撰此书以授生徒，以复仇、攘夷为大义，明义利之辨，知治己之方，期使圣学明而民志定，正义立而战祸平。有感于《春秋》大义散在各篇，初习者不便阅读贯通，乃取大义比近者类聚而群分之，立文为纲，而以经传附其下。欲令读者每习一章，即明一义，凡得29章(篇)。主要版本有：重庆商务印书馆1943年版；2007年上海古籍出版社《杨树达文集》收录。

《刘向歆父子年谱》

钱穆著，中国文化服务社1943年出版。此文最初发表在《燕京学报》1930年第7期。钱穆，字宾四，江苏无锡人，20世纪著名史学家、国学家。钱穆根据《汉书·儒林传》的史实，探寻从西汉宣帝到东汉章帝120年间各家各派师承家法及经师论学，梳理出两汉经学诸史实并逐年列出，进而指出康有为《新学伪经考》说刘歆伪造古文经之不通，有28处。钱穆举证翔实，立意明确，凡是康有为曲解史文、抹杀反证之处，均一一历指而道其原委。最重要的是，按照刘向、刘歆父子生卒及任事年月依次排列，使康有为的错误曲解一目了然。《刘向歆父子年谱》解决了近代学术史上的一大疑案。

1947年

《左氏春秋义例辨》

陈槃著。关于《左传》成书时代及作者问题，两千多年来历代学者多所关注，议论迭出，由此积累了一大批理据或多或少、或是或否的观点，主要有"春秋说"、"战国说"、"秦汉说"以及"代有增益说"四大类。清嘉庆十年(1805)刘逢禄《左氏春秋考证》的问世，标志着"刘歆伪作说"的正式兴起。陈槃在该书中断定"刘歆分裂《国语》以成《左传》，殆无可疑者"。他将《左传》的五十凡例加以归纳分析，发现凡例并不能包容《左传》可分为23类的200多条义例，于是又对义例逐一加以考证，认为其十之八九为歆党所牵附，来源大多抄自《公羊》，次抄《穀梁》《曲礼》《国语》《说苑》《洪范五行》等文献。至于若干义例有在歆前，亦有在歆后者，不能据此谓《左氏》传《春秋》之证。其说承刘逢禄以下公羊学家之余绪而稍加发挥。考证精详，从而使"刘歆伪作说"更趋细致，为后人研究《左传》留下了详尽的可资参考的文字。此书还对"孔子立意起例、褒贬予夺之说"，发疑正讹，指出"春秋笔法"其实多为鲁国旧史常用之辞，无关笔削微言。版本主要有：上海商务印书馆1947年铅印本；台湾"中央研究院"历史语言研究所1993年重订再版(上、下册)；上海古籍出版社1999年出版，2009年影印。

《白话左传读本》

杨德恩编译。《左传》是记录春秋时期社会状况的重要典籍。此书取材范围包括王室档案、鲁史策书、诸侯国史等。记事基本以《春秋》鲁十二公为次序，内容包括诸侯国之间的聘问、会盟、征伐、婚丧、篡弑等，对后世史学、文学都有重要影响。主要记录了周王室的衰微，诸侯争霸的历史，对各类礼仪规范、典章制度、社会风俗、民族关系、道德观念、天文地理、历法时令、古代文献、神话传说、歌谣言语等均有记述和评论。上海广益书局 1947 年出版，共 2 册。

1955 年

《左传故事选》

施瑛选译。此书选译了《左传》中的战争和人物故事 12 篇，有的故事分散在几年的传文中，为了保持故事的完整性，就分别辑出，组织为一篇。书前有前言和《春秋列国简图》。前言简要介绍了《左传》的作者、体例、发展过程、主要内容、艺术特征以及该书的编写原则与目的。此书所选篇章注重思想性和艺术性的统一，为大众喜闻乐见，解释、说明、翻译的文字浅显易懂，具有口语化和规范化特点，有利于读者获得春秋时期的历史知识，也有利于帮助读者初步欣赏《左传》。主要版本有：上海文化出版社 1955 年初版，1956 年再版；上海古籍出版社 1961 年出时，改名为《左传故事选译》，之后多次重印，如 1964 年、1978 年、1997 年等。

1956 年

《左传选》

朱东润选注。《左传》是一部伟大的历史作品，同时又极富文学价值，堪称中华文化的瑰宝。朱东润先生是前辈文史大家，为了使更多读者通过《左传选》了解灿烂的春秋历史并获得古典文学的熏陶，朱先生以春秋大国争霸为基本线索，兼顾文学价值，对《左传选》原文进行精选详注。《左传选》分为 13 个专题，每个专题统领若干小节，将原著、注释、讲评有机结合，并冠以阐发《左传选》多重意蕴的长篇导言，不愧是文约义丰的大家手笔。2007 年出版时，出版社特邀请学者在尊重朱先生注释的前提下对《左传选》原文进行了白话语译，使《左传选》更适合现代读者的阅读习惯。主要版本有：上海古典文学出版社 1956 年版；北京中华书局 1962 年版；上海古籍出版社 2007 年版。

1958 年

《两汉经学今古文平议》

钱穆著。此书从目次以下，包括及《刘向歆父子年谱》《两汉博士家法考》《孔子与春秋》《周官著作诗代考》四篇文章。《刘向歆父子年谱》以古史为据编订年谱，意在驳康有为《新学伪经考》所谓刘歆伪古文经之论。《两汉博士家法考》叙述博士源流，分别“王官学”与“百家言”，以博士为“百家言”之后生，进为两汉王官学之守职，从百家杂陈到汉武帝立“五经博士”，又归于尊经之王官学，辨明博士与尊儒家实非一事，而今古文之争亦属画饼。《孔子与春秋》进一步阐发春秋于孔子学术上之地位，及其在后世之流变，为读者了解《公羊》《穀梁》《左氏》三传在历史上地位变化的实情及清末所谓汉代今古文之争的内幕提供了独到的见解。《周官著作诗代考》是驳《周官》一书为周公所作或刘歆等伪作，而视之为战国末年有智识者综古今制度而作。总而言之，此四篇文章与自序所称厘定所谓今古文之争的真相颇合，实为钱氏考据而成之辨明古史、阐发其学术指向的有力文字。版本主要有：香港新亚研究所 1958 年版；《钱宾四先生全集》本，台湾联经出版事业公司 1998 年版；商务印书馆 2005 年版；九州出版社 2011 年版。

《左传选读》

台湾开明书店选注。全书所选《左传》历史故事共 21 篇，依次为：郑伯克段于鄢、石碏谏宠州吁、郑庄公戒饬守臣、臧哀伯谏纳郜鼎、季梁谏追楚师、齐鲁长勺之战、齐桓公伐楚盟屈完、宫之奇谏假道、秦晋韩之战、晋公子重耳之亡、晋楚城濮之战、秦晋崤之战、王孙满对楚子、晋楚邲之战、齐晋鞍之战、吕相绝秦、晋楚鄢陵之战、季札观周乐、子产坏晋馆垣、楚灵王干溪之战、子产论政宽猛。每篇先列《左传》原文，文中标明注释序号，注释集中在原文后。主要版本有：台湾开明书店 1958 年版，1975 年再版；台湾学海出版社 1978 年版。

1961 年

《春秋吉礼考辨》

周何著。此书考察《春秋》经、传有关吉礼的文献，以三传之解经说礼，决今古文家之悬疑，匡郑玄义理之疏失，务求照辨古礼，定业断疑。本书体例以礼为纲，以事为目，分节叙列，按题讨论。吉礼以祭为主，祭礼之中，先天神、后人鬼，故分章先郊、望、雩，后时享，此之谓以礼为纲。每章之下，各分两节：首节前论，凡事属礼制原委，非春秋经传所能范围，而必先待考辨者，特辟前论以明之，即于有关礼事，先下部分结论，避免正文部分枝节繁衍；第二节则为春秋经传吉礼本题之考辨。凡此二节之内，各依事类，分别先后，序分细目详予讨论，此之谓以事为目也。全书共七章：第一章，总论；第二章，郊礼；第三章，望礼；第四章，雩礼；第五章，谛礼；第六章，时享礼；第七章，结论。书中所得结论计 300 余条，并选取重要的百条，条分缕列，总成三类：（一）立春秋吉礼之确论，得 60 条；（二）决今古文家之悬疑，得 28 条；（三）匡郑玄议礼之疏失，得 12 条。盖取其足数，其余各条分布于各篇节中。此书为台湾《嘉新水泥公司文化基金会丛书》第 101 种，1961 年出版。

《左传故事选译》

中华书局上海编辑所编，1961 年出版。此书选译了《左传》中关于战争和人物的故事 12 篇：郑庄公兄弟相争、曹刿论战、卫懿公好鹤、晋重耳出奔、城濮之战、晋秦争霸、筑城者之歌、晋灵公和赵盾、鄢陵之战、子产相郑国、吴阖闾入郢和越勾践灭吴。有些故事分散于好几年的传文中，为了使故事比较完整，编者分别选辑，组织而成。每篇故事包括原文、说明、语译和注解，可以使读者获得一些有关春秋时期的历史知识，同时帮助读者初步欣赏《左传》。

1963 年

《国学略说》

章炳麟著。章炳麟，字枚叔，号太炎，浙江余杭人，清末民初民主革命家、思想家、中国近代著名朴学大师。章氏研究范围涉及小学、历史、哲学、政治等，著述甚丰。《国学略说》是根据章太炎先生于 1935 年 9 月在章氏国学讲习会上的讲学记录整理而成的，是章太炎先生晚年总结其一生研治国学的治学心得的结晶，内容系统全面，分析力透纸背，行文古雅畅达，引证宏富详博，集章氏毕生国学功力于此书，不仅是国学入门的最佳导引之书，也是了解和研究章氏国学思想演进的极好的参考。版本主要有：香港环球文化服务社 1963 年版；上海文艺出版社 2001 年版。

《左传分国集注》

韩席筹撰。此书共 12 卷，105 篇，以清代马骕《左传事纬》、吴闿生《左传微》为底本，稍加变易，分别系事于周和十二国；书前有序与略例。书中分国纪事，以周为首，表示尊王之意，以下依次为鲁、齐、晋、宋、郑、卫、陈、蔡、楚、秦、吴、越。小国之事不能独立成篇的则附于强邻或兼并国。凡两国同等之事，则放在霸主之国内；若两国同为霸主，则放入中原之国内；若两国都非霸主，则放入姬姓国内。篇内有分注，凡是马、吴之注皆予以标明。篇末附有作者论述，所论采集众家之说，间或加入个人见解。此书重视地理沿革，凡地名皆详注，且附当今名称。全书叙事连贯，条理分明，便于阅读。韩席筹坚持《左传》是史书，因成稿在 1940 年，且思想和方法都较为陈旧，招来很多批评，如谢祚《整理古籍不应宣扬封建思想——评左传分国集注》就是其一。版本主要有：江苏人民出版社 1963 年版，共 2 册；台湾华世出版社 1975 年版；《民国时期经学丛书》本，林庆彰主编，台湾文听阁图书有限公司 2008 年版。

《左传选》

徐中舒选注。此书是为全国高等院校历史学科编的教材，以纪事本末体为主，编年史为辅，注释简单，体例简明，并重申《左传》是我国最早的一部长于修辞的史学著作的观点。版本主要有：北京中华书局1963年版，1979年、1985年、2009年多次再版。

1964年

《春秋辨例》

戴君仁著。此书讨论《春秋》之经学地位、《春秋》之义例、《公羊传》与《穀梁传》时月日例以及三传名氏称谓例，以为无关褒贬；《公》《穀》言之最详，故攻之亦最甚；驳斥汉代经师好言义例，不知“史既有阙文，则例自无从起”。总之，《春秋》大义在道名分、明是非，善善恶恶、尊王攘夷、礼义之大宗数端而已。此书1964年由台湾中华丛书编纂委员会出版，1978年再版。

《春秋异文考》

陈新雄著。《春秋异文考》为陈新雄硕士学位论文，程发轫教授指导。此文写作缘于春秋经传传习久远，经古文相异，篆刻讹变，授受相别，从而造成异文众多，《左氏》《公羊》《穀梁》三传相符相错现象复杂。针对上述问题，陈新雄写作此文进行辨伪研究。此文内容包括序言、春秋异文考、春秋异文表等部分。《春秋异文考》部分按鲁十二公顺序进行考论，于声韵之通转、字形之讹误、传写之衍夺、地理之沿革、历算之是非，莫不逐字考订。《春秋异文表》指明了三传文字异同之故。此书为台湾《嘉新水泥公司文化基金会研究论文》第26种，1964年出版。

1966年

《春秋左氏传杜注释例》

叶政欣著。此文发明杜元凯《春秋》经传之学，贾逵、杜预二家，既执汉晋《春秋左氏》学之牛耳，则叶先生申明贾、杜二家之学，阐发《春秋》经传之义，可谓能见其大，有功于斯学。此文为台湾《嘉新水泥公司文化基金会研究论文》第61种，1966年出版。

1969 年

《左传虚字集释》

左松超著，台湾"商务印书馆"1969 年出版。此书勾勒了《助字辨略》《经传释词》《词诠古书》《虚字集释》诸书有关虚字之训释与例句，排比参校，纂为一编，颇便研读《左传》之查考。

《左传文艺新论》

高葆光著，侧重申说《左传》为文之法度，研讨其文章技术及价值，发扬高步瀛及桐城派论文之余绪。全书分为总论与文艺详论：总论分解经、作者、时代背景、文艺特点：文艺详论除选录经传原文，稍加注释外，特辟"文艺评论"一栏，以赏析《左传》文章之优美。此书由台湾东海大学出版社 1969 年出版，1974 年、1983 年再版。

1971 年

《春秋左传今注今译》

李宗侗注译，叶庆炳校订。此书是《古籍今注今译》丛书之一种。《古籍今注今译》为台湾"商务印书馆"与台湾文化总会、台湾编译馆合作出版，为中华文化之精髓，注译者皆为地位尊崇之国学大师。春秋因鲁史而修者也，所记共 7 条，《左氏春秋》是集合各国的史书而成，此种议论实由唐朝赵匡发其端，记有 13 条，这些皆能证二书之不同。《春秋》与《左氏春秋》皆开始自鲁隐公，而所书纪年只以晋国事而论，晋事常举三军或六军帅佐的姓名，必是抄自宋晋各国史官所记载之言。至汉刘歆必须将《左氏春秋》改为《春秋左氏传》，而博士弟子必说"左氏不传春秋"，以示抵制。至西晋杜预更"分经之年，与传之年相附"(杜预《春秋左传集解序》)，遂成现行的体系。本书以《隋书·经籍志·春秋左氏解谊》及《春秋左传经传集解》作为蓝本进行注译，分为上、中、下三册，原文分经、传，并与译文、注释在一页之中一一对应，方便读者阅读。版本主要有：台湾"商务印书馆"1971 年版，1982 年、1984 年、1987 年、1993 年、1995 年、2000 年、

2002年、2009年再版，共3册；新世界出版社2012年版(台湾"商务印书馆"授权出版)。

1972年

《高本汉左传注释》

陈舜政译。该书译序称高本汉释礼，不主一家，《左传注释》最大成就在训诂方面，尤其在古代语音估定及假借学说方面。陈先生译注，对于学界了解欧洲汉学，尤其是《左传》学，极有帮助。台湾编译馆中华丛书编审委员会1972年初版，1979年再版。

《穀梁范注发微》

王熙元撰。此书对于《穀梁》范注之依据与训诂，多所考证；尤其范注对《穀梁》义例之阐明，传义之驳议，经传之疏失，皆归纳条例，多方探论，堪称《穀梁传》及范注之功臣。此书为台湾《嘉新水泥公司文化基金会研究论文》第270种，1972年出版。

1974年

《左氏春秋伪传辨》

王树枬著。此书有8卷，为著者手稿，行草本。字迹潦草，又多删改，阅读困难。《春秋左氏传》与孔子所删《春秋》原是两本书，且分别单行很久。左氏所沿用的是鲁《春秋》旧本，而后代儒生多以《春秋》夹杂刘歆伪撰之书，导致不合之处较多。杜预《释例》也多有指出。鉴于此，王树枬据刘歆本分别进行条陈。凡伪窜入的，均做删改。对于一些误诬杜书的伪作，也予以辨明。此书1974年由台湾文海出版社出版。

1976年

《春秋要领》(附左传地名图本)

程发轫著。此书通论《春秋》及三传，而述《左传》最为详备。论

《春秋》以阐明经文之褒贬大义及春秋之时势为主。于三传，以较论成书先后及短长为主。有关《左传》之源流、经传之条例、叙事之详尽、善于礼、长于诗、好为预言、天灾人祸、经传比事等，皆有考征。版本主要有：台湾兰台书局有限公司1976年初版，1981年再版；台湾三民书局1984年版。

1979年

《两汉思想史》

徐复观著。此书卷3《原史——由宗教通向人文的史学的成立》一文，阐述孔子修《春秋》及《春秋左氏传》的若干纠葛、左氏以史传经的意义与成就、从史学观点评估《左氏传》、左氏晚年作《国语》诸论题。此书由台湾学生书局1979年出版。

1980年

《国语左传论集》

张以仁著。此书较论《左传》《国语》之异同，以为《左传》、《国语》二书文法语汇歧异，断非一人所作，亦非一书之划分。作者认为，运用两种语文撰作两本题材类似而文法语汇绝异之巨著易，而以同一作者、同一语文，而编纂两本题材类似，但文法、语汇悬殊之伟构，则十分困难。此书由台湾东升出版事业有限公司1980年出版。

《司马迁撰写史记采用左传的研究》

顾立三著。此书书前有前言，正文包括七个部分，依次为：义理的取舍与文词的减省、史事的减省、关联及战争史事的减省、个别国家史事的减省、史事及文词的增加、史事及文词的改写、结论。此书由台湾正中书局1980年出版。

1981年

《左传译文》

沈玉成译。本书与杨伯峻先生的《春秋左传注》相辅相成，采用直译的方法，适当参以意译，文字力求信、达、雅，可与《春秋左传注》配合阅读。本书译文和注释相辅相成，读者在阅读注文以外再参考译文，对理解原文可以增加一些方便。在词义和语法上力求和原文对应，对于了解古代文学，提高对古言文的鉴赏能力，都大有裨益。版本主要有：北京中华书局1981年版，2005年重印；台湾明文书局股份有限公司1982年版；人民文学出版社1989年版；台湾洪叶文化事业公司1995年版。

《贾逵之春秋左传学及其对杜预注之影响》

程南洲著。本书旨在探讨贾逵之《春秋左传》学，除提出其论见与解释外，亦强调贾逵训示经传之方法凡二十。同时，又探讨贾逵学说之影响，以为除与服虔同调外，杜预《春秋经传集解》采贾说者竟多达119条，足见其影响与价值。此书由台湾文津出版社1981年出版。

《左传选译注》

王守谦译注。本书从《左传》中选出50篇代表性篇章，进行注释、翻译和评价、说明，其内容参考和吸收了历代《左传》研究者的著述和成果，尤其是当代《左传》研究的见解。注释详尽、准确，翻译通俗、易懂，评价、说明简明概括。此书体例为：所选每个篇章都自拟标题并标明"某公某年"，先列一两段原文，然后是注释，接着是译文，说明放在全篇最后。版本有：四平师范学院科研处1981年编印本；贵州人民出版社1985年版。

1982年

《左传论评选析新编》

洪顺隆著。此书分上、下册，以文学观点为主，历史思想为辅，分绪论、本论、分论三章，论析《左传》之文学。绪论涉及《左传》之解经、成书时代、作者；本论述传授源流及以历史、思想、文学观点看《左传》；分论为名篇选析，区分八个时代，就《左传》名篇作选析论评。此书由台湾中国文化大学出版部1982年出版。

《左传导读》

张高评著。张高评博士学位论文《左传之文学研究》由三编组成，后分成《左传导读》《左传之文学价值》《左传文章义法撢微》三书出版发行。此三书被誉为“20 世纪下半叶《左传》研究最重要的成果”。《左传导读》总说春秋三传源流及传承，比较三传得失，考论《左传》之作者、时代、解经续经及其经学、史学、子学等问题。虽是旧话重提，但张高评罗列众家学说，扒疏整理，辨明正误，参以己见，阐释了《左传》的作者及其和《国语》的关系，推出《左传》的作者是与孔子同时之左丘明，并由《左传》《国语》二书的主旨异趣、记载乖违、文风迥别、体裁殊类、文法不一、名称不同、历正异数、卜筮存阙、史记据依等方面分析，得出《左传》《国语》不是一人所作，也不是从一书分化出来的。书中还从知人论世的角度，论述《左传》成于春秋末期，其文近庄、列诡谲之风，下开战国纵横之羽，并赞同班彪《史记论》所说：“左丘明盖定哀时人。”张高评认为，治《春秋》，史实要依据《左传》，同时参以《公羊传》《穀梁传》大义，进行比照融通。书中驳“左氏不传春秋”说，先逐条驳论不传说之八论：名称不符、传体不同、经阙传存、经有传无、说乖诸家、缘饰增续、详近略远、史记不叙。同时对此作详细考论，认为此八论不足信，不是公论。然后申明十事，论证左氏传春秋。《左氏传》，“义经体史而用文，而亦周秦两汉诸子学之渊薮与左券”。书中略论了《左传》的学术价值，分为三节，即经学价值、史学价值、子学价值，认为《左传》是百家文字之宗。此书由台湾文史哲出版社 1982 出版，1987 年、1995 年、1996 年重印。

《左传文章义法撢微》

张高评著。全书分为六章，为张高评《左传之文学研究》的第三编。第一章，论命意之特色：载道、微圣、宗经、寝兵、美刺、报应、爱奇、寄慨，此是《左传》全书的旨趣。然后论述《左传》命意的概况：脉注、诡辞、微辞、托辞、讽喻、借事、翻空、深曲、因势、象征、回护。第二章，论谋篇之义例：前驱、履端、中权、关捩、后劲、余波、收煞、论赞，此是《左传》篇什架构的安排。接着，依次论述情境对比之设计、脉络统一之规划。第三章论安章之心法，分为三节：段落位次之调配、主题表达之权宜、一篇警策之建立。第四章论锻句之方术，分为三节：意象浮现之样式、辞章矜丽之法则、气势遒劲之规准。第五章论炼字之妙诀，分为两节：章句明糜关字法、文辞光采由炼择。第六章论神味之表出，分为三节：按节以体气、即器以求道、味气以理神。该书融冶考证、义理、辞章之学，三者一体，相继互用。从中可以看出左丘明所以为古文之宗祖，《左传》所以为文章之冠冕、为桐城义法典范。此书由台湾文史哲出版社 1982 年出版，1999 年再版。

1983 年

《黄侃手批白文十三经》

黄侃校点。黄侃先生是著名的国学大师，与章太炎合称为“章黄学派”，具有极大的影响。黄侃作为“章黄学派”的领军人物，在文字学、音韵学、训诂学领域，其学术堪称博大精深。可惜英年早逝，其重要成果一直未能整体辑集、排印出版，不能为学界所利用。今由黄侃先生哲嗣黄延祖对黄侃著述进行全面整理，比勘手稿，并查阅所引典籍，主持编辑《黄侃文集》。另外，黄侃手批本《白文十三经》《说文解字》《尔雅义疏》《广韵》四种，均套色影印，一并出版。《十三经》白文断句，系黄侃先生手稿。手稿反映出他对于先秦古籍如《周易》《尚书》《毛诗》《三礼》(《周礼》《仪礼》《礼记》)《三传》(《春秋左氏传》《公羊传》《穀梁传》)《尔雅》等书所费功力尤深。他于《易》《书》《诗》咸撰有札记，散见于日记中，惜在抗日战争时失去泰半，《三礼》存《礼学略说》一卷，《尔雅》校语今悉录入《尔雅言训》中。本书底本为商务印书馆 1914 年铅印本。黄先生之批校，于 1926 年至 1930 年进行，1932 年又改正一遍。在此之前，尚有一部初校本，于 1916 年至 1921 年比校，1930 年冬复阅改正。两本断句相同，其他符识稍异，现特附记说明。此书由上海古籍出版社 1983 年出版。

《汉儒贾逵之春秋左氏学》

叶政欣著。叶政欣的博士学位论文为《贾逵春秋左传遗说研究》，后经增订，成《汉儒贾逵之春秋左氏学》一书。此书辨证《春秋》义例、

《左传》义例、《左传》文旨、名物训诂、古史礼制等，或辑贾注之佚文，或申贾注之意蕴，或辨贾注之得失，或论诸家之是非，或析贾注之条例，考证精确，分析详明。此书由台湾兴业图书公司1983年出版。

《春秋宋学发微》

宋鼎宗著。此书概述两宋春秋名家33人，考察宋儒之尊王说、攘夷说、寓作于述，并述其贡献，说其影响，而以较论汉宋《春秋》学之异同作结。此书由台湾文史哲出版社1983年出版。

《〈左传〉与〈国语〉之比较研究》

顾立三著。此书以比较的方法考证《左传》与《国语》两书之间的关系，肯定两书非一人所著。作者认为，两书所记之事，同以春秋时代为中心，更有不少同记一事的，但取材多少不同，表达繁简有异，且因两书著者著书目的有别，遂成近似而不相同的著作。作者通过进一步比较，探求了两书为何不同，以推求著者之用意。本书正文分为上、下两篇，上篇为《左传》与《国语》撰写取材之比较，下篇为《左传》与《国语》对于历史事件记载之分析。此书由台湾文史哲出版社1983年出版。

1984 年

《左海钩沉》

刘正浩著。本书为作者选辑历年发表之学术论文10篇，重新修订，并依其内容分类编纂而成。作者以其长期从事《左传》研习与教学之经验，于前五篇讨论《春秋》《左传》二经之缘起、性质、特色及关系，以明其体；于后五篇则推阐二经之大义，以达其用。此书疏证《左氏传》，揭橥《春秋》特质，阐释董生《春秋》，导读《春秋左氏传》，均能深入浅出，自抒心得，以供学者之参考。此书由台湾东大图书公司1984年出版，1997年再版。

《〈左传〉〈战国策〉故事选读》

韩兆琦、吕伯涛选编。《左传》《战国策》是记录春秋、战国时代历史的重要典籍。《左传》是一部编年体史书，长于描写战争，善于刻画人物，重视记录人物辞令。《战国策》是一部国别体史书，主要记述战国时期各国谋臣策士的政治主张和外交策略以及他们的游说之辞，在人物形象刻画、语言辞令运用、寓言故事描述等方面具有鲜明的艺术特色。此书共收辑《左传》和《战国策》中的历史故事22个，书前序中介绍编写目的说："一方面是为了帮助小读者增长历史知识，增长智慧，同时在思想上也能受到一些教益；另一方面是想通过这本小书能引起小读者进一步学习我国古代历史和古代文学的兴趣，进一步接触并了解一些我国古代的优秀散文。"本书的体例是，"先讲历史故事，而后是有关这段故事的原文，最后是有关这段原文的难词难句的注释"。译文通俗、生动、活泼，注释浅显、详尽，适宜作中小学的文言文课外读物。此书由四川少年儿童出版社1984年初版，1987年修订再版。

1985年

《左传选》(注译本)

林新樵编。此书书前有前言，正文所选篇章共48篇，每篇自拟标题，并标明某公某年。所选篇目皆为春秋时期的重大历史事件，从中可以看出春秋时的社会状况以及列国争霸与春秋五霸的概况，认识《左传》的思想内容与艺术特色。每篇选文包括注释、译文、说明几个部分。注释以杜预和林尧叟注本为主，兼采诸家之说，如洪亮吉《春秋左传诂》、刘文淇《春秋左传旧注疏证》、杨伯峻《春秋左传注》、王伯祥《春秋左传读本》等，力求翔实易懂；译文采用直译法，尽可能表达原文之意，不计较文字的质直；说明重在指明篇章的重点和旨意及写作特点，不追求全面分析，只择一两个特点简要阐述。此书由福建教育出版社1985年出版。

《春秋左传词典》

杨伯峻、徐提编。本词典以杨伯峻《春秋左传注》为依据，论"词"不论"字"，间或收词组。正文释词排列按首字的笔画顺序，相同笔画的，按所属部首先后顺序。笔画与部首主要依据《康熙字典》，有的字排成新字形，但笔画计算仍按旧字形。人名、地名标注出现次数，但仅注某国人或臣、当今某地或当时某国地，非必要，不举例句。一人多名的，词头相同者并为一条，按第二、三字笔画列先后；词头不同的，另出，但互注参“某某”。同字异人、异地的，分别各立词条。一字多歧义的，分别列出，解释多自出心裁。句例仅举一条；有不止一条的，或其用法有异，或其义罕见，以示并非孤证。每词例句均注明某公经、传某年某章，页码用括号标明。词典正文前有笔画索引，后附四角号码索引。本词典与《春秋左传注》相辅相成，对了解《春秋左传》中的人名、地名以及事物等帮助很大。此书由北京中华书局 1985 年出版，1988 年再版。

《清末的公羊思想》

孙春在著。清末的公羊思想指的是清朝末年以春秋公羊学各义例为核心所形成的思想体系。本书中“清末”的时间断限为 1884 年至 1902 年。全书共六章：第一章为前言，交代研究公羊思想的原因及研究的方法；第二章为两汉至清中叶的公羊思想，分析了西汉至清中叶公羊学的重点内容、公羊家代表及公羊学性质和对清末的影响；第三、四、五章分别介绍清末公羊思想的准备期(1884—1894)、兴盛期(1895—1898)、完备及蜕变期(1899—1902)，阐释了各分期上下限的采择与时代背景的关系，分期内代表性的阶段和代表思想家及其特点，总结了本期公羊思想的特征；第六章为全书的总结，概括了清末公羊思想的历史及定位。此书由台湾“商务印书馆”1985 年出版。

1986 年

《左传杂考》

周次吉著。此书分为绪论、正文、余论三部分。正文共四章：第一章阐释题材之衍变；第二章阐释礼俗蠡测，分为观社考、牺牲与祈祷、占卜与禁忌、门神与道神考(附御魅考)四节；第三章阐释神话溯源，分为太阳神话、自然神话、梦之神话三节；第四章阐释宗教观。此书由台湾文津出版社 1986 年出版。

1987 年

《左传思想探微》

张端穗著。此书收录论文 5 篇，从思想角度分别讨论《左传》对超自然、人性、人殉、礼与刑、君臣关系、春秋时期战争之看法，并评价其意义。此书由台湾学海出版社 1987 年出版。

1988 年

《左传菁华》

王淑均著。本书为《古籍菁华丛书》之一种，选取了《左传》中有代表性的史事，加以注释和简析。书前有序文《编年史的鼻祖古散文的典范》，书末附有成语出处索引。正文分为霸主、战争、会盟、令德、嘉言、明智、篡弑、无道八个部分，内容编排集中、明确，使读者可以通过比较与思考，对相关主题有一个较为明晰的认识，从而对《左传》全书的特点和精粹能了然于胸，适合中学生及文史爱好者阅读。本书在注释上力求详尽，语言通俗易懂。在简析中时有新意，常能给人以启发。此书由上海教育出版社 1988 年出版，2001 年再版。

1989 年

《左传与传统小说论集》

王靖宇著。书中《从〈左传〉看中国古代叙事作品》《论〈左传〉的修辞手法》二文，探讨了历史与小说之交集与异同。作者主要从西方叙事学角度探讨中国叙事文，探讨左传叙事之历史与虚构之关系，王先生之《左传》研究，提供学界新视野，可以启发若干新思维。此书由北京大学出版社 1989 年出版。

《春秋时期军事思想初探》

贾若瑜著。本书主要研究春秋时期 10 个战例，参阅几十本有关

《春秋左传》军事方面的著作的读书札记汇编而成。全书包括正文和附录(附图、年表、战例原文)两个部分。年表从公元前770年起至前468年止，稍长于《春秋左传》的纪年。正文部分重点阐述了春秋时期战争的分类和性质、春秋时期战争的主要特点，并对春秋时期有代表性的10个战例进行了剖析，在此基础上探讨了春秋时期军事学术的发展情况。作者本着古为今用的目的，希望其著对今天研究《孙子》《司马法》和春秋时期军事思想提供一点参考意见，并希望能为继承祖国优秀军事遗产、发展具有中国特色的军事理论起抛砖引玉的作用。此书由国防大学出版社1989年出版。

《杜预及其春秋左氏学》

叶政欣著。此书发明杜元凯《春秋》经传之学。贾逵、杜预二家，既执汉晋《春秋左氏》学之牛耳，则叶先生申明贾、杜二家之学，阐发《春秋》经传之义，可谓能见其大，有功于斯学。此书由台湾文津出版社1989年出版。

《左传外交辞令赏析》

林银生编著。此书精选《左传》中的辞令46篇，按其产生的场合和辞令内容，分为戎事、出使、盟会、邦交、对问、谏诤、论理等七个部分，其中前五个部分为外交辞令，后两个部分为谏诤辞令。每部分所列篇目不等。所列篇目依据其出处，按《左传》鲁十二公的次序编排。每篇辞令下列有注释、译文、赏析。注释简明扼要，通俗易懂。对历来有歧义的词句，一般参照传统说法。倘若新解极是，亦不弃。注释句子时，先讲句意，再释句中字词。对句子的言外之意或应作进一步说明的地方，用按语的形式指出。注音采用现代汉语拼音，多音字只注明在本句的读音。译文采用直译与意译相结合的方式，做到既忠于原文，又畅达文意。赏析时一般先简要交代事件的背景，接着从该篇辞令的特色、论辩的门径、措辞的技巧、夺人的手法等方面进行分析。根据各篇辞令思想内容和表现手法不同，赏析时有所侧重。此书赏析《左传》专取“辞令”，抓住了《左传》的文章特点，并能紧扣历史时代的语言艺术，揭示时代语言特色。此书由广西人民出版社1989年出版。

1990年

《汉代春秋学研究》

马勇著。本书内容包括：汉代《春秋》学前史、《公羊》学走上独尊的艰难历程、《穀梁》学是《公羊》学到《左氏》学的过渡、东汉《春秋》学略论等。作者在讨论两汉《春秋公羊》学时，首先是董仲舒的学说，但又不限于董仲舒的学说。作者把董仲舒视作《春秋公羊》学体系的建构者，着重分析他的思想背景及其智慧资源，以为《春秋繁露》凸显了《春秋公羊》学的思想体系乃至整个经今文学架构的学术特色，因而给予它以更大的重视，相较之下对《春秋公羊传》则置于后列。显然，作者这样讨论汉代的《春秋》学，意在从历史实际出发。因为在汉武帝之后相当长的一段岁月里，西汉帝国用以缘饰政治的经术，既不是孔子开创的儒学的思想原本，更不是《春秋公羊传》的思想内容，而是由董仲舒所建构而生发出来的。此书的讨论，既不同于清以来学者把《公羊传》当作《春秋公羊学》正典的成见，也不同于康有为把董仲舒的学说当作"因《公羊》而通《春秋》"的入门向导的异论。书中不仅对经今古文学的争论有新的解说，而且力图超越传统的经今古文学的争论，而从文化史的角度重新认识两汉的全部《春秋》学。本书着眼于文化的演化及其根基变异的角度，基本抛弃今古文经学的门户之见，坚持从历史说明历史，因而对两汉经今古文学的争论特别是《春秋》学的争论，不仅为读者提供了一种全新的学术视野，而且对其争论实质及其文化内涵的阐释也更加接近于历史真相，从而使中国经学史的研究获得了突破性的进展。此书由四川人民出版社1990年出版，1992年再版。

《春秋史论集》

张以仁著。全书约30万言，收录作者近年所撰有关春秋史及史料研究论文9篇，附录1篇。其要目为：(一)孔子与《春秋》的关系；(二)从司马迁的意见看左丘明与《国语》的关系；(三)从《国语》与《左传》本质上的差异试论后人对《国语》的批评；(四)从郤亡于叔妘说到密须与鄢之亡亦与女祸有关；(五)郑国灭郐资料的检讨；(六)

邓曼亡邓之说的检讨；（七）晋文公年寿问题的再检讨（附：晋文公年寿辨误）；（八）春秋郑人入滑的有关问题；（九）郑桓公非厉王之子说述辨。各篇文首均有提要，介绍讨论重点，以便读者省览。全书以《文选》之学为基础，尤重斠勘训诂，细密探讨史料与史事上诸问题，颇能对旧资料展开再认识，于前人之说，有所修正。此书由台湾联经出版公司1990年出版。

《左传全译》

王守谦、金秀珍、王凤春译注。全书依《左传》鲁十二公的顺序按年编排。内容参考和借鉴了历代《左传》研究者的著述，尤其是当代《左传》研究者如杨伯峻、游国恩、朱东润、阎简弼、施瑛等的见解。在翻译方面吸收了沈玉成《左传译文》的成果。体例按原文、注释、译文次序编写。此书由贵州人民出版社1990年出版，收入《中国历代名著全译丛书》。

《春秋人谱》

程发轫著。《春秋人谱》共三卷：卷一为各国世族表，将各国王公氏族名臣列女，计2 767人，姓名系统，大致具备；卷二为春秋名号归一图补正；卷三为春秋人名分析表。前者用归纳法，将一人之名号，有四、五称，或六、七称的，归纳为一年，以期名实相符。后者用分析法，将姓名相同之名称，或因地而异人，或因时而异人，或时同地同名同，而人仍有异的，一一标明。如孔子门徒，有两个子（有若与冉有，左传称“有”亦称“有子”）；齐庄公之臣，有两个贾举；若不分析比较，则不得其真。所以，实事求是、知人论世为《春秋人谱》之要义。全书表列各国王公氏族、名臣烈女2 785人之姓名系统，补正《春秋名号归一图》，分析春秋人名，颇便考征。台湾“商务印书馆”1990年初版，1995年再版。

1991年

《从左传论春秋时代之政治伦理》

李新霖著。本书撷取《左传》，研究春秋时代之政治伦理。春秋时代，去古未远，周礼虽微，但仍系政治社会之主要凭借。所以探原孔子思想所从出，了解春秋时代政治思想之承继与发展，莫过于《左传》。此书分别从天下、诸侯之国、大夫之家三个层面，探讨其间之政治伦理，剖析详尽，论理畅达。作者为能把握春秋时人之政治思想，特以《左传》中之史实叙事及时贤评论为主，解经语及凡例则为辅助说明。所举例证，大体以类相从，而以时代先后为序。纪年仍以鲁公为准。第一章为宗法封建制度下之政权结构，第二章为天子与王臣间之伦理关系，第三章为诸侯礼敬臣下之道，第四章为公臣事诸侯之常道，第五章为公臣事诸侯权变之宜，第六章为卿大夫家之政治伦理，最后为结论。此书由台湾文津出版社1991年出版，收入《文史哲大系》。

《左传称诗研究》

张素卿著。本书研究的对象是《左传》中的“赋诗”以及“引诗”等部分。所谓“诗”，指“诗三百”的诗，包括若干不见于今传《毛诗》的“逸诗”在内。本节以“称诗”为题，用以统括“赋诗”“引诗”等用诗的方式。他们虽然运用方式不同，但举述古诗，借以寓托己意，发抒情志，达到修饰辞令、丰富言语义涵、增强立论基础的用意却无二致。研究《左传》称诗，就是要观察其运用诗的特色与意义。本书第二至四章分三个步骤析论《左传》称诗。第二章回顾前人研究，进而检讨称诗资料的问题；承继传统观点，根据《左传》称诗来考察春秋时代的诗学活动。第三章作《左传》称诗分类研究，讨论称诗的分类及其界定标准，然后分别观察分析。第四章研究《左传》称诗在诗学史上的意义，进一步将称诗纳入诗学脉络，阐释其意义。根据《左传》称诗事例，知诗皆可歌。歌则有声曲，从诗可歌、具备声曲的角度言之，则三百篇之诗都可以谓之“入乐”，这等于勾绘了春秋时代诗的面貌。最后检讨《左传》称诗与鲁、齐、韩、毛四家诗的关系，用以凸显《左传》称诗的独特性，为进一步讨论春秋时代诗学做准备。此书由台湾大学出版委员会1991年出版。

《左氏兵法》

朱宝庆著。本书探讨了《左传》中的兵法思想，分概论、经文、故事三编，主要阐明了左氏兵法的学术观点，分类介绍了左氏兵法的基本内容。故事编可视为左氏兵法的原始例证，也可作为学习左氏兵法的入门读物。此书由陕西人民出版社 1991 年出版。

《春秋左氏经传集解序疏证》

程元敏著。杜序是杜注之纲领。杜学在南北朝时期相当盛行，为杜序疏证者主要有明僧绍、贺道养、刘炫等九家，但他们的原卷久已散佚，只有依据史传、书志与经疏所引，大概按照时间顺序排列。唐有《正义》和阴弘道《春秋左氏传序》一卷。自此以后，到清末与民国，《左传》研究者为杜序疏证的竟然一篇著作都没有。而日本竹添光鸿虽列杜序全文而笺之，但大多是抄袭《正义》，无所深入，甚至有笺不宜当之问题。所以，程元敏著此《疏证》，推崇杜预《集解序》，认为通晓杜注是研读《左传》《春秋》之管钥。序文据唐石经本，搜罗广富，受到读者好评。此书由台湾学生书局 1991 年出版。

1992 年

《左氏兵法浅说》

王志平、吴敏霞编著。本书每篇分原文标点、原文注释、今译及浅说四部分，重点在挖掘兵法内容，展示辩证及谋略思想。此书由海潮出版社 1992 年出版。

1993 年

《左传纪事精选》

胡安顺主编。此书不仅对前人的旧注博观约取，而且吸收了今人的最新研究成果。全书以纪事为体，又略存编年之制。从鲁隐、桓之事，迄勾践灭吴，共分 22 题，《左传》中重大而具代表意义的历史事件，大多已包括在内了。各题排列依历史发展为序；每题之中所选各篇，也依时间先后编次，且力求有首有尾，因果详备。注释涉及职官、姓氏、名物、制度、难词、疑句等，并兼及古汉语语法、虚词之初学难于理解者，详明程度胜于其他几种选本。书中附有内容简介、附录、示意图及简评。每题下所选各篇，前有“内容简介”，简明扼要，有助于理解与把握原文。篇中或篇末，又每每摘引有关文献资料，从不同的侧面、以不同的方式记述同一史实，相互参证，对更全面而深入地理解该事件大有裨益。一些重大的战争或事件，又附以精心绘制的示意图，把一个复杂的过程，直观地展现在读者面前，一目了然。各题后有简评，对本题所记之历史事件及相关的历史人物，评论其得失功过，揭示历史规律，切中肯綮，时见新意。本书专于史学一面，对文学一面罕有涉及。此书由三秦出版社1993年出版。

《文白对照全译左传》(上、下)

张燕瑾主编。《文白对照全译左传》按鲁十二公纪年顺序编排，每一年下分经传原文、传文译文、注释三部分，经文不作翻译。书中翻译，在"信"的基础之上力求"达"与"雅"。此书由国际文化出版公司1993年出版。

《白话左传》

杨伯峻、徐提译。《左传》代表了先秦史学的最高成就，是研究先秦历史和春秋时期历史的重要文献，对后世的史学产生了很大影响，特别是对确立编年体史书的地位起了很大作用。《白话左传》是把《左传》译成白话。作者在翻译中，尽可能地缩小了文言与白话之间的距离。同时，白话中也夹杂一些文言辞句，借此使读者略窥文言白话的近似，比较文言白话的近似，不要视文言为畏途，以此逐渐提高阅读古书的能力。另外，《白话左传》不仅文字语句不同，内容也可能有出入。古代许多东西，在今天变成专家的学问，如天文历法，未必是一般人都能明了。为了使读者比较容易读懂，作者对这部分内容进行了灵活的改写。本书的特色在于：分清文、白的异同，借以提高读者接近文言的兴趣，培养阅读文言文的能力；使白话接近文言辞语，至少不要差距太大。此书由岳麓书社1993年出版。

1994年

《左传句法研究》

管燮初著。此书是《左传》专书语法研究的句法编，分为13个部分，依次为：绪言兼及词类名称简述；句子，包括单句、复合句、小结三节；主要谓语，包括动词谓语、形容词谓语、体词谓语、主谓结构谓语四节；主语，包括施事主语、受事主语、陈述对象主语三节；宾语，包括受事宾语、类别宾语、介系宾语、准宾语四节；兼语，包括名词作兼语、代词作兼语、数词作兼语、量词作兼语、主谓结构作兼语、者字结构作兼语六节；补语，包括动词的补语、形容词的补语、名词的补语三节；修饰语，包括名词的修饰语、代词的修饰语、数词的修饰语、量词的修饰语、者字结构的修饰语、动词的修饰语、助动词的修饰语、次动词结构的修饰语、形容词的修饰语、副词的修饰语、体词谓语的修饰语、主谓结构的修饰语十二节；并列成分，包括两个成分的并列格式、三个以上成分的并列格式两节；连接成分，包括并列连接、偏正连接两节；助词，包括语气助词、结构助词两节；构词法，包括单纯多音词、附加式、复合词、多音专门名词。书末有附表。此书由安徽教育出版社 1994 年出版。

《左传之文韬·左传之武略》

张高评著。《左传之文韬》，分论《左传》之文艺观念，“《左氏》浮夸”、史论之风格与作用、史笔与诗笔、微婉显晦等主题。《左传之武略》，论述《左传》之兵学思想、叙战谋略、《左传》兵法评证，阐述《左传》兵谋与领导统御，论为将之道与禁忌。《春秋》之学有事、有文、有义，以上二书，着力于事文合一之研究，较重《左传》辞章学之探讨，简要论及义理思想。此书由台湾丽文文化事业公司 1994 年出版。

《〈左传〉介词研究》

赵大明著。本书以先秦典籍《左传》为对象，对其中出现的所有介词进行了逐一的考察，全面而详尽地描写了《左传》介词系统的面貌以及每个介词的语义语法功能，对介词跟相关的词类——动词和连词的区分标准也做了重点研究，力求为全面考察上古汉语介词系统及其历史演变，建立科学的介词理论体系奠定基础。书前有序，书末有主要参考文献和后记。全书共 15 章，依次为总论、“于”的语义语法功能、“於”的语义语法功能、“诸”的语义语法功能、“以”的语义语法功能、“及”的语义语法功能、“与”的语义语法功能、“为”的语义语法功能、“自”的语义语法功能、“由”的语义语法功能、“从”的语义语法功能、“因”的语义语法功能、“用”的语义语法功能、“当”“逮”“比”“暨”的语义语法功能、“在”“代”“对”“向”“依”“循”的考察。此书由北京师范大学出版社 1994 年出版，首都师范大学出版社 2007 年再版。

1995 年

《公羊学引论》

蒋庆著。蒋氏认为：“公羊一学，创自尼山，源出麟经，为孔门圣学。春秋以降，七百年间，大儒讲习，群师共奉，至汉乃为显学。”他笃信公羊学，尊孔子为万世圣王，力主孔子作《春秋》、孔子传《春秋》、孔子述《春秋》、孔子记《春秋》。在蒋先生看来，“第一步就是要改变对孔子的看法，即要恢复孔子的本来面目，把孔子看作参通天地人天下归往之王”，唯其如此，才能实现“儒学的现代转化”，“只要今后中国人都排除各自的私见，共尊孔子为王，儒学就会恢复其曾有过的创造历史的力量，开出新外王而建成具有中国特色的政治文化，在两千年后的中国大放异彩”。全书包括：公羊学的性质，重点阐述了公羊学是区别于心性儒学的政治儒学、公羊学是区别于政治化儒学的批判儒学、公羊学是区别于内圣儒学的外王儒学、公羊学是在黑暗时代提供希望的实践儒学；公羊学的创立与传承，论证了公羊学创立于孔子、公羊学的传承等问题；公羊学的基本思想，分为上、中、下三部分，上部分阐述了《春秋》新王说、《春秋》王鲁说、孔子为王说、孔子改制说几个方面，中间部分阐述了天子一爵说、天人感应说、夷夏之辨说、经权说几个方面，下部分阐述了张三世说、大一统说、通三统说、大复仇说几个方面。书中还论述了儒家大一统的政治智慧与中国政治文化的重建、《春秋》孔子为王辩等问题。此书由辽宁教育出版社 1995 年出版。

《春秋三传综合研究》

浦卫忠著。本书试图在前人研究的基础上，对《春秋》三传进行综合研究和比较，提出自己的论点和见解。全书共分四编。第一编是

《春秋左氏传》研究，共分四章：第一章，《左传》的成书及其与《春秋》的关系；第二章，刘歆与《左传》书法、凡例、君子曰；第三章，《左传》书法考辨；第四章，《左传》君子曰的思想。第二编是《春秋公羊传》研究，共分四章：第一章，春秋大一统；第二章，公羊三统说与董仲舒；第三章，三世递进的历史进化论；第四章，夷夏之别与大一统。第三编是《春秋穀梁传》研究，共分三章：第一章，论述《穀梁》的伦理道德观；第二章，《穀梁》所反映的社会和国家政治制度；第三章，《穀梁》的时代精神——民为君本。第四编是《春秋》三传比较研究，共分两章：第一章研究《春秋》三传经文的异文；第二章研究孔子、《春秋》及《春秋》三传。本书最后谈到《公羊》《穀梁》二传的思想差异问题。此书由台湾文津出版社 1995 年出版。

1996 年

《汉英对照 · 左传》

胡志挥英译，陈克炯今译。《左传》描写了大量的战争，记载了许多行为辞令，还有统治阶级内部的明争暗斗。《左传》描写的战争在两千年后的今天仍然惊心动魄，如在眼前；而行文辞令优雅美妙，沁人心脾，宫廷的钩心斗角，则曲折生动。这些是《左传》的精华所在，因此本书较多地选录这三个方面的文字。重大的战争几乎都选入了。当时著名的政治家有晋国的叔向、齐国的晏婴、郑国的妇产、吴国的季札。他们学识渊深，谈吐优雅，风度绰约，所以本书对描写他们言行的文字也选了不少。以前的选本对鲁国的史事有所疏略，本书则稍作增广。考虑到英译的方便，一些过多涉及典章制度的文字没有选入。此书由湖南人民出版社 1996 年出版，共 2 册。

《春秋三传：乱世的青史》

李梦生著。我国古代儒家经典十三经中有三部解释《春秋》的经典，分别为《左传》《公羊传》《穀梁传》。《春秋》相传由孔子依据鲁国史官所编鲁国史《春秋》加以整理、修订而成，是我国最早按年、月、日编写的历史书。三传对《春秋》的解释，各有特点，都是研究先秦文史的重要资料，比较真实地反映了当时的社会现实。本书精选《春秋》三传的有关章节，通过通俗生动的译文和深入浅出的述评，阐发经传的思想，见解新颖，发人深省；又通过排比史实，使人们如读一部浓缩的春秋史。版本主要有：香港中华书局1996年版；上海古籍出版社1997年版。

《洪亮吉左传诂斠正》

郭鹏飞著。此书卷首有单周尧教授序和作者序论，书末有结论。郭鹏飞认为洪亮吉《左传诂》存在问题而加以斠正，共有93条。此书重点是就洪氏训释《左传》部分的16卷进行语义上的探索。先在本论部分为《左传诂》作补正，然后在结论中分析《左传诂》的特点，并讨论其得失。版本主要有：香港商务印书馆1996年版；台湾"商务印书馆"1997年版。

1997年

《清代公羊学》

陈其泰著。《公羊传》成书于西汉时期，是今文经学中富有理论色彩的代表性典籍。至清代中叶以后，以公羊学为中坚的今文经学复兴，对晚清的学术发展和社会进程产生了巨大影响。《清代公羊学》主要对公羊学在清代的再度复兴、发展进行了论述，分别对代表性人物庄存与、刘逢禄、龚自珍、魏源、廖平、康有为等人的思想学说进行了分析与阐述，并探讨了公羊学与晚清新学的关系。该书对百年间公羊学演进的主要特点作出总结与分析，理清了公羊学于晚清及近代的政治和学术意义，是该领域最具价值的研究成果。此书是第一次系统探讨儒家春秋公羊学说独特价值的专著，以翔实的史料、深刻的分析，再现了清代公羊学揭起复兴序幕——张大旗帜——改造发展——达于极盛之波澜迭起的历程。书中对于公羊学的经学特色和哲学意蕴，以及庄存与、刘逢禄、龚自珍、魏源、廖平、康有为等几代公羊学名家的成就，均有精到的剖析，是近年来清代学术史领域中一部具有开拓意义的研究成果。此书由东方出版社 1997 年出版。

《春秋公羊传译注》

王维堤、唐书文译注。《公羊传》以阐述《春秋》的义理为主，兼研讨《春秋》的文理和史实。《公羊传》是《春秋》三传中最早得到承认的一部经传，一直受到后人的重视和研究。本书经传以《十三经注疏》为底本，经文凡三传有异同处出校，传文则参考阮元《校勘记》，注释采用何林、孔广森二家之说较多。每章冠以题解，介绍历史背景、文义中心和人物关系，注释精当，间加考辨，颇见功力，译文通顺易懂。此书由上海古籍出版社 1997 年出版。

1998 年

《左传译注》

李梦生著。本书是《新注今译中国古典名著》之一种。本书依照原书分为《隐公》《桓公》《庄公》《闵公》《文公》《襄公》《昭公》等 30 卷，每篇包括题解、原文、注释、译文四个部分。这次注释，采用《四部丛刊》影印的宋刻杜预注《春秋经传集解》为底本，参校了 1936 年世界书局据清武英殿本影印的《春秋三传》。注释主要对人名、地名及个别难词加以诠解。译注时，参考了前人的不少注本，特别是杨伯峻《春秋左传注》一书。版本主要有：上海古籍出版社 1998 年初版，2004 年、2010 年再版；南京凤凰出版社 2008 年版。

《左传考校》

王叔岷著。此书“考校底本，据清嘉庆二十年江西南昌府学开雕之重刊宋本左传注疏”，并参考阮元《校勘记》、王引之《经义述闻》、俞樾《群经平议》、竹添光鸿《左传会笺》、台湾世界书局缩印景刊唐石经、巴黎国家图书馆所藏敦煌本残卷之众说，或补充旧说，或订正旧说，而以创见为主，很多前贤未道及之处，考证中也有举证。作者发现：《说文》引经传异文，许慎大多改从《说文》；其后徐锴《系传》及其他经传注疏亦多改从成风。版本主要有：台湾“中央研究院”文哲研究所筹备处 1998 年版，2001 年再版；北京中华书局 2007 年版，由台湾“中央研究院”文哲研究所授权出版。

《左传名词研究》

张文国著。此书以《左传》中使用的名词作为研究对象，运用意义与语法功能相结合的方法，联系先秦汉语的句式，将《左传》名词分为专有名词、有生名词、物质名词、抽象名词四类，对《左传》里的名词做了穷尽性的研究，进行了详细的统计分析，就名词的分类、名词的语法功能、名动两用现象、名词的省略等问题进行了有益的探讨，描写了它们各自的语法特点。书中采用词汇和语用的比较方法，分析了《左传》隐、桓、庄、闵等前八公和襄、昭、定、哀后四公在一些词语用法上的差异，进一步论定了《左传》不是出自一人之手的说法。作者把《左传》的名词放在整个词类和句法层面的大背景下进行观察，同时注意古今的比较，条理明晰，立论有据，陈意精审，多有创获，可成一家之言。此书由中国社会科学出版社 1998 年出版。

《刘师培春秋左氏传答问研究》

朱冠华著。朱冠华在书中对刘师培《春秋左氏传答问》中 38 条问答“遍考贾、服旧注、杜注孔疏以至唐宋以来诸家之论，排比诠次”之后，得出结论说：综观刘氏于《春秋左氏传》之研究，特点有三：第一，强调圣人笔削行权，以为《春秋》有微显阐幽、拨乱反正、赏罚进退当世诸侯、为君亲者讳诸义；第二，信守旧礼，申明当中所隐含之人伦等种种精神；第三，刘氏于义例，致力尤勤，可补其先祖刘文淇《春秋左氏传旧注疏证》“专释训诂名物典章，而不言例”，“囿于章句训诂，忽视义理”之不足。朱冠华的结论是在其对《春秋左氏传答问》中 38 条问答进行充分、翔实考察的基础上作出的，确是真知之论，其三条结论也同时符合了刘氏所说的对《左传》探究的“三端”，这亦是对后世研究《左传》基本范围的精辟概括。此书由光明日报出版社 1998 年出版。

《叙事与解释——〈左传〉经解研究》

张素卿著。此书一方面继承了清人的崇实热情，一方面又开阔了新时代的更新视野，引进了西方学术科学方法，为古典文献研究倾注了崭新的学术活力。此书从解经的角度，探讨《春秋》体例对《左传》文体特征的影响，对《左传》叙事的解经意义作了比较翔实的论证分析，于出土材料多有引证。版本主要有：台湾书林出版有限公司1998年版；《古典文献研究辑刊》本，台湾花木兰文化出版社2008年版。

《春秋公羊传全译》

梅桐生译。《春秋公羊传》简称《公羊传》，又称《公羊春秋》，是春秋三传之一。《公羊传》宣扬“大一统”的民族观，尊王攘夷，维护宗法制度。《公羊传》在写作方法上采用问答式的解释体，从《春秋》经文出发，层层设问，逐一解释。《公羊传》语言平直朴素，文学价值不高。《春秋公羊传全译》的编写，主要以1982年中华书局出版的《十三经注疏》影印本中的《春秋公羊传注疏》为底本，对照了1987年上海古籍出版社出版的《春秋三传》，翻译方面参照和吸收了马志伟、金欣欣的《公羊传译注》的研究成果。此书由贵州人民出版社1998年出版。

1999年

《中国早期叙事文论集》

王靖宇著。《中国早期叙事文论集》主要从西方叙事学角度探讨中国叙事文，涉及《左传》者，共有七篇，关注三个主题：其一，从叙事学角度分析和阅读《左传》，如《从〈左传〉看中国古代叙事作品》《怎样阅读中国叙事学——从〈左传〉文艺欣赏谈起》《〈左传〉晋楚鄢陵之战析读》；其二，探讨左传叙事之历史与虚构之关系，如《历史小说叙述——以晋公于重耳出亡为例》；其三，从叙事文学角度新探历史考证问题，如《从叙事文学角度看〈左传〉与〈国语〉的关系》《再论〈左传〉与〈国语〉的关系》。附录一篇，《谈美国的〈左传〉研究》。王先生之《左传》研究，提供学界新视野，可以启发若干新思维。此书由台湾“中央研究院”文哲研究所筹备处1999年出版。

《春秋穀梁传译注》

承载译注。《春秋穀梁传》是春秋三传中成书最晚的一部书。其学说大抵出于鲁儒，注重传扬经义，处处谨守《春秋》笔法，阐明义例。但在记载史料方面，不及《左传》详尽，且间有不明史实而以臆断来自抒己见的地方。《春秋穀梁传译注》针对《春秋穀梁传》的不足，在注释中以《左传》的史实解经，并据以评议传文中某些臆断之说。译文信而达，为今人阅读提供了方便。此书由上海古籍出版社 1999 年出版，2004 年再版，收入《十三经译注丛书》。

《镕裁文史的经典——〈左传〉》

简宗梧著。此书选择《左传》之阅读策略、艺术律则、文外重旨、人物形象、艺术成就诸领域，作纲领之提示与现身之说法。此书由台湾黎明文化事业股份有限公司 1999 年出版。

《左传词汇研究》

毛远明著。《左传词汇研究》是先秦汉语词汇研究的一部力作。卷首是刘又辛作的序，首先肯定这部著作在这类课题的研究中具有开创性，而且在研究方法上，吸取了国外语言学、词义学的新方法，形成了研究《左传》词汇的框架。书前有绪言，书末有后记，正文分八章：词汇的构成、复音词、词义、同义词、反义词、同源词、词的书写形式、熟语。该书填补了先秦词汇研究的空白，对汉语词汇史的基础研究具有重要的意义；创造了一种值得借鉴的词汇研究方法，即将专书词语的断代研究放到汉语历史发展过程中加以比较的方法；成功地运用义位理论和语义场理论来分析词义的演变与聚合，使传统的词汇研究中许多纠缠不清的问题得到了合理的解释。此书由西南师范大学出版社 1999 年出版，收入西南师范大学《汉语言文献研究所学术丛刊》。

《左传交际称谓研究》

夏先培著。本书作者在占有丰富文献资料的基础上，立足于称谓语研究的前沿，就称谓语与传统文化的关系、亲属称谓语与社会称谓语、汉语称谓语的择定因素和中韩称谓语的比较诸方面作了细致描写，还兼叙了汉语委婉语，并作理论阐发。《左传交际称谓研究》是第一部系统研究古代专书中的称谓和专题研究古代交际称谓的专著，具有填补空白和开拓研究领域的意义。此书由湖南师范大学出版社 1999 年出版。

2000 年

《春秋胡氏学》

宋鼎宗著。《春秋胡氏学》提示胡安国治《春秋》之态度与方法，阐发胡《传》经世说及寓宋说之精义，裁判时儒后贤支离穿凿、附会拘泥之批评。作者在序中称此书“既匡胡《传》，兼出新意，同扬圣经”。此书对于研究胡氏春秋学有较高的参考价值。此书由台湾学生书局2000年出版。

《穀梁传思想析论》

吴智雄著。《穀梁传》虽是解释《春秋》经文的三传之一，但两千年以来，一直未受到学者重视。本书透过归纳分析的方法，并参照西方社会学观点，对《穀梁传》的思想进行全面的考察，发现《穀梁传》在政治与伦理思想方面的独到见解，以及对秩序重建与伦理规范的重视，显示了其思想的丰富性与严整性，较全面地展现了《穀梁传》思想的面貌，从而说明了《穀梁传》并非如前人所说的“不足观”。此书由台湾文津出版社2000年出版。

《〈春秋〉经传研究》

赵生群著。此书分为《春秋》的作者、《左传》与《春秋》的关系、《左传》的无经之传、三传不书之例与无经之传、《左传》有经无传辨、《左传》以事解经、《春秋》大义存乎事实、三传以事解经之比较等八章，旨在理清《左传》与《春秋》的关系，对与此相关的各个重要问题进行全面系统的研究。在研究过程中，作者注意了以下几个方面：一是研究的系统性和创造性。作者认为“《春秋》经传研究的许多问题都互相联系、交织在一起。二是内证的挖掘。作者通过对《春秋》与《左传》的排比考证，揭示出《左传》记事“叙述不全、模糊不清、轻重失衡、与史实相悖乃至于相反者不一而足”，从而论定撰写《左传》的目的不在述史而在解经。三是统计分析。为了避免研究过程中的以偏概全，作者将《春秋》与《左传》逐条加以对照统计，定量分析与定性分析相结合，从而保证了研究的客观性和准确性。四是对比研究。作者指出“如对三传一视同仁，则《左传》所谓有经无传，实在无可指责”。

全书材料翔实、结构谨严、思维缜密、论证确凿。徐复先生赞该书“立足大局，具高屋建瓴之势；深入细部，无凭虚蹈空之弊。作者好学深思，精于识断，每能见人所未见，发人所未发”。此书由上海古籍出版社2000年出版。

《春秋的回声:〈左传〉的文化研究》

刘丽文著。本书内容分为两部分：第一部分是论《左传》的天命观、历史观、伦理观，以考察轴心时代文化精英阶层的代表史官对天地自然历史人生的理解和认识；第二部分谈《左传》的史诗性，主要考察轴心时代历史著作的文学化。此书由燕山出版社2000年出版。

《语用学与〈左传〉外交辞令》

陈致宏著。此书“详人之所略，略人之已详”，运用语用学中“语境”与“言语行为”理论，对《左传》外交辞令的说服观点及其背后的文化因素作了详细的探讨，内容重点围绕《左传》外交辞令的实际交际展开，分析《左传》外交辞令的基本性质。此书有助于了解先秦时期语言实际运用的情况，补充了中国修辞学史上先秦部分的不足。此书由台湾万卷楼图书公司2000年出版。

《语用学与〈左传〉外交赋诗》

陈致宏著。作者认为，赋诗是春秋外交辞令中一种强有力的交际形式。书中运用语用学的新观点阐释赋诗活动与语境，把赋诗活动及其他外交辞令归属于文化、利益、形势、逻辑、情感等因素。此书由台湾万卷楼图书有限公司2000年出版。

2001 年

《春秋左传人物谱》

方朝辉编著。《左传》以人物众多而使人望而却步。初步估计，《左传》中所提到的人名有3400多个，相应的人物则有240多人，这些人物在《左传》中往往一人多名，少则二三个姓名，多则七八个甚至十余个；二是人物世系关系复杂，难以厘清其社会背景。本书对《左传》中100余位重要人物的记述做了详细整理，使其各自的言行活动一目了然。作者以其多年研究思想史的专长，就《左传》很多人物的思想进行分析，更是其他著作罕能做到的。此书由齐鲁书社2001年8月出版，收入《中国孔子基金会文库》。

《汉代政治与〈春秋〉学》

陈苏镇著。汉朝是继秦朝之后建立的又一个统一王朝。它完成了秦朝没能完成的历史使命，成功地结束了战国局面，不仅在全国实现了政治统一，也初步完成了文化整合，为中华民族的形成作出了重要贡献。这一过程曲折复杂，历时200余年。其间，除了政治、经济、军事、民族等因素之外，儒家的《春秋》学也起了重要作用。本书从政治文化角度入手，对这一过程进行了探讨。汉朝是楚人“反秦”既而又“承秦”的产物。汉家再建帝业走的是秦朝的老路。汉初儒家学者针对承秦而来的军国主义体制和法治政策，发展了儒家的政治学说，提出“以德化民”和“以礼为治”两种政治主张。武帝继承了汉初的法治政策，同时“尊《公羊》家”，创造了“霸王道杂之”的政策模式，并出师征伐，变更制度，巩固了汉朝的统治。昭宣两朝继承武帝晚年的政策，并完成了武帝的事业，使汉朝进入鼎盛阶段。元帝以后，在“《穀梁》大盛”的背景下，兴起托古改制运动。至王莽时期，随着以《左氏》学为核心的古文经学兴起，改制运动进入高潮。王莽借改制之机篡汉称帝，又因改制失败而被推翻。东汉建立后，《公羊》家重获独尊地位，对朝廷的内外政策产生深刻影响。至此，战国以来对拨乱反正之“道”的探索与实践宣告结束，中国古代政治和政治文化的发展历程又进入了一个新阶段。此书由中国广播电视出版社2001年出版。

2002年

《十三经辞典·春秋穀梁传卷》

《十三经辞典》编纂委员会编，陕西人民出版社2002年出版。《十三经辞典》是为读者阅读、研究十三经而编纂的专书辞典。本辞典按十三部经书分部编写，一部经书为一卷。各卷尽收各部经书的词、短语、固定格式以及含有经义及特殊意义的句子作为条目。《春秋穀梁传卷》是其中一部。所立条目标注读音、词性（指单音词、复音词)，分列义项，科学释义，列出书证。在释义中，特别倾注于专科词语的释义，对于这类词语，在密切联系所在经书的实际、正确解释其内涵的基础上，要说明其渊源，历史地叙述其演变、作用及影响。所立条目及义项均有频数统计，为读者了解其使用及意义消长演变情况，提供了可靠的信息。

《春秋书法与左传学史》

张高评著。本书收入同一主题的文章10篇，探讨了五个方面的问题：《春秋》书法、“春秋学”研究法、《春秋》《左传》之影响、探讨《春秋》原始文本、“春秋学”史回顾。本书所收论文，如《〈史记〉笔法与〈春秋〉书法》《〈春秋〉书法与宋代诗学》《黄泽论〈春秋〉书法》《高攀龙《〈春秋孔义〉之取义研究》《方苞义法与〈春秋〉书法》诸文，于此多相互发明。另外，有《左传》原典文献之探究者，如《〈左传〉据事直书与以史传经》《〈左传〉预言之基型与运用》二文；有历代《春秋》《左传》学史之讨论者，如前所列汉代《史记》笔法，宋代诗话笔记之书法、元代赵汸《春秋师说》、明代高攀龙《春秋孔义》、清代方苞《左传义法》及焦循《春秋左传补疏》之研究是。还有现代《左传》学研究史，如《〈左传〉学研究之现况与趋向》一文。至于《高攀龙〈春秋孔义〉之解经方式》，则是经典诠释学之尝试探索。主要版本有：台湾五南图书出版股份有限公司2002年版；上海古籍出版社2005年版。

《〈春秋〉考论》

姚曼波著，江苏古籍出版社2002年出版。本书内容包括“孔子作《春秋经》说”质疑，汉前典籍中的孔子《春秋》，孔子“笔削”《春秋》考，两千年春秋学之迷误等篇章。本书以无可置疑的典籍史料的考据为基础，提出并力证作者一系列的新观点：一是首次提出并证实孔子所作《春秋》，不是《春秋经》，而是独立的著作，是今之《左传》的蓝本。《左传》的真正作者是孔子。二是通过严谨的考证，初步探索了孔子《春秋》的原貌——是记载着“弑君三十六、亡国五十二”史实的纪事本末体。三是明确指出左氏割裂孔子《春秋》，加入逐条解经语而形成编年体的史实。四是以科学的态度探索了孔子“笔削”《春秋》之迹，揭示了孟子所说的“义则丘窃取之矣”的真实内涵，使历代经学家穷究了两千年而不明的“春秋大义”，揭去了神秘的面纱。五是以无可争辩的事实证明，《左传》全书史实翔实之国(除了小部分得自《国语》外)，恰恰正是孔子游历之国，说明其史料，主要得自孔子的14年游历各国搜集的“史记旧闻”，并指出孔子后半生治学——传《书》、删《诗》特别是50多岁开始学《易》，皆与其作《春秋》息息相关。

《春秋公羊学讲疏》

段熙仲著，南京师范大学出版社2002年出版。《讲疏》凡分导言、事、辞、例、义、余论六编，对《公羊传》的写作凡例、微言大义、流传经过，以及研治历史，皆有详细、明晰的介绍论述。虽书中主要以西汉董仲舒、东汉何邵公及清儒庄存与、孔广森、刘逢禄、凌廷堪等人所论为依归，然亦时下己说，辨证然否，语多精当，允推独步。又段老对《公羊传》之大一统、通三统、张三世、异内外等微言大义，多所发明，发表于1983年《中华文史论丛》第4辑的《公羊春秋三世说探源》等论文足资证明。

2003年

《左传谓语动词研究》

张猛著，语文出版社2003年出版。本书按传统的句读法将《左传》划分为39 544个自然语段，调查了每个语段的谓词，选出其中所有含有动词性谓语的语段作为研究对象，分析归纳出了此书的谓语动词音义表。有助于说明古代汉语动词所表现出来的语法功能和组合关系上的多样性，有助于对汉语动词的分类研究，有助于汉语的动词性结构的解释，有助于对汉语动词语义的描写。

《追寻与传释——左绣对左传的接受》

蔡妙真著，台湾万卷楼图书股份有限公司2003年出版。本书包括：理论基础——评点与接受美学、作者及时代背景、《左绣》之结构及解读进路、《左绣》对《左传》结构修辞之分析、《左绣》对《左传》主题思想之揭示、《左绣》对《左传》解经功力之阐发等九章内容。作者探讨了《左传》文本与明清文学批评上之评点、义法及趋实之学术氛围碰撞出来的效应，而《左绣》正是这种效应结出的种子；同时探究了《左绣》之定位。

《左传著述考》

李启原编著。此书目次及书(篇)的先后顺序，一律依据《十三经论著目录》，内容依次为：通论，注释、原文、评点、校刊、精选，十二公分论，分类研究，左传研究史，辑铁，序跋、提要，参考书目。每个条目均分为三栏：第一栏为书名，包括该书(篇)名、卷数、存佚。第二栏为作者，按照作者的时代、籍贯、生平事迹及学术贡献作简要陈述；有多条著作出于同一作者的情况，则只在首见之书(篇)之下进行介绍，其余则标明首见书(篇)的页码以供查阅；本国近代作者的时代以“民国”概之；外国人士则标明国籍及译者姓名。第三栏不立标题，内容简要的，只以按语说明该书(篇)所见载的历代图书目录：书籍则录坊间所见书局及出版时间，单篇文章则录所载期刊名称、卷(期)别、出版日期；资料丰富的，则引历来学者对于其书(篇)的考证或评介，叙述其成书沿革、流传情形及学术价值。此书由台湾编译馆2003年出版，收入《中华丛书·十三经著述考》。

《春秋左传》

陈国勇主编，广州出版社2003年出版，收入《中华古典文学丛书》。作者积数十年之力，对左氏《春秋》经、传作详细校勘、分段、注释，充分吸收前人研究成果及近代考古资料，融会贯通，时出己见。

《春秋公羊传伦理思维与特质》

林义正著，台湾大学出版中心2003年出版。作者长年研究先秦哲学，对先秦典籍极为熟悉，在西方诠释学的强力激化下，反省传统经学的诠释活动，企图找出其规律与原理，为中国诠释学的成立，奠定了坚实的基础。本书立论谨严，胜义纷出，诚为精思之作。本书乃作者受到当今西方伦理学的启发下，试图从概念系统的角度来重建《公羊春秋》的伦理学，经研究后得知，它是以“德行伦理”(贤、善)为中心来统摄“规则”(礼、正)的一种修身体证型的伦理学(相对于西方伦理学的“学术认知型”)。本书核心有三章：第一章是针对人的品德、涵养为焦点所作的思考，品德诚于中而形于外，就能具足道德性向，这是针对“德行伦理思维”所做的考察；第二章针对行为的是非判准、判断是非的层次，以及指引行为是非之判准应用问题作研究；第三章指出德行伦理与规则伦理的相融特质，是属于一种“两端一体”的中道理论。此三者皆与《春秋》的政治理想三世义、内外义均有密切关系，其伦理判断亦随之而有异。与西方伦理学的强调逻辑，导致理论为求一致性而走偏锋相较，中国伦理学显得平静，所重在于成圣成贤的功夫论，很少进一步反省圣人如何定义善恶是非。《公羊春秋》诠释《春秋》的微言大义，于《春秋》学中此传特别殊胜，其论点与孔子晚年思想关系尤深。从孔子论《春秋》，再从《公羊春秋》论孔子，孔子的圣王之道因而大加显豁。由此观之，《公羊春秋》的伦理学与政治、人生哲学息息相关，为一不能孤立的有机整体。本书作者在尊重传统经学的精神与内容的前提下，依分析哲学的方法，参照西方伦理学架构，正视其伦理思维与特质来加以重建。全书考证与义理兼备，今义与古义交显，总揽群籍，考述精详，议论赅要，文章畅通，于《公羊春秋》大义微言，抉发清晰，且论证妥当，功力老到，诚属佳构。书末附有中日文相关文献目录，具有相当大的参考价值。

2004 年

《春秋学史》

戴维著。本书包括：《春秋》与三传、先秦《春秋》学、西汉《春秋》学、两宋《春秋》学等。书中认为，《左传》是一部以诸国历史纪年文献而汇编的编年史，作者对历史事件的评论是通过“君子曰”“仲尼曰”，或“礼”来实现的；孟子最早提出《春秋》作者是孔子，这个观点在汉以后成为普遍观念而被人接受。关于《左传》作者问题，戴维赞同左丘明作《左氏春秋》的观点，认为此说是最古老的，且出自最为可信的《史记》，与书名的“左氏”又有关联；相比之下，其他作者说都有说不通之处。魏晋时期出现了两部具有里程碑式的《春秋》学著作——杜预的《春秋左传集解》和范宁的《穀梁传集解》，具有划时代的意义。书中讨论了张载、朱熹、二程等人的《春秋》学思想，指出二程是以义理解经。此书宋代《春秋》学部分论证平正通达，自成一家之言。此书由湖南教育出版社 2004 年出版。

《春秋学史》

赵伯雄著，山东教育出版社2004年出版。《春秋》是一部对中国古代政治发生巨大影响的儒家经典，历代学者阐释《春秋》的著作汗牛充栋，形成了传统学术中的一个重要门类——《春秋》学。本书从历史学、文献学，特别是从政治思想史的角度，对历代重要的《春秋》学者及其著作进行了全面系统的研究，提出了一些创见。这是对传统的《春秋》学所做的一次深入全面的通史式的研究。

《左传详解词典》

陈克炯编，中州古籍出版社2004年出版。本书是语文性词典，收录了《左传》全部单音词和复音词，每个词并按名词、代词、数词、量词、副词、介词、连词等14类分别标注词性。研究汉语词汇史，必须从先秦做起，专书词汇的全面考察是这项工程的基石。其中，春秋战国时期的历史散文，已由纲目式的《春秋》记录发展为对成败兴亡的社会政治斗争的复杂曲折的记叙和对人物、事件栩栩如生的描写，由用词简约、质朴无华的直陈发展为词汇丰富、文质并茂的妙笔。《左传》正代表了当时历史散文的最高成就。可以说，如果没有丰富发达的词汇和相当精密的语法结构，要达到像《左传》那样“跌宕而不群，纵横而自得”、“著述罕闻，古今卓绝”(刘知幾《史通·杂说上》)的水平，是不可想象的。《左传》一书居于“散文之宗”的特殊历史地位，成为我国两千多年来汉语书面语言基本格局的最大源头。它在先秦经体中。字数最多，词汇总量最大，不仅词汇的涵盖面广，涉及政治、军事、经济、天文、地理、科学技术、物质文化和思想文化等诸多领域，而且许多词或词的首见义可以从中找到源头。例如：天使、天灾、天道、元帅、将军、口实、国士、国民、国法、外援、心腹、私仇、私欲、田赋、异心、疟疾、纪律、粮食、药物、制度、寻常、借口、旧怨、旧业、旧相识、亲戚、亲爱、亲昵、解体、致敬、肄业、纠合、发泄、生殖、充斥、明察、马路、负荷等。

《左传国策研究》

郭丹著，人民文学出版社2004年出版，收入《博雅文丛》。有关《左传》的论著多从经学角度加以论述，很少从文章学来探讨，有亦不过点评而繁琐，论析欠深刻准确。郭丹《左传国策研究》一书则将宏观概括和微观分析相结合，上溯《尚书》，旁求《国语》，下研《国策》以至《史记》，视野开阔，论析精微。从内容到形式，深入分析两书的文学物征及其成就，本书从大文化背景和传统的继承与流变上来显示《左传》《国策》的奥义，但主要还是从文学的角度切入，力图对这两部巨著的文学内涵和文学魅力作比较详尽的剖析和展示。

《左传虚词研究》

何乐士著，商务印书馆 1989 年初版，2004 年再版。关于本书较之《〈左传〉虚词研究》(1989)的变动，作者坦言：(一)《(左传)虚词研究》出版十几年来，读者提出不少宝贵的意见，我自己也发现一些应作修改的地方，此次尽可能作了删改修正。(二)将这些年来写的讨论几个重要虚词的文章收入本书。这样《左传》每类虚词中重要的、有代表性的虚词，本书几乎都有文章论及。总的目的是希望通过自己的努力使本书逐步地更加名副其实一些。这几篇文章是：《〈左传〉的语气词“也”》，《〈左传〉的连词“而”》，《〈左传〉的副词“皆”》，还有一篇是《“弗”的历史演变》。“弗”在否定副词中数量虽不算很多，却是最费人思考的一个。这篇文章虽不是专谈《左传》，却是以《左传》的“弗”作为先秦时期的重要依据；而先秦时期“弗”的变化情况在“弗”的历史演变中又占据最重要的地位。因此决定把这篇文章收入本书，并把有关“弗”的重要资料附在后面以供参考。(三)原书几篇与句式关系密切的文章(《〈左传〉的被动句式与虚词》，《〈左传〉的比较句式与虚词》，《〈左传〉的特殊句式与虚词》)此次由本书抽出，放入《〈左传〉单复句语法研究》一书。本书的文章大多写于 20 世纪 60 年代，当时主要靠手抄卡片积累资料、分析统计，与今天的电脑资料统计数字相比，难免有出入，但总的来看，还可供参考。

《〈左传〉人物论稿》

何新文著，中国社会科学出版社 2004 年出版。本书包括绪言、人的发现与文的新变、《左传》写人艺术总论、《左传》人物形象系列论、《左传》人物专论等五章。本书对《左传》这部重要的历史散文著作的人物及其刻画人物的艺术、影响等进行了专门探讨。分三个部分：第一章绪论，对《左传》几个基本问题进行必要概述；第二、三章，从总体上研讨《左传》作者对“人”的认识和《左传》写人艺术的成就及影响；第四、五章，对《左传》人物形象系列及几个代表性人物进行具体分析论述。全书资料翔实、持论严谨。书后附有《左传》人物研究论著索引(1949—2003)，可供参考。

《左丘明与左传》

张汉东、邢子民著，山东文艺出版社2004年出版。本书对左丘明的家世以及《左传》的研究，既能深入开掘前人所未发现的史料和学术观点，又能旁征博引全面介绍《左传》的历史意义与艺术价值及该领域主要研究成果和不同观点，具有艺术性和普及性。

《春秋左传集解释要》

胡安顺编著，陕西人民出版社2004年出版。全书所选内容主要包括春秋、左传中的重要事件、人物、礼俗、典章制度及古代传说等，对文学价值高、语言特点具有代表性的名篇也同时选入。以阮元校本为底本。

《左传叙述模式论》

潘万木著，华中师范大学出版社2004年出版，收入中国古代文化研究书系。本书运用经典叙述学和后经典叙述学相关原理，就《左传》的叙述特色及由此而在征引、评论、预言、人物、战争等方面形成的模式进行了梳理和总结，并从接受、传播、影响的意义上借鉴接受美学、传播学、阐释学理论，针对几个叙述模式尤其是征引、评论、预言叙述模式作了探本溯源、沿波讨流的研究。

《春秋左传》(《十三经索引》第2册)

栾贵明、田奕主编，中国社会科学出版社2004年出版。这部索引以世界书局缩影印嘉庆阮刻本《十三经注疏》为底本，可以用来查考十三经经文中所有文句的出处。《十三经索引》作为古典文献最大的工具书，内容涉及政治、文化、经济、军事、医学、管理、道德、自然等诸多层面，是各行业专家、学者及古典文学爱好者不可或缺的工具，也是图书馆、研究机构、机关学校及书香门第之家必存的经典藏书。栾贵明、田奕主为《春秋左传》编制的这部索引，提供逐字查检，索引前置经文，对原附校勘记中的考证有选择性地采用。附笔画检字，四角号码检字，还有篇目简称与全称对照表，供还原篇目全称之用。

2005 年

《春秋弦歌——左传与中国文化》

龚留柱著，河南大学出版社 2005 年出版。本书主要从先秦秦汉史、中国古代军事史等领域的教学与研究角度出发，中国近现代思想文化史，这种“返本开新”、“以复古为解放”，即回归元典精神以求新变的情形也俯拾即是。当然，现代化是一个文化转轨过程，充满变异与新生，现代生活好比一台巨大过滤器，对往昔文化传统或放行，或阻遏，于弃取间行扬抑之道。近世中国人立足于文明转型和挽救民族危亡的社会实践，选择中华元典精神里的变通哲学、忧患意识、华夷之辨、革命观念和民本思想，并与外来西学的相关部分彼此激荡交融，从而锻造出在近世中国发挥巨大作用的社会变易论、社会救亡论、民族国家论、社会革命论和民主主义。可见，元典精神的选择性发扬和创造性转换，是近现代文化的题中应有之义。这一题旨，也是今人和后人所要反复探讨和力加实践的。

《〈春秋左传〉介词研究》

王鸿滨著，世界图书出版西安公司 2005 年出版。本书从理论探讨和实践验证两方面首次对《春秋左传》中 33 个严格意义上的介词进行了深入细致的调查研究，并从句法、语义、语用三个角度揭示了《春秋左传》介词的基本特征和内在规律。全文除引论及总论外，分理论研究、历史研究、调查研究(一、二)和个案研究五章逐次展开。

2006 年

《敦煌写卷〈春秋经传集解〉校证》

李索著，中国社会科学出版社 2006 年出版。作者在借鉴吸收前人成果的基础上，第一次全面系统地将写卷原文同传世本逐字比勘，对其中的异文从文献学、语言学、汉字构形学及汉字史的角度进行全面分析考察，逐一辨证。而对其用字，则除了将手写体改为宋体外，笔画、构形一仍共旧，以最大限度保持写卷原貌，并在校注中列出相对应的正字，以利今人研读和取用。同时，在卷子的定性、定名、定年方面也纠正和弥补了前贤的一些失误和不足。

《春秋左传校注》

陈戍国撰，岳麓书社2006年出版。本校注依春秋十二公之次序以“经某年”、“传某年”为标题，然后以今注将《经》文与校注隔开，以原文与今注将传文与校注相区别。

《〈左传〉〈国语〉方术研究》

刘瑛著，人民文学出版社2006年出版。本书是作者在博士论文的基础上补充修订而成。当初，作者选这个题目作博士论文的原因很简单，就是在读《左传》《国语》时，发现这类占星推步、揲策灼龟的记载太多，对于作者来说，是时时蹦出来的拦路虎，碰也碰不得，躲也躲不开。作者觉得，尽管它繁复艰深，但绕开绝不是办法，于是想试着把疑难之处弄懂，参照《汉志》的《数术略》和《方技略》《隋志·子部》的数术、方技的分类，对《左传》《国语》的材料进行归纳和调整，并对以往分类粗疏或分类不明的内容进行重新界定，在此基础上进行辨析。对《左传》《国语》的占卜门类，如龟卜、筮占、梦占等，进行详细分析。如按年代、国别、占卜事类排比资料，以便从不同角度把握春秋数术方技的应用情况，加深对春秋时期数术方技总体情况的了解。以《左传》《国语》的材料为依据，与《周礼》的有关记载印证，考察春秋数术占卜制度，如卜人制度史、占卜制度史等。在归纳材料的基础上，着重讨论以前认识不够充分的问题，前人研究卓有成果的春秋天文学史、春秋筮法，不作为重点。主要研究对象是春秋时期的数术占卜的特点。

《章太炎春秋左传学研究》

黄翠芬著，台湾文津出版社2006年出版。章太炎春秋左传学演变的实质是在今古文之争中，逐步摆脱《公羊》《穀梁》的义例体系，采用、完善杜预的义例体系，转变为纯粹的古文经师的过程。章氏春秋左传学演变的动力是对《左传》微言大义的一贯追寻，章氏从最初认同《公羊》学派孔子制《春秋》为后世立法的观点，变而为认同杜预《春秋》是鲁史旧文，孔子述而不作的观点，前后见解大异。

《清代春秋穀梁学研究》

文廷海著，巴蜀书社 2006 年出版。本书对清代春秋穀梁学的各方面成就进行总结和研究。具体探讨清代春秋穀梁学如何承接和超越前代、它的内容和特点以及历史地位。春秋穀梁学的发展，有两千多年的历史，它以解释《春秋》的《穀梁传》为起点，《穀梁传》在传解《春秋》中，产生以"王道"思想为根核的主体精神，体现了"鲁学"的特色。综观清代春秋穀梁学的众多学者和著述，明显具有"多路"演进的特点。具体来说，在以下三大领域取得超越前代的可喜成就：其一，回归汉唐的新注新疏；其二，《春秋穀梁传》义理的归纳与新诠释；其三，清代学者对春秋穀梁学思想义理方面也有阐发。

《公羊解经方法：从公羊传到董仲舒春秋学》

许雪涛著，广东人民出版社 2006 年出版。本书首先从人们对公羊学讨论的背景入手，说明与经、《春秋》和《公羊传》相关的基本研究情况，进而对《公羊传》和董仲舒春秋学解经的方法作了分析。目的是想从方法这个角度，对早期公羊学相关问题进行讨论。早期公羊学的展开显示，后来者在解释时难免加入一些新的东西，但经典本身的思想框架仍起着根本作用。无论传统还是现代，经典的理想内涵往往被用作塑造现实生活的资源。

2007 年

《廖平春秋学研究》

赵沛著，巴蜀书社 2007 年出版。本书紧扣晚清学术发展的历史脉搏，将廖平的《春秋》学放在西学东渐以后中国传统思想学术与西方文化激烈对抗的背景下考察。从学术渊源和时代特征的双向角度，从晚清中国政治、学术的总的背景和廖平个人的学术与政治旨趣两个方面进行了综合分析。如此，不但给了廖平以"了解之同情"，也从一个侧面反映出晚清学术思想界的总体流脉。作者从中国学术演进的内在理路以及清代学术的时代特色两个方面分析了廖平经学的特征，指出，清代经学的时代性，主要表现在其与西学对抗和对应现实政治的无奈窘境中，必然走向终结的命运；廖平经学实际上正见证并以独特的方式完成了传统经学的终结。在这一认识框架之下，作者系统地从廖平对《春秋》经的认识、廖平的《穀梁》研究、《公羊》研究、《左传》研究以及廖平《春秋》学的特点和学术地位等五个方面对廖平的《春秋》学进行了全面的梳理和论证，是目前为止全面、系统研究廖平《春秋》学的第一本专著。

《清代汉学与左传学——从"古义"到"新疏"的脉络》

张素卿著，台湾里仁书局2007年出版。本书以惠栋等清代汉学代表性学者为征检对象，爬梳统整诸家对《左传》及杜注之新诠，析理汉学发展的脉络，不仅是清代《左传》学史的优良佳作，也是一部精审的中国《左传》学史缩影。台湾师范大学国文系赖贵三教授评介："作者文笔洗炼，资料掌握严谨笃实，论述中肯精当，尤其聚焦于清代'汉学'与《左传》学—从'古义'到'新疏'的脉络，作者积学储宝、酌理富才、研阅穷照，发诸于笔端，辨章学术，考镜源流，爬梳统整之功，董理序次之识，的确深厚不凡。"

《清末民初公羊学研究——皮锡瑞、廖平、康有为》

丁亚杰著，台湾万卷楼图书公司2007年出版。清末民初正是文化剧变的时代，时空不断地流荡，人在时间的流衍、空间的转徙中，逐渐理解自己及其世界。何谓文化传统？其内容如何？其流变为何？对现在影响何在？对未来如何说明？《公羊》学者即试图处理这些问题，并寻找答案，方法或有争议，答案也不尽如人意，未曾稍歇。本书即欲理解晚清《公羊》学者如何以经典面对世变，生命意义如何安顿，世界秩序如何条理。而在理解他人的同时，也理解自己，借着研究过程寻求安身立命的根据。

《刘文淇〈春秋左氏传旧注疏证〉体例之研究》

张惠贞著，台湾花木兰文化出版社2007年出版。刘文淇的《春秋左氏传旧注疏证》正是为"惩杜氏之失"而作的。"杜氏之失"就是对"旧注"的态度。所谓"旧注"，是指贾、服、郑三家之注，《五经异义》所载左氏说，《说文解字》所引《左传》，《汉书·五行志》所载刘歆说，经疏、史注、《太平御览》所引《左传》注不载姓名而与杜注异者，皆贾、服旧说。凡若此者，皆称旧注而加以疏证。杜注对待"旧注"，主要是"排击"、"剿袭"、"沿用"三大过失。刘文淇的方法是：

“凡杜氏所排击者，纠正之；所剿袭者，表明之；其沿用韦氏《国语》注者，一一疏记”。第二步工作是“博采众长”，“其顾、惠补注及近人专释左氏之书，说有可采，咸与登列”。第三步工作是“下以己意，定其从违”，最后达到“俾左氏之大义柄然著明”的目的。从中可见，《春秋左氏传旧注疏证》的工程是浩大的，同时，也由于他迫于生计，长年从事校刻、编撰工作，这项工作花了 40 年，还只是“长编已具”，并未最后写定。

《新译左传读》

郁贤皓、周福昌、姚曼波注译，台湾三民书局 2007 年出版，收入《古籍今注新译丛书》。本书在汲取前人研究成果的基础上，进行全面、详尽而精确的注解翻译。文中每一“公”前皆有题解，总述该时期之主要局势；每一“年”后都有说明，分析特定事件的历史意义，书前并有完整导读，是读者研习《左传》的较佳读本。

《经学以自治：王闿运春秋学思想研究》

刘少虎著，华夏出版社 2007 年出版。本书重点探讨王闿运春秋学思想。作者在对王氏经学著述稍作考释的前提下，以晚清学术流变和王氏生平为切入点，首先探讨了他对《春秋》及其三传的基本态度。然后，全书以王氏三部春秋学著作(《穀梁申义》《春秋公羊传笺》《春秋例表》)为中心，从文本解读的角度，较为全面而深入地分析了其解经特色和思想倾向。最后，作者对王氏疏释《春秋》经、传的义理重心和主要春秋学思想进行了归纳、探讨及反思。

2008 年

《源远流长：论〈春秋〉〈左传〉对古典小说的影响》

陈才训著，中国社会科学出版社 2008 年出版。本书论述了《春秋》《左传》对古典小说的影响，论述了《左传》对古典小说文体生成所产生的巨大影响及其本身所包含的小说因素；分析了《左传》“春秋笔法”对文言小说及章回小说的小说主题、人物形象及表现形式的影响；并论述了《左传》《春秋》的叙述、描写、人物刻画等手法对古典小说的影响。

《左传新论》

黄丽丽著，黄山书社2008年出版。本书以《左传》为切入点，对轴心时代中华文化形态作了不少成熟的探讨，从学科之间的夹缝中研读《左传》。全书共三编：第一编，《左传》与有周官学；第二编，《左传》与诸子；第三编，《左传》与《春秋》。第一编包括四章：第一章，试论有周官学；第二章，《左传》是有周官学的结晶(上)——《左传》是有周官学精华之荟萃；第三章，《左传》是有周官学的结晶(下)——《左传》引书考；第四章，史官是官学集成者，《左传》作者非史官莫当。第二编包括七章：第一章，群星辉耀、硕果纷出的文化春天；第二章，左氏对诸子的严密关注和深切理解；第三章，诸子援史入"道"促进了春秋学的发展；第四章，《左传》的作者及其与儒家的关系；第五章，"哲学的突破"催生了我国的史学；第六章，史学的"突破"与哲学的"突破"相激荡；第七章，论我国"轴心时代"的特点——文史哲兵法数术等的整体性突破；附论一章，孔子与春秋学。第三编包括八章：第一章，今古文经学之争的回顾；第二章，前贤已指出左氏仅依经以比事；第三章，从经学发展史的角度证《左氏》不传《春秋》；第四章，始作为圣——《春秋》开创编年史体例；第五章，《左传》以《春秋》为系事之纲；第六章，《左传》叙事常嵌入《春秋》之文；第七章，论《春秋》对《左传》成就所起的重要作用——从《左传》与古希腊史学名著的对比谈起；第八章，简评今古文经学在《左传》《春秋》关系问题上的观点。最后是结语，三传皆历史必然产物，其并存体现了中华古代文化的特点。

《春秋三传要义解读》

晁岳佩著，北京图书馆出版社2008年出版。《春秋》向以文字简练至极为人所不解，所以才出现了《公羊传》《穀梁传》《左传》三传从不同的政治、文化角度阐释《春秋》之微言大义。那么这三传是如何阐释《春秋》隐晦之义的？其政治、文化立场又如何？怎样理解这种阐释动机呢？本书作者均以通俗易懂的语言将深奥难解之义轻松地进行了解读。相信由作者的引领，无论是专业研究人员还是热爱中国传统文化的读者，都将对儒家经典的理解更透彻。

《春秋贵族社会衰亡期的历史叙事：以〈左传〉为例》

张树国著，中国社会科学出版社 2008 年出版。本书以《左传》记载的贵族制度、贵族阶级、贵族文化作为研究对象。春秋贵族制度源于西周初年的分封制、宗法制及采邑制，以祖先崇拜、道德礼俗、经典崇拜等作为文化保障，其衰亡迄于春秋战国之际。《左传》忠实记录了衰亡期的贵族社会种种社会征象，保存了贵族社会的思想精华，塑造了贵族阶级中的精英群像，书中蕴涵的春秋社会政治思想对战国思想家有深刻影响。本书内容丰富，论辩深刻，自成体系，在诸多《左传》研究著作中独树一帜。

《清代仪征刘氏〈左传〉家学研究》

郭院林著，中华书局 2008 年出版。本书综述了刘氏家学的研究现状，考察了刘氏学人学行，分析刘氏四世之学术变化与发展。以专书和专人研究相结合，对刘氏《左传》学进行了比较系统的考察：对《春秋左氏传旧注疏证》一书进行深入系统的分析，厘清以往研究笼统将此书归功于刘文淇的说法，指出刘氏四世学人对此书都有贡献；探讨了刘师培研究《左传》的动力与成就，认为刘师培为《左传》学建立了完整的理论构架。最后以刘氏家族为代表，从治学方法论角度分析了清儒治经方法。

《君子时代的争霸：〈左传〉二十讲》

何晋著，新华出版社 2008 年出版。以春秋时代争霸为主线，讲解整部《左传》记载的 240 多年间各诸侯国的重大史事。这些史事在《左传》原书中是按照编年体记载的，头绪纷繁，内容离散，对于一般读者来说具有一定的难度。本书则在完全忠实于《左传》原书原文的情况下，将相关史事的零碎记载抽绎出来重组综合，用浅显的文字加以阐释和重述，不仅使史事的完整得到凸显，而且还试图揭示历史史事彼此之间复杂而微妙的关系。不同于纯粹讲述春秋历史的著作，也不同于《左传》的白话直译。全书以《左传》的记事为基础，偶尔也参考其他文献如《国语》《史记》、诸子著作中的相关内容，将《左传》记载的春秋史事以霸主为依托，基本按照时间先后，归纳综合为二十讲，既自有起讫，又彼此联系。为读《左传》原典的读者提供一些帮助，同时也为读者一览整个春秋时代历史风貌提供一点参考。

《春秋左传新注》

赵生群著，陕西人民出版社2008年出版。收入《中国六大史学名著丛书》。该书导论包括九部分(每部分分若干章节)，分别是：(一)《春秋》是否为孔子所作；(二)《左传》与《春秋》的关系；(三)《左传》的无经之传；(四)关于有经无传；(五)三传不书之例与无经之传；(六)《左传》以事解经；(七)《左传》解经之特征；(八)《春秋》大义存乎事实；(九)三传以事解经之比较。

《〈春秋〉经传研究》

刘黎明著，巴蜀书社2008年出版。《〈春秋〉经传研究》是一部研究春秋经传的专著，书中具体包括：《春秋繁露》的主要内容、公羊学派的"大一统"思想、公羊学派的"三科九旨"、公羊学派的"三世说"、公羊学派的"四讳"理论、公羊学派的孔子"素王"理论、公羊学派的变通思想、公羊学派与"《春秋》决狱"、《公羊传》中的复雠观念、《史记》与《春秋》公羊学派等内容。

《鉴奥与圆照：方苞林纾的〈左传〉评点》

黄肇基著，台湾允晨文化实业股份有限公司2008年出版。本书为国内第一本《左传》评点之研究著作。评点是人类文学发展史上非常有趣的读书批评的学问。方苞、林纾以他们充满个性和感悟力的智慧，开启了无论是学术精神上，或表现形式上的"创造"的创造，创造出一种为西方世界所未见的评点学，这种独特的评点方式，投入了评点家的智慧和生命，是很值得观赏的一本书。这本书有三大功用：既可了解《左传》的经义，又可了解历史文化生命力的传承，更可欣赏《左传》文学艺术之美。

《宋代〈春秋〉学与宋型文化》

李建军著，中国社会科学出版社2008年出版。《宋代〈春秋〉学与宋型文化》欲以宋代《春秋》学来管窥中国经学，以宋型文化来锥指华夏文化，以宋代《春秋》学与宋型文化的关系来蠡测中国经学与华夏文化的联结。首先，《宋代学与宋型文化》全面检视宋代《春秋》学文献，并把它们放在宋型文化的大背景下，划分出阶段，勾勒出轮廓，概括出特点，进而将其连缀成一部完整的宋代《春秋》学发展史。其次，《宋代学与宋型文化》跳出经学研究的狭小苑囿，着力于考察宋型文化背景下宋代《春秋》学与政治、史学、理学、文学等多个文化层面的交互渗透的征迹和双向会通的动因。一方面发掘宋型文化中深层次的民族意识，道德精神和学术整合的《春秋》学渊源，寻绎宋代《春秋》学为宋型文化的衍生所起的重要作用，另一方面又追寻宋代《春秋》学的学术路径、学术取向、学术重心、学术范式、学术视野与宋型文化的深层联结，揭示宋型褒庛对宋代《春秋》学的路向所产生的重大影响。

《儒家伦理与〈春秋〉叙事》

周远斌著，齐鲁书社2008年出版。伦理指人与人、人与群体之间的关系准则与秩序准则，孔子所建构的儒家伦理也以此为宗旨。儒家伦理在孔子初建后，经孟子、荀子、董仲舒等后学的丰富、发展和弘扬，以及最高统治者的推尊、推广，成为中国古代最普及、亦最有影响力的道德规范。儒家伦理对中国古代文艺的影响是多方面的，其中对中国古代叙事的影响可以说是最为突出的。孔子是将儒家伦理与叙事融合在一起的第一人。孔子一生所为之奋斗的即“达王事”，“君君，臣臣，父父，子子”的伦理秩序既是“达王事”之途径，也是所“达王事”之内容。

《〈左氏春秋〉文系年注析》

邵炳军、梅军撰，广西师范大学出版社2008年出版。本书采用编年体例，全面辑录《左氏春秋》中所存各类作者，力求以编年体例全面地辑录《左传》中所存各类作者的各类文体的散文作品，是目前国内学术研究中对《左传》进行注析的最全面、最详尽的一部著作。全书收录了《左传》作者采用时所保留的整篇文章和《左传》作者采用时删节的文章(甚至包括具有思想和文学价值的只言片语)，有很高的学术参考价值。本书的编选者具有丰富而严谨的学术素养，注释精湛而丰富完备，不仅适合高校学生和研究者的学习要求，也可满足普通读者的阅读需要。

2009年

《左传考释》

鲁毅著，湖北人民出版社2009年出版。此书是作者20余年来研习《左传》，考订其文字意涵的力作，共有63篇，并有两篇附录。全书可分为三个部分：(一)解释《左传》当中具有争议的词语、名物，以便为汉语语汇史、词典编纂学提供一些材料；(二)解释大学和中学《左传》选文当中的疑难；(三)校对坊间较为常见的《左传》注释本，以期弥补、纠正这些书的错漏。在研究方法上，则注重阐发字词古义，并以语源、假借等方法探求。作者不仅使用古代典籍作为考证的依据，也参酌其他资料以为佐证，引用考古数据，厘正了许多前人的错误，包括现今普遍为人参阅的杨伯峻《春秋左传注》和《白话左传》等书。很多观点很有见地，足见作者用功之深。书中旁征博引，立论坚实。附录两篇，分别针对沈玉成《左传译文》若干疑义之处进行考校，共举出十二例；另选《郑伯克段于鄢》释其疑难字句。该书与杨伯峻的《春秋左传注》和沈玉成的《左传译文》一起阅读最佳。

《左传旧注献疑》

刘金荣主编，电子科技大学出版社2009年出版。本书分为《左传》旧注新诂和《左传》大义两部分。《左传》旧注新诂包括47“释”：1. 释“东宫”与太子；2. 释“宋卫实难”；3. 释“有死者”；4. 释“不害也”；5. 释“先为之极”；6. 释士蔿的“不慎”；7. 释晋军之“反首”；8. 释晋惠公之“入而未定列”；9. 释“卫方病邢”；10. 释“死且不朽”；11. 释“请受而罪之”；12. 释“无自立辟”；13. 释“善人在上”；14. 释“民恶其上”；15. 释“心疾”；16. 释“伏剑”；17. 释“季孙不御”；18. 释“我君小子”；19. 释“退食自公”；20. 释“听政辟”；21. 释“君命以共”；22. 释“连大车以塞隧”；23. 释“阙地下冰而床焉”；24. 释“越人以归”；25. 释“下人而已”；26. 释“子常易之”；27. 释“小国失恃”；28. 释“有前”；29. 释后子“惧选”；30. 释“燠休”；31. 释“虞邻国之难”；32. 释“难易有备”；33. 释“弗闻而乐”；34. 释“将不行”；35. 释“君子之求乐者”；36. 释“莒有妇人”；37. 释“速之”；38. 释“得改事君”；39. 释“之羽”与“宋父以骄”；40. 释“易之亡也”；41. 释“逃王”；42. 释“为王舆服以保路”；43. 释“驾乘广”；44. 释“君子之怒”；45. 释“庶有豸乎”；46. 释“伤人则止”；47. 释“不时”与“上介”。《左传》大义包括12个方面：1. 春秋笔法；2. 文姜之乱；3. 羊斟之名；4. 夫人子氏；5. 介山之推；6. 夏姬之淫；7. 狂狡之愚；8. 邓曼之慧；9. 洁癖郑子；10. 行人辞令；11. 预言文化；12. 战争程式。

《〈左传〉索取、给予、接受、义类词汇系统研究》

吴峥嵘著，巴蜀书社 2009 年 7 月出版。作者分析了《左传》中"索取"、"给予"、"接受"三类词汇系统的使用情况，结合先秦其他典籍以确定词的义值和义域，统计词的使用频率，分析词在义类中的地位，阐述语言因素的制约作用、认知及语用因素的调节作用。

《春秋左传研究：2008〈春秋〉〈左传〉学术研讨会论文集》

孙绿怡主编，中央广播电视大学出版社 2009 年出版。"2008《春秋》《左传》学术研讨会"是第一次由中央广播电视大学承办，广泛邀请全国各普通高校、研究机构、学术组织以及电大系统学者参加的大型学术研讨会。研讨会在 2009 年 8 月举行。论文集包括如下论文：《关于〈左传〉的几点认识》(李学勤)、《开启先秦历史文化的钥匙——〈左传〉》(孟世凯)、《关于当前〈左传〉研究的几点思考》(谭家健)、《新中国成立以来大陆〈左传〉研究综述》(刘丽文)、《〈左传〉中所见春秋时的古代民主政治体制》(吴荣曾)、《〈左传〉"田氏代齐"探幽》(孙开泰、陈民琦)、《〈左传〉〈国语〉中所见之"家臣"》(赵伯雄)、《〈春秋〉〈左传〉再平议》(王世舜)、《天文史的发展表明〈左传〉成书于战国中期》(牛鸿恩)、《〈左传〉的著者及特质》(杨树增)、《〈左传〉之救灾观念与措施》(谭家健)、《〈左传〉"季札观乐"与孔子删诗问题》(杨朝明)、《孔子与〈春秋〉史学》(李燕)、《〈左传〉的写人：文学作品人物描写之滥觞》(孙绿怡)、《〈左传〉具有现代叙事文学的文体特征》(方铭)、《〈左传〉"对话"中的总结性叙述》(潘万木)、《从〈左传〉用诗看〈诗经〉的编纂过程》(王清珍)、《〈左传〉与汉代今古文经学之争》(郭丹)、《〈春秋穀梁传〉简说》(白本松、耿纪平)、《〈春秋〉"三传"同异离合述论》(耿纪平)、《〈春秋经传类对赋〉与〈左传〉的传播》(何新文)、《论董仲舒对〈春秋〉之词序的解释》(刘国民)、《荀子与〈春秋〉经传》(郝明朝)、《〈左传〉与古春秋学源流》(罗军凤)、《礼乐传统下的孔子音乐美学》(郭杰)、《简论〈左传〉中"誓"的观念》(曾维龙)、《论〈左传〉中"奔女"的婚姻》(周淑舫)、《〈左传〉楚君若干君称试析——兼谈〈左传〉称谓的史料价值》(夏先培)、《“以人占天”和“以天占人”——浅论春秋时代存在的两种哲学倾向》(付希亮)、《〈左传〉中的占筮》(朱金发)、《20世纪前期〈国语〉研究述评》(李佳)等。

《孔颖达〈春秋左传正义〉研究》

安敏编著，岳麓书社2009年出版，收入《青年学术文库》。本书内容包括孔颖达生平及著述考述、《春秋左传正义》的成书、《春秋左传正义》的文学阐释、《春秋左传正义》的史学阐释、《春秋左传正义》的语言阐释、《春秋左传正义》引书述论等。通过对《春秋左传正义》的考察，可以看出与杜预注、服虔注、刘炫注相比，无论是在文学阐释、史学阐释、语言阐释、引书情况上《正义》都体现了诸多的时代特征和阐释风格，代表了唐人注疏兼收并蓄的特点。唐人注疏不仅收取各家之营养，而且打破了今古文之门派，对后世经学的发展起到了承前启后的作用，实在是不容忽视。

《左传与春秋时代的文学——兼论春秋列国民族风俗》

黄鸣著，中央民族大学出版社2009年出版。本书主要内容：孔子以前，“学在王官”，史官著述展现了上古的文化传统与时代精神。但在孔子之后的春秋战国时代，礼崩乐坏，学术下移，故孔子开民间私人办学新风，开始了私人讲学著述。有关《左传》的作者，是否如司马迁所说是左丘明，唐宋后颇有争论，至今尚无定谳，本文暂不讨论。但《左传》作者继孔子《春秋》而作，而孔子则是参阅当时鲁国史官的《春秋》而作，是对史官历史著述的继承和发展，则是毫无疑义的。全书包括七章及附录：第一章，引言。分为三节：第一节，本书论题的提出；第二节，《左传》文学研究概述；第三节，本书的研究方法与结构要点。第二章，春秋时代的文学和文学活动的形成(上)。分为两节：第一节，上古汉语；第二节，创作者。第三章，春秋时代的文学和文学活动的形成(下)。分为两节：第一节，历史理性在春秋时代的强化；第二节，雅乐与俗乐。第四章，春秋时代的文学和文学活动的分期。分为三节：第一节，沉潜期的文学与文学活动概述；第二节，发展期的文学与文学活动概述；第三节，繁荣期的文学与文学活动概述。第五章，春秋时代文学的地域分野与列国民族风俗(上)。第一节，春秋时代政治与自然地理概况；第二节，春秋时代文学的三大地理板块；第三节，齐鲁派的文学与文学活动。第六章，春秋时代文学的地域分野与列国民族民俗(下)。第一节，晋郑派的文学与文学活动；第二节，秦楚派的文学与文学活动。第七章，总结。书后附有《〈左传〉引先秦古佚书考》一文。

《〈左传〉赋诗言志义解》

梁占先著。贵州人民出版社2009年出版。此书为一本对《左传》中赋诗言志作系统梳理的专著。书中对《左传》148处赋诗言志的引诗逐一义解，对人物赋诗的背景简作交代，对其赋诗所言之志作精当说明，揭示引诗的内蕴含义，对于阅读理解《左传》，尤其是阅读理解《左传》中所有赋诗言志的事例，大有裨益。作者阐明《左传》赋诗的主要功用是"显难言之隐，表难达之情，说难讲之话"，指出赋诗言志的方式灵活多样，功能众多。本书内容编排仍然按鲁十二公的顺序。

《〈左传〉军事制度研究》

黄圣松著，台湾复文图书出版社2009年出版。此书由作者近年来所发表的与《左传》相关的文章集结而成，主题均围绕军事制度方面作讨论，很多论述颇有心得。主要内容包括：第一章，《左传》"御""仆"考；第二章，《左传》"车右"考；第三章，《左传》车乘乘员配置考；第四章，《左传》"副车"考；第五章，《左传》"舆人"考；第六章，《左传》"徒""卒"考；第七章，《左传》"旆车之族"考。

（1919—2001年的提要由赵立学编纂，2002—2009年的提要由牛香兰编纂。）

《左传》大事记（1919—2009）

1919 年

1 月，刘师培发起成立国故社，并创办《国故》月刊，以“昌明中国固有之学术”为宗旨，主张“以言从文”、“讲学救时”。

章太炎《春秋左传读叙录》刊行。

五四运动爆发。

11 月 20 日，刘师培病逝，年仅 36 岁。

12 月，胡适在《新青年》第 7 卷第 1 号上发表了《新思潮的意义》一文，掀起了一场在民国时期风行一时的“整理国故运动”。

顾立三生。

黄彰健生。

1920 年

康有为《孔子改制考》重刊于北京。

郭预衡生。

1921 年

廖平《左氏传长编目录》《公羊春秋补证凡例》《何氏公羊春秋十论》《穀梁春秋经传古义凡例》和《穀梁春秋经学外篇例》等由四川存古书局编成《六译馆丛书》结集出版。

杨公骥生。

1922 年

陈燕方《经学源流浅说》刊布。

吴小如生。

1923年

顾颉刚《与钱玄同先生论古史书》及傅斯年《与顾颉刚论古史书》等文章发表，标志着影响深远的古史辨运动的兴起。

吴闿生《左传微》刊行。

顾实《与钱子泉论左氏传书》、张尔田《与王静安论治公羊学书》、冉崇烈《斥误据〈史记〉以攻〈左传〉之妄》等文章发表。

1924年

章太炎《春秋左传读叙录》《刘子政左氏说》刊行。

梁启超发表《要籍解题及其读法——〈左传〉、〈国语〉》。

徐北文生。

汤志钧生。

胡念贻生。

1925年

卫聚贤《春秋图考》刊印。

钱玄同及顾颉刚《春秋与孔子》、梅思平《论公羊传与公羊学》、周予同《经今古文学》等文章发表。

王守谦生。

1926年

康有为刊布《春秋笔削大义微言考》。

朱运枢《春秋笔记六种》石印本印行。

吕思勉《经子解题》由商务印书馆出版。

吴闿生《与李右周进士论左传书》、陈柱《公羊微言大义自序篇》、魏禧《左氏兵法》、李嘉善《春秋灵王赗仲子礼辨》等文章发表，古史辨派重要代表顾颉刚、钱玄同、胡适等对《春秋》经传撰文讨论，钱玄同作《论春秋性质书》、《论获麟后读经及春秋例书》等文，顾颉刚发表《答书》(《答疑古玄同〈论春秋性质书〉》)予以回应。

1927 年

瑞典汉学家高本汉发表《论〈左传〉之真伪及其性质》，引起学界对《左传》真伪、作者及成书时间等基本问题的大讨论，掀起《左传》和经学研究的新高潮。

柯劭忞《春秋穀梁传注》刊行。

张西堂作《春秋大义是什么》，对“春秋大义”作出详细梳理和阐释。

卫聚贤《春秋的研究》《左传之研究》等从史学角度对《春秋》《左传》等重要问题详加考辨。

胡适作《论〈左传〉之可信及其性质》加入到《左传》问题的讨论。

今文经学家康有为卒。

叶庆炳生。

1928 年

林语堂发表《左传真伪与上古方音》，卫聚贤作《我们的朋友——评林语堂〈左传真伪与上古方音〉》予以探讨。

冯沅君《论左传与国语的异点》文章发表后，卫聚贤又作《读〈论左传与国语异点〉以后》予以支持，并阐述自己的见解。

柯劭忞《春秋穀梁传注序》、杨寿昌《春秋通三统义演述》、顾颉刚《春秋研究课旨趣书》发表。

曹道衡生。

刘正浩生。

1929 年

陈柱《公羊家哲学》刊发，该书是民国时期系统阐释公羊学说的著作。又作《孔子不作春秋辨》一文，对钱玄同等疑古学派关于《春秋》非孔子之作等说予以反驳。

冯澄《春秋日食集证》刊印。

彭炜棠《春秋无事书时说》、黄仲琴《左丘明之姓氏》、陈景圣《左传之真伪问题》、陈钟凡《春秋澶渊考》、李审用《春秋左氏传凡例探源》、柳屺生《春秋孟氏学》、何德让《从春秋经中求出当时史官所注意之事实》、刘君葵《从春秋经中推考春秋时代事势之变迁》等相关《春秋》学研究文章发表。

梁启超卒。

吴雁南生。

1930 年

廖平《穀梁春秋经传古义凡例》刊行。

王照《读左随笔》出版。

张其淦《左传礼说》印行。

时父《驳皮锡瑞六经出于孔子说》、徐诵光《由左传上观察春秋时代之迷信与信仰》、吴承仕《公羊徐疏考》等文章发表。

钱穆《刘向歆父子年谱》刊发于《燕京学报》第 7 期，有力地批驳了今文经学的“刘歆伪作说”。

张以仁生。

何乐士生。

李振兴生。

陈克炯生。

1931 年

张西堂《穀梁真伪考》出版发行。

胡志挥生。

郭维森生。

程元敏生。

1932年

王尚概《春秋贯解》刊行。

章太炎《与吴承仕论春秋答问作意书》、钱玄同《重论经今古文学问题》(1932年北京大学《国学季刊》第3卷第2号由北平文化学社出版，全文近6万字)等文章发表。

今文经学大师廖平卒。

萧兵生。

李维琦生。

周何生。

1933年

范文澜《群经概论》由朴社出版。

章太炎《春秋左氏疑义答问》刊印。

李澄宇《读春秋蠡述》、马厚文《左传纂读》、魏元旷《春秋通议》等著作发行。

日本本田成之著、江侠庵译《春秋穀梁传考》刊行。日本安井小太郎《经学门径书目》由大东文化学院研究部印行。

马宗霍《群经臆说》、季冰《〈左传〉中赋诗通则的探索》、王兴瑞《春秋时代观念意识的转变——读〈左传〉笔记之二》、杨守敬《北齐人书左氏传跋》、李竞西《〈左传〉引诗研究》、徐震《〈左〉穀解难》、戴增元《公羊学通论》、方孝岳《公羊旁记》、李源澄《公羊穀梁序例》、杜钢百《公羊穀梁为卜商或孔商讹传异名考》、余德建《春秋的本质与春秋的分裂》等众多文章发表。

吴闿生《左传微》刊行。

顾实《与钱子泉论左氏传书》、张尔田《与王静安论治公羊学书》、冉崇烈《斥误据〈史记〉以攻〈左传〉之妄》等文章发表。

马宗霍《中国经学史》刊行。

高本汉《中国古书的真伪》刊行。

日本汉学家新城新藏《东洋天文学史研究》出版，通过对《左传》所记各年岁星所在之次不是当时实际观象所得，而是根据公元前365年所观测之天象，以此年为标准的元始年而来逆推，推断《左传》成书当在公元前365年之后，颇有说服力。

柯劭忞卒。

王照卒。

李学勤生。

郁贤皓生。

1934年

《刘申叔先生遗书》整理出版，涉及《春秋》学著述有《春秋古经笺、附春秋古经旧注疏证零稿》《春秋左氏传答问》《读左札记》《春秋左氏传传例解略》《春秋左氏传例略》《春秋左氏传古例诠微》《春秋左氏传传注例略》《春秋左氏传时月日古例考》等。

方孝岳《左传通论》刊行。

蒋石渠《春秋左氏传言语学序》、越致《敦煌左传残卷校记》、方孝岳《左传略》、顾颉刚《说丘》、俞平伯《左传遇》、陈朝爵《读左随聿》、杜钢《孔子撰修春秋异于旧史文体考》等文章发表。

梁宽、庄适《〈左传〉选注》出版。

谢秀文生。

章培恒生。

陈茂同生。

1935年

王树荣《续左氏膏肓》《读左持平》《箴箴何篇》《公羊何注考订》《续公羊墨守》《续穀梁废疾》等书刊行。

卫聚贤《十三经概论》、毛起《春秋总论》、陈延杰《经学概论》、吴佩孚《春秋左传浅解》等书出版。

余德建《〈春秋〉的本质与〈春秋〉的分裂》、褚保炎《左传引诗考叙言》、童书业《〈国语〉与〈左传〉问题后案》、周澄《读〈左〉导言》、章炳麟《论公羊学》、郑师许《〈左传〉真相之先决问题》、戴增元《穀梁学通论》、徐震《读〈左〉杂记》、张其淦《左传礼说自序》、徐景贤《春秋晋军制考》、孙之舟《〈左传〉〈国语〉原非一书证》、陈槃《春秋杞子用夷贬爵辨》、孙易《春秋三传授受考》、陆修佑《读左分类选目》、潘承弼《著砚楼读书志：残宋本春秋经左氏传句解》、杨向奎《论"五十凡"(附蒙文通先生跋)》、周澄《吕东莱读左述要》、罗福颐《春秋简书刊误校补》、徐震《春秋经传略说》、胡适《论〈春秋〉答钱玄同》、黄萧(子雍)遗著《珂罗倔伦左传真伪考驳议》等多篇《春秋》学文章发表。

黄侃卒。

魏元旷卒。

王熙元生。

陈新雄生。

左松超生。

1936 年

方孝岳《左传通论》刊行。

顾时《春秋左传纂言》、顾颉刚《三统说的演变》、杨向奎《论〈左传〉"君子曰"》、李源澄《与陈柱尊教授论公羊学书》、章太炎《与徐哲东(震)论春秋书》、金德建《左氏学郑兴、贾逵不同蠡测》、杨向奎《论〈左传〉之性质及其与〈国语〉之关系》、陈槃《春秋"公矢鱼于棠"说》等文章发表。

6 月 14 日，古文经学大师章太炎卒。

魏元旷卒。

袁行霈生。

朱维铮生。

谭家健生。

1937 年

周予同作《春秋与春秋学》一文，对各政治势力利用《春秋》学进行反动统治予以学术批评。

马宗霍《中国经学史》刊行。陈柱《中国散文史》出版。

陈舜政生。

吴车生。

1938 年

由哈佛燕京学社引得编纂处编纂的《春秋经传引得(附标校经传全文)》出版。

甘鹏云著《经学源流考》8 卷(附《尊经社讲演录》1 卷、《方志商》1 卷)。

杨寿昌卒。

沈玉成生。

叶政欣生。

曾勤良生。

1939 年

由钟泰讲述、李敏信记录的《〈春秋〉之国家观与国际观》发表。

钱基博《中国文学史》铅字排印本刊印。

钱玄同卒。

吴承仕卒。

陈朝爵卒。

张燕瑾生。

1940年

方孝岳《春秋三传学》刊行。

王伯祥《春秋左传读本》出版，是近代以来最早的一部普及读物。

孙次舟《〈左传〉〈国语〉原非一书证》，否定今文经学派“刘歆割裂《左传》说”的观点。

潘重规《春秋公羊疏作者考》、杨树达《“春秋大义述”序》、吴其昌《春秋的民族主义和复仇主义》等文章发表。

罗振玉卒。

甘鹏云卒。

汪荣祖生。

简宗梧生。

1941年

金德建《董仲舒的著作与春秋繁露》《汉代左传、国语二书合一不分之证》、易君左《读春秋繁露》《读春秋杂感》、程芸《春秋史记皆史籍通称》等文章刊发。

刘大杰《中国文学发展史》由中华书局印行，1957年和1962年再版。

沈秋雄生。

程南洲生。

李少雍生。

1942年

王凌云《〈左传〉言礼本于周官经考》、欧阳学《〈左传〉研究》、易君左《春秋何以为仁义法》、王焕镳《春秋攘夷说》等文章发表。

黄仲琴卒。

宋鼎宗生。

1943 年

中国孔学会会刊《孔子》创刊。

杨树达《春秋大义述》刊印，该书阐发“春秋大义”，以激励国人抗战之志。

李树桐发表《春秋的大一统主义与复仇主义》。

俞平伯发表《〈左传〉“震夷伯之庙”一条非左氏旧文说》。

马玉山生。

1944 年

中法汉学研究所编《春秋繁露通检》出版。

蒋伯潜《经学纂要》出版。

刘节发表《〈左传〉〈国语〉〈史记〉之比较研究》，再度反对《左传》割裂说。

直父《春秋三传经文考异》、顾颉刚《读〈左传〉杂记》、夏敬观《〈春秋繁露〉考逸》等文发表。

陈柱卒。

吴其昌卒。

1945 年

杨向奎《西汉经学与政治》出版。

熊十力《读经示要》出版。

翦伯赞《春秋之义》，木强《读春秋公羊传》《读春秋穀梁传》《读春秋左传》，张西堂《穀梁春秋考证(附春秋今古文异同表)》，孙玄常《读左蠡见》等文章发表。

张尔田卒。

郑君华生。

1946 年

陈务去作《公羊学与专制政治》，针砭时弊。

闻一多卒。

梅思平卒。

张其淦卒。

黄永武生。

陈戍国生。

陈庆元生。

黄丽丽生。

1947 年

陈槃《左氏春秋义例辨》刊行，断定“刘歆分裂《国语》以成《左传》，殆无可疑者”。

叶华发表《〈左传〉之编者时代问题》，认为《左传》成于秦火之后，由于忽视了大量先秦文献，故结论难以成立。

吕思勉发表《马先之〈左氏纂读〉跋》，再次反驳刘歆伪造说。

年离中《公羊义略记》、吴静安《春秋名字解诂今钞》、黄彰健《张三世古义》等文章发表。

秦同培《左传精华》在世界书局出版。

单周尧生。

赵伯雄生。

李解民生。

1948 年

罗倬汉《〈左传〉著作年代试探》发表，认为《左氏》原为《春秋》编年之书，成书于战国之末或秦汉之际，再次否定“刘歆“伪作说”。

孙海波《论孔门弟子与经学的关系》、朱东润《公羊探故》、张西堂《春秋要旨论》等文发表。

郭绍虞《中国文学批评史》出版。

柳存仁《上古秦汉文学史》出版。

朱自清卒。

孙绿怡生。

林庆彰生。

1949 年

朱维之《中国文艺思潮史略》出版。

莫砺锋生。

张高评生。

毛远明生。

胡安顺生。

1950 年

吴闿生卒。

傅斯年卒。

龚留柱生。

姚曼波生。

刘丽文生。

1951 年

夏先培生。

张汉东生。

骆玉明生。

1952 年

郑师许卒。

李梦生生。

陈居渊生。

赵大明生。

1953 年

台湾发表牟润孙《左丘明传〈春秋〉考》、徐道邻《〈左传〉“著者”问题的商榷》等文。

蒋庆生。

何新文生。

1954 年

李索生。

1955 年

陈咏发表《试谈〈左传〉的文学价值，并与巴人同志讨论郑庄公的典型形象》，把《左传》作为纯文学，将其与小说创作等同，并对《左传》的人物描写技巧发表了精到的见解。

瞿蜕园《左传选译》在春明出版社出版。

李澄宇卒。

陈苏镇生。

1956 年

朱东润选注《左传选》出版。

杨树达卒。

顾实卒。

蒋伯潜卒。

柳诒徵卒。

刘黎明生。

晁岳佩生。

1957 年

王伯祥选注《春秋左传读本》再版。

郭沫若发表《述吴起》，认为《左传》的作者是吴起。

袁少谷注释、褚博雅校订的《左传详释》在香港和台湾先后出版。

中华书局刊印《十三经注疏》。

杨公骥《中国文学》出版。

王玉哲《〈左传〉解题》、苏渊雷《左传·国语·左传》发表，注重从历史角度研究《左传》。

陈槃发表《论〈左传〉“凡例”与刘歆之关系》。

钱基博卒。

吕思勉卒。

赵生群生。

邵炳军生。

1958 年

侯外庐《中国思想通史》出版。

香港出版钱穆《两汉经学今古文平议》。

台湾出版周法高《周秦名字解诂汇释》。

台湾开明书店选注《左传选读》。

郭维森发表《〈左传〉的思想内容和艺术方法》。

周予同卒。

李源澄卒。

蒋冀骋生。
郭鹏飞生。

1959年

中华书局出版新一版《古文观止》。
人民文学出版社编辑部编选《中国古典散文研究论文集》。
皮锡瑞《经学历史》在中华书局出版。
刘文淇《春秋左氏传旧注疏证》在北京科学出版社首次出版。
牟润孙《春秋左传辨疑》在香港出版。

1960年

张西堂卒。
于景祥生。
傅道彬生。

1961年

施瑛选译《左传故事选译》在中华书局出版。
台湾出版周何《春秋吉礼考辨》。

1962年

《光明日报》刊发徐中舒《论〈左传〉写作时期和作者》，认为《左传》成书于公元前375—前352年，作者是子夏的再传弟子。

白寿彝发表《论〈左传〉三事》，纯粹从历史学角度解读《左传》的叙事。

金毓黻《中国史学史》出版。

中国社会科学院文学所编《中国文学史》(全3册)出版。

台湾学者张以仁发表《论〈国语〉与〈左传〉的关系》，认为《左传》

《国语》并非一人一时所作，对“刘歆伪作说”进行驳斥。

台湾出版刘正浩《太史公左氏春秋义述》，旨在驳斥“刘歆伪作说”。

陈槃《春秋晋、楚两国别纪》、张以仁《论〈国语〉与〈左传〉的关系》等论文发表。

胡适卒。

金毓黻卒。

潘万木生。

黄翠芬生。

1963 年

金德健《司马迁所见书考》出版，认为《左传》和《国语》是一本书。

韩席筹《左传分国集注》出版，因成稿在 1940 年，且思想和方法都较为陈旧，招来很多批评。

游国恩等主编《中国文学史》出版，被作为全国高等院校文科教材。

徐中舒《左传选》出版，被作为全国高等院校历史学科教材。

清代陶鸿庆《读左质疑左传别疏》在中华书局出版。

胡念贻发表《论〈左传〉叙事的倾向性》，开始从文学角度关注《左传》的叙事艺术。

陈仲庚《〈左传〉中的病理心理学思想》、曹荃《读〈左传〉随笔二则》、曹道衡《论〈左传〉的人物评述和描写》等文发表。

刘承乾卒。

李建军生。

张素卿生。

1964 年

郭双成《略论〈左传〉关于战争的描写》、谢祚《整理古籍不应宣扬封建思想——评〈左传分国集注〉》、杨向时《〈左传〉引诗考》等文章发表。

台湾出版周法高《周秦名字解诂汇释补编》。

台湾出版戴君仁《春秋辨例》。

台湾出版陈新雄《春秋异文考》。

1965 年

台湾学者田宗尧发表《读〈左传会笺〉札记》。

漆永祥生。

张树国生。

1966 年

台湾出版叶政欣《春秋左氏传杜注释例》，通过杜预注来阐发《春秋》经传大义。

台湾出版林耀曾《春秋诂经洪诂补正》。

台湾出版刘正浩《周秦诸子述左传考》。

李士彪生。

1967 年

台湾出版程发轫《春秋左氏传地名图考》，对古历推算和地理沿革颇有新见。

台湾出版沈继先校正《春秋左传白话新解》。

杨向时《〈左传〉赋诗考》、潘文光《〈左传〉书名及其性质辨疑》在台湾发表。

1968 年

台湾出版刘正浩《两汉诸子述左传考》。

童书业卒。

翦伯赞卒。

蒙文通卒。

熊十力卒。

阎简弼卒。

王鸿滨生。

1969 年

台湾出版陈槃《春秋大事表列国爵姓及存灭表撰异》。此书历时十年始成，发清儒顾栋高《春秋大事表列国爵姓及存灭表》未发之蕴，突破前人研究，是研究中国先秦史经典之作。

台湾出版左松超《左传虚字集释》。

台湾出版高葆光《左传文艺新论》。

陈槃《不见于春秋大事表之春秋方国叙论》、方炫琛《〈左传〉在〈史记〉前已是附经编年证》在台湾发表。

范文澜卒。

韩席筹卒。

吴晗卒。

1970 年

台湾出版陈铁凡《〈左传〉节本考——从英法所藏敦煌两残卷之缀合论〈左传〉节本与〈群书治要〉之渊源》。

1971 年

台湾出版李宗侗注译、叶庆炳校订《春秋左传今注今译》。

台湾出版朱义云《隐哀二世〈春秋〉三传之比较与研究》。

台湾出版程发轫主编《十六年来之国学》。

1972 年

台湾出版陈舜政译《高本汉左传注释》。

台湾出版杨向时《左传赋诗引诗考》。

台湾出版黄永武《许慎之经学》。

台湾出版王熙元《穀梁范注发微》《六十年来之穀梁学》《六十年来之国学》。

易君左卒。

孙海波卒。

伍剑禅卒。

陈才训生。

1973 年

帛书《春秋事语》在长沙马王堆出土，受到学者普遍关注。

冯作民《白话左传》在昆明出版。

台湾出版钱穆《经学与史学》。

台湾出版张元夫《春秋述闻》。

方孝岳卒。

徐道邻卒。

陈彦辉生。

1974 年

在长沙马王堆汉墓帛书座谈会上，裘锡圭和唐兰都指出《左传》和《春秋事语》之间有一定关系。

台湾出版周次吉《左传小说辑释》。

台湾出版王树枬《左氏春秋伪传辨》。

台湾出版王熙元《穀梁著述考征》。

冯沅君卒。

李宗侗卒。
陈致宏生。

1975年

台湾出版柳诒徵《国史要义》。
王伯祥卒。
程发轫卒。
郭院林生。

1976年

台湾出版陈新雄主编的《左传论文集》。
台湾出版程发轫《春秋要领》。
台湾出版黄彰健《经学理论文存》。
林语堂卒。
马宗霍卒。
安敏生。

1977年

张政烺《〈春秋事语〉解题》发表。
高雄复文图书出版社出版本社编《春秋左传会注》。
台湾出版孙春在《清末的公羊思想》。
王兴瑞卒。
刘节卒。
刘大杰卒。

1978年

徐仁甫发表《马王堆汉墓帛书〈春秋事语〉和〈左传〉的事、语对比研究——谈〈左传〉的成书时代和作者》，通过五条证据，坚持《春秋事语》中的史事出自刘歆伪造。另一文《左传的成书时代及其作者》也持同样的观点。

仇振中《谈〈子鱼论战〉中的“大司马固谏”》、黄瑞云《关于春秋典籍中的“人”与“民”》、陈克炯《〈左传〉复音词初探》、斯维至《论庶人》、周振甫《孔子论礼》等文发表。

范文澜《中国通史简编》出版。

侯外庐主编《中国近代哲学史》出版。

台湾出版陆宝千《清代思想史》。

郭沫若卒。

高本汉卒。

游国恩卒。

戴君仁卒。

陆侃如卒。

毛振华生。

1979 年

徐仁甫发表《左丘明是〈左传〉还是〈国语〉的作者》，还是认为《左传》是刘歆伪造。这一观点让学术界意外。宋敏(《〈左传〉的作者和成书年代的商榷》)、洪成玉(《〈左传〉的作者决不可能是刘歆——与徐仁甫先生商榷》)、杨伯峻(《〈左传〉成书年代论述》)和胡念贻(《〈左传〉的真伪和写作时代问题考辨》)等人先后撰文和徐仁甫论争。尤其是胡念贻，通过有力的证据，指出徐仁甫的结论是通过主观主义的研究方法得出来的。经过胡念贻的这次总清算，“刘歆伪造《左传》说”终于有了明晰的结论。

钱锺书《管锥编》第一册中的《左传正义》出版，是大陆此期唯一高质量的专著，和当时的许多单篇论文相比，《左传正义》显然更严谨，更有体系，标志着大陆《左传》研究史的开始。

台湾出版方炫琛《春秋左传刘歆伪作窜乱辨疑》。

台湾出版徐复观《两汉思想史》。

洪诚于《〈左传〉泓之战"大司马固谏"注解述评》、梁凤玉《读曹刿论战的启示》、徐鸿修《试论西周春秋时期的贵族经济》、振甫《〈东莱博议〉的议论》、罗炽《驳梁效诟诬子产种种》、刘心予《先秦史传文学试论》、斯维至《从子产谈到孔子》、聂国栋《略谈〈左传〉的语言艺术》、陈克炯《〈左传〉形容词简析》、蒋孔阳《阴阳五行与春秋时的音乐美学思想》等文章发表。

唐兰卒。

1980 年

童书业遗著《春秋左传研究》出版，获得好评。

赵光贤《〈左传〉编纂考》发表，提出《左传》的作者既不是刘歆，也不是左丘明，而是战国时的鲁国左姓人，并认为《左传》不是《春秋》的传。

台湾出版刘正浩《周秦诸子述〈左传〉考》。

台湾出版张以仁《国语左传论集》。

台湾出版顾立三《司马迁撰写史记采用左传的研究》。

台湾出版单周尧《左传学论集》。

顾颉刚卒。

洪诚卒。

1981 年

杨伯峻《春秋左传注》出版。此书历时 20 余年，是百年来对《左传》经传作校勘、注释的唯一著作。

沈玉成《左传译文》出版。此书是杨伯峻《春秋左传注》的姊妹作。

徐仁甫《左传疏证》出版。

徐北文《先秦文学史》出版。

胡念贻发表《〈左传〉的真伪和写作时代问题考辨》，认为《左传》是独立于《春秋》之外的先秦史书，《左传》中的解经之语则是后人陆续窜入的。

陆宗达《〈左传〉句义释疑(三则)》、萧兵《〈左〉疑三则——兼释《诗经》《楚辞》有关疑义》等文发表，代表此期《左传》训诂学研究的新成绩。

周予同卒。

罗福颐卒。

萧公权卒。

1982 年

郑良树《〈春秋事语〉校释》发表。

《章太炎全集》出版。

吕思勉《吕思勉读史札记》出版，认为《左传》是独立于《春秋》之外的先秦史书，不是解经之书。

台湾出版张高评《左传导读》，从文学角度多方面证明《左传》确实是释经之书。

台湾出版张高评《左传之文学价值》《左传文章义法撢微》。

台湾出版程南洲《春秋左传贾逵注与杜预注之比较研究》。

台湾出版洪顺隆《左传论评选析新编》。

台湾出版伍妈喜《春秋左氏传古注辑考》。

台湾出版黄彰健《经今古文学问题新论》。

台湾出版戴君仁等编著《春秋三传研究论文集》。

吴长庚《〈左传〉与中国古代小说的起源》、陈克炯《〈左传〉词汇简论》、朱宏达《论〈左传〉的语言艺术》、伊根撰与张端穗译《〈左传〉中的叙事文》、聂本立《试论〈左传〉的人民性》、王更生《历代〈左传〉学》、易平《〈左传〉中的传记体雏形》等文章发表。

徐复观卒。

胡念贻卒。

赵元任卒。

1983 年

第一届经学学术研讨会在台北师范大学召开。

杨向奎《论〈左传〉的性质及其与〈国语〉的关系》出版。

黄侃校点《黄侃手批白文十三经》出版。

蒋伯潜《十三经概论》出版。

日本学者狩野直喜《左氏辨》出版。

台湾出版叶政欣《汉儒贾逵之春秋左氏学》。

台湾出版简宗梧《〈左传〉伍子胥的形象》。

台湾学者顾立三发表《〈左传〉与〈国语〉之比较研究》，坚持《左传》并非由《国语》割裂而来的观点，同时认为《左传》是史书，非解经之书。

王靖宇著、张端穗译《以〈左传〉为例看古代中国的叙事文》、郑君华《〈左传〉：长篇叙事文学的雏形》、易平《〈左传〉叙事体例分析——“每事自为一章”》等文体学论文发表，显然受到西方文艺思想的影响。

邢天寄《春秋时期的赋诗和引诗》和台湾学者奚敏芳《〈左传〉赋诗引诗之研究》先后发表，表明《左传》研究逐步走向文学化道路。

张伟明《关于〈左传〉中“于”和“于”的用别》、陈克炯《论〈左传〉的“为”字句》、沈松勤《试论〈左传〉的行人辞令》、罗汝忠和吴翠屏《略论〈左传〉中的“者”字及“者”字结构的一些问题》、胡从曾《〈左传〉〈国语〉引谚之变例》、师其彬《〈左传〉滑国地址小考》、丰家骅《〈晋公子重耳之亡〉疑义考辨》、李佐丰《谈〈左传〉三类复合使动式》、卞集《近年探讨〈左传〉艺术成就的论文一瞥》、卫文选《晋国的阶级、阶层和土地占有制度》、朱东润《〈公羊〉探故·〈左传选〉》等文章发表。

杜钢百卒。

1984 年

郑君华发表《略论〈左传〉成书年代的有关问题》，指出《左传》成书在春秋末年战国之初。

陈茂同发表《左传的作者及其成书的年代问题》，认为《左传》当成书于前 415 年之前。

王和发表《论〈左传〉预言》，认为《左传》的预言来源不一，根据不验的预言断定成书年代并不可靠。

何乐士发表《从〈左传〉和〈史记〉的比较看〈史记〉的动补式》及《从〈左传〉和〈史记〉的比较看〈史记〉的动补式》，侧重比较《左传》和《史记》的语法特点。

何新文发表《〈左传〉的写人艺术》，认为《左传》是“用散文写成的史诗”，观点新颖。

台湾出版李宗侗《春秋左传今注今译》。该书注译兼释本，注释尽量参照杜预、郑玄等大家注解，译文力求直译，代表台湾《左传》译注的新成果。

沈玉成《从文学角度看〈左传〉》、吴浩坤《西周和春秋时代宗法制度的几个问题》、傅道彬和石声淮《〈左传〉应验描写初论》、王化珏《〈春秋左传〉引〈诗〉考略》、林涛《〈左传〉序数考》、何法周《读〈秦晋崤之战〉——〈左传〉散文艺术手法三例》、楼凤仙《试论〈左传〉刻画人物形象的艺术手法》、李向平《春秋战国时代的姓氏制度》、郑志明《〈左传〉灾异说探论》、谢秀文《从〈春秋〉、〈左传〉记时差异看二者之关系》、廖秀珍《〈春秋左氏传〉会盟研究》等文发表。

郭绍虞卒。

1985 年

林新樵编《左传选》出版。

王守谦《左传选译注》出版。

杨伯峻、徐提《春秋左传词典》出版。

李耀仙编《廖平全集》出版。

台湾出版谢秀文《春秋三传考异》。

台湾出版李宗侗《中国史学史》。

谭家健发表《关于〈国语〉的成书时代和作者问题》，认为《国语》的作者不是左丘明，很有可能是三晋史官。

汪道伦发表《从踵事增华到虚实相生——中国古典小说与史传文学艺术渊源探微》，较早论述了中国古典小说与史传文学之间的关系。

韩连琪《春秋战国时代的中央官制及其演变》、刘浦江《从〈春秋左传〉看春秋时代的城市》、郝铁川与赵长征《春秋宋国官制初探》、戴伟华《〈左传〉"言语"对战国诸子散文的影响》、尹砥廷《浅谈〈左传〉对历史人物的刻划》、高树《试论〈左传〉中的妇女形象》、景明《论〈左传〉的民本思想》、吴道勤《〈左传〉中的使动双宾语结构》、王介平《关于〈左传〉纪年质疑》等文发表，对《左传》的官制、民本思想、语法等进行探讨，而《左传》的妇女专题，也进入研究视域。

1986 年

台湾出版宋鼎宗《春秋宋学发微》，对两宋33位春秋名家逐一进行考述。

台湾出版周次吉《左传杂考》。

王树民发表《〈国语〉的作者和编者》，认为《国语》的作者不出于一时一人，应是各国史官所作，其编者是左丘氏。

霍旭东发表《〈春秋〉、〈左传〉记事的迄止年代》，认为《左传》的记事迄至鲁哀公二十七年，在最后的记述中涉及鲁悼公四年和鲁悼公十五年的历史事实；除附记外，《左传》实际上只记述了春秋时期255年的故事，比《春秋》记事多13年。

孙绿怡《〈左传〉中传说的文学特点——兼评"失之诬"说》、刘正民《论〈左传〉中的祝、卜、梦的人本思想》、杨志才《春秋时代外交活动中的赋诗》、周淑舫《谈〈左传〉描写的正面女性形象》、李梦奎《论〈左传〉战争篇章的人物描写》、黄金贵《〈左传〉"贰于×"解诂》、申小龙《〈左传〉句法札记》、李佐丰《〈左传〉以宾短语作状语和补语的用法》、陈克炯《〈左传〉单音动词的“向”及其句式》、赫尔穆特·威廉《〈左传〉、〈国语〉中的易经占筮辞》、霍旭东《〈春秋〉、〈左传〉记事的迄止年代》、唐嘉弘《简论春秋战国时期的尞祭及其源流——先秦原始宗教新探之一》、吴功正《传记散文和古典小说的审美关系》、韩连琪《春秋战国时代的郡县制及其演变》等文发表。

侯外庐卒。

施瑛卒。

1987 年

谭家健、郑君华《先秦散文纲要》出版。

洪亮吉编注、李解民点校的《春秋左传诂》出版。

台湾出版张端穗《左传思想探微》。

沈长云《〈国语〉编撰考》、张涤云《〈左传〉澄源》、徐相霖《试论汉代〈春秋〉“公羊学”与“左氏学”论战的实质》、杨希枚《论久被忽略的〈左传〉诸侯以字为谥之制：兼论生称谥问题》、何浩《〈左传〉“夏汭”考》等文发表。

1988 年

顾颉刚著、刘起圩整理的《春秋三传及国语之综合研究》出版。

冯作民《白话左传》出版。

王淑均《左传菁华》出版。

蒋冀骋点校《左传》出版。

台湾出版傅隶朴《春秋三传比义》。

台湾出版汪荣祖《史传通说》。

台湾出版李威熊《中国经学发展史论》。

何乐士发表《论〈左传〉前八公与后四公的语法差异》，从语法角度批驳了“刘歆伪造《左传》说”。

张新科发表《史传文学中人物形象的建立——从〈左传〉到〈史

记〉》，首次探讨了史传文学中人物形象的建立问题。

李醒华《〈左传〉外交辞令的特色》、刘冬冰《〈春秋左氏传〉假借例释》、云博生《〈春秋〉》与〈春秋左传〉反映的原始婚俗考略》、傅道彬《〈左传〉应验描写初论》、杨博文《杜预和〈春秋左氏经传集解〉》、易平《左传的两种特殊叙事体例》、张汉东《〈左传〉及其向〈春秋〉学的演变》、张舒亚《论汉代〈春秋〉三传的官学之争》、刘雨民《经学与中国文化》等文发表。

徐仁甫卒。

朱东润卒。

牟润孙卒。

陆宗达卒。

1989 年

山东泰安市召开“左丘明研究会成立大会暨第二届纪念左丘明学术研讨会”。

何乐士《〈左传〉虚词研究》出版。

美籍华人王靖宇《〈左传〉与传统小说论集》出版。

林银生《〈左传〉外交辞令赏析》出版。

台湾出版叶政欣《杜预及其春秋左氏学》。

台湾出版林庆彰主编的《经学研究论著目录(1902—1987)》。

李学勤发表《帛书〈春秋事语〉与〈左传〉的传流》，证明《左传》并非刘歆伪造。

尹雪梅《试论〈左传〉的行人辞令》、曾广开《从〈左传〉看春秋时期的文学观》、王扶汉《〈左传〉所记赋诗例发微——论〈诗〉在春秋时期一种独特的社会功能》、王守民《论〈左传〉中的郑国子产》、邓韶玉《〈左传〉人物描写艺术美初探》、申小龙《〈左传〉单段单动施事句研究》、立楷《〈左传〉“日南至”辨正——兼谈〈史记·历术甲子篇〉冬至的推算》、晁岳佩《郝氏〈春秋〉两种评介——论郝懿行的〈春秋〉学》等文发表。

卫聚贤卒。

马厚文卒。

1990 年

山东泰安市郾城县成立左丘明研究所。

章权才《两汉经学史》出版，注重从政治学角度对两汉经学进行阐述。

马勇《汉代春秋学研究》出版。

王守谦、金秀珍、王凤春译注《左传全译》出版。

章培恒等主编《左传选译》出版。

陈世铙译注《左传选译》出版。

黄侃经文句读《春秋左传正义》出版。

台湾出版程发轫《春秋人谱》。

张平辙发表《〈春秋左传〉的作者究竟是谁》，认为《左传》是孔门弟子所作。

何新文《人的发现与文的新变——春秋时代文学艺术略论》、王仲英《〈左传〉“能、可、欲、敢”等词的使用情况调查兼论其词性》、刘家和《〈春秋〉三传的灾异观》、浦伟忠《论〈左传〉“君子曰”的思想》、王守谦《略论〈左传〉中行人与行辞令》、于全有《试论〈左传〉中的训诂》、张卫中《试论〈左传〉的文学性》、陈良明《〈说文〉引〈左传〉说略》、张新科《从〈左传〉到〈史记〉史传文学的特征》、曾广开《从〈左传〉看春秋时期的价值观》、李治忠《春秋左传正义三十卷善本书叙录)》等文章发表。

冯友兰卒。

钱穆卒。

俞平伯卒。

韩连琪卒。

1991 年

山东泰安市举办“左丘明与‘说文学’国际学术研讨会”。

潘雨廷《左传与春秋易学》出版。

朱宝庆《左氏兵法》出版。

陈戍国《先秦礼制研究》出版。

台湾出版张素卿《左传称诗研究》。

台湾出版李振兴《新译东莱左氏博议》。

台湾出版李新霖《从左传论春秋时代之政治伦理》。

台湾出版程元敏《春秋左氏经传集解序疏证》。

郭丹《〈左传〉人物形象系列及其意义》、董治安《从〈左传〉、〈国语〉看"诗三百"在春秋时期的流传》、王靖宇《中国早期叙事作品的典范——〈左传〉》、曾海龙《略论〈左传〉对俗谚、民谣的运用》、李勇《从"〈左传〉所言星土事"看中国古代星占术》、汪耀明《论〈左传〉人物形象的描写》、李运宁《〈左传〉人物形象塑造絜谈》、刘玉建《〈左传〉〈国语〉中卜例(之一)》、陈又钧《〈左传〉中的寓言浅探》、周之朗《〈左传〉"相从为愈"旧解辨正——兼及"相"由互到偏之演进》、赵伯雄《〈公羊〉〈左传〉记事异同考》等文发表。

徐中舒卒。

1992 年

沈玉成、刘宁《春秋左传学史稿》出版。

孙绿怡《〈左传〉与中国古典小说》出版。

马勇《汉代春秋学研究》出版。

刘殿爵、陈方正主编《先秦两汉古籍逐字索引丛刊》出版。

台湾出版朱冠华《风诗序与左传史实关系之研究》。

邬锡非《〈左传〉争议诸说述评》、姚德彬《两个晋文公——从〈左传〉与〈史记〉的人物差异说开》、张卫中《吕祖谦〈左传〉研究论析》、张觉《〈左传〉"死君"说解辨正》、陈其泰《〈春秋〉与西汉社会生活》、梅显懋《〈左传〉战争描写对〈三国演义〉的影响》、金文舒和金荣权《比较〈左传〉与〈战国策〉的外交辞令——兼谈春秋战国的社会心态》、杨向奎和浦伟忠《〈春秋〉三传的差异及其影响》、卞朝宁《论〈左传〉作者的思想倾向》、杨健民《〈左传〉记梦的梦象类型及占梦特点》、夏先培《〈左传〉称谓词“子”的考察》等文发表。

杨伯峻卒。

1993 年

何耿镛《经学简史》出版。

胡安顺主编《左传纪事精选》出版。

张燕瑾主编《文白对照全译左传》出版。

杨伯峻、徐提译《白话左传》出版。

台湾出版曾勤良《左传引诗赋诗之诗教研究》。

台湾出版陈槃《左氏春秋义例辨》。

台湾出版林庆彰主编的《日本研究经学论著目录(1900—1992)》、

王和发表《〈左传〉的材料来源》，认为来源有二，即春秋时期各国史官的记事笔记和流行于战国前的关于春秋史事的传闻。

董莲池发表《〈左传〉杜注对句法现象的揭示》，开始关注被古文经学冷落的现存第一部注本杜预注本。

张波《〈左传〉非正常语序成因初探》、邵炳军《从〈尚书〉到〈左传〉看上古汉语中“然”字的用法》、张卫中《从创作的角度看〈左传〉》、山崎直树和李运富《〈左传〉中“吾”“我”格表示的分裂条件》、刘亚林《婉而有致　词强不激——〈左传〉外交辞令语体风格分析》、曾海龙《论〈左传〉对编年记事的贡献》、吴显庆《论〈左传〉中的政治辩证法思想》、罗家湘《〈左传〉中关于礼文化的再强化》等文发表。

陈铁凡卒。

叶庆炳卒。

1994 年

香港大学举办“第一届《左传》国际学研讨会”。

何乐士《〈左传〉的范围副词》出版。

管燮初《左传句法研究》出版。

赵大明《〈左传〉介词研究》出版。

台湾出版张高评《左传之武略》和《左传之文韬》。

台湾出版林庆彰《明代经学研究论集》。

牛鸿恩发表《论〈左传〉的成书年代》，认为《左传》最晚在公元前360年至前355年之间写成，作者当是左姓吴期。

赵伯雄《郑玄〈春秋〉学考述》、景明《论〈左传〉的文学观》、姚斌《〈左传〉中的人火史》、陈建梁《服虔以〈公羊传〉解〈左氏〉例释——兼论〈公羊传〉与汉儒对齐桓公之评价》、陈奇猷发表《也谈“爰田”》、陈延嘉《关于〈左传〉中的“烝”“报”婚问题》、武惠华《〈左传〉外交辞令探析》、燕国材《〈尚书〉、〈左传〉、〈国语〉的心理学思想研究》、严军《〈左传〉姓氏相关问题的探索》、郑杰文《〈穆天子传〉对〈左传〉文学手法的变革》、姚曼波《孔子作〈春秋〉即“春秋传”说初证》、牛鸿恩《论〈左传〉的成书年代》、赵光贤《〈左传〉和〈春秋〉是什么关系？——评沈玉成著〈春秋左传学史稿〉第十二章》、董治安《从〈左传〉和〈国语〉看诗三百在春秋时期的流传》等文章发表。

芮逸夫卒。

周法高卒。

1995 年

蒙文通《经学抉原》出版。

朱维德《春秋左传隐含研究》出版。

蒋庆《公羊学引论》出版。

汤志钧《近代经学与政治》出版。

陈庆元、翁银陶、郭丹注译《左传精华》出版。

顾宝田、陈福林《左氏春秋译注》出版。

台湾出版浦卫忠《春秋三传综合研究》，收入“大陆地区博士论文丛刊”对《左传》的许多疑难问题进行了研究。

陈建梁《从文献与考古学角度论〈左传〉中的“大屈”》、聂言之与鲁洪生《简论春秋赋诗言志》、滕新才《左丘明姓氏名字新探》、李梦奎《论〈左传〉的长篇叙事文学特征》、陈其泰《〈左传〉在古代史学上的地位》、桑秋杰《〈左传〉作者及作者姓氏考》、来可泓《论〈左传〉中的传统道德》、任明刚《〈左传〉与〈春秋〉比较》、姚曼波《从汉初学坛探考"孔春秋"——兼考"春秋三传"》、周维纲《〈左传〉"大司马固谏"杜注质疑》、漆斌〈左传〉之赋税思想拾零》、刘家和《〈左传〉中的人本思想与民本思想》、方光华《试论刘师培对〈左传〉的整理和研究》、王珏《〈春秋〉〈左传〉女性他称词及其文化内涵》等文发表。

沈玉成卒。

苏渊雷卒。

1996年

山东淄博市张店召开"《春秋》经传国际学术讨论会"。

台湾出版郭鹏飞《洪亮吉左传诂斠正》。

周予同《中国经学史讲义》出版。

袁行霈主编《中国文学史》出版。

胡志挥英译、陈克炯今译《汉英对照·左传》出版。

香港出版李梦生《春秋三传·乱世的青史》。

汪受宽《〈左传〉在历史文学上的两大特色》、王化钰《〈左传〉与〈国语〉比较研究》、白平《谈〈左传〉中的三种"何……之……"式》、黄朴民《〈左传〉军事思想简析》、张克哲《〈左传〉中的"唯是"考释》、朱维德《〈左传〉句、段间的隐含》、张文国和张文强《论〈左传〉的主谓词组》、辛志贤《〈左传〉地名考辨》、白显鹏《论〈左传〉作者叙事写人的家族意识》、袁丹《〈左传〉杜注所揭示的特殊语法现象类析》、荆贵生《〈左传·隐公元年〉地名考释二则》、陈建梁《〈六韬〉"云梯飞楼"即〈左传〉"楼车"考——兼论孙诒让对服虔注的误解》、陈大同《关于设立〈左传〉博士的一场辩论》等文发表。

孙玄常卒。

金德建卒。

王熙元卒。

1997 年

安敏编著《孔颖达〈春秋左传正义〉研究》出版。

萧公权著、汪荣祖译《近代中国与新世界：康有为变法与大同思想研究》出版。

马玉山译注《史著选集——左传》出版。

陈煦《读〈左传〉卮言》出版。

台湾出版刘正浩《左海钩沉》。

台湾出版吴连堂《清代穀梁学》。

孙绿怡《〈左传〉非经之传》、梁晓云《〈史记〉与〈左传〉〈国语〉所记之吴越历史的比较研究》、王志平和吴敏霞《论〈左传〉在中国军事学术史上的地位》、夏先培《〈左传〉的"吾子""夫子"和"数词+子"的结构》、聂玉海《〈左传〉记载的〈周易〉应用情况》、何乐士《〈左传〉〈史记〉名词作状语的比较》、孔慧云《〈左传〉用〈诗〉初探》、刘立文《论〈左传〉文本的史诗性整一》、周亨祥《孙武何以不见名于〈左传〉》等文发表。

石声淮卒。

1998 年

山东肥城市石横镇委镇政府支持地方左丘明后裔成立"史圣左丘明故里丘氏宗亲联谊总会"。

张文国《左传名词研究》出版。

朱冠华《刘师培春秋左氏传答问研究》出版。

平势隆郎《左传的史料批判的研究》出版。

雷戈《史为一家》出版。

台湾出版张素卿《解经与叙事——〈左传〉经解研究》。

台湾出版王叔岷《左传考校》。

路新生《驳刘逢禄〈左氏〉不传〈春秋〉说》、白显鹏《论〈左传〉家族人物群像》、叶友琛《就〈左传〉论春秋时期礼的价值取向与共同特征》、刘丽文《从〈左传〉看孔子的“〈诗〉可以观”》、崔恒升《〈禹贡〉、〈左传〉地名大别、小别考》、高益荣《〈左传〉说辞的特色及其成因》、谭德兴《〈左传〉、〈国语〉与汉四家诗》、朴晟镇《〈左传〉代言之分析》、田恒金《从〈春秋〉〈左传〉看先秦时期女性的名字及其文化内涵》、童教英《从〈左传〉看春秋时期非婚生子的身份和地位》、林甘泉《从〈左传〉看中国古代城邦的政治体制》等文发表。

钱锺书卒。

1999 年

台北大学中文系经学研究会与“中央研究院”文哲所合办经学研究会第一届学术研究会。

夏先培《左传交际称谓研究》出版。

傅修延《先秦叙事研究》出版。

毛远明《左传词汇研究》出版。

台湾出版林庆彰主编的《经学研究论著目录(1988—1992)》。

台湾出版简宗梧《镕裁文史的经典——〈左传〉》。

姚曼波发表《从〈论语〉考孔子作〈春秋〉——三证“孔子作”春秋传”》《“〈春秋〉笔削义法”新说——突破“春秋学”千年误区新探》，认为《左传》的作者是孔子。

李小成发表《〈左传〉非〈春秋〉之传》，坚持《左传》不是《春秋》之传。

王文清《〈左传〉中“王孙满”的身世考辨》、郎久英《“以”字在〈左传〉中的语法特性》、刘丽文《从〈左传〉看孔子的“〈诗〉可以观”》、张景霓《〈左传〉中的范围副词考辨》、邵鸿《春秋军事术数考述——以〈左传〉为中心》、徐柏青《〈左传〉文学成就论》、杨建华《〈春秋〉与〈左传〉中所见的狄》、刘丽文《从〈左传〉看周代采诗制度的变迁》、王连儒和李廷安《〈左传〉所见诸侯婚姻中的宗姓认同与“兄弟之国”》、廖健琦《〈左传〉作者的军事思想》、张卫中《〈左传〉占梦、占星预言与春秋社会》、陈荣石《〈左传〉战阵赋诗之语境分析例举》、肖振宇《论〈史记〉对〈左传〉战争描写的继承与发展》、陈恩林《评杜预〈春秋左传序〉的“三体五例”问题》、徐少锦《〈国语〉、〈左传〉中的家庭道德教育及其现代价值》、胡安顺《〈左传〉辞令与战国策士辞令论说方法之比较》、孙开泰《从〈左传〉的史学思想看其作者》、李廷安《〈左传〉所见诸侯婚姻中同姓婚姻的一般禁忌原则》、王则远《〈左传〉中的用〈诗〉》等文发表。

2000 年

山东肥城市召开了左丘明文化研讨会暨丘氏宗亲寻根认祖大会，并成立了“左丘明文化研究会”。

赵生群《〈春秋〉经传研究》出版，阐明《左传》实为解经而作这一根本问题。

刘丽文《春秋的回声：〈左传〉的文化研究》出版。

李士彪今译，胡志挥、郑爱芳英译《左传》出版。

朱宏达、李南晖直解《左传直解》出版。

台湾出版沈秋雄《三国两晋南北朝〈春秋左传〉学佚书考》。

台湾出版陈致宏《语用学与〈左传〉外交辞令》。

台湾出版吴车《左传礼学研究》。

台湾出版宋鼎宗《春秋胡氏学》。

台湾出版吴智雄《穀梁传思想析论》。

台湾出版简宗梧、周何编辑《左传论著目录》。

台湾出版林庆彰主编的《经学研究论著目录(1993—1997)》。

单周尧《高本汉〈左传〉作者非鲁人说质疑》、赵惠君《〈左传〉与〈史记·晋世家〉同义介宾结构比较研究》、赵长征《20 世纪〈左传〉研究概述》、侯廷生《赵简子卒年及相关问题——澄清对〈左传·哀公二十年〉“使楚隆问吴”的重大误解》、张昭君《章太炎的〈春秋〉、〈左传〉研究》、黄丽丽《〈红楼梦〉及红学评点与〈左传〉》、可永雪《论〈史记〉在叙事上对〈左传〉的继承和发展》、卓智玉《从〈左传〉看春秋的礼治思想》、万君宝《试论〈左传〉中的管理思想》、吕友仁《说“登轼而望之”与“室如悬磬”——〈左传〉训诂二则》、吴美卿《〈左传〉女性人物形象及意义》、郑桦《〈左传〉中的动词使动用法研究》、张淑亚《〈左传〉妇女称谓述略》、郭书兰《从〈左传〉看春秋历制》、李生信

《〈左传〉“乘”字考察》、周维纲《〈左传〉昭公六年“士匄”考辨》、刘丽文《论〈左传〉“天德合一”的天命观——〈左传〉预言的本质》、闫璟《从〈左传〉看中国古代的婚育观》、吴建伟《〈左传〉采诗的结构性系年》等文发表。

杨向奎卒。

白寿彝卒。

周振甫卒。

孙次舟卒。

2001 年

广东梅州市嘉应大学召开“先贤左丘明学术研讨会”。

陈苏镇《汉代政治与〈春秋〉学》出版。

吴雁南等主编《中国经学史》出版。

李维琦等注《左传》出版。

台湾出版方朝晖《春秋左传人物谱》。

台湾出版陈盈卉总编的《左传的权谋》。

台湾出版阳平南《左传叙战的资鉴精神》。

姚曼波发表《孔子作〈春秋传〉史实考》，引起学界对《左传》作者的广泛论争。牛鸿恩《厌弃〈春秋〉尊〈左传〉——姚曼波女士〈左传〉“蓝本”作于孔子说驳议》《“弑君三十六，亡国五十二”考实——兼驳“孔子所作〈春秋〉非‘经’而是‘传’说”》《先入为主的主观体认——三驳所谓“孔子作〈春秋〉传”》、黄觉弘《吴起与〈左传〉之关系辨正》《“孔子作〈左传〉说”再议》《刘歆争立〈左传〉始末略论》、《左传成书上下限推考》《左传成书秦汉说及代有增益说综考》、王世舜《〈春秋〉〈左传〉再平议》、任晓锋《由〈左传〉内容看该书作者之歧争》、张京华《〈春秋〉〈左传〉与孔子的史学地位》、刘丽文《左丘明与〈左传〉〈国语〉关系考论》等都有意无意加入论争，前后持续 5 年。期间，姚曼波发表《从〈左传〉〈国语〉考孔子“笔削”〈春秋〉义法——突破“春秋学”千年误区新探之二》《孔子“修〈春秋经〉”之说乃“乌有之谈”——二驳牛鸿恩先生之“驳议”》《再论孔子作〈左传〉蓝本——驳牛鸿恩先生之“驳议”》《孔子作〈左传〉“蓝本”的史实否定不了——再驳牛鸿恩之“驳议”》《孔子传《易》与作《春秋》的关系新论》等文进行反击。关于《左传》作者的论争，至此告一段落。

丘氏家族清代族谱《〈左传〉精舍志》被发现。张为民、张均林据此发表《左丘明姓氏推考》。

刘家和《从清儒的臧否中看〈左传〉杜注》、薛亚军《〈左传〉梦占预言述论》、唐生周《〈左传〉训诂二例》、崔凡芝《〈左传〉的形成与史学地位》、何爱英《〈左传〉文体特征及其文化意蕴》、浦卫忠《〈左传〉中的婚姻家庭生活》、潘万木《〈左传〉的卜筮叙述模式》、刘希庆《论〈左传〉中的预叙》、刘丽文《论〈左传〉的历史观——兼论〈左传〉神梦巫卜及以成败论人的本质》、沈林《〈左传〉单音节同义词群的考察》、张京华《〈春秋〉〈左传〉与孔子的史学地位》等文发表。

陈槃卒。

史念海卒。

2002 年

海内外丘氏在深圳成立“中华丘氏宗亲联谊总会”。

深圳明影业有限公司注册成立“国际左丘明文化研究会”。

山东肥城市“史圣左丘明故里丘氏宗亲联谊总会”更名为“中华丘氏亲联谊总会山东肥城分会”。

姚曼波《〈春秋〉考论》出版。

孙筱《汉代经学与社会》出版。

朱维铮《中国经学史十讲》出版。

范文澜《经学史讲演录》出版。

常森《二十世纪先秦散文研究反思》出版。

李学勤《重写经学史》出版。

张高评《春秋书法与左传学史》出版。

彭林主编的《经学研究论文选》出版。

台湾出版林庆彰《清代经学研究论集》。

晁天义《〈春秋〉为史学著作说质疑——兼论杜预的“经承旧史”说

及其影响》、郭成伟和方潇《〈左传〉的法律观》、王鸿滨《〈春秋左传〉中的"S以VP"结构试析》、白显鹏《论〈左传〉家族人物群像》、宋会群《干卦六龙态的天文含义研究——〈左传〉"龙纪"历法钩沉》、李孝迁《刘师培前期论〈左氏〉学》、欧阳雪梅和胡志平《〈左传〉编年体结构的叙事优势及其影响》、刘凤泉《〈左传〉叙事文学价值论略》、方文一《〈诗经〉与〈左传〉意动用法之比较》、王煜《〈左传〉对〈荀子〉音乐理论的影响》、张黎丽《〈国语〉〈左传〉比较研究》、吴美卿《〈左传〉的人文精神对〈史记〉创作的影响》、张尚英《刘敞〈春秋〉学术论》、杨钊《〈左传〉逸〈诗〉考》、王泽文《春秋时期的纪年铜器铭文与〈左传〉的对照研究》、丁琴海《〈左传〉叙事视角研究》、张新武《"徼福于敝邑之社稷"训解辨正》、王岗《从〈左传〉看春秋诸侯国外事关系的发展及其特征》、刘爱敏《〈左传〉所见春秋初期齐鲁关系》、潘万木《春秋时代〈诗〉的流播和接受——仅以〈左传〉为例》、关冰《〈国语·晋语〉与〈左传〉相关记载之比较》、黄觉弘《〈左传〉先秦授受世系之由来辨伪》等文发表。

洪顺隆卒。

2003年

王靖宇《中国早期叙事文研究》出版。

程水金《中国早期历史文化的嬗变——先秦散文发展线索探寻》出版。

张猛《左传谓语动词研究》出版。

姜广辉主编《中国经学思想史》出版。

台湾出版蔡妙真《追寻与传释——左绣对左传的接受》。

台湾出版李启原编著《左传著述考》。

龚留柱《汉代对〈左传〉的发覆与研究》、陈筱芳《从〈左传〉看春秋时期的神正论》、潘万木《〈周易〉在春秋时期的接受——以〈左传〉为例》、房瑞丽《从〈左传〉"赋诗"和上博〈诗论〉看先秦两大〈诗〉学系统》、王清珍《〈左传〉中的楚人引〈诗〉》、马健鹰《〈左传〉中饮食活动及宴饮诗研究》、韩再峰《〈左传〉士人的历史形象与艺术形象》、高萍和刘宁《历史叙事模式的定型及其对小说叙事的影响》、郜积意《汉代〈春秋〉学中的朝聘礼之争》、薛柏成《〈左传〉中所表现的春秋时期井田制的衰变》、余炳毛《〈左传〉地名"皋鼬"考》、刘丽文《〈左传〉"继室"考》、刘瑛和倪其心《〈左传〉方术研究》、陈莉娟《〈左传〉与〈三国演义〉比较研究》、浦卫忠《论杜预〈春秋经传集解〉》、李索《专书词典义项设立刍议——从〈春秋左传词典〉情感类词语的义项设立谈起》、杨胜朋《论〈左传〉梦叙述的文学价值》、李相兴《〈左传〉中"烝"、"报"婚的价值定位》等文章发表。

潘重规卒。

赵光贤卒。

周何卒。

美国汉学家卜德卒。

2004 年

何新文《〈左传〉人物论稿》出版。

潘万木《左传叙述模式论》出版。

陈彦辉《春秋辞令研究》出版。

张汉东、邢子民《左丘明与左传》出版。

戴维《春秋学史》出版。

赵伯雄《春秋学史》出版。

陈克炯编《左传详解词典》出版。

胡安顺编著《春秋左传集解释要》出版。

王红霞发表《〈左传〉称名略说》和《"春秋"称名管见》二文，探讨《左传》的称名问题。

过常宝《〈左传〉源于史官"传闻"制度考》、张岩《战国文体渊源考略——兼谈〈国语〉的史料来源和成书情况》、刘继保《中国古代小说起源于〈左传〉》、印宁波《宋代〈左传〉学三论》、李学勤《〈左传〉"荆尸"与楚月名》、刘丽文《左丘明与〈左传〉〈国语〉关系考论》、林川和周春健《〈左传〉引〈诗〉范围的界定》、詹苏杭《〈左传〉的龟卜与筮占》、何新文和张群《现当代的〈左传〉人物研究》、潘万木和黄永林《〈左传〉之预言叙述模式》、王春阳《从〈左传〉“雩礼”看春秋时期的生态变化》、杨经华《寻找逝去的心灵——谈谈〈左传〉中几种独特的心理描写》、张高评《台湾〈春秋〉经传研究之师承与论著》《台湾近五十年来〈春秋〉经传研究综述》等文发表。

潘承弼卒。

2005 年

清华大学人文学院历史系经学研究中心和新加坡大学中文系联合举办“首届中国经学学术研讨会”。

吴静安《春秋左氏传旧注疏证续》出版，是对清代学者刘文淇一家四世未完成的《春秋左氏传旧注疏证》的续作。

张高评《〈春秋〉书法与〈左传〉学史》出版。

龚留柱《春秋弦歌——〈左传〉与中国文化》出版。

王鸿滨《春秋左传介词研究》出版。

李索《敦煌写卷〈春秋经传集解〉校正》出版。

章培恒、骆玉明《中国文学史》出版。

吕思勉《先秦史》出版。

俞樟华和林怡《宋代〈左传〉学概述》、程勇《略论汉代古文经学的制度构想与文论视野》、吴美卿《〈左传〉的叙事特色对〈史记〉创作的影响》、黄建宁和刘志生《〈左传〉杜注敦煌残卷研究》、张瑞利《〈左传〉中的小说因素》、李俄宪《中岛敦小说的创作流变与〈左传〉》、吕志《〈春秋〉三传与〈古文观止〉评庄考辨》、黄觉弘《啖赵〈春秋〉学派略论》《论东汉〈左传〉地位之变迁》《论汉代〈左传〉的两大传本及其显晦》、张新科《〈左传〉叙事文的艺术结构》、孙赫男《掇其精粹订补申说——〈左传会笺〉影响〈春秋左传注〉的几种方式》、赵绪磊《〈左传〉和〈伯罗奔尼撒战争史〉编年体异同》、聂小站《〈左传〉敬词研究》、路新生《刘师培的〈左传〉学研究及其现代史学意义》、郭丹《〈左传〉“言事相兼”的叙事特点》、侯素利《论〈左传〉中的贿赂现象》、李雁蓉《〈左传〉中的水旱灾害》、王洲明《从〈左传〉与〈史记〉称〈诗〉引〈诗〉的对比研究看〈毛序〉的作期》、刘继保《“稗官说”质疑兼论“小说起源于〈左传〉”》、秦佳慧《试论〈春秋左传〉中的尊称和谦称》、梁涛《20世纪以来〈左传〉、〈国语〉成书、作者及性质的讨论》等文发表。

杨宽卒。

王玉哲卒。

曹道衡卒。

徐北文卒。

2006年

“纪念高本汉学术研讨会”在广州举行。

陈戍国《春秋左传校注》出版。

刘瑛《〈左传〉、〈国语〉方术研究》出版。

童书业著、童教英校订《春秋左传研究》出版。

漆永祥《汉学师承记笺释》出版。

蒙文通《经学抉原》出版。

刘师培著、陈居渊译《经学教科书》出版。

顾颉刚编著《春秋地名考》出版。

台湾出版黄翠芬《章太炎春秋左传学研究》。

台湾出版林庆彰、蒋秋华主编的《晚清经学研究文献目录》(1901—2000)。

宁登国《〈左传〉记事终止时间辨正》、黄觉弘《〈左传〉成书上下限推考》、刘宁《论中国早期历史叙事中的叙事者》、刘宗棠和张泰《论春秋时期“烝”婚制的合“礼”性》、许蔚《〈左传〉、〈国语〉易例于〈周易〉之文本意义》、李兴宁《〈左传〉中的纪事本末体》、肖锋《百年“春秋笔法”研究述评》、罗玲云《庾信与〈左传〉》、陈慕华《析〈左传〉英译的失与误》、刘丽华和晁岳佩《论杜预〈春秋〉学在〈春秋〉学史上的地位》、郑慧生《〈左传〉训诂五则》、毛振华《〈左传〉郑人赋诗考论》、赵沛《廖平〈左传〉研究对杜预的批评》、过常宝《〈左传〉虚饰与史官叙事的理性自觉》、胡萍《〈左传〉歌讴谣诵用韵分析》、童庆炳《中国叙事文学的起点与开篇——〈左传〉叙事艺术论略》、刁生虎和陈志霞《〈左传〉宗教现象初论》、饶恒久《先秦时期历史档案的口述者——瞽蒙职守与〈国语〉、〈左传〉的讲诵增饰》、刘少虎《"经""史"之别：王闿运对〈春秋〉的基本态度》、王晓敏《试论〈史通〉对唐代〈左传〉学研究领域的拓展》、康宁《"浮而艳专而纵"——浅谈〈左传〉中的神话传说、历史传闻》、吴先源《〈左传〉数词研究》、杨清澄《"寡人是征(征)"诂训辨》、陈睿《〈左传〉所载"因""报""烝"考辨》等文发表。

2007 年

西北大学文学院与清华大学历史系在西安联合举办"第二届中国经学国际学术研讨会"。

台湾政治大学举办"第五届中国经学国际学术研讨会"。

赵大明《〈左传〉介词研究》出版。

赵沛《廖平春秋学研究》出版。

张惠贞《刘文淇〈春秋左氏传旧注疏证〉体例之研究》出版。

刘少虎《经学以自治：王闿运春秋学思想研究》出版。

李索《敦煌写卷〈春秋经传集解〉异文研究》出版。

丁亚杰《清末民初公羊学研究——皮锡瑞、廖平、康有为》出版。

谭家健《先秦散文艺术新探》出版。

台湾出版张素卿《清代汉学与左传学——从"古义"到"新疏"的脉络》。

台湾出版郁贤皓、周福昌、姚曼波注译的《新译左传读本》。

姚文造发表《论徽州学者的〈春秋〉学研究》，开始关注地域经学的成就。

杨钊《论〈左传〉"诗以言志"的传播学思想》、桑大鹏《神秘主义证验与人本主义言说——〈孔子诗论〉与〈左传〉的解诗差异之分析》、姜奕轲《从〈左传〉看中医学与传统文化的密切关联》、李卫军《两汉〈左传〉学概述》、夏微《宋代〈春秋〉学述论》、李秀英和冯秋香《〈左传〉在西方的译介与研究综述》、刘明和孙荣秀《论〈左传〉中巫官文化与史官文化之消长》、赵彩花和黄希庭《〈左传〉、〈国语〉的心理疾病与心理健康思想》、郭洪波《〈左传〉巫术宗教文化现象的历史性探析》、李艳红《〈侯马盟书〉〈温县盟书〉与〈左传〉盟誓语言比较研究》、张玉春和史素昭《从〈四库全书总目〉看清初的〈左传〉研究》、魏红星《〈左传〉的文本特征——与〈公羊传〉〈谷梁传〉比较》、周国琴《元儒程端学对〈春秋〉三传的辩驳》、黄觉弘《〈春秋〉学与建安文士群》、文育玲《从传记比较视阈看〈左传〉的叙述策略》、王丽娟《先秦箴文浅论——以〈左传〉中箴文为例》、周书灿《经学传统下的〈左传〉学研究》、罗军凤《走出疑古时代的〈左传〉学研究——近三十年来〈左传〉研究述评》、赵庆运《近代〈春秋〉学研究述略》、毛振华《〈左传〉赋诗研究百年述评》等文发表。

何乐士卒。

2008 年

中央广播电视大学与中国先秦史学会及中国古代散文学会等单位联合主办“2008《春秋》《左传》学术研讨会”。

陈才训《源远流长：论〈春秋〉〈左传〉对古典小说的影响》出版。

张树国《春秋贵族社会衰亡期的历史叙事：以〈左传〉为例》出版。

郭院林《清代仪征刘氏〈左传〉家学研究》出版。

黄丽丽《左传新论》出版。

刘黎明《〈春秋〉经传研究》出版。

晁岳佩《春秋三传要义解读》出版。

李建军《宋代〈春秋〉学与宋型文化》出版。

周远斌《儒家伦理与〈春秋〉叙事》出版。

邵炳军《左氏春秋文系年注析》出版。

郭预衡《中国散文史长编》出版。

赵生群《春秋左传新注》出版。

竹添光鸿著，于景祥、柳海松整理的《左氏会笺》出版。

台湾出版王聪明《〈左传〉之人文思想研究》。

台湾出版黄肇基《鉴奥与圆照：方苞林纾的〈左传〉评点》。

台湾出版林庆彰主编的《民国时期经学丛书》。

张尚英《试论刘敞〈春秋〉学的时代特色》、杨金平《苏轼对“春秋三传”的比较研究》、姜奕轲《从〈左传〉看中医基本理论的形成及其发展轨迹》、赵岩和张世超《论上古汉语军事同义词语的发展——从〈左传〉与〈史记〉中的军事同义词语的比较谈起》、单周尧《〈左传〉新注小学补释刍议》、赵奉蓉《战国诸子对〈左传〉的传播》、陈才训《古文笔法对〈聊斋志异〉的影响——以〈左传〉为例》、张银《〈左传〉盟辞的文学性及时代性》、李卫军《王源〈左传评〉文论价值初探》、陈成国《说〈春秋经〉“公孙敖不至而复”》、李华《〈左传〉修辞研究的三个阶段》、李俄宪《日本文学的形象和主题与中国题材取舍的关系——以中岛敦〈牛人〉的创作与出典〈左传〉的关系为例》、张德建《春秋学与明代学术的历史变迁》、卓雅《〈左传〉的服饰描写与审美文化》、丁太勰《关于〈左传〉与希罗多德〈历史〉的几点比较》、刘成荣《瞽史、音乐与〈左传〉口传说》、于淑娟《先秦史传文学叙事传统与汉代今文诗学的经学叙事》、程水金《从鉴古思潮看〈国语〉之编纂目的及其叙述方式——兼论〈国语〉与〈左传〉之关系》、张海涛《〈左传〉“迷信现象”价值略论》、夏继先《左氏心折第一人——通过〈左传〉看子产思想特色》、舒大清《论〈左传〉中童谣类繇辞的发生机制》、王晓敏《论唐代“新春秋学”对〈左传〉的贬抑》等文发表。

王叔岷卒。

2009 年

北京语言大学召开“2009 年两岸四地《春秋》三传与经学文化学术研讨会”。

清华大学经学研究中心、福建师范大学易学研究所和厦门总商会共同主办"第三届中国经学国际学术研讨会"。

台湾辅仁大学中国文学系举办"第六届中国经学研究会全国学术研讨会"。

陈槃《春秋大事表列国爵姓及存灭表》出版。

安敏《孔颖达〈春秋左传正义〉研究》出版。

鲁毅《左传考释》出版。

台湾出版宋鼎宗《〈春秋左氏传〉宾礼嘉礼考》。

台湾出版王乃俐《〈左传〉论礼》。

香港出版王庆吉主编的《左丘明文化研究》。

夏继先《试论〈左传〉的细节描写》、金永健《洪亮吉〈春秋左传诂〉的经学成就》、张立新《"骊姬之难"的文化内涵和悲剧意味》、张培瑜《试论〈左传〉〈国语〉天象纪事的史料价值》、徐歌阳和杨欣《〈左传〉中的法律实践》、曾亦和陈雯雯《刘逢禄论〈左氏〉之得失与晚清今古学之争》、舒大清、徐柏青《论〈史记〉对〈左传〉预叙的扬弃》、方铭《〈左传〉的叙事方式与文体特征的再认识》、朱宏秋《论吕祖谦〈左传〉学之经传观》、郭学利《〈左传〉"君子曰"与〈史记〉"太史公曰"比异》、黄开国《〈诗古微〉攻刘歆的妄改〈左传〉》、罗军凤《治经方法的嬗变与清代〈春秋左传〉学的发展》、孙锡芳《康有为"托古改制"与〈左传〉批判研究》、谭锐《四川历代〈春秋〉学略论》、潘万木《历史中的想象与想象中的历史——从〈左传〉到〈世说新语〉的人物评论》、刘丽文《〈左传〉成书下限最晚在公元前392年考证》、李青苗和傅亚庶《〈左传〉辞令中惩恶扬善价值取向的来源及影响》、李卫军《〈续修四库总目·春秋左传纲目句解〉提要补正》、文廷海和谭锐《四川历代〈春秋〉学略论》、吴涛《贾谊〈新书〉引〈春秋〉述略》、孙锡芳《清代〈左传〉考据学发展研究》、路伟和叶少飞《〈左传〉里的投降礼仪》、吴峥嵘《〈左传〉给予义类词汇系统对先民社会交换活动的折射》、曲景毅《论李德裕的公文创作与〈左传〉、〈汉书〉之关系》、谭家健《〈左传〉美学思想札记》、单周尧《〈春秋左传读叙录〉的评价问题》、于淑娟《〈左传〉赋诗与〈韩诗外传〉解诗说》、张树国《论〈左传〉的性质及其对古代散文研究理论建构的意义》、赵生群《〈史记〉三家注称引〈左传〉〈国语〉考校》、董芬芬《先秦的策祝仪式及文体特点——兼谈对

〈左传〉中两篇祝辞的看法》、李学勤《〈左传〉是研究古代历史文化的基础》、罗新慧《马王堆汉墓帛书〈春秋事语〉与〈左传〉——兼论战国时期的史学观念》、尹雪华《试论两汉〈左传〉经典化过程》、金永健《尽弃杜孔，唯汉是从——论沈钦韩的〈左传〉研究》等文发表。

黄彰健卒。

柳存仁卒。

张以仁卒。

林耀曾卒。

(台湾一部分学者的生卒年由台湾辅仁大学的金周生教授提供。在此表示诚挚的感谢。)

(王晓鹃整理)

《左传》研究论著索引（1919—2009）

康有为．新学伪经考．初刻本，1891；万木草堂，1917，1919；北京文化学社，1931；上海商务印书馆，1936；北京古籍出版社，1956；中华书局，1958；中华书局，1959，章锡琛校点；上海古籍出版社，1996；三联书店，1998；台湾“商务印书馆”，1969.

胡韫玉．读左绎谊．国学丛选，1912(6)—1924(14).

章炳麟．刘子政左氏说．右文社，1915；浙江图书馆，1919；上海古书流通处，1924；台湾世界书局，1958；上海古籍出版社，2002,《续修四库全书》影印本.

韩菼评选．增批春秋左传句解．上海铸记书局，1919；上海天宝书局，1920.

韩菼评选．评点左传句解．上海昌文书局，1919，1926；上海会文堂书局，1920；上海鸿文书局，1930.

李绍崧选订．新订批注左传快读．上海会文堂书局，1919；上海锦章图书局，1919，1921；上海广益书局，1919.

康有为．大同书．上海长兴书局，1919；古籍出版社，1956.

章炳麟．春秋左传读叙录．浙江图书馆刊本，1919，《章氏丛书》；上海古书流通处刊本，1924，《章氏丛书》；台湾世界书局，1958；台湾学海出版社，1984.

张元济等辑．四部丛刊(初编)．上海商务印书馆，1919—1922，1924.

宋廷仁．春秋经世微．国故月刊，1919(3).

韩菼评选．评点春秋纲目左传汇隽．上海天宝书局，1920.

康有为．孔子改制考．北京万木草堂，1920，1922；台湾“商务印书馆”，1968，2011；北京中华书局，1958.

王道焜著，赵如源编．精校左传杜林合注．上海锦章图书局，1920，1924；台湾“商务印书馆”，1986，2008；北京商务印书馆，2005.

陈熙晋．春秋规过考信．广雅书局，1920；台湾新文丰出版公司，1988；上海书店，1994.

陈熙晋．春秋左氏传述义拾遗．广雅书局，1920；台湾新文丰出版公司，1988；上海书店，1994.

何若瑶．春秋公羊注疏质疑．广雅书局，1920；台湾新文丰出版公司，1988，《丛书集成续编》.

吴之英．汉师传经表．名山吴氏《寿栎庐丛书》，1920.

曹溶辑，陶樾增订．学海类编·经翼(第7、8册)．上海涵芬楼，1920.

袁仁．春秋胡传考误．上海涵芬楼，1920，《学海类编》；上海商务印书馆，1922，《学津讨原》；江苏广陵古籍刻印社，1990；南海黄氏据旧版汇印，1935，《芋园丛书》；北京中华书局，1985，《丛书集成初编》重印本；台湾新文丰出版公司，1986，《丛书集成新编》；台湾"商务印书馆"，1986，2008，《文渊阁四库全书》影印本；北京商务印书馆，2005，《文津阁四库全书》；广州出版社，2008，《广州大典》；巴蜀书社，2010，《藏修堂丛书》.

陆费逵、高野侯等辑校．四部备要·经部．上海中华书局，1920—1936，1989年重印.

黄侃．释"公士大夫"．国学林，1920(1).

孙雄．读经救国论．铅印本2册，1920；排印本2册，1933.

廖平、吴之英．六译馆丛书·经学初程．四川存古书局，1921.

廖平、黄镕笺．六译馆丛书·经学五变记．四川存古书局，1921；台湾长安出版社，1978.

廖平．六译馆丛书·群经大义·补一卷．四川存古书局，1921.

廖平．六译馆丛书·今古学考．四川存古书局，1921；台湾学海出版社，1958.

吴承仕．经籍旧音序录(刊本)．1921.

廖平．六译馆丛书·春秋三传折中．四川存古书局，1921.

廖平．六译馆丛书·左氏传长编目录．四川存古书局，1921.

韩荧评选．绘图增批左传句解．上海章福记书局刊，1921；上海锦章图书局，1927.

林纾选评．左传撷华．上海商务印书馆，1921，1924，1935；高雄复文图书出版社，1981.

费恕皆编，沈继光校．春秋左传音义白话注解．上海群学书社，

1921，1927.

廖平．六译馆丛书·穀梁春秋经传古义凡例．四川存古书局，1921；成都鸿宝书局，1930；《渭南严氏孝义家塾丛书》，1931.

廖平．六译馆丛书·重订穀梁春秋经传古义疏．四川存古书局，1921.

廖平．六译馆丛书·穀梁春秋经学外篇例．四川存古书局，1921.

廖平．六译馆丛书·左氏春秋杜注集解辨正．四川存古书局，1921，1934；廖氏家刻本，1935.

廖平. 六译馆丛书·刘申绶左氏膏肓. 四川存古书局，1921，1934；廖氏家刻本，1935；国家图书馆出版社，2012，《〈左传〉研究文献辑刊》.

廖平. 六译馆丛书·再箴左氏膏肓. 四川存古书局，1921，1934；廖氏家刻本，1935.

廖平．六译馆丛书·公羊春秋补证凡例．四川存古书局，1921.

廖平．六译馆丛书·何氏公羊春秋十论．四川存古书局，1921.

廖平．六译馆丛书·何氏公羊解诂三十论．四川存古书局，1921，1927；上海古籍出版社，2002.

廖平．六译馆丛书·春秋公羊经传验推补正．四川存古书局，1921.

胡适．胡适文存(第2卷)．上海亚东图书馆，1921(12).

周作人．经学与中国文学．小说月报，1921(1)，第12卷.

刘培极．六经通义序．四存月刊，1921(1).

陈诒绂．通经致用说．四存月刊，1921(2).

李见荃．学颜李当重经学说．四存月刊，1921(2).

吴育燮．春秋周论．四存月刊，1921(6).

张尔田．论六经为经世之学．亚洲学术杂志，1921(1).

李景濂．左氏管窥．四存月刊，1921(1—7、9、11)，1922(2).

黎庶昌．春秋左传杜注校勘记．大关唐氏成都刊本，1922，《怡兰堂丛书》；台湾新文丰出版公司，1988，《丛书集成续编》.

陈燕方．经学源流浅说．上海文明书局，1922；台湾文听阁图书有限公司，2008—2009，《民国时期经学丛书》.

张元济等辑．四部丛刊(初编)·经部·春秋类．上海商务印书馆，1922，1929；台湾“商务印书馆”，1965.

张海鹏编．学津讨原(第3集)．上海商务印书馆，1922；江苏广陵古籍刻印社，1990.

杜预注．春秋经传集解．上海商务印书馆，1922，1929，《四部丛刊》；北京中华书局，1936，1989；《四部备要》，北京文学古籍刊行社，1955；台湾“商务印书馆”，2011.

陈曾谷．春秋大义译本节录．亚洲学术杂志，1922(3)，第1卷.

孙德谦．六经为万世治法其实行自汉治论．亚洲学术杂志，1922(3)，第1卷.

伍非百．辩经原本章句非旁行考．学艺(上海)，1922(4)，第4卷.

王道昌．刘歆与今古文．国文学会丛刊，1922(1)，第1卷.

陈曾谷．春秋大义译本节录(续)．亚洲学术杂志，1922(4)，第1卷.

卢文弨辑．春秋左传注疏．北京直隶书局，1923，《抱经堂丛书》.

王国维．汉时古文诸经有转写本说．乌程蒋汝藻密韵楼，1923.《观堂集林》；海宁王氏石印本，1927；长沙商务印书馆，1940；台湾艺文印书馆，1956；北京中华书局，1959，2004，2010；台湾世界书局，1961；台湾华文出版社，1968，《王观堂先生全集》；台湾河洛图书出版社，1975；台湾“商务印书馆”，1976，《海宁王静安先生遗书》；台湾大通书局，1976，《王国维先生全集·初编》；上海书店影印本，1983，《王国维遗书》；上海古籍出版社，1983，《海宁王静安先生遗书》；河北教育出版社，2003.（下文七篇王氏著作(《汉时古文本诸经传考》《两汉古文学家多小学家说》《史记所谓古文说》《汉书所谓古文说》《汉魏博士考》《书绩溪胡氏西京博士考昭文张氏两汉博》《书〈春秋公羊传解诂〉后》)的版本信息均同《汉时古文诸经有转写本说》。)

王国维．汉时古文本诸经传考．乌程蒋汝藻密韵楼，1923，《观堂集林》；海宁王氏石印本，1927.

王国维．两汉古文学家多小学家说．乌程蒋汝藻密韵楼，1923，《观堂集林》；海宁王氏石印本，1927.

王国维．史记所谓古文说．乌程蒋汝藻密韵楼，1923，《观堂集林》；海宁王氏石印本，1927.

王国维．汉书所谓古文说．乌程蒋汝藻密韵楼，1923，《观堂集林》；海宁王氏石印本，1927.

王国维．汉魏博士考．乌程蒋汝藻密韵楼，1923，《观堂集林》；海宁王氏石印本，1927.

王国维．书绩溪胡氏西京博士考昭文张氏两汉博．乌程蒋汝藻密韵楼，1923，《观堂集林》；海宁王氏石印本，1927.

王国维．书《春秋公羊传解诂》后．乌程蒋汝藻密韵楼，1923，《观堂集林》；海宁王氏石印本，1927；长沙商务印书馆，1940；北京中华书局，1959，2004，2010；河北教育出版社，2003.

吴承仕．经籍旧音辨证．歙县吴氏铅印本，1923.

吴闿生．左传微．文学社刻本，1923，1929；台湾新兴书局，1969；台湾"中华书局"，1970；北京中国书店，1990.

廖平．六译馆丛书·左传古义凡例．四川存古书局，1923，1927.

李塨．春秋传注．四存学会，1923，《颜李丛书》(徐世昌等辑)；上海书店，1997，《丛书集成三编》；上海古籍出版社，2002，《续修四库全书》(顾廷龙主编).

顾实．与钱子泉论《左氏传》书．国学丛刊(东南大学)，1923(2)，第1卷.

傅斯年．与顾颉刚论古史书．语历所周刊，1923(13、14)，第2卷.

顾颉刚．与钱玄同先生论古史书．读书杂志，1923(9).

张尔田．与王静安论治公羊学书．学衡，1923(23).

张尔田．与王静安论今文家学书．学衡，1923(23).

曹春岩．左传膏肓之疾解．中医杂志，1923(6).

陈锺凡．经学通论叙指．国学丛刊(东南大学)，1923(4)，第1卷.

孙德谦．申章实斋六经皆史说．学衡，1923(24).

冉崇烈．斥误据《史记》以攻《左传》之妄．国学丛刊(东南大学)，1923(4)，第1卷.

韩菼评选．春秋左传句解．上海大成书局，1924.

廖平．重订穀梁春秋经传古义疏·释范·起起穀梁废疾．渭南严氏孝义家塾刊本，1924，1931；上海古籍出版社，2002，《续修四库全书》.

王源评，张斌注．左传评．北平四存学校，1924，《文章练要》；台湾新文丰出版公司，1979.

秦同培辑．左传评注读本．世界书局，1924，1925，1928.

胡适．胡适文存．亚东图书馆，1924，1930.

李大钊．史学要论．商务印书馆，1924，1999，2010；河北教育出版社，2003.

唐文治编辑．十三经提纲．吴江施肇曾醒园刻本，1924.

唐文治编辑．十三经读本．吴江施肇曾醒园刻本，1924；台湾新文丰出版股份有限公司，1980.

梁启超．清代学者整理旧学之总成绩——经学．东方杂志，1924(6—9)，第21卷第12号；上海民智书局，1929；中华书局，1936；中国书店，1985；北京商务印书馆，2003.

陈汉章．周礼行于春秋时证．华国月刊，1924(1)，第2卷.

梁任公．要籍解题及其读法——左传、国语．史地学报，1924(8)，第22卷.

冉崇烈．斥误据《史记》以攻《左传》之妄．学衡，1924(30)；国学丛刊，1924(4)，第1卷.

孙德谦．《左传》汉初出张苍家说．学衡，1924(30).

尤程镳．师鄦斋经义偶钞．华国月刊，1924年6、9、12月；1925年4、8、11月；1926年3月(第1卷第10、12期，第2卷第2、6、8、10、12期).

裴希度．孔学之宗旨在使人类为纯粹人道之生活及快乐．爱国报，1924(35).

徐敬修．经学常识．上海大东书局，1925.

廖平．六译馆丛书·群经凡例．四川存古书局集成刊本，1925.

廖平撰，黄镕笺．六译馆丛书·四益馆经学四变记、五变记．四川存古书局汇印本，1925.

卫聚贤．春秋图考．太原撰者印行，1925.

黄奭辑．黄氏逸书考．王鉴修补印本，1925；江都朱氏木刻本，1934；上海古籍出版社，1996.

胡朴安．国学汇编第三集·朴学斋读书记·历代研究群经者之派别．上海国学研究社，1925(6).

胡朴安．国学汇编第三集·文录·经学讲义序．上海国学研究社，1925(6).

周予同．经今古文之论争及其异同．民铎杂志，1925(2、3)，第6卷.

王有宗．群经论略．华国月刊，1925(5)，第2卷.

梅思平．论公羊传与公羊学．民铎杂志，1925(3)，第6卷.

张西堂．春秋大义是什么．时事新报(上海)·学灯，1925(3).

杨道平．经学源流与中华文化．青年战士报，1925年9月4日—8日.

钱玄同，顾颉刚．春秋与孔子．北京大学研究所国学门周刊，1925(1)，第1卷.

疑古玄同．论春秋性质书．北京大学研究所国学门周刊，1925(1)，第1卷.

顾颉刚．答书(答疑古玄同《论春秋性质书》)．北京大学研究所国学门周刊，1925(1)，第1卷.

疑古玄同．论获麟后读经及春秋例书．北京大学研究所国学门周刊，1925(1)，第1卷.

陆懋德．中国经书之分析．清华大学学报(自然科学版)，1925(2)，第2卷.

钱玄同．废话(论十三经)．语丝，1925(54).

蒙文通．清代经学．甲寅周刊，1925(21)，第1卷.

蒙文通．议蜀学(廖平及其治礼经、春秋)．甲寅周刊，1925(21)，第1卷.

朱运枢．春秋笔记六种·经文辨异．石印本，1926.

朱运枢．春秋笔记六种·世族谱系．石印本，1926.

朱运枢．春秋笔记六种·列国年表．石印本，1926.

朱运枢．春秋笔记六种·笺经琐说．石印本，1926.

朱运枢．春秋笔记六种·论古撮要．石印本，1926.

朱运枢．春秋笔记六种·读左别解．石印本，1926.

陈新雄．春秋异文考．台湾师范大学国文研究所硕士学位论文，1926.

吕思勉．经子解题．商务印书馆，1926，1933；台湾华联出版社，1968；台湾“商务印书馆”，1968；台湾河洛图书出版社，1978；台湾高雄复文图书出版社，1983；上海文艺出版社，1999；中国书籍出版社，2006；台湾文听阁图书有限公司，2008，《民国时期经学丛书》.

康有为．春秋笔削大义微言考．《万木草堂丛书》(刻本)，1926，1927；台湾宏业书局，1976，《康南海先生遗著汇刊》.

周予同．经今古文学．上海商务印书馆，1926，1929；北京中华书局，1955；台湾文听阁图书有限公司，2008.

陈厚耀．春秋世族谱．石印本，1926；台湾“商务印书馆”，1986；台湾新文丰出版公司，1988；上海书店，1994.

张其淦．左传礼说．《寓园丛书》，1926，1930；台湾新文丰出版公司，1988；台湾文听阁图书有限公司，2008.

张宗昌．春秋左传．皕忍堂刻本，1926.

顾颉刚编．古史辨(一)．朴社，1926；上海古籍出版社，1982.

向敦僖．春秋传称周室东迁晋郑是依，然郑庄小霸一蹶不振其后齐晋秦楚迭与并疆土而称雄伯其故何欤．国学辑林，1926(1).

徐其骍．春秋传称为尊者讳为亲者讳为贤者讳，推诸世界诸国历史亦有同此情形其故何欤．国学辑林，1926(1).

刘盼遂．春秋名字解诂补正．实学，1926(1、3).

叶德辉．宋本《春秋左传注疏》跋．图书馆学季刊，1926(1)，第1卷.

吴闿生．与李右周进士论左传书．实学，1926(3、4).

王伯祥．读周予同《经今古文学》和《古史辨》．一般，1926(1)，第1卷.

陈柱．公羊微言大义自序篇．国学(上海大东书局)，1926(1)，

第1卷.

袁树滋．王安石定科举法士各占一经春秋独不与论．学生文艺汇编，1926，第3卷上集.

庞翔勋．春秋宋彭城论．学生文艺汇编，1926，第3卷上集.

梅思平．春秋时代的政治及孔子的政治思想．民铎杂志，1926(2)，第8卷.

陆侃如．论左传之真伪及其性质(续)．北京大学研究所国学门月刊，1926(7、8)，第1卷.

钱玄同、顾颉刚．古史辨(一)·春秋与孔子．朴社，1926.

钱玄同．古史辨(一)·论编纂经部辨伪文字书．朴社，1926；台湾明伦出版社，1970.

钱玄同．古史辨(一)·论今古文经学及辨伪丛书书．朴社，1926；台湾明伦出版社，1970.

钱玄同．古史辨(一)·论说文及壁中古文经书．朴社，1926；台湾明伦出版社，1970.

钱玄同．古史辨(一)·论春秋性质书．朴社，1926；台湾明伦出版社，1970.

顾颉刚．古史辨(一)·答书(答疑古玄同《论春秋性质书》)．朴社，1926；台湾明伦出版社，1970.

顾颉刚．古史辨(一)·论孔子删述六经说及战国著作伪书．朴社，1926；台湾明伦出版社，1970.

钱玄同．古史辨(一)·论获麟后读经及春秋例书．朴社，1926；台湾明伦出版社，1970.

陆懋德．中国经书之分析．国故学讨论集(第2册)，上海群学社，1927.

陈独秀．独秀文存(四)．亚东图书馆，1927；安徽人民出版社，1987.

陈锺凡．中国韵文通论．上海中华书局，1927，1931.

柳诒徵讲，赵万里、王汉记．国学研究会演讲录(第1集)·汉学与宋学．上海商务印书馆，1927.

[瑞典]高本汉著，陆侃如翻译．左传真伪考．上海新月书店，1927.

柯劭忞．春秋穀梁传注．国立北京大学研究院文史部排印本，1927；上海古籍出版社，2002；台湾文听阁图书有限公司，2008.

骆成骧．左传五十凡例．1927.

秦同培注译，宋晶如增订．左传精华．上海世界书局，1927，1937，1941，1954，1989；上海国学整理社，1936，1937；台湾文听阁图书有限公司，2008.

[日]本田成之．支那经学史论．东京弘文堂书房，1927.

邵元冲．朝鲜铜字本四书五经大全考．东方杂志，1927(4)，第24卷.

倪中轸．经学辑解．国学(上海大东书局)，1927(7)，第1卷.

黄家澍．经师授受．甲寅周刊，1927(4)，第1卷.

张西堂．春秋大义是什么．国故学讨论集(第2册)，1927.

卫聚贤．左传之研究．国学论丛，1927(1、2期)，第1卷.

陆侃如．《左传》真伪考的译者引言．国学月报，1927(7)，第2卷.

卫聚贤．季札观乐辩．北大国学月刊，1927(9).

周予同．经学史与经学之派别．民铎杂志，1927(1)，第9卷.

[瑞典]高本汉著，陆侃如口译，卫聚贤笔受．论《左传》之真伪及其性质．北大国学月刊，1927(6—8)，第1卷.

胡适．《论〈左传〉之可信及其性质》摘要．国立第一中山大学语言历史学研究所周刊，1927(1)，第1集.

卫聚贤．春秋的研究(续)．北大国学月刊，1927(6、7)，第2卷.

卫聚贤．陆侃如《论〈左传〉之真伪及其性质》跋．北京大学研究所国学门月刊，1927，第1卷第7、8期合刊.

江瀚．孔学发微．国学专刊，1927(4)，第1卷.

顾颉刚．春秋时的孔子和汉代的孔子．国立第一中山大学语言历史学研究所周刊，1927(5).

傅斯年．评春秋时的孔子和汉代的孔子．国立第一中山大学语言历史学研究所周刊，1927(7).

姚永朴．七经问答．民彝，1927(8)，1928(11、12)，第1卷.

邬庆时．经学导言．《半帆楼丛书》，1928.

戴溪．春秋讲义．永嘉黄氏排印，1928；台湾“商务印书馆”，1986；台湾新文丰出版公司，1988.

阙名．刘承乾校勘记．春秋公羊疏残七卷．《嘉业学堂丛书》，1928.

姚永朴．十三经问题．民彝，1928(10期)，第1卷.

镜．评刘师培著《左盦集》．北京图书馆月刊，1928(3)，第1卷.

冯沅君．论《左传》与《国语》的异同．新月，1928(7)，第1卷.

林语堂．《左传》真伪与上古方音(上)．语丝，1928(27)，第4卷.

林语堂．《左传》真伪与上古方音(下)．语丝，1928(28)，第4卷.

柯劭忞．春秋穀梁传注序．学衡，1928(64).

卫聚贤．我们的朋友——评林语堂《左传真伪与上古方音》．新月，1928(7)，第1卷.

卫聚贤．读《论〈左传〉与〈国语〉异同》以后．新月，1928(7)，第1卷.

杨寿昌．春秋通三统义演述．南风，1928(1)，第3卷.

顾颉刚．春秋研究课旨趣书．国立第一中山大学语言历史学研究所周刊，1928，第5集第57、58期合刊.

杨筠如．春秋时代之男女风纪．国立第一中山大学语言历史学研究所周刊，1928(19).

李德龙．春秋鲁国三桓考．大成会丛录，1928(21).

蒋荫楼．春秋时代的风气．国立第一中山大学语言历史学研究所周刊，1928(21).

冯澄．春秋日食集证．上海商务印书馆，1929，1930；上海古籍出版社，2002，《续修四库全书》.

计硕民．春秋公羊传．上海商务印书馆，1929，1947；台湾文听阁图书有限公司，2008，《民国时期经学丛书》.

陈柱．公羊家哲学．上海中华书局，1929；台湾大力书局，

1970；台湾文听阁图书有限公司，2008.

何德让．从春秋经中求出当时史官所注意之事实．国立第一中山大学语言历史学研究所周刊，1929(69)，第6集.

彭炜棠．春秋无事书时说．国立第一中山大学语言历史学研究所周刊，1929(72)，第6集.

越政(致)．敦煌《左传》残卷校记．艺观．1929(4).

刘君葵．从春秋经中推考春秋时代事势之变迁．国立第一中山大学语言历史学研究所周刊，1929(76)，第7集.

黄仲琴．左丘明之姓氏．国立第一中山大学语言历史学研究所周刊，1929(82)，第7集.

陈景圣．《左传》之真伪问题．国学丛刊(齐鲁大学)(第1集)，1929(1)，第1卷.

李审用．《春秋左氏传》凡例探原．东北大学周刊，1929(87、88).

陈柱．孔子不作《春秋》辨．大夏季刊，1929(2).

陈锺凡．春秋澶渊考．大夏季刊，1929(2).

柳屺生．春秋孟氏学．国立中央大学半月刊，1929(5)，第1卷.

郭倬莹．四部通讲(经部流别)．学衡，1929(72)，1930(74).

顾荩臣．国学研究——经部．上海世界书局，1930.

廖平．重订穀梁春秋经传古义疏．张崇芳刻本，1930.

王照．读左随笔．宁河王氏，1930.

徐震．公羊榷论．刻本，1930；台湾文听阁图书有限公司，2008，《民国时期经学丛书》.

陈澧．春秋三传．上海商务印书馆，1930；上海古籍出版社，1987.

吴佩孚．春秋正议证释．春秋学会本，1930；北平精刻文华斋，1939；台湾文听阁图书有限公司，2008，《民国时期经学丛书》.

吴曾祺译注．左传菁华录．上海商务印书馆，1930，1933，1935，1946；台湾文听阁图书有限公司，2008，《民国时期经学丛书》.

陈延杰．经学概论．上海商务印书馆，1930，1935；台湾文听阁图书有限公司, 2008,《民国时期经学丛书》.

胡适. 胡适文存(第一集). 上海亚东图书馆, 1930.

胡适. 胡适文存(第三集)·左传真伪考的提要与批评. 上海亚东图书馆, 1930.

张文治编. 经传治要. 上海文明书局, 1930;《国学治要》, 1939; 台湾文听阁图书有限公司, 2008,《民国时期经学丛书》.

顾颉刚编. 古史辨(二). 朴社, 1930; 上海古籍出版社, 1982.

周予同. 古史辨(二)·经今古文学(摘录3章). 朴社, 1930; 台湾明伦出版社, 1970.

王伯祥. 古史辨(二)·读周予同《经今古文学》和《古史辨》. 朴社, 1930; 台湾明伦出版社, 1970.

钱穆. 刘向刘歆父子年谱自序. 史学进志, 1930(1), 第2卷.

金毓黻. 古文今文释名. 东北丛镌, 1930(3).

金毓黻. 刘子骏《移让太常博士书》疏证. 东北丛镌, 1930(4).

袁菖. 经史辨. 国立中央大学半月刊, 1930(11), 第1卷.

蒙文通. 论秦焚书与古文佚经. 国立中央大学半月刊, 1930(12), 第1卷.

钱穆. 刘向刘歆父子年谱. 燕京学报, 1930(7).

青松. 评刘向刘歆父子年谱. 大公报(天津)·文学副刊, 1930(137).

时父. 驳皮锡瑞六经出于孔子说. 东北大学周刊, 1930(103).

徐诵光. 由《左传》上观察春秋时代之迷信与信仰. 厦大周刊, 1930(4、5), 第10卷.

吴承仕. 公羊徐疏考. 师大国学业刊, 1930(1), 第1卷.

余云岫. 中国淋病医案之第一例(左传晋平公疾之研究). 医药评论, 1930(25).

蒙文通. 经学抉原处违论(1—2). 史学杂志, 1930, 第2卷第3、4期合刊; 1931, 第5、6期合刊.

顾颉刚编. 古史辨(三). 朴社, 1931; 上海古籍出版社, 1982.

卫聚贤. 古史研究. 上海商务印书馆, 1931; 上海书店, 1989,《民国丛书》; 上海文艺出版社, 1992,《民俗民间文学影印资料丛书》.

齐周南．春秋传质疑．暮春蜕庵铅印本，1931.

钱玄同．重论经今古文学问题．北平文化学社，1931.

哈佛燕京学社引得编纂处．白虎通引得．北平哈佛燕京学社引得编纂处，1931.

徐履谦．春秋大事记．铅字排印本，1931.

朱文叔编．《左传》故事．上海中华书局，1931，1933，1941，2002.

梁宽、庄适选注．左传．上海商务印书馆，1931，1934，1936，1945，1947；台湾“商务印书馆”，1964，1970，1983；台湾学海出版社，1978；台湾文听阁图书有限公司，2008，《民国时期经学丛书》.

童书业．春秋史．上海书店，1931，《民国丛书》；上海开明书店，1946；山东大学出版社，1987；上海古籍出版社，2010.

张西堂．《穀梁》真伪考．和记印书馆，1931；明文书局，1994；台湾文听阁图书有限公司，2008，《民国时期经学丛书》.

［日］丹羽正义等著，江侠庵编译．先秦经籍考．上海商务印书馆，1931，1933；上海文艺出版社，1990；台湾河洛图书出版社，1975；台湾文听阁图书有限公司，2008，《民国时期经学丛书》.

周予同．群经概论．上海商务印书馆，1931，1933，1947；中国书籍出版社，2006；台湾“商务印书馆”，1968；台湾文听阁图书有限公司，2008，《民国时期经学丛书》.

伍剑禅．《春秋左传》引诗异同考．归纳学报，1931(1)，新第1卷.

吴承仕．《公羊》徐疏考．师大国学丛刊，1931(1).

汪吟龙．《文中子》续经义例考．重华月刊，1931(1).

钱玄同．重印刘逢禄《左氏春秋考证》书后．师大国学丛刊，1931(2)，第1卷.

华震．孔子删诗书、定礼乐、赞周易、修春秋．天籁季刊，1931(4)，第20卷.

张西堂．《穀梁》不传《春秋》证．学文杂志，1931(3)，第1卷.

张西堂．《穀梁真伪考》自序．学文杂志，1931(4)，第1卷.

时昭瀛．春秋时代的条约．国立武汉大学社会科学季刊，1931(1)，第2卷.

士心．见于《春秋左传》之历法．齐大月刊，1931(2)，第2卷.

李镜池．古史辨(三)·左国中易筮之研究．朴社，1931；台湾明伦出版社，1970.

卫聚贤．古史研究(第一集)·春秋之研究．上海商务印书馆，1931.

梁启超．饮冰室合集．中华书局，1932.

蒋维乔．中国近三百年哲学史．中华书局，1932.

林昌彝．《左传》杜注勘伪(讹)．羊城刻本，1932.

王尚概．春秋贯解．《羲川遗书》刻本，1932.

钱基博．现代中国文学史长编．世界书局，1932.

章炳麟．汉儒识古文考．国学丛编，1932(5)，第1卷.

李峻之．三恪考．清华周刊，1932(11)，第7卷.

钱玄同．重论经今古文学问题．国学季刊，1932(2)，第3卷.

章太炎．与吴承仕论春秋答问作意书．国学丛编，1932(1)，第2卷.

陈安仁．春秋时代之贵族政制．朝晖，1932(10)，第1卷.

陈振先．关于竹书纪年诗书春秋左传的几桩公案．国闻周报，1932(44)，第9卷.

陈振先．关于竹书纪年诗书春秋左传的几桩公案(续)．国闻周报(45)，1932，第9卷.

陈振先．关于竹书纪年诗书春秋左传的几桩公案．国闻周报，1932(46)，第9卷.

陈振先．关于竹书纪年诗书春秋左传的几桩公案(续)．国闻周报，1932(47)，第9卷.

陈振先．关于竹书纪年诗书春秋左传的几桩公案(续)．国闻周报，1932(49)，第9卷.

陈振先．关于竹书纪年诗书春秋左传的几桩公案(续)．国闻周报，1932(50)，第9卷.

吕思勉．六艺．光华大学半月刊，1932(3)，第1卷.

吕思勉．六经之传说记．光华大学半月刊，1932(4)，第1卷.

范文澜．群经概论．朴社，1933；台湾文听阁图书有限公司，2008,《民国时期经学丛书》.

吴承仕．经典释文序录疏证．北平中国学院排印本，1933.

钱基博．现代中国文学史．世界书局，1933，1936；台湾文海出版社，1974,《近代中国史料丛刊》；岳麓书社，1986；河北教育出版社，1996,《中国现代学术经典》；上海书店出版社，2004；人民大学出版社，2004，2007；东方出版社，2008,《民国学术经典》；凤凰出版传媒集团、江苏文艺出版社，2008.

孙雄．读经救国论．1933.

蒙文通．经学抉原．上海商务印书馆，1933；巴蜀书社，1995,《蒙文通文集》；上海人民出版社，2006.

顾颉刚编．古史辨(三)(下)．朴社，1933；上海古籍出版社，1982；罗根泽编．《古史辨》(四)．朴社. 1933；上海古籍出版社，1982.

王道焜，赵如源编．春秋左传杜林合注．上海商务印书馆，1933；台湾学海出版社，1975.

李澄宇．读春秋蠡述．铅印本，1933,《未晚楼全集》.

[日]新城新藏著，沈璇译．东洋天文学史研究．上海中华学艺出版社，1933.

魏元旷．春秋通义．《魏氏全书·潜园统编》刊本，1933；上海古籍出版社，2002.

陈尧典．杏园左传句解立案．广益书局，1933.

马厚文．左传纂读．上海华社，1933；台湾文听阁图书有限公司，2008,《民国时期经学丛书》.

周祖芬编．春秋三传精华．上海三民公司，1933.

章炳麟．春秋左氏疑义答问．《章氏丛书续编》，1933；《章氏国学讲习会》，1936；成都薛氏刊本，1943；台湾世界书局，1958,《章氏丛书续编》.

林语堂．《左传》真伪与上古方音．上海开明书店，1933.

徐敬修编辑．经学常识．上海大东书局，1933；台湾文听阁图书有限公司，2008，《民国时期经学丛书》.

[日]诸桥辙次编辑，安井小太郎、诸桥辙次、小柳司气太、中山久四郎合著．经学史．东京松雪堂书店出版，1933；台湾新欣出版社，1980.

[日]小岛佑马著，江侠庵译．先秦经籍考(上册)·左传引经考证．上海商务印书馆，1933；台湾新欣出版社，1980；台湾河洛图书出版社，1975.

[日]小岛佑马著，江侠庵译．先秦经籍考(上册)·公羊三科九旨说考．上海商务印书馆，1933；台湾新欣出版社，1980；台湾河洛图书出版社，1975.

[日]本田成之著，江侠庵译．先秦经籍考(上册)·春秋穀梁传考．上海商务印书馆，1933；台湾新欣出版社，1980；台湾河洛图书出版社，1975.

[日]安井小太郎，经学门径书目．大东文化学院研究部，1933.

蒙文通．井研廖季平师与近代今文学．学衡，1933(79).

王兴瑞．春秋时代观念意识的转变——读左传笔记之二．现代史学，1933(2)，第1卷.

余德建．春秋的本质与春秋的分裂．厦门图书馆声，1933(2—5)，第2卷.

徐心芹．春秋齐郑滕土地制度与政治区划．朔望半月刊，1933(6)，第1卷.

章太炎．与吴承仕论春秋答问作意书其二．国学丛编，1933(1)，第2卷.

杨守敬．北齐人书《左氏传》跋．图书馆学季刊，1933(1)，第7卷.

李竞西．《左传》引诗研究．无锡国专季刊，1933(1).

卢景纯记．章太炎先生讲《春秋》.无锡国专季刊，1933(1).

张如愈、翁衍桢合记．章太炎先生讲《经学》.无锡国专季刊，1933(1).

胡玉缙．写本经典释文残卷书后(跋).燕京学报，1933(13).

蒙文通．井研廖师(季平)与清代今古文学．新中华，1933(12)，

第1卷.

任铭善.《春秋》驺夹今文辨.中国文学会集刊,1933(1).

戴增元.公羊学通论.国学商兑,1933(1),第1卷.

徐震.左穀解难.国学商兑,1933(1、2),第1卷.

庞俊.原经.华西学报,1933(1).

方孝岳.公羊旁记.文学杂记(中山大学),1933(5).

伍剑禅.《春秋》《左传》引《诗》异同考.归纳学报,1933(10).

季冰.《左传》中赋诗通则的探索.清华周刊,1933(10),第40卷.

俞平伯.左传遇.北辰杂志,1933(17),第5卷.

李源澄.《公羊》《穀梁》序例.国风半月刊,1933(8),第3卷.

杜钢百.《公羊》《穀梁》为卜商或孔商讹传异名考.武汉大学文哲季刊,1933(1),第3卷.

杜钢百.孔氏撰修《春秋》异于旧史文体考.武汉大学文哲季刊,1933(2),第3卷.

陈振先.关于竹书纪年诗书春秋左传的几桩公案.国闻周报,1933(10、11),第10卷.

陈振先.关于竹书纪年诗书春秋左传的几桩公案.国闻周报,1933(14),第10卷.

韵琴.春秋战国时代的阶级关系.国际文化,1933(1).

赵正平.一部春秋之政治抗争论.复兴月刊,1933(8),第1卷.

舒君实.评述《春秋左传》中之言仁文字.尚志周刊,1933(20、21),第2卷.

高梅.春秋时代的宗教(续).道南,1933(5—10),第7卷.

马宗霍.群经臆说.国学论衡,1933(2).

章太炎讲,潘承弼记.述今古文之源流及其异同.国学论衡,1933(2).

唐文治.十三经提要.无锡西溪唐宅刊本,1934.

刘师培.刘申叔先生遗书·经学教科书.无锡西溪唐宅刊本,1934;台湾国民出版社,1960;台湾京华书局,1970;台湾华世出版社,1975;凤凰出版社,2008,葛剑雄主编《刘师培讲经学》.

刘师培．刘申叔先生遗书·群经大义相通论．无锡西溪唐宅刊本，1934；台湾国民出版社，1960；台湾京华书局，1970；台湾华世出版社，1975；凤凰出版社，2008，葛剑雄主编《刘师培讲经学》.

刘师培．刘申叔先生遗书·两汉学术发微论．无锡西溪唐宅刊本，1934；台湾国民出版社，1960；台湾京华书局，1970；台湾华世出版社，1975；凤凰出版社，2008；葛剑雄主编《刘师培讲经学》.

刘师培．刘申叔先生遗书·汉宋学术异同论．无锡西溪唐宅刊本，1934；台湾国民出版社，1960；台湾京华书局，1970；台湾华世出版社，1975；凤凰出版社，2008，葛剑雄主编《刘师培讲经学》.

刘师培．刘申叔先生遗书·春秋古经笺(附春秋古经旧注疏证零稿)．宁武南氏排印本，1934；台湾国民出版社 1960；台湾京华书局 1970；台湾华世出版社，1975.

刘师培．刘申叔先生遗书·春秋左氏传答问．宁武南氏排印本，1934；台湾国民出版社，1960；台湾京华书局，1970；台湾华世出版社，1975；凤凰出版社，2008，葛剑雄主编《刘师培讲经学》.

刘师培．刘申叔先生遗书·读左札记．宁武南氏排印本，1934；台湾国民出版社，1960；台湾京华书局，1970；台湾华世出版社，1975；凤凰出版社，2008，葛剑雄主编《刘师培讲经学》.

刘师培．刘申叔先生遗书·春秋左氏传传例解略．宁武南氏排印本，1934；台湾国民出版社，1960；台湾京华书局，1970；台湾华世出版社，1975；凤凰出版社，2008，葛剑雄主编《刘师培讲经学》.

刘师培．刘申叔先生遗书·春秋左氏传例略．宁武南氏排印本，1934；台湾国民出版社，1960；台湾京华书局，1970；台湾华世出版社，1975；凤凰出版社，2008，葛剑雄主编《刘师培讲经学》.

刘师培．刘申叔先生遗书·春秋左氏传古例诠微．宁武南氏排印本，1934；台湾国民出版社，1960；台湾京华书局，1970；台湾华世出版社，1975；凤凰出版社，2008，葛剑雄主编《刘师培讲经学》.

刘师培．刘申叔先生遗书·春秋左氏传传注例略．宁武南氏排印本，1934；台湾国民出版社，1960；台湾京华书局，1970；台湾华世出版社，1975；凤凰出版社，2008，葛剑雄主编《刘师培讲经学》.

刘师培．刘申叔先生遗书·春秋左氏传时月日古例考．宁武南氏排印本，1934；台湾国民出版社，1960；台湾华书局，1970；台湾华世出版社，1975；凤凰出版社，2008，《刘师培讲经学》(葛剑雄主编).

方孝岳．左传通论．上海商务印书馆，1934，1935；上海世界书局，1936；台湾“商务印书馆”，1965，1971；北京知识产权出版社，2006；台湾文听阁图书有限公司，2008，《民国时期经学丛书》.

钱玄同．重论经今古文学问题．东京文求堂书店，1934(1).

廖平．新订六译馆丛书．四川存古书局，1934.

[日]本田成之著，江侠庵译．经学史论．上海商务印书馆，1934；台湾文听阁图书有限公司，2008.

冯玉祥．冯玉祥读春秋左传札记．上海军学社，1934；台湾文听阁图书有限公司，2008，《民国时期经学丛书》.

瞿蜕园译．左传选译．上海古籍出版社，1934，1982；上海春明出版社，1955；台湾华联出版社，1973，1979.

叶绍钧编．十三经索引．上海开明书店，1934；中华书局，1983.

叶绍钧编．十三经经文．上海开明书店，1934.

张慰祖．《穀梁》大义述补阙．陶风楼石印本，1934；国学图书馆影印，1935；台湾文听阁图书有限公司，2008，《民国时期经学丛书》.

[日]泷雄之助．支那经学史概说．东京大明堂书店，1934.

陈鼎忠．六艺后论．南京中国史学会丛书，南京钟山书局，1934；台湾文听阁图书有限公司，2008，《民国时期经学丛书》.

关文瑛．通志堂经解提要．沈阳关氏嗣守斋，1934；台湾文听阁图书有限公司，2008，《民国时期经学丛书》.

张元济等辑．四部丛刊(续编)．上海商务印书馆，1934.

冯友兰．读经尊孔与提倡理工．清华周刊，1934(3、4)，第42卷.

方孝岳．《左传》略．文学杂志(中山大学)，1934(8).

郑振铎．经书的效用．中国文学论集，上海开明书店，1934(3).

越致．敦煌《左传》残卷校记．艺观，1934(4).

蒋石渠．《春秋左氏传》言语学序．交大季刊，1934(15).

顾颉刚．说丘．禹贡半月刊，1934(4)，第1卷.

杜钢．孔子撰修春秋异于旧史文体考．武汉大学文哲季刊，1934(2)，第3卷.

唐兰．与顾颉刚先生论《九丘》书．禹贡半月刊，1934(5)，第1卷.

俞平伯．《左传》遇．文学(上海)，1934(6)，第2卷.

王献唐．春秋邾分三国考(附邾此瀛鼎文字墨本)．国学汇编(齐鲁大学)，1934(6).

萧宗训．评《左传真伪考及其它》．文史季刊(江西)，1934(6)，第1卷.

唐兰．四国解．禹贡半月刊，1934(10)，第1卷.

钱穆讲，刘大洲记．汉学与宋学．盘石杂志，1934(7)，第2卷7期.

卫聚贤．论《左传》之真伪及其性质跋．北大国学月刊，1934(7、8).

卫聚贤．经学的价值．大学杂志，1934(6)，第2卷.

[日]本田成之著，江侠庵译．经学史论．大公报(天津)图书副刊，1934(43).

杨敏曾．皮锡瑞经学通论书后．国风半月刊，1934，第5卷第6、7号合刊.

童书业．评周予同著《经今古文学》．浙江省立图书馆馆刊，1934(5)，第3卷.

蒋庭曜．《春秋左氏传》言语绪言．国学论衡，1934(4).

于省吾．四国多方考．考古学社社刊，1934(1).

霍怀恕．近人对于经部分类意见之纂述．学风，1934(10)，第4卷.

[法]卜德(DerkBoelde).《左传》与《国语》．燕京学报，1934(16).

孙海波．《国语》真伪考．燕京学报，1934(16).

柳诒徵．《穀梁大义述》补阙跋．国风半月刊，1934，第5卷第10、11号合刊.

陈朝爵．读《左》随笔．安徽大学月刊，1934(3、4)，第2卷.

漫建之．东周以前的教育和春秋战国的教育的比较．教育周刊，

1934(210、211).

孙次舟．评卫聚贤著《古史研究》因论孔子未作春秋．图书评论，1934(5)，第2卷.

卫聚贤．十三经概论．开明书店，1935；台湾文听阁图书有限公司，2008，《民国时期经学丛书》.

胡适．胡适论学近著(第一集)·论六经不够作领袖人才的来源．上海商务印书馆，1935.

[日]本田成之著，孙俍工译．中国经学史．上海中华书局，1935；台湾广文书局，1979；上海书店，2001；台湾文听阁图书有限公司，2008.

廖平．六变记．作者自刻本，1935.

廖平．左传杜氏集解辨正．作者自刻本，1935.

毛起．春秋总论．杭州贞社，1935；台湾文听阁图书有限公司，2008，《民国时期经学丛书》.

王树荣．绍邵轩丛书·续左氏膏肓．撰者印行，1935；辽宁安庆东方印书馆，1935；台湾文听阁图书有限公司，2008，《民国时期经学丛书》.

王树荣．绍邵轩丛书·读左持平．撰者印行，1935；辽宁安庆东方印书馆，1935；台湾文听阁图书有限公司，2008，《民国时期经学丛书》.

王树荣．绍邵轩丛书·续穀梁废疾．撰者印行，1935；辽宁安庆东方印书馆，1935；台湾文听阁图书有限公司，2008，《民国时期经学丛书》.

王树荣．绍邵轩丛书·续公羊墨守．撰者印行，1935；辽宁安庆东方印书馆，1935；台湾文听阁图书有限公司，2008，《民国时期经学丛书》.

王树荣．绍邵轩丛书·公羊何注考订．撰者印行，1935；辽宁安庆东方印书馆，1935；台湾文听阁图书有限公司，2008，《民国时期经学丛书》.

王树荣．绍邵轩丛书·箴箴何篇．撰者印行，1935；辽宁安庆东方印书馆，1935；台湾文听阁图书有限公司，2008，《民国时期经学丛书》.

张骥．左氏秦和传补注．成都义生堂刊本，1935.

吴佩孚．春秋左传浅解．北平最新印书社铅印本，1935.

廖平著，张西堂校点．今古学考．景山学社，1935；台湾新文丰出版公司，1988,《丛书集成续编》；巴蜀书社，1989,《廖平学术论著选集》；台湾文听阁图书有限公司，2008,《民国时期经学丛书》.

顾颉刚编．古史辨(五)．朴社，1935；上海古籍出版社，1982.

胡适．论《春秋》答钱玄同．商务印书馆，1935；山东人民出版社，1998,《胡适论学近著》.

[日]津田左右吉．《左传》思想史的研究．《东洋文库论丛》，1935；岩波书店，1958，1964,《津田左右吉全集》.

[日]重泽俊郎，佐藤匡玄．左传人名地名索引．东京弘文堂书房，1935；台湾广文书局，1962，1966，1977.

沈豫编．春秋左传服注存·续·补遗．南海黄氏据旧版汇印，1935,《芋园丛书》；台湾新文丰出版公司，1988,《丛书集成续编》；广州出版社，2008,《广州大典》.

庄有可．春秋小学．上海商务印书馆，1935；上海古籍出版社，2002,《续修四库全书》影印本.

王铭西．春秋五行灾异卦气属比考．陶风楼，1935.

王铭西．春秋属比考例．陶风楼，1935.

王云五主编．丛书集成初编·春秋类．上海商务印书馆，1935；中华书局，1985.

臧寿恭．春秋左氏古义．上海商务印书馆，1935,《丛书集成初编》；北京中华书局，1985,《丛书集成初编》；台湾新文丰出版公司，1986,《丛书集成新编》影印本；上海书店，1988.

刘盼遂．释九锡中“纳陛”．文字音韵学论丛，北平人文书店，1935.

陈嘉异讲，刘国刚记．读经与尊孔在中国文化上之地位及其方．国光杂志，1935(2、3).

钱穆．古史辨(五)·刘向刘歆父子年谱．朴社，1935；台湾明伦出版社，1970.

青松．古史辨(五)·评刘向刘歆父子年谱．朴社，1935；台湾明伦出版社，1970.

钱玄同．古史辨(五)·重印刘逢禄《左氏春秋考证》书后．朴社，1935；台湾明伦出版社，1970.

钱玄同．古史辨(五)·重论经今古文学问题．朴社，1935.

张西堂．古史辨(五)·《左氏春秋考证》序．朴社，1935.

胡适．《论左传之可信及其性质》摘要．古史辨(五)．朴社，1935.

梁启勋．汉学宋学不宜偏废说．教育月刊(广州)，1935(1)，第4卷.

李兆民．论群经诸子与文学之关系．协大艺文，1935(1).

褚保炎．《左传》引诗考叙言．女师学院期刊，1935(1)，第3卷.

吴汝纶．《春秋》《左传》异文考．国立北平图书馆馆刊，1935(2)，第9卷.

金涛．清朝五经汇解二百七十卷．学风，1935(1)，第5卷.

章太炎．论经史儒之分合．光华大学半月刊，1935(5)，第4卷.

童书业．《国语》与《左传》问题后案．浙江省立图书馆馆刊，1935(1)，第4卷.

章太炎．论经史实录不应无故怀疑．国风半月刊，1935，第6卷第7、8期合刊.

郑师许．《左传》真相之先决问题．学术世界，1935(1)，第1卷.

章炳麟．论公羊学．光华大学半月刊，1935(8)，第3卷.

傅斯年．论学校读经．大公报(天津)(2—3版)，1935年4月7日；独立评论，1935，第146号.

未明．略谈五经及其与孔子之关系．华北日报(北平)·史学周刊，1935年4月11日.

周澄．读《左》导言．光华大学半月刊，1935(7、8、1)，第3、4卷.

[日]泷熊之助著，王晓舟译．经学与儒学．文化与教育，1935(54).

李竞西．《左传》引《诗》研究．国专季刊，1935(5).

陈鉴铭．古文与读经．国学论衡，1935(5).

黄宝实．论学校读经并质傅孟真、胡适之屈邪说．安雅月刊，1935(5)，第1卷.

郑师许．读经与讲求新学．青年界，1935(1)，第8卷.

龙纪官．走不通的路——读经与学文．武汉大学四川同学会会刊，1935(1)，第2卷.

徐震．读《左》杂记．国学论衡，1935(5).

张其淦．《〈左传〉礼说》自序．国学论衡，1935(5).

戴增元．穀梁学通论．国学论衡，1935(5).

刘异．孟子春秋说微．武汉大学文哲季刊，1935(3)，第4卷.

章炳麟，李源澄．论经学书三通．学术世界，1935(2)，第1卷.

徐炎文．读经刍言．国专月刊，1935(5)，第1卷.

徐景贤．春秋晋军制考．国专月刊，1935(5)，第1卷.

黄肃(子雍)．珂罗倔伦《左传真伪考》驳议．四川大学季刊，1935(7).

章太炎．论经史实录不应无故怀疑．浙江省立图书馆馆刊，1935(4)，第4卷.

徐信符．说经学与处世的关系．新村半月刊，1935(14).

胡坤达．两汉经学源流．复旦学报，1935(2).

黄巩．船山注重五经说．船山学报，1935(9).

钱卓升．近世经学与汉儒异同论．遗族校刊，1935(6)，第2卷.

童书业．致编者书(论章太炎作《论经史实录不应无故怀疑》．浙江省立图书馆馆刊，1935(5)，第4卷.

陈槃．春秋杞子用夷贬爵辨．禹贡半月刊，1935(3)，第4卷.

孙易．春秋三传授受考．国专月刊，1935(12)，第2卷.

孙之舟．《左传》《国语》原非一书证．华北日报(北平)，1935年10月28日，1935年11月4日、11日.

黄季刚．书《春秋左氏传疑义答问》后．越风，1935(3)，第1卷.

杨向奎．论《五十凡》(附蒙文通先生跋)．史学论丛(第2册)，1935.

周澄．吕东莱读《左》述要．光华大学半月刊，1935(3、4)，第4卷.

钱穆.《四库提要》与汉宋门户.益世报(天津)·读书周刊，1935(24).

夏朴山.《春秋总论》初稿(毛起著).大公报(天津)·图书副刊，1935(105).

潘承弼.著砚楼读书志：残宋本春秋经左氏传句解.制言，1935(5).

陆修佑.读《左》分类选目.国专月刊，1935(3)、1936(3)，第2、3卷.

罗福颐.春秋简书刊误校补.考古社刊，1935(3).

徐震.春秋经传略说.国学论衡，1935(6).

余德建.《春秋》的本质与《春秋》的分裂.厦门图书馆声，1935(2—5)，第2卷.

余园.《左传》和《水浒》.青年界，1935(1)，第8卷.

陈宪璇.春秋的奴隶.食货，1935(5)，第2卷.

李相珏.春秋时代之诗学.学风，1935(9)，第5卷.

方守恭.史家有才学识三长以春秋左氏传为最能证明之.铁路学院月刊，1935(19).

岑义.春秋战国时代之中国社会.河南教育月刊，1935(5)，第5卷.

张树璜.孔道与孔学.国光杂志，1935(7—8).

李源澄.白虎通义五经异义辨证.学术世界，1935(7)、1936(9、11、12)，第1卷.

章太炎.春秋左氏疑答问.章氏国学讲习会，1936.

廖平.刘申绶左氏考证辨正.作者自刻本，1936.

廖平.再箴左氏膏肓.作者自刻本，1936.

韩菼评选.批注春秋左传句解.上海大达图书供应社，1936，同年5月再版；上海广益书局，1948；台湾大东书局，1966，1969.

韩菼评选.春秋左传句解.上海中原书局，1936；台湾新陆书局，1966，精装影印本.

李源澄.白虎通义五经异义辨证.1936(3、5、7).

钱基博.经学通志.中华书局，1936；台湾文听阁图书有限公司，2008，《民国时期经学丛书》；广西师范大学出版社，2009，《钱基博作品系列》.

[瑞典]高本汉著．陆侃如译．《左传》真伪考及其它．上海商务印书馆，1936；中国知识产权出版社，2006.

贾逵、服虔撰，[日]重泽俊郎编．左传贾服注攟逸．日本东方文化学院京都研究所，1936.

伍宪子．经学通论．上海东方文化出版社，1936.

中华书局编．公羊传穀梁传精华．中华书局，1936.

徐懋庸．文艺思潮小史．生活书店，1936.

郑宾于．中国文学流变史．北新书局，1936.

沈飏民．王捍郑《白虎通义》引书表补正．制言．1936(30).

赵管侯．读经．正风，1936(1、2)，第3卷.

周予同．治经与治史．申报·每周增刊，1936(36)，第1卷.

吴竞成．《左传兵事类钞》按语．国专月刊，1936(5)，第2卷.

顾时．《春秋左传》纂言．国专月刊，1936(5)，第2卷.

齐绳周．释周．晨报(北平)·思辨，1936(26).

马宗霍．历代经学述略．制言，1936(9—14、16).

孙易．驳郑·驳宋郑樵春秋传证左氏为六国人．国专月刊，1936(1)，第3卷.

潘承弼．盉宀群书校跋：白虎通．制言，1936(11).

卢白．读经问题刍议．河北月刊，1936(3)，第4卷.

杨向奎．论《左传》"君子曰"．文澜学报，1936(1)，第2卷.

顾颉刚．三统说的演变．文澜学报，1936(1)，第2卷.

李源澄．先配后祖申杜说并论见致女反马诸义．制言，1936(12).

尚节之．《左传》《国语》易象释引言．晨报(北平)，1936(31).

栾调甫．与孙次舟论《春秋左传》书．华北日报(北平)·图书周刊，1936(74).

徐震．公羊榷论．国学论衡，1936(7).

徐震．公羊榷论．国专校友集刊，1936(7、8)，第1卷.

章太炎．论经史儒之分合．国风月刊，1936(5)，第8卷.

张汝舟．齐鲁学考．学风，1936(3)，第6卷.
陈家骥．郑康成著述考．文学年报，1936(2).
李源澄．与陈柱尊教授论公羊学书．学术世界，1936(11)，第1卷.
符宇澄(定一)．新学伪经考驳谊(摘录)．制言，1936(16).
章太炎．与徐哲东(震)论春秋书．制言，1936(17).
耿乃德(G. J. Kennedy)，徐道邻译．春秋纪卒考．民族杂志，1936(6)，第4卷.
孙文昱．春秋学总述．员幅，1936(1)，第1卷.
金德建．左氏学郑兴、贾逵不同蠡测．厦门图书馆声，1936(10—12)，第3卷.
章太炎．与人论读经书．制言，1936(21).
周予同．怎样研究经学．出版周刊，1936(195、196).
吴方圻．春秋元年春王正月辨．国专月刊，1936(1)，第4卷.
章太炎．中学读经年日程．制言，1936(24).
钱穆．东汉经学略论．益世报(天津)·读书周刊，1936(67).
黄巩．孔壁藏书为圣道存亡关键论．船山学报，1936(12).
柳诒徵．重校刊古经解钩沉跋·题跋．国学图书馆第九年刊，1936(10).
杨向奎．论《左传》之性质及其与国语之关系．史学集刊，1936(2).
盛熙．《左传》述春秋盟会．历史学报(武汉大学)，1936(1).
杨树达．说字解经十二首．清华大学学报(自然科学版)，1936(4)，第1卷.
廖谷神．宋儒变乱经书评议．河南大学校刊，1936(152).
张延举．朱一新汉宋兼采之议论．时代青年，1936(1)，第2卷.
陈槃．春秋"公矢鱼于棠"说．台湾"中央研究院"历史语言研究所集刊(7本)，1936(12).
于省吾．春秋名字解诂商谊．考古学社社刊，1936(5).
南铣．读左随笔．世界日报(北平)·明珠，1936(80).
吴承仕．经说二首．服部先生古稀祝贺纪念论文集，东京富山房，1936年(昭和11年).

尚节之.《左传》《国语》易象释.晨报(北平),1936年3月27日、4月8日、4月16日、4月27日、5月6日、5月18日.

杨耀远.《左传》僖公五年晋灭虢月日星度.儒效月刊,1936(10),第2卷.

施之勉.两汉公羊学原出邹衍证.江苏教育,1936(12),第5卷.

宋恩培.春秋战国之私家讲学考.国专月刊,1936(3),第3卷.

钱玄同,顾颉刚.《春秋》与孔子.北京大学研究所国学门周刊,1936(1—12),第1卷.

春秋名字解诂补谊.国立中英大学文艺丛刊,1936(2),第2卷.

李麦麦.春秋战国时代的社会变革和社会运动.文化建设,1936(1),第2卷.

刘索.春秋经中之五霸.砥柱旬刊,1936(13),第7卷.

莫非斯.春秋周殷历法考.燕京学报,1936(20).

符定一.新学伪经考驳谊.上海商务印书馆,1937;台湾文听阁图书有限公司,2008,《民国时期经学丛书》.

罗振玉.经义考目录.《七经堪丛刊》石印本,1937;台湾广文书局,1968,1999;台湾文听阁图书有限公司,2008,《民国时期经学丛书》.

叶青编.读经问题.真理出版社,1937.

张寄岫选辑.左国选读.上海商务印书馆,1937,《中学国文补充读本》.

洪业等编.春秋经传引得.哈佛燕京学社引得编纂处,1937;上海古籍出版社,1983.

赵青藜.读左管窥.上海商务印书馆,1937,《丛书集成初编》;北京中华书局,1985,《丛书集成初编》重印本;上海古籍出版社,2002,《续修四库全书》影印本.

吕思勉.燕石札记·六艺.上海商务印书馆,1937.

吕思勉.燕石札记·传、说、记.上海商务印书馆,1937.

吕思勉.燕石札记·孔壁(得书).上海商务印书馆,1937.

张君劢.中国学术思想史上汉宋两派之长短得失.张菊生先生七

十生日纪念论文集，上海商务印书馆，1937.

胡适．读经平议．自然，1937(5).

温廷敬．经史金文证补．广州学报，1937(1、2)，第1卷.

周予同．春秋与春秋学．中学生 1937(71).

张西堂．春秋六论．孔子哲学月刊 1937(1).

北贫．经学与历代政教．中兴周刊(武昌)，1937(149).

骆鸿凯．传注笺疏语法录总叙．制言．1937(35).

陶思曾．《春秋左传》大义．船山学报，1937(2).

骆鸿凯．传注笺疏语法录．制言，1937(35、36、40).

陈公博．我对于读经的抗议．民族杂志，1937(3)，第5卷.

刘焕莹．《春秋穀梁传》柯氏释例目录叙．书林，1937(2)，第1卷.

刘禹昌．《左传》、《国语》、《战国策》三书中的譬喻．中央日报(南京)·文史，1937(16、17).

唐文治．论读经次第支配法．国专月刊，1937(3)，第5卷.

唐文治．论读经分类删节法．国专月刊，1937(3)，第5卷.

陈公博．我对于读经的抗议．中华教育界，1937(10)，第24卷.

陈槃．增订《春秋杞子用夷贬爵辨》，禹贡半月刊，1937，第7卷第1、2、3期合刊.

张杰．《左》笔发凡．光华大学半月刊，1937(8)，第5卷.

杨树达．读《左传会笺》．清华学报，1937(2)，第12卷.

马宗霍．通经致用说．制言，1937，第37、38期合刊.

潘重规．评周予同经学历史注释．制言，1937，第37、38期合刊.

徐复．说文引经段说述例．制言，1937，第37、38期合刊.

胡适．读经平议．独立评论，1937(231).

傅东华．中学选读古经传问题．文学(上海)，1937(5)，第8卷.

杨明照．《春秋左氏传》“君子曰”微辞．文学年报，1937(3).

郝公玉．读春秋董氏学．现代评坛，1937(16、17)，第2卷.

张芍辉．读春秋蠡测．国学(天津)，1937(2—4)，第1卷.

但植之．观物化斋闲话(经书部分)．制言，1937(41、47).

聂崇岐．三种《左传》索引正误．大公报(天津)·图书副刊，1937(182、183)．

胡适．读经平议．中华教育界，1937(2)，第23卷．

唐文治．论读经．学术世界，1937(5)，第2卷．

伍非百．读经新论．经世(南京)，1937(10)，第1卷．

陆修佑．群经军事学(未完)．国专月刊，1937(5)，第5卷．

李源澄．春秋修辞学(崩薨卒葬篇)．论学，1937(6、7)．

莫非斯．《春秋》和《左传》的关系．考古社刊，1937(6)．

觉斋．中国经学史(马宗霍著)．大公报(天津)·图书副刊，1937(184)．

梁实秋．关于读经．独立评论，1937(239)．

燕京大学哈佛燕京学社引得编纂处．春秋经传注疏引书引得．燕京学报，1937(11)．

洪业．春秋经传引得序．史学年报，1937(4)，第2卷．

程尚川．读书札记：左传．华西学报，1937(5)．

陶希圣．春秋末战国初的变法运动．中山文化教育馆季刊，1937(1)，第4卷．

林秋．春秋时代哲学思想之分野．民鸣月刊，1937(9)，第1卷．

朱希祖．鲁之春秋跋．文澜学报，1937(1)，第3卷．

孙正容．春秋战国时代社会的分析．浙江青年，1937(7)，第3卷．

张鹏一．《史记》本于公羊考．陕西教育月刊，1937(3)，第3卷．

张鹏一．《史记》本于公羊考(一续)．陕西教育月刊，1937(4)，第3卷．

罗根泽编．古史辨(六)．开明书店，1938；上海古籍出版社，1982．

甘鹏云．经学源流考．北京崇雅堂，1938；台湾维新书局，1968，1984；台湾学海出版社，1985；台湾文听阁图书有限公司，2008，《民国时期经学丛书》．

燕京大学哈佛燕京学社引得编纂处．春秋经传引得．哈佛燕京学社引得编纂处，1938(3)．

卫聚贤．春秋战国时代战时国际经济关系．中央银行月报，1938(7—11)，第7卷.

胡朴安．读经问题讨论．三通书局，1939.

张心澄．伪书通考．上海商务印书馆，1939.

章炳麟．春秋左传读．据1913年石印本影印，1939；上海人民出版社，1982，《章太炎全集》；台湾学海出版社，1984.

杨鸿烈．史学通论．商务印书馆，1939；岳麓书社，2012.

殷孟伦．经籍旧音辨证笺识题辞．学林月刊，1939(1).

衡庐．经学讲话．近代杂志，1939(10)，第1卷.

王庸．读《春秋公矢鱼于棠说》略论治古史及民族学方法．图书季刊，1939(1)，新第1卷.

王重民．巴黎伦敦所藏敦煌残卷叙录(春秋左氏抄、论语义疏).图书季刊，1939(1)，新第1卷.

吴向之．春秋晋地考．古学丛刊，1939(1—8).

刘朝阳．《左传》与三正．云南大学学报，1939(1).

陶小石．《左传》别疏．制言，1939(51、53).

罗常培．段玉裁校本经典释文跋．图书季刊，1939(2)，新第1卷.

钟泰讲；李敏信记．《春秋》之国家观与国际观．国师季刊，1939(3).

爱伯华著，方志浵译．古代中国的天文学(刘歆改窜左传说的证确).研究与进步，1939(2)，第1卷.

林彦博．《左传》《毛诗》之互证．古学丛刊，1939(4).

章太炎．"春秋三传"之起源及其得失．制言，1939(56).

罗常培．经典释文和原本玉篇反切中的匣于两纽．台湾"中央研究院"历史语言研究所集刊(8本)，1939(10).

齐思和．经学源流考(甘鹏云著).史学年报，1939(1)，第3卷.

金德建．白虎观会议诸儒学派考．制言，1939(59).

汪柏年．武不十乱有妇人考．制言，1939(59).

燕京大学哈佛燕京学社引得编纂处．春秋经传注疏·礼记注疏·毛诗注疏引书引得．图书季刊，1939(1)，新第1卷.

燕京大学哈佛燕京学社引得编纂处．春秋经传引得附标校经传全文．图书季刊，1939(1)，新第1卷.

吕亮耕．春秋．文笔，1939(5—12)，第1卷.

方孝岳．春秋三传学．商务印书馆，1940.

王伯祥选注．春秋左传读本．上海开明书店，1940，1948；北京中华书局，1957，1960；香港中华书局，1959，1965；台湾五洲出版社，1968；台湾文听阁图书有限公司，2008，《民国时期经学丛书》.

何澂霜．左传文法研究．上海商务印书馆，1940，1941；香港商务印书馆，1964；知识产权出版社，2006；台湾文听阁图书有限公司，2008，《民国时期经学丛书》.

李文渊．左传评．成都薛崇礼堂，1940，《贷园丛书》；北京中华书局，1985，重印《丛书集成初编》，1991；台湾新文丰出版公司，1986，《丛书集成新编》.

陈汉章．孔贾经疏异同评．四明张寿镛约园刻本，1940，《四明丛书》；台湾文听阁图书有限公司，2008，《民国时期经学丛书》.

晚青．谈瀛阁斠经管见录．文教月刊，1940(1)．第1卷.

金毓黻．古文今文释名．说文月刊，1940(4)，第2卷.

潘重规．春秋公羊疏作者考．志林，1940(1).

吴其昌．春秋的民族主义和复仇主义．春秋，1940(1)，第1卷.

金德建．李育公羊义四十一事辑证．制言，1940(62).

顾颉刚．春秋时的农民生活与商工业．学术，1940(3).

顾颉刚．春秋时的男女关系与婚姻习惯．学术，1940(4).

沈璇译．春秋长历．学艺(上海)，1940(6、7)，第9卷.

徐著新．春秋即位书例．之江中国文学会集刊，1940(5).

王凤喈．经学与哲学．政治季刊，1940(4)，第3卷.

孙次舟．《左传》《国语》原非一书证．责善半月刊，1940(4、6、7)，第1卷.

张友椿．清代经学大师阎百诗底学术检讨．教育学报(中华教育总会)，1940(5、6).

孙次舟．春秋公羊传所言邾颜之事稽．责善半月刊，1940(9)，第1卷.

陈槃．增订《春秋公矢鱼于棠说》追记．责善半月刊，1940(12)，第1卷.

王利器，杨永廉．郑康成著述考．图书季刊，1940(3)，新第2卷.

范文澜．中国经学史的演变——在延安新哲学年会．中国文化(延安)，1940(2、3)，第2卷.

李行之．论六艺之序．责善半月刊，1940(17)，第1卷.

冯贞群．伏跗室群书题记．图书季刊，1940(4)，新第2卷.

沈兼士．读经籍旧音辨证发墨．读书通讯，1940(16).

杨树达.《春秋大义述》序．文哲丛刊，1940(12)，第1卷.

云彬．春秋战国时代的学术思想(上)．青年人半月刊，1940(1)，第2卷.

云彬．春秋战国时代的学术思想(下)．青年人半月刊，1940(2)，第2卷.

洪钧培．春秋国际公法．图书季刊，1940(4)，新第2卷.

成瓘遗.《左传》成公二年晋师齐师战于鞍．群雅月刊，1940(4)，第4卷.

吕思勉、童书业编．古史辨(七)(上、中、下)．开明书店，1941；上海古籍出版社，1982.

[日]泷熊之助著，陈清泉译．中国经学史概说．商务印书馆，1941；台湾文听阁图书有限公司，2008，《民国时期经学丛书》.

中华书局编．公羊传精华·穀梁传精华．中华书局，1941；台湾文听阁图书有限公司，2008，《民国时期经学丛书》.

金德建．古籍丛考·董仲舒的著作与《春秋繁露》．上海中华书局，1941，1983.

金德建．古籍丛考·李育公羊义四十一事辑证．上海中华书局，1941.

蒋伯潜，蒋祖怡．经与经学．世界书局，1941；上海书店出版社，1997；台湾文听阁图书有限公司，2008，《民国时期经学丛书》.

金德建．汉代《左传》《国语》二书合一不分之证．群雅，1941(2)，第2卷.

马念祖．康南海先生之经学．民意，1941(2)，第2卷.

易君左．读《春秋》杂感．春秋月刊，1941(4)，第2卷.

沈兼士．读经籍旧音辨证发墨．图书季刊，1941，新第3卷第1、2期合刊.

陈梦家．射与郊．清华大学学报(自然科学版)，1941(6).

陈遵妫．春秋以前之日食纪录．学林，1941(6).

周荫棠．论《春秋》时代之起讫．斯文，1941(17、18、19)，第1卷.

程芸．《春秋》《史记》皆史籍通称．齐鲁学报，1941(2).

陶光．《左传》邲之战补注．国文月刊，1941(9)，第1卷.

施之勉．春每月书王解．斯文，1941(22)，第1卷.

周澄．《左传》文例．国师季刊，1941，第11、12期合刊.

易君左．敬以《春秋》大义勉全国同胞．时代精神，1941(3)，第4卷.

徐震．穀梁笺记．武汉大学文哲季刊，1941(1)，第7卷.

空异．六艺通论．武汉大学文哲季刊，1941(1、2、3)，第7卷.

桂文灿．经学博采录．《敬跻堂丛书》，1942；香港龙门书店，1969；台湾明文书局，1992；台湾新文丰出版公司，1988；上海古籍出版社，2002，《续修四库全书》影印本；上海古籍出版社，2005，《丛书集成续编》.

马一浮．复性书院讲录．复性书院刻本，1942.

金毓黻．古文今文释名．说文月刊，1942，第2卷合订本.

童仲赓．读经杂议．学海(湖北)，1942，第9、10期合刊.

李之淦．六经述要．中日文化，1942(3)，第2卷.

范宬．河间献王有功于经证．国学丛刊(国学书院)，1942(8).

王凌云．《左传》言礼制本于《周官》经考．文讯(贵阳)，1942(6)，第2卷.

赣伯．经学阐微．中日文化，1942(4、5)，第2卷.

宋云彬．读经．国文杂志，1942(1、2)，第1卷.

王焕镳．《春秋》攘夷说．思想与时代(遵义)，1942(14).

王献唐．新出土汉熹平《春秋》石经校记．说文月刊，1942(8)，

第 3 卷.

徐仁甫.《左传》赋诗考. 志学月刊，1942(9).

欧阳学.《左传》研究. 河南教育季刊，1942(5)，第 1 卷.

易君左.《春秋》何以为仁义法. 图书月刊，1942(4)，第 2 卷.

陈槃.《左氏春秋义例辨》自叙. 责善半月刊，1942(23).

张冷莹. 春秋都邑考. 中日文化，1942(10)，第 2 卷.

董作宾. 春秋经传史日丛考. 说文月刊，1942(11)，第 3 卷.

柳岳生.《春秋》要义. 图书月刊，1942(2)，第 2 卷；学宗，1966(4)，第 7 卷.

章太炎.《春秋左氏》疑答问. 成都薛氏刊本，1943.

杨树达. 春秋大义述. 重庆商务印书馆，1943；上海古籍出版社，2007，《杨树达文集》.

钱穆. 刘向歆父子年谱. 中国文化服务社，1943.

张德钧. 经术与经学. 中国学报(重庆)，1943(1)，第 1 卷.

瑟若. 伊元复读经史之计划. 中国学报(重庆)，1943(1)，第 1 卷.

王艽生. 春秋大义话今天. 中外春秋，1943(1).

何善周.《左传》"鞍之战"集解. 国文月刊，1943(20、21).

钱穆. 两汉博士家法考. 文史哲季刊(中央大学)，1943(1)，第 1 卷.

段生珍. 正续经解所收穀梁著述提要. 斯文，1943(7)，第 3 卷.

柳亚子. 关于读经问题及其它. 学习生活，1943(5)，第 4 卷.

郭沫若. 论读经. 学习生活，1943(5)，第 4 卷.

北平图书馆. 十三经新疏之印行. 图书季刊，1943，新第 4 卷第 1、2 期合刊.

陈昌寿. 五经大要及与孔子之关系. 东方文化(上海)，1943(6)，第 2 卷.

贺岳僧. 清代汉宋学之争. 时代精神，1943(3)，第 8 卷.

黄萧(子雍). 珂罗倔伦《左传真伪考》驳议. 斯文，1943，第 3 卷第 10、11 期合刊.

朱逊. 介绍朱自清著《经典常谈》. 国文杂志，1943(2)，第 2 卷.

熊十力．研究孔学宜注重易春秋周礼三经．孔学，1943(1)．

廖季平．评康有为《新学伪经考》(遗稿)．孔学，1943(1)．

陈立夫．孔学如何复兴．孔学，1943(1)．

孔祥熙．孔学述．孔学，1943(1)．

周通旦．先秦经学论．孔学，1943(1)．

李树桐．《春秋》的大一统主义与复仇主义．时代精神，1943(1)，第9卷．

胡白涛．二百四十二年的春秋时代精神．时代精神，1943(1)，第9卷．

蒙文通．《周官》《左传》所见之商业．图书集刊，1943(5)．

廖季平．《左传》杜氏五十凡驳例笺．图书集刊，1943(5)．

俞平伯．《左传》"震夷伯之庙"一条非左氏旧文说．中德学志，1943(4)，第5卷．

顾颉刚．春秋以前的列国世系(春秋史话之二)．读书通讯，1943(74)．

云彬．春秋战国时代的学术思想(上)．青年生活，1943(5)，第4卷．

程维巧．春秋时代婚姻考异．妇女新运，1943(8)，第5卷．

白麟．春秋时代文化概观．真知学报，1943(1)，第2卷．

顾颉刚．郑国独霸时代(春秋史话之三)．读书通讯，1943(75)．

顾颉刚．郑的中衰与齐的始强(春秋史话之四)．读书通讯，1943(76)．

顾颉刚．尊王攘夷事业的背景(春秋史话之五)．读书通讯，1943(77)．

翁同文．春秋而战国．自由论坛，1943(5、6)，第1卷．

王朝隆．漫论孔学．大学月刊(1942年)，1943(4)，第2卷．

罗倬汉．诗与孔学．思想与时代，1943(27)．

蒋伯潜．经学纂要．重庆正中书局，1944，1946．

朱希祖．中国史学通论．独立出版社，1944；时代文艺出版社，2009，《老北大讲义丛书》．

李源澄．经学通论．成都路明书店，1944．

方豪．十七八世纪来华西人对我国经籍之研究．中国天主教史论丛·甲集，重庆商务印书馆，1944.

叶梦雨．清儒汉宋之争訾议．真知学报，1944，第3卷第3、4期合刊.

直父．"春秋三传"经文考异．河南民众，1944(5)，第1卷.

杨树达．春秋大义述．图书季刊，1944(1)，新第5卷.

王秉谦．春秋弑君州六辨．学术界，1944(2)，第2卷.

何海鸣．清代的今古文经学．中日文化，1944(1)，第4卷.

施之勉．春每月书王解．东方杂志，1944(16)，第40卷.

皮高平．经书分类的研究．说文月刊，1944，第4卷合订本.

周通旦．春秋研究纲要．东方杂志，1944(9)，第40卷.

顾颉刚．读《左传》杂记．真理杂志，1944(3)，第1卷.

蒋元庆．穀梁受经于子夏考．学海(南京)，1944(3)，第1卷.

蒋元庆．柳兴恩《穀梁述礼》补缺．学海(南京)，1944(4)，第1卷.

周通旦．春秋推显至隐义．理想与文化，1944(7).

刘节．《左传》《国语》《史记》之比较研究．说文月刊，1944，第5卷第1、2期合刊.

桔棋．《左传》今证．学海(南京)，1944(5)、1945(1、2)，第1、2卷.

周通旦．如何研究《春秋》．孔学，1944(2).

顾实．孔学史观．孔学，1944(2).

孙海波．西汉今古文之争与政治暗潮．中国学报(重庆)，1944(1、3、4)，第2卷.

墨僧．春秋中的罗曼史．文友，1944(10)，第3卷.

墨僧．春秋中的罗曼史之二．文友，1944(3)，第4卷.

陈觉玄．春秋战国时代的学术自由．大学月刊，1944(5、6)，第3卷.

王之平．春秋之所以作．大同学志，1944(1).

云彬．春秋战国时代的学术思想(下)．青年生活(1941)，1944(1)，第5卷.

黄彰健．春秋三世说探原．中国学报，1944(3)，第1卷．

杨向奎．西汉经学与政治．独立出版社，1945；台湾文听阁图书有限公司，2008，《民国时期经学丛书》．

熊十力．读经示要．重庆南方印书馆，1945(12)，《十力丛书》；台湾广文书局，1960；台湾洪氏出版社，1973；台湾明文书局，1983；湖北教育出版社，2001，《熊十力全集》；中国人民大学出版社，2006；上海书店，2009．

李仲均．《春秋史表》自序．国学月刊(北平)，1945(2)，第1卷．

翦伯赞．春秋之义．中华论坛，1945(4)，第1卷．

罗继祖．唐代经学与五经正义之史料．国学丛刊(国学书院)，1945(15)．

木强．读《春秋公羊传》．国学月刊(北平)，1945(5)，第1卷．

木强．读《春秋穀梁传》．国学月刊(北平)，1945(5)，第1卷．

姜蕴刚．商业中心的春秋战国社会．文史杂志，1945(5、6)，第5卷．

北平图书馆．经学通论(李源澄著)．图书季刊，1945(1、2)，第6卷．

丁易(叶鼎彝)．经与史．大学(成都)，1945(3)，第4卷．

施之勉．春秋伯子男同位说．东方杂志，1945(13)，第41卷．

孙玄常．读《左》蠡见．东方杂志，1945(14)，第41卷．

木强．读《春秋左传》．国学月刊(北平)，1945(6)，第1卷．

熊十力．论汉学．中国文化，1945(1)．

任铭善．西京学三论．江苏学报，1945(1)．

屈万里．十三经注疏板刻述略．图书月刊，1945，第3卷第5、6期合刊．

张西堂．穀梁春秋考证(附春秋今古文异同表)．图书月刊，1945，第3卷第5、6期合刊．

蒋伯潜，蒋祖怡．经与经学．上海世界书局，1946．

朱自清．经典常谈．重庆文光书店，1946；三联书店，1980；凤凰出版传媒集团，江苏文艺出版社，2007，《北斗丛书》；台湾英华出版社，1956；台湾华联出版社，1970；台湾弘道文化事业公司，

1970；台湾三民书局，1972；台湾乐天出版社，1972；高雄复文图书出版社，1983；台湾文听阁图书有限公司，2008，《民国时期经学丛书》.

彭子仪．诲淫诲盗与左传．茶话，1946(2).

叶圣陶．评朱自清著《经典常谈》. 上海文化，1946(4).

北平图书馆．西汉经学与政治(杨向奎著)．图书季刊，1946，新第7卷第1、2期合刊.

罗孟韦．《左传》述言．文理学报，1946(1)，第1卷.

钱坤新．公羊稽疑．中国文化(四川)，1946(2).

邵祖平．经今古文平议．东方杂志，1946(11)，第42卷.

张震泽．楚莫敖考．东方杂志，1946(15)，第42卷.

钱坤新．公羊稽疑．贵州大学学报，1946(1).

陈务去．公羊学与专制政治．新中华(复刊)，1946(10)，第4卷20期(总第9卷20期).

陈文松．赋兼歌诵论——左传引诗研究之一节．协大艺文，1946(12)，第18、19期合刊.

陈槃．左氏春秋义例辨．上海商务印书馆，1947；台湾“中央研究院”历史语言研究所，1993；上海古籍出版社，1999，2009.

龚向农．经学通论．成都薛氏崇礼堂刻本，1947；台湾文听阁图书有限公司，2008，《民国时期经学丛书》.

杨德恩编译．白话左传读本．上海广益书局，1947.

郭沫若．沸羹集·论读经．上海大孚出版公司，1947.

杨耀远．《左传》僖公五年晋灭虢月日星度考．儒效月刊，1947(10)，第2卷.

年离中．公羊义略记．历史与文化，1947(2).

芮逸夫．《左传》“穆姜之姨子也”质疑．清华学报，1947(3)，第1卷.

雷海宗．春秋时代政治与社会．社会科学，1947(1)，第4卷.

叶华．《左传》之编者时代问题．龙门杂志，1947(2)，第1卷.

朱子方．汉代私学之盛衰及其学风．东方杂志，1947(9)，第43卷.

张君劢．汉学宋学对于吾国文化史上之贡献．宇宙，1947(3)，第5卷.

张鸿来．十三经歌诀标射谱序．经世日报・文献周刊，1947(10).

顾颉刚．读春秋邾国鼎铭因论邾之盛衰．文物周刊，1947(46).

吴静安．春秋名字解诂今钞．和平日报，1947年10月25日.

吕思勉．马先之《左氏纂》读后．东南日报，1947年10月29日.

张震泽．许慎五经异义礼例考．中央日报(南京)，1947年11月17日.

谢幼伟．评熊十力著《读经示要》．浙江学报，1947(2)，第1卷.

杜守素．两汉今古文学之争的意义．文讯(贵阳)，1947(6)，第7卷.

黄彰健．张三世古义．学原，1947(8)，第1卷.

伍天纬．春秋大义解．钟声月刊，1947(12).

童书业．春秋史．燕京学报，1947(32).

金其源．读书管见・春秋．上海商务印书馆，1948，1957.

金其源．读书管见・公羊传．上海商务印书馆，1948，1957.

金其源．读书管见・穀梁传．上海商务印书馆，1948，1957.

苏逸云．读左臆说．卧云楼出版社，1948.

芮逸夫．释甥之称谓．台湾“中央研究院”历史语言研究所集刊，1948(1).

葛信益．陆氏经典释文又音与广韵．益世报(天津)・人文周刊，1948(36).

朱东润．公羊探故．学原，1948(10)，第1卷.

张震泽．许慎五经异义成书年代考．中央日报(南京)，1948年2月2日.

罗倬汉．论经学．学艺，1948(3)，第18卷.

张西堂．春秋要旨论．西北大学校刊，1948(36).

黄公伟．论废经与尊孔．中央日报(南京)，1948年4月5日.

周之风．论梁启超与中国新史学．凯旋，1948(28).

罗倬汉．《左传》著作年代试探．学原，1948(3)，第2卷.

孙海波．论孔门弟子与经学的关系．凯旋，1948(34)．

韩慕庐重订，王天恨译释．春秋左传句解．上海广益书局，1949；台湾正文书局，1974；台北书局，1956；台湾北一出版社，1972.

李平心．古典疑义新解八则．新中华，1949(5、6)，第12卷.

古层冰．与陈槃论春秋"公矢鱼于棠"札(附陈槃跋)．公论报，1949年12月14日.

周法高．《左传》的"於"和"于"．公论报，1950年3月22日.

郝瑞桓．两汉的经学．大公报(北京)，1950年4月12日.

林焘，陆志韦．经典释文异文之分析．燕京学报，1950(38)．

熊十力．与友人论六经．上海大众书店，1951.

罗常培．唐写本经典释文残卷五种跋．国立北京大学国学季刊，1951(2)，第7卷.

宋云彬．关于经学古文派与今文派的斗争．新建设，1951(1)，第4卷.

屈万里．十三经注疏板刻述略．学原，1951，第3卷第3、4期合刊.

廖宗泽．公羊春秋传例序．国学荟编，1951(7)．

任铭善．中国经文的基本问题．新中华，1951(20)，第14卷.

罗家伦．建设现代化的中国与整理经籍及考经问．中央日报(6版)，1952年6月17日.

牟润孙．两宋秋学之主流．大陆杂志，1952(4、5)，第5卷.

钱穆．经学与史学．民主评论，1952(20)，第3卷.

沈知方辑．五经读本．台湾启明书局，1953.

杨树达．积微居小学金石论丛(增订本)·左传军实解．科学出版社，1953.

李寰．经书价值之研究．中国文化(台北)，1953(1)，第1卷.

牟润孙．左丘明传《春秋》考．民主评论，1953(11、12)，第4卷.

徐道邻．《左传》"著者"问题的商榷．民主评论，1953(15)，第4卷.

黄宝实．诗在春秋时代．大陆杂志，1953(8)，第7卷.

钱穆．孔子与《春秋》．东方文化，1954(1)，第1卷.

卞慧．《左传》曹刿论战．语文学习，1954(3).

方祖燊注译．曹刿论战．古今文选，1954(129).

杨希枚．左传"因生以赐姓"解与"无骇卒"故事的分析．台湾"中央研究院"院刊，1954(1).

杨宽．论春秋战国间社会的变革．文史哲，1954(4).

毛以亨．两汉六经总论——读史述评．自由报(3版)，1954(382—385).

顾颉刚辑．古籍考辨丛刊(第一集)．北京中华书局，1955.

施瑛选译．左传故事选．上海文化出版社，1955，1956；上海古籍出版社，1961，1964，1978，1997.

江瑔．新体经学讲义．台湾开明书店，1955.

杨树达．积微居小学金石论丛(增订本)(卷5)·左传戴氏考．北京科学出版社，1955.

锺露升注译．左传秦晋殽之战．古今文选，1955(183).

陈槃．春秋楚吴越别纪．民主评论，1955(8)，第6卷.

陈槃．春秋宋国别纪．大陆杂志，1955(7)，第10卷.

陈槃．春秋大事表列国爵姓及存灭表撰异．台湾"中央研究院"历史语言研究所集刊(26—29本下)，1955(6)—1958(11).

陈咏．试谈《左传》的文学价值，并与巴人同志讨论郑庄公的典型性问题，光明日报，1955年7月31日.

赵铁寒．春秋时期的夷狄地理分布及其源流(上、下)．大陆杂志，1955(2、3)，第11卷.

牟润孙．春秋时代之母系遗俗公羊证义．新亚学报，1955(1)，第1卷.

潘重规．春秋公羊疏作者考．学术季刊，1955(1)，第4卷.

陈槃．春秋大事表列国爵姓及存灭表补表．学术年刊，1955(1、3)、1956(1)，第4、5卷.

赵铁寒．邢国迁徙考．大陆杂志，1955(12)，第11卷.

陈槃．春秋齐、鲁、邾、小邾别纪．大陆杂志，1955(12)，第

11卷.

钱玄同撰，方国瑜标点.《新学伪经考》附录·重论经今古文学问题. 北京中华书局，1956.

章太炎. 太炎文录续编(卷一)·疏证古文八事. 台湾新兴书局，1956.

章太炎. 太炎文录续编(卷一)·汉学论. 台湾新兴书局，1956.

朱东润选注. 左传选. 上海古典文学出版社，1956；北京中华书局，1962；上海古籍出版社，2007.

储菊人注释. 东莱博议. 台湾文化图书公司，1956.

刘伯骥. 六艺通论. 台湾"中华书局"，1956.

张元夫. 中国学术史论集(一)·六经真面目. 台湾中华文化出版事业委员会，1956.

陈禹谟. 左氏兵略. 台湾武学书局，1956.

陈咏. 略说左传创造人物形象的艺术. 光明日报·文学遗产，1956年12月16日.

陈槃. 春秋卫、莒二国别纪. 大陆杂志，1956(13)，第12卷.

陈槃. 春秋秦、晋两国别纪. 民主评论，1956(8)，第7卷.

陈槃. 春秋韩、周、铸、郕四国别纪. 大陆杂志，1956(12)，第12卷.

耿蔚成.《春秋》大义窥管. 民主评论，1956(14)，第7卷.

陈槃. 春秋郑、虢别纪. 民主评论，1956(17)，第7卷.

陈槃. 春秋公羊传辨义. 学术季刊，1956(2)，第5卷.

陈咏. 略谈《左传》创造人物形象的艺术. 光明日报，1956年12月16日.

侯外庐. 中国思想通史(第2卷)·董仲舒公羊春秋学的中世纪神学正宗思想. 人民出版社，1957.

陈槃. 孔学论集·春秋穀梁传论. 台湾中华文化出版事业委员会，1957.

郭沫若. 述吴起.《青铜时代》，科学出版社，1957.

袁少谷注释. 褚博雅校订. 左传详释. 香港五洲出版社，1957；台湾五洲出版社，1971.

屈万里．学人文史丛刊(1辑)·甲骨文金文与经学．台湾海天出版社，1957.

郑振铎．中国文学研究·经书的效用．作家出版社，1957.

陈觉生，陈祥耀．从《尔汝篇》和《吾我篇》看胡适的考证．文史哲，1957(1).

魏金枝．曹刿论战．解放军文艺，1957(2).

胡厚宣．释“余一人”．历史研究，1957(1).

王玉哲．《左传》解题．历史教学，1957(1).

陈槃．论《左传》“凡例”与刘歆之关系．民主评论，1957(2)，第8卷.

李亚农．“大搜”解．学术月刊，1957(1).

谭戒甫．论“若”字的本义及其演变．武汉大学人文科学学报，1957(1).

苏渊雷．《春秋》、《国语》、《左传》．历史教学问题，1957(2).

张西堂．《穀梁》为古文学补证．西北大学学报(人文科学)，1957(2).

吴小如．说“奉匜沃盥、既而挥之”．文汇报，1957年4月12日.

陈槃．《春秋》经与鲁旧史．中央日报(6版)，1957年4月30日、7月9日.

张筱衡．释“不伏烧埋”．人文杂志，1957(5).

方步瀛．连文析义并序．华中师范学院学报，1957(6).

胡铉一．释“家”．学术月刊，1957(7).

锺应梅．春秋经传说．华国(香港)，1957(1).

许世瑛．读《春秋》三传记“晋代虢”事后．文学杂志，1957(5)，第2卷.

金德建．瑕丘江公作《穀梁传》的推测．人文杂志，1957(3).

方祖燊(注译)．晋楚城濮之战．古今文选，1957(308).

马宗霍．说文解字引经考．北京科学出版社，1958.

王恢．思斋集·开六经生面的王船山．香港九龙人生出版社，1958.

史靖．闻一多的道路．湖北人民出版社，1958.

陈登原．国史旧闻(第一分册)·六经性质考定．广六经皆史论．经义析狱．春秋之义以贵治贱．北京三联书店，1958.

陈登原．国史旧闻(第一分册)·广六经皆史论．北京三联书店，1958.

陈登原．国史旧闻(第一分册)·经义折狱．北京三联书店，1958.

陈登原．国史旧闻(第一分册)·春秋之义以贵治贱．北京三联书店，1958.

胡玉缙．许庼学林·《师鄦斋经义偶钞》叙．北京中华书局，1958；台湾世界书局，1963.

胡玉缙．许庼学林·答问(群经部分)．北京中华书局，1958；台湾世界书局，1963.

胡玉缙．许庼学林·郑君注经先后互异考．北京中华书局，1958；台湾世界书局，1963.

胡玉缙．许庼学林·春秋防邑考．北京中华书局，1958；台湾世界书局，1963.

胡玉缙．许庼学林·左传宣榭考．北京中华书局，1958；台湾世界书局，1963.

胡玉缙．许庼学林·左传韩厥执絷马前释．北京中华书局，1958；台湾世界书局，1963.

胡玉缙．许庼学林·左传宾媚人考．北京中华书局，1958；台湾世界书局，1963.

胡玉缙．许庼学林·左传器不彤镂解．北京中华书局，1958；台湾世界书局，1963.

胡玉缙．许庼学林·左传虢仲虢叔封国考．北京中华书局，1958；台湾世界书局，1963.

胡玉缙．许庼学林·左传别疏叙．北京中华书局，1958；台湾世界书局，1963.

胡玉缙．许庼学林·公羊以春王为文王解．北京中华书局，1958；台湾世界书局，1963.

胡玉缙．许庼学林·公羊昏礼不称主人解．北京中华书局，

1958；台湾世界书局，1963.

胡玉缙．许庼学林·公羊化我解．北京中华书局，1958；台湾世界书局，1963.

胡玉缙．许庼学林·公羊以地还之解．北京中华书局，1958；台湾世界书局，1963.

胡玉缙．许庼学林·公羊季氏之学解．北京中华书局，1958；台湾世界书局，1963.

胡玉缙．许庼学林·公羊南郢与郑相去里数考实．北京中华书局，1958；台湾世界书局，1963.

胡玉缙．许庼学林·公羊凿行解．北京中华书局，1958；台湾世界书局，1963.

胡玉缙．许庼学林·公羊三科九旨说．北京中华书局，1958；台湾世界书局，1963.

胡玉缙．许庼学林·公羊多随二创说．北京中华书局，1958；台湾世界书局，1963.

胡玉缙．许庼学林·穀梁大义述补阙叙．北京中华书局，1958；台湾世界书局，1963.

胡玉缙．许庼学林·穀梁聘弓鍭矢解．北京中华书局，1958；台湾世界书局，1963.

胡玉缙．许庼学林·穀梁大夫日卒正也不日卒恶也辨．北京中华书局，1958；台湾世界书局，1963.

胡玉缙．许庼学林·写本经典释文残卷书后(跋)．北京中华书局，1958；台湾世界书局，1963.

胡玉缙．许庼学林·新学伪经考驳谊序．北京中华书局，1958；台湾世界书局，1963.

开明书店选注．左传选读．台湾开明书店，1958，1959，1975；台湾学海出版社，1978.

郭维森．《左传》的思想内容和艺术方法．教学与研究汇刊，1958(2).

吴则虞．论清代汉学家学术思想．安徽历史学报，1958(2).

杨宽．关于《左传》“取人于萑苻之泽”的辨解．学术月刊，

1958(3).

陈槃．春秋郭国别纪．大陆杂志，1958(7)，第16卷.

杨向奎．唐宋时代的经学思想——经典释文．文史哲，1958(5).

郭沫若．关于鄂君启金的研究．文物参考资料，1958(5).

芮逸夫．《左传》"穆姜之姨子也"质疑．清华学报，1958(3)，新第1卷.

王韶生．经之齐鲁学．华国，1958(2).

钱穆．《两汉经学今古文平议》自序．人生，1958(9)，第16卷.

牟润孙．注史斋丛稿·《春秋左传》辨疑(原名：左丘明传《春秋》考).香港新亚研究所，1959；北京中华书局，1987，2009.

牟润孙．注史斋丛稿·两宋春秋学之主流．香港新亚研究所，1959.

陈咏．中国古典散文研究论文集·略说《左传》创造人物形象的艺术.人民文学出版社，1959.

陈槃．春秋经与鲁旧史．《学人文史丛刊》(2辑)，台湾海天出版社，1959.

王韬．春秋历学三种．北京中华书局，1959.

谢云飞．经典释文异音声类考．台湾师范大学国文研究所硕士学位论文集，1959.

嶲因．曹刿论战浅析．语文教学(华东)，1959(3).

季镇淮．曹刿论战．语文教学(华东)，1959(5).

严修．批判高本汉和胡适对"吾我汝尔"的错误论点．人文杂志，1959(2).

余心言．想起了《曹刿论战》.解放日报，1959年4月8日.

何定生．六经与孔子的关系．中央日报(3版)，1959年4月28日.

程发轫．春秋地名今正——燕亳萧慎．中央日报(3版)，1959年4月28日.

程发轫．春秋地名斠注．师大学报，1959(4).

程发轫．春秋地名今正——城父与父城．中央日报(3版)，1959年8月25日.

韩国盘．试论春秋战国时土地制度的变化．厦门大学学报(社会科学版)，1959(5)．

关锋，林聿时．略论子产和老子．哲学研究，1959(7)．

屈万里．“河”字意义的演变．台湾“中央研究院”历史语言研究所集刊，1959．

芮逸夫．释甥舅之国．台湾“中央研究院”历史语言研究所集刊(第30本上)．1959．

陈槃．春秋大事表列国爵姓及存灭表撰异续编．台湾“中央研究院”历史语言研究所集刊(第30—35本)，1959—1964．

王光仪．春秋阐义书目辑．大陆杂志，1959—1960，第19卷8期—第21卷第10期．

陈安仁．历史专题研究论丛·汉代经今古文的论辩评议．香港广智书局，1960．

陈安仁．历史专题研究论丛·汉代学术思想与宋代学术思想之比较．香港广智书局，1960．

郑子瑜．郑子瑜选集·左传的真伪及其作者的研究．吉隆坡世界书局，1960．

张一彭．山西地方史研究(第1辑)·阎若璩．山西人民出版社，1960．

[日]小岛佑马著，马导源译．日本汉学研究论文集·左传引经考证．台湾中华丛书编审委员会，1960．

徐照．孔子研究集·泛论六经问题．台湾中华丛书编审委员会，1960．

胥端甫．王湘绮与尊经书院．民主评论，1960(2)，第11卷．

牟润孙．论儒释两家之讲经与义疏．新亚学报，1960(2)，第4卷．

史念海．春秋时代的交通道路．人文杂志，1960(3)．

钱宝琮．从春秋到明末的历法沿革．历史研究，1960(6)．

韩连琪．春秋战国时代的农村公社．历史研究，1960(8)．

胡适．胡适文存(第一集)·尔汝篇．台湾远东图书公司，1961．

胡适．胡适文存(第一集)·吾我篇．台湾远东图书公司，1961．

胡适．胡适文存(第三集)·左传真伪考的提要与批评．台湾远东图书公司，1961.

胡适．胡适文存(第四集)·论春秋谈钱玄同．台湾远东图书公司，1961.

中华书局上海编辑所．左传故事选译．北京中华书局，1961.

周何．春秋吉礼考辨．台湾嘉新水泥公司文化基金会丛书，1961.

厉弭层．从《曹刿论战》想到的．雨花，1961(6).

周予同等．经、经学、经学史——中国经学史论之一．文汇报，1961年2月3日.

周予同，汤志钧．关于中国经学史中的学派问题．学术月刊，1961(3).

周予同等．论中国经学的学派问题．文汇报，1961年4月8日.

陈槃．春秋卢戎、骊戎、陆浑之戎、姜戎别纪．大陆杂志，1961(10)，第22卷.

周予同，汤志钧．王莽改制与经学中的今古文学问题．光明日报，1961年5月16日.

振甫．春秋笔法(上)．新闻业务，1961(5).

戴君仁．《春秋》时月日例辨正总论．东海学报，1961(1)，第3卷.

程发轫．春秋地名图考．师大学报，1961(6).

李日刚．《穀梁传》之著于竹帛及传授源流考．师大学报，1961(6).

柳作梅．清代禁书与牧斋著作．图书馆学报，1961(4).

戴君仁．《春秋》三传名氏称谓例辨正．孔孟学报，1961(2).

夏书枚．春秋董氏说考逸．新亚书院学术年刊，1961(3).

杨家骆．台省近刊群经及经义书据本述略．学粹，1961(6)，第3卷.

永深．简述春秋至战国前期东方各国的变法．历史教学，1961(9).

戴君仁．春秋辨例后记．民主评论，1961(19)，第12卷.

周予同．有关中国经学史的几个问题．文汇报，1961年11月19日．

郭绍虞．释“今”．江海学刊，1961(12)．

陈槃．古有莘、有穷两国别纪．大陆杂志，1961(11)，第23卷．

刘英杰．左传．吉林日报，1961年12月24日．

杜国庠．杜国庠文集·两汉经今古文学之争论．人民出版社，1962．

张君劢．宋史研究集(第三辑)·中国学术思想史上汉宋两派之长短得失．台湾中华丛书编委会，1962．

杨树达．积微居读书记·读左传．北京中华书局，1962．

谭家健．从郑庄公看《左传》人物描写的一些特点．文学遗产增刊(10辑)，作家出版社，1962．

张以仁．论《国语》与《左传》的关系．台湾“中央研究院”历史语言研究所集刊(第33本)，1962．

高亨．《左传》《国语》的周易说通解．周易杂论，1962(3)．

钱穆．新亚书院文化讲座录·孔子与《春秋》．香港新亚书院，1962．

任铭善．中华文史论丛(1辑)·经传小辨(三题)．北京中华书局，1962．

吴泽．康有为公羊三世说的历史进化观点研究——康有为史学研究之一．北京中华书局，1962．

钱基博．经学通志．台湾“中华书局”，1962．

陈登原．国史旧闻(第三分册)·明人经学．北京中华书局，1962．

刘正浩．太史公左氏春秋义例．台湾师范大学国文研究所硕士学位论文，1962．

张以仁．从文法、语汇的差异证《国语》《左传》二书非一人所作．台湾“中央研究院”历史语言研究所集刊(第34本上)，1962(12)．

杨伯峻．“爰”字上古作“焉”字用例证．中国语文(北京)，1962(2)．

李景春．孔子与六经的关系．文史哲，1962(5)．

锺肇鹏．论经和史——与周予同、汤志钧．学术月刊，1962(1)．

周垣，方苏．齐晋鞍之战．陕西日报，1962年1月30日．

束世澄．孔子春秋．历史研究，1962(1)．

佚名．束世澄对孔子春秋的评价．文汇报，1962年2月11日．

汪伯岩．漫话《春秋》．大众日报，1962年2月24日．

陈槃．春秋晋、楚两国别纪．孔孟学报，1962(3)．

周法高．春秋名字解诂补释．孔孟学报，1962(3)．

戴君仁．《春秋公羊传》时月日例辨正．孔孟学报，1962(3)．

徐中舒．论《左传》写作时期和作者．光明日报，1962年5月9日．

周自强．从堕三都看孔子进步的政治立场．光明日报，1962年6月1日．

宗建．读朱东润先生的《左传选》．光明日报，1962年6月24日．

应有前．徐中舒论《春秋》非孔子所作．光明日报，1962年7月30日．

苏渊雷．谈六经和孔子的关系．黑龙江日报，1962年8月28日，1962年9月11日．

陈槃．春秋齐、秦、郑三国别纪．孔孟学报，1962(4)．

戴君仁．《春秋穀梁传》时月日例辨正．孔孟学报，1962(4)．

商承祚．“王子(于欠)戈”考及其它．学术研究，1962(4)．

南湖．康有为《新学伪经考》参案．大华晚报(6版)，1962年9月2日．

李寰．群经举要及研究方法．孔孟月刊，1962(2)，第1卷．

王双启．曹刿论战讲解．阅读与欣赏，1962(1)．

谭戒甫．春秋时的“空城计”——《左传》记楚子元伐郑事考略．江汉学报，1962(10)．

安作璋．略谈孔子与季氏．文史哲，1962(5)．

吴垂昆．十三经指要简撮．幼狮学志，1962—1963．

徐中舒．《左传》的作者及其成书年代．历史教学，1962(11)．

戴君仁．《春秋》在群经中的地位．孔孟月刊，1962(3)，第1卷．

陈槃．古寒、斟灌、斟鄩三国别纪．大陆杂志，1962(11)，第25卷．

白寿彝．论《左传》三事．光明日报，1962 年 12 月 19 日．

徐连城．春秋时代“弭兵之盟”考．山东大学学报(历史版)，1962(12)．

陶鸿庆．《左传》别疏．北京中华书局，1963．

金德建．司马迁所见书考 · 司马迁所称《春秋》系指《左传》考．上海人民出版社，1963．

金德建．司马迁所见书考 · 司马迁所称《春秋》亦指《公羊传》考．上海人民出版社，1963．

金德建．司马迁所见书考 · 论司马迁所见左传中有“君子曰”．上海人民出版社，1963．

金德建．司马迁所见书考 · 论《铎氏微》、《虞氏春秋》为纪事本末体裁．上海人民出版社，1963．

金德建．司马迁所见书考 · 公孙弘的著书《春秋杂说》．上海人民出版社，1963．

金德建．司马迁所见书考 · 论公孙弘为法家公羊学派．上海人民出版社，1963．

金德建．司马迁所见书考 · 瑕丘江公作《穀梁传》的推测．上海人民出版社，1963．

金其源．读书管见 · 春秋．台湾世界书局，1963．

金其源．读书管见 · 左传．台湾世界书局，1963．

金其源．读书管见 · 公羊传．台湾世界书局，1963．

金其源．读书管见 · 穀梁传．台湾世界书局，1963．

金其源．读书管见 · 春秋繁露．台湾世界书局，1963．

韩席筹．左传分国集注．江苏人民出版社，1963；台湾华世出版社，1975；台湾文听阁图书有限公司，2008，《民国时期经学丛书》．

周法高．中国语文论丛 · 记焦里堂手批《十三经注疏》．台湾正中书局，1963．

刘节．古史考存 ·《左传》《国语》《史记》之比较研究．香港太平书局，1963．

董作宾．平庐文存(上册) · 春秋经传史日丛考(附表)．台湾艺文印书馆，1963．

章炳麟．国学略说．香港环球文化服务，1963.

杨家骆主编．《左传》注疏及补正．台湾世界书局，1963.

徐中舒选注．左传选．北京中华书局，1963，1979，1985，2009；内蒙古人民出版社，1982.

［日］竹添光鸿．左氏会笺．台湾广文书局，1963，1967，1969；台湾文史哲出版社，1971；台湾凤凰出版社，1974；慧丰学会，1978，1987，汉文大系；台湾汉京文化事业有限公司，1984；台湾天工书局，1998，2005；巴蜀书社，2008.

周振甫编注．古代战纪选．北京中华书局，1963；江苏教育出版社，2006.

孙人和．左宧漫录．文史(2、3辑)，北京中华书局，1963.

汪绍楹．阮氏重刻宋本《十三经注疏》考．文史(3辑)，北京中华书局，1963.

平心．曙楼学记四则．中华文史论丛(4辑)，北京中华书局，1963.

段熙仲．公羊春秋三世说探源．中华文史论丛(4辑)，北京中华书局，1963.

龙良栋．《左传》中关系词的用法．台湾科学委员会研究奖助论文，1963.

孙以昭．孔子与六经关系管见．安徽大学学报，1963(1).

周予同．博士制度与秦汉政治．新建设，1963(1).

周振甫．一篇短小精悍的古文《战于郎》．阅读与欣赏，1963(4).

陈仲庚．《左传》中的病理心理学思想．心理学报，1963(2).

金永德．谈谈《左传》中的人物形象．延边大学学报(社会科学版)，1963(2).

蜀丞．出火内火先郑说即左氏义．扬州师院学报，1963(1).

熊公哲．两汉经学异同概说．文海，1963(2).

穆超．《春秋》的根本精神．孔孟月刊，1963(6)，第1卷.

龙良栋．《左传》中“所”字用法的研究．淡江学报，1963(2).

胡念贻．论《左传》叙事的倾向性．江海学刊，1963(2).

张其昀．天将以夫子为木铎——孔子的著述．中国一周，1963

(681—684).

木夫．殽之战片言发微．黑龙江日报，1963年3月26日．

杨宽．“大搜礼”新探．学术月刊，1963(3)．

黄强．一个“末”字之辩．现代政治，1963(4)，第10卷．

陈槃．春秋宋、刑、徐、吕四国别纪．孔孟学报，1963(5)．

曹茎．读《左传》随笔二则．光明日报，1963年4月14日．

李维棻．竹添光鸿《左传会笺》论评．大陆杂志，1963(10)，第26卷．

曹道衡．论《左传》的人物评述和描写．光明日报，1963年5月19日．

吴康．孔子与《春秋》．孔孟月刊，1963(1)，第2卷．

陈槃．春秋吴、巴、郭、鄫、厉、韩六国别纪．孔孟学报，1963(6)．

戚立煌．《左传》历史观初探．文史哲，1963(6)．

李月潭．《左传·殽之战》．文字改革，1963(6)．

王庆成．春秋时代的一次“弭兵会”．江汉学报，1963(11)．

黄季刚．黄侃论学杂著·春秋名字解诂补谊．上海中华书局，1964．

程兆熊．春秋讲义．香港鹅湖出版社，1964．

刘百闵．经子肄言·经为书中之书．台湾远东图书公司，1964．

刘百闵．经子肄言·南学北学和十三经注疏．台湾远东图书公司，1964．

刘百闵．经子肄言·四书五经大全新十三经注疏．台湾远东图书公司，1964．

刘百闵．经子肄言·群经的新章句和新集注．台湾远东图书公司，1964．

刘百闵．经子肄言·今古文学上的周公和孔子．台湾远东图书公司，1964．

刘百闵．经子肄言·汉学郑玄和宋学朱熹．台湾远东图书公司，1964．

刘百闵．经子肄言·从《春秋》谈到官报和民报．台湾远东图书公司，1964.

刘百闵．经子肆言·《春秋左氏传》是历史文学．台湾远东图书公司，1964.

刘百闵．经子肆言·《春秋公羊传》的历史哲学．台湾远东图书公司，1964.

刘百闵．经子肆言·《春秋穀梁传》与语意学．台湾远东图书公司，1964.

佚名．左传文法研究．香港商务印书馆，1964.

沈继先校．春秋左传白话新解．台湾文化图书公司，1964.

戴君仁．春秋辨例．台湾中华丛书编纂委员会，1964，1978.

陈新雄．春秋异文考．台湾嘉新水泥公司文化基金会，1964.

邵荣芬．五经文字的值音与反切．中国语文(北京)，1964(3).

郭双成．略论《左传》关于战争的描写．郑州大学学报，1964(4).

李学纲．《左传》在文学上的价值．新文艺，1964(95).

杨家骆．十四经新疏拟目．中国一周，1964(722).

仲岚．从《左传分国集注》谈重印古书应该整理异体字和改换通假字．光明日报，1964年3月18日.

陈槃．古黎、肃慎二国别纪．孔孟学报，1964(7).

戴君仁．《春秋》时月日例辨正．孔孟学报，1964(7).

知非．从十三经的字数想到的．人民日报，1964年4月8日.

屈万里．宋人疑经的风气．大陆杂志，1964(3)，第29卷.

陈槃．古邶、郯、越三国别纪．孔孟学报，1964(8).

谢祚．整理古籍不应宣扬封建思想——评《左传分国集注》．新建设，1964，第8、9期合刊.

田宗尧．春秋穀梁传阮氏校勘记补正．孔孟学报，1964(8).

张以仁．关于《左传》“君子曰”的一些问题．孔孟月刊，1964(3)，第3卷.

杨向时．《左传》引《诗》考．淡江学报，1964(3).

陈槃．春秋祭国别纪．大陆杂志，1964，第29卷第10、11期合刊.

钱基博．文星集刊(3)·经学通志．台湾文星书店，1965.

李纯一．左传选读注．台湾自由太平洋文化事业公司，1965.

叶政欣．《春秋左氏传》杜注释例．台湾师范大学国文研究所集刊，1965.

廖维藩．苏斋学术论衡丛编(2)·两汉之经术．台北撰者印行，1965.

张以仁．晋文公年寿辨误．台湾“中央研究院”历史语言研究所集刊(第36本上)，1965.

周振甫．一次普通的战役是怎样写成为名篇的．新闻业务，1965(12).

吴声镐．春秋讲授笔录．东吴，1965(2)，第7卷.

田宗尧．《春秋》三传述闻商谊．大陆杂志，1965(3)，第30卷.

廖维藩．中国经学与中国教育之改造．学粹，1965(3)，第7卷.

田宗尧．读《左传会笺》札记．孔孟学报，1965(9).

卢元骏．春秋经与三传的特质．文海，1965(7).

潘重规．五经正义探源．华冈学报，1965(1).

韦政通．春秋价值重估．自由报，1965(556).

乔一凡．中国文化之要典——经．醒狮，1965(6、7)，第3卷.

乔一凡．中国文化之要典——经．学粹，1965(5)，第7卷.

陈槃．春秋夷、狄、北戎、犬戎别纪．孔孟学报，1965(10).

赖炎元．春秋尊王攘夷．孔孟月刊，1965(3)，第4卷.

史晓风．公羊三世说是历史进化观点吗．华东师范大学学报，1965(2).

哈佛燕京学社引得编纂处．春秋经传引得(附标校经传全文)．台湾成文出版社，1966；上海古籍出版社，1983.

哈佛燕京学社引得编纂处．春秋经传注疏引书引得．台湾成文出版社，1966.

蒙文通．经学抉原．台湾商务印书馆，1966.

郭霖．国文名著研究(第3册)·春秋左氏传鲁叔孙豹论不朽研究．台湾旋风出版社，1966.

刘正浩．周秦诸子述左传考．台湾“商务印书馆”，1966，1980.

方望溪口授．王兆符，程崟传述．左传义法举要．台湾广文书局，1966，1977，1998.

程元敏．王柏及其经说．台湾大学中国文学研究所硕士学位论文集，1966.

陈槃．经义纪闻．白沙学刊(香港版)，1966(3).

陈槃．春秋蜀国．大陆杂志，1966，第32卷.

李鍌注译．子鱼谏用人于社、子鱼劝宋公修德、子鱼论战．古今文选，1966(107).

何锜章．祝融己姓考辨．幼狮学志，1966(2).

陈槃．春秋北燕、崇、莱、杜四国别纪．孔孟学报，1966(3).

吴康．晚清今文经学及其代表康有为之思想．孔孟学报，1966(11、12).

庄金德．孔子修《春秋》及对史学的贡献．孔孟月刊，1966(9)，第4卷.

程发轫．春秋地名考要．台湾师大学报，1966(11).

陈槃．春秋大事表列国爵姓及存灭表撰异简表．孔孟学报，1966—1977，第12、19、23、24、27、33、34期.

陈槃．春秋薛、许、小邾三国别纪．大陆杂志，1966(8)，第33卷.

陈梦家．东周盟誓与出土载书．考古，1966(5).

柳岳生．春秋要义．学宗，1966(4)，第7卷.

陈槃．春秋大事表列国爵姓及存灭表撰异后叙．清华学报，1966(112)，新第5卷.

廖平．穀梁春秋经传古义凡例．台湾文海出版社，1967.

沈继先校正．春秋左传白话新解．台湾文化图书公司，1967，1983.

金德建．古籍丛考·董仲舒的著作与春秋繁露．台湾“中华书局”，1967.

金德建．古籍丛考·李育公羊义四十一事辑证．台湾“中华书局”，1967.

金德建．古籍丛考·白虎观会议诸儒学派考．台湾“中华书局”，1967.

林语堂．语言学论丛·左传真伪与上古方音．台湾文星书店，1967.

甘鹏云．经学源流考．台湾钟鼎文化出版公司，1967.

刘雨民．中州文化论集·经学与中国文化．台湾中州文化论集编辑委员会，1967.

程发轫．春秋左氏传地名图考．台湾广文书局，1967.

[日]安井衡．左传辑释．台湾广文书局，1967.

陈槃．春秋列国的交通．台湾“中央研究院”历史语言研究所集刊(第37本下)，1967.

陈槃．春秋英、密、邗、茅、庸五国别纪．大陆杂志，1967(2)，第34卷.

张以仁．经传释词诸书所用材料的时代问题．大陆杂志，1967(2)，第34卷.

余家菊．春秋昭示的建国总方略．醒狮，1967(2)，第5卷.

熊公哲．读经的要义．中华日报(2版)，1967年2月27日.

熊公哲．两汉经学与孔子．孔孟学报，1967(13).

杨向时．《左传》赋诗考．孔孟学报，1967(13).

陈槃．春秋邓、虞、樊、温、郧、杞六国别纪．孔孟学报，1967(13).

李蕴珊．清道光朝有关春秋三传著述诸作者传略．幼狮学报，1967(2)，第6卷.

彭桂芳．毛子水谈四书五经——读书和做人．青年战士报(3版)，1967年7月28日.

程发轫．汉代经学之复兴．孔孟学报，1967(14).

周何．春秋吉礼考辨简述．书目季刊，1967(1)，第2卷.

陈槃．春秋宗、房、不羹、廧咎如、骊戎、山戎、茅戎、陆浑之戎别纪．孔孟学报，1967(14).

潘文光．《左传》书名及其性质辨疑．中文学会学报，1967(8).

陶英惠．蔡元培先生著述目录．书目季刊，1967(1)，第2卷.

陈槃．春秋曹、滕、陈、申四国别纪．大陆杂志，1967(8)，第35卷.

王恢．《春秋左氏传》地名图考(书评)．华冈学报，1967(4).

唐文治．经传治要．台湾“中华书局”，1968.

蔡主宾．敦煌写本儒家经籍异文考．台湾政治大学中国文学研究所硕士学位论文，1968.

马宗霍．中国经学史．台湾广文书局，1968.

冯澄．春秋日食集证．台湾“商务印书馆”，1968.

刘正浩．两汉诸子述左传考．台湾“商务印书馆”，1968，1969.

袁少谷．左传详释．台湾五洲出版社，1968.

甘志清．经子研读指引．台湾华联出版社，1968.

孙雨航．群经述要．台湾德志出版社，1968.

苏莹辉．庆祝蒋慰堂先生七十荣庆论文集・上五经正义表之板本及其相关问题．台湾学生书局，1968.

郭宗文．读《左》摘记．畅流，1968(11)，第36卷.

杨道平．经学源流与中华文化．新时代，1968(3)，第8卷.

王梦鸥．西汉今文实况蠡测．中山学术文化集刊，1968，第1集.

陈槃．春秋蔡、卫、芮、莒、共、向、部、西虢八国别纪．孔孟学报，1968(15).

周何．春秋用致夫人解．中华学苑，1968(2).

陈槃．春秋时代的代、郓、亳、东夷、大荔、翟貑之戎别纪．大陆杂志，1968(3)，第37卷.

张以仁．经传释词诸书训解及引证方面的检讨．“国立”中央图书馆馆刊，1968(1)，第2卷.

苏莹辉．从敦煌本衔名页论五经正义之刊定．孔孟学报，1968(16).

陈槃．春秋东虢、纪、郧、州、葛、舒、聃、毕、蓼、巢十国别纪．孔孟学报，1968(16).

苏莹辉．五经正义第一次颁行于贞观年中说．“国立”中央图书馆馆刊，1968(2)，第2卷.

苏莹辉．上五经正义表之板本及其相关问题．“国立”中央图书馆馆刊・特刊，1968(11).

陈舜政．简述高本汉关于经学的著成．孔孟月刊，1968(3)，第

7卷.

李康生. 汉代与经学. 自由青年, 1968(12), 40卷.

方豪. 方豪六十自定稿(补编)·十七八世纪来华西人对我国经籍之研究. 台湾撰者印行, 1969.

韦政通. 传统的透视·春秋价值重估. 台湾大西洋图书公司, 1969.

李崇远. 春秋三传传礼异同考要. 台湾嘉新水泥公司文化基金会, 1969.

谭家健. 中国古典散文所研究论文集(2辑)·从郑庄公看《左传》人物描写的一特点. 人民文学出版社, 1969.

周谦昭. 明文选李善注引左传考. 中国文化大学中国文学研究所硕士学位论文, 1969.

秦惟镕编. 经传语译. 台湾百成书店, 1969.

裴普贤. 经学概述. 台湾开明书店, 1969.

杨道平. 中华文化复兴论丛(1集)·经学源流与中华文化. 台湾中华文化复兴运动推行委员会, 1969.

邬绳武. 中华文化复兴论丛(1集)·从古代经籍探窥中华文化. 台湾中华文化复兴运动推行委员会, 1969.

高葆光. 左传文艺新论. 台湾东海大学, 1969, 1974, 1983.

陈槃. 不见于春秋大事表之春秋方国叙论. 台湾"中央研究院"历史语言研究所集刊(第39本上), 1969.

蒋伯潜. 经学纂要. 台湾正中书局, 1969.

萨孟武. 孟武随笔·孔子学说与春秋大义. 台湾三民书局, 1969.

陈槃. 春秋大事表列国爵姓及存灭表撰异. 台湾"中央研究院"历史语言研究所集刊(7册), 1969.

黄季刚. 黄侃论杂著·春秋名字解诂补谊. 台湾"中华书局", 1969.

阮芝生. 从公羊学论春秋的性质. 台湾大学历史研究所硕士学位论文, 台湾大学文学院出版委员会, 1969.

柯劭忞. 春秋穀梁传注. 台湾古亭书屋, 1969; 台湾大通书局,

1970；台湾力行书局，1970.

刘正浩．两汉诸子述《左传》考．台湾“商务印书馆”，1969.

陈槃．春秋时代之秽、孤竹、厹由、义渠．台湾“中央研究院”历史语言研究所集刊(第40本下)，1969.

周何．庆祝瑞安林景伊先生六秩诞辰论文集·春秋亲迎礼辨．台湾政治大学中国文学研究所，1969.

叶政欣．庆祝瑞安林景伊先生六秩诞辰论文集·左传古史考证．台湾政治大学中国文学研究所，1969.

左松超．庆祝瑞安林景伊先生六秩诞辰论文集·经词衍释左传解正误．台湾政治大学中国文学研究所，1969.

赖炎元．庆祝瑞安林景伊先生六秩诞辰论文集·春秋穀梁传义例．台湾政治大学中国文学研究所，1969.

王熙元．庆祝瑞安林景伊先生六秩诞辰论文集·穀梁古佚注考．台湾政治大学中国文学研究所，1969.

叶政欣．左传古史考证．国学研究所，1969.

赖炎元．董仲舒与何休公羊学之比较．南洋大学学报，1969(3).

熊公哲．孔子删述与经学流衍．中华学苑，1969(3).

张英琴．左传引诗的研究．思与言，1969(6)，第6卷.

陆宝千．清代公羊学之演变．广文月刊，1969，第1卷第4、5期合刊.

王泳．《左传》中的民本思想及其对于后世的影响．新时代，1969(3、4)，第9卷.

陈槃．春秋大事表列国爵姓及存灭表撰异拾补．孔孟学报，1969(17).

周何．春秋经传“牛”“牲”辨．广文月刊，1969，第1卷第6、7期合刊.

叶政欣．杜预与春秋经传集释．书和人，1969(110).

唐健垣．春秋“日有食之”语法考证．文风，1969(15).

王泳．《左传》中的民本思想及其对于后世影响．革命思想，1969，第26卷第5、6期合刊.

林瑞钦．董仲舒学说中的春秋精神．新境界，1969(4).

程发轫．用科学方法校正群经之差误．中央月刊，1969(10)，第1卷.

程发轫.《春秋左传》地名正、补．孔孟学报，1969(18).

林文月．注译子产坏晋馆垣、子产告范宣子轻币．古今文选，1969(198).

陈槃．春秋谭、遂、牟、铸、黄、梁、戎、戎蛮、无终、根牟、潞氏、百濮别纪，1969(18).

方炫琛.《左传》在《史记》前已是附经编年证．中华学苑，1969(9).

刘光炎．左传通鉴中的外交词令与心理战术．复兴岗学报，1969(7).

郑振铎．经书的效用．香港古文书局，1970.

大通书局编辑部编．经学粹编．台湾大通书局，1970.

刘百闵．经学通论．台湾"国防研究院"，1970.

柳诒徵．柳翼谋文录·书目四编·重校刊古经解钩沉跋．台湾广文书局，1970.

柳诒徵．柳翼谋文录·书目四编·春秋属比考例春秋五行灾卦(属比考跋)．台湾广文书局，1970.

柳诒徵．柳翼谋文录·书目四编·《穀梁大义述》补阙跋．台湾广文书局，1970.

张其淦．左传礼说．台湾力行书局，1970.

陈柱．公羊家哲学．台湾力行书局，1970.

周何．春秋吉礼考辨．台湾嘉新水泥公司文化基金会，1970.

周何．春秋媵礼考辨．台湾惊声文物供应社，1970.

陈槃．不见于春秋大事表之春秋方国稿．台湾中央研究院历史语言研究所，1970.

周何．春秋归宁礼辨．中华学苑，1970(5).

戴君仁．经疏的衍成．孔孟学报，1970(19).

刘雨民．经学与中国文化．逢甲学报，1970(3).

叶政欣．左传古史考证．成功大学学报，1970(5)，第5卷.

张成秋．汉经今古文争论之因素．国教世纪，1970(12)，第

5卷.

刘百闵.《春秋左氏传》是历史文学. 国魂, 1970(295).

刘百闵.《春秋公羊传》的历史哲学. 国魂, 1970(269).

郑均.《左传》在国学中的地位. 大华晚报(8版), 1970年8月17日.

李国良. 五经中之独立及句末语气词研究. 人文学报(辅仁大学), 1970(1).

简翠贞. 春秋比事与左氏占验. 孔孟学报, 1970(20).

陈槃. 从《左传》中所见到的四夷的文化教育. 孔孟学报, 1970(20).

简博贤. 孔颖达《春秋左传正义》平议. 孔孟学报, 1970(20).

陈铁凡. 法京所藏敦煌左传两残卷缀合校字记. 书目季刊, 1970(1), 第5卷.

陈铁凡.《左传》节本考——从英法所藏敦煌两残卷之缀合论《左传》节本与《群书治要》之渊源. 大陆杂志(台湾), 1970(7), 第41卷.

王保德. 鲁恭王发现孔壁古经的年代. 中华日报(5版), 1970年11月2日.

黄伯诚. 辨春秋与左氏之关系. 师院文萃, 1970(5).

胡自逢. 东京左氏学. 师院文萃, 1970(5).

刘百闵.《春秋穀梁传》与语意学. 国魂, 1970(301).

吴泽. 中国近三百年学术思想论集(1编)·康有为公羊三世说的历史进化观点研究——康有为史学研究之一. 香港崇文书店, 1971.

周予同, 汤志钧. 中国近三百年学术思想论集(1编)·章学诚六经皆史说初探. 香港崇文书店, 1971.

杨树达. 积微居小学金石论丛(增订本)(卷5)·左传戴氏考. 台湾大通书局, 1971; 上海商务印书馆, 1973.

朱廷献. 春秋左传异文集证. 台湾科学委员会研究奖助论文, 1971.

钱基博. 经学通志. 台湾学人月刊杂志社, 1971.

方豪. 孔子学说对世界之影响(第一辑)·十七八世纪来华西人

对我国经籍之研究．台湾复兴书局，1971.

杨树达．积微居读书记·读左传．台湾大通书局，1971.

李宗侗注译．叶庆炳校订．春秋左传今注今译．台湾“商务印书馆”，1971，1982，1984，1987，1993，1995，2000，2002，2009；新世界出版社，2012.

陈柱．公羊家哲学．台湾“中华书局”，1971(6).

朱义云．隐哀二世春秋三传之比较与研究．台湾正生书局，1971.

褚柏思．六经道论．台湾开明书店，1971.

宋鼎宗．左氏传宾礼嘉礼考．台湾师范大学国文研究所硕士学位论文，1971.

钱穆．中国史学名著——春秋．文艺复兴，1971(13).

魏曼特．关于春秋与三传之微言大义．学园，1971(5)，第6卷.

李寰．春秋之匡时功用．建设，1971(8、9)，第19卷.

李威熊．战国时代的经学蠡测．孔孟月刊，1971(6)，第19卷.

钱穆．中国史学名著——春秋三传．文艺复兴，1971(14).

季旭升．“春秋赴告研究”．孔孟月刊，1971(2).

任今才．经学提要．铭传学报，1971(8).

钱穆．《左传》．文艺复兴，1971(15).

张寿平．《左传》秦晋殽之战讲记．文海，1971(19).

苏莹辉．略论五经正义原本格式及其标记经．书目季刊，1971，第6卷第3、4期合刊.

高明．孔子的春秋教．孔孟学报，1971(22).

夏铁生．《左传》《国语》引诗赋诗之比较研究．逢甲学报，1971(13)、1981(14)、1982(15).

刘正浩．周诸子述《左传》考自序．文风，1971(20).

陈庆新．宋儒春秋尊王思想的发微与其政治思想(上)．新亚学报，1971(1)，第10卷.

戴君仁．谈经学与文学．联合报(9版)，1971年12月23日.

李曰刚．春秋导读．台湾师范大学出版社，1972.

李寰．宏扬春秋经世功用拨乱反正．孔子诞辰纪念特刊，台湾中国孔学会，1972.

芮逸夫．中国民族及其文化论稿·《左传》穆姜之姨子也质疑．台湾艺文印书馆，1972.

芮逸夫．中国民族及其文化论稿·释甥舅之国．台湾艺文印书馆，1972.

[瑞典]高本汉著，陈舜政译．高本汉左传注释．台湾中华丛书编审委员会，1972，1979.

杨家骆主编．清儒春秋汇解．台湾鼎文书局，1972.

程发轫主编．六十年来之国学(一)·经学之部．台湾正中书局，1972.

刘正浩．六十年来之国学(一)·六十年来之左氏学．台湾正中书局，1972.

阮芝生．六十年来之国学(一)·六十年来之公羊学．台湾正中书局，1972.

王熙元．六十年来之国学(一)·六十年来之穀梁学．台湾正中书局，1972.

苏莹辉．六十年来之国学(二)·六十年来敦煌写本之研究．台湾正中书局，1972.

杨向时．《左传》赋诗引诗考．台湾中华丛书编审委员会，1972.

田倩君．群玉文存·孔子删六经与创立大众教育，1972.

卢元骏．五经四书要旨．台湾三民书局，1972.

王熙元．《穀梁》范注发微．台湾嘉新水泥公司文化基金会，1972.

白慕唐．《左传》中关于礼的史料分析．台湾大学历史研究所硕士学位论文，1972.

郑韵兰．《春秋左氏传》指称词探究．台湾师范大学国文研究所硕士学位论文，1972.

刘正浩．程发轫著《春秋左氏传地名图考》．华学月报，1972(2).

高明．刘百闵著《经学通论》．华学月报，1972(3).

林玫仪．《左传》赋诗之剖析．幼狮月刊，1972(4)，第35卷.

屈万里．经籍中常被忽略的年世问题．中文季刊，1972(4)，第

8 卷.

王静芝. 经书本质略窥. 文艺复兴, 1972(33).

仲荣."己子"当释作"杞梓". 考古, 1972(5).

于大成. 王安石三经新义. 孔孟月刊, 1972(1), 第 11 卷.

周何.《春秋吉礼考辨》提要. 木铎, 1972(1).

王熙元.《穀梁范注发微》提要. 木铎, 1972(91).

梁荣茂. 宋人及楚人平. 古今文选, 1972(277).

吴哲夫. 春秋集注十一卷(善本书志). 图书季刊, 1972(2), 第 3 卷.

吕石如. 商余集·论春秋的作者. 香港三育图书文具公司, 1973.

钱穆. 中国史学名著(一)·中国史学名著——春秋. 台湾三民书局, 1973.

钱穆. 中国史学名著(一)·中国史学名著——春秋三传. 台湾三民书局, 1973.

钱穆. 中国史学名著(一)·中国史学名著——左传. 台湾三民书局, 1973.

钱穆. 经学与史学. 台湾三民书局, 1973.

张元夫. 春秋述闻. 台湾商务印书馆, 1973.

冯作民. 白话左传. 星光出版社, 1973, 1983; 岳麓书社, 1989.

水渭松. 从《春秋》看孔子的倒行逆施. 浙江日报, 1973.

陈泽珣.《春秋》是一本没落奴隶主阶级的变天账. 吉林师大学报(社会科学版), 1973(1).

吴哲夫. 监本附章春秋穀梁注疏存九卷(善本书志). 图书季刊, 1973(3), 第 3 卷.

丁宗裕. 五经探微. 今日中国, 1973(24).

周何. 春秋氏礼余论. 国文学报, 1973(2).

刘正浩. 左氏前传释义. 国文学报, 1973(2).

吴哲夫. 宋版春秋经传集解(善本书志). 图书季刊, 1973(4), 第 3 卷.

屈万里．经学简述．扶风(东吴大学)，1973(1)．

李甲孚．孔子《春秋》与《左氏春秋》．中央月刊，1973(7)，第5卷．

刘善哉．康有为著伪经考的评议．学园，1973(8)，第8卷．

邵红注译．郑伯克段于鄢、赵盾立灵公．古今文选，1973(303)．

柯庆明．论郑伯克段于鄢．古今文选，1973(303)．

梁宜生．从读经谈起．中央日报(9版)，1973年9月30日．

李甲孚．《春秋穀梁传》及其作者．中央月刊，1973(102)，第5卷．

邵红注译．石碏谏宠州吁、申包胥乞秦师．古今文选，1973(304)．

周次吉．《左传》小说辑释．台湾日月出版社，1974．

陈泽珣．批"克己复礼"文章选辑·春秋——没落奴隶主阶级复礼的变天账．香港三联书店，1974．

章群．钱穆先生八十岁纪念论文集·啖、赵、陆三家春秋之说．香港新亚研究所，1974．

王树枬．《左氏春秋》伪传辨．台湾文海出版社，1974．

王熙元．穀梁著述考征．台湾广东出版社，1974．

周次吉．《左传》小说辑释．台湾日月出版社，1974．

陆懋德．国学研读法论集·中国经书之分析．台湾牧童出版社，1974．

戴君仁．梅园论学续集·经疏的衍成．台湾艺文印书馆，1974．

林义正．从公羊学论春秋的王道思想．台湾大学哲学研究所硕士学位论文，1974．

刘德汉．《春秋》与三传概述．孔孟月刊，1974(5)，第12卷．

周何．春秋事题座谈．东吴中文集刊，1974(13)．

于务泰．两汉经学概论．新国风，1974，第3、4期合刊．

李甲孚．《春秋公羊传》与其作者．中央月刊，1974(4)，第6卷．

陈泽珣．《春秋》——没落奴隶主阶级复礼的变天账．光明日报，1974年2月17日．

董永全．从《春秋》看孔丘的唯心史观和反动立场．文汇报，

1974年4月28日.

王熙元.范宁及其穀梁集解.国文学报，1974(3).

于大成.经书的板本.孔孟月刊，1974(11)，第12卷.

高明.孔子与经学.孔孟月刊，1974(12)，第12卷.

陈今.尊孔读经与崇洋卖国.红旗，1974(8).

程元敏注译.晋赵盾弑其君夷.古今文选，1974(325).

郑良树.论《左传》"君子曰"非后人所附益.书目季刊，1974(2)，第8卷.

王熙元.《穀梁传》传授源流考.孔孟学报，1974(28).

刘百闵.群经的新章句和新集注.国魂，1974(346).

龚自珍.五经大义终始答问·春秋决事比.上海人民出版社，1975.《龚自珍全集》.

王熙元.《穀梁》范注发微.台湾嘉新水泥公司文化基金会，1975.

胡适.左传论文集·左传真伪考的提要与批评.台湾木铎出版社，1975.

吴承仕.经籍旧音辨证.日本中文出版社，1975.

郑克武.杜氏《春秋传集解》与许氏《说文解字》训诂同异考.台湾知行出版社，1975.

天津市公共汽车二厂理论组.谈《曹刿论战》.南开大学学报(哲学社会科学版)，1975(1).

熊伯衡.谈"大伯不从是以不嗣".中央日报(10版)，1975年3月30、31日.

朱维焕.《左传·郑伯克段于鄢》释义.文史学报(中兴大学)，1975(5).

王初庆.《春秋左传》杜氏义述要.人文学报，1975(4).

朱廷献.《春秋左传》异文集证.文史学报(中兴大学)，1975(5)、1976(6)1977(7).

胡兰成.论经学、革命学与日本学——与张其昀先生.华学月刊，1975(42).

谢秀文.《春秋左传》记时差异探源.黄埔学报，1975(17).

张永隽.谈春秋公羊家之"天人之际"与"古今之变".哲学与文

化，1975(6)，第2卷.

林政华．春秋始于鲁隐公的(文化)意义．中华文化复兴月刊，1975(7)，第8卷.

陈槃．春秋大事表中春秋前已灭亡之方国表考．孔孟学报，1975(30)、1976(31).

郑良树．再论《左传》"君子曰"非后人所附益．"国立"中央图书馆馆刊，1975(2)，第8卷.

李镜池．周易辩论集·左国中易筮之研究．台湾成文出版社，1976.

陈新雄主编．左传论文集．台湾木铎出版社，1976.

李祖望．《春秋左氏传》集义．台湾联经出版事业公司，1976，《江都李氏所著书》.

程发轫．春秋要领．台湾兰台书局，1976，1981；台湾三民书局，1984.

陈槃．春秋列国风俗考论．台湾"中央研究院"历史语言研究所集刊(第47本)，1976.

林义正．从公羊学论春秋道德哲学之旨要．台湾科学委员会研究奖助论文，1976.

谢秀文．《左传》"隐公立而奉之"释义．建设，1976(9)，第24卷.

卢元骏．经学之发展与今古文之分合．中华学苑，1976(17).

[美]王靖宇．从《左传》看中国早期叙事文．中华文化复兴月刊，1976(5)，第9卷.

韩亮．论《春秋》之微言大义．中原文献，1976(6)，第8卷.

张溯崇．浅说《春秋》折狱．东吴法声，1976(13).

屈万里．经义新解举例．孔孟月刊，1976(11)，第14卷.

张永镌．春秋"大一统"述义．哲学与文化，1976(7)，第3卷.

魏子云．六艺亦六经说．台湾新生报(12版)，1976年7月21日.

史仲序．中国文化精髓——五经精义．国魂，1976(369).

林政华．孟子与《春秋》．孔孟月刊，1976(128)，第14卷.

林政华．论今传五部经学史的特色与缺失．孔孟月刊，1976(4)，第15卷.

叶政欣．《左传》古史证．中国学术年刊，1976(1).

于大成．诸子与经学．孔孟月刊，1976(12)、1977(5)，第14、15卷.

吴哲夫．春秋集传存十九卷(善本书志)．故宫季刊，1976(秋)，第11卷.

吴哲夫．春秋集传释义大成十卷(善本书志)．故宫季刊，1976(秋)，第1卷.

蒋伯潜．十三经概论．台湾中新书局，1977.

傅斯年．傅斯年全集．台湾联经出版事业公司，1977.

沈秋雄．国学研究论集·浅谈《左传》的读法及重要参考书．台湾学海出版社，1977.

林镇国．国学研究论集·春秋公羊学要义略述．台湾学海出版社，1977.

春秋左传会注．高雄复文图书出版社，1977.

孙春在．清末的公羊思想．台湾商务印书馆，1977，1985.

马王堆汉墓帛书整理小组．马王堆汉墓出土帛书《春秋事语》释文．文物，1977(1).

张政烺．《春秋事语》解题．文物，1977(1).

陈雄勋．《左传》——第一部小说．台湾新生报(11版)，1977年1月26日.

朱云影．中国经学教育于日韩越的影响．历史学报(成功大学)，1977(5).

谢秀文．春秋"惠公仲子"正名．建设，1977(11)，第25卷.

宋鼎宗．春秋通学之先导说．成功大学学报(人文篇)，1977(5)，第12卷.

朱廷献．古籍疑义考辨(甘誓考、微子考、左传考)．学术论文集刊，1977.

胡秋原．覆徐复观先生论汉学、宋学及中国学术．中华杂志，1977(6)，第5卷.

周何.《左传》"鄫季姬来宁"质疑. 国文学报，1977(6).
宋鼎宗.《左传》附经不始于杜预辨. 文心，1977(5).
刘德汉.《春秋公羊传》对西汉政治的影响. 书目季刊，1977(1)，第11卷.
徐复观，杨家骆，胡哲齐. 关于汉学、宋学之讨论. 中华杂志，1977(7)，第15卷.
胡秋原. 再答徐复观先生. 中华杂志，1977(7)，第15卷.
屈万里.《左传》解题. 古今文选，1977，新402.
屈万里(注译). 秦晋韩之战. 古今文选，1977，新402、403.
朱廷献. 古籍疑义考办. 孔孟学报，1977(34).
洪安全. 孔子之《春秋》与司马迁之《史记》. 孔孟学报，1977(34).
李时铭. 读《左传》——辨《左传》经后人窜乱之文字(隐桓之部). 1977(9).
丁骕.《左传》之星占. 华学月刊，1977(70).
柳岳生.《春秋》之大义微言. 中华国学，1977(11、12).
林镇国. 春秋公羊学要义略述. 学粹，1977(6)，第18卷.
朱廷献.《春秋左传》异文集证. 台湾文津出版社，1978(1).
高明. 高明文辑(上册)·孔子与经学. 台湾黎明文化事业公司，1978.
高明. 高明文辑(上册)·孔子的春秋教. 台湾黎明文化事业公司，1978.
高明. 高明文辑(上册)·榖梁范注发微序. 台湾黎明文化事业公司，1978.
宋海屏. 文史论丛·左传引诗辑录. 台湾新文丰出版公司，1978.
夏平. 急就二集·焦循诋毁杜预及其《春秋经传集解》辨. 香港中华书局，1978.
宋鼎宗. 春秋胡氏学. 台南友宁出版公司，1978年初版，1979年增订再版.
何定生. 定生论学集——诗经与孔学研究·孔子的传记问题与六

经．台湾幼狮文化事业公司，1978.

何定生．定生论学集——诗经与孔学研究·孔子言学篇．台湾幼狮文化事业公司，1978.

哈佛燕京学社引得编纂处．春秋经传引得(附标校经传全文)．台湾南岳出版社，1978.

高明．高明经学论丛·春秋吉礼考辨序．台湾黎明文化事业公司，1978.

高明．高明经学论丛·穀梁范注发微序．台湾黎明文化事业公司，1978.

高明．高明论学杂著．台湾黎明文化事业公司，1978.

计硕民选注．春秋公羊传．台湾"商务印书馆"，1978.

章锡琛校点，康有为著．新学伪经考．台湾盘庚出版社，1978.

于省吾．文史(5辑)·晋祁奚字黄羊解．北京中华书局，1978.

张以仁．鄅亡于叔妘说．台湾"中央研究院"历史语言研究所集刊(第49本)，1978.

陈槃．春秋列国的兼并迁徙与民族混同和落后地区的开发．台湾"中央研究院"历史语言研究所集刊(第49本)，1978.

夏长朴．两汉儒学研究．台湾大学文学院，1978.

尹君．"二毛"解．西南师范大学学报(人文社会科学版)，1978(1).

黄瑞云．关于《春秋》典籍中的"人"与"民"．文史哲，1978(2).

徐仁甫．《左传》的成书时代及其作者．四川师范学院学报(社会科学版)，1978(3).

徐仁甫．马王堆汉墓帛书《春秋事语》和《左传》的事、语对比研究——谈《左传》的成书时代和作者．社会科学战线，1978(4).

刘广恒．曹刿论战释析．语文函授(华中师院)，1978(2).

周溶泉，徐应佩．曹刿论战的写作艺术．语文教学(烟台师专)，1978(6).

谢斗．晋楚争霸斗春秋——城濮之战分析．包头函授，1978(5).

陈克炯．《左传》复音词初探．华中师院学报(哲学社会科学版)，1978(4).

吴哲夫．春秋左氏传补注十卷(善本书志)．故宫季刊，1978(4)，第12卷.

刘兆佑．《春秋左传》释义．幼狮月刊，1978(2)，第47卷.

仇同．孔子作《春秋》的动机及其书法．孔孟月刊，1978(7)，第16卷.

罗锦堂．四书五经的文学价值．华学月刊，1978(75).

王更生．贾谊《春秋左氏》承传考．孔孟学报，1978(35).

宋鼎宗．胡安国春秋砭宋说．成功大学学报(人文篇)，1978(5)，第13卷.

齐周．《左传》郑伯克段于鄢析详．自立晚报(7版)，1978年5月4日—6日.

李恩国．左传今注今译之商榷．大华晚报(7版)，1978年5月28日，6月4、11、18日.

锺肇鹏．董仲舒的哲学思想汉代今文经学．文史哲，1978(3).

和重．由湘绮楼日记看王湘绮的生平．湖南文献，1978(3)，第6卷.

李新魁．今文和古文．光明日报，1978年8月10日.

吴哲夫．春秋师说三卷附录二卷(善本书志)．故宫季刊，1978(4)，第12卷.

吴哲夫．春秋属五卷(善本书志)．故宫季刊，1978(4)，第12卷.

庞朴．"火历"初探．社会科学战线，1978(4).

张火庆．皮锡瑞《经学历史》析论．孔孟月刊，1978(4)，第17卷

何佑森．清代汉宋之争平议．文史哲学报，1978(27).

常征．周都南郑及郑桓封国辨．河北大学学报(哲学社会科学版)，1978(10).

仇振中．谈《子鱼论战》中的"大司马固谏"．山东师院学报(社会科学版)，1978(6).

蒋贵麟．康南海先生末刊遗稿．台湾文史哲出版社，1979.

周予同．国学方法论丛(分类篇)·怎样研究经学．台湾学人文教出版社，1979.

吕思勉．国学方法论丛(分类篇)·读经之法．台湾学人文教出版社，1979.

范文澜．范文澜历史论文选集·经学讲演录．中国社会科学出版社，1979.

范文澜．范文澜历史论文选集·中国经学史的演变——在延安新哲学年会．中国社会科学出版社，1979.

刘正浩．国学导读丛编(上册)·左传导读．台湾康桥出版事业公司，1979.

于大成．理选楼论学稿·经书的板本．台湾学生书局，1979.

于大成．理选楼论学稿·诸子与经学．台湾学生书局，1979.

章锡琛校点，康有为著．新学伪经考．台湾世界书局，1979.

杨伯峻．文史(第6辑)·《左传》成书年代论述．北京中华书局，1979.

高亨．《左传》《国语》的《周易》说通解．齐鲁书社，1979.

刘德汉．从后汉书五行志看春秋对西汉政治的影响．台湾华正书局，1979.

杨向奎．清史论丛(第一辑)·清代的今文经学．北京中华书局，1979.

钱锺书．管锥编(第1册)．北京中华书局，1979.

于大成，陈新雄(主编)．左传论文集．台湾西南书局，1979.

徐复观．两汉思想史．台湾学生书局(增订再版)，1979.

李振兴．群经述要·《春秋左氏传》述要．台湾黎明文化事业公司，1979.

吕凯．群经述要·《春秋公羊传》述要．台湾黎明文化事业公司，1979.

王熙元．群经述要·《春秋穀梁传》述要．台湾黎明文化事业公司，1979.

王双启．阅读和欣赏——古典文学部分(一)·《曹刿论战》讲解．北京出版社，1979.

杨向奎．试论章太炎的经学和小学．历史学，1979(3).

宋敏．《左传》的作者和成书年代的商榷．吉林师大学报，1979(3).

徐仁甫．左丘明是《左传》还是《国语》的作者．社会科学研究，1979(3)．

梁凤玉．读《曹刿论战》的启示．人民日报，1979年1月26日．

张翰勋．读《曹刿论战》偶记．教学研究(昌潍)，1979(1)．

周溶泉等．言约意足波澜曲——《左传·曹刿论战》的写作艺术．北方文学，1979(1)．

周满江．《曹刿论战》评点．语文月刊，1979，第5、6期合刊．

陈铁镔．读《曹刿论战》札记．语文教学(锦州)，1979(6)．

陈富槐，彭延铭．"下视其辙，登轼而望之"辨——与《古语文随笔》作者商榷．中国语文(北京)，1979(1)．

阎丰古，刘学敏．也谈《子鱼论战》中的"大司马固谏"——同仇振中同志商榷．山东师院学报，1979(1)．

尹君．"二毛"解诂．中国语文通讯，1979(4)．

王守谦．略论《左传》描写战争的问题．四平师院学报(哲学社会科学版)，1979(1)．

王守谦．《左传战纪选》(选载)．四平师院学报(哲学社会科学版)．1979(2、3)．

陈克炯．《左传》形容词简析．华中师院学报(哲学社会科学版)，1979(4)．

聂国栋．略谈《左传》的语言艺术．四川大学学报(哲学社会科学版)，1979(3)．

张恒寿．论春秋时代关于仁的言论和孔子的仁说．哲学研究，1979(12)．

周予同．六经与孔子的关系问题．复旦学报(社会科学版)，1979(1)．

郑良树．《春秋事语》校释．香港中文大学中国文化研究所学报，1979(1)，第10卷．

刘星．推介《乐林荜露》中的《评季札观周乐》．国教辅导，1979(2)，第18卷．

李威熊．《左传》的文学价值．孔孟月刊，1979(5)，第17卷．

范文澜．经学史讲演录．历史学，1979(1)．

石泉．古代曾国—随国地望初探．武汉大学学报(哲学社会科学版)，1979(1)

徐扬杰．关于曾国问题的一点看法．江汉论坛，1979(1)．

刘操南．二十八宿释名．社会科学战线，1979(1)．

寸仑．《"二毛"解》商榷．西南师范大学学报(人文社会科学版)，1979(1)．

罗炽．驳梁效诟诬子产种种．武汉师范学院学报(哲学社会科学版)，1979(2)．

刘心予．先秦史传文学试论．华南师范学院学报(哲学社会科学版)，1979(2)．

斯维至．从子产谈到孔子．吉林大学学报(社会科学版)，1979(2)．

徐福全．由两则注疏看孔颖达与贾公彦二人之算．孔孟月刊，1979(7)，第17卷．

谢秀文．三传"君氏"、"尹氏"之争与春秋大义．孔孟月刊，1979(37)，第17卷．

周予同．从孔子到孟荀——战国时的儒家派别和儒．学术月刊，1979(4)．

徐文珊．由典籍所用文字引起学术界重大争议(今古文之争)．出版与研究，1979(43)．

徐福全．春秋三传论丧逢闰异同考辨．孔孟学报，1979(37)．

陶希圣．春秋三传之分辨并以宋楚泓之战为例．三民主义学报(文化大学)，1979(3)．

苏文擢．春秋公羊学之借事明义与两大书法．孔道专刊，1979(3)．

潘煦源．也谈"登轼"句．徐州师范学院学报，1979(3)．

洪成玉．《左传》的作者决不可能是刘歆——与徐仁甫先生商榷．北京师院学报，1979(4)．

刘廷武．"完聚"质疑．四平师院学报(哲学社会科学版)，1979(4)．

洪诚．《左传》泓之战"大司马固谏"注解述评．南开大学学报，

1979(4).

程南洲.《东汉时代之春秋左氏学》提要. 华学月刊, 1979(89).

叶政欣. 贾逵与《春秋左传》. 成功大学学报(人文篇), 1979(5), 第14卷.

简松兴. 何休公羊解诂商解. 文风, 1979(35).

陶希圣. 春秋三传概说. 孔孟月刊, 1979(11), 第17卷.

林义正. 从公羊学论春秋道德哲学之旨要. 中华文化复兴月刊, 1979(7), 第12卷.

胡玉竹. 试依四书五经之文寻绎"天人合一"学. 孔孟月刊, 1979(12), 第17卷.

方炫琛.《左传》在《史记》前已是附经编年证. 中华学苑, 1979(23).

周锡侯. 今古文的争执与统一. 台湾新闻报(12版), 1979年9月26日.

毛子水. 整理古代经典的理想作法. 中国语文, 1979(410), 第45卷.

梁煌仪. 春秋穀梁传评介. 孔孟月刊, 1979(2), 第18卷.

洪顺隆. 论《左传》的成立时代. 简牍学报, 1979(8).

洪诚.《左传》泓之战"大司马固谏"注解述评. 南京大学学报(哲学社会科学版), 1979(4).

叶国良. "室如悬磬"解. 孔孟月刊, 1979(3), 第18卷.

薛顺雄.《左传》补笺. 东海中文学报, 1979(1).

中央日报社论. 发扬"春秋大义"的时代意义. 中央日报(2版), 1979年11月27日.

杨伯峻.《左传》成书年代论述. 文史, 1979(6).

黄彰健. 经今古文学问题新论. 大陆杂志, 1979、1980、1982, 第58卷第2期, 第60卷第1、2期, 第61卷第1、2期.

唐文治辑. 十三经读本. 台湾新文丰出版公司, 1980.

李振兴. 王肃之经学. 台湾嘉新水泥公司文化基金会, 1980.

张君劢. 中西印哲学论文集·中国学术思想史上汉宋两派之长短得失. 台湾学生书局, 1980.

邓嗣禹．邓嗣禹先生学术论文选集·河间献王生卒年代考及其与中国文化之关系．台湾食货出版社，1980.

周予同．中国史学史论集(一)·六经与孔子的关系问题．上海人民出版社，1980.

束世澄．中国史学史论集(一)·孔子《春秋》. 上海人民出版社，1980.

徐中舒．中国史学史论集(一)·《左传》的作者及其成书年代．上海人民出版社，1980.

戚立煌．中国史学史论集(一)·《左传》历史观初探．上海人民出版社，1980.

吴康．吴康先生全续编·孔子与春秋．台湾正中书局，1980.

吴康．春秋之传研究论集·孔子与春秋．台湾黎明文化事业公司，1980.

徐孝实．文史(8辑)·春秋左氏传郑义辑述．北京中华书局，1980.

李威熊．问学丛谈·春秋大义．台湾文史哲出版社，1980.

李威熊．问学丛谈·《左传》的文学价值．台湾文史哲出版社，1980.

叶政欣．贾陆春秋左传遗说探究．台湾兴业图书公司，1980.

陆澹安．中华文史论丛(2辑)·左诂补正．上海古籍出版社，1980.

林锺隆．文章精探·《曹刿论战》的文章作法．台湾益智书局，1980.

方立天．中国哲学(3辑)·略论汉代经学衰亡的历史必然性．北京三联书店，1980.

徐中舒．历史论丛(1辑)·孔子与《春秋》. 齐鲁书社，1980.

戴君仁．戴静山先生全集(一)·春秋辨例．台湾戴顾志鹓发行，1980.

戴君仁．戴静山先生全集(二)·经疏的衍成．台湾戴顾志鹓发行，1980.

戴君仁．戴静山先生全集(三)·谈经学与文学．台湾戴顾志鹓发行，1980.

阙勋吾．中国历史文献研究集刊(1 集)·春秋一书中反映与生产有关的二三事．岳麓书社，1980.

赵光贤．中国历史文献研究集刊(1、2 集)·左传编撰考．岳麓书社，1980、1981.

张以仁．国语左传论集．台湾东升出版事业有限公司，1980.

张以仁．国语左传论集·从文法语汇的差异证国语左传二书非一人所作．台湾东升出版事业有限公司，1980.

童书业．春秋左传研究．上海人民出版社，1980；中华书局，2006.

卢兴基．中国哲学(4 辑)·龚自珍与公羊三世说．三联书店，1980.

柳诒徵(讲)，赵万里，王汉(记)．国学研究会演讲录(第一集)·汉学与宋学．台湾广文书局，1980.

高亨．文史述林·《左传》《国语》的《周易》说通解．北京中华书局，1980.

单周尧．左传学论集．台湾文史哲出版社，1980，2000.

顾立三．司马迁撰写《史记》采用《左传》的研究．台湾正中书局，1980.

徐复观．中国文学论集．台湾学生书局，1980，1985.

杨向奎．翻经室学术文集·试论章太炎的经学和小学．齐鲁书社，1980.

罗义俊．汉文帝置三经博士．中华文史论丛，1980，第 1 辑(总 13 辑).

杨忠．皇清经解与十三经注疏附校勘记非全出．江西大学学报(社会科学版)，1980(3).

苏渊雷．读《春秋》及三传散记．湘潭大学社会科学学报，1980(3).

苏宝荣．对《左传选》某些注释的商榷．山西师院学报(社会科学版)，1980(4).

姜树．从《郑伯克段于鄢》谈对郑伯的评价．齐齐哈尔师院学报，

1980(2).

李文初.《左传》散论.郴州师专学报,1980(2).

陶涛.略谈《左传》人物语言的特色.内蒙古民族师院学报(社会科学汉文版),1980(2).

陈增杰.《左传》标点本商榷.温州师专学报(社会科学版),1980(2).

崔成宗.春秋三传释"北燕伯"与"公子阳生"异同考辨.孔孟月刊,1980(5),第18卷.

林政华.《左传所见嘉言懿行衍释》提要.台北师专学报,1980(8).

屈万里.晋公子重耳之亡.古今文选,1980(207).

庞朴."枚卜"新证.历史研究.1980(1).

刘夏塘.对郑庄公应该如何评价.江西财经学院学报,1980(1).

彭先润.举荐贤能竭诚相助.青海社会科学,1980(1).

常评.如何注释"风马牛不相及".学术研究,1980(1).

杨宽,钱林书.曾国之谜试探.复旦学报(社会科学版),1980(1).

何幼琦.左氏"日南至"辨惑.中山大学学报(社会科学版),1980(1).

郑均.春秋"王正月"真义之探讨.中央日报(11版),1980年2月12日.

蒋礼鸿.说"弗吊、不吊、不淑".温州师专学报(社会科学版),1980(2).

阎铸.春秋时代的军事制度(上).社会科学战线,1980(2).

陈冠明."可"作"何"用质疑.安徽师大学报(哲学社会科学版),1980(2).

王恩田.从鲁国继承制度看嫡长制的形成.东岳论丛,1980(2).

褚柏思.六经道原论.天然,1980(3),第1卷.

梁宜生.六经义理之阐扬与浅化.书目季刊,1980(4),第13卷.

裴普贤.经学与经书.天然,1980(3),第1卷.

钱穆.六经的学术价值.天然,1980(3),第1卷.

方立天.汉代经学与魏晋玄学——论我国前期封建.哲学研究,

1980(3).

罗世烈. 孔子与《春秋》. 中国史研究，1980(1).

徐孝实.《春秋左氏传》郑义辑述. 文史，1980(3).

吴孟复. 释“痛心疾首”. 江淮论坛，1980(3).

吴孟复. 释食言. 江淮论坛，1980(3).

胡昭镕. 谈“望文生义”. 辞书研究，1980(3).

周本淳. 何谓“周星”. 辞书研究，1980(3).

程迅. 说“烝”. 社会科学战线，1980(3).

徐仁甫. 论刘歆作《左传》绝句五十二首(选刊). 社会科学战线，1980(1、2).

谢秀文. 春秋“杞”“纪”错讹之商榷. 孔孟学报，1980(39).

王若望. 重读《曹刿论战》. 羊城晚报，1980年4月8日.

荣耀祥. “鞭长莫及”. 辞书研究，1980(4).

苏诚鉴. “废居居邑”辨析. 辞书研究，1980(4).

阎铸. 春秋时代的军事制度(下). 社会科学战线，1980(4).

林剑鸣，刘宝才. 论秦穆公. 人文杂志，1980(4).

叶政欣.《左传》“动而鼓”解. 成功大学学报(人文篇)，1980(5)，第15卷.

吴枫. 经书引论. 求是学刊，1980(3).

叶政欣. 说春秋“犹三望”. 文心，1980(8).

朱星. 名文评注之一:《左传·曹刿论战》. 天津师院学报，1980(3).

马非百. 百里奚与孟明视为一人辨. 历史研究，1980(3).

郝世昌.《左传·郑伯克段于鄢》探析. 明道文艺，1980(52).

柯翔涌. 运用逻辑知识分析《曹刿论战》. 河南师大学报，1980(4).

刘荆君. 论《左传》之文学特色. 孔孟月刊，1980(12)，第18卷.

简宗梧.《左传》宣公十五年“宋人及楚人平”浅析. 孔孟月刊，1980(1)，第19卷.

林丽娥. 春秋公羊华夷论. 研究生(政大)，1980(9).

黄汉昌. 论《春秋》经的时代意义. 孔孟月刊，1980(2)，第

19卷.

简宗梧.《左传》写"阖庐入郢"伍员何以销声匿迹.孔孟月刊,1980(2),第19卷.

洪安全.孔子《春秋》与《春秋》三传.史原,1980(10).

何敬群.左丘明作《左传》问题之检讨.珠海学报,1980(11).

简宗梧.谈《左传》的对照律.中央日报(10版),1980年10月14日.

李威熊.经学与经书.孔孟月刊,1980(3),第19卷.

洪顺隆.论《左传》的作者.木铎,1980(9).

叶国良.关于《国语》"郑伯南也"与左传"伯男也"之解释问题.孔孟月刊,1980(3),第19卷.

简宗梧.《左传》强调晋文公得人而得国.孔孟月刊,1980(3),第19卷.

张志哲.《春秋左传研究》和童书业教授.读书,1980(11).

林咏荣.《春秋》决狱考异.中央日报(10版),1980年11月4日.

李建昆.论《左传·烛之武退秦师》.孔孟月刊,1980(4),第19卷.

程元敏.三经新义评论译类."国立"编译馆馆刊,1980(2),第9卷.

曾昭旭.船山之春秋学.中国文化月刊,1980(14).

李威熊.中国经学形成的考察.孔孟月刊,1980(4)、1981(5),第19卷.

徐复观.先汉经学的形成.明报,1980(9、10、12),第15卷.

秦同培注释,宋晶如增订.(广注语译)左传精华.台湾大夏出版社,1981.

王静芝等.经学研究论集.台湾黎明文化事业公司,1981.

戴君仁等.春秋三传研究论集.台湾黎明文化事业公司,1981,1982.

徐仁甫.左传疏证.四川人民出版社,1981.

林语堂.语言学论丛左传真伪与上古方音.台湾民文出版社,1981.

沈玉成译．左传译文．北京中华书局，1981，2005；台湾明文书局股份有限公司，1982；人民文学出版社，1989；台湾洪叶文化事业公司，1995.

陆澹安．中华文史论丛(第1辑)·左诂补正．上海古籍出版社，1981.

胡念贻．文史(第11辑)·《左传》的真伪和写作时代问题考辨．北京中华书局，1981.

徐仁甫．文史(第11辑)·论刘歆作《左传》：与持不同意见的同志商讨．北京中华书局，1981.

杨伯峻．春秋左传注．北京中华书局，1981，1990，1996，2005，2009；台湾洪叶文化事业有限公司，1993，2007.

钱宗范．中国古代史论丛(1辑)·关于城濮之战的晋楚兵数．福建人民出版社，1981.

赵芳仁．中国经书与犹约对照．台湾撰者印行，1981.

黄友棣．音乐影剧论集·左传的“季札观周乐”．中国文化大学出版部，1981.

程发轫．春秋要领(修订本)．台湾兰台书局，1981.

苏渊雷．读史举要·春秋三传．1981.

程元敏．台静农先生八十寿庆论文集·三经新义撰修人考．台湾联经出版事业公司，1981.

周予同．国学论文选集·经今古文学．台湾学生书局，1981.

钱穆．国学论文选集·经学与史学．台湾学生书局，1981.

张舜徽．中国历史文献研究集刊(2集)·经传标题辨惑．岳麓书社，1981.

周何．古典文学(3集)·左传的人物形象．台湾学生书局，1981.

胡念贻．先秦文学论集·论《左传》．中国社会科学出版社，1981.

胡念贻．先秦文学论集·《左传》叙事的倾向性．中国社会科学出版社，1981.

洪业．洪业论学集·春秋经传引得序．北京中华书局，1981.

孙铁刚.《左传》——诸侯争霸记.台湾时报文化出版事业有限公司,1981,1985,1987;海口三环出版社,1992.

刘世俊.试论"春秋三传"中的训诂.宁夏大学学报(社会科学版),1981(2).

黄葵.《左传》之作者及其它.广西大学学报(哲学社会科学版),1981(2).

谭家健.从《城濮之战》看《左传》战争描写的一些特点.河南师大学报(社会科学版),1981(3).

李伯英.简析《郑伯克段于鄢》(外九篇)——初探古代散文的意蕴.福清师专学报,1981(12).

张育丰.《曹刿论战》的结构技巧.延安大学学报,1981(2、3).

萧兵.《左》疑三则——兼释《诗经》《楚辞》有关疑义.扬州师院学报(社会科学版),1981(4).

蒋芳.《左传》作者怎样刻画郑伯.教学研究(宜昌师专),1981(1).

陆宗达.《左传》句义释疑(三则).辽宁师院学报(社会科学版),1981(3).

胡念贻.《左传》的艺术成就.河北师院学报.1981(1).

王玉骏.腴辞润简牍美句入咏歌——略论《左传》的语言.河北师范大学学报(哲学社会科学版),1981(4).

简宗梧.《左传》写晋文公谲不正.孔孟月刊,1981(5),第19卷.

张高评.《左传》之论说文价值.中华文化复兴月刊,1981(1),第14卷.

何浩,殷崇浩.春秋时楚对江南的开发.江汉论坛,1981(1).

沈玉成.文史书目答问:《左传》.文史知识,1981(2).

信应举.释"行李".郑州大学学报(哲学社会科学版),1981(1).

日知,亭云.《春秋》经传中的"国人"——试论古代中国的原始民主制.东北师大学报,1981(2).

王更生.经典的内涵及其文学成分.孔孟月刊,1981(7),第19卷.

佚名．左丘明并非盲人．人物，1981(2)．

唐嘉弘．释“祝融八姓”．江汉论坛．1981(3)．

张高评．《左传》叙事法撢微．孔孟学报，1981(41)．

刘节．《易象》和《鲁春秋》．学术研究，1981(2)．

杨范中，祝马鑫．春秋时期楚国集权政治初探．江汉论坛，1981(4)．

雷维鼎．“辟在荆山”与“斩之蓬蒿藜藋”．江汉论坛，1981(4)．

邹衡．再论“郑亳说”——兼答石加先生．考古，1981(3)．

王兰仲．说春秋时代的“君”与“民”．文史知识，1981(3)．

沙金成．穆陵、无棣在何处．学术研究，1981(3)．

沈起炜．略谈《左传》和《战国策》的文学价值．语言学习，1981(5)．

徐仁甫．书瑞典马悦然博士关于公羊传“与”字的研究后．抖擞，1981(44)．

日知．从《春秋》“称人”之例再论亚洲古代民主政治．历史研究，1981(3)．

简宗梧．《左传》写晋惠公的忌刻褊狭及其对比应用．孔孟月刊，1981(10)，第19卷．

戴琏璋．《左传》造句法研究．国文学报，1981(10)．

常征．周都南郑与郑桓封国辨．中国历史博物馆馆刊，1981(6)．

高明，周何．春秋研究．孔孟月刊，1981(11)，第19卷．

陈克炯．《左传》词汇与春秋文化说略．中南民族学院学报(哲学社会科学版)，1981(1)．

张高评．《左传》描写文之价值．中华文化复兴月刊，1981(7)，第14卷．

李威熊．两汉经术独尊与经学诸问题的探讨．孔孟学报，1981(42)．

温师．《左传》标点质疑一例．学术研究，1981(5)．

简宗梧．《左传》如何刻画郄芮及吕甥的忌克言行．孔孟月刊，1981(2)，第20卷．

周维屏．左氏尚礼述要．艺术学报，1981(10)，1982(6、10、

30—32)

简宗梧.《左传》写韩殽二役运用的对称与对比. 孔孟月刊, 1981(11), 第20卷.

王文陆. 陆侃如译高本汉《左传真伪考》指疵. 孔孟月刊, 1981(3), 第20卷.

孙立常.《左传》对鬼神妖异的批判. 学习与探索, 1981(6).

林咏荣. 春秋决狱辨. 法学丛刊, 1981(4), 第26卷.

杨升南. 春秋时期的第一次"弭兵盟会"考——兼论对"弭兵"盟会的评价. 史学月刊. 1981(6).

向曙. 孔子的春秋大义(1—4). 青年战士报(10版), 1981年6月26日、28日、30日, 1981年7月4日.

郭克煜. 郕国历史初探. 齐鲁学刊, 1981(4).

吴如嵩. 关于《曹刿论战》的两个问题. 历史教学, 1981(8).

刘先枚, 涂文学. 楚令尹子囊之死考证. 武汉师范学院学报(哲学社会科学版), 1981(4).

王育成.《赵鞅誓师辞解》质疑. 中国史研究, 1981(4).

阎步克. 春秋战国时"信"观念的演变及其社会原因. 历史研究, 1981(6).

许克亮. 浅谈子产的人才学思想. 天津师院学报, 1981(6).

程南洲. 东汉时代之春秋左氏学. 台湾文津出版社, 1982.

钱锺书. 管锥编补编. 北京中华书局, 1982.

吕乃岩. 阅读和欣赏——古典文学部分(五)·读《烛之武退秦师》. 北京出版社, 1982.

吕思勉. 吕思勉读史札记. 上海古籍出版社, 1982.

简福兴. 胡氏春秋学研究. 台湾欣禾图书公司, 1982.

王进祥述疏. 东莱博议粹解. 台湾"国家出版社", 1982.

吴小如. 读书丛札·左传丛札. 香港中华书局, 1982(1).

蒋立甫.《左传》的作者及成书时代考辨. 文学遗产增刊(14辑)·北京中华书局, 1982.

晁福林. 中华文史论丛(1辑)·"华不注"考. 上海古籍出版社, 1982.

钱穆．朱子新学案·朱子之春秋学．台湾三民书局，1982.

王恩保．文献(12辑)·十三经注疏的卷数和字数．书目文献出版社，1982.

徐复观．中国经学史的基础．台湾学生书局，1982.

徐应佩．中国古典文学名著赏析·左传：曹刿论战．山西教育出版社，1982(5).

程南洲．《春秋左传》贾逵注与杜预注之比较研究．台湾文津出版社，1982(6).

管东贵．穀梁传"不孤子"与"缓带"解：明史解经的一个案例研究．台湾"中央研究院"历史语言研究所集刊(第53本)，1982.

洪业．洪业论学集·《春秋经传引得》序．台湾明文书局，1982.

苏学瞻．古典文学名篇赏析·《秦晋殽之战》讲析．上海教育出版社，1982(7).

黄焯，王庆元．略谈黄季刚先生对十三经白文的断句．中华文史论丛(3辑)，1982.

洪顺隆．《左传》论评选析新编．中国文化大学出版部，1982.

张高评．《左传》导读．台湾文史哲出版社，1982，1987，1995，1996.

张高评．《左传》文章义法撢微．台湾文史哲出版社，1982，1999.

张高评．《左传》之文学价值．台湾文史哲出版社，1982.

黄彰健．经今古文学问题新论．台湾"中央研究院"历史语言研究所，1982.

井力．文史(16辑)·《春秋左传注》商榷(一、二)．北京中华书局，1982

于豪亮．文史(16辑)·《春秋名字解诂》补释．北京中华书局，1982.

黄永武．中国文学讲话(一)概说之部·经学概说．台湾巨流图书公司，1982.

王熙元．中国文学讲话(一)概说之部·春秋三传的文学价值．台湾巨流图书公司，1982.

周浩治．汉学论文集·“通经致用”的再出发．台湾文史哲出版社，1982.

赵光贤．中国历史文献研究集刊(第1、2集)·《左传》编撰考．岳麓书社，1982.

郑良树．白简帛书论文集·春秋事语校释．台湾源流文化事业公司，1982.

郑良树．白简帛书论文集·论《左传》“君子曰”非后人所附益．台湾源流文化事业公司，1982.

郑良树．白简帛书论文集·再论《左传》“君子曰”非后人所附益．台湾源流文化事业公司，1982.

伍妈喜．《春秋左氏传》古注辑考．台湾学海出版社，1982.

张景贤．春秋五霸．中华书局，1982.

林鹏．晋作爰田考略．晋阳学刊，1982(3).

林鹏．再论晋作爰田——答李孟存、常金仓二同志．晋阳学刊，1982(6).

汪敬泽．晋文公登位年岁考．晋阳学刊，1982(6).

陈增杰．《左传》泓之战“大司马固谏”注解质疑．温州师专学报(社会科学版)，1982(2).

龚维英．逢蒙穷门:《左传》新释一则．四平师院学报(哲学社会科学版)，1982(1).

龚维英．“长勺之战”时齐鲁国势辨．华南师院学报(社会科学版)，1982(1).

吴长庚．《左传》与中国古代小说的起源．上饶师专学报(社会科学版)，1982.

王天顺．略论《春秋》《左传》的褒贬书法．南开学报(哲学社会科学版)，1982(1).

炜俊．《左传疏证》简介．社会科学研究，1982(1).

宋公文．春秋前期楚北上中原灭国考．江汉论坛，1982(1).

朱寿顺．论《左传》的民本思想．河南师大学报(社会科学版)，1982(1).

陈克炯．《左传》词汇简论．华中师院学报(哲学社会科学版)，

1982(1).

杨绪敏．春秋时期的杰出政治家子产．徐州师范学院学报，1982(1).

侯廷章.《左传》的作者究竟是谁?．南阳师专学报.1982(1).

王治功．论田乞．史学集刊，1982(1).

苏宝荣，宋永培．成语“辅车相依”词义新解——古汉语词义札记．山西师院学报(社会科学版)，1982(1).

吴玖华．纵私欲求一逞率土地而食人——《左传》四次战役述评．阜阳师范学院学报(社会科学版)，1982(1).

丁宗裕．五经探微．中央日报(12版)，1982年1月16日.

杨侃．春秋中原地望辨异——读《左》随札．中州学刊，1982(1).

吴树平．读《春秋左传注》.光明日报，1982年2月1日.

宗海若．谈通经致用(上、中、下)．中央日报(12版)，1982年2月5—7日.

杜松柏．经学研读法．孔孟月刊，1982(7)，第20卷.

聂本立．试论《左传》的人民性．河北大学学报(哲学社会科学版)，1982(3).

朱宏达．论《左传》的语言艺术．杭州大学学报(哲学社会科学版)，1982(1).

赵光贤．评童书业著《春秋左传研究》.史学史研究，1982(1).

卢叔度.“上丁”一解．学术研究，1982(2).

石加.“郑亳说”再商榷．考古，1982(2).

张履祥.“辅车相依”.辞书研究，1982(2).

晋彦，付玉千．晋文公重耳生年考辨．山西师院学报(社会科学版)，1982(2).

周浩治.“通经致用”的再出发．孔孟学报，1982(43).

马毓良．春秋五霸辨．江淮论坛，1982(2).

何浩．春秋时楚灭国新探．江汉论坛，1982(4).

陈槃．黄(彰健)著《经今古文学问题新论》读．大陆杂志，1982(5)，第64卷.

黄彰健．敬答陈槃庵先生(关于经今古文学问题)．大陆杂志，

1982(5)，第64卷.

杨伯峻．经书浅谈：《春秋》．文史知识，1982(5).

徐仁甫．再论刘歆作《左传》——从《左传》事实和语言研究，证明成书在刘向之后．抖擞，1982(49).

徐仁甫．刘歆作《左传》一证．中华文史论丛(2辑)，1982，总第22辑.

林惠玲．浅析《左传》之对照律．孔孟月刊，1982(9)，第20卷.

杨伯峻．经书浅谈：《左传》．文史知识，1982(6).

王更生．历代左传学．中国学术年刊，1982(4).

周何．《公羊》摘例．静宜学报，1982(5).

伊根撰，张端穗译．《左传》中的叙事文．东海中文学报，1982(3).

徐俊．春秋时期的楚军建制．华中师院学报(哲学社会科学版)，1982(3).

闻人军．"大斗出，小斗进"之我见——关于"田氏取齐"一则史事的再剖析．杭州大学学报(哲学社会科学版)，1982(3).

宫哲兵．晚周时期"阴阳"与"和"范畴的变化发展．中南民族学院学报(哲学社会科学版)，1982(3).

龚维英．"长勺之战"不是"弱军战胜强军"——简说《曹刿论战》的历史背景．徐州师范学院学报，1982(3).

陈克炯．从词和语的继承看《左传》对现代汉语的影响．黄石师院学报(哲学社会科学版)，1982(3).

郭预衡．《左传》的思想倾向和文学成就．语言文学，1982(3、4).

黄汉昌．《左传》"弑君"凡例试论．孔孟月刊，1982(12)，第20卷.

杨伯峻．经书浅谈：《公羊传》和《穀梁传》．文史知识，1982(8).

陈金生．与青年朋友谈十三经注疏．文史知识，1982(9).

谢秀文．春秋异文探源．孔孟学报，1982(44).

程亚林．"五石六鹢"句探微．古代文学理论研究丛刊(6辑)，1982.

卢钟锋．论胡安国及其春秋传．中国史研究，1982(3)．
刘又铭．《左传》天火人火义例辨．研究生(政大)，1982(21)．
洪顺隆．《左传》的文学特色．书和人，1982(9)．
刘又铭．杜预的春秋学．孔孟月刊，1982(1)，第21卷．
林贞爱．《左氏春秋》考辨．中国古代史论丛(3辑)，1981．
汪受宽．《左传》结尾年代辨正．中国古代史论丛(3辑)，1981．
李仲．《春秋》概说．孔孟月刊，1981(2)，第21卷．
季旭升．春秋"赴告"研究．孔孟月刊，1981(2)，第21卷．
陈彩玲．熊十力先生《读经示要》读后．孔孟月刊，1982(3)，第21卷．
苏仲翔，周干．《左传选》的释义问题．图书馆杂志，1982(4)．
何旭光．"天赞我也"新解．宁夏大学学报(社会科学版)，1982(4)．
周洪．《左传》《史记》《汉书》点校商榷．图书馆杂志，1982(4)．
施之勉．春秋列女表考释．大陆杂志，1982(5、6)，第65卷．
刘莞莞．从《读经示要》看熊十力治经的态度．孔孟月刊，1982(4)，第21卷．
陈恩林．《春秋》和《公羊传》的关系．史学史研究，1982(4)．
萧兵．《左传》"观社"析疑．中国史研究，1982(4)．
荣耀祥．"虽鞭之长，不及马腹"说．读书，1982(12)．
易平．《左传》中的传记体雏形．安徽师大学报(哲学社会科学版)，1982(4)．
陈煦．评《春秋左传集解》标点本的段落划分．史学史研究，1982(4)．
王义耀．《左传事纬》与《左传纪事本末》．史学史研究，1982(4)．
李孟存，常金仓．对《晋作爰田考略》的异议．晋阳学刊，1982(5)．
王翊．读《左传》训诂札记——释"贰"、"驱之"、"鼓"、"击"．辽宁师院学报，1982(5)．
何浩．春秋楚所灭国新探．历史研究，1982(6)．
张仲良．说"吴王之王，由父省也"．社会科学辑刊，1982(6)．

彭益林．晋作辕田辨析．华中师院学报(哲学社会科学版)，1982(6)．

程涛平，蔡世骥．"有教无类"广议．江汉论坛，1982(12)．

黄侃校点．黄侃手批白文十三经．上海古籍出版社，1983．

叶政欣．汉儒贾逵之春秋左氏学．台湾兴业图书公司，1983．

苏文擢．邃加室讲论集·春秋公羊学示例．台湾文史哲出版社版，1983．

苏文擢．邃加室讲论集·公羊学中反经行权之理论与事例．台湾文史哲出版社版，1983．

陈仲庚．中国古代心理学思想研究·左传中的病理心理学思想．江西人民出版社，1983．

宋鼎宗．春秋宋学发微．台湾友宁出版公司，1983，1984年增订再版．

杨向奎．绎史斋学术文集·论《左传》的性质及其与《国语》的关系．上海人民出版社，1983．

杨向奎．绎史斋学术文集·清代的今文经学．上海人民出版社，1983．

杨向奎．绎史斋学术文集·论五十凡．上海人民出版社，1983．

杨向奎．绎史斋学术文集·公羊传中的历史学说．上海人民出版社，1983．

杨向奎．绎史斋学术文集·论何休．上海人民出版社，1983．

傅隶朴．春秋三传比义．台湾"商务印书馆"，1983；中国友谊出版公司，1984．

许庄叔．文史(17辑)·复魄旌旐考．北京中华书局，1983．

苏莹辉．敦煌论集续篇·从敦煌本衔名页论五经正义之刊定．台湾学生书局，1983．

苏莹辉．敦煌论集续篇·略论五经正义原本格式及其标记"经"．台湾学生书局，1983．

陆澹安．中华文史论丛(2辑)·左诂补正．上海古籍出版社，1983．

洪廷彦．上海图书馆建馆三十周年纪念论文集·评春秋公羊解诂. 上海图书馆，1983.

黄克定．文史(20 辑)·“块”不是土么？．北京中华书局，1983.

哈佛燕京学社引得编纂处．十三经引得．台湾大化书局，1983.

郑君华．中国哲学(10 辑)·论《左传》的民本思想．三联书店，1983.

朱维铮编．周予同经学史论著选集．上海人民出版社，1983.

顾立三．《左传》与《国语》之比较研究．台湾文史哲出版社，1983.

朱东润．《中国文学论集》·《公羊》探故．中华书局，1983.

周干．中国历史小丛书·子产．中华书局，1983.

奚敏芳．《左传》赋诗引诗之研究．台湾师范大学国文研究所集刊(27 集)，1983.

杨向奎．康有为与今文经学．中国哲学史研究，1983(1).

陈克炯．论《左传》的“为”字句．华中师院学报(哲学社会科学版)，1983(1).

骆宾基．鲁季孙氏之始祖“公子友”非“文姜所生”说——以《史记·鲁世家》证《左传》载“史墨”之言为误．青海师范学院学报(哲学社会科学版)，1983(1).

陈力．晋国成文法的形成试探．晋阳学刊，1983(1).

孙志平．周朝邮驿的生动实例．中国邮政，1983(1).

张孟伦．《左传选》注释管见．兰州大学学报，1983(1).

李威熊．经学精神的重振．孔孟月刊，1983(6)，第 21 卷.

刘修明．经、纬与西汉王朝．中国哲学(9 辑)，1983.

王熙元．《左传论评选析新编》读后．中华日报(9 版)，1983 年 2 月 7 日.

李孟存，常金仓．范宣子刑书探微．山西师院学报(社会科学版)，1983(1).

周干．再谈《左传选》的释义问题．温州师专学报(社会科学版)，1983(1).

骆宾基．以《春秋左传》证《史记·陈杞世家》之误——杞桓公称子称伯及辈次考．龙岩师专学报．1983(1).

张伟明．关于《左传》中“於”和“于”的用别．九江师专学报，1983(1)．

许冠三．顾颉刚最后三十年著述简表(1951—1982)．香港中文大学中国文化研究所学报，1983，第14卷．

[美]王靖宇撰，张端穗译．以《左传》为例看古代中国的叙事文．东海文艺，1983(2)．

沈松勤．试论《左传》的行人辞令．杭州大学学报(哲学社会科学版)，1983(1)．

叶政欣．春秋昭七年暨齐平解．成功大学学报(人文篇)，1983(3)，第18卷．

杨佐义．论《左传》所记城濮之战的认识价值．东北师大学报，1983(2)．

左松超．建立正史楷模的左传．幼狮月刊，1983(3)，第57卷．

师其彬．《左传》滑国地址小考．河南师大学报(社会科学版)，1983(2)．

张志刚．狐偃在晋文公政治生涯中作用．山西师院学报，1983(2)．

胡从曾．《左传》《国语》引谚之变例．浙江师范学院学报，1983(2)．

李佐丰．谈《左传》中体之谓短语与主谓短语的区别．内蒙古大学学报(哲学社会科学版)，1983(2)．

黄丽丽．略谈左传及杜注中的“所以”．中国语文通讯，1983(2)．

罗汝忠，吴翠屏．略论《左传》中的“者”字及“者”字结构的一些问题．广西民族学院学报(哲学社会科学版)，1983(2)．

卞良君．语如其人：《左传》人物对话中的个性特征．语文园地，1983(2)．

周文康．“甲之鼂”非“甲子朝”辨．杭州大学学报(哲学社会科学版)，1983(2)．

邢天寄．春秋时期的赋诗和引诗．青海师范学院学报(哲学社会科学版)，1983(2)．

袁瑾洋．简论《左传》的战争记叙．江西教育学院学刊，1983(2)．

徐玲飞．释“完聚”．绍兴师专学报(社会科学版)，1983(2)．

沙宪如．子产的“使田有封洫”和“作丘赋”．辽宁师院学报，1983(2)．

应永深．试论晋国政治的“尚公”特征．晋阳学刊，1983(2)．

崔恒升、崔思棣．古六国考．安徽大学学报，1983(2)．

赵伯雄．周代大夫阶层的历史发展．内蒙古大学学报(哲学社会科学版)，1983(2)．

何浩．从蔡、郑“惧楚”看楚人北进中原的时间．武汉师范学院学报(哲学社会科学版)．1983(2)．

陈平．《寺工小考》补议．人文杂志，1983(2)．

李家骥．读《春秋》谈两周社会．社会科学(上海)，1983(4)．

简宗梧．《左传》伍子胥的形象．孔孟学报，1983(45)．

梁运华．《十三经索引》和《十三经索引(重订)》．文史知识，1983(5)．

伍慈．五经博士杂识．中国史研究，1983(2)．

龚维英．《左传》夏襄译文商榷．社会科学辑刊，1983(3)．

黄金贵．长勺之战时齐鲁强弱辨析．徐州师范学院学报，1983(3)．

司廷壁．也谈“风马牛”．兰州大学学报，1983(3)．

丰家骅．《晋公子重耳之亡》疑义考辨．教学与进修，1983(3)．

刘焱．《左传》外交辞令描写探析．安徽大学学报，1983(3)．

吴毓清．礼乐思想的早期形态——从《左传》、《国语》看春秋时期音乐美学思想．音乐艺术，1983(3)．

张炳德．春秋末期的军事改革．军事历史，1983(5)．

欧洋源．群经文体研究．树德学报，1983(8)．

王瑞雪．从人物造型比较《鲁语》与《左传》之差异．孔孟月刊，1983(10)，第21卷．

陈煦．评《春秋左传集解》标点本之标点．史学史研究，1983(2)．

徐仁甫．经传中“不”“无”为语词辨．西南师范学院学报(哲学社会科学版)，1983(3)．

邓堪．《左传》军事思想初探．西南师范学院学报(哲学社会科学

版)，1983(3).

Egan，Ronald C. 著，许章真译.《左传》记叙文论．中国古典小说研究专集(6集)，1983.

鲍延毅."获则取之"辨．学术研究，1983(4).

吴福助.《左传论评选析新编》评介．书和人，1983(472).

邵鸿．简论西周、春秋时期"民"和"庶人"．中山大学研究生学刊，1983(4).

施伟青．春秋时期国人的斗争与井田制的崩溃．厦门大学学报，1983(4).

文安朗．说"燧"．中国语文(北京)，1983(4).

夏渌．孤、寡人、不穀新诠．中国语文(北京)，1983(4).

宋尚斋．谈《左传》对子产的描写．山东师大学报，1983(4).

朱炜．试论子鱼．郑州师专学报，1983(4).

史震己．关于《左传》的兼语省略．内蒙古大学学报(哲学社会科学版)，1983(4).

李佐丰．谈《左传》三类复合使动式．内蒙古大学学报(哲学社会科学版)，1983(4).

易平.《左传》叙事体例分析——"每事自为一章"．江西大学学报，1983(4).

张补俊."适如其人之言"——浅谈〈殽之战〉的人物刻画．名作欣赏，1983(4).

卞集．近年探讨《左传》艺术成就的论文一瞥．山东师大学报(哲学社会科学版)，1983(4).

李孟存，常金仓．叔虞封地诸说正误辨析．晋阳学刊，1983(4).

黔容．史墨史黯实为一人．社会科学辑刊，1983(4).

逸山."寤生"别解．上海中医药杂志，1983(8).

杨善群．周代"国人"探析．江汉论坛，1983(8).

季绍德.《左传》的语言特色．电大语文，1983(8).

李耀仙．廖季平的《古学考》和康有为的《新学伪经考》．社会科学研究，1983(5).

幼英."绕朝"及其事新解．华中师院学报(哲学社会科学版)，

1983(5).

麦梅翘.《左传》中介词“以”的前置宾语. 中国语文(北京), 1983(5).

彭益林. 晋文公“请隧”辨正. 晋阳学刊, 1983(5).

傅国材. 情韵并美, 文彩照耀——浅谈《殽之战》的艺术成就. 昆明师范学院学报(哲学社会科学版), 1983(4).

郑君华.《左传》: 长篇叙事文学的雏形. 文学评论丛刊: 古典文学专号, 1983(18).

寇宗基, 马乃骝. 烛之武退秦师札记三则. 语文研究, 1983(4).

何凡.“国人暴动”性质辨析. 人文杂志, 1983(5).

杨善群.“爰田”释义辨正. 人文杂志, 1983(5).

胡方恕. 关于春秋时代的“室”与其相关的问题. 东北师大学报, 1983(5).

李衡梅. 春秋时期的毛人记载. 社会科学辑刊, 1983(5).

杨英杰. 春秋晋国军制探讨. 晋阳学刊, 1983(6).

莫砺锋.《左传》人物描写艺术对史记的影响. 南京大学学报(哲学社会科学版), 1983(4).

王海棻. 公羊穀梁中有“称”义的词. 语文研究, 1983(4).

崔大华. 董仲舒的春秋公羊学. 学习与思考, 1983(6).

吴福助.《左传论评选析新编》评介. 文艺复兴, 1983(147).

罗盘. 念李师辰冬. 中国语文, 1983(5), 第 53 卷. 宋玉珂. “式”字解. 语文教学与研究, 1983(6).

汪受宽. 中国古代史论文辑刊 ·《左传》对编年史体的贡献. 兰州大学学报, 1983.

张炳森.“寤生”辨. 河北师院学报(哲学社会科学版), 1983(4)

詹子庆. 论《左传》的政治思想倾向. 史学史研究, 1983(4)

胡家驪. 雅俗共赏的《左传》. 国语日报, 1983 年 12 月 11 日.

扬子江.《殽之战》浅析. 承德师专学报, 1983(S1).

何耿镛. 经学概说. 湖北人民出版社, 1984.

叶政欣. 杜预及其春秋左氏学. 台湾兴业图书公司, 1984.

徐复观. 中国史学论文选集 · 先汉经学的形成. 台湾幼狮文化事

业公司，1984.

林政华．五经成语研究．台湾撰者印行，1984.

黄季刚．黄侃论学杂著·春秋名字解诂补谊．台湾汉京文化事业公司，1984.

谢秀文．春秋三传考异．台湾文史哲出版社，1984.

佚名．中国文艺年鉴(1982)·四年来的《左传》研究简况．文化艺术出版社，1984.

房开江．中国历代文学名篇欣赏·介绍《左传·宫之奇谏假道》．贵阳人民出版社，1984.

杨廷栋．介绍《左传·烛之武退秦师》．贵阳人民出版社，1984.

杨廷栋．介绍《左传·殽之战》．贵阳人民出版社，1984.

何乐士．古汉语研究论文集(2)·左传的人称代词．北京出版社，1984.

刘毓璜．先秦诸子初探·《左传》《国语》中见到的孔子．江苏人民出版社，1984.

张培瑜．中国天文学史文集(第3集)·《春秋》《诗经》日食和有关问题．科学出版社，1984.

金其源．读书管见·《左传》．上海商务印书馆，1984.

韩兆琦，吕伯涛选编．《左传》《国策》故事选读．四川少年儿童出版社，1984，1987.

廖秀珍．春秋左氏传会盟研究．台湾师范大学国文研究所集刊(28集)，1984；台湾花木兰文化出版社，2008.

刘干．论啖助学派．西南师范学院学报(哲学社会科学版)，1984(1).

王天顺．欧阳修的《五代史记》和他的春秋学．南开史学，1984(1).

陈茂同．《左传》的作者及其成书的年代问题——兼与杨伯峻商榷．厦门大学学报(哲学社会科学版)，1984(1).

苏耘．曹刿是否下车．山西师院学报(社会科学版)，1984(1).

赵光贤．春秋称人释义．中华文史论丛(4辑)，1984，总第32辑.

刘君祖．即事言理：春秋经表达手法初探．中国文化月刊，1984(51)．

张高评．《左传》论为将之道．国学新探，1984(1)．

金景芳．古籍考证五则(论群经)．天津社会科学，1984(2)．

金景芳．经学与史学．历史研究，1984(1)．

[日]竹内照夫著，轩辕译．五经的故事——春秋．古今艺文，1984(2)，第10卷．

章权才．何休公羊解诂研究．广东社会科学，1984(1)．

潘美月．宋刻九经三传．故宫文物月刊，1984，第1卷第11期—第2卷第1期．

李建国．“三驱”、“三田”辨．辞书研究，1984(2)．

邱汉生．经学散札．学习与思考，1984(2)．

章权才．论两汉经学的流变．学术研究，1984(2)．

宋鼎宗．宋儒春秋之尊王说．成功大学学报(人文篇)，1984(3)，第19卷．

郑君华．略论《左传》成书年代的有关问题．文学遗产，1984(1)．

吴浩坤．西周和春秋时代宗法制度的几个问题．复旦学报(社会科学版)，1984(1)．

朱凤瀚．关于春秋鲁三桓分公室的几个问题．历史教学，1984(1)．

傅道彬，石声淮．《左传》应验描写初论．华中师范学院研究生学报，1984(1)．

王化珏．《春秋左传》引《诗》考略．呼兰师专学报，1984(1)．

郭克煜．有关莒国史的几个问题．齐鲁学刊，1984(1)．

林涛．《左传》序数考．广西大学学报(哲学社会科学版)，1984(1)．

周昌富．莱国姓氏与地望考．齐鲁学刊，1984(1)．

王棣棠．从春秋时代的日食记载看科学与社会．科学·经济·社会，1984(1)．

杨荣祥．“太叔完聚”之“聚”的宾语是民众．荆州师专学报，1984(1)．

张春山．赵氏孤儿．运城师专学报，1984(1)．

李广洁．介子推隐居地小考．山西大学学报(哲学社会科学版)，1984(1)．

骆宾基．从叔孙氏始祖“僖叔”的亲称看齐鲁三世属于古昭穆制的婚姻关系：读书随笔．克山师专学报(哲学社会科学版)，1984(2)．

徐川水．宏伟的战争画卷：析《晋楚城濮之战》．中文自修，1984(2)．

韩连琪．春秋战国时代政治的变化．文史哲，1984(2)．

康维安．众美辐辏形神毕肖——《殽之战》叙事写人小议．西北师院学报(社会科学版)，1984(2)．

何新文．“左氏浮夸”辨析．武汉师范学院学报(哲学社会科学版)，1984(2)．

黄中业．春秋时期的“皂隶牧圉”属于平民阶层说．齐鲁学刊，1984(2)．

何法高．读《秦晋崤之战》——《左传》散文艺术手法三例．河南师大学报(社会科学版)，1984(2)．

中国书目季刊编辑部．王熙元著作目录．中国书目季刊，1984(4)，第17卷．

丁金生．“春秋大义”民族魂．青年日报(10版)，1984年3月3日、5日．

褚良才．“望其旗靡”之“靡”是什么意思．辞书研究，1984(2)．

张玉勤．晋作爰田探讨．晋阳学刊，1984(2)．

陈茂同．《左传》作者及其成书年代．福建论坛(文史哲版)，1984(2)．

朱廷献．《左传》疑义考辨．中华文化复兴月刊，1984(4)，第17卷．

冯友兰．春秋公羊与中国封建社会．社会科学研究，1984(2)．

唐康．从鄢之战看《左传》刻画人物的特色．辽宁商专学报，1984(2)．

徐喜辰．“众”“庶人”并非奴隶论补证——兼说商周农民多于奴隶亦为奴隶社会问题．东北师大学报，1984(2)．

陈庆元.《曹刿论战》教学一得．龙岩师专学报，1984(2).

于峙嵘.《左传》鞍之战中“自今”一语释义．昭乌达蒙族师专学报(哲学社会科学版)，1984(2).

文方．曹刿肯定得下车．山西师院学报(社会科学版)，1984(2).

罗汝忠，关丽丽．简论《左传》中结构助词“之”的用法．广西民族学院学报(哲学社会科学版)，1984(2).

傅贻清．关于《秦晋殽之战》的主题．陕西师大学报(哲学社会科学版)，1984(2)

林海权．也谈“登轼而望之”．福建师大学报(哲学社会科学版)，1984(2).

元鸿仁．孤、寡人、不谷琐议．图书与情报，1984(Z1).

施议对，郑君华．矢志以求，锤而弥坚：访《左传》研究专家杨伯峻．上海广播电视文科月刊，1984(3).

李向平．春秋战国时代的姓氏制度．广西师范大学学报(哲学社会科学版)，1984(3).

骆宾基.《左传》解经开卷之误三例．牡丹江师院学报，1984(3).

董清洁．读《殽之战》杂记．文科教学，1984(3).

刘璞.《左传·殽之战》训诂探疑．西南师范学院学报(哲学社会科学版)，1984(3).

何世英，陈斌．“与之块”考辨．黄石师院学报(哲学社会科学版)，1984(3).

楼凤仙．试论《左传》刻画人物形象的艺术手法．杭州师院学报(社会科学版)，1984(3).

郑君华.《左传》情节与人物描写的形象性特征．学习与思考，1984(3).

薛正兴.《左传》记言省“曰”字之例质疑——与章秋农先生商榷．中国语文(北京)，1984(3).

谷云义．季札风、雅、颂评论析义．东北师大学报，1984(3).

徐庄．略论公羊传的纬书理论．中国史研究，1984(2).

张高评.《左传》军法评介．三军联合月刊，1984(3)，第22卷.

王和．今注《左传选》释文辨义．贵州文史丛刊，1984(2).

张补俊．“适如其人之言”——浅谈《殽之战》的人物刻画．名作欣赏，1984(3)．

杨明琪．试论《左传》中子产形象的塑造．宝鸡师范学院教学与科研，1984(3)．

刘清渭．“风马牛”探解．安徽师大学报(哲学社会科学版)，1984(3)．

王恩保．十三经注疏的卷数和字数．木铎杂志，1984(27)．

求是．经史杂考(三则)．学习与思考，1984(4)．

蔡祖田．吴越争霸．史学月刊，1984(4)．

张高评．《左传》兵学及其思想．中华文化复兴月刊，1984(7)，第17卷．

杨范中．从吴楚战争看伍员的军事思想．江汉论坛，1984(7)．

王树山辑，靳雨注．《春秋左传》俗语选注．语文研究，1984(3)．

舒大刚．廖季平经学第三变变因刍议．社会科学研究，1984(4)．

谢秀文．从《春秋》、《左传》记时差异看二者之关系．中华文化复兴月刊，1984(8)，第17卷．

黄金贵．《曹刿论战》辨析——兼评长勺之战．杭州大学学报(哲学社会科学版)，1984(3)．

李广洁．齐桓公西伐“大夏”考地．山西大学学报(哲学社会科学版)，1984(3)．

李向平．春秋战国时代的姓氏制度．广西师范大学学报，1984(3)．

孙香兰．从吴越战争看春秋时期的血亲复仇遗存．南开学报(哲学社会科学版)，1984(3)．

贾君宜．论晋和戎狄．南充师院学报(哲学社会科学版)，1984(4)．

王化钰．《春秋左氏传》引《诗》考略．吉林师范学院学报(哲学社会科学版)，1984(4)．

詹子庆．左传．高师函授，1984(4)．

李孟存，常金仓．爰田与井田——与林鹏同志再商榷．晋阳学刊，1984(4)．

何乐士．从《左传》和《史记》的比较看《史记》的动补式．东岳论丛，1984(4).

何浩．春秋战国时期楚屈氏世系考述．中南民族学院学报(哲学社会科学版)，1984(4).

李佐丰.《左传》量词的分类．内蒙古大学学报(哲学社会科学版)，1984(3).

秦礼军．左传“贰于”解．中国语文(北京)，1984(5).

孙香兰．春秋末期吴越争霸产生的原因．历史教学，1984(9)

赵锋．晋文公奔狄时年十七补证．晋阳学刊，1984(5).

陈大络．读《春秋》三传之一见．青年日报(10版)，1984年9月11日、13日、17日、19日、21日、27日.

谢秀文.《左传》郑“曼伯”“檀伯”释疑．孔孟月刊，1984(1)，第23卷.

骆宾基.《左传》同声假借之字例．社会科学(上海)，1984(9).

张高评.“左氏浮夸”析论．孔孟学报，1984(48).

陈克炯．论《左传》的假设复句．华中师院学报(哲学社会科学版)，1984(5).

宋鼎宗.《四库全书总目》经部春秋类校读记．中国国学，1984(12).

王更生.《春秋左氏传》问题浅探．中国国学，1984(12).

刘光义．春秋诸侯假礼行论略：读左传城濮之战札记．中国国学，1984(12).

张高评.《〈左传〉之文学研究》自序．文史哲杂志，1984(2)，第1卷.

佚名.《左传》所记的孟姜女夫妇生活在比秦早几百年的春秋时·光明日报(2版)，1984年10月28日.

刘璞.《左传·殽之战》语词探疑．云南师范大学学报(哲学社会科学版)，1984(4).

王和．论《左传》预言．史学月刊，1984(6).

李宝金．论子产及其改革．兰州学刊，1984(6).

张井．郑商人弦高．商业经济文荟，1984(6).

何新文.《左传》的写人艺术．华中师院学报(哲学社会科学版)，1984(6).

宋公文．略论令尹子文．江汉论坛，1984(9)．

季旭升．《烛之武退秦师》牵涉到的古礼、古史——兼谈子犯和钟. 教育部《教学通讯》，1984(10)．

沈玉成．文学史百题：从文学角度看《左传》. 文史知识，1984(11)．

张锦文．左丘明——我国最早的散文大师．课外学习，1984(11)．

邱鸣皋．"寤生"解．中国语文(北京)，1984(6)．

张高评．《左传》之文学理论实际．中华文化复兴月刊，1984(11)，第17卷．

张高评．《左传》美学的和谐理论．孔孟学报，1984(47)．

臧云浦．两汉经学的发展与影响．徐州师范学院学报(哲学社会科学版)，1984(4)．

郑志明．《左传》灾异说探论．鹅湖月刊，1984(6)，第10卷.

王晓天．"春秋笔法"是曲笔吗？．求索，1984(6)．

魏靖峰．从"韩之战"看《左传》修辞与写作技巧．中国语文，1984(6)，第55卷.

黄坤尧．论穀梁的文章．孔孟月刊，1984(4)，第23卷.

张高评．《左传》兵法评证．高雄工专学报，1984(14)．

何乐士．两汉汉语研究·《史记》语法特点研究——从《左传》与《史记》的比较看《史记》语法的若干特点．山东教育出版社，1985.

曾运乾．杨树达诞辰百周年纪念集·春秋大义述序．湖南教育出版社，1985.

王进祥述疏．东莱博议粹解．台湾顶渊文化事业公司，1985.

蒙文通．廖季平年谱·井研廖师与汉代今古文学．巴蜀书社，1985.

蒙文通．廖季平年谱·廖季平先生与清代汉学．巴蜀书社，1985.

林新樵编．左传选．福建教育出版社，1985.

马宗霍．经学丛书初编(4)·中国经学史．台湾学海出版社，1985.

钱基博．经学丛书初编(6)·经学通志．台湾学海出版社，1985.

范文澜．经学丛书初编(7)·群经概论．台湾学海出版社，1985.

蒋伯潜．经学丛书初编(8)·十三经概论．台湾学海出版社，1985.

廖平．经学丛书初编(10)·经学五变记．台湾学海出版社，1985.

王守谦．左传选译注．贵州人民出版社，1985.

杨明照．学不已斋杂著·《春秋左氏传》"君子曰"征辞．上海古籍出版社，1985(10).

孙春在．清末的公羊思想．台湾商务印书馆，1985.

高亨．易学论著选集·《左传》《国语》的《周易》说通解．台湾长安出版社，1985.

杨伯峻、徐提编．春秋左传词典．北京中华书局，1985，1988.

新宇出版社编辑部．左传选．台湾新宇出版社，1985.

林义正．春秋公羊传思想中道德抉择的问题．台湾大学创校四十周年国际中国哲学研讨会论文集，1985(11).

吴小如．阅读和欣赏——古典文学部分(九)·记《左传·齐连称管至父之乱》. 北京出版社，1985.

郑功成．爱国商人——弦高．商业研究，1985.

张文质．"立谤政"解——读《左传》献疑之一．河北师范大学学报(社会科学版)，1985.

萧佩钦．《春秋》与《春秋左氏传》. 雷州师专学报，1985.

郭挺之．《春秋左传注》浅议五则．湘潭师专学报(社会科学版)，1985(1).

蒋兆鹄．孤、寡人、不谷浅识．湖北师范学院学报(哲学社会科学版)，1985(1).

刘浦江．从《春秋左传》看春秋时代的城市．齐鲁学刊，1985(1).

钱茂竹．试论《左传》的叙事特色．绍兴师专学报(社会科学版)，1985(1).

庄福林．"疆以周索"和"疆以戎索"异议．松辽学刊(社会科学版)，1985(1).

许征．《殽之战》注解弥缝．新疆师范大学学报(社会科学版)，

1985(1).

严国八. 从邲之战看《左传》战争描写. 六盘水师范高等专科学校学报, 1985(1).

张玉勤. 晋作州兵探析. 山西师大学报(社会科学版), 1985(1).

骆宾基.《左传》为伪笔所篡改的例证——“读书随笔”. 延边大学学报(社会科学版), 1985(1).

王元明.《曹刿论战》中的庄公形象之我见. 许昌学院学报, 1985(1).

刘焕曾. 略论春秋时代战争的原因. 锦州师院学报(哲学社会科学版), 1985(1).

何乐士.《左传》、《史记》介宾短语位置的比较. 语言研究. 1985(1).

李全修.《曹刿论战》二题. 黄石教师进修学院学报, 1985(1)

佚名.“春秋笔法”是直笔论. 光明日报(3 版), 1985 年 1 月 30 日.

佚名.《左传》的作者是谁. 文汇报(4 版), 1985 年 2 月 25 日.

赵制阳.《左传》季札观乐有关问题的讨论. 中华文化复兴月刊, 1985(3), 第 18 卷.

桓来. 三不朽之首(《左传》). 中央日报(12 版), 1985 年 3 月 16 日.

孙钦善. 汉代的经今古文学. 文献, 1985(2).

赵世超. 晋“和戎狄”评议. 史学月刊, 1985(2).

张文质. 论先轸: 春秋时代多谋善断的军事家. 河北师范大学学报(社会科学版), 1985(2).

曹道衡. 汉代的经今古文学. 文史知识, 1985(4).

张正鹄. 简评《晋公子重耳之亡》. 宝鸡师院学报(哲学社会科学版), 1985(2).

东方春. 在叙事中写人——读《郑伯克段于鄢》札记. 新闻界, 1985(2).

何浩.“楚申包胥使於越”辨. 浙江学刊, 1985(2).

陈鼓应. 论子产. 中国哲学史研究, 1985(2).

李佐丰．试谈《左传》“日有食之”中的“有”．内蒙古大学学报(哲学社会科学版)，1985(2)．

王浩然．“管仲以其君霸”的“以”字索解．南都学坛，1985(2)．

郝铁川，赵长征．春秋宋国官制初探．商丘师专学报(社会科学版)，1985(2)．

陈洪宜．“乡校”辨．西南师范大学学报(人文社会科学版)，1985(2)．

夏麟勋．腴辞润简牍，美句入咏歌——浅谈《殽之战》的艺术特色．苏州教育学院学刊，1985(2)．

胡刚．从“楚材晋用”谈楚国人材的外流．湘潭师专学报(社会科学版)，1985(2)．

李添富．论五经中的“两”字．辅仁国文学报，1985(6)．

朱宝真．《秦晋殽之战》的艺术特色．教学与管理，1985(3)．

戴伟华．《左传》“言语”对战国诸子散文的影响．江西社会科学，1985(3)．

张永镌．春秋“大一统”述义．哲学年刊，1985(3)．

李小平．《左传》中五霸特殊形象之比较．中华学苑，1985(31)．

敏泽．试论“春秋笔法”对于后世文学理论的影响．社会科学战线，1985(3)．

米万锁．试论汉语的复音化问题——读《春秋左传集解》札记．山西大学学报(哲学社会科学版)，1985(3)．

雒江生．释“蓐食”．语文研究，1985(3)．

尹砥廷．浅谈《左传》对历史人物的刻划．吉首大学学报(社会科学版)，1985(3)．

王新华．公羊传常识精要．青年日报(10版)，1985年8月9日．

刘正浩．孔圣无二忧——论孔子作春秋的用心．青年日报(10版)，1985年8月26日—28日．

陈东冈．《左传》所载“卜筮”要义．中华易学，1985(6、7)，第6卷．

辰星．释“行李”．汉语学习，1985(4)．

郭碧波．季札观乐质疑．宝鸡师院学报(哲学社会科学版)，

1985(4).

玉贵福．试论《左传》的情节．广西民族学院学报(哲学社会科学版)，1985(4).

徐达．春秋赋诗及孔子说诗之辨正．贵州大学学报(社会科学版)，1985(4).

景明．论《左传》的民本思想．锦州师院学报(哲学社会科学版)，1985(4).

张广辉．试论曹刿的军事心理学思想及其实践．心理学探新，1985(4).

王东林．《左传》"以君之灵，不有宁也"释．江西师范大学学报(哲学社会科学版)，1985(4).

杨善群．春秋时代"新兴地主武装夺权"说商榷．青海师范大学学报(哲学社会科学版)，1985(4).

吴道勤．《左传》中的使动双宾语结构．湘潭大学学报，1985(S2).

刘运兴．释"信宿"．学术研究，1985(5).

姜鸿翔．异彩纷呈的《左传》战争细节描写．写作，1985(5).

宋公文．令尹子囊与令尹子庚传考．湖北大学学报(哲学社会科学版)，1985(5).

王介平．关于《左传》纪年质疑．中学历史，1985(6).

张汉东．从《左传》看孔子的删《诗》痕迹．山东师大学报，1985(6).

李志兵．"为好"不是"联欢"．辞书研究，1985(6).

于之．子产不毁乡校．思想政治工作研究，1985(9).

周岚．晋国的"和戎狄"策略．民族团结，1985(11).

廖彩烈．殽之战的人物语言．教学月刊(中学文科版)，1985(11).

黄沛荣．《左传·郑伯克段于鄢》新论．文史哲学报，1985(34).

高树．试论《左传》中的妇女形象．新疆大学学报(哲学社会科学版)，1985(4).

官翰政．《左传》妇女形象研究．中华学苑，1985(32).

宋鼎宗．庆祝无锡施之勉先生九秩晋五诞辰论文集·汉宋春秋学．台湾文史哲出版社，1986.

谢秀文．庆祝无锡施之勉先生九秩晋五诞辰论文集·春秋左传成公五年记事倒错考释．台湾文史哲出版社，1986.

叶政欣．庆祝无锡施之勉先生九秩晋五诞辰论文集·春秋左传学世家杜氏三世年谱——杜畿、子恕、宽、孙预．台湾文史哲出版社，1986.

国学研究小组编．左传．台湾汉学出版社，1986.

杨希枚．文史(26辑)·春秋隐公射鱼于棠说驳议——兼论春秋搜狩、治兵与祭牲之制．北京中华书局，1986.

浦金瑞．文史(26辑)·《左传》杜注纠谬一则．北京中华书局，1986.

赫永辉、陈日朋编．左传故事新编．北方妇女儿童出版社，1986.

刘大钧．周易概论·《左传》《国语》筮例．齐鲁书社，1986.

周次吉．左传杂考．文津出版社，1986.

王初庆．王静芝先生七十寿庆论文集·左传信鬼好巫辨——卜筮．台湾文史哲出版社，1986.

浦金瑞．中华文史论丛(2辑)·春秋人名武叔懿子辨．上海古籍出版社，1986.

钟敬华．语言文研究专辑(下)·《春秋左传集解、释文》反切上字“於”“于”校勘记．上海古籍出版社，1986.

李新霖．王静芝先生七十寿庆论文集·公羊传之正统论．台湾文史哲出版社，1986.

王利器．中国历史文献研究(一)·古书引经传经统称为本经考．华中师范大学出版社，1986.

蒋逸雪．中国历史文献研究(一)·经今古文学之争，系学术问题抑政治问．华中师范大学出版社，1986.

宋鼎宗．春秋宋学发微．台湾文史哲出版社，1986.

佚名．《大学语文》精读范文指导·秦晋殽之战．江苏古籍出版社，1986.

崔子方．崔氏春秋经解．台湾“商务印书馆”，1986.

周振甫．春秋笔法．人民文学出版社，1986.

林义正．春秋公羊传思想中道德抉择的问题．台湾科学委员会研究奖助论文，1986.

李新霖．公羊新周故宋说．台湾科学委员会研究奖助论文，1986.

郑之洪．对《左传译文》隐公元年前部分的一点意见：兼论《左传》中“元妃”一词的含义．广州师院学报，1986(1).

李民立．晋“作爰田”析——兼及秦“制辕田”．复旦学报(社会科学版)，1986(1).

吴枫．从《左传译文》谈谈古文献翻译．古籍整理研究学刊，1986(1).

卢心懋．《左传》“弑君凡例”浅析．孔孟月刊，1986(5)，第24卷(5).

韩隆福．论弭兵之会．贵州史学丛刊，1986(1).

孙绿怡．《左传》中传说的文学特点——兼评“失之诬”说．东北师大学报，1986(1).

刘正民．论《左传》中的祝、卜、梦的人本思想．荆州师专学报，1986(1).

阎崇东．“辅车相依”解．内蒙古师大学报(哲学社会科学版)，1986(1).

杨志才．春秋时代外交活动中的赋诗．外交学院学报，1986(1).

黄金贵．《左传》“贰于×”解诂．语言研究，1986(1).

方介．试论《左传》的文学技巧．中华文化复兴月刊，1986(2)，第19卷.

李新霖．春秋与孔子．台北工专学报，1986(19).

吕绍纲．孟子论《春秋》．史学史研究，1986(1).

孙剑秋．从《左传》第贰拾条凡例：“凡诸侯薨于朝会加一等，死王事加二等，于是有以衮敛”看春秋凡例其相关问题．孔孟月刊，1986(7)，第24卷.

顾立三．从《左传》增添春秋单件史事论《左传》史学．台湾政治大学历史学报，1986(4).

杨伯峻．我和《左传》．书品，1986(1).

郭挺之．左传词义辨．湖南师范学院学报(社会科学版)，1986.

周淑舫．谈《左传》描写的正面女性形象．东疆学刊，1986(2).

张端穗．《左传》对春秋时期战争的看法及其意义．东海中文学报，1986(4).

杨范中．略论春秋初年的楚、随战争．江汉论坛，1986(4).

何光岳．杞国史考．许昌学院学报，1986(2).

孙晓春．春秋时期宗族组织的经济形态初探．史林，1986(2).

李梦奎．论《左传》战争篇章的人物描写．陕西师范大学学报(哲学社会科学版)，1986(2).

程有为．春秋举善思想初探．中州学刊，1986(2).

曲幸．五经与十三经．台湾新生报(6 版)，1986 年 4 月 28 日.

曾振宇．论春秋政体．上饶师专学报(社会科学版)，1986(2).

陈茂菊．叔向刑不隐亲．现代法学，1986(2).

杨本祥．“败绩”考释．云南师范大学学报(哲学社会科学版)，1986(2).

申小龙．《左传》句法札记．语言研究，1986(2).

林祥征．春秋时期的改革家子产．泰安师专学报(社会科学版)，1986(2).

申小龙．《左传》主题句研究．中国语文(北京)，1986(2).

宗焕文，余学明．令尹子文故里．孝感师专学报(哲学社会科学版)，1986(2).

谢扶雅．孔子作春秋新解．中国文化月刊，1986(79).

孙玄常．对杨伯峻先生《春秋左传注》的几点商榷．晋阳学刊，1986(3).

束有春．《左传》引《诗》探微．淮阴师专学报(哲学社会科学版)，1986(3).

王初庆．左传信鬼好巫辨——绪说．辅仁国文学报，1986(2).

王初庆．左传信鬼好巫辨——鬼神．辅仁国文学报，1986(2).

王初庆．左传信鬼好巫辨——灾异．辅仁学志——文学院之部，

1986(15).

李佐丰.《左传》以宾短语作状语和补语的用法.内蒙古大学学报(哲学社会科学版),1986(3).

陈克炯.《左传》单音动词的“向”及其句式.中南民族学院学报(社会科学版),1986(3).

施之勉.三代忠敬文三统相捄为公羊家说辨.大陆杂志,1986(1),第73.

曹虹.《左传》修辞中的“傍犯”问题.南京大学学报(哲学社会科学版),1986(3).

赫尔穆特·威廉(著),张善文(译).《左传》、《国语》中的易经占筮辞.东岳论丛,1986(4).

霍旭东.《春秋》《左传》记事的迄止年代.古籍整理研究学刊,1986(4).

朱廷献.刘歆《移太常博士书》中有关今古文经之探.孔孟学报,1986(52).

胡楚生.清初诸儒论“管仲不死子纠”申义.孔孟学报,1986(52).

胡建华.首请毁禁新学伪经考者非安维峻.近代史研究,1986(5).

李匡郎.春秋大义——试论“春秋大义”为“道德史”.哲学与文化,1986(9),第13卷.

谢德莹.春秋“公即位”书例.孔孟月刊,1986(2),第25卷.

李凤行.读《左传》的季札观周乐.文艺月刊,1986(208).

李解民.注释·译文·词典——杨伯峻先生古籍整理方法试析.古籍整理与研究,1986(1).

谢宝耿.论子产的改革及其社会效应.历史教学问题,1986(6).

孟文镛.吴越战争概论.绍兴师专学报(社会科学版),1986(4).

李万寿.化深奥为浅显熔注译评于一炉——读王守谦先生的《左传选译注》.松辽学刊(社会科学版),1986(4).

周国荣,沈容.“五霸”还是“五伯”.山西师大学报(社会科学版),1986(4).

李人鉴．叔瞻考．扬州师院学报(社会科学版)，1986(4)．

赵生群．《史记》与《春秋》．兰州大学学报，1986(4)．

绛云．记事得其法传人见其神——《城濮之战》如何描写重大历史事件．新闻战线，1986(5)．

心园．宫之奇的不足．思想政治工作研究，1986(5)．

绛云．记事得其法传人见其神——《城濮之战》如何描写重大历史事件．新闻战线，1986(5)．

宋公文．春秋时期楚司马系列考述．江汉论坛，1986(6)．

滕复．弭兵时代略论．浙江学刊，1986(6)．

虞云国．春秋县制新探．晋阳学刊，1986(6)．

沈悦．评《关于左传复合词的几个问题》．语文导报，1986(10)．

袁定基．子鱼所述周初"大封建"史料中三个问题的分析．西南民族学院学报(社会科学版)，1986(S1)．

张端穗．《左传》思想探微．台湾学海出版社，1987.

王熙元．古典文学散论·春秋三传的文学价值．台湾学生书局，1987.

黄志强．语言研究集刊(第1辑)·说《左传》中的"吾侪"．复旦大学出版社，1987.

顾志华．史学知识千题(中国史部分)·《左传》、《国语》和《国策》．湖北教育出版社，1987.

彭益林．史学知识千题(中国史部分)·春秋"五霸"．湖北教育出版社，1987.

苏学瞻．古典文学名篇赏析(一)·秦晋殽之战讲析．台湾木铎出版社，1987.

吴小如．读书丛札·左传丛札．北京大学出版社，1987.

赵光贤．古史考辨．北京师范大学出版社，1987.

麦梅翘．古汉语研究论文集(3)·《左传》的"乎"．北京出版社，1987.

何乐士．古汉语研究论文集(3)·《左传》的介词"于"和"於"．北京出版社，1987.

何乐士．古汉语研究论文集(3)·《左传》的介词"以"．北京出版社，1987.

敖镜浩．古汉语研究论文集(3)·《诗经》、《左传》“是”字句例比较．北京出版社，1987.

王海棻．古汉语研究论文集(3)·《公羊传》《谷梁传》疑问词语的比较研究．北京出版社，1987.

李乃阳，中津滨涉．十三经注疏经文索引．台湾大化书局，1987.

胡念贻．中国古代文学论稿·《左传》的真伪和写作时代问题考辨．上海古籍出版社，1987.

谈凤梁．古文鉴赏辞典·郑伯克段于鄢．江苏文艺出版社，1987.

王双启．古文鉴赏辞典·曹刿论战．江苏文艺出版社，1987.

廖开飞．古文鉴赏辞典·重耳出亡．江苏文艺出版社，1987.

滕志贤．古文鉴赏辞典·烛之武退秦师．江苏文艺出版社，1987.

苏学瞻．古文鉴赏辞典·秦晋殽之战．江苏文艺出版社，1987.

段熙仲．古文鉴赏辞典·晋楚鄢陵之战．江苏文艺出版社，1987.

郭锡良．语言研究论丛(第三辑)·说“kao”．天津人民出版社，1987.

康有为撰，姜义华、吴根梁编校．孔子改制考．上海古籍出版社，1987，《康有为全集》.

陈秉才、高德编．中国古代的编年体史书．人民出版社，1987.

张志烈选注．先秦史传散文选．四川教育出版社，1987.

周林．左传选译．巴蜀书社，1987.

陶希圣．春秋王者之事．国史馆馆刊，1987(1).

施之勉．春秋之中弑君三十六亡国五十二．大陆杂志，1987(1)，第74卷.

蒋若是．春秋“殽之战”战地考实．史学月刊，1987(1).

吴吉助．孟子春秋说试探．孔孟月刊，1987(5)，第25卷.

赵忠文．试论周代刑法中的“保民”思想．辽宁师范大学学报(社会科学版)，1987(1).

张端穗.《左传》中的人本思想与人道精神. 中华文化复兴月刊，1987(1)，第20卷.

张君. 试论春秋时期楚国的春官. 江汉论坛，1987(1).

徐运钧. 先秦“天人之辨”评述. 娄底师专学报(哲学社会科学版)，1987(1).

江立新. 先秦武庙试探. 江西师范大学学报(哲学社会科学版)，1987(1).

陈维礼.《春秋》书名考辨. 汕头大学学报，1987(1).

章明寿. 半江瑟瑟半江红:《左传》与《国语》之异. 上海教育学院学报(社会科学版)，1987(1).

余同元. 城濮之战辨析. 烟台师院学报(哲学社会科学版)，1987(1).

赖炎元.《春秋》微言大义. 木铎，1987(11).

谢德莹.《春秋》书弑例辨. 孔孟月刊，1987(6)，第25卷.

黎洪模. 试论春秋时代的仁思潮. 齐齐哈尔师范学院学报(哲学社会科学版)，1987(1).

郝铁川. 论春秋官制的演变. 中国史研究，1987(1).

王辉强. 齐鲁长勺之战. 军事史林，1987(1).

刘筱红. 巢国考. 华中师范大学学报(哲学社会科学版)，1987(2).

俞荣根. 孔子讥刑鼎辨析. 孔子研究，1987(1).

张君.“枚卜”宜作“微卜”解. 中国社会科学，1987(1).

贺永松.《左传》的“铺车”，乃真辅实车. 怀化师专学报(哲学社会科学版)，1987(1).

王继如. 也说“辅车相依”. 内蒙古师大学报(哲学社会科学版)，1987(1).

李梦奎. 试论《左传》描写战争的艺术风格. 吉林师范学院学报(哲学社会科学版)，1987(1).

徐传武. 漫谈古代的纪月用语. 山东教育学院学报，1987(2).

邓乐群. 略论西周“以德辅天”思想的兴起及其积极作用. 南充师院学报(哲学社会科学版)，1987(2).

徐勇．吴楚越三国的兴衰恩仇．中学历史，1987(2)．

张玉，学华．晋国称霸前国势述略——兼论惠公未霸之原因．百家论坛，1987(2)．

张涤云．《左传》澄源．运城师专学报，1987(2)．

李汉伟．试析城濮之战．襄阳师专学报(社会科学版)，1987(2)．

艾农．《诗》——《左传》的"宴语"．中国人民警官大学学报(哲学社会科学版)，1987(2)．

于进海．《左传》中"对"的语法环境及词性．信阳师范学院学报(哲学社会科学版)，1987(2)．

蒋寅．《左传》和《战国策》说辞的比较研究——兼论春秋战国两种不同的文化背景与美学趣向．大连师范学院学报(社会科学版)，1987(2)．

黄坤尧．论穀梁文．北京师范大学学报(社会科学版)，1987(2)．

赵制阳．今古文诗说比较研究．孔孟学报，1987(53)．

陈庆煌．论左盦对于春秋左氏学之贡献．孔孟学报，1987(53)．

方文一．"杀"、"弑"及"戕"的探讨．浙江师范大学学报(哲学社会科学版)，1987(2)．

李元．论春秋时代的兵源与兵役．求是学刊，1987(2)．

武家璧．从"设二旆而退之"看城濮之战的过程．江汉论坛，1987(4)．

顾立三．从《春秋》与《左传》同记之史实比较以论《左传》之史学．台湾政治大学历史学报，1987(5)．

周苏平．春秋时期晋国政权的演变及其原因之分析．西北大学学报(哲学社会科学版)，1987(2)．

徐连城．"春秋"用作时代名称的由来．文史哲，1987(3)．

鹿琳．同中存异风姿独具——读《左传》随笔．齐齐哈尔师范学院学报(哲学社会科学版)，1987(2)．

孔礼骅．子夏与春秋的传授．华东师范大学学报(哲学社会科学版)，1987(3)．

王初庆．《左传》信鬼好巫辨——天．辅仁学志，1987(16)．

张建贵．"弗"字先秦用法刍议．河北师院学报(哲学社会科学

版)，1987(2).

李则鸣．耤田还原．求学，1987(3).

王贵钧．释“爰田”——读史札记．宁夏大学学报(社会科学版)，1987(2).

陈筱芳．论《左传》的妇女群像．西南民族学院学报(哲学社会科学版)，1987(2).

吴世琪．浅谈晏婴的治国之道．河南师范大学学报(哲学社会科学版)，1987(2).

董志翘．释“自今”．学术研究，1987(3).

王立．论《左传》预见艺术的审美效应．青海师范大学学报(哲学社会科学版)，1987(2).

程小铭．略论西汉时《公羊传》与《左氏传》地位浮沉的原因．贵州大学学报(社会科学版)，1987(2).

徐相霖．试论汉代《春秋》“公羊学”与“左氏学”论战的实质．四川师范大学学报(社会科学版)，1987(3).

汤其领．董仲舒公羊学体系形成初探．徐州师范学院学报(哲学社会科学版)，1987(2).

张文质．论先轸——春秋时代多谋善断的军事家．河北师范大学学报(社会科学版)，1987(2).

阮忠．在伦理的光环中：《左传》人物形象论．华中师大研究生学报，1987(2).

吕锐章．《殽之战》中一句译文质疑．包头教育学院学报，1987(2).

郭挺之．长勺应是根据地形得名．玉溪师专学报，1987(2).

高元石．《左传》的“动 A 于 B”短语．鞍山师范学院学报，1987(2).

王立．先秦文学中的梦境描写及其历史地位初探．内蒙古师大学报(哲学社会科学版)，1987(2).

李来涛．“下视其辙，登轼而望之”断句商榷．汕头大学学报，1987(2).

吕丽．子产对中国古代法律思想转变的贡献．当代法学，1987(2).

魏民铎．“下视其辙登轼而望之”的断句．驻马店师专学报(社会科学版)，1987(2).

曹天如．论孔子对铸刑鼎的两种不同态度．法学学刊，1987(3).

黄样兴．试论《左传》的婉辞．运城师专学报，1987(3).

易平，黎传纪．杜预乱《左传》说辨正．江西大学学报(哲学社会科学版)，1987(3).

罗清能．春秋王不称天探微．中华文化复兴月刊，1987(7)，第20卷.

亚平．“不言出奔，难之也”．读书，1987(7).

王继如．说“辅车相依”和“颐指气使”．辞书研究，1987(7).

徐敏．谈《秦晋殽之战》的写作特点．北京师范大学学报，1987(7).

王冀民．谈“葵”．文史知识，1987(7).

王晖．岁名载、兹的来由与古代物候纪年法．文史知识，1987(7).

庞子朝．“年”、“岁”异名考．华中师范大学学报(哲学社会科学版)，1987(4).

杨建华．春秋时期对战俘的处置方式．历史教学，1987(7).

卫文选．晋文公富国要略．山西师大学报(社会科学版)，1987(3).

孙开泰，徐勇．吴起也是史学家．学术月刊，1987(8).

程邦雄．“登轼而望之”新解．江汉论坛，1987(8).

何浩．《左传》“夏汭”考．江汉论坛，1987(8).

朱永平．试析《公羊传》《穀梁传》对语序的训释．陕西师大学报(哲学社会科学版)，1987(3).

薛儒章．“莫”字用法辨析．天津师大学报(社会科学版)，1987(4).

李元．论春秋时期的民兵制度．中国史研究，1987(3).

魏子云．《郑伯克段于鄢》的书法．中央日报，1987年9月2日.

汤雄平．释家．四川大学学报丛刊，1987(35).

杨桂兰．“齐”字含义的变化．山东师大学报(社会科学版)，1987

(5).

曾庆云．辨“风马牛”之“风”义．四川大学学报(哲学社会科学版)，1987(3).

程小铭．略论西汉时《公羊传》与《左氏传》地位浮沉的原因．贵州大学学报，1987(5).

陈绂.《左传》中的“物”——兼谈专书辞典的编纂．北京师范大学学报(社会科学版)，1987(5).

王振竹．浅谈春秋战国的外交斗争与修辞．课外学习，1987(9).

孙绿怡．“盈其隧炭”议——读《左传》札记．古籍整理研究学刊，1987(3).

路梅村．“长社”与“长葛”考略．许昌学院学报，1987(3).

肖向汭．齐桓公的霸业浅说——读《春秋左传》札记．娄底师专学报，1987(3).

郝亦民．郑庄公(寤生)评价质疑．运城师专学报，1987(3).

易接道，甘久生．婉如成章尽而不污——《左传》外交辞令例谈．江西教育学院学刊(哲学社会科学版)，1987(3).

焦远升．释《左传》“贰于×”——兼与秦礼军同志商榷．贵州师范大学学报(社会科学版)，1987(3).

米万锁．试论《左传》中同义词语对现代化汉语的影响．山西财经学院学报，1987(S1).

穆清亮．为子产辩诬．中州今古，1987(4).

聂本立．论子产．长沙水电师范学报(社会科学版)，1987(4).

张靖远．春秋“夏五”辨．孔孟月刊，1987(2)，第26卷.

董德志.《左传》“乘马”解——兼说骑马之起源．许昌学院学报(社会科学版)，1987(4).

魏发展.《左传》人物心理描写艺术探微．许昌学院学报(社会科学版)，1987(4).

汤其领.《穀梁春秋》归属管窥．许昌师专学报(社会科学版)，1987(4).

祝中熹．论周代军事编制中的“卒”．人文杂志，1987(5).

杨希枚．论久被忽略的《左传》诸侯以字为谥之制——兼论生称谥问题．中国史研究，1987(4)．

黄朴民．说“启以商政”、“启以夏正”．中国史研究，1987(4)．

方炫琛．论春秋鲁仲孙、孟孙、季孙、臧孙等称非氏名及春秋时代人物系“孙”为称之义．大陆杂志，1987(6)，第75卷．

杨英杰．先秦时期的战旗、战金、战鼓．文史知识，1987(12)．

B杰奥皮克，张书生校．古代东方编年史《春秋》的定量分析尝试．史学理论，1987(4)．

陈其泰．春秋经传——先秦史学的中坚．史学史研究，1987(4)．

徐照华．《左传》“颍考叔说郑庄公”之诡奇妙笔．孔孟月刊，1987(4)，第26卷．

段熙仲．《春秋公羊学讲疏》序跋．文教资料，1987(6)．

杨为星．《春秋》经传所见逆缘婚俗杂议．云南教育学院学报(社会科学版)历史专辑，1987．

谢秀文．尉素秋教授八秩荣庆论文集·春秋名称缘起说．台湾文史哲出版社，1988．

宋鼎宗．尉素秋教授八秩荣庆论文集·胡安国春秋寓宋说．台湾文史哲出版社，1988．

叶政欣．尉素秋教授八秩荣庆论文集·读左琐记．台湾文史哲出版社，1988．

吴树平．山东秦汉文献研究·顾栋高《春秋大事表》略论．齐鲁书社，1988．

张高评．高仲华先生八秩荣庆论文集·《左传》史论之原始与作用．高雄师范学院国文所，1988．

周何．高仲华先生八秩荣庆论文集·穀梁会盟释例．高雄师范学院国文所，1988．

刘大钧．周易概论·《左传》《国语》筮例．齐鲁书社，1988．

王淑均．左传菁华．上海教育出版社，1988，2001，《古籍菁华丛书》．

顾颉刚．春秋三传及国语之综合研究．四川巴蜀书社，1988．

王聪明．《左传》之人文思想研究．台湾师范大学国文研究所集刊(第32号)，1988．

方文．文姜辨．湖南师范大学社会科学学报，1988(1)．

蒋寅．《左传》和《战国策》说辞的比较研究．南京大学学报(哲学、人文、社会科学)，1988(1)．

黄百川．“郑伯克段”的省思．中央日报(14 版)，1988 年 1 月 7 日．

李小琳．人殉小议．成都大学学报(社会科学版)，1988(1)．

程有为．杞国史蠡测．郑州大学学报(哲学社会科学版)，1988(1)．

张新科．史传文学中人物形象的建立——从《左传》到《史记》．陕西师大学报(哲学社会科学版)，1988(1)．

郭天祥．《左传》迄年辨正．宝鸡师院学报(哲学社会科学版)，1988(1)．

张归璧．《左传译文》商兑——兼谈古籍今译的“信”．教学与管理，1988，(1)．

李若萍．评子产宽猛相济的法律思想．现代法学，1988(1)．

李醒华．《左传》外交辞令的特色．语文辅导，1988，第 1、2 期合刊．

陈韵．“南宫敬叔”与“南宫适”非同一人考．中华文化复兴月刊，1988(2)，第 21 卷．

左松超．谈《春秋事语》．国文天地，1988(9)，第 3 卷．

张靖远．春秋“郭公”考．孔孟月刊，1988(6)，第 26 卷．

史谭．夹谷之会在何处．苏州大学学报，1988(1)．

杨为星．《左传》所见“贷”无利息说．云南教育学院学报，1988(1)．

许子荣，郑玉琴．“寤生”考辨．黑龙江教育学院学报，1988(1)．

满天澄．一意孤行劳师袭远众志成城因势制胜——《秦晋殽之战》赏析．南京政治学院学报，1988(1)．

曾钢城．《左传译文》指瑕．怀化师专社会科学学报，1988(1)．

胡刚．从“楚材晋用”看楚国人才外流．中南民族学院学报(哲学社会科学版)，1988(1)．

兰海潮．《秦晋殽之战》——我国最早的情报文学作品．情报杂志，1988(1).

刘秀梅．关于《春秋左传注》中一条注释的不同看法．南都学坛，1988(1).

何乐士．《左传》前八公与后四公的语法差异．古汉语研究，1988(1).

杨伯峻．从《左传》学些什么．书品，1988(1).

蒋康．《魏源集》中《公羊春秋论》一文发覆．书品，1988(1).

王化钰．《春秋经》、《传》日月食考．吉林大学社会科学学报，1988(2).

李启谦．鲁君的家族组织及其与宗法制度的关系．东岳论丛，1988(2).

云博生．《春秋》与《春秋左传》反映的原始婚俗考略．中南民族学院学报(哲学社会科学版)，1988(2).

刘冬冰．《春秋左氏传》假借例释．河南大学学报(哲学社会科学版)，1988(2).

吕锐章．《殽之战》中一句译文的质疑．包头教育学院学报(综合版)，1988(2).

唐康．论《左传》的德政思想．辽宁商专学报(综合版)，1988(2).

霍斐然．《左传》占例破译．周易研究，1988(2).

刘以焕．古代东西方几种五经说．求是学刊，1988(2).

蔡国相．《左传》伦理思想管窥．锦州师院学报(哲学社会科学版)，1988(2).

[日]宇佐美一博．介绍日原利国的《春秋公羊传的研究》．中国哲学史研究，1988(2).

简宗梧．《左传》属辞比事的成就——以记晋惠公与晋文公为例．东方杂志(复刊)，1988(10)，第2卷.

蔡婧妍．试探春秋宋襄图霸前之宋国政治．嘉义农专学报，1988(17).

董金裕．从春秋三传看东周王室的衰微．中华学苑，1988(36).

骆文琦．吉禘于庄公解．孔孟学报，1988(55).

陈士行．“忠之属也”辨惑．西北师大学报(社会科学版)，1988(2)．
王敏典．论先秦的氏族民主．深圳大学学报(人文社会科学版)，1988(2)．
杨亦鸣．关于《左传》“贰于×”及其它．语言研究，1988(2)．
徐德丰．《曹刿论战》新探．黄石教育学院学报，1988(2)．
郭社鸣．郑庄公并非阴险狡诈．黄石教育学院学报，1988(2)．
葛荃．春秋时代君主专制主义初探．中国史研究，1988(2)．
晓桐．春秋齐国社会变革探索．管子学刊，1988(2)．
张舒亚．论汉代《春秋》三传的官学之争．中国史研究，1988(2)．
王一鸣．《左传・秦晋殽之战》注释质疑．南开大学学报(哲学社会科学版)，1988(3)．
张觉．《秦晋殽之战》人物形象谈．文艺学习，1988(3)．
秦献．“师出以律”新解．社会科学辑刊，1988(3)．
李醒华．《左传》描写战争的特色．语文辅导，1988(3)．
牟钟鉴．十三经的形成与经学类别．文史知识，1988(6)．
张靖远．春秋“夹谷之会”考．孔孟月刊，1988(10)，第26卷．
朱冠华．郑庄公之功业与为人．孔孟月刊，1988(10)，第26卷．
高秋凤．《穀梁》时月日例之盟例试探．台湾师大国文学报，1988(17)．
张汉东．孔子作《春秋》考．齐鲁学刊，1988(4)．
张闻玉．襄公二十八年历日辨惑．湖南师范大学社会科学学报，1988(4)．
贺晓昶．《谷梁传》中的“名从主人”．地名知识，1988(4)．
魏昌．谈楚庄王的立霸与个人性格完善的和谐统一．荆州师专学报，1988(3)．
曲英杰．春秋时期鲁都城复原试探．孔子研究，1988(3)．
傅道彬．《左传》应验描写初论．松辽学刊(社会科学版)，1988(3)．
潘振中．释“败绩”．镇江师专学报(社会科学版)，1988(3)．
徐光仁，黄明同．论廖平与康有为的治经．广东社会科学，1988(3)．

邱德修.《左传》是刘歆伪造的吗?. 国文天地，1988(3)，第4卷.

万九河. 春秋时代的吴越及其文化. 历史教学问题，1988(4).

杨博文. 杜预和《春秋左氏经传集解》. 江西社会科学，1988(4).

刘正民. 谈春秋争霸时期楚人的文化意识. 荆州师专学报(哲学社会科学版)，1988(4).

何浩. "州来灭于吴"辨. 方志文萃，1988(4).

刘夏塘. 谈宋襄公决策失误及其原因. 决策探索，1988(4).

易平.《左传》的两种特殊叙事体例. 阜阳师范学院学报(社会科学版)，1988(4).

丁瑜. 宋刻《蔡九峰书集传》与《春秋公羊经传解诂》. 文献，1988(4).

张广庆. 刘申叔春秋左氏学申汉难杜说. 中国书目季刊，1988(2)，第22卷.

邹昌林. "作爰田"和小土地占有制的兴起. 史林，1988(3).

张闻玉.《春秋》经传"再失闰"释疑. 重庆师院学报(哲学社会科学版)，1988(3).

唐嘉弘.《左传》的编次、传授传统及其与《国语》的关系. 河北师院学报(哲学社会科学版)，1988(3).

傅正谷. 论《左传》记梦. 晋阳学刊，1988(5).

刘汉忠. "禽"(擒)字的训诂及相关史实. 学术论坛，1988(5).

王和. "初吉"简论. 史学月刊，1988(5).

王尚英. 试论湛阪之战在春秋后期的历史地位. 史学月刊，1988(5).

刘浦江. "春秋五霸"辨. 齐鲁学刊，1988(5).

刘会山.《郑伯克段于鄢》解歧——兼与肖泰芳诸同志商榷. 山西大学学报(哲学社会科学版)，1988(4).

孙卫国. 试论秦晋之好. 山西师大学报(社会科学版)，1988(4).

李孟存. "简襄功烈"述评. 山西师大学报(社会科学版)，1988(4).

林宏跃. 赵世系中赵夙与赵衰的辈份考辨. 山西师大学报(社会

科学版)，1988(4).

卫文选．晋国赵室兴盛初议．山西师大学报(社会科学版)，1988(4).

常金仓．晋侯请隧新解．山西师大学报(社会科学版)，1988(4).

夏传才．从六经到十三经的发展．天津师大学报(社会科学版)，1988(5).

郭挺之．杜预和孔颖达对《左传》的误读举偶．玉溪师专学报，1988(5).

元鸿仁．“胥”字考．文史知识，1988(10).

张汉东．《左传》及其向《春秋》学的演变．中国史研究，1988(4).

佚名．何谓“春秋笔法”．志苑，1988(4).

王东．宋代史学与《春秋》经学——兼论宋代史学的理学化趋势．河北学刊，1988(6).

吴车．《左传》礼学的根本精神．勤益学报，1988(6).

张靖远．君亲无将，将而诛焉：春秋公羊传今注今译之商榷．中华文化复兴月刊，1988(11)，第21卷.

张高评．《左传》史论之风格与作用．成功大学学报，1988，第23卷.

林保淙．管仲应不应殉死子纠——略论历史人物的评价．孔孟月刊，1988(3)，第27卷.

陈善．《左传》中“其”作语气词的用法．海南大学学报(社会科学版)，1988(4).

吴长奇．潜义理于曲婉伏臧否于微辞——《郑伯克段于鄢》笔法探微．秘书之友，1988(6).

杨晓敏．《左传》中的量词．中国语言学报，1988(3).

何乐士．《左传》的“政以治民”和“以政治民”句式．中国语言学报，1988(3).

李坤．《国语》的编撰．史学史研究，1988(4).

王树民．左丘与左丘明非一人辨．河北师院学报(哲学社会科学版)，1988(4).

陈伟，徐少华．《左传》文公十六年伐楚之戎地望辨析．江汉论坛，1988(12).

[美]王靖宇.《左传》与传统小说论集. 北京大学出版社，1989.

黄寿祺，张善文编. 周易研究论文集(第2辑)·《左传》《国语》易象释. 北京师范大学出版社，1989.

黄寿祺，张善文编. 周易研究论文集(第2辑)·《左传》《国语》的《周易》说通解. 北京师范大学出版社，1989.

黄寿祺，张善文编. 周易研究论文集(第2辑)·《左传》《国语》中易筮之研究. 北京师范大学出版社，1989.

梁启超. 春秋中国夷狄辨序·读春秋界说. 中华书局，1989.

林庆彰主编. 经学研究论著目录(1902—1987). 台湾汉学研究中心，1989.

叶政欣. 杜预及其春秋左氏学. 台湾文津出版社，1989.

林银生.《左传》外交辞令赏析. 广西人民出版社，1989.

何乐士.《左传》虚词研究. 商务印书馆，1989，2004.

徐光仁. 论康有为的"公羊三世"说. 华南师范大学学报(社会科学版)，1989(1).

赵淡元. 关于《左传》的几个问题. 西南师范大学学报(哲学社会科学版)，1989(1).

陈占标.《新学伪经考》初刊年月考. 近代史研究，1989(1).

蔡信发. 日本年号"平成"出自我国《左传》. 中央日报，1989年1月10日.

尹雪梅. 试论《左传》的行人辞令. 天津师大学报(社会科学版)，1989(1).

胡力文.《左传》中"若××何"一类结构研究. 古汉语研究，1989(2). 荆贵生.《左传》文选教学札记三则. 古汉语研究，1989(2).

翟登松.《殽之战》三注商榷. 语文月刊，1989(2).

何乐士.《左传》的"若"(一、二). 语文月刊，1989(2).

陈奇. 刘师培"力攻今文"析. 贵州社会科学(文史哲版)，1989(2).

陈韵. 春秋鲁臧氏谱系研究. 中国学术年刊(庆祝高师仲华八秩华诞专号)，1989(10).

周何．穀梁朝聘例释．中国学术年刊(庆祝高师仲华八秩华诞专号)，1989(10)．

白兆麟．《左传微》校注记．古籍整理出版情况简报，1989(204)．

侯慧章．《曹刿论战》几条注释商兑——兼谈柳宗元《问战》之非．宁夏大学学报(社会科学版)，1989(1)．

谢光泽．子产改革郑国经济浅析．云南民族学院学报，1989(1)．

陈可畏．城濮之战地理考释．中国历史地理论丛(1辑)，1989.

孙克强．“未能操刀而使割也，其伤实多”考释．河南大学学报(哲学社会科学版)，1989(2)．

曾广开．从《左传》看春秋时期的文学观．河南大学学报(哲学社会科学版)，1989(2)．

何乐士．《左传》的“若”(二)．语文月刊，1989(3)．

李新霖．《春秋左氏传》行人外交辞令研究．台北工专学报，1989(22)．

白平．答《〈郑伯克段于鄢〉解歧》．山西大学学报(哲学社会科学版)，1989(2)．

王守谦．说《左传》．松辽学刊(社会科学版)，1989(2)．

徐子宏．赐予义动词在《左传》中的分布情况．广西大学学报(哲学社会科学版)，1989(2)．

石玉铎，王春光．“赵盾弑其君”质疑．史学集刊，1989(2)．

王守民．论《左传》中的郑国子产．陕西师大学报(哲学社会科学版)，1989(2)．

李佐丰．《左传》的“使字句”．语文研究，1989(2)．

郗政民，薛安勤．韦昭《国语》注的训词条例．西北大学学报(哲学社会科学版)，1989(2)．

王辉．论秦景公．史学月刊，1989(3)．

黄朴民．读何休《公羊传解诂》札记一则．浙江学刊，1989(3)．

于丹．从《左传》描述的迷信现象看先秦宗教观及其实质．北京师范大学学报，1989(4)．

钟肇鹏．论孔子与春秋．中国文化月刊，1989(115)．

王增恂．自觉的社会历史观与非自觉的君民思想：试析《左传》

的礼．广东教育学院学报，1989(1).

曾钢城.《左传译文》指瑕(续). 怀化师专学报(社会科学)，1989(1).

汪贞干．杨伯峻《左传注》献疑八则．怀化师专学报(社会科学)，1989(1).

刘德.《左传》的"霸道"与民本思想．四川教育学院学报，1989(1)

杨燕民.《国语》校勘拾遗．内蒙古师大学报(哲学社会科学版)，1989(2).

陈其泰．公羊历史哲学的形成和发展．孔子研究，1989(2).

章太炎讲，诸祖耿记．春秋三传之起源及其得失．文教资料，1989(3).

何永清.《国语》一书的量词列述．孔孟月刊，1989(10)，第27卷.

刘正浩．试揭春秋神秘的面纱——对董生论春秋的阐释与商榷．教学与研究(台湾师范大学)，1989(11).

周何．穀梁讳例释义．教学与研究(台湾师范大学)，1989(11).

曾勤良．〈左传〉引诗赋诗解析(1—3)．台北商专学报，1989(32—34).

张高评．"左氏浮夸"的历史意义——《左传·晋景公梦大厉》鉴赏．国文天地，1989(2)，第5卷.

郁亚馨.《左传》的"大"考．山西师大学报(社会科学版)，1989(3).

杨皑．"瞽史"刍议．华南师范大学学报(社会科学版)，1989(3).

申小龙.《左传》句型逻辑内涵研究．北京师范学院学报(社会科学版)，1989(4).

李学勤．帛书《春秋事语》与《左传》的流传．古籍整理研究学刊，1989(4).

单清江.《左传》成书年代质疑．文史知识，1989(7).

云台．四库全书窥隐——使乱臣贼子惧的"一字褒贬"．中央日报，1989年7月13日.

云台．四库全书窥隐——影响古文甚巨的《左传》．中央日报，1989年7月20日．

云台．四库全书窥隐——三传的资料汇编：三传总义．中央日报，1989年7月25日．

邓韶玉．《左传》人物描写艺术美初探．安徽大学学报，1989(3)．

陈筱芳．《公羊传》何以首立学官．西南民族学院学报(哲学社会科学版)，1989(3)．

郑慧生．大火星与古代历法．文史知识，1989(8)．

刑大华．"大国"新解．语文教学通讯，1989(8)．

王贵民．应该充分评价楚庄王的历史地位．史学月刊，1989(5)．

周维纲．为《左传》注一字．辽宁大学学报(哲学社会科学版)，1989(5)．

奚敏芳．春秋三传讳例异同研究．孔孟学报，1989(58)．

萧之华．秉春秋快笔诛奸雄之心——谈吕祖谦及其《东莱博议》．文艺月刊，1989(243)．

印有志．从《左传译文》的误笔看古文翻译中应该注意的几个问题．沈阳师范学院学报，1989(4)．

杨西江．《秦晋崤之战》的人物语言特点．山西大学学报(哲学社会科学版)，1989(4)．

杨秋梅．略论赵武在"弭兵会"中的作用．山西师大学报(社会科学版)，1989(4)

谭家健．《公羊传》中历史故事的语言特性．江淮论坛，1989(5)．

邬玉堂．《墙有茨》与"昭伯烝于宣姜"无干——兼论收继婚制．齐齐哈尔师范学院学报(哲学社会科学版)，1989(5)．

姜东光．也谈对孔子《春秋》的认识与评价．湖北师范学院学报(哲学社会科学版)，1989(2)．

夏子贤．郢都之战论略．安庆师院学报(社会科学版)，1989(2)．

王扶汉．《左传》所记赋诗例发微——论《诗》在春秋时期一种独特的社会功能．北京师范学院学报(社会科学版)，1989(2)．

黄志强．论《左传》中带"不"的偏正式复合词．空军政治学院学报(社会科学版)，1989(2)．

文梦霞．郑桓公开启东土之探讨．源远学报，1989(2)．

徐勇．试析春秋中后期晋国的政局和赵氏强盛的原因．中国史研究，1989(4)．

高树．《左传》注译质疑．西南民族学院学报(哲学社会科学版)，1989(4)．

谔士．赵盾弑君小议．史学集刊，1989(4)．

袁定基．《史记》《春秋》撰作异同论．西南民族学院学报(哲学社会科学版)，1989(4)．

王济民．春秋人的觉醒与春秋诗学．华中师范大学学报(哲学社会科学版)，1989(6)．

晁岳佩．郝氏《春秋》两种评介——论郝懿行的《春秋》学．山东师大学报(社会科学版)，1989(6)．

赵雅博．从《左传》《国语》看春秋时代思想(上)．中国国学，1989(17)．

何乐士．《左传》的"如"．语文月刊，1989，第11、12期合刊．

庄大钧．试论《左传》的崇霸尚战思想．聊城师范学院学报(哲学社会科学版)，1989(3)．

于年河．论《左传》叙写郑庄公的客观意义．蒲峪学刊(克山师专学报)，1989(3)．

刘纶鑫．《左传》中的句末"焉"字．南昌大学学报(人文社会科学版)，1989(4)．

于年河．论《左传》叙写郑庄公的倾向性．齐齐哈尔师范学院学报(哲学社会科学版)，1989(6)．

马冰．得周天子册命之封的霸主——晋文公．文史知识，1989(12)．

曾勤良．《左传》引诗赋诗解析(2)．台北商专学报，1989(33)．

陆荣．秦穆公"厚币迎蹇叔"之"币"非货币辨．安徽史学，1989(4)．

戴晋新．孔子与《春秋》关系考辨．故宫学术季刊，1989(4)，第6卷．

王文清．《左传·秦晋殽之战》语言艺术探胜．聊城师范学院学报

（哲学社会科学版），1989(4).

申小龙.《左传》单段单动施事句研究．古汉语研究，1989(4).

晁岳佩．春秋时期齐鲁关系变化述论．山东社会科学，1989(5).

周国正.《左传》主、宾语复指方式研究——兼与《史记》作比较．香港中文大学中国文化研究所学报，1989(1)，第20卷.

江日新．分析秦穆形象不应以偏概全．六盘水师范高等专科学校学报，1989(1).

赵淡元．关于《左传》的几个问题．西南师范大学学报(人文社会科学版)，1989(1).

王开扬．小议“敢以烦执事”的标点和译释．淮阴师专学报(哲学社会科学版)，1989(1).

徐喜辰．论法家先驱者管仲的出现．管子学刊，1989(1).

张增兰．“辅车相依，唇亡齿寒”别解．晋中师专学报，1989(1).

曾钢城.《左传》《论语》训诂校勘四题．怀化师专社会科学学报，1989(2).

周立升．五行观念在春秋时期的沿革．山东大学学报(哲学社会科学版)，1989(2).

袁启明．使于四方不辱君命——《左传》外交辞令初探．外交学院学报，1989(2).

何生荣．论“风马牛不相及”．张掖师专学报(综合版)，1989(2).

黄奇逸．有关《左传疏证》的一段往事．文史杂志，1989(3).

魏民铎．郑庄公对其弟叔段的叛乱应负怎样的责任．驻马店师专学报(社会科学版)，1989(3).

王子固.《左传》中的天命神鬼观念浅探．驻马店师专学报(社会科学版)，1989(3).

慧星.《左传》的成书年代和作者．长沙水电师院学报(社会科学版)，1989(3).

郭挺之.《左传》句读标点释例．湖南科技大学学报(社会科学版)，1989(4).

赵纯伟．浅谈《左传》的言语美学风貌(上)．鞍山师范学院学报，1989(4).

张立楷.《左传》“日南至”辨正——兼谈《史记·历术甲子篇》冬至的推算.贵州教育学院学报(社会科学版),1989(4).

贾再有.“惟楚有材,于斯为盛”新探.中国文学研究,1989(5).

罗田.缘梦三题——读《晋侯奇梦》.名作欣赏,1989(5).

裴默农.春秋时期国际会议的位次之争.世界知识.1989(10).

张以仁.春秋史论集.台湾联经出版事业公司,1990.

张广庆.何休春秋公羊解诂研究.台湾师范大学国文研究所集刊,1990.

章培恒等主编,陈世铙译注.左传选译.巴蜀书社,1990,2010;台湾锦绣出版事业公司,1993;凤凰出版社,2011.

郭丹,郭亚丹.左传故事选.香港学林书店,1990.

王守谦、金秀珍、王凤春译注.左传全译.贵州人民出版社,1990.

程发轫.春秋人谱.台湾“商务印书馆”,1990.

顾栋高.春秋列国地形口号·春秋五礼源流口号.上海古籍出版社,1990,《昭代丛书》.

倪倬.读左琐言.上海古籍出版社,1990,《昭代丛书》.

薛安琴.《穀梁》传经特点寻绎.辽宁师范大学学报(社会科学版),1990(1).

李耀仙.六经与孔子.四川师范学院学报(哲学社会科学版),1990(1).

夏祖恩.孔子《春秋》与希罗多德《历史》比较论略.福建师范大学学报(哲学社会科学版),1990(1).

游唤民.从《左传》看孔子思想之源.社会科学辑刊,1990(1).

孙良明.中国语法学的萌芽——《公羊传》解说“春秋书法”表现出的语法结构分析.山东师大学报(社会科学版),1990(1).

王梦林、李清文.论子产的政治改革.齐齐哈尔师范学院学报(哲学社会科学版),1990(1).

徐中舒.经今古文问题综述.纪念顾颉刚学术论文集(上册).巴蜀书社,1990.

简博贤.徐疏公羊述稿.兴大中文学报,1990(3).

曲英杰．周都成周考．史学集刊，1990(1)．

贾贵荣．《春秋》经与北宋史学．中国史研究，1990(1)．

王仲英．《左传》“能、可、欲、敢”等词的使用情况调查兼论其词性．陕西师大学报(哲学社会科学版)，1990(1)．

陈槃．三订“春秋公矢鱼于棠说”赘记．大陆杂志，1990(2)，第80卷．

叶至善．《十三经索引》始末．出版史料，1990(1)．

高振铎．借鉴《国语解》为古籍作注．古籍整理研究学刊，1990(2)．

汪建业．春秋会盟与国际法之探讨．高雄海专学报，1990(9)．

李新霖．《左传》原始礼意初探．台北工专学报，1990(23)．

林耀潾．两汉博士官考述．孔孟学报，1990(59)．

奚敏芳．春秋三传讥刺例异同初探．孔孟学报，1990(59)．

侯延章．尔虞我诈的社会缩影——《左传·秦晋崤之战》的写作意图．南都学坛，1990(1)．

徐勇．天时、地利、人和——赵氏立国智伯败亡的经过及经验教训．晋阳学刊，1990(1)．

周唯一．从《左传》看春秋时期的人际关系．衡阳师专学报(社会科学)，1990(1)．

何新文．人的发现与文的新变——春秋时代文学艺术略论．社会科学战线，1990(1)．

赵纯伟．浅谈《左传》的言语美学风貌(下)．鞍山师范学院学报，1990(1)．

韩东育．晋文公的“节用”与霸业的成功．文史研究，1990(1)．

吴雁南，陈奇．经学异端及基本终结——近代经学研究之二．黔东南民族师大学报(哲学社会科学版)，1990(1)．

雷庆翼．释“轻则寡谋，无礼则脱”．学术研究，1990(2)．

冯庆余．郑庄齐桓宋襄的霸政．松辽学刊(社会科学版)，1990(2)．

汤其领．董仲舒首推阴阳解《春秋》与汉代经学神学化．华东师范大学学报(哲学社会科学版)，1990(2)．

王守谦．略论《左传》中行人与行人辞令．松辽学刊(社会科学版)，1990(2)．

浦伟忠．论《左传》“君子曰”的思想．中国史研究，1990(2)．

鲁毅．释“败绩”．辞书研究，1990(3)．

方平权．先秦“有如N”句式考察．中国语文，1990(3)．

官长为．“初税亩”辨正．东北师大学报(哲学社会科学版)，1990(3)．

夏光远，李素桢．试论《左传》的女性形象．北方论丛，1990(3)．

于全有．试论《左传》中的训诂．辽宁大学学报(哲学社会科学版)，1990(3)．

秦松鹤．从《国语》到《非国语》的思想变革——柳宗元的“辅时及物”之文．北京师范大学学报(社会科学版)，1990(3)．

杨晋龙．子贡经学蠡测．中国文学研究，1990(4)．

裘锡圭．寒食与改火——介子推焚死传说研究．中国文化·北京(春季号)，1990(1)．

周乾．为“风马牛”添一说．学术月刊，1990(6)．

王金凌．《公羊传》的居正与行权．辅仁国文学报，1990(6)．

陈庆元．《左传·曹刿论战》与《国语·曹刿问战》对读．语文月刊，1990(6)．

徐文珊．由左丘明《国语》看政治道德——《国语》的实质意义与价值．孔孟月刊，1990(10)，第28卷．

周何．《穀梁传》之仁义观．教学与研究(台湾师范大学)，1990(12)．

刘中项．《左传》中“行人辞令”的语言特色．长沙水电师院学报(社会科学版)，1990(2)．

宋成有．“经纶”考辨．北京大学学报(哲学社会科学版)，1990(2)．

林存光．春秋文化诸模式初论．天津社会科学，1990(2)．

万平．论《左传》“君子曰”之引《诗》．乐山师专学报(社会科学版)，1990(2)．

朱正义．《左传》姓氏名字例释——上古姓名研究之一．渭南师专学报，1990(2).

王文才.《国语》作者小考. 青海师范大学学报(哲学社会科学版)，1990(2).

林海权."有以"、"无以"用法新探. 福建师范大学学报(哲学社会科学版)，1990(3).

王巍. 孔子编纂六经的成就及其阶段性. 辽宁大学学报(哲学社会科学版)，1990(4).

赵俪生. 齐桓公与管仲. 管子学刊，1990(3).

何幼琦.《春秋》"日食"研究的新发现. 管子学刊，1990(3).

白奚. 齐桓公养士与稷下学官. 管子学刊，1990(3).

晓鹏. 齐桓公论. 管子学刊，1990(3).

薛儒章."何施之为"结构分析. 天津师大学报(社会科学版)，1990(4).

刘文强. 评顾栋高《烛之武论》. 孔孟月刊，1990(28).

刘家和.《春秋》三传的灾异观. 史学史研究，1990(2).

钟岱.《春秋》与西汉政治生活. 史学史研究，1990(2).

张卫中. 试论《左传》的文学性. 杭州大学学报(哲学社会科学版)，1990(3).

陈良明.《说文》引《左传》说略. 汉字文化，1990(3).

李修松.《左传》"蒍掩庀赋"一文新解. 中国经济史研究，1990(3).

陈六俊. 晋"作州兵"释义. 河北师院学报(哲学社会科学版)，1990(3).

曹金华. 也谈公元前579年"弭兵"格局破坏之原因. 扬州师院学报(社会科学版)，1990(3).

徐惠豹.《左传》注疏与词类活用. 河北师院学报(哲学社会科学版)，1990(3).

郑均. 公羊春秋的要义. 大陆杂志，1990(3)，第81卷.

天平，王晋. 论晋伐中山与文公复立. 晋阳学刊，1990(5).

周苏平. 春秋时期的"舆人". 西北第二民族学院学报(哲学社会科学版)，1990(3).

黎辉亮．也说“夫人将启之”．海南师院学报，1990(3)．

李家祥．训“缩酒”．贵州民族学院学报(社会科学版)，1990(3)．

贺陶乐．谈先秦外交谏说的攻心策略．延安大学学报(社会科学版)，1990(3)．

王扶汉．“赋诗断章”辨——《左传》所记赋诗例发微之二．固原师专学报，1990(3)．

魏昌．楚成王争霸述论．荆州师专学报(哲学社会科学版)，1990(3)．

魏昌．谈楚庄王的立霸与个人性格完善的和谐统一．荆州师专学报(哲学社会科学版)，1990(3)．

于年河．枭雄性情霸主业——郑庄公形象新论．蒲峪学刊(克山师专学报)，1990(3)．

汪贞干．《春秋左传注》十则异议．固原师专学报，1990(3)．

张新科．从《左传》到《史记》史传文学的特征．唐都学刊，1990(3)．

楊善群．西周“三事大夫”析．史林，1990(3)．

冯庆余．“茹毛饮血”新解．历史教学，1990(3)．

李致忠．善本书叙录·《春秋左传正义》三十卷．文献，1990(4)．

李致忠．善本书叙录·《春秋集注》十一卷、《纲领》一卷．文献，1990(4)．

孙良明．《春秋左氏传》杜预“注”中的语法、语义分析简述．殷都学刊，1990(4)．

胡双宝．《十三经注疏正字》作者辨．古籍整理与研究，1990(5)．

赵雅博．《左传》《国语》对刑的看法与思想．中华文化复兴月刊，1990(10)，第3卷．

张素贞．春秋人物——士会独立风标．中央日报，1990年10月11日．

张平辙．《春秋左传》的作者究竟是谁．西北师大学报(社会科学版)，1990(6)．

杜洪义．春秋时期君民关系理论探析．辽宁师范大学学报(社会科学版)，1990(6)．

天平，王晋．论春秋中山与晋国赵氏的渊源．河北学刊，1990(6).

杨钊．宋襄公述评．史学月刊，1990(6).

李炳海．《国语》琐记．古籍整理研究学刊，1990(6).

简紫鋆．"暂"字二注之我见．语文教学通讯，1990(11).

何乐士．《左传》的"然"．语文月刊，1990，第11、12期合刊.

葛志毅．"登台履薪"解——兼论周代凶礼．历史教学，1990(11).

赵雅博．从《左传》《国语》看春秋时代思想(下)．中国国学，1990(18).

张奉箴．春秋后半期之贤人．中国国学，1990(18).

王珏．"缩酒"训辨．徐州师范学院学报，1990(4).

姜汉椿．谈《左传》的双宾语．华东师范大学学报(哲学社会科学版)，1990(6).

万平生，张茂增．《曹刿论战》中的曹刿与庄公．语文教学通讯，1990(12).

何达墉．"不腆"解．语文教学通讯，1990(12).

简福兴．宋代春秋学特色形成之探讨．高雄工商专业学报，1990(22).

林义正．春秋公羊传思想中的经权问题．文史哲学报，1990(38).

韩玉德．齐国陈公子完世家姓氏流变考述．河南大学学报(哲学社会科学版)，1990(4).

崔俊清．《殽之战》一段辞令新解．辽宁教育学院学报(社会科学版)，1990(4).

戴懋政．"晋郑同侪"解辨．淮阴师专学报(哲学社会科学版)，1990(4).

曾广开．从《左传》看春秋时期的价值观．烟台师范学院学报(哲学社会科学版)，1990(4).

朱正义．春秋氏号类例综考．山东教育学院学报，1990(4).

郭挺之．对《左传》注释的辨析．湖南科技大学学报(社会科学

版)，1990(5).

郭守信．鲁襄公冠于卫成公庙发微．社会科学辑刊，1990(6).

杨皑．左丘明职称及其身份．中学历史教学，1990(6).

李福清著，马昌仪译编．中国神话故事论集·“孟姜女即《左传》上的杞梁之妻”质疑．台湾学生书局，1991.

萧兵．黑马——中国民俗神话学文集·《左》疑六则——《左传》及《诗经》《楚辞》若干疑义的民俗神话学解释．台北时报文化公司，1991.

[美]王靖宇．中国文哲研究的展望学术研讨会论文集·怎样阅读中国叙事文——从《左传》文艺欣赏谈起．台湾“中央研究院”中国文哲研究所筹备处，1991年5月30日—5月31日.

张文学注，管曙光译．五经全译·春秋左传．中州古籍出版社，1991，2000.

李新霖．从《左传》论春秋时代之政治伦理．台湾文津出版社，1991.

张素卿．《左传》称诗研究．台湾大学出版委员会，1991.

朱宝庆．左氏兵法．陕西人民出版社，1991.

程元敏．春秋左氏经传集解序疏证．台湾学生书局，1991.

冯立鳌．政坛群星：列国政治人物活动分析．陕西人民出版社，1991.

成玲．春秋公羊传称谓例释．台湾师范大学国文研究所集刊(35号)，1991(6).

李致忠．宋版书叙录·《春秋传》三十卷．文献，1991(1).

金景芳．孔子的这份珍贵的遗产——《六经》(1)．吉林大学社会科学学报，1991(1).

浦伟忠．孔子、《春秋》及《春秋》三传．中国社会科学院研究生院学报，1991(1).

John，C. Y. Wang，勾承益．中国早期叙事作品的典范——《左传》．成都大学学报(社会科学版)，1991(1).

邵文利．《左传》读书札记．内蒙古民族师院学报(哲学社会科学汉文版)，1991(1).

方正己，裴宝祥．试谈杜预“瘖”解的科学性．松辽学刊(社会科学版)，1991(1)．

郭丹．《左传》人物形象系列及其意义．福建师范大学学报(哲学社会科学版)，1991(1)．

顾立三．《左传》中有关心理记述之分析．台湾政治大学历史学报，1991(8)．

张素贞．和平的背后《春秋》人物——向戌倡议弭兵．中央日报，1991年2月23日．

耘耕．论叔向．孔子研究，1991(1)．

金景芳．孔子的这份珍贵的遗产——《六经》(2)．吉林大学社会科学学报，1991(2)．

陈克炯．评《春秋左传词典》．中国语文，1991(2)．

张君．《国语》成编新证．湖北大学学报(哲学社会科学版)，1991(2)．

张君．《国语》成编新证．河北学刊，1991(2)．

李新霖．从王室之衰论《左传》尊周思想．台北工专学报，1991(24)．

张觉．《左传》“寡君之以为戮死且不朽”误解辨正．古汉语研究，1991(1)．

朱凤梓．试析春秋宋国主持的两次弭兵．黄淮学刊(社会科学版)，1991(1)．

王志民．齐桓公称霸的文化贡献．成都师专学报(文科版)，1991(1)．

王祺．春秋吴国“朱方”地望辨正．史林，1991(1)．

周征松．晋文公称霸的战略思想．山西师大学报(社会科学版)，1991(2)．

杨秋梅．魏绛在晋悼公复霸中的作用．山西师大学报(社会科学版)，1991(2)．

周祺家．从《左传》看孔子的政治伦理教育思想．殷都学刊，1991(2)．

李致忠．宋版书叙录·《春秋公羊经传解诂》十二卷．文献，1991(2)．

李致忠．宋版书叙录·《监本附音春秋穀梁传注疏》二十卷．文献，1991(2)．

冯庆余．夫差与勾践的得失．松辽学刊(社会科学版)，1991(2)．

王伯虎．《〈左传〉成书年代质疑》的质疑．文史知识，1991(4)．

游子宜．春秋三传论《公子益师卒不日》异义辨．孔孟月刊，1991(8)，第29卷．

战化军．管仲得以相齐探微．管子学刊，1991(2)．

浦伟忠．论《春秋谷梁传》的亲亲之义．齐鲁学刊，1991(3)．

周于．简论子产．浙江学刊，1991(3)．

张涛．谈谈汉代《谷梁》学一度兴盛的原因．辽宁大学学报(社会科学版)，1991(3)．

谢保成．中唐《春秋》学对史学发展的影响．社会科学研究，1991(3)．

丁如泉．烛之武退师与蹇叔哭师——两次劝谏的不同结局剖析．语文月刊，1991(5)．

王小莘．"履"、"屦"辨．语文月刊，1991(5)．

余闻荣．"执牛耳、尸盟者"考．中国历史博物馆馆刊，1991，第15、16期合刊．

方祖猷．论斯大的春秋学．宁波大学学报(人文科学版)1991(1)．

袁朝．楚都鄢郢考．中原文物，1991(2)．

姚秀彦．春秋会盟新义．淡江史学，1991(3)．

吴车．《左传》论礼之重要性．静宜人文学报，1991(3)．

许金枝．僖三十三年《左传》"不替孟明"疑义辨．中正岭学术研究集刊，1991．

孔令彬．重论阳虎和孔子．传统文化，1991(2)．

黄其襄．《左传》语气的"其"字及其它．朝阳师专学报(社会科学版)，1991(2)．

唐明礼．试论楚令尹的特点以及与中原各国之相的异同．南都学坛，1991(2)．

陈华．重评文姜氏．益阳师专学报，1991(2)．

郭挺之．对《左传》几条注释的再议．玉溪师专学报，1991(2)．

殷南根．略谈五行之理在春秋时期的丰富化和抽象化．甘肃社会科学，1991(2).

亦鸣．《左传》作者及所记载时间．盐城师专学报(社会科学版)，1991(2).

李勇．从"《左传》所言星土事"看中国古代星占术．天文学报，1991(2).

[日]冈村繁著，陆晓光译．竹添光鸿《左氏会笺》中的剽窃．中国比较文学，1991(1).

马固钢．说"寤生"、"昼寝"及其它．湘潭大学学报(社会科学版)，1991(3).

李致忠．宋版书叙录·《春秋名号归一图》二卷．文献，1991(3).

李致忠．《纂图互注春秋统传集解》三十卷(宋版书叙录)．文献，1991(3).

胡家聪．齐桓公霸业考实．管子学刊，1991(3).

林徐典．论《国语》的思想倾向．中国史研究，1991(3).

王京龙．试论文姜女．管子学刊，1991(3).

李运宁．《左传》人物形象塑造絮谈．广西大学学报(哲学社会科学版)，1991(4).

张东刚．齐桓公主盟及其历史作用试探．管子学刊，1991(3).

晁福林．论春秋霸主．史学月刊，1991(5).

王华．季文子论妾马．语文月刊，1991(9).

夏子贤．春秋时期新旧势力斗争辨析．安徽史学，1991(3).

冯祖兴．论《左传》说的一种用法——从《烛之武退秦师》"秦伯说"说起．景德镇教育学院学报(哲学社会科学版)，1991(3).

于年河．贵族百丑图——《左传》人物漫谈(二)．蒲峪学刊(克山师专学报)，1991(3).

陈松青．《左传》成书于西汉前期小考．中国文学研究，1991(3).

汪耀明．论《左传》人物形象的描写．杭州教育学院学报，1991(3).

李致忠．宋版书叙录·《春秋经传集解》三十卷．文献，1991(4).

浦金瑞．《国语》误点一例．文教资料，1991(5).

曾海龙．略论《左传》对俗谚、民谣的运用．贵州文史丛刊，1991(2)．

杨向奎．论“公羊学派”．管子学刊，1991(4)．

甘孺．“毋吾以也”与“将何以哉”．史学集刊，1991(4)．

周之朗．《左传》“相从为愈”旧解辨正——兼及“相”由互到偏之演进．北京师范大学学报，1991(6)．

汪少华．《烛之武退秦师》中的“说”字．文史知识，1991(11)．

张素贞．披荆斩棘护家国——善掌相权的子产(上)．中央日报，1991年11月20日．

张素贞．披荆斩棘护家国——善掌相权的子产(下)．中央日报，1991年11月21日．

李一遂．左氏春秋著录书目研究．中国书目季刊，1991(3)，第25卷．

张素贞．《左传》的故事(1)：弃疾忠孝不能两全．中国语文(台北)，1991(414)．

戴月．“风马牛不相及”新解．中央日报，1991年12月11日．

沈惠如．历史舞台且看我——《秦晋崤之战》剧本别开生面．中央日报，1991年12月22日．

张润堂．试论秦穆公的人才思想．宝鸡社科通讯，1991(4)．

郭丹．《左传》写人艺术综论．中国文学研究，1991(4)．

欧阳维诚．《左传》《国语》中变占新考．长沙水电师院学报(社会科学版)，1991(4)．

刘玉建．《左传》《国语》中卜例(之一)．周易研究，1991(4)．

马耕云．《左传》八十例：“或”字词性归属及用法分析．佳木斯师专学报(社会科学版)，1991(4)．

李致忠．宋版书叙录·《春秋经传集解》三十卷．文献，1991(4)．

赵伯雄．《左传》服注钩沉．古籍整理研究学刊(增刊)，1991(4)．

陈又钧．《左传》中的寓言浅探．湖南科技大学学报(社会科学版)，1991(5)．

宋玉珂．说“所于”．北京师范学院学报(社会科学版)，1991(5)．

张海鹰．《搴之战》置疑．社会科学辑刊，1991(6)．

赵伯雄.《公羊》《左传》记事异同考. 人文杂志，1991(6).

李衡眉. 也谈齐国的“同姓不婚”习俗. 学术月刊，1991(8).

吴树平，赖长扬主编. 白话四书五经·左传. 国际文化出版公司，1992(3).

奚敏芳. 中正岭学术研究集刊(11集)·春秋三传灾异例异同研究. 中正岭学报，1992(6).

栗劲主编. 白话四书五经·春秋左传. 长春出版社，1992.

于富章. 中华儒学通典(一)·春秋左传释读. 南海出版公司，1992.

傅亚庶. 中华儒学通典(一)·春秋公羊传释读. 南海出版公司，1992.

马振亚，刘永胜. 中华儒学通典(一)·春秋谷梁传释读. 南海出版公司，1992.

林安弘. 儒家孝道思想研究·五经中之孝道思想. 台湾文津出版社，1992.

王志平，吴敏霞. 左氏兵法浅说. 海潮出版社，1992.

周雍萱等编. 左传·战国策故事. 中国国际广播出版社，1992.

孙绿怡.《左传》与中国古典小说. 北京大学出版社，1992.

沈玉成，刘宁. 春秋左传学史稿. 江苏古籍出版社，1992.

朱冠华. 风诗序与《左传》史实关系之研究. 台湾文史哲出版社，1992.

孙方里.《左传》——列国风云图. 春风文艺出版社，1992.

晁福林. 霸权迭兴，春秋霸主论. 三联书店，1992.

彭邦本.“执秩之法”与春秋中期晋国的霸业. 河南大学学报(社会科学版)，1992(1).

王清原. 辽宁新发现宋德佑刻本《春秋集注》. 文献，1992(1).

邬锡非.《左传》争议诸说述评. 浙江学刊，1992(1).

史连华. 秦晋殽之战——蹇叔形象浅识. 沈阳师范学院学报(社会科学版)，1992(1).

姚德彬. 两个晋文公——从《左传》与《史记》的人物差异说开. 四川师范学院学报(哲学社会科学版)，1992(1).

李相兴."烝报转房婚"辩议.中央民族学院学报，1992(2).

张涛.试谈《穀梁传》对刘向的影响.贵州文史丛刊，1992(1).

吴车.《左传》精炼短句举隅.兴大中文学报，1992(5).

张素贞.《左传》的故事(2)：生黄泉下会见母亲.中国语文(台北)，1992(415).

张觉.《左传》"死君"说解辨正.广西大学学报(哲学社会科学版)，1992(2).

姜建设.试论尊王攘夷与王权再造的关系.历史教学的问题，1992(2).

应永深.《国语·齐语》中的国、鄙组织考办.管子学刊，1992(2).

张高评.改变历史的说话术.思源，1992(13).

张素贞.《左传》的故事(3)：申生死曲画孝道.中国语文(台北)，1992(416).

蒋年丰.从"兴"的精神现象论《春秋》经传的解释学基础.清华学报，1992(1)，第22卷.

叶茂."作爰田"辨.中国经济史研究，1992(3).

陈其泰.《春秋》与西汉社会生活.北京师范大学学报(社会科学版)，1992(2).

吕文郁.采邑与春秋时期的鲁国政治.齐鲁学刊，1992(2).

国光红.旗靡、靡旌考.齐鲁学刊，1992(2).

梅显懋.《左传》战争描写对《三国演义》的影响.社会科学辑刊，1992(2).

崔俊清."野人与之块"正解.文史知识，1992(3).

张广庆.以政治为师的舆论家——子产.思源，1992(14).

刘振东，张凡春.论《左传》人物塑造的特色与方法.济宁师专学报(社会科学版)，1992(1).

张卫中.吕祖谦《左传》研究论析.绍兴师专学报，1992(1).

彭邦本."执秩之法"与春秋中期晋国的霸业.河南大学学报(社会科学版)，1992(1).

汪贞干.杨伯峻《左传注》献疑(续).怀化师专学报，1992(1).

刘玉建.《左传》《国语》中卜例(之二).周易研究，1992.

汪贞干，董德志．“所”字结构中“所”后动词可省吗？——兼谈《春秋左传注》对几个“……无所”的解释．许昌学院学报，1992(1)．

李运富．《左传》札记．古汉语研究，1992(1)．

林宗贤．春秋日食考实．社会科教育学报，1992(4)．

郑志英．浅析《春秋》“漏记”日蚀的原因．贵州文史丛刊，1992(4)．

王青．春秋诸国所用筮书筮法考．文献，1992(2)．

骈宇骞．帛书《春秋事语》与《管子》．文献，1992(2)．

杨向奎，浦伟忠．《春秋》三传的差异及其影响．文献，1992(2)．

孔祥骅．“六艺”出自巫史考——兼论孔子与《六经》之关系．学术月刊，1992(4)．

张高评．纵横捭阖的奇谋妙计(2)——化实为虚，藉诡道欺敌．思源，1992(15)．

晋文．论《春秋》、《诗》、《孝经》、《礼经》在汉代政治地位．山东师范大学学报(社会科学版)，1992(3)．

贾骏．“中寿，尔墓之木拱矣”臆解．古籍整理研究学刊，1992(3)．

卜宪群．《汉代〈春秋〉学研究》评介．中国史研究动态，1992(5)．

元木．“公将驰之”的“驰之”应如何解释．语文教学通讯，1992(5、6)．

张高评．纵横捭阖的奇谋妙计(3)——虚实不测，藉诡道以致胜．思源，1992(16)．

黄翠芬．从《春秋》《左传》谈孔子正名思想．“国立”编译馆馆刊，1992(1)，第21卷．

高树．《左传》的“实”．新疆大学学报(哲学社会科学版)，1992(2)．

万九河．柏举之战与黄池之会．河北师院学报(社会科学版)，1992(2)．

许殿才．读《公羊传》札记．史学史研究，1992(2)．

杨健民．《左传》记梦的梦象类型及占梦特点．福建论坛(文史哲版)，1992(3)．

李时．关于城濮之战战址的不同说法．历史教学，1992(6)．

张高评．纵横捭阖的奇谋妙计(4)——示以疑形，乖其所往．思源，1992(17).

张素贞．《左传》的故事(4)——伊戾报私怨害太子．中国语文(台北)，1992(420).

张端穗．春秋公羊传经观念的历代理解及其意义．东海学报，1992(2)，第33卷.

王海琴．春秋时期贵族妇女涉政问题初探．青海师范大学学报(哲学社会科学)，1992(2).

张庆利．季札论乐平议——兼论先秦儒家文艺思想的成熟．牡丹师院学报(哲学社会科学版)，1992(2).

冯庆余．秦穆公的霸政．东疆学刊(哲学社会科学版)，1992(2).

彭邦本．春秋晚期吴文化的北向影响初探．齐鲁学刊，1992(2).

张卫中．吕祖谦《左传》研究论析(续)．绍兴师专学报，1992(2).

郭丹．思涉鬼神工侔造化——《左传》梦境描写的艺术魅力．求索，1992(2).

高树．《左传》的"实"．新疆大学学报(哲学社会科学版)，1992(2).

钱坤．论《左传》"率领"义之"以"．绥化师专学报，1992(2).

张觉．"拱"之所表粗细考辨．固原师专学报，1992(2).

金文舒，金荣权．比较《左传》与《战国策》的外交辞令——兼谈春秋战国的社会心态．信阳师范学院学报(哲学社会科学版)，1992(2).

陆振岳．刘逢禄的公羊学．苏州大学学报(哲学社会科学版)，1992(3).

周兴．重评宋襄公．辽宁师范大学学报(社会科学版)，1992(4).

薛安琴．读《春秋谷梁传》札记．辽宁师范大学学报(社会科学版)，1992(4).

赵荣民．"何施之为"释——《殽之战》注商榷．语文月刊，1992(7).

陈延嘉．也谈"块"字正解．文史知识，1992(7).

阚绪良．《"野人与之块"正解》质疑．文史知识，1992(7).

殷达.《“野人与之块”正解》读后. 文史知识, 1992(7).

张端穗.《春秋公羊传》经权观念的缘起. 东海中文学报, 1992(10).

张素贞.《左传》的故事(5)——报父仇伍子胥托身吴国. 中国语文(台北), 1992(422).

黄开国.《孔子改制考》与《知圣篇》之比较. 孔子研究, 1992(3).

赵雅博. 董仲舒对春秋微言大义的诠释. 大陆杂志, 1992(3), 第85卷.

浦伟忠.《春秋谷梁传》中的女子与婚姻. 齐鲁学刊, 1992(5).

孙森. 太伯、季札让国事件简析. 史学月刊, 1992(5).

吴哲夫. 四库全书经部春秋类图书著录之评议. 故宫学术季刊, 第9卷第3期; 第二届国际华学会议论文集, 中国文化大学文学院, 1992.

卞朝宁. 论《左传》作者的思想倾向. 江苏社会科学, 1992(3).

冯为民.《殽之战》教学小记. 语文月刊, 1992(10).

张素贞.《左传》的故事(6): 不孝不慈蒯聩争立. 中国语文(台北), 1992(424).

黄翠芬. 春秋“夫人孙于齐”三传异义辨. 孔孟月刊, 1992(3), 第31卷.

吴辉, 刘中祥. 从曹刿论战说起. 军事史林, 1992(6).

曾勤良.《左传》季札观乐解. 台北商专学报, 1992(39).

张素贞.《左传》的故事(7): 卫太子急与弟寿争死. 中国语文(台北), 1992(426).

吴承良. 春秋吴国之谜. 历史大观园, 1992(4).

李尚师. 试论晋厉公. 山西师大学报(社会科学版), 1992(4).

夏先培.《左传》称谓词“子”的考察. 长沙水电师院学报(社会科学版), 1992(4).

张涛. 略论《谷梁传》对陆贾的影响. 山东社会科学, 1992(5).

陈筱芳.“春秋五霸”质疑与四霸之成功. 西南民族学院学报(哲学社会科学版), 1992(5).

漆斌.《左传》赋税思想拾零. 江西财政, 1992(10).

王晓卫．春秋间盟誓风气的转变．历史教学，1992(11)．

曾勤良．《左传》引诗赋诗之诗教研究．台湾文津出版社，1993.

贾彦德．语言学论丛(18辑)·“郑伯克段于鄢”的义句结构分析．商务印书馆，1993.

王宁主编．评析白话十三经．北京广播学院出版社，1993.

黄侃．蕲春黄氏文存·春秋左氏疑义答问后序．武汉大学出版社，1993.

张燕瑾主编．文白对照全译左传．国际文化出版公司，1993.

胡安顺主编．左传纪事精选．三秦出版社，1993.

董立章．国语译注辨析．暨南大学出版社，1993.

伍妈喜．春秋左氏传注辑考．台湾学海出版社，1993.

黄开国主编．经学辞典．四川人民出版社，1993.

陈槃．左氏春秋义例辩．台湾中央研究院历史语言研究所，1993.

徐小蛮．清籍琐议·范照藜与春秋左传释人．海洋出版社，1993.

杨伯峻、徐提译．白话左传．岳麓书社，1993.

刘正浩．国学导读(2册)·左传．台湾三民书局，1993.

李匡郎．王船山学术研讨会论文集·船山先生春秋学初探．台湾辅仁大学出版社，1993.

郭丹．十三经直解·春秋左传直解．江西人民出版社，1993，1996.

葛根贵．十三经直解·春秋公羊传直解．江西人民出版社，1993，1996.

刘世南．十三经直解·春秋穀梁传直解．江西人民出版社，1993，1996.

中国史籍精华译丛编委会编．左传·战国策．山东大学出版社，1993.

王宁．评析本白话《十三经》与《诸子集成》．古籍整理出版情况简报，1993(1)．

杨建华．春秋时期的纪年方法．史学集刊，1993(1)．

张波.《左传》非正常语序成因初探. 求是学刊，1993(1).
顾立三.《左传》中之政治理念. 台湾政治大学历史学报，1993(10).
林申清. 相台岳氏及其所刻九经三传辨. 编辑学刊，1993(2).
王晖. 从“岁在大火”考证晋始祖唐叔受封之年. 汉中师院学报(哲学社会科学版)，1993(2).
潘万木.《左传》引诗类辑. 荆门大学学报(哲学社会科学版)，1993(3).
[日]山崎直树撰，李运富译.《左传》中“吾”“我”格表示的分列条件. 古汉语研究，1993(3).
浦伟忠. 何休与公羊学三世递进的历史进化观. 史学史研究，1993(3).
邵炳军. 从《尚书》到《左传》看上古汉语中“然”字的用法. 社科纵横，1993(3).
[美]王靖宇. 美国的《左传》研究. 中国文哲研究通讯，1993(31)，第3卷.
孙家洲. 天子·霸主·诸侯——春秋霸政研究. 贵州社会科学，1993(2).
张文焕. 春秋笔法谈. 河南师范大学学报(哲学社会科学版)，1993(2).
孙剑秋. 试从汉代古今字判定经书今古文本——以《穀梁传》为例. 东吴文史学报，1993(11).
陈韵. 春秋齐二惠世族谱系研究. 中国学术年刊，1993(14).
贺仁智.《左传》与《战国策》的粗略比较. 赣南师范学院学报(社会科学版)，1993(1).
张卫中. 从创作的角度看《左传》. 绍兴师专学报，1993(1).
王彪. 试释《左传》中的“何B之有”、“何B之为”. 大庆师专学报，1993(1).
陈延嘉. 关于《左传》中的“烝”“报”婚问题. 长春师范学院学报，1993(1).
刘亚林. 婉而有致词强不激——《左传》外交辞令语体风格分析. 外交学院学报，1993(1).

刘文强．论“作爰田”中的“国人”．中山人文学报，1993(4)．

潘民中．叶公子高考述．许昌师专学报(社会科学版)，1993(2)．

张素贞．《左传》的故事(8)：齐大非耦——郑太子忽拒婚．中国语文，1993(4)，第72卷．

贾则复．对沈玉成《左传译文》中一些词句的浅见．陕西师大学报(哲学社会科学版)，1993(2)．

姚曼波．孔子作春秋即春秋传说．中国史研究，1993(2)．

王和．《左传》材料来源考．中国史研究，1993(2)．

孙开泰．试论公羊传的大一统思想．中国史研究，1993(2)．

金德建．公羊传述作当在董仲舒辨——徐彦所引戴宏序说质疑．管子学刊，1993(2)．

谢芳庆．“三归”斠释．辞书研究，1993(3)．

刘春修．异曲同工，妙在论战——殽之战与曹刿论战情节设置比较谈．语文教学之友，1993(5)．

倪金荣．《春秋》及其“三传”介绍．历史教学，1993(5)．

张素贞．《左传》的故事(9)：护兄弟，穆姬出嫁不从夫．中国语文(台北)，1993(5)，第72卷．

钟勇发．孔子与《春秋》．美和专校学报，1993(11)．

刘明宗．元代春秋学撰著分类考述．中国书目季刊，1993(1)，第27卷．

陈建初．读《左》《史》献疑．古汉语研究，1993(2)．

王和．孔子不修春秋辨．史学理论研究，1993(2)．

萧东海．《左传》训读三则．吉安师专学报(哲学社会科学版)，1993(2)．

张素贞．《左传》的故事(10)：宋襄公与兄目夷辞让相爱．中国语文(台北)，1993(6)，第72卷．

陈延嘉．关于《春秋左传注》的几个问题．古籍整理研究学刊，1993(4)．

冯天瑜．春秋文化价值论略．古籍整理研究学刊，1993(4)．

张素贞．《左传》的故事(11)：人尽可夫——祭仲之女舍夫救父．中国语文，1993(2)，第73卷．

姜观吾.《左传》朴素唯物主义思想初探．盐城师专学报(哲学社会科学版)，1993(3).

阎忠.《左传》“大原”考．中国史研究，1993(3).

许树安，许祖贻．儒家学说的发展与十三经(1)．中国文化研究(秋之卷)，1993.

张国风．十三经单疏本概述．中华文史论丛(51辑)，1993(8).

张素贞.《左传》的故事(12)：崔杼弑君．中国语文(台北)，1993(3)，第73卷.

吴显庆．论《左传》中的政治辩证法思想．北京大学学报(哲学社会科学版)，1993(5).

冯天瑜．“五经”定本前史论略．学术月刊，1993(9).

李匡郎．船山先生春秋学初探．哲学与文化，1993(9)，第20卷.

陈传芳．春秋书“战”试论．中国历史学会史学集刊(第25集)，1993，

高元石.《左传》“动M于N”结构试析．松辽学刊(社会科学版)，1993(4).

张素贞.《左传》的故事(13)：崔氏和庆氏的败亡．中国语文(台北)，1993(4)，第73卷.

周聪俊.《左传》命宥义辨．大陆杂志，1993(4)，第87卷.

朱瑞平.《左传》注疏辨正举例．殷都学刊，1993(4).

董楚平.《国语》“防风氏”笺证．历史研究，1993(5).

罗家湘.《左传》中关于礼文化的再强化．云南师范大学学报(哲学社会科学版)，1993(5).

姚曼波．孔子作《春秋》辨正．江西社会科学，1993(10).

许树安，许祖贻．儒家学说的发展与十三经(2)．中国文化研究(冬之卷)，1993.

张添丁．春秋卫国宁武子的知与愚问题．孔孟月刊，1993(3)，第32卷.

张素贞.《左传》的故事(14)：叔孙穆子毁于私生子竖牛之手．中国语文(台北)，1993(5)，第73卷.

沈玉成．简说《左传》的精炼．古典文学知识，1993(6)．

张润棠．论秦穆公的人才思想．文博，1993(6)．

董莲池．《左传》杜注对句法现象的揭示．古籍整理研究学刊，1993(6)．

蔡长林．崔适论"穀梁氏亦古文学"之探讨．中国书目季刊，1993(3)，第27卷．

简福兴．刘歆割裂《左传》解经说的商榷．孔孟月刊，1993(4)，第32卷．

赵海涛．《国语》溯源．孔孟月刊，1993(4)，第32卷．

刘利．《国语》的称数法．徐州师范学院学报(哲学社会科学版)，1993(4)．

陈蒲清．试论《左传》中的处动与意动关系．湖南教育学院学报，1993(6)．

骆嘉鹏．常驻式《左传》全文检索系统．健行学报，1993(13)．

李纪祥．试论刘知幾与章学诚对《春秋》理解的异同．简牍学报，1993(15)．

李兰娟．"狐毛设二旆而退之"新解——与赵淡元先生商榷．西部学坛，1993(2)．

李万禄．"启以商政，疆以周索"，"启以夏政，疆以戎索"新解．西部学坛，1993(2)．

余行达．论《左传》"君子曰"．成都师专学报(人文科学版)，1993(2)．

韩兆琦，李丹．试论《国语》一书的性质．吉林师范学院学报(哲学社会科学版)，1993(2)．

周群．刘基"春秋学"论析．南京社会科学，1993(2)．

张文焕．春秋笔法谈．河南师范大学学报(哲学社会科学版)，1993(2)．

余行达．论《左传》"君子曰"．成都师专学报，1993(2)．

扬之水．脂麻通鉴·"春秋笔法"．瞭望周刊，1993(13)．

振如．子都，嫉贤妒能的化身．瞭望周刊，1993(14)．

萧依新．闻言知其品行，见事察其为人——邵公谏厉王弭谤、郑伯克段于鄢评析．广西教育学院学报(综合版)，1993(3).

陈利民.《左传》“之卦”说．甘肃教育学院学报(哲学社会科学版)，1993(3).

吕世忠．略论春秋列国外交的特点．东岳论丛，1993(3).

曾海龙．论《左传》对编年记事的贡献．贵州文史丛刊，1993(3).

姚曼波．从左传看孔子作春秋——孔子作《春秋传》说之二．江苏教育学院学报(社会科学版)，1993(4).

范进军．从《左传》引诗看引用的修辞作用．修辞学习，1993(4).

刘炜．“一鼓作气，再而衰，三而竭”结构简析．西北师大学报(社会科学版)，1993(4).

宣兆琦．关于夹谷之会的几点辨析．齐鲁学刊，1993(4).

徐勇.《左传》札记三则．临沂师专学报，1993(4).

孙德祓．对俗谚“老将知而耄及之”释义的商榷．临沂师专学报，1993(4).

任福禄．论《左传》的历史和文学价值——兼论其版本、注本．西藏民族学院学报(社会科学版)，1993(4).

何乐士.《左传》语言研究文集．岳麓书社，1994.

何乐士.《左传》范围副词．岳麓书社，1994.

周何．训诂论丛(第1辑)·春秋三传“东其亩”解．台湾文史哲出版社，1994.

张西堂．穀梁真伪考．台湾明文书局，1994.

冯晓林．中国隋唐五代教育史·孔颖达的五经正义及其教材论．人民出版社，1994.

张成秋．纪念程旨云先生百年诞辰学术研讨会论文集·春秋大义今论．台湾师范大学国文系，1994.

王关仕．纪念程旨云先生百年诞辰学术研讨会论文集·《左传》述周庙次说．台湾师范大学国文系，1994.

洪顺隆．纪念程旨云先生百年诞辰学术研讨会论文集·《左传》对礼的受容．台湾师范大学国文系所，1994.

赵制阳．诗经国际学术研讨会论文集·《左传》季札观乐有关问题的讨论．河北大学出版社，1994.

王家俭．清代研究论数·晚清公羊学的演变与政治改革运动．台湾文史哲出版社，1994.

薛安勤．春秋穀梁传今注今译．台湾"商务印书馆"，1994.

白宁等校点．春秋三传．中国书店，1994.

王余光．影响中国的三十本书·春秋．台湾洪叶文化事业公司，1994.

王余光．影响中国的三十本书·新学伪经考．台湾洪叶文化事业公司，1994.

黄淦纬．《诗经》精义、《春秋》精义．学苑出版社，1994.

张高评．《左传》之武略．高雄丽文文化事业公司，1994.

张高评．《左传》之文韬．高雄丽文文化事业公司，1994.

陈恩林．王玉哲先生八十寿辰纪念文集·论繻葛之战．南开大学出版社，1994.

董治安．先秦文献与先秦文学·从《左传》《国语》看诗三百在春秋时期的流传．齐鲁书社，1994.

李学勤．简帛佚籍与学术史·《春秋事语》与《左传》的传流．台湾时报文化出版公司，1994.

邬国义、胡果文、李晓路．国语译注．上海古籍出版社，1994.

管燮初．左传句法研究．安徽教育出版社，1994.

赵子谋主编．郑国二十三君评传(荥阳郑氏研究丛书)．中州古籍出版社，1994.

储兆文．左传故事精华．陕西师范大学出版社，1994，《中国古典名著启蒙丛书》.

来可泓译．左传名句选译．中国青年出版社，1994.

高士奇原著，陈恩林、黄中业译评．白话精评左传纪事本末．辽海出版社，1994，2006，2011.

赵大明．《左传》介词研究．北京师范大学出版社，1994；首都师范大学出版社，2007.

景明．论《左传》的文学观．锦州师院学报(哲学社会科学版)，1994.

蒋凡．郑庄公与共叔段——读《左传·郑伯克段于鄢》札记．古典文学知识，1994(1).

赵伯雄．郑玄《春秋》学考述．文献，1994(1).

武树臣．“父与夫孰亲”——先秦宗法伦理观的一次裂变．文史知识，1994(1).

黄彰健．读杜预春秋序，并论左传原书的名称．大陆杂志，1994(1)，第88卷.

熊道麟．《左传·城濮之战》前两个梦的解析．兴大中文学报，1994(7).

潘君言．教学短打——高中国文第三册烛之武退秦师．国文天地，1994(8)，第9卷.

顾立三．《左传》中之礼．台湾政治大学历史学报，1994(11).

许树安，许祖贻．儒家学说的发展与十三经(3)．中国文化研究，1994(2).

杨朝明．“文姜之乱”异议．管子学刊，1994(2).

林丽娥．从正名思想谈《公羊传》对孔子华夷大义的阐发．管子学刊，1994(2).

金克木．《春秋》符号．读书，1994(2).

吴东平．《左传》语词探讨二题．古汉语研究，1994(3).

蒋南华．关于晋灭虢、虞的具体时间问题．贵州民族学院学报(社会科学版)，1994(3).

逄振镐．《春秋》经传“尊夏卑夷”“尊鲁卑齐”政治思想文化体系．中国书目季刊，1994(4)，第27卷.

黄开国．《左传》与诗经．孔孟学报，1994(67).

孙景坛．“五霸”在历史上的确切所指新说．南京社会科学，1994(4).

张素贞．《左传》的故事(15)：郑子产遗言——为政要宽猛相济．中国语文(台北)，1994(4)，第74卷.

魏慈德．《春秋》“公至”例辨．中华学苑，1994(44).

许秀霞．《春秋》三传“执诸侯”例试论．中华学苑，1994(44).

黄复山．六经经数衍变通考．社会文化学报，1994(1).

张宇恕．从宴会赋诗看春秋齐鲁文化不同质．管子学刊，1994(2).

林丽娥．从正名思想谈《公羊传》对孔子华夷大义的阐发(续)．管子学刊，1994(2)．

陈延嘉．关于《左传》中的“烝”“报”婚问题．社会科学战线，1994(3)．

陈鸿森．《国语》三君注辑存摭遗(上)．大陆杂志，1994(5)，第88卷．

张素贞．《左传》的故事(16)：费无极巧计陷害郄宛．中国语文(台北)，1994(5)，第74卷．

邓军，李萍．春秋左传注勘误一例．陕西师大学报(哲学社会科学版)，1994(2)．

史建华．《左传》记叙战争的特点．阜阳师范学院学报(社会科学版)，1994(2)．

郁浓．关于“弗可赦也已”的标点商榷．贵州师范大学学报(社会科学版)，1994(2)．

周兴．宋襄公用人祭原因辨析．烟台师范学院学报(哲学社会科学版)，1994(2)．

王宁．功在于“备”　力存于“悉”——读何乐士《左传范围副词》．古汉语研究，1994(2)．

林庆彰．万斯大的春秋学．清史研究，1994(2)．

张在云．《词诠》引《左传》而误注引文出处勘正．云南教育学院学报，1994(3)．

林秀富．范宁《春秋穀梁传集解》在解经观念上的突破．辅大中研所学刊，1994(3)．

陈登祥．公羊传正名思想之返经原则．辅大中研所学刊，1994(3)．

陈鸿森．《国语》三君注辑存摭遗(下)．大陆杂志，1994(6)，第88卷．

王家俭．试论《春秋》一书对于我国史学的影响．历史学报(台湾师范大学)，1994(22)．

姚曼波．孔子作《春秋》即“春秋传”说初证．文献，1994(3)．

严军.《左传》姓氏相关问题的探索. 浙江学刊, 1994(4).

苗若素. 晏婴对齐鲁文化的杰出贡献. 东岳论丛, 1994(4).

郑杰文.《穆天子传》对《左传》文学手法的变革. 文史哲, 1994(4).

张在义.《左传》"爰田"试析——兼谈晋国土地制度. 古籍整理研究学刊, 1994(4).

刘学林等. 关于《十三经辞典》的编纂. 辞书研究, 1994(4).

武惠华.《左传》外交辞令探析. 中国人民大学学报, 1994(4).

周书灿. 春秋姬密地望考——兼论姬姓密国存灭年代及莒国姓氏问题. 史学月刊, 1994(4).

谭家健. 历代关于《国语》作者问题的不同意见综述. 中国史研究动态, 1994(7).

张荣华. 文明本质及其发展的探索与构造——康有为春秋笔削大义微言考述论. 学术月刊, 1994(7).

张素贞.《左传》的故事(17): 楚材晋用——蔡声子为伍举说项. 中国语文(台北), 1994(2), 第75卷.

刘生良.《左传》叙事特点补缀. 宁夏教育学院. 银川师专学报(社会科学版), 1994(4).

钟永发.《左传》的作者. 美和专校学报, 1994(12).

陈建梁. 服虔以《公羊传》解《左氏》例释——兼论《公羊传》与汉儒对齐桓公之评价. 齐鲁学刊, 1994(3).

张素贞.《左传》的故事(18): 剑及屦及——楚庄王攻宋. 中国语文(台北), 1994(3), 第75卷.

熊宪光.《国语》风格, 南北异趣. 史学史研究, 1994(3).

刘利. 从《国语》的用例看先秦汉语的"可以". 中国语文(北京), 1994(5).

陈韵. 论"曾孙"一词在左传中之使用及其意义. 中正大学学报(人文分册), 1994(1), 第5卷.

左民. 殽之战注释四题——兼与中学语文教材、教参编者商榷. 宁夏教育学院、银川师专学报(社会科学版), 1994(5).

牛鸿恩. 论《左传》的成书年代. 首都师范大学学报(社会科学

版),1994(5).

李国强.元至正本春秋诸传会通述略.故宫博物院院刊,1994(4).

廖美华.从左传记狼瞫事言勇.中国语文(台北),1994(5),第75卷.

张全民.试论春秋会盟的历史作用.吉林大学社会科学学报,1994(6).

马世之.虢国史迹试探.中州学刊,1994(6).

陈建梁.服虔以《谷梁传》解左氏例释.古籍整理研究学刊,1994(6).

吕宜.《春秋左传》人名录序.文教资料,1994(6).

陈奇猷.也谈"爰田"——兼谈"国人".古籍整理研究学刊,1994(6).

李运富.《左传》谓语"请"字句的结构转换.湖北民族学院学报(社会科学版),1994(3)

韩建岐."殽之战"时,咸阳不是秦都.中学语文教学,1994(11).

陆精康.殽之战异说.中学语文教学,1994(11).

赵光贤.《左传》和《春秋》是什么关系?——评沈玉成著《春秋左传学史稿》第十二章.史学理论研究,1994(4).

刘竹.春秋发微言,战国饶辩士——先秦公关外交语言艺术综论.云南师范大学哲学社会科学学报,1994(5),第26卷.

刘城淮.防风与夏禹.湖南教育学院学报,1994(6).

刘咏聪.论春秋寺人披之评价.大陆杂志,1994(6),第89卷.

季中行.是谁"勤而无所,必有悖心"——试析《殽之战》中的一个疑点.语文教学之友,1994(12).

李佐丰.《左传》的体词性双宾语.浙江广播电视高等专科学校学报,1994(1).

张永直.《秦晋殽之战》新论(三题).重庆教育学院学报,1994(1).

朱刚.公羊"三世"说与近代进化论.营口师专学报(哲学社会科

学版)，1994(1).

王一鸣．疑义相与析——《国语》一条注释质疑．汉字文化，1994(1).

陈松青．《史记》所言《春秋国语》系指《国语》小考．娄底师专学报，1994(1).

姚斌．《左传》中的人火史．安徽消防，1994(2).

陈敦荃．《左传》外交辞令臆说——诸侯大国争夺霸权的工具．外交学院学报，1994(2).

杨风琴．言若其人——浅析《秦晋殽之战》中蹇叔的形象．语文学刊，1994(2).

韩石萍．评“宋襄公现象”．河洛春秋，1994(2).

谭风雷．春秋时朝的杰出政治家子罕．中州今古，1994(2).

张玉辉，张玉军．《左传》、《史记》人物描写比较谈．盐城师专学报(哲学社会科学版)，1994(2).

刘凤泉．《左传》叙事文学论略．济南大学学报(综合版)，1994(2).

傅正义．战国三大历史散文比较论．渝州大学学报(哲学社会科学版)，1994(2).

朱刚．公羊“三世”说与近代进化论(续)．营口师专学报(哲学社会科学版)，1994(2).

战化军．晏婴与稷下学宫与战国论辩风气形成之关系．职大学报(哲学社会科学版)，1994(2).

沈端民．弦高智退秦师与郑国的经济实力．湖湘论坛，1994(3).

韩晖．《左传》的朦胧美．广西右江民族师专学报，1994(3).

谢商精．杨伯峻《左传注》献疑．毕节师专学报，1994(3).

杨乃乔．经学与中国古代文学理论形态生成的内在文化关系．南方文坛，1994(4).

张玉军．谈《左传》《史记》的人物描写成就．中文自学指导，1994(4).

李庆和．浅析左传描写的艺术手法．西北第二民族学院学报(哲学社会科学版)，1994(4).

燕国材.《尚书》、《左传》、《国语》的心理学思想研究.心理科学，1994(4).

周书灿.春秋姬密地望考——兼论姬姓密国存灭年代及莒国姓氏问题.史学月刊，1994(4).

许可峰."轻则寡谋，无礼则脱"辨析.庆阳师专学报(社会科学版)，1994(4).

白平.释"披靡"与"辟易"——联绵字分释举例之一.山西大学学报(哲学社会科学版)，1994(4).

李庆和.浅析《左传》描写的艺术手法.西北第二民族学院学报(哲学社会科学版)，1994(4).

徐伟民."殽""崤"二字的读音应当规范.语文建设，1994(8).

王蔚群.从《晋楚城濮之战》看《左传》写战争的特点.中文自学指导，1994(11).

周何.春秋三传尊桓论.国际汉学(第1期)·商务印书馆，1995.

刘殿爵，陈方正主编.春秋左传逐字索引.香港商务印书馆，1995.

张宏生.孔子的形象及其文学精神·《左传》与《战国策》中说辞的比较研究.高雄丽文文化事业公司，1995.

刘殿爵，陈方正主编.公羊传逐字索引.香港商务印书馆，1995.

刘殿爵，陈方正主编.穀梁传逐字索引.香港商务印书馆，1995.

浦伟忠.春秋三传综合研究.台湾文津出版社，1995.

朱维德.春秋左传隐含研究.岳麓书社，1995.

岑溢成.当代儒学论集——传统与创新·熊十力的春秋学与清代今文经学.台湾"中央研究院"中国文哲研究所筹备处，1995.

蒋庆.公羊学引论.辽宁教育出版社，1995.

曾勤良.王静芝先生八秩寿庆论文集·左传晋楚邲之战楚庄引诗与大武解.台湾辅仁大学中文系，1995.

陈新雄.王静芝先生八秩寿庆论文集·春秋左传之现代意义举

隅. 台湾辅仁大学中文系，1995.

韩杰．孔学研究(第1辑)·春秋刍论．云南人民出版社，1995.

陈桐生．史记与今古文经学．陕西人民教育出版社，1995.

顾宝田，陈福林．左氏春秋译注．吉林文史出版社，1995.

张宝三．第二届唐代文化研讨会论文集·杨士勋及其穀梁传疏相关旧说考辨．台湾学生书局，1995.

邱德修．文史丛考·《左传》是刘歆伪造的吗？．台湾五南图书出版公司，1995.

邱德修．晓堂学术论文集·左、国所见"不穀"考．台湾五南图书出版公司，1995.

吴贤明主编，庾光蓉、尹向东、李天道、杨彬编撰．左传今鉴．四川人民出版社，1995.

林大钦．林大钦集·驳左史书．广东人民出版社，1995.

陈书良审订．春秋左传．新疆人民出版社，1995.

陈庆元，翁银陶，郭丹注译．左传精华．天津人民出版社，1995.

许嘉璐等．十三经．广东教育出版社，陕西人民教育出版社，广西教育出版社，1995，1997.

林尧叟．音注全文春秋括例始末左传句读直解．上海古籍出版社，1995；国家图书馆出版社，2000.

王连成注译．左传选萃．远方出版社，1995.

滕新才．左丘明姓氏名字新探．文史杂志，1995(1).

文见贤．殽之战的衬托艺术．益阳师专学报(哲学社会科学版)，1995(1).

陈建梁．晋军"崇卒之阵"释议．人文杂志，1995(1).

杨光．"死且不朽"辨．语文知识，1995(1).

陈绂．"断章赋诗"与"歌诗必类"的有机统一——浅析左传赋诗的特点．文史知识，1995(1).

赵伯雄．从《春秋繁露》看董氏春秋学．南开学报(哲学社会科学版)，1995(1).

朴英姬．春秋"齐仲孙来"解．孔孟月刊，1995(5)，第33卷.

马宝莲．从殽之战略谈游说与谏诤之道．国文天地，1995(8)，第10卷.

熊道麟．《左传》中与晋景公有关的三个梦解析．兴大中文学报，1995(8).

吴车．左传“病入膏肓”之医疗解析研究初稿．兴大中文学报，1995(8).

吴延环．编著国语论语凡例．河北平津文献，1995(21).

黄静吟．春秋三传“滕侯卒”考辨．孔孟月刊，1995(6)，第33卷.

黄爱平．刘逢禄与清代今文经学．清史研究，1995(3).

高海夫．一个青出于蓝的《左传》选本——读《左传纪事精选》(胡安顺主编)．陕西师大学报(哲学社会科学版)，1995(3).

陈建梁．《左传》所载《师卦》古义探微．周易研究，1995(3).

吕庆业．“永锡尔类”解．古汉语研究，1995(3).

邓军．公羊传正文训诂新探．陕西师大学报(哲学社会科学版)，1995(3).

伍星明，黄生文．《左传》、《国语》中的重民思潮．甘肃社会科学，1995(2).

荆贵生．“郑伯克段于鄢”的“鄢”．中国语文，1995(2).

张素贞．《左传》的故事(20)：为什么说“赵盾弑其君”？．中国语文(台北)，1995(3)，第76卷.

[美]王靖宇．从叙事文学角度看《左传》与《国语》的关系．中国文哲研究集刊，1995.

陈逢源．春秋庄四年“纪侯大去其国”书议厘测及三传异同之分析．中华学苑，1995(45).

晁福林．试论春秋时期的社神与社祭．齐鲁学刊，1995(2).

章权才．胡安国春秋传研究．学术研究，1995(2).

陶然．《左传》的叙事艺术．沈阳师范学院学报(社会科学版)，1995(2).

来可泓．论《左传》中的传统道德．上海大学学报(社会科学版)，1995(3).

刘文强．再论“作爰田”．中山人文学报，1995(3)．

李梦奎．论《左传》的长篇叙事文学特征．吉林师范学院学报，1995(4)．

王染白．《秦晋殽之战》的逻辑推理特色．山西师大学报(社会科学版)，1995(4)．

张素贞．《左传》的故事(21)：鬻拳、先轸强谏而自惩．中国语文(台北)，1995(4)，第76卷．

陈其泰．《左传》在古代史学上的地位．人文杂志，1995(3)．

陈其泰．《左传》为古代史学树立的范例．浙江学刊，1995(3)．

林仪婷．由《郑伯克段于鄢》一文看现代亲子关系．教育文粹，1995(24)．

陈博文．从《郑伯克段于鄢》看郑庄公．教育文粹，1995(24)．

顾之川．《十三经今注今译》述评．古汉语研究，1995(2)．

李仲操．春秋日食历日校订．陕西历史博物馆馆刊，1995(2)．

刘泽龙．《郑伯克段于鄢》中的“寤生”释义新解．韩山师范学院学报，1995(2)．

张添丁．春秋鲁文公元年虚闰三月初探．新竹师院语文学报，1995(2)．

贺陶乐．城濮之战——晋公关谋略的胜利．延安大学学报(社会科学版)，1995(2)．

刘利．《国语》中的“为之名”结构及其他．古汉语研究，1995(2)．

刘家和．论汉代春秋公羊学的大一统思想．史学理论研究，1995(2)．

张素贞．《左传》的故事(22)：豕人立而啼——彭生显灵？．中国语文(台北)，1995(6)，第76卷．

谢秀文．三传经文何者最近春秋古本考．黄埔学报，1995(29)．

陈瑞芬．《左传》、《史记》、《战国策》之史学价值与文学特性举隅．艺术学报，1995(56)．

姚曼波．从汉初学坛探考“孔春秋”——兼考“春秋三传”．文献，1995(3)．

张全民．试论春秋会盟的特点．吉林大学社会科学学报，

1995(4).

陈恩林．论春秋五伯的争霸战略．吉林大学社会科学学报，1995(4).

臧知非．齐国行政制度考源——兼谈《国语·齐语》的相关问题．文史哲，1995(4).

刘宪鲁．评《左氏春秋译注》．社会科学战线，1995(4).

晋文．汉武帝尊公羊的原因．历史教学，1995(7).

戴朝福．历史是人类的一面镜子——左传烛之武退秦师．中国语文(台北)，1995(2)，第77卷.

张素贞．《左传》的故事(23)：晋景公病入膏肓．中国语文(台北)，1995(2)，第77卷.

刘耀华．《左传》"以+宾"结构与动词关系．汉字文化，1995(3).

张素贞．《左传》的故事(24)：意图染指——公子宋弑君．中国语文(台北)，1995(3)，第77卷.

阎明恕．"采邑"是晋文公称霸诸侯的一项重要措施．贵州师范大学学报(社会科学版)，1995(3).

董志新．孔子论晋文公争霸战争．孔子研究，1995(3).

杨如雪．秦伯说，"与郑人"盟介宾结构之三——表示交与关系的次宾语．国文天地，1995(4)，第11卷.

王妙如．试析康有为对春秋"三世"义之阐发．问学集，1995(5).

郝继东．《左传译文》求疵．古籍整理研究学刊，1995(5).

张克哲．《左传》中的"唯是"考释．淮北煤师院学报(社会科学版)，1995(4).

聂言之，鲁洪生．简论春秋赋诗言志．江西师范大学学报(哲学社会科学版)，1995(4).

任远．中国语法学之萌芽——试论《公羊》《穀梁》的语法研究．语文研究，1995(4).

徐难于．试论春秋时期的信观念．中国史研究，1995(4).

张素贞．《左传》的故事(25)：白公胜复仇作乱．中国语文(台北)，1995(5)，第77卷.

张汉东．左丘明对中国传统史学的开创之功．山东师大学报(社

会科学版)，1995(6).

陈建梁.《左传》郑、服分野说考辨. 汉学研究，1995(2)，第13卷.

方光华. 试论刘师培对《左传》的整理和研究. 孔子研究，1995(4).

季旭升. 从《左传》之烛之武退秦师谈古代之名物训诂. 人文及社会学科教学通讯，1995(4)，第6卷.

许嘉璐，梅季坤.《文白对照十三经》《文白对照诸子集成》前言. 古汉语研究，1995(4).

浦伟忠. 论《春秋穀梁传》所反映的社会和国家政治制度. 孔子研究，1995(4).

刘家和.《左传》中的人本思想与民本思想. 历史研究，1995(6).

张素贞.《左传》的故事(26)：晋文公漂流娶妻. 中国语文(台北)，1995(6)，第77卷.

董莲池，王彩云.《国语》韦昭注匡谬一则. 古籍整理研究学刊，1995(6).

潘振球. 孔子作《春秋》之目的与意义. 国史馆馆刊，1995(19).

虞万里. 斯坦因黑城所获单疏本《春秋正义》残叶考释与复原. 敦煌学(第20辑)，1995.

孙永义，杨福元. 简论子产的改革措施. 重庆师专学报，1995(1).

曹瑾. 忠义尚礼的"春秋"大义精神. 运城高专学报(社会科学版)，1995.

廖晓明.《左传》一则隐语分析. 修辞学习，1995.

杨普罗，王三北.《春秋》何以始自隐公新解. 西北师大学报(社会科学版)，1995(2).

柯伦. 郑子产治国方略简论. 湖北师范学院学报(哲学社会科学版)，1995(2).

陈敦荃.《左传》外交辞令臆说——诸侯小国向大国抗争的重要武器. 外交学院学报，1995(2).

钟兴麒.《春秋》书法与史志类出版物. 新疆地方志，1995(3).

康占杰，陈风华. 论唐太宗统一"五经"文字义疏及其对儒学的影响. 固原师专学报, 1995(3).

潜苗金. 略论《春秋》大义及夷夏之辨. 绍兴师专学报(哲学社会科学版), 1995(3).

桑秋杰.《左传》作者及作者姓氏考. 长春师范学院学报, 1995(3).

谢祥皓. 曹刿、曹沫辨. 齐鲁学刊, 1995(3).

王朝忠. 简而精曲而达——谈《左传》的语言特色. 德州师专学报(社会科学版), 1995(3).

张卫中. 郑庄公与春秋社会. 青海师范大学学报(哲学社会科学版), 1995(3).

丁琴海. 史传文体演化的轨迹——《史记》与《左传》在时间结构上的比较. 国际关系学院学报, 1995(3).

晁福林. 春秋时期的梦和占梦. 烟台师范学院学报(哲学社会科学版), 1995(3).

吕耀怀.《国语》家训思想探微. 湖湘论坛, 1995(3).

王珏.《春秋》《左传》女性他称词及其文化内涵. 周口师专学报, 1995(S3).

任明刚.《左传》与《春秋》比较. 黔东南民族师专学报, 1995, 第3、4期合刊.

浦伟忠. 论《春秋穀梁传》所反映的社会和国家政治制度. 孔子研究, 1995(4).

陈筱芳. 春秋宗法文化的形态与特点. 传统文化与现代化, 1995(4).

周维纲.《左传》"大司马固谏"杜注质疑. 社会科学战线, 1995(4).

江立中. 谈《左传·殽之战》节选的失误. 中国文学研究, 1995(4).

王立. "预见"信奉与《左传》叙事艺术. 毕节师专学报, 1995(4).

徐同林.《左传》战争描写的详略艺术. 军事历史研究, 1995(4).

王颖. 言约而事丰——谈《左传》的军事用语. 解放军外语学院学报, 1995(5).

中国古代儒家经典——《左传》. 山东师大学报(社会科学版), 1995(6).

陈其泰. 论何休对儒学发展的贡献. 东岳论丛, 1995(6).

陈建梁. 从文献与考古学角度论《左传》的“大屈”. 江汉论坛, 1995(8).

漆斌.《左传》之赋税思想拾零. 涉外税务, 1995(9).

刘瑞筝. 穀梁礼证述评. 国文学报, 1995(24).

钱伯城主编. 白话十三经(3册). 国际文化出版公司, 1996.

张家瑶等主编. 中国古代文献学家研究. 广西师范大学出版社, 1996.

韩路主编. 四书五经——全注全译豪华卷(3册). 沈阳出版社, 1996.

夏传才. 十三经概论(2册). 台湾万卷楼图书公司, 1996.

方祖猷. 清初浙东学派论丛·万斯大的春秋学. 台湾万卷楼图书公司, 1996.

李梦生. 春秋三传: 乱世的青史. 香港中华书局, 1996; 上海古籍出版社, 1997.

钟文烝撰, 骈宇骞、郝淑慧点校. 春秋穀梁传补注. 北京中华书局, 1996.

熊承涤. 中国古代学校教材研究·孔颖达与五经正义. 人民教育出版社, 1996.

虞万里. 学术集林(卷8)·春秋释例谥法篇辑说. 上海远东出版社, 1996.

武惠华. 汉语言文化研究·左传外交辞令探析. 广西师范大学出版社, 1996.

孙剑秋. 王梦鸥教授九秩寿庆论文集·从孔子“正名”思想论左传解经问题. 台湾政治大学文学院, 1996.

顾颉刚著, 王煦华整理. 中国古籍研究(第1卷)·春秋研究讲义案语. 上海古籍出版社, 1996.

蒋年丰. 中国古代思维方式探索·从“兴”的精神现象论春秋经传的解释学基础. 台湾正中书局, 1996.

陈松长编.马王堆帛书艺术·春秋事语部分.上海书店出版社,1996.

吴锐.清史论丛·仪征刘氏春秋学研究.辽宁古籍出版社,1996.

陈立.公羊义疏.上海古籍出版社,1996.

胡晓明,胡晓晖.春秋五霸.湖北人民出版社,1996.

袁立泽编.中国历史读本·左传.吉林人民出版社,1996.

胡志挥英译,陈克炯今译.汉英对照·左传.湖南人民出版社,1996.

莫涤泉整理.左传.广西民族出版社,1996.

郭鹏飞.洪亮吉左传诂斠正.香港商务印书馆,1996;台湾商务印书馆,1997.

莫金山.春秋列国盟会之演变.史学月刊,1996(1).

汪受宽.《左传》史学理论初探.兰州大学学报,1996(1).

熊道麟.从《左传》中的桑田巫看春秋时期的专业解梦人.兴大中文学报,1996(9).

王海棻.一部专书语法研究的重要著作——《左传句法研究》读后.语文研究,1996(2).

任重.齐桓公佞臣考辨.管子学刊,1996(2).

陈贵麟.左传"艮之八"与"艮之随"的关系.大陆杂志,1996(2),第2卷.

陈其泰.何休公羊学说的体系及其学术特色.中国文化月刊,1996(196).

张克哲.《左传》中的"唯是"考释.古汉语研究,1996(3).

汪受宽.《左传》在历史文学上的两大特色.史学史研究,1996(3).

关序华.《左传》析疑(一).荆门大学学报(哲学社会科学版),1996(3).

白平.谈《左传》中的三种"何……之……"式.中国语文,1996(2).

晁岳佩."春王正月"王字浅说.山东师大学报(社会科学版),

1996(2).

浦卫忠．论黄老思想对《谷梁传》的影响．中国社会科学院研究生院学报，1996(2).

张全民．"盟诅不及三王"辨．社会科学战线，1996(2).

陈巍仁．用历史写小说——从秦晋殽之战比较左传与东周列国志的战争叙述．国文天地，1996(10)，第11卷.

鲁毅．《春秋左传注》商兑．孔孟学报，1996(71).

奚敏芳．《国语》赋诗考述．孔孟学报，1996(71).

朱维德．《左传》句、段间的隐含．衡阳师专学报(社会科学版)，1996(2).

白显鹏．论《左传》家族层面叙事写人的艺术．内蒙古民族师院学报(哲学社会科学汉文版)，1996(2).

谢金良．谷梁传的真伪和写作时代问题考辨．福建论坛(文史哲版)，1996(2).

樊善标．韦昭《国语解》成书年代初探．大陆杂志，1996(4)，第92卷.

黄义郎．"好整以暇"之语法解析．国文天地，1996(11)，第11卷.

钟永发．《左传》与春秋经．美和专校学报，1996(14).

杨朝明．公羊学派"春秋王鲁"说评议．中国哲学史，1996，第1、2期合刊.

曲英杰．春秋经传有关齐都临淄城的记述．管子学刊，1996(2).

陈建梁．《春秋左氏传郑义辑述》辨正四则．古籍整理研究学刊，1996(3).

辛志贤．《左传》地名考辨．北京师范大学学报(社会科学版)，1996(3).

张卫中．《左传》预言探析．益阳师专学报(哲学社会科学版)，1996(3).

李景琦．春秋五霸之首的齐桓公．文史知识，1996(5).

汪秋明．"公与之乘"正诂．语文教学之友，1996(5).

陈强．孔子与《春秋》——关于儒学运动起源的冥想．中国文化月刊，1996(199).

张素卿．章冲《春秋左氏传事类始末》述略——左传学的考察．国家图书馆馆刊，1996(6)．

黄翠芬．《左传》"君子曰"考诠．朝阳学报，1996(6)．

关序华．《左传》析疑(二)．荆门大学学报(哲学社会科学版)，1996(2)．

曾素贞．春秋三传"执"例试析．中国文哲研究通讯，1996(2)，第6卷．

陈梅香．穀梁"内不言战，言战则败也"义例辨析及其相关问题．中山中文学刊，1996(2)．

陈其泰．孔广森的公羊学著述及其误区．孔子研究，1996(2)．

臧知非．春秋公羊学与汉代复仇风气发微．徐州师范学院学报(哲学社会科学版)，1996(2)．

周桂钿．汉代公羊学传授考．史学史研究，1996(2)．

张添丁．春秋年时月日例新探．新竹师院语文学报，1996(3)．

刘正浩．《左传》中一则"推理小说"的研究．国文学报，1996(25)．

陈强．再论孔子与《春秋》——答韦政通先生．中国文化月刊，1996(200)．

邱文选，范全红．从"启以夏政，疆以戎索"看周初唐国社会．晋阳学刊，1996(4)．

黄永堂．简析国语散文创作的独特成就．贵州社会科学，1996(4)．

李梦奎．《左传》梦境描写的文化阐释．吉林师范学院学报，1996(7)．

赵明发．弦高犒师为何要"以乘韦先"．语文知识，1996(7)．

单周尧．读杜预春秋经传集解序"五情"说小识．燕京学报，1996(2)．

陈建梁．《六韬》"云梯飞楼"即《左传》"楼车"考——兼论孙诒让对服虔注的误解．管子学刊，1996(3)．

杨世文．啖助学派通论．中国史研究，1996(3)．

陈鹏程，牟永福．试论《左传》歌谣的政治功能．兰州学刊，

1996(4).

刘晓梅，朱芒芒．矛盾冲突扣人心弦——郑伯克段于鄢赏析．中学语文教学，1996(8).

黄志诚．穀梁传之正道观．辅仁国文学报，1996(12).

荆贵生．《左传·隐公元年》地名考释二则．古汉语研究，1996(3).

孔桂春．浅谈《左传》中孔子的礼治思想．中国典籍与文化，1996(3).

关序华．《左传》析疑(三)．荆门大学学报(哲学社会科学版)，1996(3).

杨世文．经学的转折——啖助赵匡陆淳的新春秋学．孔子研究，1996(3).

阳平南．论《左传》的资鉴精神——以"不君"为例．笕桥学报，1996(3).

李隆献．亦经亦史话《左传》——《左传》简介．钱穆先生纪念馆馆刊，1996(4).

陈恩林．《左传译文》纠谬七则．古籍整理研究学刊，1996(5).

王振中，潘民中．对《春秋左传注》有关方城释解的质疑．郑州大学学报(哲学社会科学版)，1996(5).

汤仁泽．日本的公羊学研究．史林，1996(2).

樊善标．韦昭《国语解》成书年代再探．大陆杂志，1996(4)，第93卷.

思川．再读曹刿论战．群言，1996(10).

陈其泰．晚清公羊学的发展轨迹．历史研究，1996(5).

赵雅博．《左传》《国语》中的天道思想．哲学与文化，1996(10)，第23卷.

刘示范．春秋经传国际学术讨论会学术观点综述．管子学刊，1996(4).

张彦修．春秋"出奔"考述．史学月刊，1996(6).

王仁倜．春秋经传国际学术讨论会简述．人民日报，1996年11月2日.

孙开泰．春秋经传与齐文化．大众日报，1996年11月11日．

陈宪猷．陈元父子的“春秋左氏学”及其主要贡献．岭南文史，1996(4)．

陈大同．关于设立《左传》博士的一场辩论．岭南文史，1996(4)．

关序华．《左传》析疑(四)——四、“晋文公谲而不正”．荆门大学学报(哲学社会科学版)，1996(4)．

[美]王靖宇．再论《左传》与《国语》的关系．中国文哲研究通讯，1996(4)，第6卷．

许学东．殽之战词语二则．古汉语研究，1996(4)．

杨皑．试论左丘明不可能是太史．华南师范大学学报(社会科学版)，1996(6)．

李炳海．体备文武的周代贵族士人与《诗经》《左传》的战争描写．中州学刊，1996(1)．

王化钰．《左传》与《国语》比较研究．佳木斯师专学报，1996(1)．

杜同琳．简析《左传》刻画人物形象的艺术手法．连云港教育学院学报，1996(1)．

陈骞．试论《左传》鬼神观．玉溪师专学报，1996(1)．

杨皑．早期《左传》研究的两功臣——广东人陈钦陈元父子．广东史志，1996(1)．

龚宏．论《左传》梦描写的文学作用．绥化师专学报，1996(1)．

黄丽丽．说《左传》．中国历史博物馆馆刊，1996(1)．

黄朴民．《左传》军事思想简析．齐鲁学刊，1996(2)．

宋东来．“登轼而望之”新证．雁北师院学报，1996(2)．

张文国，张文强．论《左传》的主谓词组．枣庄师专学报，1996(2)．

黄武强．孔子与《春秋》、政权．青岛大学师范学院学报，1996(2)．

吴中伦，洪菊生，侯伯鑫，陈佛寿，程政红．《左传》“杞”考．湖南林业科技，1996(2)．

孔玉文．读《左传范围副词》．语言研究，1996(2)．

许子滨．《春秋》“跻僖公”解．东方文化，1996(2)．

温淑芹．一部很有特色的《左氏春秋译注》．长白论丛，1996(3)．

叶小草．“此言‘风马牛’”不为服虔语．辞书研究，1996(3)．

康清莲．陈利不如言害，欲取未若先予——从烛之武退秦师看先秦的游说艺术．川东学刊(社会科学版)，1996(3)．

袁丹．《左传》杜注所揭示的特殊语法现象类析．襄阳师专学报，1996(3)．

胡安顺．《左传》的辞令(上)．西安教育学院学报，1996(3)．

谢其祥．巧辞妙语胜却甲兵百万——小议《左传》的行人辞令．广西师院学报(哲学社会科学版)，1996(4)．

白显鹏．论《左传》作者叙事写人的家族意识．齐鲁学刊，1996(4)．

胡安顺．《左传》的辞令(下)．西安教育学院学报，1996(4)．

于淑华．郑庄公新论．昭乌达蒙族师专学报(汉文哲学社会科学版)，1996(4)．

朱瑞平．《左传》注疏辨正举例．殷都学刊，1996(4)．

洛地．《春秋左传集解》疑议．古今谈，1996(4)．

黄永堂．《国语译注》失误商榷．贵州文史丛刊，1996(4)．

吴国武．春秋公羊传的修辞学研究．北京大学研究生学刊，1996(4)．

张卫中．古典文献与文化论丛·《左传》预言探析．北京中华书局，1997.

李启原．训诂论丛(第2辑)·三传考释——以“无骇卒为例”．台湾文史哲出版社版，1997.

陈柾治．训诂论丛(第2辑)·春秋“纪侯大去其国”的深层意义．台湾文史哲出版社版，1997.

郭鹏飞．洪亮吉左传诂斠正．台湾“商务印书馆”，1997.

陈其泰．清代公羊学．东方出版社，1997.

荆贵生．黄侃学术研究·《左传》隐公元年地名考释二则．武汉大学出版社，1997.

郑卜五．黄侃学术研究·清代公羊学发展之过程．武汉大学出版社，1997.

钮先钟．历史与战略——中西军事史新论·论晋楚城濮之战．台湾麦田出版公司，1997.

富金璧主编．儒学十三经．北方文艺出版社，1997.

沈长云．文史(第43辑)·郑桓公未死幽王之难考．北京中华书局，1997.

李梦生．春秋三传——乱世的青史．上海古籍出版社，1997.

郭丹．左传漫谈．台湾顶渊文化事业公司，1997.

翁银陶．公羊传漫谈．台湾顶渊文化事业公司，1997.

谢金良．穀梁传漫谈．台湾顶渊文化事业公司，1997.

吴智雄．中山学术论丛(第1辑)·试论公、穀夷夏观之异同．高雄复文图书出版社，1997.

岑溢成．当代新儒学的关怀与超越·熊十力的春秋学与名分问题．台湾文津出版社，1997.

陈雄勋．知止斋论学集·第一部小说——《左传》．台湾文史哲出版社，1997.

王维堤，唐书文．春秋公羊传译注．上海古籍出版社，1997，2005，2007.

张岱年、季羡林顾问，余力编．左传．故宫博物院紫禁城出版社，1997.

安敏．孔颖达《春秋左传正义》研究．岳麓书社，1997，2009.

马玉山译注．史著选集——《左传》．人民出版社，1997.

上海古籍出版社编．《左传》故事荟萃．上海古籍出版社，1997.

黄祖民总编．《左传》散文精品．山东文艺出版社，1997.

王世舜主编．先秦要籍词典．学苑出版社，1997.

张惠淑．公羊传称谓七等研究．台湾师范大学国文研究所集刊，1997.

梁晓云．《史记》与《左传》《国语》所记之吴越历史的比较研究．河南大学学报(社会科学版)，1997(1).

翟文年．鲁庄公的“昏”与“明”．语文知识，1997(1).

董秋成．也谈“为鲁庄公翻案”．中学语文教学，1997(1).

蒋运平．“败绩”疏考．语文教学之友，1997(1).

鲁毅.《左传》零札. 文献，1997(1).

王建平. 谈《左传》描写的公共关系实务. 河南大学学报(社会科学版)，1997(1)，第37卷.

郭丹.《左传》与两汉经学. 福建师范大学学报(哲学社会科学版)，1997(1).

樊善标. 韦昭对《国语》底本的整理. 大陆杂志，1997(1)，第94卷.

刘文强. 从晋武公受命论春秋初期王室的外交政策. 中山人文学报，1997(5).

王志平，吴敏霞. 论《左传》在中国军事学术史上的地位. 中国史研究，1997(2).

蔡鸿江. 宋代春秋学初探. 高苑学报，1997(1)，第6卷.

章楚藩. 汉魏六朝文学与儒学. 博览群书，1997(2).

关序华.《左传》析疑(五)——所谓"行人辞令之美". 荆门大学学报(哲学社会科学版)，1997(3).

薛亚军.《左传》灾异预言略论(上). 镇江师专学报(社会科学版)，1997(3).

曹顺庆."《春秋》笔法"与"微言大义"——儒家经典的解读模式及话语言说方式. 北京大学学报(哲学社会科学版)，1997(2).

奚敏芳. 公羊传灾异说考辨. 孔孟学报，1997(73).

王保珍. 晋文公的教化. 国魂，1997(616).

谢虹光. 郑伯克段于鄢的历史解读. 名作欣赏，1997(2).

聂玉海.《左传》记载的《周易》应用情况. 殷都学刊，1997(2).

王保珍.《春秋左氏传》一、二则. 国魂，1997(617).

孔祥骅. 子夏与春秋的传授. 管子学刊，1997(2).

杨向奎. 清末今文经学三大师对春秋经传的议论得失. 管子学刊，1997(2).

沈明德. 近三十年来台湾地区对《左传》研究概况. 中兴史学，1997(3).

陈其泰. 公羊三世说与龚自珍的古代社会史观. 浙江学刊，1997(3).

胡安顺.《左传》辞令的语言特色. 文史知识，1997(5).

张月明.《论语》、《孟子》、《左传》中的"可以". 古汉语研究, 1997(2).

薛亚军.《左传》灾异预言略论(下). 镇江师专学报(社会科学版), 1997(2).

白显鹏. 论《左传》家族层面的叙事写人. 内蒙古师大学报(哲学社会科学版), 1997(2).

张添丁. 春秋天子使召伯来锡公命探义. 新竹师院语文学报, 1997(4).

钟永发.《左传》与《国语》. 美和专校学报, 1997(15).

谢秀文.《春秋左氏传》成书考辨. 黄埔学报, 1997(33).

何乐士.《左传》《史记》名词作状语的比较. 湖北大学学报(哲学社会科学版), 1997(4).

孔慧云.《左传》用《诗》初探. 郑州大学学报(哲学社会科学版), 1997(4).

奚敏芳. 何休与汉代之公羊学. 孔孟月刊, 1997(11), 第35卷.

战化军. 浅论春秋三传在西汉的不同命运. 管子学刊, 1997(3).

李湛. 春秋经传与汉代祭祀. 齐鲁学刊, 1997(4).

吴碧贞. 国之大事, 在祀与戎. 中华易学, 1997(6), 第18卷.

屈友贤."作爰田"注释新探. 学术研究, 1997(8).

谢祥皓. 左丘明姓氏、里籍考. 孔子研究, 1997(9).

周少川. 评《左传》解《易》——看易学对先秦史学的影响. 北京师范大学学报(社会科学版), 1997(5).

刘立文. 论《左传》文本的史诗性整一. 北方论丛, 1997(5).

陈其泰. 刘逢禄对公羊学说的出色建树. 北京师范大学学报(社会科学版), 1997(5).

袁燕萍."问之"在论语左传两书中用法试释. 中国语文通讯, 1997(43).

黄开国.《左传》、《国语》与《易经》. 孔孟学报, 1997(74).

布莉华.《重耳出亡》中一组个性鲜明的女性配角系列. 承德民族师专学报(社会科学版), 1997(4).

吴车.《左传》"养福"思想析论. 中兴大学台中夜间部学报, 1997(3).

冯时．春秋子犯编钟纪年研究——晋重耳归国考．文物季刊，1997(4)．

舒宝璋．“辅车相依”的出处问题．辞书研究，1997(6)．

周亨祥．孙武何以不见名于《左传》．军事历史，1997(6)．

陈其泰．今文公羊学说的独具风格和历史命运．北京大学学报(哲学社会科学版)，1997(6)．

宋艳萍．公羊学与汉武政治．湖北大学学报(哲学社会科学版)，1997(6)．

韩晖．《左传》的实录美管窥．广西师范大学学报(哲学社会科学版)，1997(4)．

李隆献．中国叙事文学的不迁之祧——浅析左传的叙事技巧．钱穆先生纪念馆馆刊，1997(5)．

陈筱芳．试论春秋奔者与本国和奔国的关系．西南民族学院学报(哲学社会科学版)，1997(6)．

黄开国．春秋时期的预占．甘肃社会科学，1997(1)．

卢鸣东．《左传》双音词的变异用法．南大语言文化学报，1997(1)，第2卷．

夏先培．《左传》的“吾子”“夫子”和“数词+子”的结构．长沙电力学院社会科学学报，1997(1)．

甘佩钦．试析《左传》外交辞令在战争描写中的作用．兰州商学院学报，1997(1)．

潘民中，王振中．对《春秋左传注》一些注释的质疑．平顶山师专学报(哲学社会科学版)，1997(1)．

马格侠．《史记》对《左传》的继承和发展．天水师专学报，1997(1)．

董运庭．从《左氏春秋》到《左传》．重庆教育学院学报，1997(2)．

李晓玲．论《左传》文艺思想资料与孔子文艺观的形成．伊犁师范学院学报(社会科学版)，1997(2)．

钟少异．春秋时期军事观念的发展——从子鱼到孙武．传统文化与现代化，1997(2)．

汪贞干.《左传注》献疑几则.黄石教育学院学报，1997(2).

李颖科，符均.论孔子的“春秋笔法”.云梦学刊，1997(3).

贺陶乐.先秦外交谏说的非语言艺术.延安大学学报(社会科学版)，1997(3).

商中.读《左》三札.新乡师专学报(社会科学版)，1997(3).

徐洪火，赵平略.其人虽已殁，千载有余情——《左传》与《史记》中伍子胥形象之比较.都江学刊，1997(4).

郑全红，林德春.《左氏春秋》有关问题的再探讨.青海师范大学学报(哲学社会科学版)，1997(4).

姚天金.“中寿”考.云南教育学院学报，1997(4).

周山河.论《左传》的外交辞令.渝州大学学报(哲学社会科学版)，1997(4).

钱国旗.国语中的伦理世界.青岛大学师范学院学报，1997(4).

孙雍长.古“登”字有凭义——兼谈“登轼而望之”.中国语文，1997(4).

何晓英.《左传》熟语简论.成都师专学报，1997(4).

张学彬.字少而意多——读《左传·寺人披见文公》.写作，1997(4).

王颖.《左传》语言的审美价值.语文函授，1997(5).

姚斌.《左传》中火的故事.山东消防，1997(6).

少华.《春秋》三传无“穀梁”.咬文嚼字.1997(10).

完颜绍元.春秋左传.上海书店出版社，1998.

马玉梅，齐石宜注释.春秋左传.大连出版社，1998.

夏传才.十三经概论.天津人民出版社，1998.

吴连堂.清代穀梁学.高雄复文图书出版社，1998.

徐中舒.徐中舒历史论文选辑·左传的作者及其成书年代.中华书局，1998.

黄肇基.汉代春秋公羊学灾害理论研究.台湾文津出版社，1998.

李梦生.左传译注.上海古籍出版社，1998，2004，2010.

王叔岷.左传考校.台湾“中央研究院”中国文哲研究所筹备处，

1998，2001；北京中华书局，2007.

张文国．左传名词研究．中国社会科学出版社，1998.

舒焚审校．鲁开泰译注．春秋左传译注．武汉出版社，1998.

席子杰．左传·国语·战国策．青海人民出版社，1998.

[日]平势隆郎．左传的史料批判的研究．汲古书院，1998.

卜各．四书五经大系．天津古籍出版社，1998.

安平秋．中华古典名著读本·四书五经卷．京华出版社，1998.

朱冠华．刘师培春秋左氏传答问研究．光明日报出版社，1998.

黄洪宪辑．春秋左传释附．北京出版社，1998，《四库未收书辑刊》.

丁远译注．译注左传．花城出版社，1998.

[日]宫城谷昌光著，东正德译．春秋霸主——重耳恩仇记(中外人物传奇书系)．上海文化出版社，1998.

张素卿．叙事与解释——《左传》经解研究．台湾书林出版有限公司，1998；台湾花木兰文化出版社，2008，《古典文献研究辑刊》.

梅桐生译．春秋公羊传译注．贵州人民出版社，1998.

韩世龄，汤云航．《崤之战》几处注释辨疑．承德民族师专学报，1998(1).

白显鹏．论《左传》家族人物群像．渤海学刊，1998(1).

魏训田．差之毫厘谬之千里——城濮之战作战经过新探．德州师专学报，1998(1).

崔恒升．《禹贡》、《左传》地名大别、小别考．文献，1998(1).

崔向荣．宗周旧秩序的叛逆——重评《左传》中的郑庄公．中山大学学报论丛，1998(1).

翁春．训“思”——《左传》用例及其谐声系统字的核心义．龙岩师专学报，1998(1).

许全亮．在矛盾运动中揭示人物性格——谈《左传》中重耳形象的塑造．内蒙古教育学院学报，1998(3).

高益荣．《左传》说辞的特色及其成因．陕西师范大学学报(哲学社会科学版)，1998(1).

张宇恕．春秋宴会赋诗研究．管子学刊，1998(1).

郑旭英.《左传》中“使者”类词辨析. 中文自学指导，1998(1).

刘光明.《左传》杜注中的语法研究. 池州师专学报，1998(2).

谭德兴.《左传》、《国语》与汉四家诗. 贵州文史丛刊，1998(2).

叶友琛. 就《左传》论春秋时期礼的价值取向与共同特征. 福建师范大学学报(哲学社会科学版)，1998(2).

朴晟镇.《左传》代言之分析. 国外社会科学，1998(3).

田恒金. 从《春秋》《左传》看先秦时期女性的名字及其文化内涵. 河北师范大学学报(哲学社会科学版)，1998(3).

楚刃. 从楚材晋用到晋材秦用. 三晋文化学术研讨会论文专集，1998(8).

李纯仁，耿志勇.《左传》筮例与文王演《周易》. 周易研究，1998(3).

杨皑. 子产有否杀邓析疑案分析. 华南师范大学学报(社会科学版)，1998(4).

樊荣. 对《郑伯克段于鄢》一文的再认识. 新乡师专学报(社会科学版)，1998(3).

陈斯鹏.“爰田”非即“援田”. 学术研究，1998(8).

胡如虹. 纪传体的流变——从《左传》、《战国策》到《史记》. 古典文学知识，1998(5).

童教英. 从《左传》看春秋时期非婚生子的身份和地位. 浙江大学学报(社会科学版)，1998(3).

冯守均. 春秋时期的防火专家——子产. 安徽消防，1998(5).

高广政. 春秋时期齐国卿大夫家族私属武装浅析. 管子学刊，1998(3).

赵生群.《左传》有经无传辨. 南京师大学报(社会科学版)，1998(4).

傅志亭. 左丘明及其墓·故里·后裔. 春秋，1998(5).

林甘泉. 从《左传》看中国古代城邦的政治体制. 中国社会科学院研究生院学报，1998(6).

侯廷生. 赵简子卒年及相关问题. 邯郸大学学报，1998(4).

路新生. 驳刘逢禄《左氏》不传《春秋》说. 史林，1998(4).

李英华．公羊学论略．管子学刊，1998(4)．

孔繁．魏源对汉代今、古文经学之辨析．河北学刊，1998(6)．

邓磊，郭小春．《左传》《吕氏春秋》"所"字用法比较研究．宜春师专学报，1998(6)．

吴树平等译．文白对照传世藏书文库·春秋左传．三秦出版社，1999.

吴兆基编译．春秋左传．京华出版社，1999.

林庆彰主编．经学研究论著目录(1988—1992)．台湾汉学研究中心，1999.

承载．春秋穀梁传译注．上海古籍出版社，1999，2004.

郭丹．左传·国策．春风文艺出版社，1999.

朱翼庵．读左传札记．中国书店出版社，1999.

简宗梧．镕裁文史的经典——《左传》．台湾黎明文化事业股份有限公司，1999.

毛远明．左传词汇研究．西南师范大学出版社，1999.

张宏儒，罗素主编．左氏春秋．团结出版社，1999.

齐豫生，夏于全主编．左传．延边人民出版社，1999.

夏先培．左传交际称谓研究．湖南师范大学出版社，1999.

朱勤楚．《左传》故事选．海南出版社，1999.

杜克义编．左传选．(布达佩斯)巴拉士出版社，1999，《中匈文选》．

洪顺隆．章太炎与近代中国学术研讨会论文集·章太炎与《左传》，台湾里仁书局，1999.

姚曼波．从《论语》考孔子作《春秋》．文献，1999(1)．

大川．重读《曹刿论战》．党风与廉政，1999(1)．

陈克炯．赜是求真识精见卓——何乐士《左传范围副词》读后．中南民族学院学报(哲学社会科学版)，1999(1)．

王文清．《左传》中"王孙满"的身世考辨．历史教学，1999(2)．

李玉平．"逢""逄"辨析及辞书编纂中的相关错误例谈——《殽之战》中"逢孙"引出的思考．毕节师范高等专科学校学报，1999(1)．

郎久英．"以"字在《左传》中的语法特性．昭乌达蒙族师专学报

(汉文哲学社会科学版)，1999(1).

于淑华.《左传》所描写的女性形象.昭乌达蒙族师专学报(汉文哲学社会科学版)，1999(1).

左元芹，左其璋.《赵氏孤儿》故事背景及其它.南京师范大学文学院学报，1999(4).

杨阳.晏婴人生哲学发微——关于中国传统知识分子的一项个案研究.聊城师范学院学报(哲学社会科学版)，1999(1).

刘丽文.从《左传》看孔子的“《诗》可以观”.河北学刊，1999(2).

张全民.“妇人无刑”质疑.吉林大学社会科学学报，1999(2).

张景霓.《左传》中的范围副词考辨.广西民族学院学报(哲学社会科学版)，1999(1).

邵鸿.春秋军事术数考述——以《左传》为中心.南昌大学学报(社会科学版)，1999(1).

王卫峰.《春秋左传注》语词札记.古籍整理研究学刊，1999(2).

徐柏青.《左传》文学成就论.湖北师范学院学报(哲学社会科学版)，1999(1).

李惠.《左传》的军事特色及其它.军事历史，1999(2).

陶易.怀嬴、辰嬴与文嬴.六安师专学报，1999(1).

李小成.《左传》非《春秋》之传.玉林师专学报，1999(1).

杨志忠.《左传》中的晋国成语故事.沧桑，1999(2).

潘万木.《左传》的《诗》审美观.荆门职业技术学院学报，1999(2).

詹华明.试解“春秋笔法”.成都教育学院学报，1999(4).

杨建华.《春秋》与《左传》中所见的狄.史学集刊，1999(2).

晁福林.春秋战国时期的“质子”与“委质为臣”.传统文化与现代化，1999(3).

宋杰.春秋战争之地域分析与列国的争霸方略(下).首都师范大学学报(社会科学版)，1999(3).

张文国.《左传》“也”字研究.古汉语研究，1999(2).

许子滨.《左传》所释《春秋》书法考辨三则.孔子研究，1999(2).

李传书．一部古代称谓研究的力作——《左传交际称谓研究》评介．长沙电力学院学报(社会科学版)，1999(2)．

王连儒，李廷安．《左传》所见诸侯婚姻中的宗姓认同与“兄弟之国”．管子学刊，1999(2)．

廖健琦．《左传》作者的军事思想．龙岩师专学报，1999(2)．

张卫中．《左传》占梦、占星预言与春秋社会．史学月刊，1999(4)．

刘丽文．从《左传》看周代采诗制度的变迁．北方论丛，1999(4)．

吴美卿．《左传》写人艺术四谈．广州师院学报(社会科学版)，1999(8)．

刘功成．论中国小品文的滥觞．大连教育学院学报，1999(3)．

肖振宇．论《史记》对《左传》战争描写的继承与发展．张家口师专学报，1999(3)．

陈恩林．评杜预《春秋左传序》的“三体五例”问题．史学集刊，1999(3)．

褚良才．兵圣孙武子乃齐将田开．浙江大学学报(人文社会科学版)，1999(4)．

林永光．子产政治观评析．烟台师范学院学报(哲学社会科学版)，1999(3)．

胡正微．《左传交际称谓研究》评介．古汉语研究，1999(3)．

张艳．从人文精神角度看《左传》用《诗》．山西大学师范学院学报，1999(3)．

刘兵．《春秋左传研究》勘误及商榷一则．华东师范大学学报(哲学社会科学版)，1999(5)．

徐少锦．《国语》、《左传》中的家庭道德教育及其现代价值．铁道师院学报，1999(5)．

朱宏达．《左传》的魅力——《〈左传〉直解》前言．嘉兴高等专科学校学报，1999(4)．

胡安顺．《左传》辞令与战国策士辞令论说方法之比较．青海师范大学学报(哲学社会科学版)，1999(4)．

南生桥．超前反映与梦兆迷信——《左传》梦幻话语谈．陕西教育学院学报，1999(4).

刘会山.《殽之战》词句辨释之一：“勤而无所，必有悖心”辨．山西煤炭管理干部学院学报，1999(4).

孙开泰．从《左传》的史学思想看其作者．史学理论研究，1999(4).

李廷安.《左传》所见诸侯婚姻中同姓婚姻的一般禁忌原则．山东社会科学，1999(6).

张文灿.《左传》对廉政的认识．中国行政管理，1999(12).

洪廷彦．试论杜预的“《左传》癖”．中国历史文物，1999(2).

王则远.《左传》中的用《诗》．齐齐哈尔大学学报(哲学社会科学版)，1999(6).

张秋玲．试析《秦晋殽之战》中人物的语言美．山西广播电视大学学报，1999(S1).

林庆彰主编．经学研究论著目录(1993—1997)．台湾汉学研究中心，2000.

吴车．左传礼学研究．台湾志远出版社，2000.

宋鼎宗．春秋胡氏学．台湾学生书局，2000.

吴智雄．穀梁传思想析论．台湾文津出版社，2000.

李士彪今译．胡志挥，郑爱芳英译．左传．山东友谊出版社，2000.

刘乃和，来可泓，王明泽主编.《左传》《战国策》《国语》精言妙语．中州古籍出版社，2000.

雷信荣．春秋五霸．三秦出版社，2000.

简宗梧，周何编辑．左传论著目录．台湾洪叶文化事业有限公司，2000.

赵生群.《春秋》经传研究．上海古籍出版社，2000.

刘丽文．春秋的回声：《左传》的文化研究．燕山出版社，2000.

左丘明著，朱宏达、李南晖直解．左传直解．浙江文艺出版社，2000.

沈秋雄．三国两晋南北朝《春秋左传》学佚书考．“国立”编译馆，2000.

陈致宏．语用学与《左传》外交辞令．台湾万卷楼图书有限公司，2000.

陈致宏．语用学与《左传》外交赋诗．台湾万卷楼图书有限公司，2000.

卢元昌．左传分国纂略．北京出版社，2000，《四库未收书辑刊》.

孙良明．"郑伯"之"伯"非伯爵．中国语文，2000(1).

陈书录．《左传》与明代秦汉派后期盟主王世贞．古典文学知识，2000(1).

张凤瑞．还郑庄公以公道．名作欣赏，2000(1).

黄丽丽．《左传》复句的形式标记．镇江师专学报(社会科学版)，2000(1).

赵惠君．《左传》与《史记·晋世家》同义介宾结构比较研究．株洲工学院学报，2000(1).

纪国泰．先秦汉语词汇研究的力作——评毛远明的《左传词汇研究》．成都师专学报，2000(1).

侯廷生．赵简子卒年及相关问题——澄清对《左传·哀公二十年》"使楚隆问吴"的重大误解．邯郸师专学报，2000(1).

刘功成．"君子曰"是《左传》作者论从史出的表现方法．职大学报，2000(1).

佳民．《臧僖伯谏观鱼》赏析．渔业经济研究，2000(1).

张昭君．章太炎的《春秋》、《左传》研究．史学史研究，2000(1).

张泽渡．"寤生"探诂．贵州大学学报(社会科学版)，2000(1).

黄丽丽．《红楼梦》及红学评点与《左传》．淮阴师范学院学报(哲学社会科学版)，2000(1).

可永雪．论《史记》在叙事上对《左传》的继承和发展．内蒙古师大学报(哲学社会科学版)，2000(1).

子云，游之．"野人与之块"的"块"是土块吗？——与郭预衡诸先生商榷．锦州师范学院学报(哲学社会科学版)，2000(1).

白兆麟．《国语》与《左传》之假设句比较．淮北煤师院学报(哲学社会科学版)，2000(1).

张岩．论《左传》中的孔子形象及其描述特点．辽宁青年管理干部学院学报，2000(1).

卓智玉．从《左传》看春秋的礼治思想．厦门教育学院学报，2000(1).

万君宝．试论《左传》中的管理思想．上海财经大学学报，2000(2).

刘会山．《殽之战》词句辨释之三：“中寿，尔墓之木拱矣”辨．山西煤炭管理干部学院学报，2000(2).

梁占先．从《左传》看诗言志．六盘水师范高等专科学校学报，2000(2).

张新科．先秦两汉时期史传文学的嬗变轨迹．陕西师范大学学报，2000(2).

吕友仁．说“登轼而望之”与“室如悬磬”——《左传》训诂二则．河南师范大学学报(哲学社会科学版)，2000(3).

喻华．杨伯峻《春秋左传注》标点商榷一则．古汉语研究，2000(2).

吴美卿．《左传》女性人物形象及意义．江西社会科学，2000(6).

戚朝霞．《左传》民本思想浅议．广州师院学报(社会科学版)，2000(6).

刘贵华．从《左传》《史记》《三国演义》看古代军事文学的发展．湖北师范学院学报(哲学社会科学版)，2000(2).

魏传宪，沈明德．言分内外语有表里声由心发——《秦晋殽之战》人物的语言艺术赏析．绵阳师范高等专科学校学报，2000(3).

郑桦．《左传》中的动词使动用法研究．宁夏大学学报(人文社会科学版)，2000(2).

罗军凤．论《左传》的特殊叙事方式——记言．西安交通大学学报(社会科学版)，2000(2).

牛晓梅，赵礼会．论《春秋》《左传》记事之异同．殷都学刊，2000(2).

申屠炉明．论刘逢禄春秋公羊学的特色．南京大学学报(哲学社

会科学版)，2000(2).

陈恩林.《春秋左传注》注文商榷五则. 吉林大学社会科学学报，2000(4).

赵生群，赵昌文. 三传以事解经比较. 南京师大学报(社会科学版)，2000(4).

张淑亚.《左传》妇女称谓述略. 台州师专学报，2000(4).

郭书兰. 从《左传》看春秋历制. 郑州大学学报(社会科学版)，2000(4).

黄桂婵.《左传》"晋公子重耳之亡"中妇女群像试析. 广西大学学报(哲学社会科学版)，2000(4).

李生信.《左传》"乘"字考察. 西北第二民族学院学报(哲学社会科学版)，2000(4).

周维纲.《左传》昭公六年"士匄"考辨. 辽宁师专学报(社会科学版)，2000(4).

张景霓. 论《左传》中的省略. 广西民族学院学报(哲学社会科学版)，2000(5).

刘丽文. 论《左传》"天德合一"的天命观——《左传》预言的本质. 求是学刊，2000(5).

闫璟. 从《左传》看中国古代的婚育观. 宝鸡文理学院学报(社会科学版)，2000(3).

萧旭.《左传》杨注商补. 古汉语研究，2000(3).

黄琳斌. 试论《左传》的崇霸思想. 江西社会科学，2000(9).

庄建东. 沈玉成先生《左传译文》质疑. 新乡师范高等专科学校学报，2000(3).

潘万木.《左传》评论式模式的生成及扩张. 荆门职业技术学院学报，2000(5).

刘人庆. 从《曹刿论战》几个句子的诠释谈它的历史背景和主题. 江西教育学院学报(社会科学)，2000(5).

姚曼波."《春秋》笔削义法"新说——突破"春秋学"千年误区新探. 江西社会科学，2000(10).

沈毅骅.《赵氏孤儿》故事源流考. 温州师范学院学报(哲学社会

科学版)，2000(5).

刘树胜．析“遂为母子如初”．沧州师范专科学校学报，2000(4).

周淑舫．立身卓尔青松操，小荷才露尖尖角——论《左传》所写的正面女性人物．吉林广播电视大学学报，2000(4).

何锡光．《左传正义》释“郑人铸刑书”．史学史研究，2000(4).

吴建伟．《左传》采诗的结构性系年．西北第二民族学院学报(哲学社会科学版)，2000(4).

邵文利．《左传·宣公十二年》旧注商兑．山东大学学报(哲学社会科学版)，2000(6).

李孝仓．《春秋左传卷》对复音组合中词与非词的处理．辞书研究，2000(6).

唐康．从邲之战看《左传》刻画人物的特色．锦州师范学院学报(哲学社会科学版)，2000(4).

万平．试论《左传》“君子曰”之引《诗》．重庆广播电视大学学报，2000(4).

陈智勇．试析春秋盟誓对春秋时人的影响及时人对盟誓与盟主的评价．中国历史博物馆馆刊，2000(2).

袁鸣．《左传》姓氏名号研究述要．阿坝师范高等专科学校学报，2000(2).

孙继贤．郑庄公形象辩——从《左传·郑伯克段于鄢》说起．湖南教育学院学报，2000(S1).

方朝辉编著．春秋左传人物谱．齐鲁书社，2001.

李维琦等注．左传．岳麓书社，2001.

邓红编．董仲舒的春秋公羊学．中国工人出版社，2001.

陈盈卉总编．左传的权谋．台湾小知堂文化事业有限公司，2001.

阳平南．左传叙战的资鉴精神．台湾文津出版社，2001.

陈苏镇．汉代政治与《春秋》学．中国广播电视出版社，2001.

李翰文．春秋左传．九州岛出版社，2001.

梁宗华．论康有为公羊学及对儒学发展的意义．宁夏党校学报，2001(1).

罗文德.《左传词汇研究》. 重庆社会科学年鉴, 2001(1).

姚曼波. 从《左传》《国语》考孔子"笔削"《春秋》义法——突破"春秋学"千年误区新探之二. 社会科学战线, 2001(1).

沈晋华.《左传》今注献芹——古代汉语教学札记之一. 苏州教育学院学报, 2001(1).

杨素萍. 试论《左传》中的引诗、赋诗及其它. 阜阳师范学院学报(社会科学版), 2001(1).

梁国炎. 以民为本广开言路——读《子产不毁乡校》有感. 南方论刊, 2001(2).

贾红莲.《左传》预言发微. 安徽师范大学学报(人文社会科学版), 2001(1).

王丽珍, 张利民.《左传》用诗的赋比兴. 青海民族学院学报, 2001(1).

张汉东. 左丘明与都君邱氏——《左传精舍志》资料分析. 管子学刊, 2001(1).

张为民, 王钧林. 左丘明姓氏推考. 管子学刊, 2001(1).

薛亚军.《左传》梦占预言述论. 阴山学刊, 2001(1).

周曙光. 谈《左传》中外交辞令的特色. 河南机电高等专科学校学报, 2001(1).

李衡眉.《春秋左传注》中关于"昭穆"的两条互相抵牾的注释. 孔子研究, 2001(2).

晁福林. 试论赵简子卒年与相关历史问题. 河北学刊, 2001(1).

朱金发. 浅谈《左传》中的礼. 周口师范高等专科学校学报, 2001(1).

唐生周.《左传》训诂二例. 南华大学学报(社会科学版), 2001(1).

滕桂花. 从描写战争看《左传》的文学成就. 伊犁师范学院学报, 2001(1).

崔凡芝.《左传》的形成与史学地位. 光明日报, 2001 年 4 月 24 日.

王鸿滨.《春秋左传》中助动词"可以"探源. 汉中师范学院学报

(社会科学), 2001(2).

何爱英.《左传》文体特征及其文化意蕴. 河南大学, 2001(5).

浦卫忠.《左传》中的婚姻家庭生活. 中国社会科学院研究生院学报, 2001(3).

周淑舫. 无德无行历史留骂名——论《左传》所写的反面女性人物. 吉林广播电视大学学报, 2001(2).

黄彩庆. 谈《左传》中形容词活用为名词现象. 广西右江民族师专学报, 2001(2).

钟叔河.《左传》七篇. 出版广角, 2001(6).

朱丽娟. 赏析古典名篇应坚持唯物史观——以赏析《郑伯克段于鄢》为例. 社科与经济信息, 2001(6).

詹绍维.《春秋左传注》商榷. 江西教育学院学报(社会科学), 2001(2).

萧旭.《左传》杨注商兑(一, 二, 三, 四). 江海学刊, 2001(3, 4, 5, 6).

余行达. 读《左传词汇研究》后记. 阿坝师范高等专科学校学报, 2001(1).

崔向荣. 还历史人物以真实的生命——评《左传》中的郑庄公. 广东社会科学, 2001(3).

周洪.《左传》札记. 江西师范大学学报, 2001(2).

张晓松. 试论《左传》历史文学之成就. 漳州师范学院学报(哲学社会科学版), 2001(2).

刘黎明.《春秋》之阙文与错简. 天府新论, 2001(4).

林吉玲. 常州学派与公羊三世说之变异. 学术交流, 2001(4).

林吉玲. 康有为对公羊三世说的改造. 管子学刊, 2001(3).

汤其领. 刘逢禄与春秋公羊之复兴. 徐州师范大学学报(哲学社会科学版), 2001(4).

姚曼波. 孔子作《春秋传》史实考. 江苏教育学院学报(社会科学版), 2001(4).

小寺敦.《左传》引诗的研究——“赋诗断章”的背景. 第五届诗经国际学术研讨会论文集, 2001(8).

潘万木.《左传》的卜筮叙述模式. 荆门职业技术学院学报，2001(4).

崔石岗，索向兴. 冯玉祥读书生活述评——读《冯玉祥读〈春秋左传〉札记》、《我的读书生活》. 津图学刊，2001(4).

姚志国，张婧. 略论《宫之奇谏假道》中辞令之精采. 白城师范高等专科学校学报，2001(3).

吴少珉，张京华.《左传》史论与孔子史学. 洛阳大学学报，2001(3).

刘家和. 从清儒的臧否中看《左传》杜注. 北京师范大学学报(人文社会科学版)，2001(5).

徐朝晖. 杨伯峻《春秋左传注》商榷. 古汉语研究，2001(3).

刘希庆. 论《左传》中的预叙. 广西师范大学学报(哲学社会科学版)，2001(3).

黄帅. 浅析出于《左传》之典的影响及应用. 井冈山师范学院学报，2001(4).

王鸿滨.《春秋左传》中"所以"和"是以"试析. 商洛师范专科学校学报，2001(3).

陈才训.《左传》行人辞令与《战国策》策士辩辞比较. 社科纵横，2001(4).

刘勇刚. 试论《左传》"赋诗断章"对后世文学鉴赏的影响. 甘肃教育学院学报(社会科学版)，2001(4).

刘丽文. 论《左传》的历史观——兼论《左传》神梦巫卜及以成败论人的本质. 求是学刊，2001(6).

封树芬. 论《左传》中的同义词连用. 北方论丛，2001(6).

王鸿滨. 从《左传》主题句中"以"的词性判定看语文词典词性标注问题. 玉林师范学院学报，2001(4).

沈林.《左传》单音节同义词群的考察. 古汉语研究，2001(4).

吕小霞.《左传》叙事范式初窥. 山东经济管理干部学院学报，2001(6).

王春淑.《左传》"权"、"武"、"达"新释. 四川师范大学学报(社会科学版)，2001(6).

段锐武，樊列武.《左传》伦理思想简论. 陕西师范大学学报(哲学社会科学版)，2001(S2).

张京华.《春秋》《左传》与孔子的史学地位. 殷都学刊，2001(4).

刘学林主编. 十三经辞典·春秋穀梁传卷. 陕西人民出版社，2002.

擎苍狂生. 左传故事选粹. 四川文艺出版社，2002，2008.

何宗旺译. 左传. 新疆人民出版社，2002；新世纪出版社，2002.

张高评. 春秋书法与左传学史. 台湾五南图书出版股份有限公司，2002；上海古籍出版社，2005.

孔祥梅等. 左传故事. 吉林文史出版社，2002.

高卫红评注.《左传》选评. 新疆青少年出版社，2002.

姚曼波.《春秋》考论. 江苏古籍出版社，2002.

段熙仲. 春秋公羊学讲疏. 南京师范大学出版社，2002.

郭成伟、方潇.《左传》的法律观. 中国法律年鉴，2002(1).

牛鸿恩. 厌弃《春秋》尊《左传》——姚曼波女士《左传》"蓝本"作于孔子说驳议. 聊城大学学报(哲学社会科学版)，2002(1).

傅亚庶. 论《左传》中的委婉语. 东北师大学报，2002(1).

王鸿滨.《春秋左传》中的"S以VP"结构试析. 语文研究，2002(1).

潘万木.《左传》之梦叙述范型. 荆门职业技术学院学报，2002(1).

白显鹏. 论《左传》家族人物群像. 内蒙古民族大学学报(社会科学版)，2002(1).

宋会群. 干卦六龙态的天文含义研究——《左传》"龙纪"历法钩沉. 史学月刊，2002(2).

李孝迁. 刘师培前期论《左氏》学. 学术研究，2002(2).

欧阳雪梅，胡志平.《左传》编年体结构的叙事优势及其影响. 重庆大学学报(社会科学版)，2002(1).

夏先培.《左传》的"我"和"吾". 湖南社会科学，2002(1).

刘成荣，郭宝军.《左传》神怪现象分析. 九江师专学报，2002(1).

刘凤泉.《左传》叙事文学价值论略. 曲靖师范学院学报, 2002(1).

于万里. 从《左传》看民本思想产生的背景. 商丘师范学院学报, 2002(1).

方文一.《诗经》与《左传》意动用法之比较. 浙江师范大学学报, 2002(1).

王鸿滨.《春秋左传》中“S以VP”结构修辞效果试析. 修辞学习, 2002(1).

萧旭.《左传》杨注商兑(五). 江海学刊, 2002(1).

周来光.《左传》之文学观. 抚州师专学报, 2002(1).

祝秀权.《左传》叙事艺术三题. 洛阳大学学报, 2002(1).

赖积船.《左传》“所”的篇章粘连功能. 西南民族学院学报(哲学社会科学版), 2002(3).

王煜.《左传》对《荀子》音乐理论的影响. 五邑大学学报(社会科学版), 2002(1).

王鸿滨.《春秋左传》“以为”结构分析. 唐都学刊, 2002(2).

贺陶乐.《左传》的幽默讽刺艺术. 西北农林科技大学学报(社会科学版), 2002(2).

杨钊.《左传》逸《诗》考. 四川师范大学学报(社会科学版), 2002(2).

张翅.《左传》伏笔艺术简论. 芜湖职业技术学院学报, 2002(2).

王岗. 从《左传》看晋国的文化建设. 西安石油学院学报(社会科学版), 2002(2).

刘志玲. 论春秋时期郑国的外交政策. 鄂州大学学报, 2002(2).

李兴斌. 对“左氏义法”与《左传》价值的全新解读——方朝晖《春秋左传人物谱》评介. 管子学刊, 2002(2).

姚庆保.《左传》及物动词作使动用考察. 华南师范大学, 2002(6).

谭淑娟, 王莉娟. 从《左传》《史记》看史传文学的演进. 贵阳金筑大学学报, 2002(3).

丁琴海.《左传》叙事视角研究.山东社会科学,2002(3).

张新武."徼福于敝邑之社稷"训解辨正.石河子大学学报(哲学社会科学版),2002(2).

段爱萍.春秋霸主重耳形象探析.西北工业大学学报(社会科学版),2002(2).

王岗.从《左传》看诗歌在春秋时期的繁荣及其原因.陕西教育学院学报,2002(2).

汪少华.《国语》《左传》"其与几何"歧说梳理.南昌大学学报(人文社会科学版),2002(2).

王岗.试论《左传》的悲剧情怀.唐都学刊,2002(3).

薛亚军.《左传》梦占预言应验原因探析.青海社会科学,2002(4).

倪晋波.最后的瞻望——《左传》人物濒亡心理描写初窥.安徽教育学院学报,2002(4).

李金荣.也谈"野人与之块"之"块(kuang)".四川师范大学学报(社会科学版),2002(4).

刘爱敏.《左传》所见春秋初期齐鲁关系.管子学刊,2002(3).

王岗.《左传》中妇女形象的性格魅力及其成因.汉中师范学院学报(社会科学版),2002(4).

熊晓平.历史的视点——从《左传·郑伯克段于鄢》看史书的叙事角度.江西教育学院学报(社会科学版),2002(4).

杜薇.由《左传》看春秋时期"赋诗观志"的社会风尚.洛阳师范学院学报,2002(4).

黄进."楚才"缘何"晋用"?.学习月刊,2002(9).

王宁宁.试论《左传》中的民谣、民谚.衡水师专学报,2002(3).

林贻瑞.浅论《左传》的外交辞令.中共福建省委党校学报,2002(9).

王化平.子产改革新论.遵义师范学院学报,2002(3).

严赛梅.试论《左传》的战争描写艺术.咸宁师专学报,2002(4).

潘万木.春秋时代《诗》的流播和接受——仅以《左传》为例.荆门职业技术学院学报,2002(5).

黄黎星．以象解筮的探索——论尚秉和先生对《左传》《国语》筮例的阐解．周易研究，2002(5).

韩慧英．《左传》、《国语》筮数“八”之初探．周易研究，2002(5).

张小龙，周来光．简论《左传》占卜叙事的艺术功效．广西社会科学，2002(5).

姚曼波．孔子“修《春秋经》”之说乃“乌有之谈”——二驳牛鸿恩先生之“驳议”．江苏教育学院学报(社会科学版)，2002(4).

关冰．《国语·晋语》与《左传》相关记载之比较．辽宁大学学报(哲学社会科学版)，2002(5).

张纯纯．论《左传》的“天德合一”观．岳阳职工高等专科学校学报，2002(4).

姚曼波．再论孔子作《左传》蓝本——驳牛鸿恩先生之“驳议”．聊城大学学报(哲学社会科学版)，2002(6).

何新文、袁洪流．一个“量力而行、相时而动”的图霸之君——郑庄公新论．湖北大学学报(哲学社会科学版)，2002(6).

张浏森．论七位女性对晋文公重耳的影响．许昌师专学报，2002(6).

乔健．对春秋贵族文化合理因素的理解与历史文选教学的深化．兰州大学学报，2002(6).

张玲，李小成．《左传》非《春秋》之传．昌吉学院学报，2002(4).

张群．当代《左传》人物研究概述．呼兰师专学报，2002(4).

倪天祥．试论《左传》战争篇章的结构艺术．上海第二工业大学学报，2002(2).

黄觉弘．《左传》先秦授受世系之由来辨伪．江汉大学学报(人文科学版)，2002(6).

王岗．从《左传》看春秋诸侯国外事关系的发展及其特征．渭南师范学院学报，2002(S1).

张猛．左传谓语动词研究．语文出版社，2003.

蔡妙真．追寻与传释——《左绣》对《左传》的接受．台湾万卷楼图书股份有限公司，2003.

李启原编．左传著述考．“国立”编译馆，2003.

陈国勇主编．春秋左传．广州出版社，2003.

林义正．春秋公羊传伦理思维与特质．台湾大学出版中心，2003.

王凤才，时海燕．春秋公羊学及历史演变．聊城大学学报(社会科学版)，2003(1).

陈国庆、车冬梅：试论康有为对今文经学的研究．陕西教育学院学报，2003(1).

赵伯雄．朱熹《春秋》学考述．孔子研究，2003(1).

郭丹．《左传》中的奇计与谋略．古典文学知识，2003(1).

马启俊．《春秋左传注》标点自乱其例辨正．淮南师范学院学报，2003(1).

李索．敦煌写本《春秋经传集解》(残卷)学术价值新论．四川大学学报(哲学社会科学版)，2003(1).

龚留柱．汉代对《左传》的发覆与研究．史学月刊，2003(1).

陈筱芳．从《左传》看春秋时期的神正论．西南民族学院学报(哲学社会科学版)，2003(1).

潘万木．《周易》在春秋时期的接受——以《左传》为例．荆门职业技术学院学报，2003(1).

房瑞丽．从《左传》“赋诗”和上博《诗论》看先秦两大《诗》学系统．南阳师范学院学报(社会科学版)，2003(2).

陈尚仁．盟约与结义——从春秋与《三国》谈起．浙江学刊，2003(1).

范泽宇．《左传》伐情初探．中共太原市委党校学报，2003(1).

谢尧亭．《左传》·考古札记八则．文物世界，2003(1).

邹庆浩．试论“齐晋鞍之战”——兼及《左传》的战争描写．枣庄师范专科学校学报，2003(1).

张之佐．《左传》民本思想考．兰州教育学院学报，2003(1).

王清珍．《左传》中的楚人引《诗》．文学遗产，2003(2).

徐朝晖．杨伯峻《春秋左传注》商榷(续)．古汉语研究，2003(1).

马健鹰．《左传》中饮食活动及宴饮诗研究．扬州大学烹饪学报，

2003(1).

陈筱芳.《春秋左传注》考辨.西南民族学院学报(哲学社会科学版),2003(3).

韩再峰.《左传》士人的历史形象与艺术形象.佳木斯大学社会科学学报,2003(1).

杨锋.《左传》中所见的礼初探.四川教育学院学报,2003(3).

叶楚炎.不才之才与不忠之忠——析《左传》中的赵盾形象.太原教育学院学报,2003(1).

崔芸.《左传》"有"字句研究.阜阳师范学院学报(社会科学版),2003(2).

王璇.试论《左传》中的婚姻观.经济与社会发展,2003(4).

刘敬林.《左传》"以乱易整,不武"辨释.江西教育学院学报(社会科学),2003(2).

郜积意.论庄存与的《公羊》学.孔子研究,2003(5).

晁天义,张仁玺.皮锡瑞的"《春秋》非史说"与近代学术史上的《春秋》性质的研究,西北第二民族学院学报,2003(4).

张辉忠.初析《诗经》在古代政治思想交流中的启示作用——从《左传》中用歌《诗》奏《诗》充实和代表言语谈起.长春理工大学学报(社会科学版),2003(2).

唐康.《左传》的德治思想摭谈.辽宁师范大学学报,2003(3).

郜积意.汉代《春秋》学中的朝聘礼之争.福州大学学报(哲学社会科学版),2003(2).

杨锋.《左传》中所见的礼初探.四川教育学院学报,2003(3).

缪爱红.论析《左传》赋诗思维倾向.常州师范专科学校学报,2003(3).

薛柏成.《左传》中所表现的春秋时期井田制的衰变.吉林师范大学学报(人文社会科学版),2003(3).

谭黎明.《左传》中所记春秋时期道德观念初探.吉林师范大学学报(人文社会科学版),2003(3).

陈庆艳.《左传》女性形象之我见.金陵职业大学学报,2003(2).

黄永厚."蔑以加于此矣!"——《左传·季札观周礼》.书屋,

2003(7).

周玉波.《左传》引用谣谚现象略说. 淮阴师范学院学报(哲学社会科学版), 2003(4).

郭丹. 先秦史传文学作品中的文体萌芽与雏形. 福建师范大学学报(哲学社会科学版), 2003(4).

庞光华.《左传》"日有食之"新解. 贵州文史丛刊, 2003(3).

余炳毛.《左传》地名"皋鼬"考. 中国历史地理论丛, 2003(3).

李文浦, 汪磊, 陈桂娟. 康熙《古文评论〈左传〉》释义(一). 承德民族师专学报, 2003(3).

刘丽文.《左传》"继室"考. 学术探索, 2003(9).

牛鸿恩. "弑君三十六, 亡国五十二"考实——兼驳"孔子所作《春秋》非'经'而是'传'说". 聊城大学学报(社会科学版), 2003(5).

刘希庆. 论《左传》中的顺叙和倒叙. 海淀走读大学学报, 2003(3).

麻爱民. 说《左传》中的"杨盾". 古汉语研究, 2003(3).

李索, 高小立.《左传》愧耻义系词义特点与结构功能析微. 河北大学学报(哲学社会科学版), 2003(3).

胡安莲. 论《左传》"行人"及其辞令特色. 周口师范学院学报, 2003(4).

刘瑛, 倪其心.《左传》方术研究. 中国典籍与文化, 2003(3).

王莉.《春秋事语》研究二题. 古籍整理研究学刊, 2003(5).

宁皖平. 从春秋三传注看古代训诂学家的语法研究成就. 学术论坛, 2003(5).

张蓉.《左传》贵族女性问题初探. 长安大学学报(社会科学版), 2003(3).

潘万木.《左传》征引叙述模式的形成及其影响. 荆门职业技术学院学报, 2003(5).

管曙光.《左传》中的公文及其特点. 秘书, 2003(10).

贺陶乐.《左传》谏说应对的策略艺术. 西北农林科技大学学报(社会科学版), 2003(5).

陈莉娟.《左传》与《三国演义》比较研究. 江西师范大学硕士学位

论文，2003.

浦卫忠．论杜预《春秋经传集解》(上)．燕山大学学报(哲学社会科学版)，2003(4).

王和．《左传》的成书年代与编纂过程．中国史研究，2003(4).

贾雯鹤．《左传》人名三考．宜宾学院学报，2003(6).

李索．专书词典义项设立刍议——从《春秋左传词典》情感类词语的义项设立谈起．辞书研究，2003(6).

李春青．论先秦“赋诗”、“引诗”的文化意蕴．齐鲁学刊，2003(6).

贾继海，张经芬．从《左传》中的占卜材料透视齐国的务实精神．管子学刊，2003(4).

王红霞．试论左丘明的政治思想．管子学刊，2003(4).

王媛．《左传》中的战争用车．汽车运用，2003(12).

孙赫男．《左氏会笺》“求同存异”方法义例——以隐公元年为主．牡丹江师范学院学报(哲学社会科学版)，2003(6).

田笑霞．《左传·鞌之战》的文学价值浅论．克山师专学报，2003(4).

马慧娜．《左传》叙事比较浅谈．陕西师范大学继续教育学报，2003(S1).

杨胜朋．论《左传》梦叙述的文学价值．西南交通大学学报(社会科学版)，2003(6).

李相兴．《左传》中“烝”、“报”婚的价值定位．学术探索，2003(S1).

徐杰令．春秋邦交研究．中国社会科学出版社，2004.

戴维．春秋学史．湖南教育出版社，2004.

赵伯雄．春秋学史．山东教育出版社，2004.

陈克炯编．左传详解词典．中州古籍出版社，2004.

陈铁民等译注．十三经．三秦出版社，2004.

何新文．左传人物论稿．中国社会科学出版社，2004.

张汉东，邢子民．左丘明与《左传》．山东文艺出版社，2004.

胡安顺编．春秋左传集解释要．陕西人民出版社，2004.

潘万木. 左传叙述模式论. 华中师范大学出版社, 2004.

左丘明著. 舒胜利, 陈霞村译注. 左传. 山西古籍出版社, 2004, 2006.

钟雷主编. 春秋左传. 哈尔滨出版社, 2004.

李立选评. 左传. 中国少年儿童出版社, 2004.

吴雪玲, 周海生编.《左传》智慧名言故事. 齐鲁书社, 2004.

周红雁, 吴海升编.《左传》故事精讲. 安徽文艺出版社, 2004.

张庆利, 米晓燕, 王丽英编著. 左传精粹解读. 北京中华书局, 2004.

栾贵明, 田奕主编. 十三经索引·春秋左传. 中国社会科学出版社, 2004.

张庆利. 左传精粹解读. 北京中华书局, 2004.

李娈. 春秋左传. 学苑音像出版社, 2004.

王槐茂, 齐荣君编著. 左传. 上海科学技术文献出版社, 2004.

庞大岳主编.《左传》和《战国策》. 湖北少年儿童出版社, 2004.

刘继保. 中国古代小说起源于《左传》. 中州学刊, 2004(1).

丁喜霞.《左传》"追""逐"的意义和用法分析. 山东师范大学学报(人文社会科学版), 2004(1).

李艳华. 略论《左传》中的女性形象. 洛阳师范学院学报, 2004(1).

黄觉弘. 吴起与《左传》之关系辨正. 江汉大学学报(人文科学版), 2004(1).

甘斐哲.《左传》同义词连用现象考察. 安庆师范学院学报(社会科学版), 2004(2).

韩再峰.《左传》中的孔子形象. 艺术研究, 2004(1).

马启俊.《春秋左传注》注释商补. 阜阳师范学院学报(社会科学版), 2004(2).

李学勤.《左传》"荆尸"与楚月名. 文献, 2004(2).

陈圣宇. 试析《左传》中梦的记述. 江苏广播电视大学学报, 2004(2).

李艳华.《左传》女性形象探微. 湛江海洋大学学报, 2004(2).

缪爱红.《左传》用《诗》与春秋时期思维的理性化. 南京师范大学硕士学位论文，2004.

王基伦."《春秋》笔法"的诠释与接受. 孔学研究(第11辑)——云南孔子学术研究会第十一次暨海峡两岸第七次孔子学术研讨会论文集，2004.

吴培德.《左传》之伦理观. 孔学研究(第11辑)——云南孔子学术研究会第十一次暨海峡两岸第七次孔子学术研讨会论文集，2004.

韩猛.《左传》叙事的时间观念浅析. 济南大学学报(社会科学版)，2004(3).

王卫峰.《左传》词语辨诂. 山东教育学院学报，2004(3).

姚曼波. 孔子作《左传》"蓝本"的史实否定不了——再驳牛鸿恩之"驳议". 聊城大学学报(社会科学版)，2004(3).

刘丽文. 左丘明与《左传》《国语》关系考论. 聊城大学学报(社会科学版)，2004(3).

刘巍. 从援今文义说古文经到铸古文经学为史学——对章太炎早期经学思想发展轨迹的探讨. 近现代史研究，2004(3).

罗雄飞. 俞樾公羊思想发微. 清史研究，2004(3).

黄开国，唐赤蓉. 春秋时期思想文化的转型. 哲学研究，2004(5).

漆娟.《左传》的女性悲剧形象. 宜宾学院学报，2004(3).

张林川，周春健.《左传》引《诗》范围的界定. 湖北大学学报(哲学社会科学版)，2004(3).

舒大清.《左传》、《国语》相术预言略论. 海南师范学院学报(社会科学版)，2004(3).

布莉华.《重耳出亡》中一组个性鲜明的女性配角系列. 先秦两汉文学论集，2004.

李索，赵君. 敦煌文献《春秋经传集解》缀合四则. 中国古代社会与思想文化研究论集，2004.

周和军. 见微而知著——论《左传》的叙事视角艺术. 长春师范学院学报，2004(6).

刘蓉，白炜. 从《左传》看春秋时人的生死观. 唐都学刊，2004(3).

马启俊．继承与创新并重标点与训诂俱佳——白兆麟先生《左传微》点注评介．淮北煤炭师范学院学报(哲学社会科学版)，2004(3)．

邱文颖．《左传》梦境生成机制初探．苏州教育学院学报，2004(2)．

王鸿滨．《春秋左传》中"无(有)以"．西安联合大学学报，2004(3)．

朱占青．论《左传》的干预叙事者．平顶山师专学报，2004(3)．

谢志勇．从《左传》看中国古代"礼"的演变．宜春学院学报，2004(3)．

李小燕，李晓静．《左传》成语初探．九江师专学报，2004(3)．

吴美卿．论《左传》的人文精神．求索，2004(6)．

郭丹．《左传》中的战争思想．厦门教育学院学报，2004(2)．

李绍萍．浅谈《左传》中的"崇霸"与"崇礼"——借宋襄公与郑庄公之形象管窥春秋时期的思想状况．厦门教育学院学报，2004(2)．

史礼心．《郑伯克段于鄢》解读．北方工业大学学报，2004(2)．

欧阳俊杰．《左传》中"智"的因素对战国纵横家的影响．四川理工学院学报(社会科学版)，2004(2)．

谢仁敏．草蛇灰线，伏脉千里——浅析《左传》的伏笔艺术．柳州师专学报，2004(2)．

王伯虎．赵武出生之年考辨．邯郸职业技术学院学报，2004(2)．

曾毅．文献与人事：春秋人文主义思潮发展的两条线索．四川师范大学硕士学位论文，2004．

王红霞．《左传》称名略说．学术论坛，2004(4)．

李秀明．《左传》引诗的关联理论分析．修辞学习，2004(4)．

詹苏杭．《左传》的龟卜与筮占．乐山师范学院学报，2004(7)．

潘万木．《左传》的战争叙述．荆门职业技术学院学报，2004(4)．

过常宝．《左传》源于史官"传闻"制度考．北京师范大学学报(社会科学版)，2004(4)．

王红霞．左丘明——一个被遗忘的大儒．天府新论，2004(4)．

何新文，张群．现当代的《左传》人物研究．湖北大学学报(哲学社会科学版)，2004(4)．

马杰，付海波，刘菲．论《左传》的语言特色．辽宁工程技术大学学报(社会科学版)，2004(4)．

朱占青．论《左传》的客观叙事特征．天中学刊，2004(4)．

张隽．《春秋左传》“自+V”结构辨议．乐山师范学院学报，2004(8)．

张高评．台湾《春秋》经传研究之师承与论著．江海学刊，2004(4)．

方文一．《左传》与《诗经》使动用法之比较．浙江师范大学学报，2004(4)．

张文霞．《左传》“死”类动词初探．忻州师范学院学报，2004(4)．

余炳毛．“乃”在《左传》中的用法．西安教育学院学报，2004(3)．

何新文．关于《左传》的人物评论．文学评论，2004(5)．

徐杰令．春秋时期飨燕礼的演变．学习与探索，2004(5)．

周和军．论《左传》的叙事时间艺术．长春师范学院学报，2004(9)．

蒲生华．《左传》中春秋贵族的治丧礼仪．青海师范大学民族师范学院学报，2004(2)．

史向辉．论《左传》中蕴含的战术思想．吉林大学社会科学学报，2004(5)．

杨钊．论《左传》“诗以言志”之“志”．西南民族大学学报(人文社科版)，2004(9)．

田耕渔．《左传》“寤生”梦解．西南民族大学学报(人文社科版)，2004(9)．

李艳．贵族风度与《左传》中的战争．中共郑州市委党校学报，2004(5)．

吴明东．谈《郑伯克段于鄢》的人物描写艺术．黑龙江教育学院学报，2004(5)．

潘万木、黄永林．《左传》之预言叙述模式．华中师范大学学报(人文社会科学版)，2004(5)．

何新文．元明清三代的《左传》人物评论．黄冈师范学院学报，2004(5)．

左林霞．《左传》杜注复合词的考察．云南师范大学学报(哲学社

会科学版)，2004(6).

王世舜.《春秋》《左传》平议. 聊城大学学报(社会科学版)，2004(6).

王春阳. 从《左传》"雩礼"看春秋时期的生态变化. 乐山师范学院学报，2004(11).

陈彦辉.《左传》"其失也巫"辨析. 学术交流，2004(11).

刘志玲，鲁家亮.《春秋左传正义》校读札记. 湖北大学学报(哲学社会科学版)，2004(6).

庞光华.《左传》"大叔完聚"新解. 古籍整理研究学刊，2004(6).

魏兆惠.《左传》的趋向连动式及其与动趋式的关系. 西安电子科技大学学报(社会科学版)，2004(4).

关立言，关立行.《左传·襄公二十七年》的一处疑义. 开封大学学报，2004(4).

路飞飞，张科晓.《左传》杜注中双音词的结构类型与特点. 太原大学学报，2004(4).

孙启荣. "大叔完聚"之"完、聚"考. 阿坝师范高等专科学校学报，2004(4).

武砺兴.《左传·秦晋殽之战》章法分析. 甘肃高师学报，2004(6).

杨经华. 寻找逝去的心灵——谈谈《左传》中几种独特的心理描写. 钦州师范高等专科学校学报，2004(4).

李索. 敦煌写卷《春秋经传集解》校正. 中国社会科学出版社，2005.

潘光旦编. 中国民族史料汇编·左传. 天津古籍出版社，2005.

龚留柱. 春秋弦歌——《左传》与中国文化. 河南大学出版社，2005.

王殿才改写. 左传. 国际文化出版公司，2005.

陆成编. 左传故事. 京华出版社，2005.

王维堤.《左传》选评. 上海古籍出版社，2005，2011.

王鸿滨. 春秋左传介词研究. 世界图书出版西安公司，2005.

邬志华译注. 春秋左传. 远方出版社，2005.

吴静安．春秋左氏传旧注疏证续．东北师范大学出版社，2005.

孙赫男．《左氏会笺》的校勘特点．北方论丛，2005(1).

俞樟华，林怡．宋代《左传》学概述．古籍整理研究学刊，2005(1).

王庆民．宏大、精深、洗练、典雅——从《晋楚城濮之战》看《左传》的叙事特点．辽宁师专学报(社会科学版)，2005(1).

张志华．《左传》中的“其字”．汉字文化，2005(1).

王亚丽．《左传》《论语》中“莫”字用法比较．宜宾学院学报，2005(2).

王冲．浅析《左传》词类活用．黑龙江教育学院学报，2005(1).

曹迎春．浅谈《左传》中的郑庄公．名作欣赏，2005(4).

余淑荣．试论《左传》说辞的得体性．固原师专学报，2005(2).

黄觉弘．“孔子作《左传》说”再议．聊城大学学报(社会科学版)，2005(2).

吴峥嵘．《左传》中“请”与“求”的词义差异及其语用选择．北方论丛，2005(2).

赵会娟．浅析《左传》的梦．海南大学学报(人文社会科学版)，2005(1).

吴美卿．《左传》的叙事特色对《史记》创作的影响．广西教育学院学报，2005(2).

黄建宁，刘志生．《左传》杜注敦煌残卷研究．四川师范大学学报(社会科学版)，2005(2).

张瑞利．《左传》中的小说因素．四川教育学院学报，2005(3).

夏维新．从《左传》看“礼”在春秋时期的社会价值．伊犁教育学院学报，2005(1).

卢凤鹏．《左传》杜预注校释一则．毕节师范高等专科学校学报(综合版)，2005(1).

林荣．春秋时期的档案文献编纂——成文法的编纂公布．兰台世界，2005(8).

蔡庸礼．论“郑伯克段于鄢”在《左传》中的作用．高等函授学报(哲学社会科学版)，2005(2).

李俄宪．中岛敦小说的创作流变与《左传》．外国文学研究，2005(2)．

唐沙．《左传》自杀描述面面观．涪陵师范学院学报，2005(2)．

吕志．《春秋》三传与《古文观止》评庄考辨．湖南农业大学学报(社会科学版)，2005(2)．

黄觉弘．啖赵《春秋》学派略论．江西教育学院学报(社会科学)，2005(2)．

黄觉弘．刘知幾论《左传》．江汉大学学报(人文科学版)，2005(2)．

罗媛元．杜注《左传》质疑举偶．广西梧州师范高等专科学校学报，2005(2)．

赵大明．《左传》中率领义"以"的语法化程度．中国语文，2005(3)．

张新科．《左传》叙事文的艺术结构．人文杂志，2005(3)．

孙赫男．掇其精粹订补申说——《左传会笺》影响《春秋左传注》的几种方式．学习与探索，2005(3)．

闫丽环．春秋"行人"初探．濮阳职业技术学院学报，2005(2)．

赵绪磊．《左传》和《伯罗奔尼撒战争史》编年体异同．聊城大学学报(社会科学版)，2005(3)．

符渝．论《左传》分化型偏正双音合成词．三峡大学学报(人文社会科学版)，2005(3)．

黄觉弘．刘歆争立《左传》始末略论．湖北社会科学，2005(5)．

郭明友．从骊姬杀申生说起——春秋时期贵族女性命运透视．无锡商业职业技术学院学报，2005(2)．

黎文丽．从《城濮之战》看《左传》的战争描写艺术．咸阳师范学院学报，2005(3)．

聂小站．《左传》敬词研究．安康师专学报，2005(3)．

赵生群．《左传》志疑．中国典籍与文化，2005(2)．

兰和群．《左传》中名词动用的表现形式及其内涵．商丘师范学院学报，2005(3)．

黄觉弘．论东汉《左传》地位之变迁．江南大学学报(人文社会科学版)，2005(3)．

杨胜朋．论《左传》中的梦境表现及文学成就．西南农业大学学报(社会科学版)，2005(2)．

杨亦鸣．再谈《左传》“贰于×”．中国语文，2005(4)．

路新生．刘师培的《左传》学研究及其现代史学意义．华东师范大学学报(哲学社会科学版)，2005(4)．

李宗桂．康有为《春秋董氏学杂义》．中山大学学报·社会科学版，2005(4)．

黄开国．庄存与《春秋》学新论．哲学研究，2005(4)．

郭丹．《左传》“言事相兼”的叙事特点．光明日报，2005 年 7 月 29 日．

吴国武．周秦诸子书多出于国史、家乘论．古籍整理研究学刊，2005(4)．

吴峥嵘．《左传》中“与”类词研究．咸宁学院学报，2005(4)．

胡垚．《左传》引《诗》杜《注》辨正一则．乐山师范学院学报，2005(7)．

侯素利．论《左传》中的贿赂现象．乐山师范学院学报，2005(7)．

李雁蓉．《左传》中的水旱灾害．社科纵横，2005(4)．

曹炜．《左传·僖公四年》“北海”、“南海”新解．江海学刊，2005(4)．

张红．《左传》引《诗》新探．成都教育学院学报，2005(8)．

王洲明．从《左传》与《史记》称《诗》引《诗》的对比研究看《毛序》的作期. 河北师范大学学报(哲学社会科学版)，2005(5)．

蒲生华．《左传》中春秋贵族的葬礼、丧祭礼及其丧葬思想．青海师范大学民族师范学院学报，2005(2)．

潘万木．《左传》的民间叙述立场．荆门职业技术学院学报，2005(5)．

罗红昌．《左传》中的“N 以”结构的实质．宜宾学院学报，2005(9)．

沈晋华．“姜氏何厌之有”今译质疑．苏州教育学院学报，2005(3)．

曹金兴．“瘖”字的四种说法．咬文嚼字，2005(9)．

陈恩林.《春秋左传注》辨正六则. 古籍整理研究学刊，2005(5).

黄增寿.《左传》"中寿，尔墓之木拱矣!"解. 语言科学，2005(5).

宋擎擎. 叙事中的时间——《左传》与《史记》中的时间观. 河北北方学院学报，2005(5).

刘继保."稗官说"质疑兼论"小说起源于《左传》". 首都师范大学学报(社会科学版)，2005(5).

唐赤蓉. 刘逢禄没有否定王鲁说. 社会科学战线，2005(5).

赵沛. 廖平以礼制治《春秋》略说. 山东大学学报·哲学社会科学版，2005(5).

王长顺."春秋笔法"与"太史公笔法"之比较. 宝鸡文理学院学报(社会科学版)，2005(5).

郭春林. 试论《左传》的辞令美. 广西右江民族师专学报，2005(5).

何凌风.《左传》"联珠格"运用之艺术成就初探. 宜春学院学报，2005(5).

陈慕华. 两种《左传》译本的译文风格研究与比较. 内蒙古农业大学学报(社会科学版)，2005(4).

沈鸿. 重耳流亡故事中女性形象的文学原型属性. 山西师大学报(社会科学版)，2005(5).

余英华. 试析《左传》中贵族女性与政治生活的关系. 遵义师范学院学报，2005(5).

包瑞峰. 刘文淇、吴静安与《春秋左氏传旧注疏证》. 光明日报，2005年11月3日.

秦佳慧. 试论《春秋左传》中的尊称和谦称. 浙江社会科学，2005(6).

景明. 先《传》后《经》辨——论《左传》与孔子《春秋》之关系. 渤海大学学报(哲学社会科学版)，2005(6).

俞荣根."夹谷之会"研究——兼议孔子的仁学和平思想. 孔子研究，2005(6).

葛焕礼. 论苏辙《春秋》学的特点. 孔子研究，2005(6).

张淑一.《春秋左传注》勘误四则. 古籍整理研究学刊，2005(6).
徐立望. 清代公羊学复兴与经世之检讨. 浙江学刊，2005(6).
黄觉弘. 论汉代《左传》的两大传本及其显晦. 南京社会科学，2005(12).
黄觉弘.《史记·本纪》述《左传》辨疑. 唐都学刊，2005(6).
梁涛. 20世纪以来《左传》、《国语》成书、作者及性质的讨论. 邯郸学院学报，2005(4).
何凌风.《左传》对偶运用之艺术成就初探. 江西师范大学学报，2005(6).
黄连平. 浅谈《国语》和《左传》的异同. 商丘职业技术学院学报，2005(6).
何凌风.《左传》对偶艺术之实证研究. 长春工程学院学报(社会科学版)，2005(4).
韩清茂. 左传国语. 协商论坛，2005(11).
邹博爱.《春秋左传》营造漫录. 华中建筑，2005(S1).
敖思芬. 略论《左传》中的女性悲剧形象. 南昌教育学院学报，2005(4).
赵生群.《左传》疑义新证. 南京师范大学文学院学报，2005(4).
赵奉蓉，王素芳.《左传》预言对小说创作的影响. 胜利油田师范专科学校学报，2005(4).
赵生群.《左传》志疑(二). 中国典籍与文化，2005(4).
陈彦辉. 春秋辞令研究. 北京中华书局，2006.
李索. 敦煌写卷《春秋经传集解》校证. 中国社会科学出版社，2006.
陈戍国. 春秋左传校注. 岳麓书社，2006.
李玉良译. 王铭基绘画. 左传名言. 齐鲁书社，2006.
王铭基、张蕾绘图，马小方今译，李玉良英译.《左传》名言(*Aphorisms from Zuozhuan*)(中英文对照). 齐鲁书社，2006.
张为才主编. 国学启蒙经典·春秋左传. 青岛出版社，2006，2009.
刘瑛.《左传》、《国语》方术研究. 人民文学出版社，2006.

李南晖编注．左传精萃．花城出版社，2006.

黄翠芬．章太炎春秋左传学研究．台湾文津出版社有限公司，2006.

文廷海．清代春秋穀梁学研究．巴蜀书社，2006.

潘美月，杜洁祥主编．古典文献研究辑刊·《穀梁传》解经方法研究．台湾花木兰文化出版社，2006.

顾颉刚编．春秋地名考．国家图书馆出版社，2006.

许雪涛．公羊解经方法：从公羊传到董仲舒春秋学．广东人民出版社，2006.

[日]田冈岭云译注．春秋左传．东京玄黄社，2006.

杨小召．简论春秋时期家臣“张公室”问题．文史杂志，2006(1).

曹兆兰．春秋占筮心理探讨．华中师范大学学报(人文社会科学版)，2006(1).

赵奉蓉．《左传》预言所体现的“大一统”思想．太原师范学院学报(社会科学版)，2006(1).

孙赫男．《左氏会笺》校雠特点刍议．齐齐哈尔大学学报(哲学社会科学版)，2006(1).

牛鸿恩．先入为主的主观体认——三驳所谓“孔子作《春秋》传”．聊城大学学报(社会科学版)，2006(1).

黄觉弘．论贾谊与《左传》之关系．船山学刊，2006(1).

宁登国．《左传》记事终止时间辨正．古籍整理研究学刊，2006(1).

赵生群．《左传》疑义新探(僖公篇)．古籍整理研究学刊，2006(1).

江傲霜．《左传》同义复词研究．古籍整理研究学刊，2006(1).

孙赫男．《左氏会笺》训诂术语浅释．牡丹江师范学院学报(哲学社会科学版)，2006(1).

赵宗乙．《春秋左传注》商兑二则．泉州师范学院学报，2006(1).

黄觉弘．《左传》成书上下限推考．南昌大学学报(人文社会科学版)，2006(1).

宋亚云．从《左传》杜预注、孔颖达疏看汉语被动式的发展．周口师范学院学报，2006(1).

刘宗棠，张泰．论春秋时期“烝”婚制的合“礼”性．学术论坛，2006(2).

李国锋．论子产的外交政策改革及其影响．江汉论坛，2006(2).

湛琴．也谈《左传》中的“乃”．和田师范专科学校学报，2006(1).

杜云辉．《左传》中的战争人道主义思想．江西教育学院学报(社会科学)，2006(1).

王春阳，林红武．《左传》吉礼的崩坏发覆．当代经理人，2006(3).

李艳．中国古代战争中的贵族风度．大众科技报，2006年2月19日.

陶运清．由《殽之战》的记叙看“春秋三传”的叙事艺术．成都教育学院学报，2006(2).

许蔚．《左传》、《国语》易例于《周易》之文本意义．周易研究，2006(1).

梁葆莉，张军．《左传》中的古代音乐美学思想浅探．常州工学院学报(社科版)，2006(1).

李索．从写卷P. 2509之“岠跃”看《左传》“距跃”的意义．敦煌研究，2006(1).

李纪祥．柯之盟与曹沫．中国文化研究，2006(1).

李兴宁．《左传》中的纪事本末体．中国文化研究，2006(1).

唐晓娟．堂堂者华——从《左传》管窥先秦君子风范．科教文汇(下半月)，2006(2).

刘明涛．《左传》外交辞令述论．吉林大学硕士学位论文，2006.

程亚恒．《左传》兼语句研究．贵州大学硕士学位论文，2006.

孙赫男．再论《左传会笺》影响《春秋左传注》的几种方式．社会科学辑刊，2006(2).

肖锋．百年“春秋笔法”研究述评．文学评论，2006(2).

孙赫男．《左氏会笺》文字训诂论略．佳木斯大学社会科学学报，2006(2).

罗玲云．庾信与《左传》．牡丹江教育学院学报，2006(2).

张文国．“人谓子产不仁”结构分析．石家庄学院学报，2006(2)．

何乐士．《左传》语言研究的新成就——读陈克炯教授《左传详解词典》．中南民族大学学报(人文社会科学版)，2006(2)．

田银娟．《左传详解词典》的特色——关于词性、状态词的建立、词性活用的处理的申说阐释．湖北广播电视大学学报，2006(3)．

王一鸣．典出《左传》．咬文嚼字，2006(8)．

阮爱东．《左传》人物研究的新创获：《〈左传〉人物论稿》评介．湖北大学学报(哲学社会科学版)，2006(2)．

陈慕华．析《左传》英译的失与误．湖南工程学院学报(社会科学版)，2006(1)．

刘东平．《左传》“河鱼腹疾”对研究早期中医的启示．陕西中医学院学报，2006(2)．

胡德才．叙述学研究走进历史叙述文本——评潘万木的《〈左传〉叙述模式论》．荆门职业技术学院学报，2006(2)．

刘丽华，晁岳佩．论杜预《春秋》学在《春秋》学史上的地位．山东师范大学学报(人文社会科学版)，2006(2)．

陈戍国．经学札记三则．湖南大学学报(社会科学版)，2006(2)．

陈英杰．再说《左传》之“弗宾”．中国典籍与文化，2006(1)．

赵生群．《左传》志疑(三)．中国典籍与文化，2006(1)．

郑慧生．《左传》训诂五则．河南大学学报(社会科学版)，2006(2)．

师琴．试析《左传》中与楚国政治有关的女性．黄石教育学院学报，2006(1)．

赵奉蓉．《左传》预言研究．曲阜师范大学硕士学位论文，2006.

韩国良．从《左传》《国语》赋引之诗看《诗经·商颂》的年代问题．阴山学刊，2006(2)．

葛志毅．《春秋》义例的形成及其影响．中华文化论坛，2006(2)．

韩国良．论《左传》“逸诗”的属性问题——兼驳前人对“古诗三千余”说的质疑．广西师范学院学报，2006(2)．

郑燕珍．宋昭公“无道”考辨．湛江师范学院学报，2006(2)．

胡兴珠．论春秋时期齐国君权与卿权的斗争．吉林大学硕士学位论文，2006.

陈再文，马启俊.《春秋左传注》标点商榷．滁州学院学报，2006(2).

韩红星.《左传》“况”字句考察．华南理工大学学报(社会科学版)，2006(2).

董淑华．从《左传》“伐、侵、袭”的使用透视春秋人的战争观．辽宁工学院学报(社会科学版)，2006(2).

张宝林.《左传》伦理思想内涵探析．学术交流，2006(5).

查清兰．浅议《左传》外交辞令的民族特色．科技信息(学术研究)，2006(5).

桑大鹏．三种诗论的诠释学观照——《孔子诗论》、《左传》、《毛诗》解诗差异之分析．华中师范大学学报(人文社会科学版)，2006(3).

顾钦．从《左传》灾异、占卜、战争记载看兵家阴阳思想．上海大学学报(社会科学版)，2006(3).

邵英.《左传》之“非礼”窥探．西北大学学报(哲学社会科学版)，2006(3).

孙赫男．上野贤知《〈左氏会笺〉三稿》发墨．辽宁大学学报(哲学社会科学版)，2006(3).

解植永.《左传》、《史记》判断句比较研究．重庆文理学院学报(社会科学版)，2006(3).

徐兴无．释《春秋》必以周礼明之——读刘文淇《春秋左氏传旧注疏证·注例》．南京晓庄学院学报，2006(3).

卢鸣东．论《春秋左氏传旧注疏证》中的尊王思想．南京晓庄学院学报，2006(3).

孙赫男．竹添光鸿《左氏会笺》研究述要．北京大学学报(哲学社会科学版)，2006(3).

毛振华.《左传》郑人赋诗考论．西安电子科技大学学报(社会科学版)，2006(3).

耿天勤.《左传》与中国古代史学的优良传统．山东师范大学学报(人文社会科学版)，2006(3).

罗军凤．文化和传统在“中国早期叙事文”中的迷失——对王靖宇《左传》研究的批评．中国文化研究，2006(2)．

王光汉．说“擐”．古汉语研究，2006(2)．

赵生群．《左传》志疑(四)．中国典籍与文化，2006(2)．

赵沛．廖平对《左传》认识．福建论坛(人文社会科学版)，2006(7)．

张瑞芳．《左传》政治婚姻下的女性形象．西藏民族学院学报(哲学社会科学版)，2006(4)．

黄连平．《国语》和《左传》的异同比较．中国青年政治学院学报，2006(4)．

赵沛．廖平《左传》研究对杜预的批评．史学月刊，2006(7)．

王元琪．辛亥前刘师培的《左传》研究．西安电子科技大学学报(社会科学版)，2006(4)．

黄觉弘．《左传》成书秦汉说及代有增益说综考．中华文化论坛，2006(3)．

过常宝．《左传》虚饰与史官叙事的理性自觉．北京师范大学学报(社会科学版)，2006(4)．

闫丽，唐晓天．《左传》女性人物称名的文化意义．古籍整理研究学刊，2006(4)．

陈冠兰．以礼治左传之“善本”．中华读书报，2006年8月9日．

吴秉坤．事与义之间——《左传》与《春秋》之间的张力．郧阳师范高等专科学校学报，2006(4)．

毛振华．《左传》鲁人赋诗考论．东方论坛．青岛大学学报，2006(4)．

孙震芳，乐帧益．试论《左传》中的“君子曰”．上饶师范学院学报(社会科学版)，2006(4)．

魏红星．《左传》人物的人格特征．燕山大学学报(哲学社会科学版)，2006(3)．

胡萍．《左传》歌讴谣诵用韵分析．滁州学院学报，2006(4)．

查清兰．浅析《左传》外交辞令的产生及其发展．江西科技师范学院学报，2006(4)．

张劲秋.《春秋经传集解》训诂术语略考. 安徽教育学院学报, 2006(5).

路新生. 经史互动：章太炎的经学研究及其现代史学意义. 天津社会科学, 2006(5).

童庆炳. 中国叙事文学的起点与开篇——《左传》叙事艺术论略. 北京师范大学学报(社会科学版), 2006(5).

赵生群.《左传》训诂丛札. 南京师大学报(社会科学版), 2006(5).

贾冬月, 张宪华.《左传》中的齐国女性. 泰山学院学报, 2006(5).

查月贞.《左传》说梦. 景德镇高专学报, 2006(3).

赵沛. 廖平的兼治三传与晚清经学的时代特征. 求索, 2006(9).

孙鹏. 论《左传》卜筮中的神秘主义. 南京工业职业技术学院学报, 2006(3).

杨钊.《左传》与"诗以言志". 西南民族大学学报(人文社科版), 2006(10).

李艳红, 钟如雄.《左传》盟誓语言研究. 西南民族大学学报(人文社科版), 2006(10).

刁生虎, 陈志霞.《左传》宗教现象初论. 平原大学学报, 2006(5).

毛振华.《左传》各国赋诗共性考论. 江南大学学报(人文社会科学版), 2006(5).

姚曼波. 孔子传《易》与作《春秋》的关系新论. 周易研究, 2006(5).

罗建新.《左传》谏说、外交行为艺术探骊. 西安文理学院学报(社会科学版), 2006(5).

金生杨. 论苏轼的《春秋》学. 西华大学学报(哲学社会科学版), 2006(5).

李宝通. "左丘失明, 厥有《国语》"新解. 西北师大学报(社会科学版), 2006(5).

张岩. 先秦三部典籍中的孔子形象剖析. 辽宁大学学报(哲学社

会科学版)，2006(6).

张华.《左传》否定词“未”研究. 渤海大学学报(哲学社会科学版)，2006(6).

邱居里. 贾逵与史学. 史学史研究，2006(4).

饶恒久. 先秦时期历史档案的口述者——瞽蒙职守与《国语》、《左传》的讲诵增饰. 社会科学战线，2006(6).

李华. 从《左传》的词语结构看其修辞特色——以“有如/有若+名词结构”句为例. 甘肃社会科学，2006(6).

刘少虎.“经”“史”之别：王闿运对《春秋》的基本态度. 长沙大学学报，2006(6).

王晓敏. 试论《史通》对唐代《左传》学研究领域的拓展. 许昌学院学报，2006(6).

史向辉，杨庆芝. 论《左传》军事思想的古朴性. 长春大学学报，2006(6).

冯秋香. 华兹生英译《左传》可读性分析. 大连理工大学硕士学位论文，2006.

查清兰.《左传》外交辞令的委婉特色. 江西省语言学会2006年年会论文集，2006.

刘洪.《左传》中“死”族词与周代礼制文化. 丽水学院学报，2006(6).

苏芃. 试论《原本玉篇残卷》引书材料的文献学价值——以引《左氏传》为例. 图书馆杂志，2006(12).

康宁.“浮而艳专而纵”——浅谈《左传》中的神话传说、历史传闻. 中国古代小说戏剧研究丛刊，2006(1).

刘晖，曾志东，贺平. 从《左传》用《诗》看《诗经》的雅. 湖南工程学院学报(社会科学版)，2006(4).

王有景. 论《左传》预言叙事艺术. 运城学院学报，2006(6).

韩宝江. 试述《左传》中的民本思想. 江西金融职工大学学报，2006(S1).

罗泽贤. 御者和车右在车战中的地位——读《左传·殽之战》. 株洲师范高等专科学校学报，2006(6).

吴先源.《左传》数词研究. 广西民族学院学报(哲学社会科学版), 2006(S1).

刘雅娇. 庾信的"善《左传》". 柳州师专学报, 2006(4).

黄觉弘.《左传》成书战国说综考. 江汉大学学报(人文科学版), 2006(6).

赵生群.《左传》志疑(五). 中国典籍与文化, 2006(4).

杨清澄. "寡人是徵(征)"诂训辨. 怀化学院学报, 2006(12).

康宁. 浅谈《左传》中的神话传说、历史传闻. 兰州学刊, 2006(12).

陈睿.《左传》所载"因""报""烝"考辨. 皖西学院学报, 2006(6).

赵沛. 廖平春秋学研究. 巴蜀书社, 2007.

张素卿. 清代汉学与左传学——从"古义"到"新疏"的脉络. 台湾里仁书局, 2007.

郭边宇编. 左传. 远方出版社, 2007.

王世平主编. 张凤娟编. 左传. 内蒙古人民出版社, 2007.

赵捷、赵英丽注释. 左传. 崇文书局, 2007.

叶农注译. 左传注译. 花城出版社, 2007.

吴茹芝编译. 左传. 三秦出版社, 2007.

丁亚杰. 清末民初公羊学研究·皮锡瑞、廖平、康有为. 台湾万卷楼图书公司, 2007.

殷昆主编. 春秋左传. 当代世界出版社, 2007.

任浩之编译. 左传. 当代世界出版社, 2007.

吴文龙主编. 左传故事: 从左传故事看现代智慧. 台湾典藏阁, 2007.

张惠贞. 刘文淇《春秋左氏传旧注疏证》体例之研究. 台湾花木兰文化出版社, 2007.

赵大明.《左传》介词研究. 首都师范大学出版社, 2007.

郁贤皓、周福昌、姚曼波注译. 新译左传读本. 台湾三民书局, 2007, 2009.

图说天下国学书院系列编委会编. 左传·战国策. 吉林出版集团

有限责任公司，2007.

刘少虎．经学以自治：王闿运春秋学思想研究．华夏出版社，2007.

李索．敦煌写卷《春秋经传集解》异文研究．社会科学出版社，2007.

杨钊．论《左传》“诗以言志”的传播学思想．电影评介，2007(1).

姚文造．论徽州学者的《春秋》学研究．淮阴师范学院学报(哲学社会科学版)，2007(1).

韩再峰．《左传》士人形象论．佳木斯大学社会科学学报，2007(1).

马智全．南宋散文集《文章正宗》编选《左传》的文学意义．新学术，2007(1).

赵沛．廖平的兼治三传与《三传折中》．南开学报(哲学社会科学版)，2007(1).

魏红星．《左传》人物的生存意识．湖北师范学院学报(哲学社会科学版)，2007(1).

龙小军．略谈《春秋》与《资治通鉴》的相承关系．内蒙古农业大学学报(社会科学版)，2007(1).

桑大鹏．神秘主义证验与人本主义言说——《孔子诗论》与《左传》的解诗差异之分析．求索，2007(1).

姜奕轲．从《左传》看中医学与传统文化的密切关联．医学与哲学(人文社会医学版)，2007(1).

吕东辉．论《左传》中的预言．内蒙古民族大学学报(社会科学版)，2007(1).

吕蒙，玉军．李梦生《左传译注》释义商榷．江西科技师范学院学报，2007(1).

毛振华．《左传》赋诗习俗的渊源与流变．中南大学学报(社会科学版)，2007(1).

弋丹阳．《左传》中动词“谓”的配价分析．沙洋师范高等专科学校学报，2007(1).

刘送平.《左传》“复礼”思想观照下的郑庄公．鞍山师范学院学报，2007(1).

胡萍.《左传》谣谚的语言特点．黄山学院学报，2007(1).

刘佳男，杨丽丽.《左传》作者管见．科学大众，2007(1).

彭安湘．论《左传》中齐鲁两国女性的风貌及其文化内蕴．湖南商学院学报，2007(1).

李卫军．两汉《左传》学概述．兰州学刊，2007(1).

陈若愚.《左传》“寡君之以为戮”歧解辨．西南交通大学学报(社会科学版)，2007(1).

任强.《左传》“公将鼓之”略议．淮北职业技术学院学报，2007(1).

常晓宇.《左传》的主要叙事手法及细节描写．边疆经济与文化，2007(3).

李卫军．两汉《左传》学概述．重庆社会科学，2007(3).

方兵．史蕴诗文之心——钱锺书《左传》研究发凡．安徽广播电视大学学报，2007(1).

李华雍，韩维志．先秦史籍中公忠、私忠并重的家臣形象分析．重庆三峡学院学报，2007(2).

姚文造．论徽州学者的春秋学研究．芜湖职业技术学院学报，2007(1).

石云孙．论《左传》话语．安庆师范学院学报(社会科学版)，2007(2).

尹雪华.《左传》中的女性——男性叙事话语中的沉默者．福建师范大学学报(哲学社会科学版)，2007(2).

张明媚.《左传》中的“得”．信阳农业高等专科学校学报，2007(1).

黄瑶妮，张筱文．从《左传》中鲁国社会看先秦礼治的转型．南昌教育学院学报，2007(1).

吕蒙．“不介马而驰之”的“介”字正诂．乐山师范学院学报，2007(3).

刘成荣.《左传》行人辞令的生成机制及其美学特征．兰州学刊，

2007(3).

魏红星.《左传》人物活动的社会历史文化背景. 长春理工大学学报(社会科学版), 2007(2).

黄建军. 康熙论《左传》的辞令. 理论界, 2007(4).

张凤秋.《左传》与《战国策》女性形象塑造比较. 绥化学院学报, 2007(2).

高晓成. 也谈春秋时期外交中的“赋诗言志”. 山西农业大学学报(社会科学版), 2007(2).

刘少虎. 王闿运春秋学的整体思维意向. 广西师范大学学报(哲学社会科学版), 2007(2).

杜云辉. 从《左传》看战争中的诚信问题. 江西教育学院学报(社会科学版), 2007(2).

王明雪. 檄文之源——评析《左传・吕相绝秦》. 黑龙江教育学院学报, 2007(4).

沈娜娜, 李超.《左传》叙事手法对古典小说的影响. 文学教育(下), 2007(4).

罗军凤. 走出疑古时代的《左传》学研究——近三十年来《左传》研究述评. 文学前沿, 2007(4).

刘春丽. 试论从《左传》到《战国策》再到《史记》人物刻画艺术的历史演变. 辽宁行政学院学报, 2007(4).

董焱.《〈春秋〉考论》评介. 中国史研究动态, 2007(4).

黄建军. 致治之道, 首重人才——从《古文评论・左传》看康熙的人才观. 船山学刊, 2007(2).

杨胜朋.《左传》神话资料来源考. 盐城师范学院学报(人文社会科学版), 2007(2).

夏微. 宋代《春秋》学述论. 西华大学学报(哲学社会科学版), 2007(2).

杜冰梅.《左传》之“唯”、“惟”、“维”. 语言科学, 2007(3).

李秀英, 冯秋香.《左传》在西方的译介与研究综述. 英语研究, 2007(4).

宋亚云.《左传》反宾为主句考察. 汉语学报, 2007(2).

刘明华，张金梅．从“微言大义”到“诗无达诂”．文学遗产，2007(3).

付冬生．浅析《左传》中的虚构因素．怀化学院学报，2007(5).

方艳霞．论洪亮吉《春秋左传诂》的训诂特色及不足．濮阳职业技术学院学报，2007(2).

戴伟华．史、文、兵学视野中的唐代春秋左传学．深圳大学学报(人文社会科学版)，2007(3).

赵生群．《左传》志疑(六)．中国典籍与文化，2007(2).

李卫军．浅谈《左绣》对《左传》文法的揭示．中文自学指导，2007(3).

刘明，孙荣秀．论《左传》中巫官文化与史官文化之消长．河北学刊，2007(3).

黄开国．略述刘逢禄对《左传》的攻毁．现代哲学，2007(3).

顾涛．新城新藏由岁星纪事推证《左传》著作年代之研究法驳论．中国文化研究，2007(2).

贺陶乐．对刘熙载论《左传》叙事艺术的阐释．扬州大学学报(人文社会科学版)，2007(3).

张巍．杜预经学注释刍议．广西大学学报(哲学社会科学版)，2007(3).

田笑霞．《左传》关于战争描写的文学技巧．学术交流，2007(6).

纪倩倩．略论《左传》的战争描写．时代文学(双月版)，2007(3).

葛聪颖．《左传》女性人物叙述特点探微．理论界，2007(6).

汤太祥．试论《左传》与《易林》在思想倾向上的契合．郑州航空工业管理学院学报(社会科学版)，2007(3).

邵孔发．《郑伯克段于鄢》的人物与主旨．滁州职业技术学院学报，2007(2).

吕蒙．《左传》“野人与之块”的“块”字辨正．重庆交通大学学报(社会科学版)，2007(3).

李青苗．对“礼”的不同实践者——郑庄公与楚灵王．江西教育学院学报，2007(3).

马卫东.“辅车相依”小考.北华大学学报(社会科学版),2007(3).

吴碧珠.论《左传》的学术价值.湖北广播电视大学学报,2007(6).

汪允,马宇.多方透视千秋功就——《左传》战争描写之我见.三峡大学学报(人文社会科学版),2007(S1).

赵彩花,黄希庭.《左传》、《国语》的心理疾病与心理健康思想.西南大学学报(社会科学版),2007(4).

张巍.杜预经学注释思想刍议.重庆社会科学,2007(7).

毛振华.论《左传》中的晋人赋诗.太原师范学院学报(社会科学版),2007(4).

宋娜.《左传》信德管窥.长沙大学学报,2007(4).

马楠.《左传正义》主杜预不主贾服议.绥化学院学报,2007(4).

《春秋左传》语选.档案管理,2007(4).

赵庆运.近代《春秋》学研究述略.山东省农业管理干部学院学报,2007(4).

朱志纯.从《史记》和《左传》春秋霸主形象的比较看司马迁的创作.渭南师范学院学报,2007(4).

刘道锋.《左传》“尔墓之木拱矣”辨诂.唐山师范学院学报,2007(4).

丁桂香.从《春秋三传》、《毛传》看两汉的经今古文与训诂.中州大学学报,2007(3).

汪正元.论《左传》与“《春秋》笔法”之关系.宜宾学院学报,2007(7).

毛振华.《左传》赋诗研究百年述评.湖南大学学报(社会科学版),2007(4).

代瑞娟,邵晓岚.《史记·晋世家》与《左传》相关记载之比较.科教文汇(上旬刊),2007(8).

王红霞.《左传》对儒家音乐美学思想形成的影响.艺海,2007(4).

赫琰.春秋时期鲁国臧文仲的思想及文学.社科纵横,2007(8).

单侠．释“风马牛不相及”之“风”的涵义．沈阳农业大学学报(社会科学版)，2007(4)．

贺陶乐，王春乐．《左传》的战争描写艺术．延安大学学报(社会科学版)，2007(4)．

吕蒙．李梦生《左传译注》释义商榷．乐山师范学院学报，2007(8)．

郭洪波．《左传》巫术宗教文化现象的历史性探析．白城师范学院学报，2007(4)．

白奚．从《左传》、《国语》的“仁”观念看孔子对“仁”的价值提升．首都师范大学学报(社会科学版)，2007(4)．

戴振雯．《左传》人物言论的论述倾向．黄山学院学报，2007(4)．

张明艳，汪粼波．试论《左传》中的忠君爱国思想．华商，2007(22)．

赵沛．廖平的《左传》研究．管子学刊，2007(3)．

莫曰达．《左传》中的统计．统计研究，2007(9)．

李艳红．《侯马盟书》《温县盟书》与《左传》盟誓语言比较研究．殷都学刊，2007(3)．

罗军凤．清代《左传》经学与科举制度．中国社会科学院研究生院学报，2007(5)．

周书灿．经学传统下的《左传》学研究．学习与探索，2007(5)．

杨清林．从《晋楚城濮之战》看《左传》的战争描写艺术．吕梁教育学院学报，2007(3)．

黄觉弘．孔子作《左传》说源流考．武汉大学学报(人文科学版)，2007(5)．

陈才训．再创作：史传孕育小说的原始基因——以《左传》为例．天津社会科学，2007(5)．

李炳海．《左传》梦象与恐惧心理．社会科学战线，2007(5)．

张玉春，史素昭．从《四库全书总目》看清初的《左传》研究．古籍整理研究学刊，2007(5)．

张高评．苏辙《春秋集解》以史传经初探．南京师范大学文学院学报，2007(3)．

张华．《左传》否定词“非”研究．佛山科学技术学院学报(社会科学版),2007(5).

李永明.《左传》历史思想新探.廊坊师范学院学报,2007(5).

杨茂义.《左传》之礼与孔子之礼.北京青年政治学院学报,2007(4).

陶运清.浅谈《左传》战争的叙事视角.和田师范专科学校学报,2007(5).

史继东.试论《左传》中"干政女性"形象.乐山师范学院学报,2007(10).

魏红星.《左传》的文本特征——与《公羊传》《谷梁传》比较.乐山师范学院学报,2007(10).

周国琴.元儒程端学对《春秋》三传的辩驳.内蒙古民族大学学报(社会科学版),2007(5).

陈家武.叙之楷模记之典范——读《烛之武退秦师》.新课程研究(基础教育),2007(10).

熊岩.论《左传》中的崇霸思想.湖北广播电视大学学报,2007(10).

李璐.委婉含蓄、外柔内刚、绵里藏针——《秦晋殽之战》外交辞令浅析.科教文汇(下旬刊),2007(10).

宋娟.《烛之武退秦师》的对话艺术.写作,2007(21).

杨济襄.方法论与儒学研究——研究庄存与春秋学之新发现.国际儒学研究(第十六辑),2007(11).

张华.《左传》否定词"勿"与"毋"研究.辽宁医学院学报(社会科学版),2007(4).

陈振兴.《左传》释梦的心理透视及其文本之梦对后世的影响.甘肃高师学报,2007(6).

杨钊."赋诗言志"中的赋诗与答赋.重庆文理学院学报(社会科学版),2007(6).

苏芃.《左传》误字辨正一则.中国史研究,2007(4).

黄觉弘.《春秋》学与建安文士群.湖北大学学报(哲学社会科学版),2007(6).

蒲生华.《晋公子重耳之亡》中的婚姻形式与婚姻思想.青海师范

大学民族师范学院学报，2007(2).

文育玲．从传记比较视阈看《左传》的叙述策略．江西社会科学，2007(11).

魏君海．烛之武与触龙人物形象比较．文学教育(下)，2007(12).

谢立峰，刘春雪．从塑造人物的角度看《左传》与《史记》的传承．绥化学院学报，2007(6).

朱闻宇．《左传》俘虏辞令的论说技巧．玉溪师范学院学报，2007(12).

徐琳．借君子之口行己评之实——《左传》“君子曰”评论体式解读．黑龙江教育学院学报，2007(12).

王丽娟．先秦箴文浅论——以《左传》中箴文为例．大庆师范学院学报，2007(6).

陈金海．《左传》的“求真”精神初探．淮北煤炭师范学院学报(哲学社会科学版)，2007(6).

王浩．论语境对赋诗的制约——以《左传》赋诗为例．红河学院学报，2007(6).

童书业．童教英整理．童书业著作集．北京中华书局，2008.

李梦生注释．左传今注．凤凰出版社，2008.

陈才训．源远流长：论《春秋》《左传》对古典小说的影响．中国社会科学出版社，2008.

黄丽丽．左传新论．黄山书社，2008.

张涌泉主编．敦煌经部文献合集·群经类左传之属·群经类穀梁传之属．中华书局，2008.

张猛选注．左传．高等教育出版社，2008.

晁岳佩．春秋三传要义解读．国家图书馆出版社，2008.

邵炳军．左氏春秋文系年注析．广西师范大学出版社，2008.

张树国．春秋贵族社会衰亡期的历史叙事：以《左传》为例．中国社会科学出版社，2008.

郭院林．清代仪征刘氏《左传》家学研究．北京中华书局，2008.

王聪明．《左传》之人文思想研究．台湾花木兰文化出版社，2008.

何晋．君子时代的争霸：《左传》二十讲．新华出版社，2008.

苏超峰编．左传名言故事．海豚出版社，2008.

赵生群．春秋左传新注．陕西人民出版社，2008.

刘黎明．《春秋》经传研究．巴蜀书社，2008.

黄肇基．鉴奥与圆照：方苞林纾的《左传》评点．台湾允晨文化实业股份有限公司，2008.

张文学注．五经全译·春秋左传．中州古籍出版社，2008.

郭丹．左传战国策讲演录．广西师范大学出版社，2008.

李建军．宋代《春秋》学与宋型文化．中国社会科学出版社，2008.

周远斌．儒家伦理与《春秋》叙事．齐鲁书社，2008.

顾荩臣．经史子集概要·经部．华东师范大学出版社，2008.

陈才训．论史传对古典小说的浸润——以《左传》为例．天府新论，2008(1).

康润润．试论《左传》中的“所”字及“所”字结构．湖南医科大学学报(社会科学版)，2008(1).

张尚英．试论刘敞《春秋》学的时代特色．史学集刊，2008(1).

芮文浩．《春秋左传正义》校读札记．图书馆杂志，2008(1).

冯延举，曾昭聪．《左传》“殿”字的谓词用法考察．滁州学院学报，2008(1).

杨金平．苏轼对“春秋三传”的比较研究．乐山师范学院学报，2008(1).

姜奕轲．从《左传》看中医基本理论的形成及其发展轨迹．浙江中医药大学学报，2008(1).

陈鑫．晋文公重耳逃亡故事在《左传》与《史记》中的比较．淮南师范学院学报，2008(1).

刘卫宁．杨伯峻《春秋左传注》商榷三则．社会科学论坛(学术研究卷)，2008(1).

赵岩．论《左传》中的名词性军事同义词．大庆师范学院学报，2008(1).

赵岩，张世超．论上古汉语军事同义词语的发展——从《左传》与《史记》中的军事同义词语的比较谈起．长春师范学院学报(人文社会科学版)，2008(1).

单周尧.《左传》新注小学补释刍议．古籍整理研究学刊，2008(1).

闫丽.《左传》人物称名中“子”字的解说．古籍整理研究学刊，2008(1).

胡亚非，王雨佳．从《左传·僖公二十七年》看春秋时期的礼义教化．理论界，2008(2).

韩红芹．论《左传》战争篇章的细节描写．安徽文学(下半月)，2008(2).

赵奉蓉．战国诸子对《左传》的传播．兰州学刊，2008(2).

潘万木.《左传》“对话”中的总结性叙述．荆门职业技术学院学报，2008(2).

包瑞峰.《左传》百年完璧成一书．中国图书商报，2008 年 2 月 26 日.

罗军凤.《左传》“经”、“史”性质之辨正．学术论坛，2008(3).

陈才训．古文笔法对《聊斋志异》的影响——以《左传》为例．南都学坛，2008(2).

黄崇成．从《左传》看“柏举之战”参战双方的成败之因．安徽文学(下半月)，2008(3).

谭佳．论析《春秋》的巫史性质及其文学影响．文学遗产，2008(2).

张银.《左传》盟辞的文学性及时代性．社科纵横，2008(3).

高瑞民.《左传》与“礼”．内蒙古民族大学学报(社会科学版)，2008(2).

隆滟．浅析赋诗言志在春秋外交活动中的功用．和田师范专科学校学报，2008(3).

陈琪，黄宇兴．春秋时期的国家间干涉——基于《左传》的研究．国际政治科学，2008(1).

罗军凤．清儒眼中杜预义理的“悖谬”．阜阳师范学院学报(社会

科学版)，2008(2).

罗军凤.刘师培是否参与了《春秋左氏传旧注疏证》的续纂？.南京晓庄学院学报，2008(2).

李卫军.王源《左传评》文论价值初探.民族论坛，2008(3).

陈戍国.说《春秋经》"公孙敖不至而复".湖南大学学报(社会科学版)，2008(2).

周旻.捐躯赴国难视死忽如归——《左传》中的楚人尚武精神.解放军艺术学院学报，2008(1).

李华.《左传》修辞研究的三个阶段.兰州交通大学学报，2008(2).

孙洪伟.《左传》中动词"谓"的语义和句法特点.长江学术，2008(2).

牛新政.寤生考.柳州师专学报，2008(2).

杨林青.《左传》动词同义词研究.韶关学院学报，2008(4).

于年河.《左传》宋华督骄淫祸国论略.龙岩学院学报，2008(2).

李俄宪.日本文学的形象和主题与中国题材取舍的关系——以中岛敦《牛人》的创作与出典《左传》的关系为例.外国文学研究，2008(2).

黄觉弘.《左传》成书春秋说综考.重庆师范大学学报(哲学社会科学版)，2008(2).

蔡莹.从《左传》看郑国的文化空间.嘉应学院学报，2008(2).

熊江梅.中国古代史传"实录"观辨析——所叙之事："虚实杂糅的结合物".中国文学研究，2008(2).

杨钊.《左传》《国语》中的乐理及文化意义.电影文学，2008(9).

富金璧.《左传》"贰于×"句续论.北方论丛，2008(3).

景红艳.论重耳政治流亡的成功及其策略.榆林学院学报，2008(3).

刘卫宁.杨伯峻《春秋左传注》时间判断商补二则.学术研究，2008(5).

李雁蓉.从《左传·晋公子重耳之亡》看重耳的三位妻子.科技资讯，2008(15).

张德建．春秋学与明代学术的历史变迁．武汉大学学报(人文科学版)，2008(3)．

魏红星．《左传》人物心态及其历史嬗变．湖北师范学院学报(哲学社会科学版)，2008(3)．

廖颖．《史记》采《左传》材料特点．怀化学院学报，2008(5)．

易花萍．《左传》名词谓语结构探析．新余高专学报，2008(3)．

张剑平．童书业史学研究的新境界．史学史研究，2008(2)．

卓雅．《左传》的服饰描写与审美文化．内蒙古农业大学学报(社会科学版)，2008(3)．

丁太勰．关于《左传》与希罗多德《历史》的几点比较．湖北经济学院学报(人文社会科学版)，2008(6)．

周媛．《左传》中"戮"字的含义．湖南第一师范学报，2008(2)．

宁登国．论《国语》《左传》的谏体文学特征．殷都学刊，2008(2)．

高琴．《左传》中"从人者"的悲剧命运．重庆邮电大学学报(社会科学版)，2008(S1)．

房振三．"其乐融融""其乐泄泄"新解．青岛大学师范学院学报，2008(2)．

王媛．《左传》叙事艺术探析．商业经济，2008(7)．

赵丹．《左传》中的女性形象．吉林华桥外国语学院学报，2008(1)．

尹雪华．《春秋》书法与董狐精神探源．洛阳师范学院学报，2008(3)．

陈恩林．关于《春秋左传注》中《春秋》名称的辨正．古代文明，2008(3)．

赵兴华．纷乱的社会多彩的生命——《左传》女性生存模式研究．时代文学(下半月)，2008(7)．

韩幸娜．人物塑造：《左传》与人教版《中国古代史》的对比分析．全球教育展望，2008(7)．

刘成荣．瞽史、音乐与《左传》口传说．北方论丛，2008(4)．

徐有福．《清代仪征刘氏〈左传〉家学研究》序．云梦学刊，

2008(4).

黄觉弘.《春秋》家与汉魏时期《史记》之流传.唐都学刊，2008(4).

于淑娟.先秦史传文学叙事传统与汉代今文诗学的经学叙事.浙江师范大学学报(社会科学版)，2008(4).

张中宇.《国语》、《左传》的引“诗”和《诗》的编订——兼考孔子“删诗”说.文学评论，2008(4).

程水金.从鉴古思潮看《国语》之编纂目的及其叙述方式——兼论《国语》与《左传》之关系.武汉大学学报(人文科学版)，2008(4).

李华斌，姜静.以《左传·成公》为例浅议行人辞令的文化色彩.黑龙江史志，2008(14).

何昆.《左传》叙事方式的作用.黑龙江史志，2008(14).

杨小凤.试论杜预《春秋经传集解》之特色.齐齐哈尔师范高等专科学校学报，2008(4).

牛坤杰.从“君子曰”看《左传》作者关于战争的观点.齐齐哈尔师范高等专科学校学报，2008(4).

文廷海，丁光泮.苏辙《春秋集解》思想解读.求索，2008(7).

王世舜.《春秋》《左传》再平议.聊城大学学报(社会科学版)，2008(4).

罗军凤.《左氏春秋》的撰作与流传——《左传》的性质之考辨.聊城大学学报(社会科学版)，2008(4).

黄觉弘.论陆贾春秋学及其文学意义.江南大学学报(人文社会科学版)，2008(4).

杨钊.春秋时期的“以时禁发”生态意识及文化意义.广西社会科学，2008(8).

李晓静.《左传》中的女性人物形象.新西部(下半月)，2008(8).

吴晓丽.《左传》中的上层女性形象.边疆经济与文化，2008(9).

李华.《左传》中的引用.甘肃联合大学学报(社会科学版)，2008(8).

于智荣，李梅英.《左传·鞌之战》“自今”诸说驳义及句式补义.淮阴师范学院学报(哲学社会科学版)，2008(5).

贾俊玲.《左传》的战争描写及其对后世文学的影响. 文学教育(下), 2008(9).

缪德彬.《左传》乱伦现象探微. 安徽文学(下半月), 2008(9).

薛培. 在认知语言学框架下看《左传》中之字定中短语的象似性和语法化. 大众文艺(理论), 2008(9).

王红信. 试析《左传》对战争的描写. 时代文学(双月上半月), 2008(5).

邓曦泽. 从《左传》看抗震救灾精神之源远流长. 北京青年政治学院学报, 2008(4).

张海涛.《左传》"迷信现象"价值略论. 绥化学院学报, 2008(5).

陶运清. 浅论《左传》的尚武崇霸思想. 沈阳工程学院学报(社会科学版), 2008(4).

周晶纯.《左传》人物祸福预言类型考论. 龙岩学院学报, 2008(5).

汤太祥.《易林》援引《左传》典语的特点. 湖南科技学院学报, 2008(10).

陶运清. 浅论《左传》战争的叙事结构艺术. 中共郑州市委党校学报, 2008(5).

张聪燕. 对"弗敢加也"中"加"字的考释. 晋中学院学报, 2008(5).

宋丽琴, 宋玉坤.《左传》行人辞令中委婉语时代特征探究. 保定学院学报, 2008(4).

夏继先. 左氏心折第一人——通过《左传》看子产思想特色. 沧桑, 2008(5).

王国雨. 也论《左传》与孔子——与吴荣曾先生商榷. 江汉大学学报(人文科学版), 2008(5).

梅显懋.《左传》叙事文学化成因考论. 中国古代社会与思想文化研究论集(第3辑), 2008.

赵辉, 崔显艳.《左传》叙事体式与"礼"之关系考. 中州学刊, 2008(6).

卜雅南. 浅析《左传》的叙事特点. 安徽文学(下半月), 2008(11).

谭佳．“春秋笔法”的文化溯源．西南民族大学学报(人文社科版)，2008(11)．

蒋成德．从《左传》录诗看孔子是否删诗．徐州工程学院学报(社会科学版)，2008(6)．

赵辉．“言之无文，行而不远”辨．文学遗产，2008(6)．

李华雍，韩维志．论先秦文学中独立型家臣形象的意义．重庆三峡学院学报，2008(6)．

胡家全．浅析《左传》中的委婉用语．职业时空，2008(11)．

夏继先．谈《左传》记史的“尽而不污”．湖湘论坛，2008(6)．

吴美卿，吴晓珊．《左传》战争描写艺术三谈．湖北广播电视大学学报，2008(11)．

康宁．《左传》中的理想人格——晋叔向之形象分析．黑龙江史志，2008(22)．

刘立志．左氏功臣朴学佳作——评赵生群《春秋左传新注》．古籍整理研究学刊，2008(6)．

刘越峰．孙复《春秋》学思想探源．南京师大学报(社会科学版)，2008(6)．

舒大清．论《左传》中童谣类繇辞的发生机制．湖北师范学院学报(哲学社会科学版)，2008(6)．

王晓敏．论唐代“新春秋学”对《左传》的贬抑．南阳师范学院学报，2008(11)．

赵翔．浅析《左传》的叙事手法．新课程研究(职业教育)，2008(12)．

郭院林．刘师培在《左传》学史上的建树．中国典籍与文化，2008(4)．

丁庆刚．《左传》中“其”的定语功能．郑州航空工业管理学院学报(社会科学版)，2008(6)．

王涛．《左传》为动用法调查与认知语言学研究．安徽文学(下半月)，2008(12)．

夏继先．《左传》战争描写特点论略．社科纵横，2008(12)．

龚文菊．从《左传》中宾语前置句来看《左传》作者．天府新论，2008(S2).

苏芃．《左传》校议十六则．图书馆杂志，2008(12).

曾瑾，王芳．从《左传》到《列女传》中女性形象的变化．新余高专学报，2008(6).

康宁．从讲史文学角度谈《左传》中的小说因素．中国古代小说戏剧研究丛刊，2008(2).

毛海蓉．《左传》省略句及其语用学分析．经营管理者，2008(17).

吴秉坤．《左传》叙事与解经语不合的原因及其影响．黄山学院学报，2008(6).

曹丙燕．阴险狠毒还是雄才大略——关于郑庄公的两种评价．泰安教育学院学报岱宗学刊，2008(4).

李旭，徐旭刚．《左传》客体省略调查分析．大众文艺(理论)，2008(12).

郭骥．对《左传》“而”连接的连动式的范畴化探讨．大众文艺(理论)，2008(12).

夏德靠．原史群体传史方式及史著文体的演变．河北科技大学学报(社会科学版)，2008(4).

姚曼波．为“孔子作《春秋传》说”再辨．南京师范大学文学院学报，2008(4).

曲文．论《左传》中的人事预言．西华大学学报(哲学社会科学版)，2008(6).

张根云．王源《左传评》对清初古文叙事研究的贡献．求索，2008(12).

王乃俐．《左传》论礼．台湾花木兰文化出版社，2009.

鲁毅．左传考释．湖北人民出版社，2009.

宋鼎宗．《春秋左氏传》宾礼嘉礼考．台湾花木兰文化出版社，2009.

王庆吉主编．左丘明文化研究．香港国际左丘明文化研究会，2009.

刘国建主编，管曙光注解．左传．中州古籍出版社，2009.

刘金荣．左传旧注献疑．电子科技大学出版社，2009.

吴峥嵘．《左传》索取、给予、接受、义类词汇系统研究．巴蜀书社，2009.

孙绿怡主编．春秋左传研究：2008 年《春秋》《左传》学术研讨会论文集．中央广播电视大学出版社，2009.

黄鸣．左传与春秋时代的文学——兼论春秋列国民族风俗．中央民族大学出版社，2009.

梁占先．《左传》赋诗言志义解．贵州人民出版社，2009.

左丘明著，马文作主编，谢开慧注释．左传．内蒙古人民出版社，2009.

左丘明著，朱墨青整理．春秋左传．万卷出版公司，2009.

李炳海，宋小克注评．左传．凤凰出版社，2009.

萧红编．四书五经详解：春秋左传．金盾出版社，2009.

许秀霞．《左传》职官考述．台湾花木兰文化出版社，2009.

熊逸．春秋大义．广西师范大学出版社，2009.

黄圣松．《左传》军事制度研究．高雄复文图书出版社，2009.

黄国祯．董仲舒《春秋繁露》与纬书《春秋纬》之关系研究．台湾花木兰文化出版社，2009.

方铭主编．《春秋》三传与经学文化(2009 年两岸四地“《春秋》三传与经学文化学术研讨会”论文集)．长春出版社，2009.

夏继先．试论《左传》的细节描写．湖北广播电视大学学报，2009(1).

李冬英．从《郑伯克段于鄢》看《左传》的叙事特点．山西广播电视大学学报，2009(1).

张立新．“骊姬之难”的文化内涵和悲剧意味．云南民族大学学报(哲学社会科学版)，2009(1).

苏芃．《左传》释词四则．语言科学，2009(1).

何博．《左传》中的“刑”和“法”．江苏警官学院学报，2009(1).

张培瑜．试论《左传》《国语》天象纪事的史料价值．史学月刊，2009(1).

徐歌阳，杨欣.《左传》中的法律实践．法制与社会，2009(3).

沈鸿．整合荟萃所呈现的洋洋大观——《左传》《国语》中的历史传说．山西师范大学学报(社会科学版)，2009(1).

赵宏．“包茅”补释与民族文化．贵州大学学报(社会科学版)，2009(1).

曾亦，陈雯雯．刘逢禄论《左氏》之得失与晚清今古学之争．复旦学报(社会科学版)，2009(1).

王国雨．试论《左传》中的孔子言行．船山学刊，2009(1).

桂军，张月炎.《左传》刻画人物的映衬手法．江苏教育学院学报(社会科学版)，2009(1).

舒大清，徐柏青．论《史记》对《左传》预叙的扬弃．湖北师范学院学报(哲学社会科学版)，2009(1).

王林晚，寿婷尔，杨述.《左传》记载“杀王”事件预兆与国君命运之关系考察．曲靖师范学院学报，2009(1).

方铭.《左传》的叙事方式与文体特征的再认识．文艺研究，2009(2).

朱宏秋．浅论吕祖谦《左传》学之经史观．华北水利水电学院学报(社科版)，2009(1).

张文儒.《左传》里的兵学文化理念．滨州学院学报，2009(1).

王岩.《左传·僖公二十三、二十四年》中的君子形象．白城师范学院学报，2009(1).

朱宏秋．论吕祖谦《左传》学之经传观．河南图书馆学刊，2009(1).

覃春茂．关于《郑伯克段于鄢》中的两处注解．科教文汇(中旬刊)，2009(2).

方艳霞．论洪亮吉对《春秋左传》文字的比勘．濮阳职业技术学院学报，2009(1).

达正岳，尹顺民．也谈《诗经》中的量词——兼与《左传》比较．河西学院学报，2009(1).

夏继先．谈《左传》中的礼．沧桑，2009(1).

郭学利.《左传》“君子曰”与《史记》“太史公曰”比异．广播电视大学学报(哲学社会科学版)，2009(1).

黄开国.《诗古微》攻刘歆的妄改《左传》. 邵阳学院学报(社会科学版)，2009(1).

罗军凤. 治经方法的嬗变与清代《春秋左传》学的发展. 重庆社会科学，2009(3).

孙锡芳. 康有为"托古改制"与《左传》批判研究. 云南民族大学学报(哲学社会科学版)，2009(2).

宋小克. 先秦史官文化与《左传》所载梦象. 北方论丛，2009(2).

汤太祥.《左传》中女性形象探析. 安徽商贸职业技术学院学报(社会科学版)，2009(1).

伍海霞. 论《晋灵公不君》中的儒家思想. 文学教育(上)，2009(3).

于成宝，王兆立. 论郑庄公的礼治精神——以《左传·郑伯克段于鄢》为中心. 长春理工大学学报(社会科学版)，2009(2).

彭战果. 就《左传》看春秋时期礼的解体与转型. 重庆文理学院学报(社会科学版)，2009(2).

邓文辉. 试论"颊谷之会"中的孔子形象. 学术研究，2009(3).

汪杏岑.《左传》"君子"评论之文学研究. 巢湖学院学报，2009(2).

孙绿怡.《左传》的写人：文学作品人物描写之滥觞. 江苏广播电视大学学报，2009(2).

李玉娟.《晏子春秋》与《左传》中的晏婴事迹考辨. 新乡学院学报(社会科学版)，2009(2).

朱育戈. 春秋笔法与《左传》预言. 边疆经济与文化，2009(4).

孙赫男. 竹添光鸿《左氏会笺》与清代考据学关系考述. 学术交流，2009(4).

查清兰. 从《左传》看春秋时期外交辞令的含蓄美. 兰台世界，2009(8).

李艳.《左传》"以"工具类状语格式探析. 现代交际，2009(4).

谢志勇.《左传》中"祭祀"的文化考察. 鸡西大学学报，2009(2).

潘万木. 历史中的想象与想象中的历史——从《左传》到《世说新

语》的人物评论．荆楚理工学院学报，2009(4)．

杜鹃．《左传》外交辞令的语言艺术．信阳师范学院学报(哲学社会科学版)，2009(3)．

池昌海．《左传》名词"活用"情况的调查与分析．浙江大学学报(人文社会科学版)，2009(3)．

刘丽文．《左传》成书下限最晚在公元前392年考证．沈阳师范大学学报(社会科学版)，2009(3)．

刘金荣．"文姜之乱"献疑．浙江社会科学，2009(5)．

杨璞．试论《左传》中礼仪评判的价值标准．内蒙古民族大学学报，2009(3)．

查清兰，查清平．浅议《左传》交际辞令的影响．科技信息，2009(14)．

李青苗，傅亚庶．《左传》辞令中惩恶扬善价值取向的来源及影响. 东北师范大学学报(哲学社会科学版)，2009(3)．

闫丽．《左传》人物称谓中"谥"的社会意义．古籍整理研究学刊，2009(3)．

李华．《左传》中的称谓表达．甘肃社会科学，2009(3)．

葛聪颖．《左传》历史叙事的文学性与真实性关系辨微．太原城市职业技术学院学报，2009(5)．

金涛．《左传》中"和"字的文字学解读．科教文汇(上旬刊)，2009(6)．

李开．新时代的经学："轴心时代"文化史的考问——读黄丽丽新著《左传新论》. 语文知识，2009(2)．

袁宝丽．"古史辨"派经学研究概述．山东省农业管理干部学院学报，2009(6)．

黄梓勇．章太炎早年的春秋左传学与清代公羊学的关系——以《春秋左传读》为讨论中心．中国文哲研究集刊(第35集)，2009.

孙玲玲．左传"其失也巫"解读．安徽文学(下半月)，2009(6)．

李娜．《左传·隐公》助词略论．安徽文学(下半月)，2009(6)．

高方．《左传》女性与春秋战争．绥化学院学报，2009(3)．

李卫军．《续修四库总目·春秋左传纲目句解》提要补正．图书馆杂志，2009(6).

何昆．结合《春秋左传注》看《左传》叙事方式的特点．学理论，2009(13).

阳旖晨．《左传》行人辞令艺术探析——以成公为例．湖南第一师范学报，2009(3).

张涵．《春秋左传注》质疑．天府新论，2009(S1).

陆跃升．《春秋》乃“礼义之大宗”．社会科学论坛(学术研究卷)，2009(6).

何昆．从《侯马盟书》看《左传》叙事方式的特点．黑龙江史志，2009(12).

文廷海，谭锐．四川历代《春秋》学略论．中华文化论坛，2009(2).

熊焰．于鬯《香草校书》校《春秋左传》札记．华南师范大学学报(社会科学版)，2009(3).

林荣．《左传》女性形象分析．牡丹江师范学院学报(哲学社会科学版)，2009(3).

吴涛．贾谊《新书》引《春秋》述略．洛阳师范学院学报，2009(3).

潘志刚．“东道”和“东道主”．西南民族大学学报(人文社科版)，2009(7).

孙锡芳．清代《左传》考据学发展研究．人文杂志，2009(4).

梁葆莉．从重耳流亡看春秋前期戎狄与晋国融合的精神轨迹．徐州师范大学学报(哲学社会科学版)，2009(4).

马婷婷．《国语》、《左传》、《史记》中的晋文公重耳形象比较研究．和田师范专科学校学报，2009(4).

王志．《左传》“士有隶子弟”献疑．中山大学学报(社会科学版)，2009(4).

曾文杰．论礼乐对于“言”的规范及意义——以《左传》《诗经》为例．科教文汇(中旬刊)，2009(7).

倪铁颖．试论《左传》中的卜筮思想．长春师范学院学报(人文社会科学版)，2009(7).

朱宏秋．浅论吕祖谦《左传》学之理说与心说．黄河科技大学学报，2009(4).

路伟，叶少飞．《左传》里的投降礼仪．温州大学学报(社会科学版)，2009(4).

吴峥嵘．《左传》给予义类词汇系统对先民社会交换活动的折射．江西社会科学，2009(7).

李宏伟，何荣昌．《左传》谚语研究．天水师范学院学报，2009(4).

殷国光，刘文霞．《左传》篇章零形回指研究——以《隐公》为例．语文研究，2009(3).

汪杏岑．《左传》"君子"评论之文学研究．安徽文学(下半月)，2009(8).

曲景毅．论李德裕的公文创作与《左传》、《汉书》之关系．江淮论坛，2009(4).

李卫军．从《左传》所载管仲行实看其仁者气象．商丘师范学院学报，2009(8).

王峰．《左传》诗谶考．辽东学院学报(社会科学版)，2009(4).

张照华，石培育．左丘明氏字名新解．辽东学院学报(社会科学版)，2009(4).

安敏．论《春秋左传正义》对《史记》的引证．上饶师范学院学报，2009(4).

连劭名．《左传》注释辩证．北京教育学院学报，2009(4).

唐月英．浅析春秋《左传》之礼．中国校外教育，2009(S3).

查清兰，查清平．婉转曲折辞简意深——《左传》谏说辞令的解读．名作欣赏，2009(20).

刘金荣．《左传》注释献疑．古汉语研究，2009(3).

李瑞．谋略家还是阴谋家——试析郑庄公人物性格．职大学报，2009(3).

董林亭．论赵盾．燕山大学学报(哲学社会科学版)，2009(3).

吴恩培．《左传·定公六年》"吴大子终累"解析——兼及吴地文化的历代叠加与层累．学术界，2009(5).

田林，王劭．史官文化对《左传》叙事架构的影响．长沙通信职业技术学院学报，2009(3)．

高林广．《文心雕龙》的《春秋》经、传批评．苏州大学学报(哲学社会科学版)，2009(5)．

董芬芬．先秦的策祝仪式及文体特点——兼谈对《左传》中两篇祝辞的看法．阅江学刊，2009(3)．

王雪．刘歆伪造《左传》考．网络财富，2009(19)．

靳婷婷．赵简子"守礼"形象探析——兼谈《左传》剪裁史料之笔法．内蒙古农业大学学报(社会科学版)，2009(5)．

罗军凤．刘逢禄《左氏春秋考证》的方法论．长江学术，2009(4)．

伏海燕．试探《左传》中"也"在名词谓语之末的语法功能．今日南国(理论创新版)，2009(10)．

杨岭．浅析史官文化对《左传》叙事模式的影响．湖北财经高等专科学校学报，2009(5)．

陈文静．从《左传》看春秋的"义""利"之变．南方论刊，2009(10)．

周郢．《左传精舍志》与清代"左邱公案"．山东图书馆学刊，2009(5)．

陈蕊．《左传》常规双宾句浅析．科技信息，2009(31)．

储德发．《左传》中的"鸿门宴"及其成因浅析．四川烹饪高等专科学校学报，2009(6)．

王经纬．论编年体史书中的人物传记——以《左传》《汉纪》为例．时代文学(下半月)，2009(11)．

安敏．论《春秋左传正义》释词的两个维度．五邑大学学报(社会科学版)，2009(4)．

李伏清．柳宗元论左氏与《左传》、《国语》及《春秋》之关系．湘潭大学学报(哲学社会科学版)，2009(6)．

金永健．论焦循的《左传》学．北方论丛，2009(6)．

段朋朋．《左传》兼类词的语义关系分析．文学教育(下)，2009(11)．

宁全红．从《左传》看春秋时期狱讼的基本特征．司法，2009(11)．

唐桂丹.《左传》外交辞令的修辞方式探析. 长春理工大学学报(社会科学版), 2009(6).

董芬芬. 论对春秋辞令进行文体研究的依据和价值. 甘肃社会科学, 2009(6).

王立. 从春秋道德观看春秋外交辞令. 南阳师范学院学报, 2009(11).

单周尧.《春秋左传读叙录》的评价问题. 中国文化研究, 2009(4).

李学勤.《左传》是研究古代历史文化的基础. 中国文化研究, 2009(4).

耿纪平.《春秋》"三传"同异离合关系论略. 河南教育学院学报(哲学社会科学版), 2009(6).

高方. 从《郑伯克段于鄢》看春秋家国文化形态. 名作欣赏, 2009(29).

虞万里. 阿斯塔那三三二号墓文书《春秋经传集解》残片浅议. 传统中国研究集刊(第七辑), 2009(12).

关瑜桢.《左传》日食观念研究. 自然辩证法通讯, 2009(6).

孙赫男. 会而通之:《左氏会笺》注释特点刍议. 佳木斯大学社会科学学报, 2009(6).

罗新慧. 马王堆汉墓帛书《春秋事语》与《左传》——兼论战国时期的史学观念. 史学史研究, 2009(4).

周秉高. 从郑庄公形象看《左传》的文学价值. 职大学报, 2009(4).

李青苗.《左传》象征问题管窥. 兰州学刊, 2009(12).

李卫军.《左传》评点史述略. 兰州学刊, 2009(12).

孙铁林, 屈军卫. 晋文公重耳"乞食于五鹿"考. 濮阳职业技术学院学报, 2009(6).

李永祥.《左传》婚姻现象的文化透视. 社会科学论坛(学术研究卷), 2009(12).

刘春雪.《左传》中的"君子曰"与叙述人的观点. 理论观察, 2009(6).

郑路.《左传》中的"年、时、月、日". 华北电力大学学报(社会科学版), 2009(6).

郑路.《左传》的时间系统. 东南大学学报(哲学社会科学版), 2009(S2).

张秋阳.《左传》"烝""报"婚研究. 传奇传记文学选刊(理论研究), 2009(1).

刘宁. 从《左传》看嫡长子继承制与春秋动乱之关系. 牡丹江师范学院学报(哲学社会科学版), 2009(6).

尹雪华. 试论两汉《左传》经典化过程. 洛阳师范学院学报, 2009(6).

汤太祥.《易林》所引《左传》灾异林辞考述. 北京科技大学学报(社会科学版), 2009(4).

光军风.《左传》时代转型期意识形态的新旧消长和纠结——以晋战胜负描写为例. 太原理工大学学报(社会科学版), 2009(4).

毛振华. 论《左传》赋诗断章中的拟古精神. 艺术百家, 2009(S2).

金永健. 尽弃杜孔, 唯汉是从——论沈钦韩的《左传》研究. 求索, 2009(12).

(赵立学整理)